国家出版基金项目
NATIONAL PUBLICATION FOUNDATION

中華博物通考

總主編 張述錚

武備卷

本卷主編
郭砥柱 林彬

上海交通大學出版社

圖書在版編目（CIP）數據

中華博物通考. 武備卷 / 張述錚總主編；郭砥柱,
林彬本卷主編.—上海：上海交通大學出版社, 2024.1
ISBN 978-7-313-24701-8

Ⅰ.①中… Ⅱ.①張… ②郭… ③林… Ⅲ.①百科全
書—中國—現代②軍事史—中國 Ⅳ.①Z227②E29

中國國家版本館CIP數據核字(2023)第238459號

特約編審：王興康

責任編輯：嚴　冬

裝幀設計：姜　明

中華博物通考·武備卷

總　主　編：張述錚
本卷主編：郭砥柱　　林彬
出版發行：上海交通大學出版社　　　　地　　址：上海市番禺路951號
郵政編碼：200030　　　　　　　　　電　　話：021-64071208
印　　製：蘇州市越洋印刷有限公司　經　　銷：全國新華書店
開　　本：890mm×1240mm　1 / 16　印　　張：33
字　　數：688千字
版　　次：2024年1月第1版　　　　　印　　次：2024年1月第1次印刷
書　　號：ISBN 978-7-313-24701-8
定　　價：398.00元

《中華博物通考》編纂委員會

《中華博物通考》學術顧問

（按姓氏筆畫排序）

王　方	王　釗	王子舟	王文章	王志强	仇正偉	孔慶典	石雲里
田藝瓊	白庚勝	朱孟庭	任德山	衣保中	祁德樹	杜澤遜	李　平
李行健	李克讓	李德龍	李樹喜	李曉光	吳海清	佟春燕	余曉艷
邸永君	宋大川	苟天林	郝振省	施克燦	姜　鵬	姜曉敏	祝逸雯
祝壽臣	馬玉梅	馬建勛	桂曉風	夏興有	晁岱雙	晏可佳	徐傳武
高　峰	高莉芬	陳　煜	陳茂仁	孫　機	孫　曉	孫明泉	陶曉華
黃金東	黃群雅	黃壽成	黃燕生	曹宏舉	曹彥生	常光明	常壽德
張志民	張希清	張維慎	張慶捷	張樹相	張聯榮	程方平	鈕衛星
馮　峰	馮維康	楊　凱	楊存昌	楊志明	楊華山	賈秀娟	趙志軍
趙連賞	趙榮光	趙興波	蔡先金	鄭欣淼	寧　强	熊遠明	劉　静
劉文豐	劉建美	劉建國	劉洪海	劉華傑	劉國威	潜　偉	霍宏偉
魏明孔	聶震寧	蘇子敬	嚴　耕	羅　青	羅雨林	釋界空	釋圓持
鐵付德							

導　論

——縱論中華博物學的沉淪與重建

引　言

　　在中國當代，西方博物學影響至巨，自鴉片戰争以來，屈指已歷百載。何謂"西方博物學"？"西方博物學"是以研究動植物、礦物等自然物爲主體的學科，但不包含社會領域的社會生活，至19世紀後期已完成學術使命，成爲一種保護大自然的公益活動，但國人却一直承襲至今。中華久有自家的博物學，已久被忘却，無人問津，這一狀況實是令人不安。前日偶見《故宫裏的博物學》問世，精裝三册，喜出望外，以爲我中華博物學終得重生，展卷之後始知，該書是依據清乾隆時期皇室的藏書《清宫獸譜》《清宫鳥譜》《清宫海錯圖》（"海錯"多指海中錯雜的魚鱉蝦蟹之類）繪製而成，其中一些并非實有，乃是神話傳説之物。其内容提要稱"是專爲孩子打造的中華文化通識讀本"，而對博物院内琳琅滿目的海量藏品則隻字未提。這就是説，博物院雖有海量藏品，却與故宫裏的博物學毫不相干，或曰并不屬於博物學的研究範圍。此書的編纂者是我國的著名專家，未料我國這些著名專家所認定的博物學仍是西方的博物學。此書得以《故宫裏的博物學》的名義出版，又證我國的出版界對於此一命題的認同，竟然不知我中華久有自家的博物學。此書如若改稱《故宫裏的皇室動物圖譜》，則名正言順，十分精彩，不失爲一部别具情趣的兒童讀物，但原書名却無意間形成一種誤導，孩子們可能會據此認定：唯有鳥獸蟲魚之類才是中華文化中的大學問，故而稱之爲"博物學"，最終會在其幼小心靈裏留下西方博物學的深深印記。

何以出現這般狀況？因爲許多國人對於傳統的中華博物及中華博物學，實在是太過陌生！那麼，何謂"博物"？本文指稱的"博物"，是指隸屬或關涉我中華文化的一切可見或可感知之物體物品。何謂"中華博物學"？"中華博物學"的研究主體是除却自然界諸物之外，更關涉了中國社會的各個方面各個領域，進而關涉了我中華民族的生息繁衍，關涉了作爲文明古國的盛衰起落，足可爲當代或後世提供必要的藉鑒，是我國獨有、無可替代的學術體系。故而重建中華博物學，具有歷史的、現實的多方面實用價值。我中華博物學起源久遠，至遲已有兩千年歷史，祇是初始没有"博物學"之名而已。時至明代，始見"博物之學"一詞。如明楊士奇《東里續集》卷一八評述宋陸佃《埤雅》曰："此書於博物之學蓋有助焉。"此一"博物之學"，可視爲"中華博物學"的最早稱謂。又，《四庫全書總目提要》卷一三六評清陳元龍《格致鏡原》曰："〔此書〕分三十類：曰乾象，曰坤輿，曰身體，曰冠服，曰宮室，曰飲食，曰布帛，曰舟車，曰朝制，曰珍寶，曰文具，曰武備，曰禮器，曰樂器，曰耕織器物，曰日用器物，曰居處器物，曰香奩器物，曰燕賞器物，曰玩戲器物，曰穀，曰蔬，曰木，曰草，曰花，曰果，曰鳥，曰獸，曰水族，曰昆蟲，皆博物之學。"此即古籍述及的"中華博物學"最爲明確、最爲全面的定義。重建的博物學於"身體"之外，另增《函籍》《珍奇》《科技》等，可以更全面地融匯古今。在擴展了傳統博物學天地之外，又致力於探索浩浩博物的淵源、流變，以及同物異名與同名異物的研究，致力於物、名之間的生衍關係的考辨。"博物學"本無須冠以"中華"或"中國"字樣，在當代爲區別於西方的"博物學"，遂定名爲"中華博物學"，或曰"中華古典博物學"。"中華博物學"，國人本當最爲熟悉，事實却是大出所料，近世此學已成了過眼雲烟，少有問津者，西方博物學反而風靡於中國。何以形成如此狀況？何以如此本末倒置？這就不能不從噩夢般的中國近代史談起。

一、喪權辱國尋自保，走投無路求西化

清王朝自鴉片戰争喪權辱國之後，面對列强的進逼，毫無氣節，連連退讓，其後又遭

甲午戰争之慘敗，走投無路，於是由所謂“師夷之長技”，轉而向日本求取西化的捷徑，以便苟延殘喘。日本自 19 世紀始，城鄉不斷發生市民、農民暴動，國内一片混亂。1854 年 3 月，又在美國鐵艦火炮脅迫之下，簽訂《神奈川條約》。四年後再度被迫與美國簽訂通商條約。繼此以往，荷、俄、英、法，相繼入侵，條約不斷，同百年前的中國一樣，徹底淪爲半封建半殖民地社會，當權的幕府聲威喪盡。1868 年 1 月，天皇睦仁（即明治天皇）下達《王政復古大號令》，廢除幕府制度，但值得注意的是仍然堅守“大和精神”，并未全部廢除自家原有傳統。同年 10 月，改元明治，此後的一系列變革措施，即稱之爲“明治維新”。維新之後，否定了“近習華夏”，衝决了“東亞文化圈”，上自天皇，下至黎民，勠力同心，在“富國强兵、置産興業”的前提之下，遠法泰西，大力引入嶄新的科學技術，從而迅速崛起，廢除了與列强的一切不平等條約，成爲令人矚目的世界强國之一。可見“明治維新”之前，日本内憂外患的遭遇，與當時的中國非常相似。在此民族存亡的關鍵時刻，中國維新派代表人物不失時機，遠渡東洋，以日本爲鏡鑒，在引進其先進科技的同時，也引進了日本人按照英文 natural history 的語意翻譯成的漢語“博物學”，雖并不準確，但因出於頂禮膜拜，已無暇顧及。況且，自甲午戰争至民國前期，日源語詞已成爲漢語外來語詞庫中的魁首，遠超英法俄諸語，且無任何外來語痕迹，最難識别。如“民主”“科學”“法律”“政府”“美感”“浪漫”“藝術界”“思想界”“無神論”“現代化”等，不勝枚舉。國人曾試圖自創新詞，但敗多勝少，祇能望洋興嘆。究其原因，并非民智的高下，也并非語種的優劣，實則是國力强弱的較量，國强則國威，國威則必擁有强勢文化，而强勢文化勢必涌入弱國，面對强勢文化，弱國豈有話語權？西方的“博物學”進入中國，遒勁而又自然。

　　那麽，西方博物學源於何時何地？又經歷了怎樣的發展變化？答曰：西方博物學發端於古希臘亞里士多德（公元前 384—前 322）《動物志》之類著述，又經古羅馬老普林尼（公元 23—79）的《自然史》，輾轉傳至歐洲各國。其所謂博物除却動植物外，更有天文、地理、人體諸類。這是西方的文化背景與知識譜系，西人習以爲常，喜聞樂見。在歐洲文藝復興和美洲地理大發現之後，見到别樣的動物、植物以及礦物，博物學得到長足發展。至 19 世紀前半期，博物學形成了動物學、植物學和礦物學三大體系，達於鼎盛。至 19 世紀後期，動物學、植物學獨立出來，成爲生物學，礦物學則擴展爲地質學，博物學已被架空。至 20 世紀，博物學已不再屬於什麽科學研究，而完全變成一種生態與環境探索，以供民衆休閑安居的社會活動。其時，除却發端於亞里士多德的"博物學"之外，也有後起的"文化博物學"（Cultural Museology），這是一門非主流的綜合性學科，旨在研究人類一切文化遺産，試圖展示并解釋歷史的傳承與發展，但在題材視野、表達主旨等方面與中華傳統博物學仍甚有差異。面對此類非主流論説，當年的譯者或視而不見，或有意摒弃，其志在振興我中華。

在尋求救國的路途中，仁人志士們目睹了西方先進文化，身感心受，嚮往久之。"試航東西洋一游，見彼之物質文明，莊嚴燦爛，而回首宗邦，黯然無色，已足明興衰存亡之由，長此以往，何堪設想？"（吴冰心《博物學雜誌》發刊詞，1914 年 1 月，第 1 ~ 4 頁），此時仁人志士們滿腔熱血，一心救國。但如何救國，却茫茫然，如墮五里霧中。這一救國之路從表象上觀察似乎一切皆以日本爲鏡鑒，實則迥别於"明治維新"之路，未能把握"富國强兵、置産興業"之首要方嚮，而當年的執政者却衹顧個人權勢的得失，亦無此遠大志嚮。仁人志士們雖振臂疾呼，含泪吶喊，衹飄搖於上層精英之間，因一度失去民族自信、文化自信，而不知所措，矛頭直指孔子及千載儒學，進而直指傳統文化。五四運動前夜，北京大學著名教授錢玄同即正告國人"欲驅除一般人之幼稚的野蠻的頑固的思想"，就必須要"廢孔學"，必須要"廢漢文"（錢玄同《中國今後的文字問題》，載 1918 年 4 月 15 日《新青年》第 4 卷第 4 號）。翌年，五四運動爆發，仁人志士們高舉"德謨克拉西"（民主）、"賽因斯"（科學）兩面大旗，掀起反帝反封建的狂濤巨瀾，成爲中國近現代史上的偉大里程碑，中國人民自此視野大開。這兩面大旗指明了國家强弱成敗的方嚮。但與此同時，仁人志士們又毫不猶豫，全力以赴，要堅决"打倒孔家店"。於是，孔子及其儒家學説成了國弱民窮的替罪羊！接踵而至的就是對於漢字及其代表的漢文化的徹底否定。偉大革命思想家魯迅也一直抨擊傳統觀念、傳統體制，1936 年 10 月，在他逝世前夕《病中答救亡情報訪員》一文中，竟然斷言："漢字不滅，中國必亡！"而新文化運動的主要人物之一胡適更是語出驚人："我們必須承認我們自己百事不如人，不但物質機械上不如人，不但政治制度不如人，并且道德不如人，知識不如人，文學不如人，音樂不如人，藝術不如人，身體不如人。"中華民族是"又愚又懶的民族"，是"一分像人，九分像鬼的不長進民族"（胡適《介紹我自己的思想》，1930 年 12 月亞東圖書館初版《胡適文選》自序）。這是五四運動前後一代精英們的實見實感，本意在於革故鼎新，但這些通盤否定傳統文化的主張，不啻是在緊要歷史關頭的一次群情失控，是中國文化史中的一次失智！在這樣的歷史背景、這樣的歷史氣勢之下，接受西方“博物學”就成了必然，有誰會顧及古老的傳統博物學？

在引進西方博物學之後，國人紛予效法，試圖建立所謂中華自家的博物學，於是圍繞植物學、動物學兩大方面遍搜古今，窮盡群書，着眼於有關動植物之類典籍的縱橫搜求，但這并非我中華的博物全貌，也并非我中華博物學，況且在中華古典博物學中，也罕見西方礦物學之類著作，可見，試圖以西方的博物學體系，另建中華古典博物學，實在是削足適履、邯鄲學步。自 1902 年始，晚清推行學制改革，先後頒布了“壬寅學制”“癸卯學制”。1905 年，根據《奏定學堂章程》，已將西方博物學納入中學的課程設置。其課程分爲植物、動物、礦物、人體生理學四種，分四年講授。1912 年中華民國成立後，江浙等地出現過博物學會和期刊，稍後武昌高等師範學校設立了博物學系，出版過《博物學雜誌》，主要研究動物學、植物學及人體生理學，隨後又將博物學系改稱生物學系，《博物學雜誌》也相應改稱《生物學雜誌》，重走了西方的老路。北京高等師範學校也有類似經歷，甚爲盲目而混亂。至 30 年代，發現西方博物學自 20 世紀始，已轉型爲生態與環境探索，國人因再無興趣，對西方博物學的大規模推廣、學習在中國遂告停止，但因影响至深，其餘風猶存。

二、中華典籍浩如海，博物古學何處覓？

應當指出，中國古代典籍所載之草木、鳥獸、蟲魚之類，亦有別於西方，除卻其自身屬性特徵外，又常常被人格化，或表親近，或加贊賞，體現了另一種精神情愫。如動物龜、鶴，寓意長壽（其後，龜又派生了貶義）；豺、狼、烏鴉、猫頭鷹，或表殘忍，或表不祥；其他如十二生肖，亦各有象徵，各有寓意。而那些無血肉、無情感的植物，同樣也被賦予人文色彩。如漢班固《白虎通·崩薨》載：“《春秋含文嘉》曰：天子墳高三仞，樹以松；諸侯半之，樹以柏；大夫八尺，樹以欒；士四尺，樹以槐；庶人無墳，樹以楊、柳。”足見在我國古老的典制禮俗中，松、柏、欒、槐、楊、柳，已被賦予了不同的屬性，被分爲五等，楊、柳最爲低賤；就連如何埋葬也分爲五等，嚴於區別，從墳高三仞到無墳，成爲天子到庶人的埋葬標志。實則墳墓分爲等級，早在公元前 3300 年至公元前 2300 年的良渚古城遺址已經發現。這些浩浩博物，廣泛涉及了古老民族和古老國度的典制與禮俗，我國學人也難盡知，西方的博物學又當如何表述？

可見西方博物學絶難取代中華古典博物學，中華古典博物學的研究範圍，遠超西方博物學，或可説中華古典博物學大可包容西方博物學。如今，這一命題漸引起國内一些有識之士、專家學者的關注。那麽，中華古典博物學究竟發端於何時何地？有無相對成型的體系？如何重建？答曰：若就人類辨物創器而言，上古即已有之，環宇盡同。若僅就我中華文獻記載而言，有的學者認爲當發端於《周易》，因爲"易道廣大，無所不包"（《四庫全書總目提要》卷九），或認爲發端於《書·禹貢》，因爲此書廣載九州山河、人民與物産。《周易》《禹貢》當然可以視爲中華博物學的源頭。而作爲中華博物學體系的領銜專著，則普遍認爲始於晋代張華《博物志》。而論者則認爲，中華博物學成爲一門相對獨立的學科體系，當始於秦漢間唐蒙的《博物記》，此書南北朝以來屢見引用，張華《博物志》不過是續作而已。對此，前人久有論述。如《四庫全書總目提要》卷一四二曰："劉昭《續漢志》注《律曆志》引《博物記》一條，《輿服志》引《博物記》一条，《五行志》引《博物記》二條，《郡國志》引《博物記》二十九條……今觀裴松之《三國志》注（《魏志·太祖紀》《文帝紀》《吳志·孫賁傳》等）引《博物志》四條，又於《魏志·凉茂傳》中引《博物記》一條，灼然二書，更無疑義。"再如宋周密《齊東野語·野婆》曰："《後漢·郡國志》引《博物記》曰：'日南出野女，群行不見夫，其狀肁且白，裸袒無衣襦。'得非此乎？《博物記》當是秦漢間古書，張茂先（張華，字茂先）蓋取其名而爲《志》也。"再如明楊慎《丹鉛總録》卷一一："漢有《博物記》，非張華《博物志》也，周公謹云不知誰著。考《後漢書》注，始知《博物記》爲唐蒙作。"如前所述，此書南北朝典籍中多有引用，如僅在南朝梁劉昭《續漢志》注中，《博物記》之名即先後出現了三十三次之多。據有關古籍記載，其内包括了律曆、五行、郡國、山川、人物、輿服、禮俗等，盡皆實有所指，無一虛幻。故在明代有關前代典籍分類中，已將唐蒙《博物記》與三國魏張揖《古今字詁》、晋吕静《韻集》、南朝梁阮孝緒《古今文詁》、唐顔元孫《干禄字書》、宋洪适《隸釋》等字書、韵書并列（見明顧起元《説略》卷一五），足見其學術地位之高，而張華《博物志》則未被録入。

至西晋已還，佛道二教廣泛流傳，神仙方士之説大興，於是張華又衍《博物記》爲《博物志》，其書内容劇增，自卷一至卷六，記載山川地理、歷史人物、草木蟲魚，這些當是紀要考訂之屬，合乎本文指稱的名副其實的博物學系統。此外，又力仿《山海經》的體例，旨在記載异物、妙境、奇人、靈怪，以及殊俗、瑣聞等，諸多素材語式，亦幾與《山海經》盡同，若"羽民國，民有翼，飛不遠……去九嶷四萬三千里"云云，并非"浩博實物"，已近於"志怪"小説。張華自序稱其書旨在"博物之士覽而鑒焉"，張序指稱的"博物之士"，義同前引《左傳》之"博物君子"，其"博物"是指"博通諸種事物"，虚虚實實，紛紛紜紜，無所不包。此類記述，正合世風，因而《博物志》大行其道，《博物記》則漸被冷落，南北朝之後已失傳，其殘章斷簡偶見於他書，可輯佚者甚微。後世輾轉相引，又常與《博物志》混同。《博物志》至宋代亦失傳，今本十卷爲采摭佚文、剽掇他書而成，真僞雜糅，亦非原作。其後又有唐人林登《續博物志》十卷，緊接《博物志》之後，更拓其虚幻内容，以記神异故事爲主，多是叙述性文字，其條目篇幅較長，宋代之後也已亡佚。再後宋人李石又有同名《續博物志》十卷，其自序稱："次第仿華書，一事續一事。"實則并不盡然，華書首設"地理"，李書改增爲"天象"，其他内容，間有與華書重複者，所續多是後世雜籍，宋世逸聞。此書雖有舛亂附會之弊，仍不失爲一部難得的繼補之作。李書之後，又有明人游潛《博物志補》三卷，仍係補張華之《志》，旨趣體例略如李石之《續志》，但頗散漫，時補時闕，猥雜冗濫。李、游一續一補，盡皆因仍張《志》，繼其孑遺。以上諸書之所謂"博物"，一脉相承，注重珍稀之物而外，多以臚列奇事异聞爲主旨，同"浩博實物"的考釋頗有差异。游潛稍後，明董斯張之《廣博物志》五十卷問世，始一改舊例，設有二十二類，下列子目一百六十七種，所載博物始於上古，達於隋末，不再因仍張《志》而爲之續補，已是擴而廣之，另闢山林，重在追溯事物起源，其中包括職官、人倫、高逸、方技、典制，等等。其後，清人陳逢衡著有《續博物志疏證》十卷、《續博物志補遺》一卷，對李石《續志》逐條研究探索，并又加入新增條目，成爲最系統、最深入的《續》説。其後，徐壽基又著有《續廣博物志》十六卷，繼董《志》餘緒，於隋代之後，逐一相繼，直至明清，頗似李石之續張華。但《廣志》《續廣志》之類，仍非以專考釋"浩博實物"爲主旨。我國第一部以"博物"命名而研究實物的專著，當爲明末谷應泰之《博物要覽》。該書十六卷，惜所涉亦不過碑版、書畫、銅器、窑器、瑪瑙、珊瑚、珠玉、奇石等玩賞之器物，皆係作者隨所見聞，摭録成帙；所列未廣，其中碑版書畫，尤爲簡陋，難稱浩博，其影響遠不及前述諸《志》，但所創之寫實體例，則非同尋常。而最具權威者，當是明末黄道周所著《博物典彙》，該書共二十卷，所涉博物，始自遠古，達於當朝，上自天文地理，下至草木蟲魚，盡予囊括，并以其所在時代最新的觀點、視野，對歷代博物著述進行了彙總研究。如卷一關於"天文"之考釋，下設"渾天""七曜"，"七曜"下又設"日""月""五星"，再後又有"經星圖""緯星圖""二十八宿"。又如卷七關於"后妃"，下設"宮闈內外之分""宮闈預政之誡"，緊隨其後的即教育"儲貳"之法，等等，甚爲周嚴。

以上諸書就是以"博物"命名的博物學專著。在晚清之前，代代相繼，發展有序，并時有新的建樹。

與這些博物學專著相并行，相匹配，另有以"事"或"事物"命名，旨在探索事物起源的博物學專著。初始之作爲北魏劉懋《物祖》十五卷，稍後有隋謝昊《物始》十卷，是對《物祖》的一次重大補正。《物始》之後，有唐劉孝孫等《事始》三卷，又有五代馮鑑《續事始》十卷，是對《事始》的全面擴展與開拓。《續事始》之後，另有宋高承《事物紀原》十卷，此書分五十五個類目，上自"天地生植"，中經"樂舞聲歌""輿駕羽衞""冠冕首飾""酒醴飲食"，直至"草木花果""蟲魚禽獸"，較《物祖》《物始》尤爲完備，遂成博物學的百代經典。接踵而來者有明王三聘《古今事物考》八卷，效法《紀原》之體，自古至今，上至天文地理，下至昆蟲草木，中有朝制禮儀、民生器用、宮室舟車，力求完備，較之他書尤得要領，類居目列，條理分明，重在古今考釋，一事一物，莫不求源溯始，考核精審。此書載録服飾資料尤爲豐富，如卷一有上古禮制之種種服式，非常全面，卷六所載後世之巾冠、衣、佩、帶、襪、履舃、僧衣、頭飾、妝飾、軍服等百餘種，考證多引原書原文，確然有據，甚爲難得。就全書而言，略顯單薄。明徐炬又有《古今事物原始》三十卷，此書仿高承《紀原》之體，又參《事物考》之章法，以考釋制度器物爲主，古今上下，盡考其淵源，更有所得，凡日月星辰、山川草木，亦必確究其淵源流變，但此與天地共生之浩浩博物，四百餘年前的一介書生，豈可臆測而妄斷？爲此而輾轉援引，頗顯紛亂。且鳥獸花草之起首，或加偶語一聯，或加律詩二句，而後逐一闡釋，實乃蛇足。其書雖有此瑕疵，却不掩大成。與王、徐同代的還有羅頎《物原》二卷（《四庫》本作一卷），羅氏以《紀原》不能黜安崇真，故更訂爲十八門，列二百九十三條，條條錘實。如，刻漏、雨傘、鋦子（用於連合破裂器物的兩脚釘）、酒、豆腐之類的由來，多有創見。惜違《紀原》明記出典之體，又背《事物考》之道，凡有考釋，則溷集衆說爲一。如，烏孫公主作琵琶，張華作苔紙，皆茫然不知所本。不過章法雖有差失，未臻完美，但其功業甚巨，《物原》成爲一部研究記述我國先民發明創造的專著。時至清代，陳元龍又撰

《格致鏡原》一百卷。何謂"格致鏡原"？意即格物致知，以求其本原。此書的子目多達一千七百餘種，明代以前天地間萬事萬物盡予羅致，一事一物，必究其原委，詳其名號，廣博而精審，終成中華古典博物學的巔峰之作。

以上兩大系列專著，自秦漢以來，連續兩千載，一脉相承，這并非十三經、二十六史之類的敕編敕修，無人號令，無人支持，完全出自一種無形的力量，出自文化大國、中華文脉自惜自愛的傳承精神，從而構成浩大的博物學體系。在我國學術研究史中，在我國圖書編纂史中，乃至於世界文化史中，當屬大纛獨立，舉世無雙！本當如江河之奔，生生不息，終因清廷喪權辱國、全盤西化而戛然中斷。

三、博物古學歷磨難，科技起落何可悲！

回顧我國漫長的文化史可知，中華博物學是在傳統的"重道輕器"等陳腐觀念桎梏下，以強大的民族自覺精神、民族意志爲推動力，砥礪前行，千載相繼，方成獨立體系，因而愈加難得，愈加可貴。

"重道輕器"觀念是如何出現的？何謂"道器"？兩者究竟是何關係？《周易·繫辭上》曰："形而上者謂之道，形而下者謂之器。"何謂"道"？所謂道乃"先天地生"，無形無象、無聲無色、無始無終、無可名狀，爲"萬物之所然也，萬理之所稽也"（見《韓非子·解老》），是指形成宇宙萬物之本原，是形成一切事理的依據與根由。何謂"器"？器即宇宙間實有的萬物，包括一切科技發明，至巨至大，至細至微，充斥天地間，而盡皆不虛，或有實物可見，或有形體可指。器即博物，博物即器。"道器關係"本是一種有形無形、可見與不可見的生衍關係，并無高下之分，但在傳統文化中却另有解釋。如《周禮·考工記序》曰："坐而論道，謂之王公；作而行之，謂之士大夫；審曲面埶，以飭五材，以辨民器，謂之百工。"又曰："智者創物，巧者述之，守之世，謂之百工。百工之事，皆聖人之作也。"此文突顯了"道"對於"器"的指導與規範地位。"坐而論道"，可以無所不論，民生、朝政、國運、天下事，當然亦在所論之中。"道"實則是指整體人世間的一種法則、一種定律，或説是我古老的中華民族所創造的另一種學説。所謂"論道者"，古代通常理解爲"王公"或"聖人"，實則是代指一代哲人。《考工記序》却將論道與製器兩者截然分開，明確地予以區別，貶低萬衆的創造力，旨在維護專制統治，從而確定人們的身份地位。坐而論道者貴爲王公，親身製器者屬末流之百工（"審曲面埶，以飭五材、以辨民器"，謂觀察金、木、皮、玉、土之曲直、性狀，據以製造民人所需之器物）。《考工記序》所記雖名爲"考工"，實則是周代禮制、官制之反映，對芸芸衆生而言，這種等級關係之誘惑力超乎尋常，絕難抵禦，先民樂於遵從，樂於接受，故而崇敬王公，崇敬聖人，百代不休。因而在中國古代，科學技術大受其創。

"重道輕器"的陳腐觀念，在中國古代影響廣遠，"器"必須在"道"的限定之下進行，不得隨意製作，不得超常發揮，"道"漸演化爲統治者實施專政的得力手段。"坐而論道"，似乎奧妙無盡。魏晋時期，藉儒入道，張揚"玄之又玄"，乃至於魏晋人不解魏晋文章，本朝人爲本朝人作注，史稱"玄學"。兩宋由論道轉而談理，一代理學宗師應運而生，闡理思辨，超乎想象，就連虛幻縹緲的天宮，亦可談得妙理聯翩，後世道家竟繪出著名的《天宮圖》來。事越千載，五四運動時期，那些新文化運動主將們聯手痛搗"孔家店"，却不攻玄理，"論道""崇道""樂道""惜道"，滾滾而來，遂成千古"道"統，已經背離《易》《老》的本義。出於這樣的觀念，如何會看重"形而下"的博物與博物學？

那麼，古代先民又是如何看待與博物學密切相關的科學技術？《書・泰誓下》載，殷紂王曾作"奇技淫巧，以悦婦人"，爲百代不齒，萬世唾罵。何謂"奇技淫巧"？唐人孔穎達釋之曰："奇技謂奇異技能，淫巧謂過度工巧……技據人身，巧指器物。"所謂"奇技淫巧"，今大底可釋爲超常的創造發明，或可直釋爲科學技術。論者認爲，"百代不齒，萬世唾罵"者并不在於"奇技淫巧"這一超常的創造發明，而在於紂王奢靡無度，用以取悦婦人的種種罪孽。至於紂王是否奢靡無度，"以悦婦人"，今學界另有考證。紂王當時之所以能稱雄天下，正是由於其科技的先進，軍事的强大，其失敗在於大拓疆土，窮兵黷武，導致内外哀怨，決戰之際又遭際叛亂。所謂"以悦婦人"之妲己，祇是戰敗國的一種"貢品"而已，對於年過半百的老人并無多大"媚力"。關於殷商及妲己的史料，最早見於戰國時期成書的《國語・晋語一》，前後僅有二十七字，并無"酒池肉林""炮烙之刑"之類記載，後世史書所謂紂王對妲己的種種寵愛，實是一種演繹，意在宣揚"紅顏禍水"之說（此說最早亦源於前書。"紅顏禍水"，實當稱之爲"紅顏薄命"）。在中國古代推崇"紅顏禍水"論，進而排斥"奇技淫巧"，從而否定了科技的力量，否定了科技强弱與國家强弱的關係。時至周代，對於這種"奇技淫巧"，已有明確的法律限定："作淫聲、異服、奇技、奇器以疑衆，殺！"（見《禮記・王制》）這也就是說，要杜絕一切新奇的創造發明，連同歌聲、服飾也不得超乎常規，否則即犯殺罪！此文自漢代始，多有注疏，今擇其一二，以見其要。"淫聲"者，如春秋戰國時鄭、衛常有男女私會，謳歌相引，被斥爲淫靡之聲；"奇技"者，如年輕的公輸班曾"請以機窆"，即以起重機落葬棺木，因違反當時人力牽挽的埋葬禮節，被視爲不恭。一言以蔽之，凡有違禮制的新奇科技、新奇藝術，皆被視爲疑惑民衆，必判以重罪。這就是所謂"維護禮制"，其要害就是維護統治者的統治地位，故而衣食住行所需器物的質材及數量，無不在尊卑貴賤的等級制約之中。如規定平民不得衣錦綉，不得鼎食，商人、藝人不得乘車馬，就連權貴們娛樂時選定舞蹈的行列亦不可違制，違制即意味着不軌，意味着僭越。杜絶"奇技淫巧"，始自商周，直至明清而未衰。我國著名的四大發明，千載流傳，未料却如同國寶大熊猫一樣，竟由後世西方科學家代爲發現，實在可悲！四大發明、大熊猫之類，或因史籍隱冷，疏於查閱，或因地處山野，難以發現，姑可不論，但其他很多非常具體的發明創造，雖有群書連續記載，也常被無視，或竟予扼殺。如漢代即有超常的"女布"，因出自未嫁少女之手而得名（見《後漢書·王符傳》），南北朝時已久負盛名，稱"女子布"（見南朝宋盛弘之《荆州記》）。宋代又稱"女兒布"，被贊爲"布帛之品……其尤細者也"（見宋羅濬《寶慶四明志·郡志四》）。其後歷代製作，不斷創新，及至明清終於出現空前的妙品"女兒葛"。"女兒葛"爲細葛布的一種，其物纖細如蟬翼紗，又如傳説中的"蛟女絹"，僅重三四兩，捲其一端，整匹女兒葛便可出入筆管之中，精美絶倫，明代弘治之後曾發現於四川鄰水縣，但却被斷然禁止。明皇甫録《下陴記談》卷上："女兒葛，出鄰水縣，極纖細，必五越月而後成，不減所謂蟬紗、魚子纈之類，蓋十繰之力也。予以爲淫巧，下令禁止，無敢作者。"對此美妙的"女兒葛"，時任順慶府知府的皇甫録，并没給予必要的支持、鼓勵，反而謹遵古訓，以杜絶"奇技淫巧"爲己任，堅決下達禁令，并引以爲榮。皇甫録乃弘治九年（1496）進士，爲官清正，面對"奇技淫巧"也如此"果斷"！此後清代康熙年間，"女兒葛"再現於廣東增城縣一帶，其具體情狀，清屈大均《廣東新語·貨語·葛布》中有翔實描述，但其遭遇同樣可悲，今"女兒葛"終於銷聲匿迹。在中國古代，類似的遭遇，又何止"女兒葛"？杜絶"奇技淫巧"之風，一脈相承，何可悲也。

　　但縱觀我華夏全部歷史可知，一些所謂的"奇技淫巧"之類，雖屢遭統治者的禁弃，實則是禁而難止，況統治者自身對禁令也時或難以遵從，歷代帝王皇室之衣食住行，幾乎無一不恣意追求舒適美好，爲了貪圖享樂，就不得不重視科技，就不得不啓用科技。如

"被中香爐"（爐內置有炭火、香料，可隨意旋轉以取暖，香氣縷縷不絕。發明於漢代）、"長信宮燈"（燈內裝有虹管，可防空氣污染。亦發明於漢代）的誕生，即明證。歷代王朝所禁絕的多是認定可能危及社稷之類的"奇技淫巧"，并未禁止那些有利於民生的重大發明，也没有壓抑摧殘黎民百姓的靈智（歷史中偶有以愚民爲國策者，衹是偶或所見的特例而已）。帝王們爲維護其統治地位，以求長治久安，在"重道輕器"的同時，也極重天文、曆算、農桑、醫藥等領域的研究，凡善於治國的當權者，爲謀求其國勢得以强盛，則必定大力倡導科技，《後漢書·和熹鄧皇后紀》所載即爲顯例。和熹皇后鄧綏（公元 81—121），深諳治國之道，兼通天文、算數。永元十四年（102），漢和帝死後，東漢面臨種種滅頂之災，鄧綏先後擁立漢殤帝和漢安帝，以"女君"之名親政長達十六年，克服了有史以來最嚴重的十年天灾，剿滅海盜，平定西羌，收服嶺南三十六個民族，將九真郡外的蠻夷夜郎等納入版圖，恢復東漢對西域的羈縻，征服南匈奴、鮮卑、烏桓等，平息了内憂外患，使危機四伏的東漢王朝轉危爲安。正是在這期間，鄧綏大力發展科技，勉勵蔡倫改進造紙術，任用張衡研製渾天儀、地動儀等儀器，并製造了中尚方弩機，這一可以連續發射的弩機，其射程與命中率令時人驚嘆，成爲當時世界上最具殺傷力的先進武器（此外，鄧綏又破除男女授受不親的陳腐觀念，創辦了史上最早的男女同校學堂，并通過支持文字校正與字詞研究，推動了世界第一部字典《説文解字》問世）。這就爲傳統的博物研究提供了巨大的空間，因而先後出現了今人所謂的"四大發明"之類。實際上何止是"四大發明"？天文、曆算等領域的發明創造，可略而不論。鄧綏之前，魯班曾"請以機窆"的起重機，出現於春秋時期，早於西方七百餘年。徐州東洞山西漢墓出土的青銅透光鏡，歐洲和日本人稱其爲"魔鏡"，當一束光綫照射鏡面而投影在牆壁上時，牆上的光亮圈内就出現了銅鏡背面的美丽圖案和吉祥銘文。這一"透光鏡"比日本"魔鏡"早出現一千六百餘年，而歐洲的學者直到 19 世紀纔開始發現，大爲驚奇，經全力研究，得出自由曲面光學效應理論，將其廣泛運用於宇宙探索中。今日，國人已能够恢復這一失傳兩千餘載的原始工藝，千古瑰寶終得重放异彩！鄧綏之後，又創造了"噴水魚洗"，亦甚奇妙，令人大開眼界。東漢已有"雙魚洗"之名（見明梅鼎祚《東漢文紀》卷三二引《雙魚洗銘》），未知當時是否可以噴水。"噴水魚洗"形似現今的臉盆。盆内多刻雙魚或四魚，盆的上沿兩側有一對提耳，提耳的設置，不衹是爲了便於提動，同時又具有另外一個功用，即當手掌撫摩時，盆内還能噴射出兩尺高的水柱，水面形成一片浪花，同時會發出樂曲般的聲響，十分神奇。今可確知，"噴水魚洗"興起於唐宋之間（見宋王明清《揮塵前録》卷三、宋何薳《春渚紀聞》卷九），當是皇家或貴族所用盥洗用具。魚洗能够噴水，其道理何在？美國、日本的物理學家曾用各種現代科學儀器反復檢測查看，試圖找出其導熱、傳感及噴射發音的構造原理，雖經全力研究，但仍難得以完整的解釋，也難以再現其效果。面對中國古代科技創造的這一奇迹，現代科學遭遇了空前挑戰，祇能"望盆興嘆"。

中華民族，中華博物學，就是在這樣複雜多變的背景之下跌宕起伏，生存發展，在晚清之前，兩千餘年來，從未停止前進的步伐，這又成爲中華民族的民族性與中華博物學的一大特點。

四、西化流弊何時休，誰解古老博物學？

自晚清以還，中華博物學沉淪百年之久，本當早已復蘇，時至今日，幸逢盛世，正益修典，又何以總是步履維艱？豈料經由西學東漸之後，在我國國內一些學人認定科學決定一切，無與倫比，日積月纍，漸漸形成了一種偏激觀念——"唯科學主義"，即以所謂是否合於科學，來判定萬事萬物的是非曲直，科學擁有了絕對的話語權。"唯科學主義"通常表現爲三種態度：一、否認物質之外的非物質。凡難以認知的物質，則稱之爲"暗物質"。這一"暗"字用得非常巧妙，"暗"，難見也！於是"暗物質"取代了"非物質"；二、否認科學之外的其他發現。凡是遇到無從解釋的難題，面對別家探索的結論，一律斥爲"僞科學"。三、否認科學範圍以外的其他一切生産力，唯有科學可以帶動社會發展，萬事萬物必須以科學爲推手。

何謂"科學"？中國古代本有一種認識論的命題，稱之爲"格致"，意謂"格物致知"，指深究事物原理以求得知識，從而認識各種客觀現象，掌握其變化規律。這種哲學我國先秦諸子久已有之，雖已歷千載百代，但却未得應有的重視，終被西方科學所取代。自16世紀始，歐洲由於文藝復興，挣脱了天主教會的長期禁錮，轉向於對大自然的實用性的探索，其代表作即哥白尼的"日心說"與伽利略天文望遠鏡的發明，同時出現牛頓的力學，這是西方的第一次科技革命。這一時期已有"科學"其實，尚無後世"科學"之名，起始定名爲英語science一詞，源於拉丁文，本意謂人世間的各種學問，隸屬於古希臘的哲學思想，是一種對於宇宙間萬事萬物的生衍關係的一種想象、一種臆解，原本無甚稀奇，此時已反響於歐洲，得以廣泛流傳。至 18 世紀，新興的資產階級取得政權，爲推行資本主義，又大力發展科學，西方科學已處於世界領先地位。時至 19 世紀 60 年代後期及 20 世紀初，歐洲發生了以電力、化學及鋼鐵爲新興產業的第二次科技革命，英語 science 一詞迅速擴展於北美和亞洲。日本明治維新時期，赴歐留學的日本學者將 science 譯成“科學”，學界認爲是藉用了中國科舉制度中“分科之學”的“科學”一詞，如同將英文 natural history 的語意翻譯成漢語“博物學”一樣，也并不準確，中國的變法派訪日時，對之頂禮膜拜，欣然接受，自家固有的“格致”一詞，如同國學中的其他語詞一樣被弃而不用，“科學”一詞因得以廣泛流傳。“科學”當如何定義？今日之“科學”包括了自然科學、社會科學、思維科學以及交叉科學。除却嚴謹的形式邏輯系統之外，本是一種具體的以實踐爲手段的實證之學。實踐與實證的結果，日積月纍，就形成了人類關於自然、社會和思維的認知體系，成爲人類評斷事物是非真僞的依據。但科學不可能將浩渺無盡的宇宙及宇宙間的萬事萬物盡皆予以實踐、實證，能够實踐、實證者甚微，因而科學總是在不斷地探索，不斷地補正，不斷地自我完善之中，其所能研究的領域與功能實在有限。當代科學可以在指甲似的晶片上，一次性地裝載五百億電晶體，可以將重達六噸以上的太空船射向太空，并按照既定指令進行各種探索，但却不能造出一粒原始的細胞來，因爲這原始細胞結構的複雜神秘，所蘊含的奇妙智慧，人類雖竭盡全力，却至今無法破解。細胞來自何處？是如何形成的？科學完全失去了話語權！造不出一粒原始的細胞，造一片樹葉尤無可能，造一棵大樹更是幻想，遑論萬千物種，足證“科學”并非萬能的唯一學問。況且，“暗物質”之外，至少在中國哲學體系中尚有“非物質”。何謂“非物質”？“非物質”是與“物質”相對而言，區別於“暗物質”的另一種存在，正如前文所述，它“無形無象、無聲無色、無始無終、無可名狀”，在中國古代稱之爲“道”。“道”可以不遵循因果關係，可以無中生有，爲“萬物之所然也，萬理之所稽也”，可以解釋萬物的由來，可以解釋宇宙的形成。今以天體學的的視野略加分析，亦可見“唯科學主義”的是非。人類賴以生存的地球，其直徑約爲 12 742 公里，是太陽系中的第三顆小行星。太陽系的直徑約爲 2 光年，太陽是銀河系中數千億恒星之一，銀河系的直徑約爲 10 萬光年，包括 1 千億至 4 千億顆恒星，而宇宙中有一千至兩千億銀河系，宇宙有 930 億光年。一光年約等於 9.46 萬億公里。地球在宇宙中衹是一粒微塵，如此渺小的地球人能創造出破解一切的偉大科學，那是癡人說夢！中華先賢面對諸多奧妙，面對諸多不可思議的現象，提出這一“無可名狀”之“道”，當然并非憑空想象，自有其觀測與推理的依據，這顯然不同於源自西方的科學，或曰是西方科學所包容不了的。先賢提出的"無可名狀"的"道"，已超越物質的範圍，或曰"道"絕非"暗物質"所能替代的。這一"無可名狀"的"道"，在當今的別樣的時空維度中已得到初步驗證（在這非物質的維度中滿富玄機）。論者提出這一古老學説，旨在證明"唯科學主義"排斥其他一切學説，過分張揚，不足稱道，絕無否定或輕忽科學之意。百年前西學東漸，尤其是西方科學的傳入，乃是我中華民族思維與實踐領域的空前創獲，是實踐與思維領域的一座嶄新的燈塔，如今已是家喻户曉，人人稱贊，任誰也不會否認科學的偉大，但却不能與偏激的"唯科學主義"混同。後世"科學"一詞，又常常與"技術"連稱爲"科學技術"，簡稱"科技"。何謂"技術"？"技術"一詞來源於希臘文"techs"，通常指個人的技能或技藝，是人類利用現有實物形成新事物，或改變原有事物屬性、功能的方法，或可簡言之曰發明創造。科學技術不同於科學，也不同於技術，也不是科學與技術的簡單相加。科學技術是科學與技術的有機結合體系，既是人類認識世界和改造世界的成果或產物，又是人類認識世界和改造世界最有力的工具或手段，兩者實難分割。某些技術本身可能祇是一種技法，而高深技術的背後則必定是科學。

出於上述"唯科學主義"偏激觀念，重建中華博物學就遭致了質疑或否定，如有學者認爲，中國古代祇有技術而没有科學，哪有什麼中華博物？中華博物學被看作"前科學時代的粗糙的知識和技能的雜燴"，是一種"非科學性思考"，没有什麼科學價值，當然也就没有重建的必要，因爲西方博物學久已存在，無可替代。中國古代當真"祇有技術而没有科學"麼？前文已論及"科學"與"技術"很難分割，在中國古代不祇有"技術"，同樣也有"科學"。回眸世界之歷史長河，僅就中西方的興替發展脉絡略作比較，就可以看到以下史實：當我中華處於夏禹已劃定九州、建有天下之際，西方社會多處於尚未開化的蠻荒歲月；當我中華已處於春秋戰國鋼鐵文化興起之際，整個西方尚處於引進古羅馬文明的青銅器時代；當我宋代以百萬册的印數印刷書籍之際，中世紀的西方仍然憑藉修士們成年纍月在羊皮卷上抄寫複製；著名的火藥、指南針等其他重大發明姑且不論，單就中國歷朝歷代任何一件發明創造而言，之於西方社會也毫不遜色，直至清代中葉，中國的科技一直處於世界領先地位。英國科學家李約瑟主編的七卷巨著《中國科學技術史》，即認爲西方古代科學技術85%以上皆源於中國。這是西方人自發的没有任何背景、没有任何色彩的論斷，甚爲客觀，迄今未見異議。此外又有學者指出，中華傳統博物學不祇擁有科技，又超越了科技的範疇，它是"關於物象（外部事物）以及人與物的關係的整體認知、研究範式與心智體驗的集合"，"這種傳統根本無法用科學去理解和統攝"，中華古典博物學"給我們提供的'非科學性思考'，恰恰是它的價值所在"（余欣《中國博物學傳統的重建》，載《中國圖書評論》，2013 年第 10 期，第 45～53 頁）。這無疑是對"唯科學主義"最有力的批駁！是的，本書極重"科技"研究，又不拘泥於"科技"，同樣重視"非科學性思考"。

中華古典博物學的研究主體是"博物"，是"博物史"，通過對"博物""博物史"的探索，而展現的是人，是人的生存、生活的具體狀況，是人的直觀發展史。中華傳統博物學構成了物我同類、天人合一的博大的獨立知識體系，是理解和詮釋世界的另一視野，這種視野中的諸多"非科學性思考"的博物，科學無法全面解讀，但却是真真切切的客觀存在。所謂傳統博物學是"前科學時代的粗糙的知識和技能的雜燴"，是"非科學性思考"的評價，甚是武斷，祇不過是一種不自覺的"唯科學主義"觀念而已。另將"科學"與"技術"分割開來，強調什麼"科學"與否，這一提法本身就不太"科學"。對此，本書前文已論及，無須複述。我國作爲一個古老國度，在其漫長的生衍過程中，理所當然地包容了"粗糙的知識和技能"。這一狀況世界所有古國盡有經歷，并非中國獨有。"粗糙的知識"的表述似乎也并不恰當，"知識"可有高下深淺之分，未聞有粗糙細緻之別。這所謂"粗糙"，大約是指"成熟"與否，實際上中華傳統博物學所涉之"知識和技能"，并非那麼"粗糙"，常常是合於"科學"的，有些則是非常的"科學"。英國科學家李約瑟等認定古代中國湧現了諸多"黑科技"。何謂"黑科技"？這是當前國際間盛行的術語，即意想不到的超越科技之科技，可見學界也是將"科學"與"技術"連體而稱，而并非稱"黑科學"。認定中國古代"祇有技術而没有科學"，傳統博物學是"前科學時代的粗糙的知識和技能的雜燴"之說，頗有些"粗糙"，準確地說頗有些膚淺！這位學者將傳統博物學統稱爲"前科學時代"的產物，亦是一種妄斷，也頗有些隨心所欲！何謂"前科學時代"？"前科學時代"是指形成科學之前人們僅憑五官而形成的一種感知，這種感知在原始社會時有所見，但也并非全部如此，如鑽木取火、天氣預測、曆法的訂立、灸砭的運用等，皆超越了一般的感知，已經形成了各自相對獨立的科學。看來這位學者并不怎麼瞭解中國古代科技史，并不太瞭解自家的傳統文化，實屬自誤而誤人。

中華博物學的形成及發展歷程，與西方顯然不同。西方博物學萌生於上古哲人的學説，其後則以自然科學爲研究主體，遍及整個歐洲，全面進入國民的生活領域。在這樣的文化背景之下，西方日益强大，直接影響和推動了社會的發展，因而步入世界前列。我中華悠悠數千載，所涉博物，形形色色，浩浩蕩蕩，逐漸形成了中華獨有的博物學體系，但面臨的背景却非常複雜，與西方比較是另一番天地，那就是貫穿數千載的"重道輕器"觀念與排斥"奇技淫巧"之國風，這一觀念、這一國風，其表現形式就是重文輕理，且愈演愈烈。如中國久遠的科舉制度，應試士子們本可"上談禮樂祖姬孔，下議制度輕雛玄"（見明高啓《送貢士會試京師》詩），縱論古今國事，是非得失，而朝廷則可藉此擇取英才，因而國家得以强盛。時至明代後期，舉國推行的科舉制度竟然定型爲千篇一律的八股文，泯滅了朝廷取才之道，一代宗師顧炎武稱八股之禍勝似"焚書坑儒"（見《日知録·擬題》）。清代後期爲維護其獨裁統治，手段尤爲專横强硬，又向以"天朝"自居，哪裏會重視什麽西方的"科學技術"？"科學技術"的落伍最終導致文明古國一敗塗地，這也就是"李約瑟難題"的答案！"科學"之所以成爲"科學"，是因爲其出自實踐、實證，實踐、實證是科學的生命。實踐、實證又必須以物質爲基礎，這正與我中華博物學以浩浩博物爲研究主體相合！但中華博物學，或曰博物研究，始終被置於正統的國學之外，這一觀念與國風，極大地制約了中華博物學的發展。制約的結果如何？可以毫不誇張地説，直接阻礙了中國古代社會的歷史進程。

五、中華博物知多少，皓首難解千古謎

中華博物如繁星麗天，難以勝計，其中有諸多別樣博物，可稱之爲"黑科技"者，令人百思不得其解。如八十餘年前四川廣漢西北發現的三星堆古蜀文化遺址，距今約四千八百年至三千年左右，所在範圍非常遼闊，遠超典籍記載的成都平原一帶，此後不斷探索，不斷有新的發現，成爲 20 世紀人類最偉大的考古發現之一。該遺址內三種不同面貌而又連續發展的三期考古學文化，以規模壯闊的商代古城和高度發達的青銅文明爲代表的二期文化最具特點。二期文化中青銅器具占據主導地位，極爲神奇。衆多的青銅人頭象、青銅面具，千姿百態。還有舉世罕見的青銅神樹，該樹有八棵，最高者近 4 米，共分三層，樹枝上栖息有九隻神鳥，應是我國古籍所載"九日居下枝"的體現；斷裂的頂部，當有"一日居上枝"的另一神鳥，寓意九隻之外，另一隻正在高空當班。青銅樹三層

九鳥，與《山海經・海外東經》中所載"扶桑""若木""九日居下枝，一日居上枝"正同。上古時代，先民認爲天上的太陽是由飛鳥所背負，可知九隻神鳥即代表了九個太陽。其《南經》又曰："有木，其狀如牛，引之有皮，若纓、黃蛇。其葉如羅，其實如欒，其木若蓲，其名曰建木。"何謂"建木"？先民認爲"建木"具有通天本能，傳說中伏羲、黃帝等盡皆憑藉"建木"來往神界與人間。由《山海經》的記載可知，這神奇物又來源於傳統文化，大量青銅文化明顯地受到夏商文明、長江中游文明及陝南文明的影響。那些金器、玉器等禮器更鮮明地展現出華夏中土固有的民族色彩。如此浩大盛壯，如此神奇，這一古蜀國究竟是怎樣形成的？又是怎樣突然消失的？詩人李白在《蜀道難》中曾有絶代一問："蠶叢及魚鳧，開國何茫然？"意謂蠶叢與魚鳧兩位先帝，是在什麼時代開創了古蜀國？何以如此茫茫然令人難解？今論者續其問曰："開國何茫然，失國又何年？開失兩難知，千古一謎團。"三星堆的發掘并非全貌，僅占遺址總面積的千分之一左右，只是古蜀文化的小小一角而已，更有浩瀚的未知數，國人面臨的將是另一個陌生的驚人世界。中華民族襟懷如海，廣納百川，中外文化相容并包，故而博大精深。這些百思不得其解的神奇之物，向無答案，確屬於所謂"非科學性思考"，當代專家學者亦爲之拍案。"唯科學主義"面臨這些"黑科技"的挑戰，當然也絶難詮釋。以下再就已見出土，或久已傳世之實物爲例。上世紀 80 年代，臨潼始皇陵西側出土了兩乘銅車馬，其物距今已有兩千二百餘年，造型之豪華精美，被譽爲世界"青銅之冠"，姑且不論。兩輛車的車傘，厚度僅0.1～0.4 厘米，一號車古稱"立車"或"戎車"，傘面爲 1.12 平方米，二號車傘面爲 2.23平方米，而且皆用渾鑄法一次性鑄出，整體呈穹隆形，均勻而輕薄，這一鑄法迄今亦是絶技，無法超越。而更絶的是一號立車的大傘，看似遮風擋雨所用，實則充滿玄機，此傘的傘座和手柄皆爲自鎖式封閉結構，既可以鎖死，又可以打開，同時可以靈活旋轉 180 度，隨太陽的方位變化而變化，亦可取下插入野外，遮烈日，擋風雨，賞心隨意。令人尤爲稱奇的是，打開傘柄處的雙環插銷，傘柄與傘蓋可各獨立，傘柄就成了一把尖銳的矛，傘蓋就成了盾，可攻可守。這一 0.1～0.4 厘米厚的盾，其抗擊力又遠勝今人的製造技術，令今人望塵莫及，故國際友人贊之爲罕見的"黑科技"。此外分存於西安與鎮江東西兩方的北宋石刻《禹迹圖》，尤爲奇异。此圖參閱了唐賈耽《海内華夷圖》，并非單純地反映宋代行政區劃及華夷之間的關係，而是上溯至《禹貢》中的山川、河流、州郡分布，下至北宋當世，已將經典與現實融爲一體。此圖長方約 1 平方米，宋朝行政區劃即達三百八十個之多，五個大湖，七十座山峰，更有蜿蜒數千里的長江、黃河等江川八十餘條；不祗是中原的地域，尚有與之接壤的大理、吐蕃、西夏、遼等區域，這些區域的山野江河亦有精準的繪製。作爲北宋時代的製圖人，即使能够遍踏域内、域外，也絶難僅憑一己的目力俯瞰全景。此圖由五千一百一十個小方格組成，每一小方格皆爲一百平方公里，所有城市、山野江河的大小距離，盡包容在這些格子裏，全部可以明確無誤地測算出來，其比例尺與今世幾無差異。如此細密精準，必須具有衛星定位之類的高科技纔能繪製出來，九百年前的宋人是憑藉什麽儀器完成的？此一《禹迹圖》較之秦陵銅車馬，更超乎想象，詭異神奇，故而英國學者李約瑟評之爲“世界上最神秘、最杰出的地圖”，美國國家圖書館將一幅 19 世紀據西安圖打製的拓本作爲館藏珍品。中國古代“黑科技”，又何止臨潼銅車馬與《禹迹圖》？

除却上述文獻記載與出土及傳世之物外，另一些則是實見於中華大地的奇特自然景觀，這些百思不得其解的神奇之物，散處天南海北，自古迄今，向無答案，亦屬於所謂“非科學性思考”，當代專家學者亦爲之拍案。“唯科學主義”面臨這些“黑科技”的挑戰，當然也絶難詮釋。我中華大地這些神奇之物，在當世尤應引起重視，國人必須迎接“超科技時代”的到來。如“應潮井”，地處南京市東紫金山南麓定林寺前。此井雖遠在深山之間，却與五公里外的長江江潮相應，江水漲則井水升，江水退則井水降，同處其他諸井皆無此現象。唐宋以來，已有典籍記載，如《江南通志·輿地志·江寧府》引唐段成式《酉陽雜俎》：“蔣山有應潮井，在半山之間，俗傳云與江潮相應，嘗有破船朽板自井中出。”《景定建康志·山川志三·井泉》：“應潮井在蔣山頭陑寺山頂第一峰佛殿後。《蔣山塔記》云：‘梁大同元年，後閤舍人石興造山峰佛殿，殿後有一井，其泉與江潮盈縮增减相應。’”何以如此，自發現以來，已歷千載，迄今無解。以上的奇特之物，多有記載，名揚天下，而另一些奇物，却久遭冷落，默默無聞。如“靈通石”，亦稱“神石”“報警石”，俗稱“猪叫石”。該石位於太行大峽谷林縣境内高家臺輝伏巖村。石體方正，紫紅色，裸露於地面約 4 立方米，高寬各 3 米，厚 2 米，象是一頭體積龐大的臥猪，且能發聲如猪叫。傳聞每逢大事（包括自然灾害、重大變革等）來臨之前，常常“鳴叫”不止，大事大叫數十天，小事則小叫數日，聲音忽高忽低，一次可叫百餘聲，百米之内清晰可聞。但其叫聲祗能現場聆聽，不可録音。何以如此怪異？同樣不得而知！中華博物浩浩洋洋，漫漫無涯，可謂無奇不有，作爲博物之學，亦必全力探究，這也正是中華博物學承担的使命。

六、中華博物學的研究範圍與狀況，新建學科的指嚮與體式如何？

中國當代尚未建立博物學會，也沒有相應的報刊，人們熟知的則是博物院館，而博物院館的職責在於收藏、研究并展出傳世的博物，面對日月星辰、萬物繁衍以及先民生息起居等數千年的古籍記載（包括失傳之物），豈能勝任？中華博物全方位研究的歷史使命衹能由新興的博物學承擔。古老中華，悠悠五千載，博物浩茫，疑難連篇，實難解讀，而新興的博物學却不容迴避，必須做出回答。

本書指稱的博物，包括那些自然物，但并不限於對其形體、屬性的研究，體現了博物古學固有的格致觀念，且常常懷有濃厚的人文情結，可謂奧妙無窮，這又迥别於西方博物學。

如"天宇"，當做何解釋？在中國傳統文化中是與"宇宙"并存的稱謂，重在強調可見的天體和所有星際空間。前已述及，天體直徑可達930億光年以上，實際上可能遠超想象。這就出現了絕世難題：究竟何謂天體？天體何來？戰國詩人屈原在其《天問》篇中，曾連連問天："上下未形，何由考之？""馮翼惟象，何以識之？""明明闇闇，惟時何爲？"千古之問，何人何時可以作答？天宇研究在古代即甚冷僻，被稱爲"絕學"。中國是天宇觀測探索最爲細密的文明古國之一，天象觀測歷史也最爲悠遠，殷墟甲骨、《書》《易》諸經，盡有記載，而歷代正史又設有天文、曆律之類專志，皇家設有司天監之類專職機構，憑此"觀天象、測天意"，以決國策。於是，天文之學遂成諸學之首。天宇研究的主體是天空中的各種現象，這些現象又以各種星體的位置、明暗、形狀等的變化爲主，稱之爲星象。星象極其繁複，難以辨識。於是，在天空位置相對穩定的恒星就成爲必要的定位標志。在人們目力所及的範圍内，恒星數以千計，簡單命名仍不便查找和定位，我華夏先民又將天空劃分爲若干層級的區域，將漫天看似雜亂無章的恒星位置相近者予以組合并命名，這些組合的星群稱之爲星宿。古人視天上諸星如人間職官，有大小、尊卑之分，故又稱星官，因而就有了三垣二十八宿，成爲古天宇學最重要理論依據，這一理論西方天文學絕難取代。

再如古代類書中指稱的"蟲豸"，當代辭書亦少有確解。何謂"蟲豸"？舉凡當今動物學中的昆蟲綱、蛛形綱、多足綱，以及爬行動物中的綫形動物、扁形動物、環節動物、軟體動物中形體微小者，皆爲蟲豸之屬。蟲豸形雖微小，然其生存之久、種類之繁、分布之廣、形態之多、數量之巨，從生物、生態、應用、文化等角度，其意義和價值都大異於其他各類動物，或説是其他各類動物所不能比擬的。蟲豸之屬，既能飛於空，亦能游於水，既能潛於土，亦能藏於山，形態萬千，且各具靈性，情趣互异，故古代典籍遍見記叙，不僅常載於詩文，且多見筆記、小説中。先民又常憑藉其築穴或搬遷之類活動，以預測氣象變化或靈异别端，同樣展現了一幅具體生動的蟲文化畫卷，既有學術價值，又充滿趣味性。自《詩》始，就出現了咏蟲詩，其後歷代從蝶舞蟬鳴、蟻行蛇爬中得到靈感者代不乏人，或以蟲言志，或以蟲抒懷，或以蟲爲比，或以蟲爲興，甚至直以蟲名入於詞牌、曲牌，如僅蝴蝶就有"蝴蝶兒""玉蝴蝶""粉蝶兒""蝶戀花""撲蝴蝶""撲粉蝶"等名類。唐歐陽詢《藝文類聚》收集有關蟬、蠅、蚊、蝶、螢、叩頭蟲、蛾、蜂、蟋蟀、尺蠖、螳、蝗等蟲類的詩、賦、贊等數量浩繁，後世仿其體例者甚多，如《事物紀原》《五雜俎》《淵鑑類函》《古今圖書集成·禽蟲典》等，洋洋大觀。不僅詩詞歌賦，在成語、俗語中，言及蟲豸者，亦不可勝數，如莊周夢蝶、蟒首蛾眉、金蟬脱殻、螳螂捕蟬、螳臂當車、蚍蜉撼樹、作繭自縛、飛蛾撲火（詞牌名爲"撲燈蛾"）等；不僅見諸歷代詩文，今世辭章以蟲爲喻者，仍沿襲不衰，如以蝸喻居、以蝶喻舞、以蟬翼喻輕薄、以蛇蠍喻狠毒等，比比皆是，不勝枚舉。

　　本博物學所指稱博物又包括了人類社會生活的各方面、領域，自史前達於清末民初，有的則可直達近現代，至巨至微，錯綜複雜。而對於某一具體實物，必須從其初始形態、初始用途的探討入手，而後追逐其發展演變過程，這樣纔能有縱横全面的認定，從而作出相應的結論，這正是新興博物學的使命之一。今僅就我中華民族時有關涉者予以考釋。今日，國人對於古代社會生活實在太過陌生，現當代權威工具書所收録的諸多重要的常見詞目，常常不知其由來，遭致誤導。如"祭壇"一詞，《漢語大詞典·示部》釋文曰：

　　　　祭壇：供祭禮或宗教祈禱用的臺。劉大傑《中國文學發展史》第一章三："無論藝術哲學都得屈服於宗教意識之下，在祭壇下面得着其發展生命了。"艾青《吹號者》詩："今日的原野呵，已用展向無限去的暗緑的苗草，給我們布置成莊嚴的祭壇了。"亦指上壇祭祀。侯寶林《改行》："趕上皇上齋戒忌辰，或是皇上出來祭壇，你都得歇工（下略）。"

以上引用的三個書證全部是現代漢語，檢索此條的讀者可能會認定"祭壇"乃無淵源的新興詞，與古漢語無關。豈不知《晋書·禮志下》《舊唐書·禮儀志三》《明史·崔亮傳》

諸書皆有"祭壇"一詞，又皆爲正史，并不冷僻。《漢語大詞典》爲證實"祭壇"一詞的存在，廣予網羅，頗費思索，連同侯寶林的相聲也用作重要書證。侯氏雖被贊爲現代語言大師，但此處的"祭壇"，并非"供祭禮或宗教祈禱用的臺"，"祭"與"壇"爲動賓語結構，并非名詞，不足爲據。還應指出，"祭壇"作爲人們祭祀或祈禱所用實體的臺，早在史前即已出現，初始之時不過是壘土爲臺罷了。

此外，直接關涉華夏文化傳播形式的諸多博物更是大异於西方。如"文具"初稱"書具"，其稱漢代大儒鄭玄在《禮記·曲禮上》注中已見行用。千載之後，宋人陶穀《清异錄·文用》中始用"文具"一詞。文具泛指用於書寫繪畫的案頭用具及與之相應的輔助用具。國人憑藉這些文具，創造了最具特色的筆墨文化、筆墨藝術，憑藉這些文具得以描述華夏五千載的燦爛歷史。中華傳統文具究有多少？國人最爲熟悉的莫過於"文房四寶"，實際又何止"文房四寶"？另有十八種文房用具，定名爲"十八學士"，宋代林洪曾仿唐韓愈《毛穎傳》作《文房職方圖贊》（簡稱《文房圖贊》，即逐一作圖爲之贊）。實際上遠超十八種，如筆筒、筆插、筆掭、筆洗、墨水匣、墨床、水注、水承、水牌、硯滴、硯屏、印盒、帖架、鎮紙、裁刀、鉛槧、算袋、照袋、書床、筆擱、高閣，等等，已達三十種之多。

"文房四寶""十八學士"之類中華獨具的傳統文化，今國人熟知者已不甚多，西方博物又何從涉及？何可包容？

七、新興博物學的表述特點，其古今考辨的啓迪價值

當代新興博物學所展現的是中華博物本身的生衍變化以及其同物异名、同名异物等，其主旨之一在於探尋我古老的中華民族的真實歷史面貌，温故知新，從而更加熱爱我们偉大的中華文明。

偉大的中華民族，在歷史上産生過許多杰出的思想觀念，比如，我中華民族風行百代的正統觀念是"君爲輕，民爲本，社稷次之"（見《孟子·盡心下》），這就是强調人民高於君王，高於社稷（猶"國家"），人民高於一切！古老的中華正統對人民如此爱護，如此尊崇，在當今世界也堪稱難得。縱觀朝代更迭的全部歷史可知，每朝每代總有其興起及消亡的過程，有盛必有衰。在這部《通考》中，常有實例可證，如有關商代都城"商邑"的

記載，就頗具代表性。試看，《詩·商頌·殷武》："商邑翼翼，四方之極。"鄭玄箋："極，中也。商邑之禮俗翼翼然……乃四方之中正也。"孔穎達疏："言商王之都邑翼翼然，皆能禮讓恭敬，誠可法則，乃爲四方之中正也。"《詩》文謂商都富饒繁華，禮俗興盛，足可爲全國各地的學習楷模。"禮俗"在上古的地位如何？《周禮·天官·大宰》曰："以八則治都鄙：一曰祭祀，以馭其神……六曰禮俗，以馭其民。"這是說周代統治者以禮俗馭其民，如同以祭祀馭鬼神一樣，未敢輕忽怠慢，禮俗之地位絕不可等閑視之。古訓曰："倉廩實而知禮節，衣食足而知榮辱。"（見《史記·管晏列傳》）此處的"禮節"是禮俗的核心內容，可見禮俗源於"倉廩實"。"倉廩實"展現的是國富民強，而國富民強，必重禮俗，禮俗展現了國家的面貌。早在三千年前的商代，已如此重視禮俗。"商邑翼翼"所反映的是上古時期商都全盛時期的繁華昌明，其後歷代亦多有可以稱道的興盛時期，如"漢武盛世""文景盛世"、唐"貞觀盛世""開元盛世"、宋"嘉祐盛世"、明"永宣盛世"、清"康乾盛世"等，其中更有"夜不閉户，路不拾遺"的佳話。盛世總是多於亂世，或曰溫飽時代總是多於飢寒歲月。唐代興盛時期，君臣上下已萌生了甚爲隨和的禮儀狀態，不喜三拜九叩之制，宋元還出現了"衣食父母"之類敬詞（見宋祝穆《古今事物類聚別集》卷二〇、元關漢卿《竇娥冤》第二折），這正體現了"王者以民爲天，民以食爲天"（見《漢書·酈食其傳》）的傳統觀念。中國歷史上的黎民百姓并非一直生活在水深火熱之中，在漫長的歲月中也常有溫飽寧靜的生活，因而涌現了諸多忠心報國的詩詞。如"但使龍城飛將在，不教胡馬度陰山"（唐王昌齡《出塞二首》之一）；"忘身辭鳳闕，報國取龍庭"（王維《送趙都督赴代州得青字》）；"僵臥孤村不自哀，尚思爲國戍輪臺"（宋陸游《十一月四日風雨大作》）；"奇謀報國，可憐無用，塵昏白羽"（宋朱敦儒《水龍吟·放船千里凌波去》）。

　　久已沉淪的傳統博物學今得重建，可藉以知曉我中華兒女擁有的是何樣偉大而可愛的祖國！偉大而可愛的祖國，江山壯麗，蘭心大智，光前裕後，莘莘學子尤當珍惜，尤當自豪！回眸古典博物學的沉淪又可確知，鴉片戰爭給中華民族帶來的是空前的傷害，不祇是漢唐氣度蕩然無存，國勢極度衰微，最爲可怕的是傷害了民族自信，爲害甚烈。傷害了民族自信，則必會輕視或否定傳統文化，百代信守的忠義觀念、仁義之道，必消失殆盡，代之而來的則是少廉寡恥，爾虞我詐，以崇洋媚外爲榮，這一狀況久有持續，對青少年的影響尤甚，怎不令人痛心！時至當代，正全力弘揚中華優秀傳統文化，全力推行科技創新，踔厲奮發，重振國風，這又怎不令人慶幸！

　　新興博物學在展現中華博物本身的生衍變化進而展現古代真切的社會生活之外，又展現了一種獨具中華風采的文化體系。如常見語詞"揚州瘦馬"，其來歷如何？祗因元馬致遠《天净沙·秋思》中有"西風古道瘦馬"之句。自 2008 年山西吕梁市興縣康寧鎮紅峪村發現元代壁畫墓以來，其中的一首《西江月》小令："瘦藤高樹昏鴉，小橋流水人家，古道西風瘦馬，夕陽西下，已獨不在天涯。"在學界引發了關於《天净沙·秋思》的爭論熱議。由《西江月》小令聯想元代的另一版本："瘦藤老樹昏鴉，遠山流水人家，古道西風瘦馬，夕陽西下，斷腸人去天涯。"於是有學人又認爲此一"瘦馬"當指"揚州藝妓"，意謂形單影隻的青樓女子思念遠赴天涯的情郎——"斷腸人"，但這小令中的"瘦馬"之前，何以要冠以"古道西風"四字？則不得而知。通行本狀寫天涯游子的冷落凄凉情景，堪稱千古絕唱，無可置疑。那麼何以稱藝妓爲"瘦馬"？"瘦馬"一詞，初見於唐白居易《有感》詩三首之二："莫養瘦馬駒，莫教小妓女。後事在目前，不信君看取。馬肥快行走，妓長能歌舞。三年五年間，已聞換一主。"金董解元《西厢記諸宮調》中的《仙吕·賞花時》又載："落日平林噪晚鴉，風袖翩翩吹瘦馬。"此處的"瘦馬"無疑確指藝妓。稱妓女爲人人可騎的馬，後世又稱之爲"馬子"，是一種侮辱性的比擬。何以稱"瘦"？在中國古代常以"瘦"爲美，"瘦"本指腰肢纖細，故漢民歌曰："楚王好細腰，宫中多餓死。""細腰"强調的是苗條美麗。"好細腰"之舉，在南方尤甚，揚州的西湖所以稱之爲"瘦西湖"，不祗是因其狹長緊連京杭大運河，實則是因湖邊楊柳依依，芳草萋萋，又有荷花池、釣魚臺、五亭、二十四橋，美不勝收，較之杭州西湖有一種別樣的美麗。國人何以推崇揚州？《禹貢》劃定九州之中就有揚州，今之揚州已有兩千五百餘年的歷史。其主城區位於長江下游北岸，可追溯至公元前 486 年。春秋時期，吳王夫差在此開鑿了世界最早的運河——邗溝，建立邗城，孕育了唯一與邗溝同齡的運河城；因水網密布，氣候温潤，公元前 319 年，楚懷王熊槐在此建立廣陵城（今揚州仍沿稱"廣陵"），遂成爲中華歷史名城之一。此後歷經魏晉等朝代多次重修，至隋文帝開皇九年（589），廣陵改稱揚州。揚州除卻政治地位顯赫之外，又是美女輩出之地，歷史上曾有漢趙飛燕、唐上官婉兒及南唐風流帝王李煜先後兩任皇后周薔、周薇，號稱"四大美女"。隋煬帝楊廣又在此開鑿大運河，貫通至京都洛陽旁連涿郡，藉此運河三下揚州，尋歡作樂。時至唐代，揚州更是江河交匯，四海通達，成爲全國性的交通要衝，故有"故人西辭黄鶴樓，煙花三月下揚州。孤帆遠影碧空盡，唯見長江天際流”的著名詩篇（唐李白《黃鶴樓送孟浩然之廣陵》，今之揚州已遠離長江）。揚州在唐代是除却長安之外的最爲繁華的大都會，商旅雲聚，青樓大興，成爲文壇才士、豪門公子醉生夢死之地。唐王建《夜看揚州市》詩贊曰：“夜市千燈照碧雲，高樓紅袖客紛紛。”詩人杜牧《遣懷》更有名作：“落魄江湖載酒行，楚腰纖細掌中輕。十年一覺揚州夢，贏得青樓薄幸名。”此“楚腰纖細掌中輕”之用典，即直涉楚靈王好細腰與趙飛燕的所謂“掌中舞”兩事。杜牧憑藉豪放而婉約的詩作，贏得百世贊頌，此詩實是一種自嘲、以書懷才不遇之作，却曾遭致史家“放浪薄情”的詬病。大唐之揚州，確是令人嚮往，令人心醉，故而詩人張祜有“人生只合揚州死”（見其所作《縱游淮南》）之感嘆。元代再度大修的京杭大運河弃洛陽直達北京，揚州之地位愈加顯赫。總之，世界這一最古最長的大運河歷代修建，始終離不開揚州。時至明清，揚州經濟依然十分繁盛，仍是達官貴人喜於擇居之地，兩淮鹽商亦集聚於此，富甲一方，由此振興了園林業、餐飲業，娛樂中的色情業也應運而生，養“瘦馬”就是其中的一種，一些投機者低價買進窮苦人家的美麗苗條幼女，令其學習言行禮儀、歌舞繪畫及其他媚人技能技巧，而後以高價賣至青樓或權貴豪門，大發其財。除却“揚州瘦馬”之外，又催生了著名的“揚州八怪”，文化藝術色彩愈加分明。

“揚州瘦馬”本是一種當被摒弃的陋習，不足爲訓，但這一陋習所反映出的却是關聯揚州的一種別樣的文化，反映了揚州古今社會的經濟發展與變化，這當然也是西方博物學替代不了的。

結　語

綜上所述可知，中華博物學是學術研究中的另一方天地，無可替代，必須重建，且勢在必行。如何重建？如何展現我中華博物獨有的神貌？答曰：中華博物絶非僅指博物館的收藏物，必須是全方位的，無論是宮廷裏，無論是山野間，無論是人工物，無論是天然品，無論是社會中，無論是自然界裏，皆應廣予收錄考釋。考釋的主旨，乃探索我中華浩浩博物的淵源、流變。此一博物學甚重“物”的形體、屬性及其淵源流變，同時又關注其得名由來，重視兩者間的生衍關係。通常而言（非通常情況當作別論），在人類社會中有其物必當有其名，有其名亦必有其物。此外，更有同物異名，或同名異物之別。探究“物”本體的淵源流變并釐清名物關係，這就是中國古典博物學的使命，這也正是最爲嚴密的格物致知，也正是最爲嚴肅的科學體系。但中國古典博物學，又必須體現《博物記》以還的國學傳統，必須體現博大的天人視野及民胞物與情懷，有助於我中華的再度振起，乃至於世界的安寧和諧。而那些神怪虛無之物，則不得納入新的博物學中，祇能作爲附錄以備考。如何具體裁定，如何通盤布局，并非易事，遠超想象。因我中華民族是喜愛并嚮往神話的古老民族，又常常憑藉豐富的想象對某種博物作出判斷與解讀，判斷與解讀的結果，除却導致無稽的荒誕之外，又時或引發別樣的思考，常出乎人們的所料，具有別樣的價值。如水族中的“比目魚”，亦稱“王餘魚”“兩鮃”“拖沙魚”“鞋底魚”“板魚”“箬葉”，俗稱“偏口魚”，爲鰈形目魚類之古稱。成魚身體扁平而闊，兩眼移於頭的另一端，習慣於側卧，朝上的一面有顔色鮮明的眼睛，朝下一面似無眼睛，先民誤以爲祇有一眼，必須相互比并而行。此一判斷與解讀，始自漢代《爾雅・釋地》：“東方有比目魚焉，不比不行。”郭璞注：“狀似牛脾……一眼，兩片相合乃得行。今水中所在有之，江東又稱爲王餘魚。”事過千載，直至明代李時珍《本草綱目》問世，盡皆認定比目魚僅有一隻眼，出行必須各藉他魚另一眼（見《本草綱目・鱗四・比目魚》）。傳統詩文中用比目魚以比喻形影不離的情侶或好友，先民争相傳頌，百代不休，直至 1917 年徐珂的《清稗類鈔》問世，始知比目魚兩眼皆可用，不必兩兩并游（《清稗類鈔・動物篇》）。古人憑藉想象，又認爲尚有與比目魚相對應的“比翼鳥”，見於《爾雅・釋地》：“南方有比翼鳥焉，不比不飛。”這一“比翼鳥”，僅一目一翼，須雌雄并翼飛行，如同比目魚一樣，亦用以比喻形影不離的情侶或好友。“比目魚”“比翼鳥”之類虛幻者外，後世又派生了所謂“連理枝”，著名詩作有唐白居易《長恨歌》曰：“在天願爲比翼鳥，在地願爲連理枝。”何謂“連理枝”？“連理枝”是指自然界中罕見的偶然形成的枝和幹連爲一體的樹木。“連理枝”之外，又出現了“并蒂蓮”之類。“并蒂蓮”亦稱“并頭蓮”“合歡蓮”等，是指一莖生兩花，花各有蒂，蒂在花莖上連在一起的蓮花。這種“連理枝”“并蒂蓮”，難以納入下述的世界通行的階元系統，也難依照林奈創立的雙名命名法命名，但却又是一種不可忽視的實物，是大自然所形成的另一種奇妙的實物。此一“并蒂蓮”如同“比目魚”“連理枝”一樣，亦用以喻情侶或好友，同樣廣見於傳統詩文。歲月悠悠，始於遠古，達於近世，先民對於我中華博物的無限想象以及與之并行的細密觀察探索，令人嘆爲觀止，凡天地生靈、袞袞萬物，無所不及，超乎想象，從而構成了一幅文明古國的壯闊燦爛畫卷。

　　這當是歷經百年沉淪、今得復蘇的我國傳統的博物學，這當是重建的嶄新的全方位的中華博物學。

　　中華博物學除却遵循發揚傳統的名物學、訓詁學、考據學及近世的考古學之外，也廣泛汲取了當代天文、地理、生物、礦物、農學、醫學、藥學諸學的既有成就，其中動植物的本名依照世界通行的階元系統，分爲界、門、綱、目、科、屬、種七類。又依照瑞典卡爾·馮·林奈（瑞文Carl von Linné）創立的雙名命名法命名。"連理枝""并蒂蓮""比目魚""比翼鳥"之屬旁及龍、鳳、麒麟、貔貅等傳説之物，則作爲附録，劃歸相應的動物或植物卷中。這樣的研究章法，這樣的分類與標注，避免了傳統分類及形狀描述的訛誤或不確定性，即可與國際接軌。綜合古今中外，論者認爲《中華博物通考》的研究主體，可劃歸三十六大類，依次排列如下：

　　《天宇》《氣象》《地輿》《木果》《穀蔬》《花卉》《獸畜》《禽鳥》《水族》《蟲豸》《國法》《朝制》《武備》《教育》《禮俗》《宗教》《農耕》《漁獵》《紡織》《醫藥》《科技》《冠服》《香奩》《飲食》《居處》《城關》《交通》《日用》《資産》《珍奇》《貨幣》《巧藝》《雕繪》《樂舞》《文具》《函籍》。

　　存史啓智，以文育人，乃我中華千載國風。新時代習近平總書記甚重民族自信、文化自信，極力倡導"舊邦新命"，明確指出要"盛世修文"，怎不令人振奮，令人鼓舞！今日，我輩老少三代前後聯手、辛苦三十餘載、三千餘萬言的皇皇巨著——《中华博物通考》欣幸面世，并得到國家出版基金资助。這就昭示了沉淪百載的中華傳統博物學終得復蘇，這就是重建的全新中華博物學。"舊邦新命""盛世修文"，重建博物學，旨在賡續中華文脈，發揚優秀傳統文化，汲取生生不息的精神力量，再現偉大民族的深邃智慧，展我生平志，圓我强國夢！

張述錚

乙丑夾仲首書於山東師範大學映月亭
甲辰南吕增補於歷下龍泉山莊東籬齋

總　説

——漫議重建中華博物學的歷史意義與現實價值

緣　起

《中華博物通考》（下稱《通考》）是一部通代史論性的華夏物態文化專著，係“九五”“十五”“十四五”國家重點出版物專項規劃項目，并得到 2020 年度國家出版基金資助。全書共三十六卷，另有附録一卷，其中有許多卷又分上下或上中下，計有五十餘册，逾三千萬字。《通考》的編纂，擬稿於 1990 年夏，展開於 1992 年春，迄今已歷三十餘載，初始定名爲《中華博物源流大典》，原分三十二門類（即三十二卷）。此後，歷經斟酌修補，終成今日規模。三十餘載矣，清苦繁難，步履維艱，而大江南北，海峽兩岸，衆多學人，三代相繼，千里聯手，任勞任怨，無一退縮，何也？因本書關涉了古老國度學術發展的重大命題，足可爲當今社會所藉鑒，作者們深知自家承擔的是何樣的重任，未敢輕忽，未敢怠慢。

何謂中華物態文化？中華物態文化的研究主體就是中華浩博實物。其歷史若何？就文字記載而言，中華物態文化史應上溯於傳説中的三皇五帝時期，隸屬於原始社會。“三皇五帝”究竟爲何人，我國史家多有不同見解，大抵有三説：一曰“人間君主説”，“三皇”分別指天皇、地皇、人皇，“五帝”分別指炎帝烈山氏、黄帝有熊氏、顓頊高陽氏、帝堯陶唐氏和帝舜有虞氏；二曰"開創天下說"，三皇分別指有巢氏、燧人氏、伏羲氏，"五帝"分別指炎帝烈山氏、黃帝有熊氏、顓頊高陽氏、帝堯陶唐氏和帝舜有虞氏；三曰"道治德化說"，認爲"三皇以道治，五帝以德治"，"三皇"是遠古三位有道的君主，分別指太昊伏羲氏、炎帝神農氏及黃帝軒轅氏，五帝則是少昊金天氏、顓頊高陽氏、帝嚳高辛氏、帝堯陶唐氏和帝舜有虞氏。有關三皇五帝的組合方式，典籍記載亦不盡相同，大抵有四種，在此不予臚列。"三皇五帝"所處時間如何劃定，學界通常認爲有巢、燧人、伏羲屬於舊石器時代，有巢、燧人爲早期，伏羲爲晚期，其餘皆屬新石器時代，炎帝、黃帝、少昊、顓頊等大致同時，屬仰韶文化後期和龍山文化早期。"三皇五帝"後期，已萌生并逐步邁進文明史時代。

中華文明史，國際上通常認定爲三千七百年（主要以文字的誕生與城邑的出現等爲標志），國人則認定爲逾五千年，今又有九千年乃至萬年之說。後者可以上溯至新石器時代，如隸屬裴李崗文化的河南省舞陽縣賈湖村出土了上千粒碳化稻米，約有九千年歷史，是世界最早的栽培粳稻種子。經鑒定其中百分之八十以上不同於野生稻，近似現代栽培稻種，可證其時已孕育了農耕文化。其中發現的含有稻米、山楂、葡萄、蜂蜜的古啤酒也有九千年以上的歷史，可證其時已掌握了釀造術。賈湖又先後出土了幾十支骨笛，也有七千八百年至九千年的歷史，其中保存最爲完整者，可奏出六聲音階的樂曲，反映了九千年前，中華民族已具有相當高度的生產力與創造力、具有相當高度的文化藝術水準與審美情趣。有美酒品嘗，有音樂欣賞，彼時已知今人所稱道的"享受生活"，當非原始人所能爲。賈湖遺址的發現并非偶然，近來上山文化晚期浙江義烏橋頭遺址，除却出土了古啤酒之外，又發現諸多彩陶，彩陶上還繪有伏羲氏族所創立的八卦圖紋飾，故而國人認爲這一時期中華文明已開始形成，至少連續了九千載。中華文明的久遠，當爲世界四大文明古國之首，徹底否定了中華文明西來之說。九千載之說雖非定論，却已引起舉世關注。此外，江西省上饒市萬年縣大源鄉仙人洞遺址發現的古陶器則產生於一萬九千至兩萬年前，又遠超前述的出土物的製作時間。雖有部分學界人士認爲仙人洞遺址隸屬於舊石器遺址，并未進入文明時代，但其也足可證中華博物史的久遠。

一、何謂"博物"與《中華博物通考》？《通考》的要義與章法何在？

何謂"博物"？"博物"一詞，首見於《左傳·昭公元年》："晋侯聞子産之言，曰：'博物君子也。'"其他典籍也時有記載，如《漢書·楚元王傳贊》："自孔子後，綴文之士衆也，唯孟軻、孫況、董仲舒、司馬遷、劉向、揚雄此數公者，皆博物洽聞，通達古今。"《周書·蘇綽傳》："太祖與公卿往昆明池觀魚，行至城西漢故倉地，顧問左右莫有知者。或曰：'蘇綽博物多通，請問之。'"以上"博物"指博通諸種事物，一般釋爲"知識淵博"。此外，《三國志·魏書·國淵傳》："《二京賦》博物之書也，世人忽略，少有其師可求。"唐釋玄奘《大唐西域記·摩臘婆國》："昔此邑中有婆邏門，生知博物，學冠時彦，内外典籍，究極幽微，曆數玄文，若視諸掌。"明王褘《司馬相如解客難》："借曰多識博物，賦頌所託，勸百而風一。"這些典籍所載之"博物"，即可釋爲今義之"浩博實物"。這一浩博實物，任一博物館盡皆無法全部收藏。本《通考》指稱的"博物"既可以是天然的，也可以是人工的；既可以是静態的，也可以是動態的；既可以是斷代的，也可以是歷時的，是古今并存，巨細俱備，時空縱横，浩浩蕩蕩，但必須是我中華獨有，或是中土化的。研究這浩蕩博物的淵源流變以及同物異名或同名異物之著述即《博物通考》，而爲與西方博物學相區別，故稱之爲《中華博物通考》。

在中國古代久有《皇覽》《北堂書鈔》等類書、《儒學警語》《四庫全書》等叢書以及《爾雅》《説文》等辭書，所涉甚廣，却皆非傳統博物典籍。本書草創之際，唯有《中國學術百科全書》《中華百科全書》《中國大百科全書》之類風行於世，這類百科全書亦皆非博物學專著。專題博物學著作甚爲罕見，僅有今人印嘉祥《物源百科辭書》，俞松年、毛大倫《生活名物史話》，抒鳴、銳鏵《世界萬物之由來》等幾種，多者收詞約三千條，少者僅一百八十餘款，或洋洋灑灑，或鳳毛麟角，各有千秋，難能可貴。《物源百科辭書》譽稱"我國第一部物源工具書"（見該書序），此書中外兼蓄，虛實并存，堪稱廣博，惜略顯雜蕪。本《通考》則另闢蹊徑，別有建樹，可稱之爲當代第一部"中華古典博物學"。

《通考》甚重對先賢靈智的追踪與考釋。中華民族是滿富慧心的偉大民族，極善觀察探索，即使一些不足挂齒的微末之物也未忽視，且載於典籍，十分翔實生動。如對常見的鳥類飛行方式即有以下描述：鳥學飛曰翎，頻頻試飛曰習，振翅高飛曰翥，向上直飛曰翀，張翼扶摇上飛曰羿，鳥舒緩而飛、不高不疾曰翉、曰翂，快速飛行曰翼，水上飛行曰摖，高飛曰翰，輕飛曰翩，振羽飛行曰翻，等等，不一而足。如此細密的觀察探隱，堪稱世界之最，令人嘆服！而關於禽鳥分類學，在中國古代也有獨到見解。明代李時珍所著《本草綱目》已建立了階梯生態分類系統，將禽鳥劃分爲水禽、原禽、林禽、山禽等生態類別，具有劃時代意義。這一生態分類法較瑞典生物學家林奈的《自然系統》（第十版）中的分類要早一百六十餘年，充分展示了我國古代鳥類分類學的輝煌成就，駁正了中國傳統生物學一貫陳腐落後的舊有觀念。此外，那些目力難及、浩瀚的天體，也盡在先民的觀察探索之中，如關於南天極附近的星象，遠在漢代即有記載。漢武帝元鼎六年（公元前 111），滅南越國，置日南九郡事，《漢書》及顔注、酈道元《水經注》有關 "日南" 的定名中皆有詳述，而西方於 15 世紀始有發現，晚中國一千四百餘年。再如，關於太陽黑子，在我國漢代亦有記載，《漢書·五行志》載："日黑居仄，大如彈丸。" 其後《晉書·天文志中》亦載："日中有黑子、黑氣、黑雲。" 而西方於 17 世紀始有發現，晚於中國一千六百餘年。惜自清朝入關之後，對於中原民族，對於漢民族長期排斥壓抑，致使靈智難展，尤其是中後期以來的專制國策，遭致國弱民窮，導致久有的科技一蹶不振，於是在列强的視野下，中華民族變成了一個愚昧的 "劣等" 民族。受此影響，一些居留國外或留學國外的學人，亦曾自卑自弃，本書《導論》曾引胡適的評語：中華民族是 "又愚又懶的民族"，是 "一分像人，九分像鬼的不長進民族"（見胡適《介紹我自己的思想》，1930年 12 月亞東圖書館初版《胡適文選》自序》）。本《通考》有關民族靈智的追踪考索，巨細無遺，成爲另一大特點。

《通考》遵從以下學術體系：宗法樸學，不尚空論，既重典籍記載，亦重實物（包括傳世與出土文物）考察，除却既有博物類專著自身外，今將博物研究所涉文獻歸納爲十大系統：一曰史志系統，即史書中與紀傳體并列，所設相對獨立的諸志。如《禮樂志》《刑法志》《藝文志》《輿服志》等，頗便檢用。二曰政書類書系統。重在掌握典制的沿革，廣求佚書异文。三曰考證系統。如《古今注》《中華古今注》《敬齋古今黈》等，其書數量無多，見重實物，頗重考辨。四曰博古系統。如《刀劍錄》《過眼雲煙錄》《水雲錄》《墨林快事》等，這些可視爲博物研究散在的子書，各有側重，雖常具玩賞性，却足資藉鑒。五曰本草系統。其書草木蟲魚、水土金石，羅致廣博，雖爲藥用，已似百科全書。六曰注疏系統。爲古代典籍的詮釋與發揮。如《易》王弼注、《詩》毛亨傳、《史記》裴駰集解、《老子》魏源本義、《楚辭》王夫之通釋、《三國志》裴松之注、《水經》酈道元注、《世說新語》

劉孝標注等。七曰雅學系統、許學系統，或直稱之爲訓詁系統，其主體就是名物研究，後世稱爲“名物學”。八曰异名辨析系統。已成爲名物學的獨立體系。如《事物异名》《事物异名録》等，旨在同物异名辨析。九曰説部系統。包括了古代筆記、小説、話本、雜劇之類被正統學者輕視的讀物，這是正統文化之外，隱逸文化、民間文化的淵藪，一些世俗的衣、食、住、行之類日常器物，多藉此得見生動描述。十曰文物考古系統，這是博物研究中至爲重要的最具震撼力的另一方天地，因爲這是以歷代實物遺存爲依據的，足可印證文獻的真僞、糾正其失誤，多有創獲。

二、《通考》内容究如何，今世當作何解讀？

《通考》内容極爲豐富，所涉範圍極廣，古今上下，時空縱横，實難詳盡論説，今略予概括，主要可分兩大方面，一爲自然諸物，二爲社科諸物，兹逐一分述如下：

（一）自然諸物：包括了天地生殖及人力之外的一切實體、實物，浩博無涯，可謂應有盡有。

如“太陽”“月亮”，在我中華凡是太空中的發光體（包括反射光體）皆被稱爲“星”，因此漢語在吸納現代天文學時，承襲了這一習慣，將“太陽”這類自身發光的等離子物體命名爲恒星。《天宇卷》研究的主體就是天空中的各種星象。星象就是指各種星體的位置、明暗、形狀等的變化。星象極其繁複，難以辨識。於是，在天空中位置相對穩定的恒星就成爲必要的定位標志。在人們目力所及的範圍内，恒星數以千計，先民將漫天看似雜亂無章的恒星位置相近者予以組合并命名，這些組合的星群稱之爲星宿，因而就有了三垣二十八宿之説。在远古難以對宇宙進行深入探索的時代，先民未能建立起完整的天體概念，也不知彼此的運動關係，僅憑藉直感認知，將所見的最强發光體——“太陽”本能地給予更多的關注，作出不同於西方的别樣解釋。視太陽爲天神，太陽的出没也被演繹成天神駕車巡游，而夸父追日、后羿射日等典故，則承載了諸多遠古信息。先民依據太陽的陰陽屬性、形體形象、光熱情況、時序變化、神話傳説及俗稱俗語等特點，賦予了諸多别名和异稱，其數量達一百九十餘種，如“陽精”“丙火”“赤輪”“扶桑”“東君”“摩泥珠”等，可見先民對太陽是何等的尊崇。對人們習見的“月亮”，《天宇卷》同樣考釋了其异名别稱及其得名由來。今知月亮异名别稱竟達二百二十餘種，較之“太陽”所收尤爲宏富。如

"太陰""玉鏡""嬋娟""姮娥""顧兔""桂影""玉蟾蜍""清凉宮"，等等。而關於"月亮"的所見所想，所涉傳聞佳話，連綿不絕，超乎所料。掩卷沉思，無盡感慨！中華民族是一個明潔温婉、追求自由、嚮往和平、極具夢想的偉大民族。愛月、咏月、賞月、拜月，深情綿綿，與月亮别有一番不解之緣！饒有趣味者，爲東君太陽神驅使六龍馭車的羲和，如同爲太陰元君駕車的望舒一樣，竟也是一位女子，可見先民對於女性的信賴與尊崇。何以如此？是母系社會的遺風流韵麼？不得而知！足證《通考》探討"博物"的意義并不衹在"博物"自身，而是關乎"博物"所承載的傳統文化。

再如古代出現的"雪""雹"之類，國人多認定與今世無多大差异，實則不然。《氣象卷》收有"天山雪""陰山雪""燕山雪""嵩山雪""塞北雪""南秦雪""秦淮雪""盧山雪""嶺南雪""犬吠雪"（偏遠的南方之雪。因犬見而驚吠，故稱），等等，這些雪域不衹在長城内外，又達於大江南北，可謂遍及全國各地，令人眼界大開。這些雪域的出現，又并非遠古間事，所見文字記載盡在南北朝之後，而"嶺南雪"竟見於明清時期，致使今人難以置信。若就人們對雪的愛惡而言，有"瑞雪""喜雪""灾雪""惡雪"；若就雪的屬性而言，有"乾雪""濕雪""霧雪""雷雪"；若就降雪時間長短而言，有"連旬雪""連二旬雪""連三旬雪""連四旬雪"；若就雪的危害而言，有"致人凍死雪""致人相食雪"等，不一而足。此外，雪另有色彩之别，本卷收有"紅雪""緑雪""褐雪""黑雪"諸文，何以出現紅、緑、褐、黑等顔色？這是由於大地上各類各色耐寒的藻類植物被捲入高空，與雪片相遇，從而形成不同色彩。對此，先民已有細微觀察，生動描述，但未究其成因。1892 年冬，意大利曾有漫天黑雪飄落，經國際氣象學家研究測定，此一現象乃是高空中億萬針尖樣小蟲，在飛翔時與雪片粘連所致。這與藻類植物被捲入高空，導致顔色的變幻同理。或問，今世何以不見彩色之雪？因往昔大地之藻類及針尖樣小蟲，由於生態環境的破壞而消失殆盡。就氣象學而言，古代出現彩雪，是正常中的不正常，現代衹有白雪，則是不正常中的正常。本卷中有關雹的考釋，同樣頗具情趣，十分精彩。依雹的顔色有"白色雹""赤色雹""黑色雹""赤黑色雹"，依形狀有"杵狀雹""馬頭狀雹""車輪狀雹""有柄多角雹"，依長度有"長徑尺雹""長尺八雹"，依重量有"重四五斤雹""重十餘斤雹"，依危害則有"傷禾折木雹""擊殺鳥雀雹""擊殺獐鹿雹""擊死牛馬雹""壞屋殺人雹"等，這些記載并非出自戲曲小説，而是全部源於史書或方志，時間地點十分明確，毋庸置疑。古今氣象何以如此不同？何以如此反常？衹嘆中國古代的科研體系多注重對現象的觀察，而不求其成因，祇是將以上現象置於史志之中，予以記載而已。本《通考》對中華"博物"的考辨，不祇是展現了大自然的原貌、大自然的古今變幻，而且也提供了社會的更迭興替和民生的禍福起落等諸多耐人尋味的思考。

　　另如，《水族卷》中收有棘皮動物"海參"，其物在當代國人心目中，是難得的美味佳餚和滋補珍品。《水族卷》還原其本真面貌，明確指出海參爲海洋動物中的棘皮動物門，海參綱之統稱，而後依據古代典籍，考證其物及得名由來：三國吳沈瑩《臨海水土異物志》："土肉，正黑，如小兒臂大，中有腹，無口目……炙食。"其時貶稱"土肉"，祇是"炙食"而已。既貶稱爲"土"，又止用於燒烤而食，此即其初始的"身份""地位"，實是無足稱道。直至明代謝肇淛《五雜俎·物部一》中，始見較高評價，并稱其爲"海參"："海參，遼東海濱有之，一名海男子。其狀如男子勢然，淡菜之對也。其性温補，足敵人參，故名海參。""男子勢"，舊注曰"男根"，因海參形如男性生殖器，俗名"海男子"，正與形如女性生殖器的淡菜（又稱"海牝""東海夫人"，即厚殼貽貝）相對應。此一形似"男根"之物，何以又被重視起來？國人對食療養生素有"以形補形"的觀念，如"芹菜象筋骼，吃了骨頭硬；核桃象大腦，吃了思維靈"之類，而因海參似男根，故認定其有補腎壯陽的功能，這就是"足敵人參"的主要根據之一。謝氏在贊其"足敵人參"的同時，又特別標示了其不雅的綽號"海男子"，則又從另一側面反映了明代對於海參仍非那麼珍視，故而在其當代權威的醫典《本草綱目》中未予記載。"海參"在清朝的國宴"滿漢全席"中始露頭角，漸得青睞。本卷作者在還其本真面貌的過程中，又十分自然地釐清了海參自三國之後的異名別稱。如，"土肉""海男子"之後，又有"蚨""沙噀""戚車""龜魚""刺參""光參""海鼠""海瓜""海瓜皮""白參""牛臀""水參""春皮""伏皮"諸稱，"蚨"字之外，其他十三個異名別稱，古今辭書無一收録，唯一收録的"蚨"字，又含混不清。而"海參"喻稱"海瓜"，則爲英文 sea cucumber 的中文義譯，較中文之喻稱"海男子"似有異曲同工之妙，又可證西人對海參也并不那麼重視。

　　全書三十六卷，卷卷不同。本書設有《珍奇卷》，別具研究價值。如"孕子石"，發現於江蘇省溧陽市蘇溧地區。此石呈灰黃色，質地堅硬，其外表平凡無奇，但當人們把石頭敲開時，裏面會滾出許多圓形石彈子，直徑21厘米左右，和母石相較，顏色稍淺，但成分一致。因石中另包小石，好似母石生下的子石，故稱"孕子石"。這種"石頭孕子"史志無載，首次發現，地質學家們同樣百思而不得其解，祇能"望石興嘆"。再如"預報天旱井"，位於廣西全州縣内，每年大旱來臨前二十天，水井會流出渾水，長達兩天之久，附近村民見狀，便知大旱將臨，便提前做好抗旱準備。此外，該井每二十四小時漲潮六次，每次約漲五十分鐘，水量約增加兩倍。此井如同"孕子石"一樣，史志無載，首次發現，對此井的奇特現象有關專家同樣百思不得其解，也祇能"望井興嘆"。

（二）社科諸物：自然物外，中華博物中的社科諸物漫布於社會生活之中，其形成發展、古今變化，尤爲多彩，展現了一種別樣的國情特徵和民族靈智。

如《國法卷》，何謂"國法"？國法係指國家之法紀、法規。國法其詞作爲漢語語詞起源甚爲久遠，先秦典籍《周禮·秋官·朝士》中即已出現，"國法"之"法"字作"灋"，其文曰："凡民同貨財者，令以國灋行之，犯令者刑罰之。"同書《地官·泉府》中又有另詞"國服"，其文曰："凡民之貸者，與其有司辨而授之，以國服爲之息。"此"國服"言民間貿易必須服從國法，故稱"國服"。作爲語詞，"國法""國服"互爲匹配。國法爲人而設，國服隨法而施，有其法必有其服，有法無服，則法罔立，有服無法，舉世罔聞。今"國法"一詞存而未改，"國服"則罕見使用。就世界範圍而言，中國的國法自成體系，具有國體特色與民族精神，故西方學者稱之爲"中華法系"或"東方法系"。本《國法卷》即以"中華法系"爲中心論題，全面考釋，以現其固有特色與精神。中華法系如同世界諸文明古國法系一樣，源於宗教，興於禮俗，而最終成爲法律，遂具有指令性、强制性。中華法系一經形成，即迥异於西方，因其從不以"永恒不變的人人平等的行爲準則"自詡，也没有立法依據的總體理論闡釋，而是明確標示法律應維護帝王及權貴的利益。在中國古代，從没出現過如古希臘或古羅馬的所謂絶對公正的"自然法"，毋須在"自然法"指導下制定"實在法"。中國古代的全部法律皆爲正在施行的"實在法"，但却有不可撼動的權威理論——"君權天授"說支撐。"天"，在先民心目中是無可比擬的最神秘、最巨大的力量。"天"，莊重而仁慈，嚴厲而公正，無所不察，無所不能。上自聖賢哲人，下至黎民百姓，少有不"敬天意"、不"畏天命"者，帝王既稱"天子"，且設有皇皇國法，條文森然，何人敢於反叛？天下黔首，非處垂死之地，絶不揭竿而起，妄與"天"鬥！故而在中國古代，帝王擁有最高立法權與司法權，享有無盡的威嚴與尊貴。今知西周時又强化了宗族關係，即血緣關係。血緣關係又分爲近親、遠親、异姓之親等。血緣關係成爲一切社會關係的核心，由血緣關係擴而廣之，又有師生、朋友及當體恤的其他人等關係。由血緣關係又進而强化了尊卑關係，即君臣關係、臣民關係，這些關係較之血緣關係更爲細密，爲此而設有"八辟"之法，規定帝王之親朋、故舊、近臣等八種人，可以享有減免刑罰之特權。漢代改稱"八議"，三國魏正式載入法典。其後，歷代常有沿襲。這一血緣關係在我國可謂根深蒂固，直至今世而未衰。爲維護這尊卑關係，西周之法典又設有《九刑》，以"不忠"爲首罪。另有《八刑》以"不孝"爲首罪。"忠"，指忠君，"孝"指孝敬父母，兩者難以分割。《九刑》《八刑》雖爲時過境遷之古法，但其倡導的"忠孝"，已成爲中華民族的一種處世觀念，一種道德規範。作爲個人若輕忽"忠孝"，則必極端自私，害及民衆；作爲執政者若輕忽"忠孝"，則必妄行無忌，危及國家。今世早已摒弃愚忠愚孝之舉，但仍然繼承并發揚了"忠孝"的傳統。"忠"不再是"忠君"，而是忠於祖國，忠於人民，或是忠於信守的理想；"孝"謂善事父母，直承百代，迄今不衰。"忠孝"是人們發自心底的感恩之情，唯知感恩，始有報恩，人間纔有真情往還，纔有心靈交融。佛家箴言警語曰"上報四重恩，下濟三途苦"（見《大乘本生心地觀經》），"四重恩"指父母恩、師長恩、國土恩、衆生恩（衆生包括動植物等一切生靈）。我國傳統忠孝文化中又融入了佛家的這一經典旨意，可謂相得益彰。"忠孝"乃我文明古國屹立不敗的根基，絕不可視之爲"封建觀念"。縱觀我中華信史可知，舉凡國家昌盛時代，必是忠孝振興歲月，古今如一，堪稱鐵律。國家可敬又可愛，所激起的正是人們的家國情懷！"忠孝"這一處世觀念，這一道德規範，直涉人際關係，直涉國家命運，成爲我中華獨有、舉世無雙的文化傳统。

　　中國之國法，并非僅靠威懾之力，更有"禮治"之宣導，而關乎禮治的宣導今人常常忽略。前已述及中華法系如同世界諸文明古國法系一樣，源於宗教，興於禮俗，由禮俗演進爲禮治，禮治早於刑法之前已經萌生。自商周始，《湯刑》《吕刑》（按，《湯刑》《吕刑》之"刑"當釋爲"法"）相繼問世，尤重"禮治"，何謂"禮治"？"禮治"指遵守禮儀道德與社會規範，破除"禮不下庶人"的舊制，將仁義禮智信作爲基本的行爲規範，《孟子·公孫丑上》曰："辭讓之心，禮之端也。""辭讓"指謙和之道，尊重他人，由"禮讓"而漸發展爲"禮制"。至西周時，"禮治"已成定制。這一立法思想備受推崇。夏商以來，三千餘載，王朝更替，如同百戲，雖脚色各异，却多高揚禮制之大旗，以期社會和諧，民生安樂。不瞭解中國之禮治，也就難以瞭解中華法制史，就難以瞭解中國文化史。此後"禮治"配以"刑治"，相輔相成，久行不衰。"禮刑相輔"何以行使？答曰：升平之世，統治者無不强調禮制之作用，藉此以示仁政；若逢亂世，則用重典，施酷刑（下將述及），軟硬兩手交替使用。這就組成了一張巨大的不可錯亂、不可逾越的法律之網，這就是中華民族百代信守的國家法制的核心，這就是中華民族有史以來建國治國之道。這一"禮刑相輔"的治國之道，迴別與西方，爲我中華所獨有，在漫長而多樣的世界法制史中居於前沿地位。

在我古老國度中，國家既已形成，於是又具有了不同尋常的歷史意義與價值觀。自先秦以來，"國家"一詞意味着莊嚴與信賴。在國人心目中，"國"與"家"難以分割，直與身家性命連爲一體，故"報效國家"爲中華民族的最高志節，而"國破家亡"則爲全民族的最大不幸。三十年前本人曾是《漢語大詞典》主要執筆者之一，撰寫"國家"條文時，已注意了先民曾把皇帝直稱爲"國家"。如《東觀漢紀·祭遵傳》："國家知將軍不易，亦不遺力。"《晋書·陶侃傳》："國家年小，不出胸懷。"稱皇帝爲"國家"，以皇帝爲國家的代表或國家的象徵，較之稱皇帝爲天子，更具親切感，更具號召力。中國歷史上的一些明君仁主也多以維護國家法制爲最高宗旨，秦皇、漢武皆曾憑藉堅定地立法與執法而國勢强盛，得以稱雄天下，這對始於西周的"八辟"之法，無疑是一大突破。本書《國法卷》第一章概論論及隋唐五代立法思想時，有以下論述：據《隋書·王誼傳》及文帝相關諸子傳載，文帝楊堅少時同王誼爲摯友，長而將第五女嫁王誼之子，相處極歡，後王誼被控"大逆不道，罪當死"，文帝遂下詔"禁暴除惡"，"賜死於家"。《隋書·文四子傳》又載，文帝三子秦王楊俊，少而英武，曾總管四十四州軍事，頗有令名，文帝甚爲愛惜，獎勵有加。後楊俊漸奢侈，違制度，出錢求息，窮治宮室，文帝免其官。左武衞將軍劉升、重臣楊素，先後力諫曰："秦王非有他過，但費官物、營廨舍而已。"文帝答曰："法不可違！"劉、楊又先後諫曰："秦王之過，不應至此，願陛下詳之。"文帝答曰："我是五兒之父，若如公意，何不別制天子兒律？"文帝四子、五子皆因違法，被廢爲庶民，文帝處置毫不猶豫，毫不留情。隋文帝身爲人君，以萬乘之尊，率先力行，實踐了"王子犯法，與民同罪"的古訓。在位期間，創建"開皇之治"，人丁大增，百業昌盛，國人視文帝爲真龍天子，少數民族則尊稱其爲聖人可汗。《國法卷》主編對歷史上身爲人君的這種舉措，有"忍割親朋私情，立法爲公"的簡要評論。這一評論對於中國這種以宗族故交爲關係網的大國而論，正是切中要害。此後，唐太宗李世民、玄宗李隆基、憲宗李純等君王皆有類似之舉，終成輝煌盛世。時至明代，面對一片混亂腐敗的吏治，明太祖朱元璋更設有"炮烙""剝皮"之類酷刑嚴法，懲治的貪官污吏達十五萬之衆，即便自家的親朋故舊，也毫不留情。如進士出身的駙馬，朱元璋的愛婿歐陽倫只因販茶違法，就直接判以死刑，儘管安慶公主及儲君朱允炆苦苦哀求，也絕不饒恕。據《明史·循吏傳序》載：〔官吏〕一時受令畏法，潔己愛民，以當上指……民人安樂、吏治澄清者百餘年。"其時，士子們甘願謀求他職，而不敢輕率爲官，而諸多官員却學會了種田或捕魚，呈現了古今難得一見的別樣的政治生態。明太祖的這類嚴酷法令雖是過當，却勝於放縱，故而明朝一度成爲世界經濟大國、經濟強國。中國歷史上的諸多建國之名君仁主，執法雖未若隋文帝之果决，未若明太祖之嚴酷，但無一不重視國家安危。這些建國名君仁主"上以社稷爲重，下以蒼生在念"（見《舊唐書·桓彦範傳》），故而贏得臣民的擁戴。今之世人多以爲帝王之所以成爲帝王，盡皆爲皇室一己之私利，祇貪圖自家的享榮華富貴而已，實則并非盡皆如此。歷代君王既已建國，亦必全力保國，并垂範後世，以求長治久安。品讀本書《國法卷》，可藉以瞭解我國固有的國情狀況，瞭解我國歷史中的明君仁主如何治理國家，其方策何在，今世仍有藉鑒價值。縱觀我國漫長的歷史進程，有的連續數代，稱爲盛世；有的衰而復起，稱爲中興；有的則二世而亡，如曇花一現。一切取决於先主與後主是否一脉相繼，一切取决於執法是否穩定。要而言之：嚴守國法，則國家興盛，嚴守國法，則社會祥和，此乃舉世不二之又一鐵律。

　　《國法卷》雖以國法爲研究主體，却力求超越法律研究自身，力求探索法律背後的正反驅動力量，其旨義更加廣遠。因而本卷又區別於常見的法律專著。

　　另如《巧藝卷》，在《通考》全書中未占多大分量，但在日常社會生活中却有無可替代的獨特地位，藉此大可飽覽先民的生活境遇和精神世界。何謂"巧藝"？古代文獻中無此定義。所謂"巧藝"，專指巧智與技藝性的娛樂及各種健身活動，同時展現了與之相應的家國關係。中華民族的"巧藝"別具特色，所涉内容十分廣泛，除却一般游戲活動外，又包涵了棋類、牌類、養生、武術、四季休閑、宴飲娛樂、動物馴化等等。細閲本卷所載，常爲古人之智巧所折服。如西漢東方朔"射覆"之奇妙，今已成千古佳話。據《漢書·東方朔傳》載，漢武帝嘗覆守宫（即壁虎）於杯盂之下，令衆方士百般揣度，各顯其能，并無一言中的者，而東方朔却可輕易解密，有如神算，令滿座驚呼。何謂"射覆"？"射覆"爲古代猜測覆物的游戲。射，揣度；覆，覆蓋。"射覆"之戲，至明清始衰，其間頗多高手。這些高手似乎出於特異功能，是古人勝於今人麽？當作何解釋？學界認爲這些高手多善《易》學，故而超乎常人，但今世精於《易》學者并非罕見，却未見有如東方朔者，何也？難以作答，且可不論，但古代對動物的馴化，又何以特別精彩，令今人嘆服？

著名的唐代象舞、馬舞，久負盛名，這些大動物似通人性，故可不論，而那些似乎笨拙的小動物，如"烏龜疊塔""蛤蟆說法"之類的馴養，也常常勝過今人，足可展現先民的巧智，"'疊塔''說法'，固教習之功，但其質性蠢蠢，非他禽鳥可比，誠難矣哉！"（見明陶宗儀《輟耕錄·禽戲》）古人終將蠢蠢之蟲馴化得如此聰明可愛，藉此可見古人之扎實沉着，心智之專一，少有後世浮躁之風。目前，國人甚喜馴養，寵物遍地，却未見馴出如同上述的"疊塔"之烏龜與"說法"之蛤蟆，今之馬戲或雜技團體，爲現代專業機構，也未見絕技面世。

《巧藝卷》的條目詮釋，大有建樹，絕不因襲他人成說，明確關聯了具體事物形成的歷史淵源與社會背景。如"踏青"，《漢語大詞典》引用了唐代的書證，并稱其爲"清明節前後，郊野游覽的習俗"。本卷則明確指出，"踏青"是由遠古的"春戲"演變而來。西周時曾爲禮制。漢代已有"人日郊外踏青"之俗，同時指出"踏青"還有"游春"的別稱。《漢語大詞典》與本卷的釋文内容差異如此之大，實出常人之所料。何謂"春戲"？所有辭書皆未收錄。本卷有翔實考證，茲錄如下：

> 春戲：古代民間春季娛樂活動。以繁衍後代和期盼農作物豐收爲目的的男女歡會活動。始於原始社會末期，西周時仍很流行。《周禮·地官·司徒》："中春之月，令會男女。於是時也，奔者不禁。若無故而不用令者，罰之。司男女之無夫家者而會之。"《墨子·明鬼篇》："燕之有祖，當齊之社稷。宋之有桑林，楚之雲夢也，此男女之所屬而觀也。"《詩·鄭風·溱洧》："溱與洧，瀏其清矣。士與女，殷其盈矣。女曰：'觀乎？'士曰：'既且。''且往觀乎！洧之外，洵訏且樂。'維士與女，伊其將謔，贈之以芍藥。"《楚辭·九歌·少司命》："秋蘭兮糜蕪，羅生兮堂下。綠葉兮素枝，芳菲菲兮襲予。夫人兮自有美子，蓀何以兮愁苦？"戰國以後逐漸演變爲單純的春游活動"踏青"。

《巧藝卷》精心地援引了以上經典，可證在中國上古時期男女歡會非常自然，而且是具有相當規模的群體性活動。此舉在中國遠古時代已有所見，青海大通縣上孫家寨出土的舞蹈紋彩陶盆，已展現了男女携手共舞的親密生動場景，那是馬家窑文化的代表，距今已有五千年歷史，但必須明確，這并非蒙昧時期的亂性之舉。這是一種男女交往的公開宣示。前述《周禮·地官·司徒》曰："中春之月，令會男女……司男女無夫之家者而會之。"其要點是"男女無夫之家者"。這是明確的法律規定，故而作者的篇首語曰："以繁衍後代和期盼農作物豐收爲目的。”這就撥正了後世對於中國古代奴隸社會或封建社會有關男女關係的一些偏頗見解，可證本卷之“巧藝”非同一般的娛樂，所展現的是中華先民多方位的生活狀態。

三、博物研究遭質疑，古老科技又誰知？

《通考》所涉博物盡有所據，無一虛指，如繁星麗天，構成了浩大的博物學體系，千載一脉，本當生生不息，如瀑布之直下，但却似大河之九曲，時有峽谷，時有險灘，終因清廷喪權辱國、全盤西化而戛然中斷，故而迴異於西方。由於西方科技的巨大影響，致使一些學人缺少文化自信，多認爲中國古老的博物學，無甚價值。豈知我中華民族從不乏才俊、精英，從不乏偉大的發明，很多祇是不知其名而已。如《淮南子·泰族訓》：“欲知遠近而不能，教之以金目則快射。”漢代高誘注曰：“金目，深目。所以望遠近射準也。”何謂“金目”？據高注可知，就是深目。“深目”之“深”，謂深遠也（又說稱“金目”爲黃金之目，用以喻其貴重，恐非是）。“金目”當是現代望遠鏡或眼鏡之類的始祖。“金目”其物，在古代萬千典籍中僅見於《淮南子》一書，別無他載。因屬古代統治者杜絕的“奇技淫巧”，又甚難製作，故此物宮廷不傳，民間絶踪，遂成奇品。上世紀 80 年代，揚州邗江縣東漢廣陵王劉荆墓中出土一枚凸透鏡，此鏡之鏡片直徑 1.3 厘米，鑲嵌在用黃金精製而成的小圓環内，視物可放大四五倍，此鏡至遲亦有兩千餘年的歷史。廣陵墓之外，安徽亳州曹操宗族墓等處，亦有出土。是否就是“金目”已難考證。作爲眼鏡其物，發展到宋代，始有明確的文字記載，其時稱之爲“靉靆”（見明方以智《通雅·器用·雜用諸器》引宋趙希鵠《洞天清録》）。今日學者皆將眼鏡視爲西方舶來品，一說來自阿拉伯，又説來自英國，如猜謎語，不一而足；西方的眼鏡實則是由中國傳入的，如若説是西方自家發明，也晚於中國千年之久。

“金目”其物的出現絶非偶然，《墨子》中的《經下》《經説下》已有關於光的直綫傳播、反射、折射、小孔成象、凹凸透鏡成象等連續的科學論述，這一原理的提出，必當有各式透體器物，如鏡片之類爲實驗依據，這類器物的名稱曰何今已不得而知，但製造出金目一類望遠物，是情理之中的必然結果。據上述《經下》《經説下》記載可知，早在戰國時期，先賢已有光學研究的成就，與後世西方光學原理盡同。在中國漫長的古代日常生活中，隨時可見新奇的創造發明，這類創造發明所展現的正是中國獨有的科學。《導論》中所述"被中香爐""長信宮燈"之外，更有"博山爐"（一種形似傳說中神山"博山"的香爐，當香料在爐內點燃時，烟霧通過鏤空的山體宛然飄出，形成群山蒙蒙、衆獸浮動的奇妙景象，約發明於漢代）、"走馬燈"（一種竹木扎成的傳統佳節所用風車狀燈具，外貼人馬等圖案，藉燈內點燃蠟燭的熱力引發空氣對流，輪軸上的人馬圖案隨之旋轉，投身於燈屏上，形成人馬不斷追逐、物換景移的壯觀情景，約發明於隋唐時期）之類。古老中華何止是"四大發明"？此外，約七千年前，在天灾人禍、形勢多變的時代背景之下，先民爲預測未來，指導行爲方嚮，始創有易學，形成於商周之際，今列爲十三經之首，稱爲《周易》，這是今世的科學不能完全解釋的另一門"科學"，其功用不斷地爲當世諸多領域所驗證，在我華夏、乃至歐美，研究者甚衆，本《通考》對此雖有涉及，而未立專論。

那麼，在近現代，國人又是如何對待古代的"奇技奇器"的呢？著名的古代"四大發明"，今已家喻户曉，婦幼皆知，但却如同可愛的國寶大熊猫一樣，乃是西方學者代爲發現。我仁人志士，爲喚醒"東方睡獅"，藉此"四大發明"，竭力張揚，以振奮民族精神。這"四大發明"影響非凡，但在中國傳統文化中亦無重要地位，其中"火藥"見載於唐孫思邈《丹經》，"指南針""印刷術"同見載於宋沈括《夢溪筆談》，皆非要籍鴻篇，唯造紙術見於正史，全文亦僅七十一字，緊要文字祇有可憐的四十三字（見《後漢書·宦者傳·蔡倫》）。而這"四大發明"中有兩大發明，不知爲何人所爲。

在古老中國的歷史長河中，更有另一種科學技術，當今學界稱之爲"黑科技"（意謂超越當今之科技，出於人類的想象之外。按，稱之爲"超科技"，似更易理解，更準確），那就是現代科學技術望塵莫及、無法破解的那些千古之謎。如徐州市龜山西漢楚襄王墓北壁的西邊墻上，非常清晰地顯示一真人大小的影子，酷似一位老者，身着漢服，峨冠博帶，面東而立，作揖手迎客之狀。人們稱其爲"楚王迎賓圖"。最初考古人員發掘清理棺室時，并無壁影。自從設立了旅游區正式開放後，壁影纔逐漸地顯現出來，仿佛是楚王的魂魄顯靈，親自出來歡迎來此參觀的游人一樣。楚襄王名劉注，是西漢第六代楚王，死後葬於此。劉注墓還有五謎，今擇其三：一、工程精度之謎。龜山漢墓南甬道長 55.665 米，北甬道長爲 55.784 米，沿中綫開鑿，最大偏差僅爲 5 毫米，精度達 1/10000；兩甬道相距 19 米，夾角 20 秒，誤差爲 1/16000，其平行度誤差之小，大約需要從徐州一直延伸到西安纔能使兩甬道相交。按當時的技術水準，這樣的墓道是何人如何修建的？二、崖洞墓開鑿之謎。龜山漢墓爲典型的崖洞墓，其墓室和墓道總面積達到 700 多平方米，容積達 2600 多立方米，幾乎掏空了整個山體。勘察發現，劉注墓原棺室的室頂正對着龜山的最高處，劉注府庫中的擎天石柱也正位於南北甬道的中軸綫上。龜山漢墓的工程人員是利用什麽樣的勘探技術掌握龜山的山體石質和結構？三、防盜塞石之謎。南甬道由 26 塊塞石堵塞，分上下兩層，每塊重達六至七噸，兩層塞石接縫非常嚴密，一枚硬幣也難以塞入。漢墓的甬道處於龜山的半山腰，當時生産力低下，人們是用什麽方法把這些龐大的塞石運來并嵌進甬道的？今皆不得而知。

斷言 "中國古代衹有技術而没有科學" 者，對中國歷史的瞭解實在是太過膚淺，并不瞭解在中國古代不衹有科技，而且竟然有超越科學技術的 "黑科技"。

四、當世灾難甚可懼，人間正道何處覓？

在《通考》的編纂過程中，常遇到的重要命題，那就是以上論及的 "科技"。今之 "科技"，在中國上古曾被混稱爲 "奇技奇器"，直至清廷覆亡，迄未得到應有的重視，導致國勢衰微，外寇侵略，民不聊生。這正是西方視之爲愚昧落後，敢於長驅直入，爲所欲爲的原因。因而一個國家、一個民族，要立於不敗之地，必須擁有自家的科技！世人當如何評定 "科技"？如何面對 "科技"？本書《導論》已有 "道器論"，今《總説》以此 "道器論" 爲據，就現代人類面臨的種種危機，論釋如下：

何謂 "道器"？所謂 "道" 是指形成宇宙萬物之原本，是形成一切事理的依據與根由。何謂 "器"？ "器" 即宇宙間實有的萬物，包括一切科技，一切發明，至巨至大，至細至微，充斥天地間，而盡皆不虛。科技衍生於器，驗證於器，多以器爲載體，是推進或毁壞人類社會的一種無窮力量，故而又必須在人間正道的制約之下。此即本書道器并重之緣由，或可視爲天下之通理也。英國自 18 世紀第一次工業革命以來，其科學技術得以高速而全方位地發展，引起西方乃至全世界的密切關注與重視，影響廣遠。這一時期，英帝國統治者睥睨全球，居高臨下，自我膨脹，發表了 "生存競争，勝者執政" 等一系列宏論；托馬斯·馬爾薩斯的《人口論》亦應時而起，其核心理論是： "貧富强弱，難以避免。承認現實，存在即合理。" 甚而提出 "必須控制人口的大量增長，而戰争、饑荒、瘟疫是最後抑制人口增長的必要手段"（這一理論在以儒學爲主體的傳統文化中被視爲離經叛道，滅絕人性，而在清廷走投無路全面西化之後，國人亦有崇信者，直至20年代初猶見其餘緒）。在這樣的時代背景下，查爾斯·達爾文所著《物種起源》得以衝破基督教的束縛，順利出版，暢行無阻。該書除却大量引用我國典籍《齊民要術》《天工開物》與《本草綱目》之外，還鄭重表明受到馬爾薩斯《人口論》的啓示和影響。《物種起源》的問世，形成了著名的進化理論："物競天擇、優勝劣汰，弱肉强食，適者生存。"（近世對其學說已有諸多評論，此略）進化學說在人們的社會生活中留下了深刻的印迹，在世界範圍内引起巨大反響，當時英國及其他列强利用了自然界"生存法則"的進化理論，將其推行於對外擴張的殖民戰爭中，打破了世界原有生態格局，在巨大的聲威之下，暢行無阻，遍及天下。縱觀人類的發展史，尤其是近世以來的發展史可知，科技的高下決定了國家的强弱，以强凌弱，已成定勢，在高科技强國的聲威之下，無盡的搜羅，無盡的采伐，無盡的探測實驗（包括核試驗），自然資源和自然環境漸遭破壞，各種弊端漸次顯露。時至20世紀中後期，以原子能、電子電腦、信息技術、空間技術等發明和應用爲標志、第三次科技革命的到來，學界稱之爲"科技革命的紅燈時刻"，其勢如風馳電掣，所向披靡，人類社會發生了翻天覆地的變化，時至21世紀，又凸顯了另一灾難，即瘟疫肆虐，病毒猖獗，危及整個人類。這一系列禍患緣何而生？天灾之外，罪魁爲人。何也？世間萬種生靈，習性歸一，盡皆順從於大自然，但求自身生息而已，別無他求，而作爲"萬物之靈"的人類，在茹毛飲血，跨越耕獵時代之後，却欲壑難填，毫無節制！爲追求享樂、滿足一己之貪婪，塗炭萬種生靈，任你山中野外，任你江面海底，任你晝藏夜出，任你天飛地走，皆得作我盤中佳餚。閑暇之日，又喜魚竿獵槍，目睹异類掙扎慘死，以爲暢快，以爲樂趣，若爲一己之喜慶，更可"磨刀霍霍向猪羊"，視之爲正常！"萬物之靈"的人類，永無休止，地表搜刮之外，還有地下的搜索挖掘，如世界著名的南非姆波尼格金礦，雖其開采僅起始於百年前，憑藉當代最先進的科技，挖掘深度已超4000米（我國的招遠金礦，北宋真宗年間已進行開采，至今深度不過2000米左右），現有370千米軌道，用以運送巨大的設備與成噸重的礦石，而每次開采都必須用兩千多公斤的炸藥爆破，可謂地動山搖！金礦之外，又有銀礦、鐵礦、銅礦、煤礦、水晶礦（如墨西哥的奈哈水晶洞，俗稱"神仙水晶礦"，其中一根重達50噸，挖出者一夜暴富），種種礦藏數以萬計。此外尚有對石油、純净水，乃至無形的天然氣等的無盡索取，山林破壞，大地沙化，水污染、大氣污染、核污染，地球已是百孔千瘡，而挖掘索取，仍未甘休，愈演愈烈，故今之地球信息科學已經發現地球性能的變异以及由此帶來可怕的全球性灾難。今日世界，各國執政者憑仗高科技，多是從一國、一族或一己之私利出發，或結邦，或聯盟，争强鬥勝，互不相顧，國際關係日趨惡化，人類時刻面臨可怕的威脅，面臨毀滅性的核戰争。凡此種種，怎不令人憂慮，令人悲痛？故而有學者宣稱："科技確實偉大，也確實可怕。一旦失控，後患無窮。"又稱："人類擁有了科技，必警惕成爲科技的奴隸。"此語并非危言聳聽，應是當世的警鐘，因爲人類面對强大的科技，常常難以自控，這是科技發展必然的結果。而作爲"萬物之靈"的人類，具有高智慧，能够擁有高科技，確乎超越了萬物，居於萬物主宰的地位，而執政者一旦擁有失控的權力，肆意孤行，其最終結局必將是自戕自毀，必將與萬物同歸於盡。一言以蔽之，毀滅世界的罪魁禍首是人類自己，而并非他類。

面對這多變的現實與可怕的未來，面對這全球性的灾難，中外科學家作了不懈努力，而收效甚微。1988 年 1 月，七十五位諾貝爾獲獎者及世界著名學者齊聚巴黎，探討了 21 世紀科學的發展與人類面臨的種種難題，提出了應對方略。在隆重的新聞發布會上，瑞典物理學家漢内斯·阿爾文發表了鄭重的演説："如果人類要在 21 世紀生存下去，必須回頭到兩千五百年前去汲取孔子的智慧。"（見 1988 年 1 月 24 日澳大利亞《堪培拉時報》原文——《諾貝爾獎獲得者説要汲取孔子的智慧》）這是何等驚人的預見，又是何等嚴正的警示！這七十五位諾貝爾獲獎者没有一位是我華夏同胞，他們對孔子的認知與崇敬，非常客觀，非常深刻，超乎我們的想象。這種高屋建瓴式的睿智呼籲，振聾發聵，可惜并没有警醒世人，也没有引起足够多的各國領導人的重視。

人類爲了自救，不能不從人類自身發展史中尋求答案。在人類發展史中，不乏偉大的聖人，孔子是少有的没有被神化、起於底層的聖人（今有稱其爲"草根聖人"者），他生於春秋末期，幼年失父，家境貧寒，又正值天下分裂，戰亂不斷，在這樣的不幸世道裏，孔子及其弟子大力宣導"克己復禮"，這是人類歷史上最切實際的空前壯舉。何謂"禮"？《説文·示部》曰："禮，履也。所以事神致福也。"禮本來是上古祭祀鬼神和先祖的儀式。史稱文、武、成王、周公據禮"以設制度"，此即"周禮"。"周禮"的内容極爲廣泛，舉凡國家的政治、經濟、軍事、行政、法律、宗教、教育、倫理、習俗、行爲規範，以及吉、凶、軍、賓、嘉五類禮儀制度，均被納入禮的範疇。周禮在當時社會中的地位與指導作用，《禮記·曲禮》中有明確記載："分争辯訟，非禮不决；君臣上下、父子兄弟，非禮不定；宦學事師，非禮不親；班朝治軍、涖官行法，非禮威嚴不行。"當然也維護了“君臣朝廷尊卑貴賤之序，下及黎庶車輿衣服宮室飲食嫁娶喪祭之分”（見《史記·禮書》），這符合於那個時代的階級統治背景。孔子提出“克己復禮”，期望世人克服一己之私欲，以應有的禮儀禮節規範自己的言行，建立一個理想的中庸和諧社會，這已跨越了歷史局限。孔子的核心思想是“敬天愛人”，何謂“敬天”？孔子强調“巍巍乎唯天爲大”（見《論語·泰伯》），又曰：“天何言哉？四時行焉，百物生焉，天何言哉！”（見《論語·陽貨》）孔子所言之“天”，并非指主宰人類命運的上蒼或上帝，并非是孔子的迷信，因“子不語怪力亂神”（見《論語·述而》）。孔子認爲四季變化、百物生長，皆有自己的運行規律，人類應謹慎遵從，應當敬畏，不得違背。孔子指稱的“天”，實則指他所認知的宇宙。此即孔子的天人觀、宇宙觀。“巍巍乎唯天爲大”，在此昊天之下，人是何樣的微弱，面臨小小的細菌、病毒，即可淒淒然成片倒下。何謂“愛人”？孔子推行“仁義之道”，何謂“仁”？子曰：“仁者，愛人！”（《論語·顔淵》）即人人相親、相愛。又曰：“己所不欲，勿施於人。”意即重正義，絶不損人利己。何謂“義”？“義”指公正的道理、正直的行爲。子曰：“不義而富且貴，於我如浮雲。”（見《論語·述而》）這就是孔子的道德觀與道德規範，當作爲今世處理人與自然、人與社會的規範與行動指南。其弟子又提出“親親而仁民，仁民而愛物”（見《孟子·盡心上》），漢代大儒又有“天人之際，合而爲一”的主張（董仲舒在《春秋繁露·深察名號》中，爲維護皇權的需要而建立了皇權天授的觀念），這種主張已遠遠超越了維護皇權的需要，成爲了一種可貴的哲理。時至宋代，大儒張載再度發揚孟子“親親而仁民，仁民而愛物”的襟怀，又有“民吾同胞，物吾與也”（見其所著《西銘》）之名言箴語，即將天下所有的人皆當作同胞，世間萬物盡視爲同類，最終形成了著名的另一宏大的儒學系統，其主旨則是“天人合一”論。何謂“天人合一”？“天人合一”有兩層意義：一曰天人一致，天是一大宇宙，人則如同一小宇宙，也就是說人類同天體各有獨立而相似之處；二是天人相應，這是説人與天體在本質上是相通的，是相互相連的。因此，一切人事應順乎自然規律，從而達到人與自然的和諧。達到人與自然的和諧統一，當作爲今世處理人與自然、人與社會的明確規範與行動指南。這是真正的“人間正道”，唯有遵循這一“人間正道”，人際關係纔能融洽，社會纔能和諧，天下纔能太平。

　　古老中國在形成“孔子智慧”之前，早已重視人與自然的關係。約在七千年前，我中華先祖已能够通過對於蟲鳥之類的物候觀察，熟練地確定天氣、季節的變幻，相當完美地適應了生産、生活、繁衍發展的需求，這一遠古的測算應變之舉，處於世界領先地位。約

四千年前，夏禹之時，已建有令今人嚮往的廣袤的綠野濕地。如《書‧禹貢》即記載了
“雷夏”“大野”“彭蠡”“震澤”“菏澤”“孟豬”“豬野”“雲夢”諸澤的形成及其利用情
況，如其中指出：“淮海惟揚州，彭蠡既豬（瀦），陽鳥攸居；三江既入，震澤底定。篠簜
既敷，厥草惟夭，厥木惟喬……厥貢惟金三品，瑶琨篠簜，齒革羽毛，惟木。”這是説揚
州有彭蠡、震澤兩方綠野濕地，適合於鴻雁類禽鳥居住，適合於篠竹（箭竹）、簜竹（大
竹）生長，青草繁茂，樹木高大，向君主進貢物品有金銀銅等三品，又有瑶琨美玉、箭
竹、大竹以及象齒皮革與孔雀、翡翠等禽鳥羽毛。所謂“大禹治水”，并非衹是被動的抗
災自救，實則是大治山川，廣理田野，調整人與大自然的關係，使之相得益彰。《逸周
書‧大聚解》又載，夏禹之時“且以并農力，執成男女之功，夫然則有生不失其宜，萬物
不失其性，人不失其事，天不失其時……放此爲人，此謂正德”，此即所謂夏禹“劃定九
州”之功業所在。其中“放此爲人，此謂正德”的論定，已蘊含了後世儒家初始的“天人
合一”的觀念。西周初期，已設定掌管國土資源的官職“虞衡”，掌山澤者謂“虞”，掌川
林者稱“衡”（見《周禮‧天官‧太宰》及賈疏）。後世民衆，繼往開來，對於保護生態環
境，保護大自然，采取了各種措施，又設有專司觀察氣象、觀察環境的機構，并有方士之
類的“巫祝史與望氣者”，多管道、多方位進行探測研究，從而防患於未然。《墨子‧號令
篇》（一説此篇非墨子所作，乃是研究墨學者取以益其書）曰：“巫祝史與望氣者，必以善
言告民，以請（讀爲‘情’）上報守（一説即太守），上守獨知其請（情）。無［巫］與望
氣，妄爲不善言，驚恐民，斷弗赦。”這裏明確地指出，由“巫祝史與望氣者”負責預告
各種灾情，但不得驚恐民衆，否則即處以重刑，絕不饒恕。愛惜生態，保護自然，這是何
樣的遠見卓識，這又是何樣的撫民情懷！

　　是的，自夏禹以來，先民對於大自然、對於與蒼生，有一種別樣的愛惜、保護之舉
措，防範措施非常細密，非常全面而嚴厲。《逸周書‧大聚解》有以下記載：夏禹時期設
定禁令，大力保護山林、川澤，春季不准帶斧頭上山砍伐初生的林木；夏季不准用漁網撈
取幼小的魚鱉，此即世界最早的環境保護法。《韓非子‧內儲説上》又載：殷商時期，在
街道上揚弃垃圾，必斬斷其手。西周時又有更爲具體規定：如，何時可以狩獵，何時禁止
狩獵，何樣的動物可以獵殺，何樣的動物禁止獵殺；何時可以捕魚，何時禁止捕魚，何樣
的魚可以捕取，何樣的魚禁止捕取，皆有明文規定，甚而連網眼的大小也依季節不同而嚴
予區別。并特別强調：不准搗毀鳥巢，不准殺死剛學飛的幼鳥和剛出生的幼獸。春耕季節

不准大興土木。《禮記·月令》又載："毋變天之道，毋絕地之理，毋亂人之紀。"這一"毋變""毋絕""毋亂"之結語，更是展現了後世儒家宣導并嚮往的"天人合一"說。至春秋戰國之際，法律法規的範圍更加全面，特別嚴厲。這一時期已經注意到有關礦山的開發利用，若發現了藏有金銀銅鐵的礦山，立即封禁，"有動封山者，罪死而不赦。有犯令者，左足入，左足斷，右足入，右足斷"（見《管子·地數》）。古人認爲輕罪重罰，最易執行，也最見成效，勝過重罪重罰。這些古老的嚴厲法令，雖是殘酷，實際却是一聲斷喝，讓人止步於犯罪之前，因而犯罪者甚微。這就最大限度地保護了大自然，同時也最大限度地保護了人類自己。而早在西周建立前夕，又曾頒布了令人欽敬的《伐崇令》："文王欲伐崇，先宣言曰……令毋殺人，毋壞室，毋填井，毋伐樹木，毋動六畜，有不如令者，死無赦！崇人聞之，因請降。"（見漢劉向《說苑·指武》）這是指在殘酷的血火較量中，對於敵方人民、財產及生靈的愛惜與保護。我中華上古時期這一《伐崇令》，是世界戰爭史中的奇迹，是人類應永恒遵守的法則！當今世界日趨文明，闊步前進，而戰爭却日趨野蠻，屠殺對方不擇手段，實是可怖可悲！我華夏先祖所展現的這些大智慧、大慈悲，爲後世留下了賴以繁衍生息的楚山漢水，留下了令人神往的華夏聖地，我國遂成爲幸存至今、世界唯一的文明古國。

五、筆墨革命難預料？卅載成書又何易？

《通考》選題因國內罕見，無所藉鑒，期望成爲經典性的學術專著，難度之大，出乎想象，初創伊始，即邀前輩學者南京大學老校長匡亞明先生主其事。這期間微信尚未興起，寧濟千里，諸多不便，盛岱仁、康戰燕伉儷滿腔熱情，聯絡於匡老與筆者之間，得到先生的熱情鼓勵與全力支持，每逢疑難，必親予答復，但表示難做具體工作，在經濟方面也難以爲力。因爲先生於擔任國家古籍整理領導小組組長之外，又全面主持南京大學中國思想家研究中心的工作，正在編纂《中國思想家評傳》，百卷書稿須親自逐一審定，難堪重任。筆者初赴南大之日，老人家親自接待，就餐時當場現金付款，沒有讓服務員公款記賬，筆者深受感動，終生難以忘懷。此後在匡老激勵之下，筆者全力以赴，進而邀得數百作者并肩携手，全面合作，并納入國家"九五"重點出版規劃中。1996 年 12 月，匡老驟然病逝，筆者悲痛不已，孤身隻影，砥礪前行，本書再度確定爲國家"十五"重點出版規劃項目，并將初名更爲今名。那時，作者們盡皆恪守傳統著述方式，憑藏書以考釋，藉筆墨以達志。盛暑寒冬，孜孜矻矻，無敢逸豫。爲尋一詞，急切切，一目十行，翻盡千頁而難得；爲求善本，又常千里奔波，因限定手抄，不得複印，纍日難歸！諸君任勞任怨，潛心典籍，閱書，運筆，晝夜伏案，恂恂然若千年古儒。至上世紀末，一些年輕作者已擁有個人電腦，各種信息，數以億計，中文要籍，一覽無餘，天下藏書，“千頃齋”“萬卷樓”之屬，皆可盡納其中，無須跋涉遠求。搜集檢索，衹需“指點”，瞬息可得；形成文章，亦衹需“指點”，頃刻可就。在這世紀之交，面臨書寫載體的轉換，老一輩學人步入了一個陌生的电脑世界，遭遇了空前的挑戰。當代作家余秋雨在其名篇《筆墨祭》中有如下陳述：“五四新文化運動就遇到過一場載體的轉換，即以白話文代替文言文；這場轉換還有一種更本源性的物質基礎，即以‘鋼筆文化’代替‘毛筆文化’。”由“毛筆文化”向“鋼筆文化”的轉換，經歷了漫長的數千載，而今日再由“鋼筆文化”向“電腦文化”轉換，卻僅僅是二十年左右，其所彰顯的是科學技術的力量、“奇技奇器”的力量。作家所謂的“筆墨”，係指毛筆與烟膠之墨，《筆墨祭》衹在祭五四運動之前的“毛筆文化”。今日當將毛筆文化與鋼筆文化并祭，乃最徹底的“筆墨祭”。面對這世紀性的“筆耕文化”向“電腦文化”的轉換，面對這徹底的“筆墨祭”，老一輩學人沒有觀望，沒有退縮，同青年作者一道，毅然決然，全力以赴，終於跟上了時代的步伐！筆者爲我老一輩學人驕傲！回眸曩日，步履維艱，隨同筆墨轉型，書稿也隨之經歷了大修改、大增補，其繁雜艱辛，實難言喻。天地逆旅，百代過客，如夢如幻，三十餘年來，那些老一輩學人全部白了頭，卻無暇“含飴弄孫”，又在指導後代參與其事。那些“知天命”之年的碩博生導師們皆已年過花甲，卻偏喜“舞文弄墨”，又在尋覓指導下一代弟子同步前進。如此前啓後追，無怨無悔，這是何樣的襟懷？憶昔乾嘉學派，人才輩出，時有“高郵王父子，棲霞郝夫婦”投入之佳話，今《通考》團隊，於父子合作、夫婦合作之外，更有舉家投入者，四方學人，全力以赴。但蒼天無情，繼匡老之後，另有幾位同仁亦撒手人寰。上海那位《天宇卷》主編年富力強，卻在貧病交加、孩子的驚呼聲中，英年早逝。筆者的另一位老友爲追求舊稿的完美，於深夜手握鼠標闃然永訣，此前他的夫人曾勸其好好休息，答說“我沒有那麼多時間”！可謂鞠躬盡瘁，死而後已，這又是何樣的壯志，思之怎能不令人心酸！這就是我的同仁，令我驕傲的同仁！

　　自 2012 年之後，因面臨多種意外的形勢變化，筆者連同本書回歸原所在單位山東師範大學，于是增加了第一位副總主編——文學院副院長、古籍整理研究所所長韓品玉，解決了編務與財力方面的諸多困難，改變了多年來的孤苦狀況。時至 2017 年春，爲盡快出版、選定新的出版社，又增加了天津人民出版社總編輯、南開大學客座教授陳益民，中國職工教育研究院常務副院長、全國職工教育首席專家俞陽，臺北大學人文學院東西哲學與詮釋學研究中心主任賴賢宗教授三位爲副總主編，於是形成了現今的編纂委員會。

在全書編纂過程中，編纂委員會和學術顧問，以及分卷正副主編、主要作者所在單位計有：中國國家博物館、中國國家圖書館、中央文史研究館、中國佛教圖書文物館、全國總工會、中聯口述歷史研究中心、河北省文物與古建築保護研究院、河北省文物考古研究院、河北閱讀傳媒有限責任公司、北京大學、浙江大學、南京大學、南京師範大學、東北師範大學、鄭州大學、河北大學、河北師範大學、河北醫科大學、廈門大學、佛山大學、山東大學、中國海洋大學、山東師範大學、曲阜師範大學、山東中醫藥大學、濟南大學、山東財經大學、山東體育學院、山東藝術學院、山東工藝美術學院、山東省社會科學院、山東博物館、山東省圖書館、山東省自然資源廳、山東省林業保護和發展服務中心、濟南市園林和林業綠化局、濟南市神通寺、聊城市護國隆興寺、臺北大學、臺灣成功大學、臺灣大同大學、臺北中國文化大學、臺灣中華倫理教育學會，以及澳大利亞國立伊迪斯科文大學等，在此表示由衷的謝忱！

本書出版方——上海交通大學領導以及上海交通大學出版社領導，高瞻遠矚，認定《通考》的編纂出版，不衹是可推動古籍整理、考古研究的成果轉化，在傳承歷史智慧，弘揚中華文明，增强民族凝聚力和認同感，彰顯民族文化自信等各個方面具有重要意義。出版方在組織京滬兩地專家學者審校文字的同時，又付出時間精力，投入了相當的資金，增補了不少插圖，這些插圖多來自古籍，如《考工記解》《考工記圖解》《考工記圖說》《考古圖》《續考古圖》《西清古鑑》《西清續鑑》《毛詩名物圖說》《河工器具圖說》等等，藉此亦可見出版方打造《通考》這一精品工程的決心。而山東師範大學各級領導同樣十分重視，社科處高景海處長一再告知筆者："需要辦什麽事情，儘管吩咐。"諸多問題常迎刃而解，可謂足智善斷。筆者所屬文學院孫書文院長更親行親爲，給予了全面支持，多方關懷，令筆者備感親切，深受鼓舞，壯心未老，必酬千里之志。此前，著名出版家和龔先生早已對本書作出權威鑒定，并建議由三十二卷改爲三十六卷。本書在學術界漂游了三十餘載終得面世，并引起學界的關注。今有國人贊之曰：《通考》是中華優秀傳統文化創造性轉化、創新性發展的優异成果，是一部具有極高人文價值的通代史論性的華夏物態文化專著，凝聚了中華民族的深層記憶，積澱了民族精神和傳統文化的精髓。又有國際友人贊之曰：《通考》如同古老中國一樣，是世界唯一一部記述連續數千載生機盎然的人類生活史。國內外的評論衹是就本書的總體面貌而言，但細予探究，缺憾甚爲明顯，因本書起步於三十餘年前，三十餘年以來，學術界有諸多新的研究成果未得汲取，田野考古又多有新的發現，國內外的各類典藏空前豐富，且檢索方式空前便捷，而本書作者年齡與身體狀況又各自不同，多已是古稀之年，或已作古，或已難執筆，交稿又有先後之別，故而三十六卷未能統一步伐與時俱進，所涉名物，其語源、釋文難能確切，一些舊有地名或相關數據，亦未及修改，而有些同物异名又未及增補。這就不能不有所抱憾，實難稱完美！以上，就是本書編纂團隊的基本面貌，也是本書學術成就的得失狀況。

　　筆者無盡感慨，卅載一瞬渾似夢，襟懷未展，鬢髮盡斑，萬端心緒何曾了？長卷浩浩，古奧繁難，有幾多知音翻閱？何處求慰藉？人道是紅袖衹揾英雄泪！歲月無情，韶光易逝，幾位分卷主編未見班師，已倏而永別，何人知曉老夫悲苦心情？今藉本書的面世，聊以告慰匡老前輩暨謝世的同仁在天之靈！

張述錚

丙子中呂初稿於山東師範大學映月亭
甲辰南呂增補於歷下龍泉山莊東籬齋

凡　例

一、本書係通代史性的中華物態文化學術專著，旨在對構成中華博物的名物進行考釋。全書三十六卷，另有附録一卷。各卷之基本體例：第一章爲概論，其後據内容設章，章下分節，爲研究考釋文字，其下分列考釋詞目。

二、本書所涉博物，分兩種類型：一曰"同物异名"，二曰"同名异物"。前者如"女墙"，隨從而來者有"女垣""女堞""女陴""城堞""城雉""陴堞"等，盡皆爲"女墙"的同物异名；後者如"衽"，其右上分別角標有阿拉伯數字，分別作"衽¹"（指衣襟）、"衽²"（指衣服胸前交領部分）、"衽³"（指衣服兩旁掩裳際處）、"衽⁴"（指衣袖）、"衽⁵"（指下裳）等，皆爲"衽"的同名异物。

三、各卷詞目分主條、次條、附條三種。次條、附條的詞頭字型較主條小，并用【　】括起。主條對其得名由來、産生年代、形制體貌、歷史演進做全面考釋，然後列舉古代文獻或實物爲證，并對疑難加以考辨，或列舉諸家之説；次條往往僅用作簡要交代，補主條不足，申説相佐；附條一般祇用作説明，格式如即"××"、同"××"、通"××"、"××"之單稱、"××"之省稱，等等。

四、各卷名物，或見諸文獻記載，或見諸傳世實物，循名責實，依物稽名，於其本稱、別稱、單稱、省稱，務求詳備，代稱、雅稱、詼稱、俗稱、譯稱，旁搜博采。因中華博物的形成、演化有自身規律，實難做人爲的斷代分割。如"朝制"之類名物，隨同帝王的興起而興起，隨同帝王的消亡而消亡，因而其下限達於辛亥革命；"禮俗"之類名物起源於上古，其流緒直達今世；而"冠服"之類名物，有的則起源甚晚，如"中山裝"之類。故各卷收詞時限一般上起史前，下迄清末民初，有的則可達現當代。

五、各卷考釋條目中的文獻書證一般以時代先後爲序；關乎名物之最早的書證，或揭示其淵源成因之書證，尤爲本書所重，必多方鈎索羅致；二十五史除却《史記》《漢書》外，其他諸史皆非同朝人編纂，其書證行用時間則以書名所標時代爲準；引書以古籍爲主，探其語源，逐其流變，間或有近現代書證爲後起之語源者，亦予扼要采用。所引典籍文獻名按學術界的傳統標法。如《詩》不作《詩經》，《書》不作《尚書》，《説文》不作《説文解字》等；若作者自家行文爲了强調或區別於他書，亦可稱《詩經》《尚書》《説文解字》等。文獻卷次用中文小寫數字：不用"千""百""十"，如卷三三一，不作卷三百三十一；"十"作〇，如卷四〇，不作卷四十。

六、本書使用繁體字。根據 1992 年 7 月 7 日新聞出版署、國家語言文字工作委員會發布的《出版物漢字使用規定》第七條第三款、2001 年 1 月 1 日施行的《中華人民共和國通用語言文字法》第二章第十七條第五款之規定，本書作爲大量引徵古籍文獻的考釋性學術專著，既重視博物的源流演變，又重視對同物異名、同名異物的考辨，故所有考釋條目之詞頭及文獻引文，保留典籍原有用字，包括异體字，除明顯錯別字（必要時括注正字訂誤）之外，一仍其舊。其中作者自家釋文，則用正體，不用异體，但關涉次條、附條等异體字詞頭等，仍予保留。繁體字、异體字的確定，以《規範字與繁體字、异體字對照表》（國發〔2013〕23 號附件一）及《通用規範漢字字典》爲依據。

七、行文叙述中的數字一律采用漢字小寫，但標示公元紀年及現代度量衡單位時，用阿拉伯數字。如"三十六計"，不作"36 計"；"36 米"，不作"三十六米"。

八、各卷對所收考釋詞條設音序索引，附於卷末，以便檢索。

目　録

序　言

　　《中華博物通考》（下稱《通考》）是一部通代史論性的華夏物態文化專著，係"十四五"國家重點出版物出版專項規劃項目，并得到 2020 年度國家出版基金資助。全書共三十六卷，另有附録一卷，達三千萬字，《武備卷》即其中的一卷。

　　"武備"一詞源於先秦典籍。《史記·孔子世家》記孔子爲魯相時，曾進言於定公曰："臣聞有文事者必有武備，有武事者必有文備。"武備内容極其豐富，凡一切直接關係戰爭的事項，諸如武裝人力調配部署、戰爭準備與實施以及各種武器裝備、攻守戰具、軍事工程、軍事指揮通訊等，均屬武備。中華民族雖屬文明古國，禮儀之邦，但數千年來，内憂外患，戰亂不斷，也因此形成了自身獨特而發達的武備體系。

　　本卷對中國古代兵器戰具進行了分門別類地考證，共有冷兵器考、攻守城壘戰具考、火藥兵器考、兵車考、戰馬用具考、戰船考、工程設施考、通聯設備考、通用諸旗考、降旗諸雜考十個部分，比較詳盡；何以如此擘畫，下文已有説明，此不複述。

　　通觀整部《武備卷》，可以看出編著者對於中國武備稔熟於心，雖千載百代，却能如數家珍，按照其生衍狀況，對其時代、名稱、用途、特點，逐一進行了細緻系統的考釋，内中還配有相關插圖。詳贍齊備，分類明確，這在中國武備研究史中殊爲難得。如第二章第一節"冷兵器考"中，編著者首先論述了何謂冷兵器，冷兵器的特點、功用，爾後扼要地指出："中國的冷兵器時代，從公元前 3000 年起至 10 世紀火藥兵器（簡稱火器）出現。

此後，進入冷兵器與火器并用時代。清王朝後期（約19世紀中葉），冷兵器爲現代槍炮所替代。"作者即從石器時代起，歷經夏、商、周，直至清末，詳盡地論析了中國冷兵器的萌生、發展及衰落的歷史，其中所關涉的每一時代之冷兵器，首先明確指出其獨具的特點、功效，包括了其質地、工藝及用法。再後就是提綱挈領，分列統率性條目，如"格鬥兵器""兵""五兵""戎""五戎"等。統率條目之後，又分列爲刀、戎、矛、槍、戟、劍、鉞、斧、鈹、殳、大棒、叉、鈀、檛、錘、鐧、鐧、鞭、鑣、雙飛檛、流星錘等，其細目達二百六十餘種（這二百六十餘種中尚未將異名別稱計入），編著者所考釋的二百六十餘種格鬥兵器，件件不同，無一虛指，皆以文獻記載爲據。若文獻失載，則必有傳世或出土實物爲佐證，足見著者見識的廣遠與功力之深厚，似是而非之物，概不收列。

尤其難得的是本卷收録了諸多今世失考或塵封已久的兵器。如"擘張弩"，我國當代辭書無一關注者，唯有《漢語大詞典·手部》收有"擘張"一詞，釋曰："用手拉開弓弩。《漢書·申屠嘉傳》'以材官蹶張'唐顏師古注：'今之弩，以手張者曰擘張，以足踏者曰蹶張。'"按"擘張"，釋爲"用手拉開弓弩"，不確！此處的"擘張"是'擘張弩'的省稱，不可僅視之爲動詞。何謂"擘張弩"？本卷釋曰："擘張弩"是一種輕型弩。因以雙臂張弦，故稱。爲東周弩之主要形制。《孫臏兵法·勢篇》："何以知弓弩之爲勢也，發於肩膺之間，殺人百步之外。"這裏"發於肩膺之間"，當爲以臂張弦。由鎮江丹徒出土之三國東吳青銅弩機和弩弓推斷，東周弩多爲輕型弩，即擘張弩，與《孫臏兵法》所載完全一致。《漢書·申屠嘉傳》稱："〔申屠嘉〕以材官蹶張從高帝擊項籍。"顏師古注："今之弩，以手張者曰擘張，以足踏者曰蹶張。"唐代，擘張弩爲軍中裝備之最重要拋射兵器之一，始有"擘張弩"之全稱。如《通典·兵二法·制附》："擘張弩，中三百步（按，另說爲二百三十步），步戰用之，馬弩，中二百步，馬戰用之。"使用時可采取"陣中張"，"陣外射"，張而復出，以保持發射之連續性。《唐六典·武庫令》亦有記載："弩之制有七，一曰擘張弩，二曰角弓弩……"自唐以後，弩漸以雙臂張之爲多，但常因其形制、質地爲名，使用率尤高。

另有"蹶張弩"，我國當代辭書同樣無一關注者，亦唯有《漢語大詞典·足部》收有"蹶張"一詞，釋曰："以腳踏強弩，使之張開，謂勇健有力……亦借指弩箭。"如前文所釋"擘張"一樣含混不明（書證略）。另收有"蹶弩"，釋曰："用腳踏發的弩弓。"編纂者不知此物即"蹶張弩"的省稱，僅選用宋蘇舜欽《滯舟》詩爲書證，甚爲粗略。本卷釋曰: "蹶張弩"是强弩之一種。用手足共同張弦,故稱。其射程和殺傷力較擘張弩尤佳,但操作複雜。此物始見於戰國,據《戰國策·韓策一》載,韓已有用脚張弦的"蹠勁",可"以一當十"。《史記·蘇秦列傳》稱: "韓卒超足而射,百發不暇止,遠者括蔽洞胸,近者鏑弇心。"司馬貞索隱: "超足謂超騰用埶,蓋起足蹋之而射也。故下云'蹠勁弩'是也。"張守節正義: "超足,齊足也。夫欲放弩,皆坐,舉足踏弩,兩手引揍機,然始發之。"可知韓卒之超足而射,即以足踏弩而張之。漢代,始稱蹶張。《史記·張丞相列傳》載,丞相申屠嘉"以材官蹶張從高帝擊項籍。"裴駰集解引如淳曰: "材官之多力,能脚蹋强弩張之,故曰蹶張。"漢代不僅有材官蹶張,進而有以强弩爲名的官職,如"强弩都尉""强弩將軍"等。三國到西晋,蹶張弩一直爲步兵之利器。西晋滅亡後,北方各民族以騎射爲主,不便使用蹶張等强弩,但南方由東晋至南朝,蹶張一直爲步兵之利器。《唐六典·武庫令》所載之弩有七,其中"伏遠弩"即其中之一。又據《新唐書·兵志》載,"凡伏遠弩,自能施張,縱矢三百步……擘張弩二百三十步",此即當爲蹶張弩。宋代蹶張弩有跳蹬弩、黄樺弩、白樺弩、雌黄樺梢弩等。爲提高射速,作戰時,分工有"進弩人""張弩人""發弩人",各司其職。宋沈括《夢溪筆談·辨證一》: "今之武卒蹶弩,有及九石者。"蹶弩,即蹶張弩。熙寧中所造之神臂弓亦爲脚踏張弦之蹶張弩(對此,作者指出"見本考'神臂弓'",可作比照參考)。明茅元儀《武備志·弩一》中稱: "蹶張者,可二、三石,古所云弓之强者不及也。"并載蹶張弩圖。可知明時蹶張弩仍爲軍中拋射兵器,但使用已漸少。清代,弩僅爲部分地區軍隊裝備,但無蹶張弩之制。文末附有南陽漢代畫像石中的蹶張弩圖像,真切而生動。

　　本書的編著者并非僅盡力於中國武備之歷史回顧、客觀追述,在回顧與追述的同時,更着力於歷代武備功能真僞的考辨,絕不因循舊説。如"冷兵器考"中的"關王偃月刀"文,編著者認定此刀初作"掩月刀",以宋曾公亮《武經總要前集·器圖》所載圖像爲依據,復加簡要的文字描述,其形體結構十分明確。其後筆鋒一轉,又引明茅元儀《武備志·軍資乘》爲據: "偃月刀,以之操習示雄,實不可施于陣也。"説明"偃月刀"僅可用於軍事演練,以示英武,不可用於實戰。而明王圻等《三才圖會·器用》所繪偃月刀,與《武經總要》《武備志》盡同,但卻對此刀予以高度評價: "惟關王偃月刀,刀勢既大,其三十六刀法,兵仗遇之,無不屈者,刀類中以此爲第一。"編著者評之曰: "此説似受《三國演義》等有關文學作品影響。其實三國時作戰和佩飾均爲環首刀,無長柄刀。關羽使用偃月刀，實爲小説家所虚構。"此文末夾注"參見本考‘環首刀’"，亦十分"給力"。"環首刀"文不僅對"環首刀"之産生、形體式樣有細緻描寫，又援引《漢書・李陵傳》之有關記載，頗爲生動有趣。漢昭帝時，任立政出使匈奴，霍光等令其勸已降匈奴之名將李陵歸漢。任立政在匈奴單于所設宴會上得見李陵，但"未得私語，即目視陵，而數數自循其刀環，握其足，陰諭之，言可還歸漢也"。著者評之曰："任立政以刀之環諭李陵可‘還歸’，可知西漢時不僅軍隊將士佩環首刀，使者亦佩環首刀。"此一"環首刀"文與前述之"關王偃月刀"文遥相呼應，互爲佐證，兩則評論，异曲同工。序者曾讀山東大學徐傳武教授論證《三國演義》史實真僞之著述，徐君指出《三國演義》七真三假。其中即論及《三國志》中，關羽馬上所用乃是長矛一類兵器，絶非長刀。與《武備卷》作者所論正合。

著者對於一些冷僻詞的考辨，又頗展現了訓詁學的功底，如"唐猊鎧"文："亦稱‘唐夷甲’，省稱‘唐夷’‘唐猊’，古代傳説中的猛獸，皮堅厚，可製甲。唐，大也。漢趙曄《吴越春秋・勾踐伐吴王傳》：‘越王乃被唐夷之甲，帶步光之劍，杖屈盧之矛，出死士，以三百人爲陣闕下。’金董解元《西廂記諸宫調》卷二：‘爲首强人……裹一頂紅巾，珍珠如糝飯；甲掛唐夷兩副，靴穿抹緑。’凌景埏注：‘唐夷，就是"唐猊"，古代一種兕猛的野獸，用它的皮製甲，非常堅厚。後來就用"唐夷"作爲甲的代詞。’"其後，編著者又以明茅元儀《武備志・器械四》爲據，進而對"唐猊鎧"之得名由來、製作方法詳予闡釋。茅《志》、凌《注》交互爲用，恰到好處。類似上述之精彩考辨，俯拾皆是，讀者諸君自可信手翻檢也。

與"冷兵器考"相對應的是第三節"火藥兵器考"（第二節爲"攻守城壘戰具考"，因屬冷兵器時代，故列於"火藥兵器考"前，十分科學）。編著者作出如是界説："火藥兵器，省稱‘火器’，即利用火藥製成具有焚燒、爆炸與殺傷等作用之兵器。就其功能而言，有燃燒性火器、爆炸性火器、管形射擊火器。就其質地而言，有混合火藥（黑色火藥）火器與化合火藥（無煙火藥）火器兩類。"文字洗練，言簡而意賅。接着論述了火藥兵器的發展始末，編著者明確指出，在中國北宋時，火箭、霹靂火球一類火器即應用於戰爭中，自此開始出現了火器與冷兵器并用的時代。南宋時發明的突火槍，已被公認爲世界槍炮之鼻祖。元代中國發明的銅火銃——手統與盞口銃，爲世界現存最早之金屬管形射擊火器。同火槍相比，火銃可耐巨大膛壓，裝藥量增多，威力迅猛，且堅固持久，成爲元軍之重要征戰裝備。至明代，火器達於全盛時期。火銃之品種、數量增多，更加規範化系列化，更利於實戰。明代之後，由于夜郎自大，閉關鎖國，終於衰落。

作者在"火藥兵器考"文之後，詳列了中國古代的各種各式火器，這裏有金兵攻宋之"古代炸彈""鐵火砲"，至明代又有"鑽風神火流星砲"，爲一種爆炸致毒性火器，分大、中、小三型，大者用驟馬駄入敵陣，中者用母砲發出，小者可用手擲，敵方每遇此砲，必致人仰馬翻，血肉模糊。同時又有多種"地雷""水雷"，以及定時爆炸之漂雷——"水底龍王炮"等，近現代戰爭中之常規武器，幾乎是應有盡有。爲避免相關内容交叉重複，《武備卷》將火藥、指南針、軍服等列入其他諸卷中。全書按照歷史順序排列，力求詳盡，近代部分則求簡約。

縱觀中國以往之武備史可知，中華民族有諸多輝煌年代，聲威遠播，八方尊崇，但也有多次遭受外族异邦蹂躪的屈辱時期。毋庸置疑，其中一個重要原因就是武器裝備的落伍。一些封建帝王好以天朝自居，閉關鎖國。且自上古始，既有重道不重器之習慣勢力，復有禁絶奇技奇器的嚴酷律令。這對中國古代科技的發展，無疑是一種極大的扼制與摧殘，序者在本書"總説"中曾論及：在中國的歷史長河中時有"奇技"展現，時有"奇器"發明，但在如是"國情"重壓之下，無數"奇技""奇器"，終歸於沉寂消亡，可惜可歎。若以爲諸多奇技奇器乃玩賞之物，會導致"玩物喪志"，或可理解。然而面對那些直接用於戰争，關係到國家存亡的震世發明，如火藥兵器——火箭、火銃、快槍、炸彈、地雷、水雷等，自兩宋至明清，歷代朝廷，陳陳相因，同樣未引起足够重視！直至鴉片戰争之硝煙驟起，面對列强的火炮鐵艦，清廷上下一片驚恐，而愚妄的衛道者仍斥之爲"祖宗早已有之"的"奇技奇器"，揚言"祇可呈一時之威，必自生自滅"。未料"祖宗早已有之"的"奇技奇器"，變得益加奇妙，竟然所向披靡，全無衰象！鴉片戰争之後，又遭逢甲午海戰之重創，清廷付出了沉痛的代價，給了當政者最後警醒！中外歷史一再證明，兩國交戰的勝負，并非取決於彼此文明程度的高下，而很大程度上取決於武備的强弱。當然，武備并不能無往而不勝，但若輕忽武備，却寸步難行！

筆者乃一介老儒，旨在爲和平祈禱，無意亦無能於宣導軍備（即前述"武備"）競争，所關注者亦非軍備自身，唯一的心願僅在藉中國古代火器的起落，武備的强弱，略陳匹夫之見：武備的强弱，又取決於科技的高下，國家興亡最終取決於當權者的治國志向，唯有治國志向方可左右科技的高下與去踪！而治國志向的確立，又必須回視本國的歷史與文化傳統，取得經驗教訓，如是而已。

　　本卷兩位主編皆爲職業軍人，1989 年秋爲編纂《中國古代名物大典》，序者初次赴京約稿，相會於中國革命軍事博物館之古戰館內。其時，二君身着戎裝，佩有大校軍銜，雖不甚年輕，却鬢髮未斑，儀態威武。與之交談，彬彬然頗具學者風範，似可稱之爲“儒將”也。二君終生從事中國古代軍事研究，對於我華夏武器裝備尤諳熟於心。再次約稿，乃 1994 年春，爲完成《武備卷》之撰寫，二君以古戰館掌門人的身份，復邀請中國軍事科學院的專家參編。2013 年夏，精益求精，序者又邀請濟南大學體育學院武術才俊張越作了最後的訂補。

　　後來的作者諸君，對於本卷如同全書一樣，因反復修改增補，體量大增，初始的出版方擔心經濟效益，却又不捨放弃，久難面世，日居月諸，作者諸君處於無盡的憂慮、彷徨、期待之中，筆者感慨萬千。故而原序之末，有以下諸語：歲月無情，人生苦短，翹首未見書面世，却見鏡中盡是霜。借問君有何感悟？人道是：世態百變無定蹤，書齋不喜少年郎。但見“萬般皆上品”，藏書樓內藏惆悵。

　　今幸逢盛世。國策一新，傳統文化得以大力弘揚，規模空前，在此期間又幸得上海交通大學及所屬出版社領導高瞻遠矚，悉心眷顧，作者諸君備受鼓舞，决心背水一戰，贏得最後的勝利！

張述錚

　　太歲重光單閼桂月下浣初稿於山東師範大學映月亭
　　太歲上章困敦菊月上浣定稿於歷下龍泉山莊東籬齋

第一章 概　論

第一節　武備名義考

　　武備，即軍備，泛指軍事。自古以來被視爲國之大事。武備之"武"字，古文字作"𣥂"，似人持戈以行，義爲征戰。"武備"一詞源於先秦典籍。《史記·孔子世家》記有春秋時期孔子語："有文事者，必有武備。"《穀梁傳·襄公二十五年》："古者雖有文事，必有武備。"可見，武備係與文事相對而言，非文事者，均爲武備。因此，凡直接關係戰爭之一切事項，諸如武裝力量建設、戰爭準備與實施以及武器裝備、攻守戰具、軍事工程、軍事指揮通信等，均含其内。

　　武備内容浩繁，關涉廣遠。本卷則根據全書體例規定，重在展現中華物態文化風貌，故僅收録中國古代、近代的軍隊武器裝備、攻守戰具、軍事工程、軍事指揮通信等方面的主要實物與有形設施。其間尤重物源與語源之考證，非此則概不收列。

第二節　歷代兵器戰具設施考

武備，以戰争爲中心，隨着戰争之發展而發展。戰争起源於原始社會晚期，武備亦隨之同步産生。中國有文字記載之戰争，最早發生於約公元前 3000 年之神農氏伐補遂之戰（見《戰國策・秦策一》）。在日益增多而激烈之部落戰争（原始戰争）中，神農氏漸趨衰微，而軒轅氏部族首領黄帝，則興起於渭、洛水流域，逐漸發展爲黄河流域各部族之共同領袖。此後進入"五帝"時代，部落聯盟或酋邦間之戰争，此起彼伏，史不絶書。譬如黄帝與炎帝阪泉之戰、與蚩尤涿鹿之戰（見《史記・五帝本紀》），顓頊與孟翼之戰（見《山海經・大荒西經》），帝嚳與共工之戰（見《史記・楚世家》），堯與驩兜之戰，舜與有苗氏之戰（見《荀子・議兵》），禹攻三苗之戰（見《書・大禹謨》）等。考古發掘亦發現反映此時期之文物資料。如江蘇邳州、山西絳縣，曾發現帶有箭簇之人腿骨與人頭骨；甘肅永昌曾出土戰鬥用之骨護臂；河北邯鄲、江蘇吳中、湖北房縣等地，曾出土大批在戰争中受傷或被砍去頭顱之人骨。此時之社會組織，雖仍由部落構成，但已非各部落相互平等之聯盟，而是一部落高居於其他部落以上之酋邦制度，已具有國家機器之基本内涵。此時之戰争形態，尚極簡單，通常由部落全體成員或部分志願人員參加作戰，在首領、軍事"官長"率領下，蜂擁而上，使用木、石兵器格鬥，由參加人員之數量、體力、勇敢程度决定勝負，但已産生簡單之武備：已建立帶有軍隊性質之"營衛"隊，如黄帝"以師兵爲營衛"；已出現由生産工具轉化而來、專用於戰鬥之兵器，曾出土大量石鉞、石矛、石戈等石兵器及弓箭等；已使用可視聽之指揮器材，如《列子・黄帝》記黄帝在阪泉之戰中以"雕鶡鷹鳶爲旗幟"，《帝王世紀》記在涿鹿之戰中黄帝殺夔"以其皮爲鼓"等。此時之旗幟，尚非紡織物，乃是於木杆之首懸一動物之尾，或懸一束茅草，用以區别氏族及指示某一氏族所在位置或前進方向。此時鼓多爲陶製，僅作爲戰鬥時助威之用。這一時期還出現用以保障部落財産、人口不被掠奪及提高自身生存能力之防禦工事。不僅古籍中有許多"鯀築城"之類記載，且從考古發掘中亦發現此時期之許多古城堡遺址，如河南登封之王城崗城址、淮陽平糧臺城址等。

夏至西周時期，爲古代武備緩慢發展、逐步加强之時期。各王朝均已建立正規軍隊，周代更發展爲常備軍；戰車走上戰争舞臺，軍隊由步兵演變爲車兵，乘車武士成爲軍中主要兵種；武器由石兵器發展爲青銅兵器，殺傷能力提高；作戰方式由群體格鬥式之步戰，發展爲密集方陣之車戰；指揮體系已經形成，旗、鼓與新出現之金（青銅質發音器），成爲指揮制式器材。河南安陽市小屯村曾出土一商代木製蟒皮鼓，安陽商武丁時之婦好墓曾出土五件銅鐃。此時旗幟已多爲帛製，戰時主帥親執旗指揮。鼓一般用於指揮前進、衝鋒，金通常用於指揮停止、後退（見《周禮・夏官・大司馬》）。據古籍載，蚩尤曾用銅製造兵器（見《管子・地數》）。甘肅、山東、青海等地亦曾出土過距今五千年之銅刀、銅錐等，但多爲紅銅製品，且形體甚小，尚不能用於戰鬥；而河南偃師二里頭、甘肅玉門火燒溝等地夏代後期遺址，出土之青銅戈、鉞、匕首、箭鏃，確係專用於戰鬥之兵器。箭鏃爲消耗量極大之兵器，能以銅製，説明青銅鑄造業已有一定程度之發展，軍隊當已開始裝備青銅兵器。西周設有專司製造武器裝備之職官，且分工很細。如“函人”掌製甲，“桃氏”掌造劍，“冶氏”掌造戈、戟、鏃，“矢人”掌造箭杆，“輪人”“輿人”“輈人”分掌製造戰車之輪、厢、轅等。戰車與兵器等之數量、品質，比夏商均有較大提高。周王朝爲加強統治，防禦外來勢力入侵，分封子弟、貴族於各要地建立設防城邑，并在國都與各城間修建多條以軍用爲主之“周道”，以便調動軍隊。設有專“掌達國道路”之職官“野廬氏”，管理“周道”之“宿息井樹”，在有軍事行動時，保障道路之安全暢通及軍隊休息、飲水等（見《周禮・秋官・野廬氏》）。還設有“掌脩城郭溝池樹渠之固”之職官“掌固”與管理各種障礙設施之職官“司險”，一旦國家有警，“則藩塞阻路而止行者”（《周禮・夏官・司險》）。在作戰指揮體系與城池網絡化同時，符信制度和通信系統亦相應產生。戰爭中用符信發兵以周朝最早。《周禮・春官・典瑞》：“牙璋以起軍旅，以治兵守。”鄭玄注引鄭司農云：“牙璋，琰以爲牙。牙齒，兵象，故以牙璋發兵。若今時以銅虎符發兵。”據商代甲骨文載，當時已有郵驛設置，并用以傳遞軍事情報及文書。至周代更出現烽燧報警設施。《史記・周本紀》所記之周幽王烽火戲諸侯，即是明證。城防工事之興起，導致城池戰鬥之產生，攻守戰具亦應運而生。商代末期，已出現鈎援、臨車、衝車等攻城戰具。《詩・大雅・皇矣》即有周文王攻崇之戰時“以爾鈎援，與爾臨衝，以伐崇墉”之記載。《詩・大雅・大明》又有文王“造舟爲梁”之記載，説明此時已出現渡河之浮橋。

春秋戰國爲古代武備迅速發展并趨於成熟之時期。戰車兵由極盛漸趨衰微，步兵逐漸成爲軍中主要兵種，并出現專業弩兵；騎兵與舟師形成獨立兵種；步、車協同作戰成爲戰爭主要方式，而爭奪城池則作爲戰爭之主要目標。指揮通信器材，殺傷、防護兵器，攻守城壘戰具，戰車、戰船及軍事工程之技術、戰術水準，均已達到相當高度。調動軍隊使用虎符，下達命令及上報軍情，爲保守機密，出現陰符、陰書等。青銅兵器達於極盛，已採用複合材料；殺傷力更大之鐵兵器開始使用；威力強大之遠射兵器弩及防護矢石鋒刃之甲、冑、盾等，已普遍裝備於軍隊。攻城戰鬥使用越壕之飛橋、接城之轒輼、登城之雲梯等。與之相適應，守城戰鬥則出現反接城之火捽、反登城之懸牌、反毀城之渠答等。進入戰國後，戰車主兵地位雖漸爲步兵所取代，但其數量却空前增多，各大國均有千乘之上，製造技術亦達很高水準。新興之舟師，已有多種不同功能之戰船，并能遠航千里之外，如公元前 485 年，吳國"徐承帥舟師"（見《左傳·哀公十年》）由今江蘇至山東半島，"從海上攻齊"（見《史記·吳太伯世家》）。春秋各國均已設立築城工程之專門設計、施工機構及職官"封人""司徒"，能正確計算工程量、土方數，據以計算所需勞力，配備施工用具，區分作業分工；施工過程中能據土方任務量、取土遠近、挖土和夯土效率以及規定時間等因素，實施運籌，選出最佳方案。（見《左傳·宣公十一年》）并出現城樓、角樓、城堞、水門等防禦設施，同時出現野戰築城和長城。

秦至隋唐，爲古代武備進一步充實和發展時期。隨着中央集權和多民族統一封建國家之鞏固，封建經濟之發展，鋼鐵冶煉技術之提高，武備亦隨之不斷發展和深化，出現一些新特點。軍權更爲集中，軍事制度更爲完善。游牧民族與農耕民族間戰争增多，騎兵成爲決定戰争勝負之主要兵種；步兵抗擊騎兵和騎兵對騎兵之大兵團作戰，成爲戰争主要形式；步、騎協同與水、陸協同作戰，成爲常見戰法；在以和平爲戰争最終目的之積極防禦思想指導下，出現古代規模最大之國防工程——萬里長城和馳道、直道、靈渠及運河等以軍事目的爲主之軍事工程；鋼鐵兵器完全取代青銅兵器，并使用炒鋼、百煉鋼製造兵器。如江蘇徐州、山東蒼山出土之"五十煉"鋼劍及環首鋼刀等，分別爲公元 77 年、112 年漢代製品，較 18 世紀中葉纔開始用炒鋼法冶煉熟鐵之歐洲，要早一千餘年。馬鐙、馬鞍等馬具之發明與完善，使騎兵作戰能力大爲提高；東漢以後之騎兵裝備，特別是南北朝時期重裝騎兵之防護裝備，達到十分完備之程度。弩之種類增多，出現重型强弩、車弩及連弩，有些弩還在望山上刻有分畫，用以瞄準，使弩射距離、侵徹力、射速和命中精度有很大提高。戰車在漢代已變爲後勤車輛和野戰築城之活動部件，至三國兩晉時期，又加裝護板，成爲"且戰且進"之偏厢車，還出現指南車、記里鼓車等簡單自動化機械。水軍與戰船有長足發展，漢代即出現四桅多帆與帆、櫓兼用之戰船及裝有防護設施之戰艦。公元前 111 年，漢武帝攻南越，即已用艦載發石機與强弩，自珠江攻擊番禺城（見《漢書·南粵傳》），并可遠航海外。公元 230 年，孫權遣將軍衛温等統甲士萬人至夷洲（今中國臺灣地區，見《三國志·吳書》）。還曾遠航至大秦（古羅馬帝國）、加陳（今埃塞俄比亞）等地（見彭德清等《中國航海史》，人民交通出版社 1988 年版）。戰船種類增多，性能大爲提高，有多艘戰船連結之連舫，裝有拍杆之拍艦，有八十支槳之快速戰船"鸼舮"，有裝有減搖設置"浮板"之海鶻等。

宋至清末，爲古代武備由鼎盛走向衰微和近代武備開始建立并有所發展之時期。宋代火器之創造與發展，使戰争進入冷兵器與火器并用時代。公元 975 年宋滅南唐之戰，即已使用火箭、火炮等火器，但終北宋之世，僅爲燃燒性火器。南宋時出現爆炸性火器"震天雷"與最早之管形火器"突火槍"。元代又出現金屬管形射擊火器。黑龍江哈爾濱市阿城區出土之銅火銃（據考證係公元 1287 年以前製造）、中國國家博物館藏有銘文"至順三年"（1332 年）之盞口銃等，均爲世界最早之金屬管形射擊火器。明代中葉，火器發展達於鼎盛，槍、炮分向發展，并輸入少量外國火器，如"佛郎機銃""鳥銃"等，經過取長補短，多方改進，火器性能大爲提高；還創造出地雷、水雷、二級火箭和多發火箭等，均可稱世界之最。明後期開始仿製傳入之"紅夷礮"，屬重型加農炮型，對中國火炮發展頗有影響。同時，各種實用冷兵器亦有不同程度之發展。各種火器應用於戰争，促使軍隊編制裝備乃至作戰樣式、戰術等發生諸多變化。戰船性能因造船能力、工藝、技術之發展，亦有較大進步。普遍以指南針導航，航海能力增强。如鄭和七次遠航之艦隊，擁有各式戰船二百餘艘，載乘官兵近三萬人，最大戰艦長 130 米、寬 50 米左右，有九桅十二帆，并裝備大量火器，在排水量、適航性、戰鬥力等方面，均居於同時代世界先進行列。清朝前期，文治武功均有重要貢獻，使多民族國家得以鞏固和發展，但囿於崇尚騎射之傳統思想，又實行閉關鎖國方針，在戰略思想上重内輕外，致中國武備日趨落後。

自 1840 年起，鴉片戰争等諸次反侵略戰争之失敗，使中國逐漸淪爲半殖民地半封建社會。中國古代武備隨之結束，開始步入近代化之歷程。面對西方列强之堅船利炮，一些有識之士提出"師夷之長技以制夷"之戰略思想，逐漸爲晚清統治者采納，并對軍事進行了改革。開始引進大量西方軍事科學技術與武器裝備，興辦一些近代軍事工業，仿製生産一些外來槍炮，製造少量艦艇，編練新式陸軍與建設近代海軍，還着手籌備空軍。辛亥革命後之民國時期，北洋軍閥和國民黨政府仍實行重内輕外的戰略思想，軍事工業發展緩慢，除仿製生産少數槍炮、飛機等武器裝備外，大量武器裝備主要依賴進口。至中華人民共和國成立前，已基本實現了武備近代化。

　　本卷爲避免相關内容交叉重複，按照全書分工要求，將火藥炸藥、指南針、軍服等内容，列入其他諸卷中，不在本卷重複出現。爲便於表現中國武器裝備在不同歷史過程中呈現的不同面貌和發展水準，本卷按照歷史發展順序與邏輯關係進行編排，古代部分較詳，近代從簡，將古代部分集中於前，近代部分集中於後，以利於讀者檢索。

第二章　兵器戰具説

第一節　冷兵器考

冷兵器指依靠使用者的體能、技能和兵器自身的殺傷能力及防護能力，直接或間接地打擊敵人、保護自己的武器裝備。中國的冷兵器時代是從公元前 3000 年起至 10 世紀火藥兵器（簡稱火器）出現。此後，進入冷兵器與火器并用時代。清朝後期（約 19 世紀中葉），冷兵器爲現代槍炮所替代。

冷兵器按材質可分爲石（包括骨、蚌、竹、木、皮革等）兵器、銅兵器、鋼鐵兵器；按作戰使用可分爲步戰兵器、車戰兵器、騎戰兵器、水戰兵器、攻守城器械；按作戰性能可分爲格鬥兵器、抛射兵器、防護裝具。

石器時代是冷兵器的萌發階段。因以磨製的石兵器爲代表，故稱石兵器時期，亦稱原始兵器時期。史前階段，人們將石塊打製成砍砸器、尖狀器，把木棒削尖，用以狩獵、自衛和采掘食物，成爲最簡單之工具。《商君書·畫策》："昔者昊英之世，以伐木殺獸。"此後，在打製工具的基礎上，逐漸產生了用兩種以上材料製成的複合工具，如石矛、石斧、石錘等。複合工具較打製的簡單工具不僅提高了生產力，也有更大的殺傷威力。在此後漫長的時代，爲生存和血族復仇而進行的械鬥中，許多複合工具便被用來自衛或攻擊。新石器時代晚期，部落聯盟之間爲爭奪財富發生了頻繁激烈的戰爭，出現了專門的軍事首領和從事作戰的軍人。與此相適應，部分狩獵工具便逐漸變成專門用於戰爭的器具；在戰爭實踐中，人們又發明、創製了許多新的作戰武器和防護器具，從而產生了最早的冷兵器——石兵器。在距今約五千六百年的江蘇邳州大墩子遺址墓葬中，死者爲一中年男子，其右手握骨製匕首，左肱骨下置石斧，一枚骨鏃嵌入死者的左股骨。當是骨鏃射中後折斷在體內。死者顯然係部落武士，在部落械鬥中，中箭而亡。這一時期，大體相當於古史傳說中以黃帝爲首的北方部落聯盟和以蚩尤爲首的南方部落聯盟大戰於涿鹿時期。古人認爲兵器的發明者爲蚩尤。雷學淇校輯《世本下·作》："蚩尤以金作兵器。"宋衷注："蚩尤作五兵……黃帝誅之涿鹿之野。"據考古發掘資料，石兵器係用石、木、骨、角、蚌等非金屬原料製成，這已經構成了冷兵器的基本類型。格鬥兵器有矛、斧、鉞、棒、錘、戈等。拋射兵器有用竹木製的單體弓，有以石、骨、角、蚌爲鏃的箭，有標槍和拋擲陶球、石球之飛石索。根據民族學文獻推斷，拋射兵器可能還有原始木弩。防護裝具有藤、木、皮革等材料製作的盾和皮革製作的甲胄等。

　　公元前 21 世紀至前 16 世紀的夏代，中國已進入青銅時代。據甘肅臨洮馬家窑文化遺址出土的約公元前 3000 年和甘肅永登蔣家坪出土的公元前 2300 年至前 2000 年的兩種青銅刀可知，夏代以前，中國就已經有了青銅兵器。相當夏代紀年之文化遺址出土的少量青銅兵器，形制古樸，形體亦小，爲青銅兵器之萌芽階段。夏代主要兵器仍爲石兵器。商代，奴隸制國家進一步鞏固和發展，軍隊數量增大，戰爭規模也更大。戰爭的發展對武器提出了新的要求。青銅冶鑄技術的發展又爲青銅兵器的發展提供了條件。河南偃師二里頭早商（一說夏末商初）文化遺址出土的銅鏃、銅戈、銅戚等兵器，是中國目前出土最早的成組青銅兵器。其中戈已經有直內、曲內兩種，并出現了雙翼帶鋋銅鏃，完全脫離了生產工具形態，已是完全意義上的青銅兵器。商後期，爲青銅兵器之發展階段。青銅兵器不僅數量大，品質也有極大提高。在河南安陽殷墟西北崗一座商王陵墓中，曾發現集中堆放銅矛七百三十件，帶柲銅戈七十二件，銅胄一百四十一具。此時，青銅兵器已居軍隊裝備首位，但石兵器仍大量使用。商前期以步戰爲主。格鬥兵器有步兵使用的短柄銅戈和石、骨矛，亦有少量銅矛。商後期，車戰成爲主要作戰方式。商代戰車多駕二馬，載武士三人，徒兵跟隨車後。用於車戰的格鬥兵器有長柄之青銅戈、矛和用於劈砍的銅鉞以及護身兵器短劍。拋射兵器弓已經是用多種複合材料製成之複合弓，箭多用銅鏃，但石、骨鏃仍未廢止。防護裝具有以木爲胎蒙以皮革的盾、皮製的甲和銅製的冑。附屬戰車之徒兵，仍然使用石兵器。西周兵器大體繼承商代。戰車進一步改進，多駕四馬。東周是中國社會大變革時期。青銅的鑄造技術達到高峰。不僅掌握了鑄造的最佳合金比例，幷且能通過控制合金比例製成合成兵器，使其鋒利而又不易折斷，大大提高了兵器作戰性能。手持兵器的把柄、皮甲和弓的製作技術也都日臻完善，形制亦更加成熟。春秋時期，車戰最盛，利於車戰的長柄兵器矛、殳、戈等形制完善，殺傷力更強，幷創製了刺、體分鑄連裝的既可擊刺又能鈎啄的戟。拋射兵器除弓外，銅弩機的出現使弩的射程更遠、更準確。砲（時稱䃔、發石）亦開始用於戰爭。短兵器青銅劍的扎刺和劈砍效能也大大加強。防護裝具除甲、冑、盾牌外，還出現了用於保護駕車馬匹的皮馬甲。春秋晚期至戰國前中期，青銅兵器進入鼎盛階段，戰車亦更完善。格鬥兵器仍以戈、戟、矛、殳等長柄兵器爲主。防護裝具皮甲和皮馬甲均髹漆，增強了防護能力。戰國晚期，步戰取代車戰成爲主要作戰方式，騎戰也逐漸受到重視。適合步戰的以長短兵器配合的兵器組合逐漸成爲軍隊主要裝備。故此時格鬥兵器矛、戟等均長柄、短柄相雜，如《司馬法·定爵》所說："長以衛短，短以救長。"青銅劍成爲步兵主要短柄格鬥兵器。弩因利於步兵作戰和攻守城作戰而大量使用。

商代，人們已經能用隕鐵製作兵器刃部。春秋晚期，出現了人工冶煉的鋼鐵劍。戰國時期，中國進入封建社會。封建經濟的繁榮，科學技術水準的提高及頻繁戰爭對武器的需要，促進了冶鐵業和鋼鐵兵器的發展。戰國末，爲鋼鐵兵器的發生時期。據考古資料，當時的鐵兵器已有劍、矛、戟、匕首、鏃、鎧甲、頭盔等。其中河北易縣燕下都遺址的一座從葬墓中，出土劍、戟、矛等鋼鐵兵器五十餘件。經金相檢測分析，大多用塊煉鋼製成，十分堅韌。從戰國末至西漢初，鋼鐵兵器迅速發展，但未能完全取代青銅兵器。西漢武帝時，由於社會經濟的迅速恢復和發展，鋼鐵産量增加，特別是采取了生鐵冶煉、鑄鐵脫碳鋼、炒鋼等先進工藝，大大提高了鋼鐵兵器的作戰性能。此後，鋼鐵兵器逐漸取代了青銅兵器。到西漢末，除弩機和部分箭鏃仍使用銅鑄外，銅兵器已基本消失，僅西南地區少數民族仍使用銅或銅鐵合製兵器。東漢後，這些地區始完成由銅兵器到鐵兵器的過渡。漢代，車兵爲步、騎兵取代。鋼鐵製造的格鬥兵器形制較青銅兵器有了新的變化。"卜"字形鋼鐵戟代替了青銅戈和青銅戟。形體加長的鋼鐵矛取代了銅矛。鋼鐵劍代替了青銅劍成爲步、騎兵主要的短兵器,到東漢時,又爲環柄刀所取代。拋射兵器除弓箭外,弩受到重視。弩機外周加銅廓,增強了弩力。東漢時有的弩機望山上加刻度,以提高瞄準精度。騎兵以弓箭爲主,輔以用臂力張開的擘張弩。步兵多用雙足踏開的蹶張弩和以腰開張的腰引弩,以弓箭爲輔。防護裝具仍爲皮甲和盾,但出現了鐵製的鎧甲和鐵盾牌。魏晉南北朝時期,戰亂不止,社會生産力遭到很大破壞。由於戰爭需要,鋼鐵冶煉和兵器鑄造技術仍有所發展。從三國到西晉時期,基本上繼承了漢代兵器種類和形制,但品質有所提高。各國對拋射兵器弓弩均十分重視。由發現三國時期弩機銘文可知,魏、蜀都設有由中央控制的工廠製造弩機。防護裝具中,出現了保護騎兵馬匹的具裝鎧,促進了重裝騎兵的發展。東晉、十六國到南北朝時期,匈奴、鮮卑等北方和西北方游牧民族南下進入中原,騎戰遂成爲主要作戰方式,從而推動了騎兵馬具的完善和騎戰格鬥兵器與防護裝具的發展。高鞍橋馬鞍的進一步改善,馬鐙由初起單鐙到雙鐙,騎兵的馬具達到完備,使騎兵作戰時能保持身體穩定,牢固地控制馬匹和充分發揮兵器效能。爲加強戰馬和乘騎者的防護,保護戰馬的具裝鎧大量使用,騎兵則穿鎧甲,戴兜鍪。此後,這種人和馬都以鎧甲防護的重裝騎兵便成爲軍隊主力。防護裝具的加强,導致了格鬥兵器的改進。漢魏騎兵的長柄戟由於穿刺力不強而被淘汰。專用於馬上擊刺的長柄矛,又稱矟,因其穿透鎧甲功效强而成爲騎兵主要格鬥兵器。刀仍然是騎兵主要短兵器。灌鋼(亦稱宿鐵)冶煉法的出現,使刀更加鋒利。弓箭是騎兵最重要之拋射兵器。弩由於不便馬上使用,在北方已經廢止,箭仍作爲軍中重要裝備,并出現了用於攻守城作戰的大型牀弩。隋代兵器大體與南北朝晚期相同。唐代,輕裝騎兵重新受到重視。重裝騎兵仍爲軍中兵種,但已失去壟斷地位。步兵爲軍隊主要兵種。槍爲步、騎兵普遍使用的長柄格鬥兵器。步兵除矛槍外,還使用長柄陌刀、棓(即棒)等兵器。唐代弓有長弓、角弓、稍弓、格弓四種。形體較大的長弓裝備步兵。形體小而强度大的角弓爲騎兵用弓。弩又重新受到重視。步兵用擘張弩,射程較遠;騎兵使用馬弩,較擘張弩射程近。攻守城時使用車弩(亦稱絞車弩),係以絞車挂弦的大型牀弩。砲已成爲軍隊裝備并較多用於城戰。防護裝具中的盾仍受到步騎兵重視。甲胄比較完善。唐代鎧甲以鐵製爲主,以騎兵之明光鎧結構最爲完備。具裝鎧由於重裝騎兵地位下降而減少,其形制仍沿襲南北朝傳統。爲加強步兵防護,唐代創製了步兵甲。五代時期,基本繼承了唐代兵器發展成果,鎧甲略有變化,各地甲胄形制逐漸統一和規範。宋代初年火兵器的出現,使中國進入火兵器與冷兵器并用時代。宋代火器雖有很大發展,但就軍事裝備整體而言，仍然以冷兵器爲主。宋代冷兵器主要沿襲唐代遺制，但由於和北方、西北方各民族的頻繁戰争，兵器亦受到各少數民族兵器影響，形成了龐雜特色。格鬥兵器以傳統的刀、槍爲主，輔以骨朵、鞭、鐧、棒等砸擊類兵器。抛射兵器以弓弩爲主，據《宋史·兵志十一》，北宋設弓弩院和弓弩造箭院製造弓弩，"歲造角弝弓等凡千六百五十餘萬，諸州歲造黄樺、黑漆弓弩等凡六百二十餘萬"。砲和重型抛射兵器牀弩得到廣泛應用。宋軍以步兵爲主，騎兵較弱。兵器的配備，體現了弓弩爲主的特點。作戰方式中，攻守城作戰有重要地位。攻守城器械日益增多并形成了完備的體系。宋代甲胄在唐代鎧甲的基礎上，形成了比較完整的制度。其材質分鐵、皮、紙三種，以鐵甲爲貴。馬甲結構較前更爲完善，除鐵質外，有鬃黑、紅漆之皮馬甲。宋代稱盾爲牌，多以木爲胎骨，外蒙以皮革。元代，火器迅速發展，但冷兵器仍占主導地位。元軍格鬥兵器有可抛擲又可直刺的鏢槍和利於近戰的刀、斧、劍、錘等。防護裝具有皮製、鐵製之甲胄和盾牌。元軍以弓箭爲主要利器，但也使用弩（包括牀弩）。作戰中重視砲的作用，攻城時大量集中使用，并專門成立"砲軍"。除五梢、七梢、九梢、十三梢砲外，還創製了以重力代替人力拉拽之"襄陽砲"。明代，火器性能日益提高，逐漸與冷兵器并行，成爲主要兵器之一。明代大多使用宋代傳統冷兵器，但形制較爲簡化，以槍和短柄刀爲主要格鬥兵器。抛射兵器弩、砲使用漸少。唯弓箭因携帶方便、射速快、命中精度亦較火器好而長盛不衰。還出現了鞭箭、袖箭、筒子箭、流星箭等利於近戰的雜箭。明代甲胄種類繁多，製作技術較宋元精密，防護性能完備。多爲鐵製，亦有綿甲、絹甲。清代，冷兵器基本沿襲明代。《清會典》把兵器分爲十類，冷兵器有甲胄、弓矢、刀斧、矛戟、椎挺、蒙盾六類。格鬥兵器以長槍、短柄刀爲主。清代重視弓馬騎射，弓制完備，各種弓形制基本一致。箭的種類較多。清前期官兵仍多用甲胄護身。王公貴族着鐵甲，一般職官和士兵着綿甲。胄亦有鐵製、皮製、布製之分。清中期後，甲胄被排斥出戰場，衹校閲時着甲胄爲裝飾。19 世紀 60 年代，清廷開始建立近代軍事工業，仿造、購買西方的槍炮，改善清軍裝備。近代槍炮遂替代了清軍的冷兵器和火兵器。從此，冷兵器和火兵器并用時代結束，冷兵器漸漸退出了戰争舞臺。

格鬥兵器

格鬥兵器

冷兵器之一類。指近體搏鬥時直接殺傷敵人的各種手持兵器。按其長度，可分爲等於或超過身長的長兵器（如矛、戈、戟）和小於身長的短兵器（如劍、斧、鉞）。前者多用雙手操持，後者多用單手操持。按其功能，有具有扎刺、劈砍、砸擊等單一功能的兵器和具有鈎啄、鈎刺啄、劈刺等多功能兵器。按其材質，史前至夏，爲石（包括骨、竹、木、角、蚌等）製格鬥兵器；商至春秋，爲青銅製格鬥兵器；戰國以後至清中葉，爲鋼鐵製格鬥兵器。從石兵器至鋼鐵兵器，格鬥兵器品質不斷提高，戰鬥性能亦不斷加強。但就其總體而言，始終未能超出近體格鬥、直接殺傷之範圍。格鬥兵器起源於原始生產工具，特別是狩獵工具。原始社會晚期，部落聯盟之間不斷發生原始戰爭，促使可以直接殺傷敵人的手持工具轉化爲原始格鬥兵器。其質材多爲石、木、骨、蚌、角等非金屬材料。因當時最先進工藝是磨製石器，故原始格鬥兵器亦稱石製格鬥兵器。據考古發現，當時石製格鬥兵器已經形成了格鬥兵器的主要類型。長兵器包括用於直刺和扎挑的石質和骨質的矛，用於砸擊的木棒，用於鈎啄的石戈。短兵器有用於劈砍的石斧、石鉞和用於砸擊的石錘。夏代，中國進入了銅器時代。在相當夏代紀年文化遺址中出土的少量青銅兵器中，已經出現了格鬥兵器銅矛。但少量銅兵器未能改變夏代兵器面貌。夏代仍以石骨質格鬥兵器爲軍中主要兵器。商代，銅製兵器成爲軍中主要格鬥兵器。商前期以步戰爲主，格鬥兵器多爲步兵使用，故形體較短。出土的商前期銅戈柄長祇有 60—90 厘米，有直內和曲內兩種。矛多爲石、骨矛。但也有少量柳葉形銅矛。短兵器有銅斧、鉞等劈砍兵器。商中後期，步戰漸爲車戰所取代。故格鬥兵器以長柄的戈爲主。商中期，出現了援部呈三角形的戈，其時被稱作"鄭"或"戰"，後成爲蜀式戈主要類型。矛

是商代僅次於戈的長柄格鬥兵器。其形制多爲雙鈕式和雙孔式。戟僅發現一例，祇是簡單地用木柲將戈和矛連裝在一起。青銅鉞數量大增，有些大型銅鉞厚重，紋飾猙獰，給人以威懾之感，多爲權力之象徵物。斧是一種劈砍工具，但亦作爲兵器和刑具使用，形制多與銅鉞相似。用於劈砍的單面側刃青銅刀在商代大量出現。其形體較大者稱長刀，裝以木柄，爲車戰輔助格鬥兵器。西周格鬥兵器大體保持商代傳統，但出現通體合鑄的青銅戟。還在商代北方草原地區游牧民族使用的青銅短劍的基礎上，製造了早期青銅劍。東周時期，青銅製格鬥兵器數量龐大，質地精良，形制也更加成熟，具備了較高的作戰效能。春秋時期，車戰鼎盛，格鬥兵器主要是戈、矛、殳、戟、鈹等長柄兵器。青銅戈因胡長穿多，鈎、啄兼用而成爲車戰主要格鬥兵器。青銅矛完全取代了石骨矛，與砸擊兵器殳（又作杸）同作爲車戰格鬥兵器而受到重視。西周時出現的通體合鑄戟因製作複雜，使用時容易折斷等原因被淘汰，改用刺、援分鑄，用柲連裝的青銅戟，成爲與戈、矛并重的長柄格鬥兵器。鈹是春秋時新出現的穿透力很強之長兵器。戈、矛、殳、戟、鈹等所用之柄除竹、木製外，還出現了以木棒爲芯，外貼竹片然後纏絲麻鬆漆成柄的積竹柲，更爲堅韌耐用。春秋晚期至戰國，步戰興起，騎戰也受到重視，車戰降爲輔助作戰方式。故格鬥兵器長、短柄并重。除車戰用的長柄戈外，還出現了短柄的步戰用戈和步騎兼用的中型戈。窄體矛形制成熟。有的矛中脊綫凸起兩刃，形成血槽，增強了殺傷力。青銅戟不僅爲車戰利器，亦爲步、騎戰所需要。到戰國晚期，甚至呈現

了取代青銅戈的趨勢。在江淮流域，還出現了一種裝有多重戟援的"多果戟"，加強了鈎殺功能。其時殳仍受到重視，有的殳兼有刺殺和砸擊兩種功能。春秋時期出現的鈹，戰國時期也得到廣泛應用。春秋晚期，南方諸國青銅劍首先興起於吳、越。戰國時期，中原各國由於步戰需要亦大力發展。時青銅劍劍身加長，刃部鋒利，脊部堅韌，製作精良，形制完美。不僅爲步、騎兵大量使用之短兵器，也作爲貴族、士人之佩飾。戰國晚期，鋼鐵兵器有較大發展。鋼鐵製格鬥兵器劍、矛、戟等在南方的楚國和北方的燕國遺址出土較多。鋼鐵劍較銅劍長，扁莖折肩，多爲鍛打而成，其鋒利和韌性均優於青銅劍。鋼鐵矛矛頭加長，穿透力加強。鋼鐵戟通體合鑄，刺、援直角相交，無內，整體呈"卜"字形，因而稱"卜"字形鐵戟。戰國晚期爲中國鋼鐵兵器發生時期，但青銅製格鬥兵器仍爲軍隊主要裝備，其冶煉鑄造水準還有提高。陝西西安市臨潼區秦俑坑出土的戈、矛、戟、殳、鈎、鈹、劍等青銅格鬥兵器，雖距今兩千年之久，仍鋒利如初，不蝕不銹。特別是青銅劍，製作規整，兩刃對稱，光滑鋒利，鑄造、銼磨、拋光等加工技術極高。并能根據實戰需要對各種性能不同之格鬥兵器和兵器不同部位采用不同合金配比，提高了青銅兵器之作戰性能。秦代至西漢初年，青銅製格鬥兵器還比較多。至西漢中期武帝後，鋼鐵製格鬥兵器已取代青銅製格鬥兵器。其時鋼鐵製格鬥兵器有長柄之戟、矛、鋋、鈹、鍛、短柄的劍和環首刀。"卜"字形鋼鐵戟是漢代最主要長柄格鬥兵器。除長戟外，還有不裝長柲用於防身的手戟和少量刺、鈹合鑄呈十字形的戟鈹。鋼鐵矛亦爲主要格鬥兵器。鋋係矛之一種，較矛細長，身扁平兩側有刃。鐵鈹較銅鈹長，增強了擊刺功能。鍛爲漢代新出現之長柄格鬥兵器。尖鋒兩刃，莖部兩端外伸向上呈鈎，有一定防護作用。漢代鋼鐵劍基本沿襲戰國形制，爲扁莖長劍，但製作技術有很大提高。東漢時使用了"百煉鋼"技術鍛造鋼劍，堅韌鋒利，質地更爲精良。西漢時興起的厚脊、一面有刃、柄呈環狀的環首刀，因其利於劈砍而又不易折斷，受到步兵和騎兵的歡迎。到東漢末年，環首刀成爲軍中最主要短柄格鬥兵器，取代了鐵劍。三國到西晉時期，格鬥兵器主要是長柄的矛、戟和短柄的刀。產生於東漢晚期的騎兵專用長矛（又稱矟），已經受到重視。戟有騎兵用的長戟和步兵用的短戟兩種。刀仍以環首刀爲主。東晉十六國到南北朝時期，騎戰爲主要作戰方式，重裝騎兵成爲軍隊主力。"卜"字形戟因穿刺力不夠而爲騎兵所拋棄，祇在步兵中有少量保留。矟則由於穿透力強和便於馬上擊刺而成爲主要長柄格鬥兵器，并出現了馬矛、兩刃矟等形制獨特的矟。環首刀仍然是使用最普遍的短柄格鬥兵器，但出現了柄首無圓環之長身鐵刀和體寬、刀鋒部前銳後斜狀之短刀，并出現了少量安裝長柄的刀。隋代格鬥兵器仍以矟、刀爲主，形制同南北朝。唐代，矛多稱矛槍或槍，是步騎兵使用的主要長柄格鬥兵器。唐代槍包括騎兵用的漆槍（即矟）、步兵用的木槍、羽林用的白幹槍、金吾用的樸頭槍等四種。戟退出戰場，祇作爲表示等級身份和儀仗使用。刀仍然是步騎兵主要短柄格鬥兵器。環首刀漸爲無環短柄長刀（即橫刀或稱佩刀）和長柄大刀（即陌刀）所取代。唐代騎兵還使用啄、錘、斧鉞、棓（即棒）等砸擊格鬥兵器。五代時期格鬥兵器與唐代相同。宋代，進入冷兵器與火器并用時期，但格鬥兵器仍爲軍隊重要裝備。槍和刀是宋軍主要格鬥兵器。宋代槍制複雜，除步騎兵用槍外，還有專用於攻守城作戰的槍，宋代刀形制較唐刀有較大變化。有短柄刀和長柄刀兩種。短柄刀形制由漢唐以來直身改爲刃口弧曲，并帶有護手，更適於劈砍。長柄刀刀刃前鋭後闊，以木杆爲柄，種類較多，爲宋代軍隊使用主要之格鬥兵器。宋代還大量使用長柯（柄）斧、短柯（柄）斧和北方少數民族傳來的骨朵、鞭、鐧、棒、錘等短柄砸擊兵器。元代，漢軍多使用宋代格鬥兵器。蒙古軍多用長柄矛和刀、劍、斧、錘等短柄格鬥兵器。明代，火兵器大量生產并裝備部隊，格鬥兵器漸成爲輔助性兵器。槍仍受到重視，槍制較宋代簡化。短柄刀因受日本長刀影響，刃狹長略彎曲，較宋刀更鋒利。長柄刀大體同宋代，但形制簡化。在抗倭戰爭中，創製了可刺、可叉、可鈎、可劈砍的鑲鈀類兵器。此類兵器步、騎兵均可使用，包括鑲鈀、馬叉等。清代格鬥兵器沿襲明代。長槍種類較多，八旗和綠營均使用。刀有長柄、短柄兩種。長柄刀多爲兵卒使用。短柄刀種類繁多。兵卒、官佐、皇室貴戚均配備不同形制的多種短柄刀。清軍還裝備有鐵鐮、鐵斧、鐵鞭、鐵錘等雜形格鬥兵器。19世紀中葉鴉片戰爭後，新式槍炮在逐漸代替舊式火器的同時，也取代了鋼鐵製格鬥兵器。祇有個別格鬥兵器如短刀，仍作爲次要兵器，或軍官、軍佐佩飾，以爲等級標誌，繼續保留在軍隊中，直至民國時期。今僅爲特種兵偶一使用。

兵

古代格鬥兵器和遠射兵器的總稱，亦泛指士卒和戰爭。《説文·廾部》：“兵，械也。”段玉裁注：“械者器之總名。器曰兵，用器之人亦曰兵……兵與戒同意也。”《事物紀原·戎容兵械部》：“兵者，戈、戟、矛、劍之總名也。《太白陰經》曰：‘神農以石爲兵，黄帝以玉爲兵，蚩尤乃鑠金爲兵，割革爲甲，始制五兵。’《吕氏春秋》曰：‘蚩尤作五兵，戈、殳、戟、酋矛、夷矛也。’《世本》：‘蚩尤以金作兵器，然則兵蓋始于炎帝。’”按其材質可分爲石兵、玉兵、銅兵、鐵兵等。按其形制有直兵、鈎兵、刺兵、長兵、短兵等。其稱始見於西周。《周禮·夏官·司兵》：“司兵掌五兵五盾，各辨其物，與其等，以待軍事。”鄭玄注引鄭司農：“五兵者，戈、殳、戟、酋矛、夷矛。”又“軍事、建車之五兵，會同亦如之”。鄭玄注：“步卒之五兵，則無夷矛而有弓矢。”《詩·邶風·擊鼓》：“擊鼓其鏜，踊躍用兵。”毛亨傳：“鏜然擊鼓，聲也，使衆皆踊躍用兵也。”東周以後，兵多指士卒和戰爭，如《左傳》襄公元年：“敗其徒兵於洧上。”杜預注：“徒兵，步兵。”《孫子·計篇》：“兵者，國之大事。”但也爲格鬥兵器和弓矢之泛稱。《吴子·料敵》中將擅長使用格鬥兵器者稱“工用五兵”，并將其列入加官進爵之列。《司馬法·天子之義》提倡長短兵器配合使用時指出：“夏后氏正其德也，未用兵之刃，故其兵不雜。殷，義也，始用兵之刃矣。周，力也，盡用兵之刃矣……兵不雜，則不利。”又《定爵》云：“右兵弓矢禦，殳矛守，戈戟助。”《荀子·議兵》：“古之兵，戈矛弓矢而已矣。”又“故近者親其善，遠方慕其德，兵不血刃，遠邇來服"。《吕氏春秋·慎大覽》云："黌鼓旗甲兵。"高誘注："兵，戈、戟、箭、矢也。"其時格鬥兵器大於或等於身長的稱之爲長兵，小於身長者稱之爲短兵。《司馬法·天子之義》："長兵以衛，短兵以守。"又《定爵》："凡五兵當長以衛短，短以救長。"《孫臏兵法·陳忌問壘》稱："長兵次之，所以救其隋也。從次之者，所以爲長兵□（助）也。"又《勢備》："湯武作長兵，以權象之。"又《威王問》云："長兵在前，短兵在□（後）。"《管子·參患》："弩不可以及遠，與短兵同實。"至漢，仍有稱格鬥兵器爲兵者。漢賈誼《過秦論》謂陳勝、吴廣起義"斬木爲兵，揭竿爲旗"。漢趙曄《吴越春秋·句踐歸國外傳》："臣請按師整兵，待其壞敗，隨而襲之，兵不血刃，士不旋踵，吴之君臣爲虜矣。"《後漢書·東夷傳·倭》："其兵有矛、楯、木弓、竹矢或以骨爲鏃。"《史記·項羽本紀》記項羽敗逃至烏江時，"乃令騎皆下馬步行，持短兵接戰"。漢時亦稱弓矢爲長兵，《史記·匈奴列傳》："其長兵則弓矢，短兵則刀鋌。"至宋，仍有稱兵器爲兵，如"被甲持兵，行數十里，即便喘汗"（見宋蘇軾《乞增修弓箭社條約狀》）。宋曾公亮《武經總要》中，將刀棒等格鬥兵器稱之爲短兵。如《教弩法》稱："臨敵不過三發，而短兵已接"；"若賊薄陣，短兵交則捨弩而用刀棒與戰"；"用弩之法，不可雜於短兵"。又《雜叙戰地》："凡谷戰之兵，巧於設伏，選精鋭，當前列以强弩，次以短兵"；"又林戰之道，晝廣旌旗，夜多火鼓，利用短兵，巧在奇伏。"

兵器

即武器。古代用於作戰器械。其稱始見於周。《周禮·地官·鄉師》："凡四時之田，前期出田灋于州里，簡其鼓鐸旗物兵器，脩其卒伍。"又《小司徒》："及大比六鄉四郊之吏，平教治，正政事，考夫屋，及其衆寡、六畜、兵器，以待政令。"雷學淇校輯《世本下·作》："蚩尤以金作兵器。"宋衷注："蚩尤，神農臣也。蚩尤作五兵：戈、矛、戟、酋矛、夷矛。黄帝誅之涿鹿之野。"按宋注，蚩尤以金作之兵器即五兵，則兵器與兵同義。《六韜·虎韜·軍用》談及作戰中攻守戰具數量時稱，萬人之軍，裝備"强弩六千，戟櫓二千，矛楯二千"外，還要配備"修治攻具，砥礪兵器爲巧手三百人"。"砥礪"，即在磨石上磨鋭。"兵器"當指用於直接殺敵之戰具。至漢，仍有鑄作兵器之説。如《史記·大宛列傳》載，西域安息國曾使用西漢逃亡或投降之士卒，"教鑄作他兵器"；《史記·梁孝王世家》記梁欲叛漢，乃"多作兵器弩弓矛數十萬"，進行戰争準備。唐韓愈《論淮西事宜狀》："村落百姓，悉有兵器，小小浮劫，皆能自防。"至近現代，兵器已取代"兵""戎"等，成爲各種作戰器械之總稱。

五兵

古代五種作戰兵器。西周至春秋時期，作戰時插在戰車車輿上，供戰車上甲士使用之兵器稱車戰五兵，指戈、殳、戟、酋矛、夷矛；供步兵作戰使用之兵器稱步戰五兵，爲戈、殳、戟、酋矛、弓矢。《周禮·夏官·司兵》："司兵掌五兵五盾，各辨其物，與其等，以待軍事。"鄭玄注引鄭司農："五兵者，戈、殳、戟、酋矛、夷矛。"又"軍事、建車之五兵，會同亦如之"。鄭玄注："步卒之五兵，則無夷矛而有弓矢。"賈公彦疏："云建車之五兵者，凡器在車，皆有鐵器屈之在車，較及輿，以兵插而建之。"又《夏官・司右》："凡國之勇力之士，能用五兵者屬焉，掌其政令。"鄭玄注引《司馬法》："弓矢圍，殳矛守，戈戟助。凡五兵長以衛短，短以救長。"這裏把酋矛、夷矛合稱矛，增加弓矢爲五兵之一。成書於春秋末年的《周禮・考工記》則云五兵爲"戈、殳、戟、酋矛、夷矛"，無弓矢（《周禮・考工記・盧人》）。戰國以後，兵器種類發生變化，如長柄兵器戈地位下降而至消亡，劍的地位隨步兵地位加强而提高，防護兵器盾亦更受重視，故五兵含義亦發生變化《穀梁傳・莊公二十五年》："天子救日，置五麾，陳五兵五鼓。"范甯集解："麾，旌幡也；五兵，矛、戟、鉞、楯、弓矢。"增加了象徵權力的兵器鉞和防護兵器楯。戈則不見於五兵之中。《漢書・吾丘壽王傳》："古者作五兵。"顏師古注："五兵，謂矛、戟、弓、劍、戈。"《通典》及《五行大義》引《周書》稱五兵爲"弓、戟、矛、劍、楯"。均把劍列入五兵之中。五兵亦爲兵器之泛稱。《吳子・料敵》稱擅長使用各種兵器者爲"工用五兵"。《荀子・儒效》："反而定三革，偃五兵。"《隋書・達奚長儒傳》："且戰且行，轉鬥三日，五兵咸盡，士卒以拳毆之。"唐獨孤及《慶鴻名頌》："唐興百三十有八載，皇帝在宥，天下鑄五兵爲農器，棲萬姓於壽域。"

戎

　　亦稱"戎器""戎仗""戎具"。古代用於作戰兵器之總稱。《詩・大雅・常武》："整我六師，以脩我戎。"鄭玄箋："治其兵甲之事。"《周易・萃》："君子以除戎器，戒不虞。"《禮記・明堂位》："越棘、大弓，天子之戎器也。"

南北朝時，稱爲戎仗。《北齊書・循吏傳・朗基》云：朗基率軍民守城百餘日，"軍糧且罄，戎仗亦盡，乃至削木爲箭，剪紙爲羽"。《北齊書・杜弼傳》："時天下多難，盜賊充斥，徵召兵役，塗多亡叛，朝廷患之。乃令兵人所齎戎具，道別車載；又令縣令自送軍所。"唐代著名軍事家李靖在《衛公兵法・部伍營陣》（清汪宗沂輯本）中謂兵器爲戎具，"諸兵士將戰，身已尪弱，不勝衣甲。又戎具所施，理須堅勁"。但亦有"戎器""戎仗"之稱。唐竇牟《元日喜聞大禮寄上翰林四學士中書六舍人二十韻》："禮成戎器下，恩徹鬼方沈。"《周書・周惠達傳》："惠達營造戎仗，儲積食糧，簡閱士馬，以濟軍國之務，時甚賴焉。"宋代，李漢瓊上書陳述邊防事爲皇帝所重用，并賜"戰馬、金甲、寶劍，戎具以寵之"。宋曾鞏《本朝政要策・兵器》："凡諸兵械，置五庫以貯之，戎具精勁，近古未有焉。"明代亦謂兵器爲戎器。《明史・諸王傳二・慶王栴》："或告王閱兵，造戎器，購天文書，栴疑皆昭爲之。"戎亦稱兵車。《詩・秦風・小戎》："小戎俴收，五楘梁輈。"毛亨傳："小戎，兵車也。"鄭玄箋："此群臣之兵車，故曰小戎。"《左傳・宣公十二年》："《詩》云'元戎十乘，以先啓行'。"孔穎達疏："元，大也；戎，車也。"《左傳・桓公八年》："鬪丹獲其戎車與其戎右少師。"杜預注："戎車，君所乘兵車也。戎右，車右也。"

【戎器】

　　即戎。此稱先秦時期已行用。見該文。

【戎仗】

　　即戎。此稱南北朝時期已行用。見該文。

【戎具】

即戎。此稱南北朝時期已行用。見該文。

五戎

古代五種作戰兵器。通常指弓矢、殳、矛、戈、戟。《禮記·月令》："〔季秋之月〕天子乃教於田獵，以習五戎。"鄭玄注："五戎，謂五兵弓矢、殳、矛、戈、戟也。"陳澔注："田獵謂因獵而教之以戰陣之事，慣用弓矢、殳、矛、戈、戟之五兵。"一說五戎爲刀、劍、矛、戟、矢。《吕氏春秋·季秋紀》："以習五戎，獀馬。"高誘注："五戎，五兵。謂刀、劍、矛、戟、矢也。"亦指古代戎路、廣車、闕車、苹車、輕車五種兵車。《周禮·春官·車僕》："掌戎路之萃，廣車之萃，闕車之萃，苹車之萃、輕車之萃。"鄭玄注："萃，猶副也。此五者皆兵車，所謂五戎也。戎路，王在軍所乘也；廣車，横陳之車也；闕車，所用補闕之車也；苹，猶屏也，所用對敵自蔽隱之車也；輕車，所用馳敵致師之車也。"

刀

刀

古代用於劈砍的短柄格鬥兵器。單面側刃，厚脊。由刀身和刀柄組成。早在新石器時代，就已經出現了多種形制的石刀，如兩側缺口石刀、長方形有孔石刀、半月形有孔石刀、多孔石刀、斜柄石刀等，均爲磨製而成，刃口鋒

金文中的刀形字

利，便於把握。最早的青銅刀，出土於甘肅東鄉林家遺址馬家窑類型地層中，單範鑄成，青銅製，年代在公元前 3000 年左右。此外在甘肅永登蔣家坪遺址馬廠類型地層中，在廣河西坪齊家文化遺址和武威娘娘臺遺址都有青銅刀出土。這些刀器形窄小，有的背脊凸起，當爲嵌入骨、木柄而設。商代，青銅刀大量出現。因其用處不同而形制不同。一種爲長身、直背、凸刃，刃呈彎鈎形，可裝木柄的長條刀。最長約 80 厘米，寬 10 餘厘米。係砍殺兵器。另一種爲長身、寬刃之短柄刀，柄端多飾獸首，較爲輕便，用於衛體和近體搏鬥。西周時期，青銅短柄刀基本消失，但裝長木柄的青銅大刀仍斷續使用。相傳周武王誅殺紂王便是用青銅刀。《書·顧命》："越玉五重，陳寶、赤刀、大訓、弘璧、琬琰在西序。"鄭玄注："赤刀者，武王誅紂時刀。"此後，青銅刀始終未能成爲軍隊主要兵器。至東周，爲青銅劍所取代。西漢時，鋼鐵劍爲軍隊主要短柄格鬥兵器。由於騎兵作戰以劈砍爲主，劍鋒的突刺作用便形同虛設。而劍身用於劈砍的祇有一側，另一側劍刃不但無用，而且使製造工藝複雜。要在狹窄的劍身兩側都鑄出鋒利的刃口，并把最厚的地方安排在劍身中間脊處。受兩面刃的限制，脊處不能太厚，故作戰時極易折斷。爲了解決上述矛盾，西漢中期，出現了一側有刃，另一側鑄成厚實的脊的專用劈砍的刀。漢刀長 1 米左右，因刀柄呈環狀，故名環首刀。環首刀滿足了騎兵在快速行進中劈砍殺敵的要求，製造工藝也較兩面有刃的鋼鐵劍簡單。《釋名·釋兵》云："刀，到也。以斬伐到其所，乃擊之也。"對刀的特點，作了準確的叙述。此後，刀漸多見於

史載。《漢書·李廣傳》記李廣隨大將軍衛青出塞擊匈奴，因迷失道路，回軍後"引刀自剄"。《漢書·蘇武傳》記匈奴逼蘇武投降時，"武謂惠等：'屈節辱命，雖生，何面目以歸漢！'引佩刀自刺"。至東漢，由於鋼鐵冶鑄水準的提高，采用"百煉鋼"法造刀，提高了刀的品質，也加速了刀成爲軍隊中主要短柄武器的進程。其間出現的"卅湅鋼刀"和"百練清剛刀"（參見本卷《古代兵器戰具説·冷兵器考》"三十湅鋼刀""百練清剛刀"文），成爲東漢優質鋼刀的代表。刀興起後，文武百官也由佩劍逐漸改爲佩刀。《宋書·禮志五》稱，"漢制，自天子至于百官無不佩刀"。《後漢書·輿服志下》對佩刀制度有詳細叙述："佩刀，乘輿黃金通身貂錯，半鮫魚鱗，金漆錯，雌黃室，五色罽隱室華。諸侯王黃金錯，環挾半鮫，黑室。公卿百官皆純黑，不半鮫。小黃門雌黃室，中黃門朱室。童子皆虎爪文，虎賁黃室虎文，其將白虎文，皆以白珠鮫爲鏢口之飾。乘輿者，加翡翠山，紆嬰其側。"東漢皇帝在賜給功臣劍時也常同時賜刀。《後漢書·虞延傳》載，光武帝曾賜給虞延"錢及劍帶佩刀"。《後漢書·孫石傳》載，安帝時，曾賜孫石"駁犀具劍、佩刀、紫艾綬、玉玦各一"。東漢末年，刀已完全取代了鐵劍。三國和西晉時期，環首刀是使用最廣泛的兵器。據《太平御覽》卷三四五引《蒲元傳》，諸葛亮曾讓蒲元在斜谷造刀三千口，"稱絕當世，因曰'神刀'"。南朝梁陶弘景《古今刀劍錄》記孫權在黃武五年（226）采武昌山銅鐵作萬口刀。《三國志·吳書·甘寧傳》載，甘寧率百騎劫魏營歸來，孫權以絹千匹、刀百口獎甘寧。可見東吳用刀之多。兩晉南北朝時期，

環首刀仍然是步、騎兵主要短柄格鬥兵器。但有些刀的形制發生了變化，預示着鋼鐵刀形制的改變。如《靈異志》記載北朝陳安"雙持二刀，皆長七尺，馳馬運刀，所向披靡"（《太平御覽》卷三五四）。當時七尺，合今 1.6 米，其長度超過一般環首刀。手持二刀，刀首可能有柄。有的刀頭前鋭後斜，刀體較環首刀寬。還出現了可安裝長柄的鐵刀和無環首的長刀。隋代，仍以環首刀爲主，但亦使用無環短柄佩刀。唐代，環首刀爲佩刀、陌刀取代。據《唐六典·武庫令》："刀之制有四，一曰儀刀，二曰鄣刀，三曰橫刀，四曰陌刀。"儀刀爲儀仗用刀。鄣刀爲防身用刀。橫刀即佩刀，始於隋，無環，短柄，直體單刃，是士兵所用主要短柄格鬥兵器。陌刀（或作拍刀）爲步兵所用長柄大刀，盛行於唐，唐以後未見記載。唐代軍中刀的數量，據唐李筌《神機制敵太白陰經·器械篇》載，在一軍一萬二千五百名士兵中，裝備佩刀"八分"，即一萬口，陌刀"二分"，即二千五百口。平均每人一口刀。宋代格鬥兵器仍以刀爲主。短柄刀稱"手刀"，單手握，刃口曲弧并帶有護手，更利劈砍。長柄刀前鋭後闊，木杆，末端置鐵鐏。據宋曾公亮《武經總要前集·器圖》：長柄刀有"屈刀""掩月刀""眉尖刀""鳳嘴刀""筆刀""戟刀""掉刀"等。元代，漢軍和蒙軍均重視刀的作用。漢軍用刀大體襲用北宋形制。明代火器盛行，由於鳥銃等火器裝填速度慢且不能進行白刃格鬥，故士兵仍然裝備刀。明代刀有長柄、短柄之分。長柄刀沿襲宋代，有用於演習、操練的偃月刀，用戰的鈎鐮刀、夾棍刀等。短柄刀因受日本長刀影響，刃部狹長彎曲，極鋒利。包括騎兵用的短刀、與

藤牌并用的腰刀和柄加長雙手使用的長刀。明戚繼光《練兵實紀·雜集·軍器制解》中，將腰刀列爲馬（騎）步兵都要用的武器。指出腰刀、夾刀、長刀爲部隊武器中之裝備。清代，刀仍爲主要格鬥兵器，同時作爲皇室、官佐之佩用。刀仍有長柄、短柄之分。長柄刀形制承襲明代，使用不多。短柄刀爲兵卒用刀，包括雙手握柄，刀刃寬大厚重利於劈砍的大刀；單手握柄，與藤牌配合使用，刀刃尖銳利於割刺之短刀。另有官佐佩刀。刃窄薄，刃上有血槽，前部微曲，刀柄作弓曲弧形，有鞘。官佐一律佩用。三爲皇室寶刀，爲皇室使用特製，形制大體同官佐佩刀，但製作更爲精美。清末，新建陸軍。光緒三十一年（1905），清廷練兵處奏議改革軍衣佩飾制度，軍刀遂成軍官、軍佐佩飾之物。此時之佩刀，亦稱指揮刀，是級別之象徵，并非用於作戰。據清末練兵處編《陸軍軍刀圖說》，佩刀刀柄和護手均銅製，鍍金。柄尾高鏨蟒頭，花紋分等以纏刀柄，金絲亦分級。上等官刀柄及護手高鏨蟒鱗花紋。中等官均平鏨蟒鱗花。下等官均用光面不製花紋。各等軍刀又分三級。第一級刀柄纏金絲三道，第二級刀柄纏金絲二道，第三級刀柄纏金絲一道。軍佐佩刀與軍官形制和等級區分相同，祇是刀柄護手及纏刀柄緣帶扣等件均用銅製鍍銀色。軍官、軍佐佩刀之刀身亦銅製，鞘爲鋼製。上級軍官佩刀通長93厘米，鞘長83厘米，鞘邊飾花紋。中級軍官佩刀通長97厘米，鞘長83厘米，鞘邊無花紋。下級軍官佩刀通長92厘米，鞘長78.5厘米，無鞘邊。因刀在作戰中特別是近體搏鬥中，靈活便捷，且携帶方便，製作工藝簡單，故近代步槍出現後，刀仍長期保留在軍中。民國時期，刀爲軍官佩飾，但也用於作戰。

石刀

　　石製刀。多出土於新石器時代遺址，爲生產工具，也用於作戰。其形制多樣。據出土實物，有兩側缺口石刀、斜柄石刀、長方有孔石刀、半月形有孔石刀、多孔石刀等。兩側缺口石刀，新石器早中期，主要出土於黃河流域裴李崗遺址。磁山文化、仰韶文化、大汶口文化和龍山文化遺址也有出土。由打製的橢圓形石片兩側各打去一缺口而成。斜柄石刀發現於山西襄汾陶寺龍山文化遺址，用青色石灰巖磨製而成。刀身呈長方形，下爲弧狀雙面刃，上有斜柄，便於握持，最大者長60厘米。長方有孔石刀，仰韶文化、龍山文化、齊家文化等史前文化遺址中都有發現。呈長方形，磨製較細，雙面刃，上有一至二孔。半月形有孔石刀，龍山文化遺址中普遍發現。磨製，呈半圓形，上有一至二孔，刃口鋒利，有直刃、凸刃、凹刃多種。多孔石刀，新石器時代遺址中發現較多。以安徽潛山薛家崗遺址出土爲多。磨製，呈長方形或梯形，其上按單數排列有一至十三孔不等，背部較厚。一般刃部平直，有磨損痕迹，少數刃部兩端微翹或有彩色飾紋。其孔顯然是爲安裝長柄所用，是用於劈砍的長柄大刀的萌芽狀態。南京博物院收藏的七孔石刀，長22.6厘米，呈長方形，一面有刃，刃平直，前部微曲，背部稍厚，有七圓孔。用於劈砍的刀需要磨製較長的刃，製作工藝要求很高。多孔縛柄極易脫落，故石刀未能成爲主要原始格鬥兵器。

青銅刀

　　青銅製格鬥兵器。由刀身和刀柄構成。刀身一側有刃。另一側較厚重，稱背。前端尖利，稱鋒。刀柄較刀身細窄。柄身之間有的有突起的闌。青銅刀源於新石器時代的骨刀和石刀。在距今約三千年前的馬家窰文化遺址中已經出現。當時的青銅刀形體很小，形態仍承襲石刀、骨刀，刀柄和刀身沒有明顯分界，未能形成固定形制。青銅刀大量出現於商代。中原地區之青銅刀，形制演變已完成了關鍵的一步，即刀柄已從刀身中分化出來，并形成明顯分界。因其用途不同，形成了多種形制。一種是形體較小之短柄刀，多作工具使用，如廚刀、刮刀、屠刀、箋刀等。但也用作防身護體兵器。其刃有凹刃、凸刃、直刃。其柄有直柄，柄首作獸頭狀或環狀等形制。1980 年河南偃師二里頭遺址出土的一件青銅刀長僅 18.4 厘米，已有短柄；另一件長 26.2 厘米，刃長 14.3 厘米，刀柄微曲，柄首作環狀，飾凸綫紋。1983 年河南偃師商城遺址出土的青銅刀較前兩件長，爲 31.7 厘米，直柄，弧刃平背。河南新鄭亦出土直柄青銅刀一件，長 27.5 厘米，曲背弧刃，年代爲商前期。河南安陽於 1970 年和 1976 年曾先後出土兩件環首銅刀，年代爲商後期。一件形體較小，長 13.8 厘米，凸背直刃。另一件稍長，長 21.8 厘米，凸背曲刃，翹尖，環首呈雙孔。安陽亦出土一件獸首銅刀，年代爲商後期，長 36.2 厘米，凸背曲刃，柄作弓形，柄首鑄一龍。商代還出現了形體較大，刀身狹長，凸刃直背的長條刀，亦稱長刀和大刀。有的刀背有扉；有的有穿孔，可捆縛木柄，是用於劈砍的長柄格鬥兵器。1977 年陝西岐山出土的商後期銅長刀，長 32.5 厘米，刀身一側開刃，另一側有闌，刀背上置五圓穿孔，以利裝柄。1984 年河南殷墟西區一千七百一十三號墓出土有鎏銅長刀，長 31 厘米，刀背置三鋬用以裝柄，刀身飾夔紋。江西新幹大洋洲商墓出土的短柄刀有直脊、曲脊兩種。直脊短柄刀呈長條形，平刃，背及近身脊部多有紋飾。有的前鋒上翹，脊部加厚起棱，飾燕條形雲紋，組成勾喙、方目、上捲尾的展體夔紋。曲脊短柄刀近柄處刀脊呈曲綫。有的脊背飾細綫斜方格紋，近脊處飾展體夔紋，形成後寬前窄的紋飾帶。該墓出土的長刀呈狹長條形，脊部平齊，刃部微弧，首彎曲。脊兩端各有一方穿，當爲固定長柲之用。出土時方穿及脊處有明顯殘木質和織物捆扎痕迹。可知該器爲實用兵器。北方草原地區出現了具有鮮明地方色彩和民族風格的青銅短刀。其特徵是凸背曲刃，柄身銜接處的刃部一側有突齒，背部起棱，有的柄部飾羽狀紋、星點紋、鋸齒紋和方格紋。柄首主要有獸首、環首、鈴首三種。其中獸首刀傳到中原，影響了商代青銅刀形制。商代青銅刀雖然較多，但始終未能成爲軍隊主要格鬥兵器。至西周，短柄刀已基本消失，但裝有木柄的長條刀仍有出土。美國弗里爾美術館藏西周銅柄大刀一件。刀頭長約 30 厘米，彎捲，飾龍紋，頂端可套木柲。刀體狹長，脊有三鋬可置柲，鋬上銘 "康庆（侯）" 二字。1975 年北京市昌平區出土一件西周銅刀，長 24 厘米，刃狹長，捲首，脊置二鋬，體飾乳釘紋。至東周，青銅刀爲青銅劍所取代。

三鋬刀

　　商代青銅刀。因刀柄鑄有三鋬（安置刀柄之孔），故稱。1974 年陝西綏德後任家溝出土一件。長 27 厘米，體寬 3.3 厘米，銎徑 2.8×2 厘米，重 0.4 千克。通體呈扁形，上鑄乳釘，可安柄使用。現藏陝西綏德縣博物館。河南殷墟西區一千七百一十三號墓亦出土商代三銎刀一件。長 31 厘米，刀背置三銎以縛柲，刀身飾夔紋。美國弗里爾美術館亦藏中國西周長刀一件。刀頭長 30 厘米，飾龍紋。刀體狹長，脊有三銎。三銎刀是已發現商周青銅刀中之特殊形制，因其縛柲不牢，未能流傳。

獸首青銅刀

北方草原地區商代後期出現的青銅刀。因其刀柄飾獸首，故名。有時也用所飾之獸名為名，如龍首刀、馬首刀、鹿首刀、羊首刀等。其形制傳到中原後，對商代青銅刀形制產生很大影響，成為商代青銅刀重要形制。1961 年河北青龍抄道溝出土的鹿首刀，長 29.6 厘米，首作鹿首形，耳部外有護手的半環，柄飾網格紋、鋸齒形紋。1965 年陝西綏德墕頭村出土的馬首刀，長 32 厘米，刀首以馬頭作飾。北京故宮博物院收藏兩件商後期馬首刀較前一件短小，分別長 26.3 厘米和 20 厘米。該院收藏的龍首刀長 31 厘米，羊首刀長 27.5 厘米。1975 年河南偃師出土的龍首銅刀，凸背曲刃，柄作弓形，柄首鑄龍，長 36.2 厘米。西周時期，以獸首為飾的青銅刀和其他形制的青銅短刀均消失。

吳鉤

亦作“吳鈎”。亦稱“金鉤”。鉤狀彎刀。春秋時吳國人所鑄，故稱。相傳吳王闔閭時以百金賞製鉤者，故吳國善製鉤者甚衆。漢趙曄《吳越春秋·闔閭內傳》載：“闔閭既寶莫耶，復命於國中作金鉤。令曰：‘能為善鉤者賞之百金。’吳作鉤者甚衆。”後亦泛指銳利之刀劍。

晋左思《吳都賦》：“吳鉤越棘，純鈎湛盧。”南朝宋鮑照《代結客少年場行》：“驄馬金絡頭，錦帶佩吳鉤。”

【吳鈎】

同“吳鉤”。此體先秦時期已行用。見該文。

【金鉤】

即吳鉤。此稱先秦時期已行用。見該文。

赤刀

古刀名。赤色寶刀。相傳為黃帝采首山之金所鑄，又云周武王誅紂所用。《書·顧命》：“越玉五重，陳寶、赤刀、大訓、弘璧、琬琰在西序。”孔安國傳：“寶刀，赤刀削。”孔穎達疏：“故知赤刀為寶刀也。謂之赤刀者，其刀必有赤處。刀，一名削，故名赤刀削也……《周禮·考工記》云‘築氏為削合六而成規’，鄭（鄭玄）注云：‘曲刃，刀也。’又云‘赤刀者，武王誅紂時刀，赤為飾，周正色’，不知其言何所出也。”《初學記》卷二二：“黃帝採首山之金，始鑄為刀，歷代有吳刀、赤刀、容刀。”據出土資料，商代青銅刀有短刀和長刀兩種形制。短刀用作工具或衛體兵器，長刀用於戰場格鬥。赤刀為周武王誅紂所用，但武王至紂所時紂已自焚，故赤刀當為其時流行之青銅短刀。參見本卷《古代兵器戰具說·冷兵器考》“青銅刀”文。

鸞刀

亦作“鑾刀”。古刀名。古代祭祀用以割牲。因刀環飾鈴，故稱。《詩·小雅·信南山》：“執其鸞刀，以啓其毛。”毛亨傳：“鸞刀，刀有鸞者。”孔穎達疏：“乃令卿大夫執持其鸞鈴之刀，以此刀開其牲之皮毛。”《文選·張衡〈東京賦〉》：“執鑾刀以袒割，奉觴豆於國叟。”李周翰注："鑾，刀上鈴也。"唐杜甫《麗人行》："犀筯厭飫久未下，鑾刀縷切空紛綸。"

【鑾刀】

同"鸞刀"。此體漢代已行用。見該文。

孟勞

魯國寶刀。相傳爲黃帝采首山之金所鑄。亦作寶刀通稱。《穀梁傳·僖公元年》："孟勞者，魯之寶刀也。"《廣雅·釋器》："陳寶、孟勞、馬氏、白楊、剞劂、劉，刀也。"《初學記》卷二二："黃帝採首山之金，始鑄爲刀，歷代有吳刀、赤刀、容刀、鸞刀、鄭刀、孟勞。"宋梅堯臣《問答》："美人贈我萬錢貴，何必羃犀誇孟勞。"

昆吾割玉刀

古刀名。相傳周穆王時西胡所獻。因以昆吾山銅所冶鑄且鋒利無比，切玉如泥，故稱。漢東方朔《海內十洲記·鳳麟洲在西海》："周穆王時，西胡獻昆吾割玉刀及夜光常滿杯。刀長一尺，杯受三升，刀切玉如切泥。"昆吾，山名。《山海經·中山經》："昆吾之山，其上多赤銅。"郭璞注："此山出名銅，色赤若火，以之作刀，切玉如割泥也。"晋王嘉《拾遺記·昆吾山》："昆吾山，其下多赤金，色如火，昔黃帝伐蚩尤，陳兵於此地。掘深百丈，猶未及泉，惟見火光如星。地中多丹，鍊石爲銅，銅色青而利。"據考古發掘資料，西周時期流行裝有長柲之長條刀（即長刀），可用於劈砍，爲當時格鬥兵器之一。昆吾割玉刀有"切玉如切泥"之鋒利，或爲西周時用於作戰之長刀。

環首刀

亦作"環柄刀"。鋼鐵刀。始於西漢。至東漢末，取代鐵劍，成爲軍中主要短柄格鬥兵器。其形制爲直刃、直身，無格。柄、身無明顯區分。刀柄多用木片夾起，纏以粗繩，以便手握。因柄首呈扁圓環狀，故名。側刃厚脊，利於騎兵在快

環首刀

速突進中劈砍，且不易折斷。河北滿城漢墓出土的環首刀，殘長 62.7 厘米，環首包纏金片，外帶鞘，鞘外纏麻，髹朱漆。河南洛陽西郊西漢墓曾出土大量環首刀，長度 85 至 114 厘米不等。出土時，環首刀插在鞘內。鞘由兩片木材合製，用絲綫和織物纏緊，髹漆。刀多置於死者身體兩側，説明爲死者隨身佩帶。據《漢書·李陵傳》載，昭帝時，任立政使匈奴，霍光等令其勸已降匈奴之漢將李陵返漢。任立政在匈奴單于宴會上得見李陵，但"未得私語，即目視陵，而數數自循其刀環，握其足，陰諭之，言可還歸漢也"。任立政以刀之環諭李陵可"還歸"，可知西漢時不僅軍隊將士佩環首刀，使者亦佩環首刀。至東漢，鋼鐵冶煉技術和製刀工藝水準進一步提高，環首刀品質也進一步提高。湖南長沙出土的東漢環首刀，長度多超過 1 米。其中長沙金盆嶺出土的環首刀長達 1.285 米。東漢還出現了刃部淬火、用"百煉鋼"技術製作的環首刀（參見本卷《兵器戰具説·冷兵器考》"三十湅鋼刀""百練清剛刀"文）。其時文武百官也多佩環首刀。東漢建武八年（32），光武帝劉秀率軍攻隴西隗囂，郭憲反對，"拔佩刀以斷車靷"（見《後漢書·郭憲傳》）。周章隨太守行春，太守欲謁貴戚竇憲，周章"拔佩刀絕馬鞅"（見《後漢書·周章

傳》）。東漢末，董卓欲廢漢獻帝而立陳留王，與袁紹議，“紹不應，橫刀長揖而去”（見《三國志·魏書·袁紹傳》）。三國時，環首刀是使用最爲廣泛的短柄格鬥兵器。據《三國志·吳書·甘寧傳》，東吳名將吕蒙家宴中，凌統因與甘寧有殺父之仇，“酒酣，統乃以刀舞”，甘寧則以“雙戟舞”對抗。吕蒙則“操刀持楯，以身分之”。東晉十六國和南北朝時期，環首刀一直是步兵和騎兵的主要兵器。敦煌莫高窟西魏壁畫“得眼林”故事中，步兵的裝備是環首刀和楯。河南鄧州彩色畫象磚墓中有一方磚表現行進隊伍步兵的畫面，士卒手中均持環首刀與楯；另一方磚上，身披兩當鎧、騎駿馬的將領，身後其隨從手捧環首刀。這一時期對刀的裝飾較前更爲講究。刀環多作成鳥獸形象。隋代，環首刀仍作爲主要格鬥兵器，但已出現了短柄的佩刀（即橫刀）。唐以後，環首刀漸衰，爲各種短柄刀和長柄刀所替代。

三十湅鋼刀

東漢鋼刀。山東蒼山收集。全長 1.15 米，身寬 3 厘米。銘“永初六年五月丙午造卅湅大刀吉羊”。“永初六年”即公元 112 年。“卅湅”即三十煉，代表一定的工藝品質標準。“吉羊”即吉祥。經鑒定，該刀係用含碳 0.6%~0.7% 的炒鋼爲原料，反復加熱摺叠鍛打製成，刃口經過淬火處理。屬百煉鋼製品。現藏山東博物館。

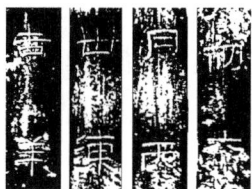

東漢三十湅鋼刀鐫字

百練清剛刀

東漢鋼刀，日本奈良出土。銘“中平□〔年〕五月丙午造作〔支？〕刀，百練清剛，上應星宿，〔下？〕〔辟〕〔不〕〔祥？〕”。“中平”即東漢中平年間（184—189）。“百練”即百煉，應爲當時較高之工藝標準。此爲漢紀年唯一銘文出現“百練”之鋼刀。因未見金相鑒定報告，且銘文書體稚拙，亦有稱此刀或爲東漢僑居日本之工匠所製。參見本考“三十湅鋼刀”。（參閱日本金關恕等《日本原始美術大系·武器·裝具》）

拍髀

亦稱“露拍”“服刀”。體短之環首刀。《釋名·釋兵》：“短刀曰拍髀，帶時拍髀旁也；又曰露拍，言露見也。”《漢書·西域傳·婼羌》：“兵有弓、矛、服刀。”顏師古注引劉德曰：“服刀，拍髀也。”

【露拍】

即拍髀。此稱漢代已行用。見該文。

【服刀】

即拍髀。此稱漢代已行用。見該文。

佩刀

泛指可佩帶之鋼鐵刀。隋唐時，專指士卒所用之短刀。其稱始於西漢。西漢中期出現的環首刀不僅滿足了步、騎兵作戰的需要，且因體短，文武百官亦多佩帶，故稱佩刀。如《釋名·釋兵》所説：“佩刀，在佩旁之刀也。”《漢書·蘇武傳》載，蘇武出使匈奴爲匈奴所困，

"武謂惠等：'屈節辱命，雖生，何面目以歸漢！'引佩刀自刺"。又《王尊傳》："願觀相君佩刀。"至東漢，環首刀已漸取代鐵劍成爲軍中主要短柄格鬥兵器。皇帝和官員也由佩劍改爲佩帶環首刀。故多稱環首刀爲佩刀。《後漢書·輿服志下》中對佩刀制度有詳細叙述（參見本卷《兵器戰具説·冷兵器考》"刀"文）。魏晉時期，仍稱環首刀爲佩刀。《晉書·王祥傳》："呂虔有佩刀，工相之，以爲必登三公，可服此刀。"至隋，出現了直體單面有刃，身狹長，無環短柄鐵刀，時稱橫刀。其柄、身相接處有橢圓形護格。柄莖外包裹木把并纏有絲繩。柄首包裹金屬護件。柄末端有孔，用以穿飾紐帶。因其佩帶方便，故亦稱佩刀。至唐代，佩刀已成爲軍中主要裝備。據《唐六典·武庫令》："刀之制有四：一曰儀刀，二曰鄣刀，三曰橫刀，四曰陌刀。"舊注："橫刀，佩刀也，兵士所佩，名亦起於隋。"唐李筌《神機制敵太白陰經·器械篇》載，唐軍一軍一萬二千五百名士兵中，裝備有佩刀"八分"，即一萬口，顯然爲唐軍主要格鬥兵器。宋代後，隋唐佩刀爲多種短柄、長柄刀所取代。仍稱可佩帶之短刀爲佩刀。如清沈初《西清筆記·紀文獻》："公子中惡，引佩刀自剚其腹，幾殆。"清制，短柄刀按其使用者身份，分別稱爲"皇帝大閲佩刀""皇帝隨侍佩刀""親王郡王佩刀""職官佩刀""官佐佩刀"等。（參見本卷《兵器戰具説·冷兵器考》"皇帝大閲佩刀"文）

百辟刀

古刀名。魏武帝曹操所造，用以辟不祥，故稱。共五枚，三年乃成。以龍、虎、熊、馬、雀爲名。曹丕得一，曹植及饒陽侯（曹植弟）各得一，餘二枚曹操自用。《太平御覽》卷三四五："魏武帝令曰：'往歲作百辟刀五枚，適成，先以一與五官將（曹丕），其餘四，吾諸子中有不好武而好文學，將以次與之。'"又卷三四六引曹植《寶刀賦》曰："建安中，家父魏王乃命有司造寶刀五枚，三年乃就。以龍、虎、熊、馬、雀爲識。太子得一，余及余弟饒陽侯各得一焉，其餘二枚，家王自杖之。"

露陌刀

亦稱"百辟露陌刀""龍鱗刀"。三國魏太子曹丕所造寶刀。長漢制三尺二寸，重二斤二兩。刀身有紋狀似龍鱗。《太平御覽》卷三四六引《典論》："〔魏太子丕〕又造百辟露陌刀一，長三尺二寸，重二斤二兩，狀似龍文，名曰龍鱗。"《初學記》卷二二百辟寶刀注："《典論》曰：魏太子丕造百辟寶刀……又作露陌刀，一名曰龍鱗矣。"《太平御覽》卷三四六引晉張協《露陌刀銘》："露陌在服，威靈遠振。遵養時晦，曜得崇信。"

【百辟露陌刀】

即露陌刀。此稱三國時期已行用。見該文。

【龍鱗刀】

即露陌刀。此稱三國時期已行用。見該文。

靈寶

古刀名。三國魏太子曹丕所造寶刀。其刀長漢制四尺二寸（一説四尺三寸六分），重三斤六兩。因刀身有紋狀似龜紋，故稱。據《太平御覽》卷三四六引曹丕《典論》，曹丕爲鍊成刀劍，"選兹良金命彼國工精而鍊之，至于百辟，其始成也。五色繞鑪，臣囊自鼓，靈物彷彿飛鳥翔舞，以爲三劍三刀三七首，因姿定名，以銘其附，惜乎不遇薛燭、青萍也……其三刀，一曰靈寶，長四尺二寸，文似靈龜”。同文引《典論》曰：“魏太子丕造百辟寶刀三，其一長四尺三寸六分，重三斤六兩，文似靈龜，名曰靈寶。”

含章

古刀名。三國魏太子曹丕所造寶刀。其刀身色紅如霞。長漢制四尺四寸三分（一說四尺四寸），重三斤十兩。據《太平御覽》卷三四六引曹丕《典論》，曹丕選精工良金煉成三劍三刀三匕首。“其刀三……二曰含章，采似丹霞，長四尺四寸”。同文引《典論》曰：“魏太子丕造百辟寶刀三……其二采似丹霞，名曰含章，長四尺四寸三分，重三斤十兩。”（參見本卷《兵器戰具說·冷兵器考》“靈寶”文）

素質

古刀名。三國魏太子曹丕造。因其色白如霜，故名。其刀身似劍，長漢制四尺三寸，重二斤九兩。據《太平御覽》卷三四六載，魏太子曹丕造百辟寶刀三把，其一名靈寶，其二名含章，“其三鑒似崩霜，刀身劍鋏，名曰素質，長四尺三寸，重二斤九兩”。同文引《典論》：“三曰素質，長四尺三寸，刀身而劍鋏。”（參見本卷《兵器戰具說·冷兵器考》“靈寶”文）

百鍊

古刀名。三國吳王孫權的寶刀。晋崔豹《古今注·輿服》：“吳大帝有寶刀三，寶劍六……寶刀三，一曰百鍊，二曰青犢，三曰漏影。”北周庾信《刀銘》：“千金穎合，百鍊鋒成。”唐權德輿《奉和郴州劉大夫麥秋出師遮虜有懷中朝親故》：“千尋推直幹，百鍊去纖埃。”

青犢

古刀名。三國吳王孫權的寶刀。（參見本卷

《兵器戰具說·冷兵器考》“百鍊”文）

漏影

古刀名。三國吳孫權的寶刀。（參見本卷《兵器戰具說·冷兵器考》“百鍊”文）

大吳

古刀名。三國吳王孫權鑄鋼鐵刀。共萬口。長漢制三尺九寸，刀頭呈方形。南朝梁陶弘景《古今刀劍錄》：“吳王孫權以黃武五年，采武昌銅鐵，作千口劍，萬口刀。各長三尺九寸，刀頭方，皆是南銅越炭作之，文曰大吳，小篆書。”東吳所鑄刀與劍數量如此懸殊，說明此時劍已退出了戰爭舞臺。當時三尺九寸合今約95厘米，較環首刀短。“刀頭方”則失去了環首刀之直刺功能。此種寬體、短身、方頭刀的出現，加强了刀的劈砍功能，預示着鋼鐵刀形制的進一步完善。

萬人

古刀名。三國蜀將關羽自采鐵所造二刀。羽兵敗，投二刀於水中。南朝梁陶弘景《古今刀劍錄》：“關羽爲先主所重，不惜身命，自採都山鐵爲二刀，銘曰‘萬人’。及羽敗，羽惜刀，投之水中。”

新亭侯

古刀名。三國蜀將張飛所造。因張飛官拜新亭侯，故稱。後張飛敗死，刀爲東吳所得。南朝梁陶弘景《古今刀劍錄》：“張飛初拜新亭侯，自命匠鍊赤朱山鐵爲一刀，銘曰‘新亭侯蜀大將也’。後被范强殺，强將此刀入於吳。”

斷蒙刀

古刀名。三國魏將董元成自造寶刀。相傳曾以刀斷蒙衝河，故稱。南朝梁陶弘景《古今刀劍錄》：“董元成少果勇，自打鐵作一刀。後討黃祖於蒙衝河。元成引刀斷衝頭爲二流。拜大司馬，號‘斷蒙刀’。"

司馬

古刀名。西晉司馬炎曾造刀八千口，并以其姓爲刀名。刀爲晉軍主要短柄格鬥兵器。南朝梁陶弘景《古今刀劍録》："司馬炎以咸寧元年造八千口刀，銘曰‘司馬’。"

定國

古刀名。南北朝宋武帝劉裕造。長晉制四尺。後爲梁所得。據南朝梁陶弘景《古今刀劍録》："劉裕以永初元年鑄一刀，銘其背曰‘定國’，小篆書，長四尺，後入於梁。"

滅賊

古刀名。南北朝前趙劉淵造。長晉制三尺九寸。南朝梁陶弘景《古今刀劍録》："劉淵以元熙二年造一刀，長三尺九寸，文曰‘滅賊’，隸書。"

建平

古刀名。南北朝後趙石勒造。因建平二年造，故稱。其刀長晉制三尺六寸。用冶鑄工五百。南朝梁陶弘景《古今刀劍録》："後趙石勒以建平元年造一刀，用五百金工，用萬人頭。尖長三尺六寸，銘曰‘建平’，隸書。""尖"疑當作"刀"。

神術

古刀名。南北朝前秦符堅造。用冶鑄工五千。南朝梁陶弘景《古今刀劍録》："前秦符堅以甘露四年造一刀，用五千工，銘曰‘神術’，隸書。"

二十八將

古刀名。南北朝前燕慕容儁造。共二十八口，故稱。南朝梁陶弘景《古今刀劍録》："前燕慕容儁以元璽元年造二十八口刀，銘曰‘二十八將’，隸書。"

中山

古刀名。南北朝後秦姚萇造。刀長晉制三尺七寸。南朝梁陶弘景《古今刀劍録》："後秦姚萇以建初元年造一刀，銘曰‘中山’，長三尺七寸，隸書。"

龍雀

古刀名。南北朝西夏赫連勃勃所造之寶刀。共五口。因其背飾龍雀（傳説中神鳥，鳥身鹿頸），故稱。南朝宋劉裕破長安時獲此刀，後歸梁。其刀長晉制三尺九寸，環鏤金，呈龍形。用百煉鋼法反復摺叠鍛打而成（參見本卷《兵器戰具説 · 冷兵器考》"刀""環首刀""百練清剛刀"文）。南朝梁陶弘景《古今刀劍録》："夏州赫連勃勃以龍昇二年造五口刀，背刃有龍雀。環兼金鏤，作一龍形。長三尺九寸，銘曰：‘古之利器，吳楚湛盧，大夏龍雀，名冠神都，可以懷遠，可以柔邇，如風靡草，威服九區。’"北魏酈道元《水經注 · 河水三》："並造五兵，器鋭精利，乃咸百鍊，爲龍雀大鐶，號曰‘大夏龍雀’。銘其背：‘古之利器，吳楚湛盧，大夏龍雀……’。"《晉書 · 赫連勃勃載記》："又造百鍊剛刀，爲龍雀大環，號曰‘大夏龍雀’。"後亦泛指寶刀。宋梅堯臣《飲劉原甫舍人家同江鄰幾陳和叔學士觀白鷴孔雀鼎周亞夫印鈿玉寶赫連勃勃龍雀刀》："末觀赫連刀，龍雀鑄鐶鍔。"宋蘇軾《以雙刀遺子由子由有詩次其韻》："寶刀匣不見，但見龍雀環。"

千牛刀

古刀名。以其鋒利可解千牛，故稱。南朝梁元帝《金樓子 · 箴戒》："時楊玉夫見昱醉無所知，乃與楊萬年同入氈幄中，以千牛刀斬之。"《北史·魏紀五·孝武帝》："景午，帝率南陽王寶炬、清河王亶、廣陽王湛、斛斯椿以五千騎宿於瀍西楊王別舍，沙門都維那惠臻負璽持千牛刀以從。"亦作皇帝防身刀或御刀。宋高承《事物紀原·戎容兵械部》："宋謝綽《拾遺》：'千牛刀，人主防身刀也，義取《莊子》庖丁解割千牛，而刀刃若新發硎之義，故後魏有千牛備身掌執御刀。'唐顯慶五年，始置左、右千牛府，龍朔二年改府曰衛。"

阮師刀

亦稱"阮家刀"。中國古代著名工匠阮師所製。其刀平背狹刃，毫髮必絶，堅剛無變異。相傳阮師鑄刀三年而雙目失明。所作寶刀共一千七百餘口，均百金而不可得。據晉楊泉《物理論》載："古有阮師之刀，天下之所寶貴也，初阮之作刀，受法于金精之靈……行其術三年，作刀千七百七十口，而喪其明。其刀平背狹刃，方口洪首，截輕微不絶絲髮之系，斫堅剛無變動之異，世不恠百金精求不可得也。其次有蘇家刀，雖不（闕），亦一時之利器也。"據出土資料，兩晉時雖以環首刀爲主，但已出現少量刀頭前鋭後斜、刀頭較環首刀寬的鋼鐵刀和可安裝木柄之長柄刀。"平背狹刃，方口洪首"之阮師刀，或爲兩晉時鋼鐵刀之新形制。

蘇家刀

古代著名鋼鐵刀。鋭利而堅韌，折而不缺，相傳爲僅次於阮師刀之利器。晉楊泉《物理論》："古有阮師之刀，天下之所寶貴也……其次有蘇家刀，雖不（闕），亦一時之利器也。"（參見本卷《兵器戰具説·冷兵器考》"阮師刀"文）

宿鐵刀

鋼鐵刀之一種。魏晉南北朝時期用灌鋼冶煉法所造之鋼刀。因灌鋼法煉鐵需數宿可成，故稱宿鐵刀。灌鋼法是將生鐵與熟鐵按一定比例配合，加熱使生鐵熔化，將碳向熟鐵中均匀擴散而成鋼。以灌鋼造刀最早見於《北齊書·方伎傳·綦毋懷文》："〔懷文〕又造宿鐵刀，其法燒生鐵精以重柔鋌，數宿則成剛。以柔鐵爲刀脊，浴以五牲之溺，淬以五牲之脂，斬甲過三十札。今襄國冶家所鑄宿柔鋌，乃其遺法，作刀猶甚快利，但不能截三十札也。"綦毋懷文用"五牲之溺"和"五牲之脂"作爲淬火介質，表明當時對不同冷却速度之淬火和成品性能之間關係已有一定認識。

橫刀

隋唐時期主要用短柄格鬥兵器。平時佩挂腰間用於自衛，戰時多與盾配合用於格鬥。據唐李筌《神機制敵太白陰經·器械篇》載，唐軍一軍一萬二千五百人，裝備佩刀"八分"，即一萬口。《新唐書·王及善傳》："爾佩大橫刀在朕側，亦知此官貴乎？"《唐六典·武庫令》："刀之制有四……三曰橫刀。"舊注："橫刀，佩刀也，兵士所佩，名亦起於隋。"亦指橫佩短刀。《三國志·魏書·袁紹傳》："卓曰：'劉氏種不足復遺。'紹不應，橫刀長揖而去。"亦用以表示無畏。（參見本卷《兵器戰具説·冷兵器考》"佩刀"文）

陌刀

亦稱"拍刀"。唐代軍隊裝備之長柄刀。《新唐書·闞稜傳》："闞稜，伏威邑人。貌魁雄，善用兩刃刀，其長丈，名曰拍刀。"《新唐書·張興傳》：安禄山反，攻饒陽，"興擐甲持陌刀重十五斤乘城"。由此推斷，陌刀長爲唐制一丈、重十五斤，刀頭兩面施刃之長柄格鬥兵器。唐代軍中，陌刀爲僅次於橫刀（佩刀）之劈砍兵器。《唐六典·武庫令》載："陌刀，長刀也，步兵所持。"據唐李筌《神機制敵太白陰經·器械篇》，唐軍一軍一萬二千五百口士卒中，裝備陌刀"二分"，即二千五百口。作戰中多選善用刀者使用，或用爲橫向列步兵密集戰鬥隊形陣前殺敵。亦與長柯斧配合，作進攻戰鬥隊形之前鋒。《舊唐書·李嗣業傳》載，天寶初年，唐軍初用陌刀作戰，爲更好發揮陌刀之效能，"咸推嗣業爲能……選嗣業與郎將田珍爲左右陌刀將"。據《新唐書·李嗣業傳》，李嗣業率隊進攻時，用"步卒二千以陌刀、長柯斧堵進，所向無前"。《新唐書·歌舒翰傳》載，安禄山部將崔乾祐爲陣，因"十十五五，或却或進，而陌刀五千列陣後"而受到唐軍將士嗤笑。又據清汪宗沂《衛公兵法輯本·部伍營陣》，唐軍教練布陣時，擊鼓數響後，弓手前出至"土河"（作爲界綫的淺土溝）作"架箭勢"。又擊鼓則喊殺聲并"陌刀齊亞"。亞即壓，即陌刀齊下砍。同文云弩手配置，"五十人爲一隊，人持弩一具，箭五十隻，人各絡膊，將陌刀、棒一具"。可知唐軍弓弩手亦裝備有陌刀，用於近體搏鬥。步軍各隊布陣時，"第一立隊頭，居前引戰"，"隊副一人，於兵後立，執陌刀，觀兵士不入者便斬"。則除弓弩手外，步兵各隊隊副亦執陌刀用於督戰。陌刀至今未見出土實物和唐代圖像資料。宋代李公麟繪"免冑圖"中有唐代名將郭子儀手持三尖兩刃長柄刀，爲僅見陌刀圖像。但因爲宋人繪，其形制未必可信。至宋，陌刀爲各種形制之長柄刀所取代。

【拍刀】

即陌刀。此稱唐代已行用。見該文。

斬馬刀

古刀名。宋神宗時期取漢代尚方斬馬劍而製。宋高承《事物紀原·容戎兵械部·斬馬刀》："漢成帝時，朱雲請上方斬馬劍斷張禹頭，以厲其餘。則斬馬劍之名，已見於漢代矣。宋朝神宗熙寧中，又製斬馬刀，其犀利則莫比，蓋亦取漢氏舊名爲稱也。"（參見本卷《兵器戰具説·冷兵器考》"尚方斬馬劍"文）

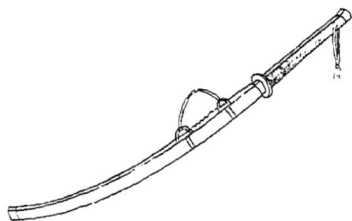

綠營斬馬刀
（清允禄《皇朝禮器圖式》）

眉尖刀

宋代長柄刀。其刀身形制彎曲如眉，故稱。據宋曾公亮《武經總要前集·器圖》所載圖像，眉尖刀刃部微曲，前鋒銳利并向後呈弧狀，厚脊。刀身前銳後闊，至下部又稍窄。下部置鐏，鐏納木柄，柄下施鐏。

眉尖刀
（明王圻等《三才圖會》）

屈刀

亦作"錮刀"。宋代長柄刀。旁刃呈弧狀，脊微曲呈波形，刀身前銳後闊，至中部向後漸窄，後有銎以置木柄。柄下端施鐵鐏。宋曾公亮《武經總要前集·器圖》：“鍘刀，前銳後斜闊，長柄施鐏。”爲宋代軍中實戰兵器。

【鍘刀】

同“屈刀”。此體宋代已行用。見該文。

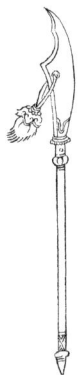

屈刀
（明王圻等《三才圖會》）

棹刀

宋代長柄刀。刀身兩面施刃，刀頭呈尖鋒，刀身後部有銎置木柄，柄下施鐵鐏。爲既可兩面劈砍，又能直刺之多功能兵器。按其形制推測，似從唐代長柄刀陌刀演變而來。宋曾公亮《武經總要前集·器圖》：“棹刀，刃首上闊，長柄施鐏。”（參見本卷《兵器戰具說·冷兵器考》“陌刀”文）

棹刀
（宋曾公亮《武經總要前集》）

掩月刀

亦稱“偃月刀”“關王偃月刀”。古代長柄刀。刀身彎曲如月，故稱。始見於宋。據宋曾公亮《武經總要前集·器圖》所載圖像，掩月刀刃部微曲呈弧狀，前鋒尖而後曲。厚脊，前端呈兩弧形向下，又向外上方出一刃鋒，向後漸銳。刀身後部爲銎，用以置長柄，柄下施鐏。明茅元儀《武備志·軍資乘·器械二》將偃月刀列入訓練部隊和演練用刀，認爲不可用於實戰。“偃月刀以之操習示雄，實不可施于陣

也”。明王圻等《三才圖會·器用》所繪偃月刀圖像與《武經總要》《武備志》相同，但稱其爲關王偃月刀，“惟關王刀偃月刀，刀勢既大，其三十六刀法，兵仗遇之，無不屈者，刀類中以此爲第一”。此說似受《三國演義》等有關三國小說影響。其實三國時期作戰和佩飾均爲環首刀，無長柄刀。關羽使用偃月刀實爲小說家所虛構（參見本卷《兵器戰具說·冷兵器考》“環首刀”文）。清代，偃月刀爲綠營兵使用之長柄刀。據《大清會典圖·武備十一》，偃月刀通長清制七尺，刃長二尺四寸五分。木柄長四尺二寸八分，圍五寸二分，柄下端置鐵鐏。其形制“上豐而仰，背爲歧刃銜以龍口，高一寸五分”。

綠營偃月刀
（清允祿《皇朝禮器圖式》）

【偃月刀】

即掩月刀。此稱明代已行用。見該文。

【關王偃月刀】

即偃月刀。此稱明代已行用。見該文。

戟刀

宋代長柄刀。刀首由矛與彎刀合鑄而成，類似古代戟，故稱。據宋曾公亮《武經總要前集·器圖》所繪之圖像，刀首前部爲一矛，鋒呈三角

戟刀
（明王圻等《三才圖會》）

形，葉呈弧形，下連長骹。骹部置彎刀。彎刀向內變曲，刃朝外，厚脊，兩端鋒利。刀首下部有銎置長柄，柄下施鐏。戟刀爲宋代特殊形制兵器。

筆刀

宋代長柄刀。據宋曾公亮《武經總要前集·器圖》所繪之圖像，筆刀一面有刃，刃呈弧形，前端銳利而微曲。脊厚，前銳後闊，至中下部突起向下漸銳。下部有銎用以置長柄，柄下施鐏。其形制大體同屈刀，唯其刀身前部較屈刀闊。

筆刀
（明王圻等《三才圖會》）

鳳嘴刀

宋代長柄刀。其刀身前部彎曲如鳳嘴，故稱。據宋曾公亮《武經總要前集·器圖》所繪圖像，鳳嘴刀刃部平直，其前部向後彎曲呈半圓，頂端呈尖鋒而向下。厚脊，前銳後闊，至中上部呈一尖鋒向後漸銳。後部有銎以置長柄，柄下施鐏。

鳳嘴刀
（明王圻等《三才圖會》）

長刀

明代短柄刀。因其刃長，故稱。通長明制六尺五寸，重二斤八兩。刀身彎曲，有銅護刃，柄身間有格，前鋒尖銳。形制受日本彎刀影響。

明茅元儀《武備志·軍資乘·器械二》記長刀"刃長五尺，後用銅護刃一尺，柄長一尺五寸，共長六尺五寸，重二斤八兩"。"長刀，則倭奴之製，甚利于步，古所未備"。可知明代長刀多爲步兵所用，較古代之戰刀，更爲銳利。

長刀
（明茅元儀《武備志》）

短刀

明代短柄刀。因其刃短，故稱。據明茅元儀《武備志·軍資乘·器械二》所載短刀圖像，其形制大體同長刀，唯刀身、身柄較長刀短。其刀身彎曲，前鋒尖銳，刃細長，柄身間有格。據同文"短刀與手刀略同，可實用于馬上"，可知明代短刀爲騎兵用刀。

短刀
（明茅元儀《武備志》）

腰刀

短柄刀。因可挂腰間，故稱。明以前，泛指可挂腰間之短柄刀。《魏書·傅豎眼傳》載："斌遣乾愛誘呼之，以腰刀爲信，密令壯健者隨之。"明代，腰刀爲軍隊重要短柄格鬥兵器。

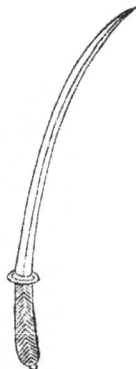

腰刀
（明茅元儀《武備志》）

作戰中，多與藤牌配合使用。據明茅元儀《武備志·軍資乘·器械三》所載腰刀圖像及説明，腰刀長明制三尺二寸，重一斤十兩。刃部狹長彎曲，前端尖鋭。短柄，柄與刀身之間有護手相隔。刀身兩面有血槽。作戰中，以劈砍爲主，但也可直刺殺敵。爲保證其刃部鋒利，鑄造時要求"鐵要多煉，刃用純鋼。自背起用平剗平削至刃，刃芒平磨，無肩乃利，妙尤在尖"。作者批評"近時匠役將刃打厚，不肯用工平磨，止用側鋒橫出芒，兩下有肩，砍入不深"。認爲刃厚而不用功平磨，則"刀芒一禿，即爲頑鐵矣"。強調刀要與手相輕，柄要短，形要彎，纔能"庶宛轉牌下，不爲所礙，蓋就牌勢也"。同書《軍資乘·器械二》稱："腰刀，則惟用于籐牌。"同書《軍資乘·器械三》又云："近世南兵率用圓牌而間之以腰刀。"可知明代腰刀，不僅爲步兵配以藤牌作戰使用，亦爲騎兵配以圓牌（騎兵盾牌時稱旁牌，圓形。（參見本卷《兵器戰具説·冷兵器考》"騎兵旁牌"文）作戰所用）

渥巴錫腰刀

蒙古族土爾扈特部首領渥巴錫獻給清廷的腰刀。刀長 68 厘米，寬 3.5 厘米，無紋飾。把長 14 厘米，銀製，外爲銀鑲鏤絲纏繞。把端有一圓柄，飾以纏枝蓮紋。柄一面中心鑲嵌一顆紅珊蝴珠，另一面中心爲一銀環。鞘長 85 厘米，用鯊魚皮和牛皮相間製成，中用銀絲隔之，呈螺旋狀。鞘上一皮條，以滿、漢、蒙三種文字記其事。16 世紀後期，厄魯特蒙古四部之一的土爾扈特部爲避免準葛爾部之吞并，遷移至伏爾加河流域。乾隆中，因不堪忍受沙俄之壓迫，在其首領渥巴錫率領下返回祖國。乾隆曾在避暑山莊（在今河北承德）多次接見、宴請渥巴錫。此腰刀是乾隆三十六年（1771）渥巴錫獻給乾隆的。現藏北京故宫博物院。

遏必隆刀

清代康熙初年輔政四大臣之一遏必隆遺物。通長 67 厘米，綠鯊魚皮鞘，鞘外套紫色呢套。刀把上繫一小象牙牌，一面刻有"遏必隆玲瓏刀一乾隆十三年賜經略大學士公傅恒平定金川用過"；另一面爲"咸豐"朱印一方和"神鋒握勝"字樣。此刀具"尚方寶劍"（參見本卷《兵器戰具説·冷兵器考》"尚方劍"文）性質，有"代天子便宜行事"和"先斬後奏"之特權。現藏北京故宫博物院。

乾隆御用刀劍

清代皇室用刀劍。乾隆命清廷内務府造辦處成批製作，共九十把。以宿鐵（參見本卷《兵器戰具説·冷兵器考》"宿鐵刀"文）製成。刃部近格處用金、銀、銅絲鑲嵌成龍、鳳、雲、水等各種圖案及刀劍名稱、編號、年款。護手金質，鑲紅寶石、珍珠等。柄爲木質，纏黃絲帶，或用白玉、青玉、墨玉等玉石琢刻而成，鑲有各種寶石。木製鞘，蒙紅、綠鯊魚皮或用金桃皮拼成人字圖案。製成後，按名號分組裝入楠木箱中。在大慶閲典、秋獮隆禮、巡視省方、命將出征及款洽外藩等重要場合使用。至今已歷時二百餘年，仍鋒利如初，寒氣逼人。現藏北京故宫博物院。

皇帝大閲佩刀

清代皇帝用刀。乾隆十三年製。通長清制二尺七寸七分。煉鐵爲刃，刃長二尺三寸，闊一寸五分。據《大清會典圖·武備十一》，刀身右橫刻"天字一號"，縱刻"煉精"。左橫刻

"乾隆年製"。均爲銀刻隸書。鐓爲金盤，厚二分，四周飾以紅寶石、綠松石、青金石，外銜珍珠。刀柄木質，長四寸五分，纏明黃絲。柄末鑽鐵塗金，飾紅寶石、綠松石、青金石三道，銜珍珠，繫明黃綏。柄中亦飾綠松石。刀室木質，長二尺五寸，飾金桃皮。璏、珌皆鋄金花紋并飾寶石。室中部橫鋄金二道并飾以寶石。背部爲金提梁，左右各飾紅寶石四、青金石二、綠松石二。繫明黃綏，附金環并以皮革製板懸之。革板亦飾金。

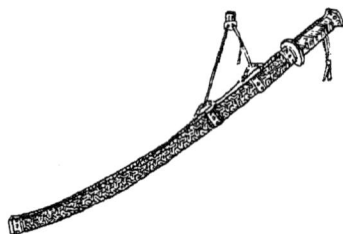

皇帝大閱佩刀
（清允祿《皇朝禮器圖式》）

皇帝吉禮隨侍佩刀

清代皇室用刀。乾隆十五年製。刀脊平直，刀窄薄而銳利，刀上有血槽。前鋒微曲，後部以鐓納木柄。鞘亦木製，外包綠鯊魚皮。通長清制三尺，柄長四寸八分，鞘長二尺七寸。柄和刀室均以寶石爲飾并綴金銀花紋。刀背以金龍爲飾，刻以銀花，鐓銀質，亦刻金花。據《大清會典圖·武備十一》，"通長三尺，刃長二尺五寸，闊一寸四分。中起脊三道。背銜金龍，龍口外刃二寸二分。近柄鋄銀花文，左爲'神鋒'，右爲'乾隆年製'。皆隸書。鐓爲銀盤，鋄金花，厚二分。柄長四寸八分，木質蒙白鯊魚皮，橫飾九行。中綠松石，兩旁青金石、紅寶石相間。上圈飾綠松石、紅寶石，貫明黃綏。室長二尺七寸，木質。中蒙綠鯊魚皮，旁以鐵，

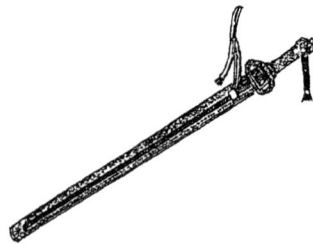

皇帝吉禮隨侍佩刀
（清允祿《皇朝禮器圖式》）

皆綴金花文。璏、珌皆綴銀花文，亦飾綠松石、青金石、紅寶石。"

皇帝隨侍佩刀

清代皇室用刀。其形制大體同職官佩刀，但刀身長清制三尺，柄長八寸一分，均較職官佩刀長。刀身以銜金龍口爲飾。刀柄纏代表皇室之明黃絲，鐓飾金龍，鞘飾金花，製作裝飾更爲精美。據《大清會典圖·武備十一》，皇帝隨侍佩刀"通長三尺，銜金龍口，刃長二尺一寸七分，闊九分。鐓爲鋄金龍，盤厚二分。柄長八寸一分，木質，纏明黃絲。室長二尺五寸，木質，蒙綠色皮革，凡節皆鋄金花"。

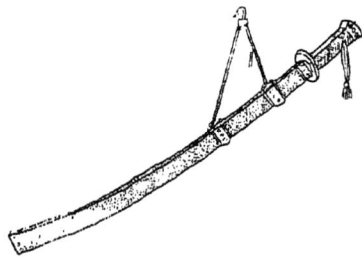

皇帝隨侍佩刀
（清允祿《皇朝禮器圖式》）

親王郡王佩刀

清代親王、郡王佩帶之短柄刀。其形制大體同職官佩刀（參見本卷《兵器戰具說·冷兵器考》"職官佩刀"文）。通長清制二尺七寸，柄長四寸三分。鐓刻金，柄纏金黃絲，室

（鞘）飾寶石、珍珠等，製作精美，裝飾華麗。據《大清會典圖·武備十一》，親王郡王用刀"通長二尺七寸，刃長二尺二寸五分，闊一寸四分。鐔爲鐵盤，鋄金，厚二分。柄長四寸三分，木質，纏金黃絲，末鑽以鐵，亦鋄金，繫金黃緌。室長二尺五寸，木質，髹漆繪五色蓮花，雜飾珊瑚、珍珠、青金石、綠松石"。

親王郡王佩刀
（清允禄《皇朝禮器圖式》）

職官佩刀

清代各級官佐佩帶之短柄刀。其鋼刃窄薄，刀上有血槽，前部微曲呈尖鋒，後部設鐔以納刀柄。據《大清會典圖·武備十一》載，清職官佩刀通長二尺六寸四分，刃長二尺二寸，闊一寸三分。鐔爲鐵盤，厚二分。木柄長四寸二分，纏藍色緌。柄末鑽以鐵，鋄金并繫藍緌。刀室長二尺五寸，木質裏革，兩旁以鋄金之鐵質爲飾。清末，建立新軍，各級軍官、官佐均佩以新式佩刀顯示不同等級，其形制見本卷《兵器戰具說·冷兵器考》"刀"文。

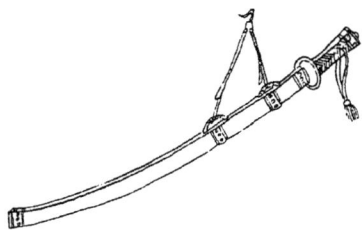

職官佩刀
（清允禄《皇朝禮器圖式》）

清長柄刀

清代士卒用刀。其形制大體承襲明代。其通長多在清制五尺至七尺，最長一丈以上。柄長四尺以上。清代長柄刀雖然爲軍隊裝備，但已不多用。據《大清會典圖·武備十一》，清長柄刀有綠營割刀、綠營片刀、藤牌營挑刀、綠營寬刃大刀、綠營撩風刀、綠營偃月刀等種類。綠營割刀由明代鈎鎌發展而來，通長清制五尺二寸，刀體橫伸，刃橫長一尺四寸，闊一寸。鐔長二寸，納木柄。柄長五尺，圍三寸一分，塗朱漆。其形制如《大清會典圖·武備十一》："形如刈鈎……前曲而俯。"作戰中利於鈎割。綠營片刀，士卒用長柄刀。通長清制七尺一寸二分，刃長二尺，上鋭而仰。鐔爲鐵盤，厚二分。木柄長四尺七寸，圍四寸，塗朱漆，柄末置鐵鐏，長四寸。綠營寬刃大刀，形制同偃月刀，但無歧刃。通長清制六尺九寸二分，刃長二尺五寸，上闊三寸，下部窄瘦僅一寸五分。鐔爲鐵盤，厚二分。柄長四尺，圍四寸六分，柄末置鐵鐏，長四寸。藤牌營挑刀，清代漢軍藤牌營和各直省綠營兵卒使用。通長清制七尺六寸二分，刃長二尺二寸、刃闊一尺五寸，上鋭而仰。鐔爲鐵盤，厚二分。柄長五尺，木質，塗朱漆。柄末端置鐵鐏，長四寸。綠營撩風刀，形如割刀但柄較割刀長，橫刃較割刀短。通長清制一丈二寸，刀體橫伸，刃橫長一尺，闊一寸。鐔長二寸，木柄長一丈，塗朱漆。是清代長柄刀中刀柄最長的。綠營偃月刀，由明代偃月刀發展而來。通長清制七尺，刃長二尺四寸，彎曲如月，背呈歧刃。鐔爲鐵盤，厚二分。木柄長四尺二寸八分，圍五寸二分，塗朱漆，末端置以鐵鐏長四寸。《大清會典圖·武備

十一》："綠營偃月刀……上豐而仰，背爲歧刃銜以龍口，高一寸五分。"（參見本卷《兵器戰具說·冷兵器考》"掩月刀"文）

清短柄刀

清代鋼鐵刀。清代皇室、親王郡王、各級職官及士卒均使用和佩帶之短柄刀（見本考"皇帝大閱佩刀""皇帝吉禮隨侍佩刀""皇帝隨侍佩刀""親王郡王佩刀""職官佩刀"），故亦稱佩刀。其鋼刃窄薄，刃上有血槽，前部微曲，尖銳而鋒利。短柄木質，作弓曲形，有鞘。其中皇室用刀製作异常精美。士卒用刀以短柄刀爲主。作戰時以雙手握持之短柄刀，刃多寬大厚重，劈砍有力；單手握持之短柄刀，刃鋒尖銳，利於刺割。刀身後置鋆納柄。其刀身最長清制五尺四寸二分，最短僅一尺一寸。其柄最長二尺七寸，最短僅三寸。據《大清會典圖·武備十一》載，清代士卒用短柄刀有綠營撲刀、背刀、綠營斬馬刀、綠營雙手帶刀、綠營窩刀、寬刃剮刀、藤牌營剮刀、綠營滾被雙刀、順刀、船尾刀、虎牙刀、綠營長刃大刀等多種形制。綠營撲刀，清軍綠營兵卒用刀。通長清制一尺九寸二分。刃長一尺四寸，上部略寬，闊二寸四分；下部瘦窄，僅一寸二分。鋆爲鐵盤，厚二分。其柄長五寸，木質，纏以紅黃色皮革。末端鉆以鐵，繫藍綏。背刀，綠營士卒用刀。長清制三尺三寸三分。刃長二尺三寸，闊一寸三分。鋆爲鐵盤。刀柄木質，長八寸，外纏綠綏，末端鉆鐵，繫藍綏。刀室（鞘）長二尺四寸，木質，塗朱漆，飾以鐵。綠營斬馬刀，綠營兵卒用刀。通長清制四尺八寸。刃長三尺四寸，闊一寸五分。鋆爲鐵盤，厚二分。刀柄木質，長一尺三寸八分，纏以紅黃革。柄

末端鉆以鐵，繫藍綏。刀室（鞘）長三尺五寸，木質，裹以皮革，塗朱漆，飾以鐵。綠營雙手帶刀，綠營士卒用刀。通長清制四尺二寸二分。刃長二尺七寸，闊一寸五分。鋆爲鐵盤，厚二分。柄長一尺五寸，木質，纏紅藍綏，末端鉆以鐵。室（鞘）長二尺八寸，木質，裹綠皮革，飾以鐵。該刀體厚重，柄亦較長，利於劈砍。但需雙刀握柄。綠營窩刀，清軍綠營士卒用短柄刀。通長清制三尺四寸二分，刃長二尺六寸，闊一寸。柄長八寸，木質，縛藤或纏革，塗綠漆，末端鉆鐵，繫藍綏。鋆爲鐵盤，厚二分。刀室（鞘）長二尺七寸，木質，裹以綠色皮革，以鐵爲飾。寬刃剮刀，清軍綠營兵卒用短柄刀。其刃前銳後闊，作戰中利於劈砍。通長清制四尺六寸二分。刃長二尺四寸，上闊二寸四分，下闊一寸四分。木柄長二尺二寸，圍三寸一分，纏紅藍綏。柄末端鉆以鐵。藤牌營剮刀，清軍藤牌營和漢軍直省綠營用短柄刀。作戰中多與藤牌配合使用。其形制如佩刀，通長清制二尺八分。刃長二尺二寸，闊一寸。木柄長五寸八分，塗以朱漆。柄末端鉆以鐵，繫藍綏。綠營滾被雙刀，清軍綠營兵卒用短柄刀。體短而窄。作戰時雙手各持握一刀。通長清制二尺一寸一分。刃長一尺六寸，闊一寸。鋆爲半規，厚二分，并納於室（鞘）。木柄長四寸九分，纏紅絲。柄末端鉆以鐵，繫藍綏。刀室長一尺九寸，木製，裹以皮革，飾以銅，繫藍綏，以銅鈎佩之。順刀，清軍兵卒用木柄短刀。銳首，刃長清制八寸，闊一寸。鋆爲鐵盤，厚二分。刀室（鞘）長九寸，木製，裹以皮革。有前鋒左翼順刀和前鋒右翼順刀兩種。前鋒左翼順刀中起脊如劍形，通長一尺二寸。木柄長四寸，塗黃油，

末端鈷以鐵。室兩端亦鈷以鐵，中束鐵二道。前鋒右翼順刀中不起脊，通長一尺一寸。刀柄梨木製，長三寸，末鈷以鐵，繫藍綫。刀室近口處束鐵。船尾刀，清軍緑營士卒用短柄刀。通長清制三尺四寸二分。刃長二尺二寸，闊一寸。木柄長一尺二寸，圍三寸一分。銎爲鐵盤，厚二分。虎牙刀，清軍緑營兵卒用短柄刀。刃寬而上鋭，通長清制五尺四寸二分，刃長二尺七寸，以銎爲鐵盤，厚二分。柄長亦二尺七寸，木質，圍三寸七分，塗朱漆，柄末端置鐵鐓。作戰時雙手握柄。緑營長刃大刀，清軍緑營士卒用短柄刀。通長清制五尺一寸，刃長三尺三寸，闊一寸五分。以銎納木柄。柄長一尺八寸。刀室（鞘）木質，塗以漆。其形制與緑營斬馬刀相似。

戈

戈

亦稱“鈎兵”。具有勾、割、啄等功能的長柄格鬥兵器。由戈頭、柲（柄）、鐏組成。戈頭前端爲一狹長體，稱援。援之頂端鋭利，稱鋒，援中間凸起稱脊，脊兩側稱上下刃。援後部稱内，呈長方形，内上有孔稱穿，穿可貫繩索將内縛於柲上。援與内連接處呈弧形下垂，謂之胡，胡上亦多置穿。根據胡之長短，戈有短胡、中胡、長胡之分。柲多爲竹木製，其長短視作戰需要而定。戈在作戰中以援鋒向下啄殺敵人或以援刃横擊勾、割敵人，都要掌握好方向，故戈柲呈扁圓形或橢圓形。使用時，憑手感即可勾、啄。鐏爲置於柲下端之銅帽，戰時便於手持，平時可插在地上以節省使用者體力。鐏中間有孔稱銎，木柲插於銎内。最早的戈，是見於新石器時代的石戈。據出土實物，爲長方形兩側有刃之石片，援和内尚無明顯區分，總體呈鐮刀形，故有戈係由鐮刀類工具演變發展而來一説。河南偃師二里頭遺址出土的直内戈和曲内戈，是發現最早的青銅戈。直内戈形似生産工具鐮刀，尚未脱離石戈形態；曲内戈形制較前有發展，且鑄有凸起之雲紋。商代戈在二里頭青銅戈之基礎上，形制逐漸成熟。援、内之間設闌，以增强戈頭與戈柲縛捆之牢固程度；加强了戈頭、戈柲之夾角，增强了殺傷力；還出現了可把柲直接插入戈銎（在戈内部所鑄銅套）中的銎内戈。除青銅戈外，商代仍使用石戈，并出現了一些形體較大，正反兩面都琢出陽紋脊綫和對稱邊刃，工藝水準相當高的玉戈和玉援銅内戈。考古工作者曾在河南安陽發掘了一批商代青銅器，共有青銅戈二百三十件，爲銅矛的三倍。商代還出現了一種稱爲“鄴”或“戳”的戈類銅兵器。其形制援部短寬，呈三角形。此類戈後成爲蜀式戈主要類型。商代，戈是戰爭中常用格鬥兵器。據《書・説命》，商王武丁時，任命賢人傅説爲相，傅説向商王武丁進言中便有“惟干戈省厥躬”的建議。戈已經和干并列成爲武器的代稱。周滅商牧野之戰時，周武王以戎車三百輛、虎賁三千人與商紂王軍戰於牧野。武王作《牧誓》，“稱爾戈，比爾干，立爾矛。予其誓”（《書・牧誓》）。可知商代末年，戈和矛已經是軍隊作戰之主要格鬥兵器。西周時，青銅戈已完全取代石戈。據《詩・秦風・無衣》：“豈曰無衣，與子同袍，王于興師，脩我戈矛，與子同仇。”毛傳：“戈長六尺六寸，矛長二丈。”戈和矛是準備作戰“興師"的主要武器。又據《周禮·夏官·司兵》："司兵掌五兵五盾，各辨其物，與其等，以待軍事。"鄭玄注引鄭司農云："五兵者，戈、殳、戟、酋矛、夷矛。"又"建車之五兵，會同亦如之"。鄭玄注："車之五兵，鄭司農所云者是也；步卒之五兵，則無夷矛而有弓矢。"可知戈在當時既是車戰之"五兵"之一，也是步戰之"五兵"之一。據出土資料，西周戈大體繼承商代晚期直內戈形制（參見本卷《兵器戰具說·冷兵器考》"直內戈"文），但有所發展。首先是胡長穿多，更多地使用中胡戈；其次援與闌的夾角由直角擴大至鈍角。故西周戈形成了直援直內，倨勾外博，無胡、短胡和中胡并存的基本形制。車戰用長秘，步戰用短秘。銎內戈和曲內戈漸被淘汰。春秋時，車戰鼎盛，戈爲車戰主要格鬥兵器。魯文公十一年（前616）冬十月，狄國君主鄋瞞伐魯，文公遣叔孫得臣以戰車追之，"敗狄于鹹，獲長狄僑如，富父終甥舂其喉，以戈殺之，埋其首於子駒之門"（《左傳·文公十一年》）。戈也用於近體搏鬥。據《史記·衛康叔世家》載，衛太子蕢聵與良夫及孔悝母伯姬劫孔悝作亂，"悝母杖戈而先"，至悝所，"劫悝於廁，彊盟之，遂劫以登臺"。子路欲燔臺以救孔悝，太子懼，令"下石乞、孟黶敵子路，以戈擊之，割纓"。子路結纓而死。此次衛國內亂，先是悝母仗戈至孔悝所，後有石乞等以戈殺子路，證明春秋時戈不僅用於車戰，也是衛體和步戰兵器。至戰國，步騎逐漸取代車兵成爲主要兵種。橫刃的戈因不適應步騎兵以正面突刺和劈砍爲主的搏鬥方式而地位下降，但仍然爲軍中不可少的格鬥兵器。東周時，人們通過實踐，已經正確地掌握了戈援、

內、胡的關係。《周禮·考工記·冶氏》指出："已倨，則不入，已句，則不決。長內則折前，短內則不疾。是故倨句外博。"即胡如過直，勾啄則不入；胡如太曲，啄之則不深。內太長則胡、援則短，前面勾殺無力；內太短則胡、援長作戰不靈活。戈頭各部長度，《周禮·考工記·冶氏》指出："戈廣二寸，內倍之，胡三之，援四之。"戈的重量，應爲"重三鋝"，即今一斤四兩。上述記載，與出土資料大體相符。戈秘的長度，根據東周文獻結合出土資料可知，其時步戰用戈長80至100厘米；車戰用戈長3米左右；車步戰兼用戈長2米左右。春秋戈形制，仍以中胡爲主，援多呈圭首狀。到戰國，長胡戈漸多，呈中、長胡戈兼用局面。援鋒改呈尖葉形。由於胡長穿多，且在援基部又置一穿，故戈頭與戈秘之捆縛更爲牢固。戈的形制亦逐漸成熟。此後，戈援由平直變爲弧曲狀，并出現了在下刃和胡上作子刺以提高鈎殺效能和戈內上翹，邊刃銳利等形制。至秦代，仍有少量長胡三穿或四穿、曲援、內上翹的青銅戈出土，其鑄造十分精美，但戈已不是軍隊主要裝備。至西漢，尚有少量青銅戈。東漢以後，戈廢止。此後，戈作爲兵器和戰事的泛稱。《晉書·劉琨傳》："吾枕戈待旦，志梟逆虜，常恐祖生先吾著鞭。"《新五代史·李襲吉傳》："金戈鐵馬，蹂踐於明時。"清江藩《宋學淵源記序》："爲宋學者，不第攻漢儒而已也，抑且同室操戈矣。"

石戈

戈之一種。以石爲原料製成，故稱。最早見於新石器時代晚期廣東地區一些墓葬中。石戈的起源，有由角兵（野獸之角）演變而成，

由斧變化而來，由鐮刀類工具發展而成等看法。其形制爲長方形，兩側磨成刃，有尖鋒，援和内尚無區别。商代，銅戈已用於戰争，但仍較多地使用石戈。1974 年上海青浦出土商代石戈一件，長 21.1 厘米，援長 13.7 厘米，内長 7.4 厘米。砂巖製成，磨製精緻，刃口鋒利，援上有脊，援、内之間有邊有闌，内一側有一凹槽。由其形制推測，當爲商代仿銅石兵器。1989 年在浙江杭州市餘杭區出土之商代石戈，器形較前戈大，通長 41.6 厘米，援長 36 厘米，雙刃，刃部最寬處 5.1 厘米，脊厚 1.7 厘米，闌厚 8 厘米，内長 7.6 厘米，内有一凹，顯然爲捆縛戈柲所用。西周時，青銅戈漸多，石戈被淘汰。

曲内戈

商代銅戈。戈之内部彎曲，故名。最早的曲内戈出土於河南偃師二里頭遺址。其援狹長，前鋒鋭利，援兩側之刃延長下垂呈曲内，且鑄有凸起之雲紋。至商代中晚期，曲内戈製作工藝漸高。有的援呈長條形如牛舌狀，内彎曲下垂幅度加大，并有上下闌。另一種内呈獸形，無闌，援末下端稍作延長，利用曲内就勢鏤雕成長鼻獸，鼻伸長向下捲曲。河南安陽殷墟出土兩件歧冠式曲内戈，長 26.5 厘米和 24.5 厘米，内後段作鳥形，目字形眼，鈎喙下彎，形成下緣，内部兩面鳥紋均鑲緑松石。江西新幹大洋洲商墓出土虎首曲内戈三件。通長 25 至 26.5 厘米，内長 6.3 至 7 厘米，援寬 4.2 至 4.8 厘米。長條形或柳葉形援，前鋒略呈弧形，隆脊，微胡，有上下闌，内部後端鑄成虎頭形，張口，三角形齒，眼中鑲嵌緑松石，惜已脱落。曲内戈裝柲不牢，商以後，漸被淘汰。

直内戈

青銅戈之基本形制。因戈之内部平直，故稱。最早的直内戈出土於河南偃師二里頭遺址。其整體呈長條形，援狹長，内爲四條齒狀。形體似鐮刀。商代早期，還出現了援寬、内長、有上下闌、有穿的直内戈。商晚期直内戈有的無闌，援末有兩扁長穿，内方而微長，援闊而短。有的有闌，内末端作半弧形，下有一小刺，胡長穿多，并有個别長胡三穿的。江西新幹大洋洲商墓出土直内戈二十五件。通長 19 至 28.7 厘米，内長 4 至 7.2 厘米，援寬 2.1 至 6 厘米。内呈長方形或梯形，内端有缺和刺，雙面刃直援，有上下闌，大多微胡或無胡，長胡僅一件，援呈隆脊或凸脊。有的冶鑄水準極高，製作精美。其中一件爲寬長條形援，三角形前鋒，隆脊，微胡，下闌殘，内寬厚，前段近闌處有穿。後段飾陰刻雙人首紋，頭上竪立四根略向外捲的羽毛狀紋。另一件直内呈龍首狀。近三角形直援，隆脊，兩側帶血槽。援本部一穿，飾變形獸面紋。有上下闌，近上闌處一長穿。直内，中部一穿。内前端上角彎曲，形成上捲鼻的龍首，兩面均飾目雷紋。梭形援直内戈，援部中寬，呈梭形。前鋒稍殘，有上下闌，内部正中一穿，端下側一缺。出土時闌部尚殘留清晰木質纖維。内端部還有紋路較粗的包裹織物痕迹。標本 117 直内戈，闊長條形直援，平刃，三角鋒，脊凸起呈尖棱狀，微胡，下闌與内交接處一圓穿，内作梯形，端下側一刺。該器出土時通體無銹，青光閃亮。對此墓出土同類不銹銅片檢測，發現器物表層含錸等稀土元素，爲富錫銅合金，是一種極好的防腐蝕層。西周的直內戈，大多無胡、短胡或中胡，但亦出現少數長胡戈。援與闌的夾角由直角擴大到小於 100 度的鈍角。1933 年河南濬縣辛村出土之西周直內戈，長 18.8 厘米，無胡，有魚形銅鐏。當是將柲劈開夾住戈內，用繩纏緊，并在頂端套裝銅鐏，然後用釘釘固。1965 年河南洛陽出土之西周直內戈，長 23.5 厘米，短胡無穿。1967 年陝西西安市長安區張家坡西周墓出土之直內戈，長 22.5 厘米，中胡一穿，直內呈長方形，飾夔首紋。西周也出現少量長胡直內戈。1972 年甘肅靈臺白草坡西周墓出土長胡兩件。一件長 27 厘米，長胡四穿；另一件長 27.8 厘米，長胡三穿。四川西部平原蜀族聚居地區，西周時，在汲取中原商周文化的基礎上，形成了獨特風格的蜀式戈，其中源於中原的直援直內戈是蜀式戈的主要形制。東周，仍以直內戈為主要形制。戰國初至秦，直內戈形制發生較大變化，戈援由平直變平曲，下援和胡上出現孑刺，內後端上翹，并作銳利鋒刃。不僅縛柲更為牢固，而且縛柲的內也可用來殺敵。

銎內戈

商後期至西周早期戈的一種形制。銎，戈內處鑄成用以插柲的圓套。《方言》卷九："骹謂之銎。"《清史稿・樂志七》："蓄銳淬戈銎，選堅製兜鍪"。1975 年河南安陽西區墓葬出土之商晚期銎內戈長 25.3 厘米。1976 年安陽殷墟出土之商後期銎內戈長 22.1 厘米，有柲帽，作怪獸狀。北京故宮博物院收藏之商晚期銎內戈，有胡，長 23 厘米。1973 年陝西隴縣曹家灣出土之西周早期銎內戈，殘長 13 厘米，中胡，內長 6 厘米。內前鑄三銎，銎徑 2.3×3.7

厘米，造型別緻，上銎高度與內平，下兩銎呈環形，援上飾夔龍紋。為商周銎內戈中僅見一例。因縛柲不夠牢固，西周後，銎內戈被淘汰。

三角援戈

商代晚期戈的一種形制。戈援體近似等邊三角形，故稱。一種援末寬，援體似等邊三角形，援鋒鈍圓，末端有兩長穿，內呈長方形，較為寬闊，設於援末正中，上下等距對稱，稱三角援等寬內式。另一種三角援戈援體上刃弧度較下刃大，前鋒略呈尖鋒，內方，設於援末上部，形成上窄下寬。因內設援末上部，故稱三角援上內式。至西周，三角援戈被淘汰。

鳥紋三戈

舊稱"易州三鈎兵"或"商鈎兵"。商代青銅兵器。河北易縣（一說平山縣）出土。戈內作歧冠鳥形，故名。三戈均直援微胡，有上下闌，內端飾夔紋。其一長 27.5 厘米，銘"大祖日己祖日丁祖日乙祖日庚祖日丁祖日己祖日己"；其二長 27.6 厘米，銘"祖日乙大父日癸大父日癸仲父日癸父日癸父日辛父日己"；其三長 26.1 厘米，銘"大兄日乙兄日戊兄日壬兄日癸兄日癸兄日丙"。王國維《觀堂集林》謂作器者先君皆以日為名，三世兄弟之名先後排列，皆係殷制，當為殷時北方侯國之器。順讀時，戈刃向上。故三戈均非實戰兵器。現藏遼寧省博物館。

戣

亦稱"瞿""戳"。商代啄擊兵器戈之一種。援部（戈身）較寬而粗，呈等腰三角形。始於商代，沿用至周。陝西、河南等地曾出土實物。1964 年陝西城固出土之商戣，長 26 厘米，中脊爲雙頭蜈蚣圖紋。秦漢後，中原地區逐漸停用，西南滇、蜀地區則尚流行。一説爲戟屬，另説爲三鋒矛。《書·顧命》："一人冕，執戣，立于東垂；一人冕，執瞿，立于西垂。"孔安國傳："戣、瞿，皆戟屬。"孔穎達疏引鄭玄注："戣、瞿，蓋今三鋒矛。鋭矛屬。"唐張説《大唐祀封禪頌》："干戚釳殳，鈎戟戣戳，周位於四門之外。"

【瞿】

即戣。此稱先秦時期已行用。見該文。

【戳】

即戣。此稱唐代已行用。見該文。

雕戈

亦作"彫戈""琱戈"。刻有紋飾之戈。商周時銅戈紋飾多雕爲各種動物，如夔首、夔龍、虎、鳥、蜈蚣、虺龍、饕餮等。《國語·晋語三》：晋惠公令韓簡挑戰，"穆公衡雕戈出見使者"，韋昭注："雕，鏤也。"雕，一本作彫。《漢書·郊祀志下》："賜爾旂鸞黼黻琱戈。"顏師古注："琱戈，刻鏤之戈也。"後多以雕戈爲精美武器之象徵。唐杜甫《日暮》："將軍別换馬，夜出擁雕戈。"宋陸游《謝池春》："朱顏青鬢，擁雕戈西戍。"清陳夢雷《贈秘書覺道弘》："露布降封豕，琱戈掃孽鯨。"

【彫戈】

同"雕戈"。此體先秦時期已行用。見該文。

【琱戈】

同"雕戈"。此體漢代已行用。見該文。

太保戈

西周早期銅戈，河南洛陽出土。通長23.8厘米，短胡，二穿，有闌，内端下角有缺，援飾虎紋，吐舌前延成脊。内兩面有銘"太保"，故名。現藏河南洛陽博物館。

圭援戈

西周晚期至春秋時戈的一種。前鋒呈圭頭形，故稱。西周晚期至春秋早期圭援戈，援前鋒尖削似玉器圭頭，上下斜直，下援在援末和胡相接處作斜緩弧綫，短胡。内長方形，穿呈長方形條孔。春秋早期出現了下刃援胡相接處突出作尖齒狀，形成突刺，内長方末下端有一小缺口，穿呈長條狀的圭援戈。春秋中期圭援戈，前鋒仍呈圭頭形，援上刃作淺緩彎弧形，援近内處内凹，前鋒斜刃處微大於圭之中段，整個援略呈彎曲。内之末端有半弧形小刺。另一種援體狹長，胡亦下延呈長胡。春秋中期圭援戈亦有呈短胡條脊式，其形制援狹而前鋒峻削，援中脊呈條狀突起，短胡，内偏長。春秋晚期，圭援戈漸少。

吳戈

產於吳國的青銅戈，亦泛指產於吳越地區的青銅戈。商代，吳越地區已進入青銅文化階段。據出土資料，大多青銅戈直内、直援，形體較長，與中原地區青銅戈形制相仿。但也出土了少量與中原商代戈形制相異的青銅戈。如浙江湖州袁家匯出土的三件銅戈，形體介於戈和鉞之間，内和闌部飾雲紋和斜方格紋，其形制獨特，飾紋有商代吳越地區印紋特點。這些戈，開創了吳戈的先河。到西周早期和中期，吳戈已經基本上形成了自己獨特的形制。吳越地區出土的這一時期青銅戈，雖然有少量仿中原形制，但大多爲具有吳越特點的輕型狹長援戈。其前鋒角度較小，極鋒利，援身狹長。與中原戈相較，有明顯瘦削輕薄的特點。中原戈主要用於車戰，秘長多在3米以上，故戈頭肥厚沉重。吳越地處水網沼澤，不利車兵作戰，故以步戰爲主。爲便於步兵近體格鬥，柲長一般僅有 1.2 至 1.3 米，需要較中原戈輕巧、銳利之戈頭，故形成了輕便援狹長戈頭的特點。西周晚期至春秋早期，吳越兩國，特別是吳國，青銅器鑄造進入發達階段。吳戈的鑄造工藝，亦更爲成熟，形制則更具地方特色。這一時期的吳戈，胡加長，可更牢固地縛柲，援亦相對更狹長，援鋒呈角度很小之直綫和弧綫三角形。這種援瘦長、狹窄、輕薄的戈，和中原地區西周晚期的援短、寬、厚的特點形成明顯對比。到春秋中晚期，吳越地區青銅冶鑄業達到鼎盛時期，兵器製造也居於諸國前列。其時青銅戈仍爲輕便型瘦長援戈。其援細長，援鋒呈弧綫銳角三角形，上、下刃平直。內加長，約爲援長的二分之一左右。長胡，闌側有三至四穿，援穿多作圓形，穿上方有鼻飾。內部一橫穿，穿上多用單綫或雙綫勾邊裝飾或飾渦紋。有的戈面滿飾幾何形紋或火焰狀暗花紋。這一時期的吳戈，除具有輕便和瘦長援等吳戈傳統特點外，援穿上方的鼻飾和戈面飾有暗花紋，是此期間吳戈的標志。吳戈當時在戰爭中的作用，見於《楚辭·九歌·國殤》：“操吳戈兮被犀甲，車錯轂兮短兵接。”將吳戈與犀牛製成的堅甲對舉，其銳利精良可知。春秋戰國之交，越滅吳。越國在統治江淮地區百餘年中，青銅文化未能取得突破性發展，故青銅戈大體承襲春秋晚期吳戈形制。後期，由於中原文化和楚文化的影響，戈的形制漸與中原趨向統一。戰國晚期，青銅戈退出戰爭舞臺，但吳戈仍作爲武器的泛稱。南朝梁沈約《從軍行》：“玄埃晦朔馬，白日照吳戈。”

猛虎攫鷹戈

東周銅戈。援後部透雕猛虎攫鷹造型，故稱。臺灣古越閣收藏之猛虎攫鷹戈，造型極爲生動（參閱王振華《古越閣藏商周青銅兵器》第二十一號）。通長 14 厘米，高 6.8 厘米，銎寬 2.2 厘米，戈作短援有銎式。援部厚短，前鋒弧尖，平脊飾勾連紋。援後部作透雕猛虎攫鷹狀。橢圓形銎下有孔。猛虎前爪攫鷹翅，後爪攫鷹首，蒼鷹作掙扎狀，兩强作惡鬥之景，栩栩如生。該戈有銅鐏，亦作鷹狀。同樣形制的銅戈，在山西、河南等地東周墓也有出土。河南洛陽東周第四期墓葬（約爲戰國早期）出土銅戈長 12.5 厘米，銎長 7 厘米，援後部透雕猛虎攫鷹造型與古越閣藏戈相同，祇是援中心爲透雕花紋。山西萬榮廟前村東周墓地出土銅戈，長 14.4 厘米，援後部透雕猛虎攫鷹造型與古越閣藏器相同。山西太原金勝村春秋晚期墓出土銅戈，長 20.3 厘米，形體較大，援後部之透雕猛虎攫鷹造型較前更爲精美，援中心飾透雕花紋。該墓被推定爲春秋時晉國趙卿墓。河南洛陽出土東周銅戈，長 17.4 厘米，造型大體與上述銅戈相似，但援後部僅有透雕猛虎，其下無鷹。戈援中心飾捲雲圖案，銎管上飾兩周貝帶紋。洛陽西工區戰國墓亦出一件銅戈，形制與前戈近似，援後部亦爲透雕猛虎，其下無鷹。長 16.3 厘米，高 8 厘米。據上述幾件出土銅戈推斷，此種戈大約流行於春秋至戰國早期，主要流行於晉地。山西侯馬東周鑄銅遺址出土的陶範中，有一件雙合範的猛虎攫鷹戈範，一套兩扇，範腔未經澆鑄。戈通長 15 厘米，紋飾特徵與古越閣所藏戈和萬榮廟前村出土戈極爲相似。其形體大小不同，可能因主人身份不同所致。又據其戈援鋒刃不銳利，在墓中放置地點與實戰兵器不同等情推測，此種兵器爲具有特殊用途的儀仗兵器。

王子于戈

春秋青銅戈。1961 年山西萬榮出土。援長16 厘米，胡長 9.5 厘米，内長 8 厘米。胡上三穿，内有一穿。援刃銳利。有錯金鳥篆銘文七字。背面胡上一字，不識。正面援上二字，胡上四字，爲"王子于之用戈"。此戈係吳王僚爲太子時之鑄器。

王子反戈

春秋銅戈。山東滕州收集。通長 22.6 厘米，重 0.32 千克，長胡三穿，援平直，中起脊，斷面呈菱形，前鋒呈三角形，内爲長方形，有一穿。闌側鑄銘文六字"王子反鑄寢戈"。現藏山東滕州市博物館。

宋公差戈

春秋銅戈。北京銅廠廢銅中發現。戈援長13.6 厘米，寬 3 厘米，内長 7.6 厘米，寬 3.5 厘米，胡長 6 厘米。援略上揚，中央有脊。内平直，有一穿。胡闌側有三穿。援胡均有刃。戈胡正面鑄銘文兩行九字"宋公差之所（造）□戈"。宋公差即宋元公佐，公元前 531 年即位，在位十五年。此戈當爲其在位期間所造。現藏首都博物館。

宋公欒戈

春秋青銅戈。長 22.4 厘米，寬 9.4 厘米。胡上三穿，内上一橫穿。内尾兩面飾鳥形及獸面紋。胡上有錯金鳥篆銘文"宋公欒之造戈"。宋公欒即《左傳·昭公二十年》所記宋太子欒，宋國第 27 任國君宋景公。現藏中國國家博物館。

高子戈

春秋銅戈。山東淄博市臨淄區敬仲鎮白兔村出土。通長 18.5 厘米，中胡三穿，直内一穿。援基有銘文"高子戈"三字。戈之出土地點相傳爲高傒墓。高傒，春秋時齊國大夫。字白兔，謚敬仲。其地村鎮因此而得名。據《唐書·宰相世系表》，高氏出自姜氏。姜太公六世之孫文公赤生公子高。後世則以高爲氏，世爲齊卿。高傒即其後。此戈銘書體及器形均屬春秋中期，與高傒所處年代一致。故以此器爲高傒所用之戈，似可信。現藏山東淄博市臨淄齊故城博館。

曹公子沱戈

春秋銅戈。山東莒縣出土。通長 17.9 厘米。長胡三穿，援略呈弧形，前鋒爲三角形，内有長、圓各一穿，闌側鑄銘文兩行七字"曹公子沱作造戈"。曹，姬姓古國，在今山東定陶一帶。周武王之弟叔振鐸封國。公元前 487 年爲宋所滅。現藏山東省博物館。

楚王孫澮戈

春期晚期銅戈。湖北江陵出土。内長 7.5厘米，胡長 12.9 厘米，援長 16.2 厘米。戈形細長，尖微長，内有一穿，胡上三穿并列。内有錯金雙螭相對花紋，下部微向外彎曲突出一塊似鈎。有錯金鳥篆銘文六字"楚王孫澮之用"，援和穿各三字。布局勻整，字體秀麗，錯金如新，僅"澮"字水旁下部兩點略有脱落。現藏中國國家博物館。

蔡公子加戈

春秋晚期銅戈。長 22.5 厘米，胡長 8.1 厘米。内之正背面各有錯金雙鈎綫條，胡部有"蔡公子加之用"六個錯金鳥書銘文。蔡國亡於春秋末期。此戈當鑄於春秋晚期前。現藏上海博物館。

蔡公子果戈

春秋銅戈。通長 23.9 厘米，內前後都有陰綫紋飾，胡部有鳥篆銘文"蔡公子果之用"六字。現藏上海博物館。

滕侯昃戈

春秋晚期銅戈。山東滕州城南西寺院村出土。通長 26 厘米，長胡三穿。援微曲，中起脊，前鋒呈三角形，內有一穿。闌側鑄銘文五字"滕侯昃之齜"。"昃"即"仄"。"齜"即"造"。有認爲仄即滕隱公仄。現藏山東滕州市博物館。

狹援長胡戈

春秋晚期至戰國時戈的一種。援狹長，胡亦長，故稱。春秋晚期狹援長胡戈援鋒作弧形尖，援與胡狹度大體相同，胡甚長，有三穿。內長方形，其後部小刺已蛻化爲缺口。戰國早期狹援長胡戈援較春秋晚期狹而尖，胡更長，內短而狹。據出土情況，多與刺相連，爲多果（戈）戟之下戈（參見本卷《兵器戰具説·冷兵器考》"多戈戟"文）。戰國晚期狹援長胡戈援中有脊突出，胡部呈兩齒形突刺，內狹長，下端呈弧形缺口。

內刃戈

戰國中晚期戈的一種。因內部有刃，故稱。其援多長而狹，胡長，內三面皆有刃，似刀，故殺傷力更大。此種戈出土時與刺相連則爲戟之一部；單獨出土不連刺則爲戈。山東烟臺市蓬萊區王溝村東周墓群出土戈十九件中，有內刃戈十四件。其中六件形體瘦長，援呈上揚之勢，內有刃，近闌處一長穿，通長 30 厘米。一件援略上揚，胡部有三刺，內有刃，中間一長方形穿，通長 30.8 厘米。一件體寬短，援上揚，內有刃，中部一長穿，通長 31 厘米。四件體型較小，內端有圓刃，長方形穿，通長 20.2 厘米。二件長胡短援，三角形鋒，援中脊近上鋒，內寬薄有刃，有三角形穿，通長 18.1 厘米。戰國晚期，還出現了援後段較前段更狹長，內後段亦狹長，三面有刃，胡有單刺的狹援胡單刺內刃戈；援後段狹長，內尖長，其後端上翹，胡有雙刺，穿作三角的狹援雙刺內刃戈和少量內細長尖銳，胡作三刺的狹援胡三刺內刃戈。

燕王戈

即郾王戈。戰國時燕國銅戈。出土於河北易縣燕下都遺址。因戈銘文中多有燕王名字，故稱。燕下都係燕國爲防禦南部的鮮虞、中山國等戎狄諸國的軍事進攻，在太行山東麓南北交通要道上位於北易水和中易水的中間地帶所築之城池，初稱易。後燕以易爲都城，遂稱燕下都。其故城遺址不斷有大批文物出土。1958年 1 月，以中國國家博物館爲主組成的燕下都文物工作隊在易縣東南燕下都城址調查，發現燕戈五件。其中有燕王銘的三件。一件鑄有"郾侯載作幣萃鋪"銘，另二件分別刻有和鑄有"王喜□"銘和"郾王喵職之修鋸"銘。1973年 4 月，在易縣武陽臺村西北燕下都二十三號作坊遺址南部挖溝的農民挖出青銅戈一百件。原河北省文物管理處燕下都工作站聞訊趕赴現場，共收集到青銅戈一百零八件。其形制上刃多呈弧形，下刃近前端較寬大，中脊凸起。長胡，胡刃上有一至二個波狀刺。直內，內多有刃，有穿，胡上亦多有長方形或梯形穿。援、內全長多在 25 厘米左右，最長者 27.5 厘米，最短殘長 18 厘米。包括"燕王職"戈三十件：其中銘"郾侯職□□□□"一件，銘"郾王職造𠂤萃鋸"一件，銘"郾王職作𥬲萃鋸"四件，銘"郾王職作𠂤萃鋸"一件，銘"郾王職作五𢍰鋸"五件，銘"郾王職作𢍰鋸"十八件。"燕王戎人"戈三十七件：其中銘"郾王戎人作𥬲鋸"二件，銘"郾王戎人作五𢍰鋸"三件，銘"郾王戎人作𢍰鋸"三十二件。"燕王鵔"戈十九件：其銘爲"郾王鵔造𥬲（𥬲）萃鋸"七件，銘"郾王鵔造五𢍰鋸"二件，銘"郾王鵔造𢍰鋸"九件，銘"郾王鵔造行義自鵔司馬鈹"一件。"燕王喜"戈九件：其銘爲"郾王喜造御司馬鵰"一件，銘"郾王喜造萃鋸"四件，銘"郾王喜造鋸"四件。"九年將軍"戈二件：其銘文均爲"九年將軍張二月傳宮戊六𣆟"。銘文不清或殘缺者十件，無銘文一件。銘文分鑄、刻兩種。亦有少量因鑄文不清而復刻。燕王戈之名稱，由以上銘文可知有"鵰""鋸""鈹"三種。稱鵰者自名爲"御司馬鵰"。遼寧北票曾出土一"燕王職"戈，亦自銘爲"御司馬"（參見本卷《兵器戰具說·冷兵器考》"燕王職戈"文）。此種戈應爲燕國"御司馬"所用之兵器。燕王戈中自名爲鋸者最多，且有"修鋸""萃鋸""萃鋸""萃鋸""鋸"等多種稱謂。不同稱謂的鋸，顯示使用者不同的身份。自名爲鈹的戈僅一件，稱"行義自鵔司馬鈹"。行義二字爲該戈鑄成後增刻的職名，似表明該戈的使用者"自鵔司馬"爲"行義"的屬官。燕王戈的不同名稱，很可能代表了使用者官職高低和不同的分工。燕王戈銘文中出現的燕國王名有郾侯載、郾王職、郾王戎人、郾王鵔、郾王喜。其中燕王職爲燕王噲將王位讓於相國子之造成內亂和

齊國攻燕後，趙爲存燕而立的公子職（見本考"燕王職戈"）；燕王喜爲戰國燕最後一代燕王。據《史記·秦始皇本紀》和《燕召公世家》，燕王喜二十九年（前 226），秦軍攻破燕都，滅燕。故燕王喜戈的出土，證明了燕王戈埋藏年代的下限，應在公元前 226 年秦滅燕以前。

燕王職戈

戰國時燕國銅戈。1967 年發現於遼寧北票東官營子。全長 27 厘米，高 13 厘米，援長 18 厘米，內長 9 厘米。直援方內，中脊略隆起，兩側有溝。胡刃上有三個波狀刺，闌內三穿，直內一穿。內上有虎形紋。胡上鑄銘文"郾王職作御司馬"七字。據《史記·燕召公世家》《戰國策·燕策》載，燕王噲六年（子之三年，前 315），燕國由於燕王噲把政權交相國子之而發生內戰，齊乘機攻燕。燕王噲和子之先後死去。據《史記·趙世家》云，是年，趙武靈王"召公子職於韓，立以爲燕王，使樂池送之"。可知職當爲燕王噲後之燕王。但因諸史書對此記載互有異同，故多有認爲趙聞燕亂，遙立公子職爲燕王，雖使"樂池送之"，事竟不就。故無公子職爲燕王事。燕王職戈和其他銘"王職"兵器的出土，證明燕王職爲燕世系中之一代。因燕王是燕國兵器名義上的督造者，故燕國兵器銘文中絕大多數有燕王的名字。此銘謂戈係燕王職督造，而爲其御司馬所使用者。現藏遼寧省博物館。

十七年丞相啓狀戈

戰國秦銅戈。天津市文物管理局收集。援部已殘，有中脊，闌長 13.7 厘米，闌側三穿。內長 7.6 厘米，寬 3.3 厘米，內中部有一長穿，內兩面均刻銘。一面三行十七字"十七年丞

相啓狀造邰陽嘉丞兼庫脾工邪"。另一面"邰陽"二字。"十七年",即秦王政十七年(前230)。"丞相啓",是秦王政九年任秦相的昌平君。"狀",是秦王政二十六年的丞相隗狀。"嘉""兼""脾""邪",是各級官吏、監造、工匠名。"邰陽",是置戈之地,在今陝西關中。

上郡守冰戈

戰國秦青銅戈。內蒙古準格爾旗納林出土。援長15.7厘米,胡長12.3厘米,闌側三穿。內長9.2厘米,有一穿。內正面有銘文"二年,上郡守冰造"等十六字,內背面銘文"上郡武庫"共四字。上郡,地名,戰國時屬秦。現藏內蒙古博物館。

秦二十二年銅戈

戰國秦青銅戈。江西遂川出土。援長15.4厘米,胡下端略殘,有三個半月形穿,殘長10.5厘米。內中一穿,呈長方形,內長8.3厘米。援中部有脊突起,兩邊凹下,長15.4厘米。內的一面刻有銘文:"廿二年臨汾守覃庫係工歇造。"銘文爲硬金屬刻成,筆劃細如髮絲。"廿二年",即秦王政二十二年(前225)。"臨汾",秦河東郡治所。"覃",郡守名。"歇",鑄造工匠名。現藏江西遂川縣博物館。

十年洱陽令戈

戰國韓青銅戈。1981年山東莒縣桃園村出土。援長15厘米,鋒銳利弧刃,中起脊。胡長10.5厘米,近闌處三穿。內長9厘米,中設一長穿,內末上下有刃,後部正面有銘文三行:"十年洱陽倫(令)長匹司廧(寇),粵(平)相左庫工巿(師)重(董)栄(棠),治明無(模)釙(鑄)戋(戟)。"此戈爲戰國晚期韓國兵器。現藏山東莒州博物館。

車大夫長畫戈

戰國燕青銅戈。戈援長15.7厘米,隆脊偏上,胡長8.15厘米,近闌處有三穿。戈內殘大半,僅餘2.5厘米。內上邊廓經鏨擊呈三個臺階。戈正面胡上刻銘文"車大夫長畫"五字。此戈係戰國中期或晚期燕國兵器。現藏山東濰坊博物館。

虜台戈

戰國晚期銅戈。山東滕州姜屯鎮出土。通長23.3厘米,重0.27千克,長胡三穿,援背平直,中起脊,鋒爲三角形,內呈斜角長方形,有一穿。闌側鑄銘文七字"虜台丘子休之𢓕(造)"。現藏山東滕州市博物館。

楚全戈

戰國楚青銅戈。安徽舒城秦家橋鄉馬場出土。戈頭、柲、鐏完好。全長1.6米,戈頭長19.8厘米,援長12.5厘米,內長7.3厘米。援與胡上有刃,援上有脊。闌長11.1厘米,闌側有三穿,內上一穿,內上兩面均有陰紋環繞。柲長1.55米,其首部變形彎曲,上塗褐色漆現仍可見。其斷面呈卵形,長2.2厘米,寬1.9厘米,距柲首部28厘米處收縮成直徑爲1.4厘米的圓形。鐏長10厘米,口部呈卵形,寬1.9厘米,長2.2厘米。距口部1.1厘米處有一直徑爲0.4厘米的圓孔,用以固定鐏與柲之連接部。距口部3.1厘米處一側有耳,以下部分爲蛇頭狀,上有蟠螭紋。現藏中國人民革命軍事博物館。

秦二十六年銅戈

秦銅戈。四川涪陵小田溪出土。援長14厘米,胡長16.2厘米,內長10厘米。內上有銘文十六字"武廿六年蜀守武造東工師宦丞業工癸"。銘文爲硬金屬刻成,筆劃極細,字體草率，爲秦文字風格。"廿六年"，秦始皇二十六年（前221）。"武"，蜀太守名。"東工師"，蜀郡製造此戈機構名稱。"癸"，工匠名。現藏四川涪陵區博物館。

齊王金鐏銅戈

西漢初銅戈。山東淄博市臨淄區大武鄉西漢齊王墓隨葬坑出土。戈通長22.5厘米，援長12.6厘米，內長8.8厘米，胡長9.1厘米，長胡三穿，內有一穿。內上緣平直，下緣微曲有刃。上端近胡處有金製銅帽，頂飾回首鴛鴦，下端飾雲紋。戈鐏金製，飾雲紋，長11.9厘米，重225克。共出土兩件，形制大小相同。一件藏於中國國家博物館，另一件藏於山東淄博市博物館。西漢，青銅戈已經廢止，此戈當爲儀仗，故裝飾華麗，形體奇巧。

鐏

戈柲（柄）末端的金屬套。戈柲呈扁圓形，故鐏亦爲扁圓形。柲末置鐏，便於手持，亦可將戈插地，節省體力。有的鐏下端成尖形，可刺殺敵人。《禮記・曲禮上》："進戈者前其鐏，後其刃。"孔穎達疏："鐏在尾而鈍，鈍嚮人爲敬，所以前鐏後刃也。"鄭玄注："銳底曰鐏，取其鐏地。"《釋名・釋兵》："下頭曰鐏，鐏入地也。"《説文・金部》："鐏，柲下銅也。"桂馥義證："柲下銅也者，當爲戈柲下銅也。矛戟下曰錞，戈下曰鐏。"商代銅鐏出土數量最多者爲江西新幹大洋洲商墓。該墓出土銅兵器二十餘種二百六十件，青銅鐏出土三十九件。出土時，散置於墓室之中，其方向大多與矛、戈朝向吻合，很可能原安裝於戈柲末端。依其形制有圓錐狀、多棱錐狀、長鎖狀和扁橢圓狀四種。長鎖狀銅鐏出土二十件，通長9.1厘米，寬4.4厘米，首端厚1.8厘米，中孔長7.5厘米，中孔寬1.6厘米，平均重20克。圓錐狀鐏十二件。其中粗圓錐狀鐏通長10.9至11.9厘米，徑2.4至3.3厘米，平均重150克。細圓錐狀鐏通長11.1至13.1厘米，徑1.7至2.3厘米，平均重50克。多棱錐狀鐏二件。其中五棱錐狀鐏通長13.6厘米，徑2.1厘米，重180克。六棱錐形鐏通長22.1厘米，徑2.1厘米，重180克。扁橢圓狀鐏五件。通長10.5至11.7厘米，重90至200克。此種鐏飾以精美紋飾，選型呈扁長蕉葉狀，截面爲扁平橢圓形，中空，口沿或近口沿部加厚，器表雙面飾以繁簡不等的蟬紋。長鎖狀和扁橢圓狀銅鐏爲商代銅鐏中所僅有。西周銅鐏，1954年江蘇鎮江丹徒曾出土二件，長16厘米，銎呈直筒形，中部置一彎鈎。東周銅鐏出土較多，形制多樣，有的製作極爲精美。山東烟臺市蓬萊區王溝東周墓群出土銅鐏三件，形制相同。銎口橢圓，外施四道箍加固，中部有用以固定木柲之銷孔。形體較長，通長16.8厘米。河北平山曾出土戰國銅鐏一件，長達21.3厘米，銎口橢圓形，中部飾雙龍紋和鱗紋，龍眼用藍琉璃鑲嵌。河北易縣燕下都遺址虛糧冢墓區八號墓出土銅鐏三件。一件呈八棱直筒狀，長3.8厘米，徑1.3厘米。另二件形制較小，長僅2.5厘米，徑1厘米，中部兩面各設一圓形穿，用以固柲。戰國晚期，鐵製兵器流行。燕下都遺址出土不少鐵鐏。該遺址郎井村十號作坊遺址出土戰國晚期鐵製鐏三件，圓筒形，平底，近中部有三周凸棱，高7.8厘米，銎徑3.2厘米，底徑3.5厘米。武陽臺村二十一號作坊遺址共出土鐵製鐏四十五件，形制完全相同。合範鑄成。銎端徑稍大，底徑稍小，圓骹呈直筒狀，中部置一圓孔，穿上部有一周凸稜，高8厘米，徑4厘米。在燕下都采集的遺物中，有鐵製鐏二十二件。可知當時鐵鐏使用之多。除鐵製鐏外，還有鉛製鐏出現。該遺址辛莊頭墓區三十號戰國晚期墓出土鉛製兵器十六件。其中有鉛鐏一件，略呈圓錐形，圓骹，底不平，上部兩側各有一長方形穿，穿內殘存有鐵釘，骹內有朽木，器表有朱色彩繪，但多剝落。器高5.2厘米，骹徑2.8厘米。從其骹內有殘存朽木推測，該鐏可能是同墓中鉛戈木柲之附件。西漢時，戈被矛、戟所取代，漢墓中出土之銅戈，已非實戰兵器。其柲下鐏，多裝飾華麗，造型奇巧。1979年山東淄博出土金鐏銅戈二件，其鐏金製，飾弦紋、雲紋，長11.9厘米，重225克。二件形制大小相同。1973年臨沂銀雀山漢墓出土西漢銅鐏長16.3厘米，裝飾爲錯銀渦形花紋。1972年陝西西安出土之西漢鳥形銅鐏二件，分別高27厘米和27.5厘米，寬9厘米，作鏤孔鳥形，探首鉤喙，通體鎦金并嵌有彩色琉璃珠。西漢時，少數民族地區仍以銅戈爲實戰兵器，故仍有銅鐏出現。寧夏同心倒墩子匈奴墓曾出銅鐏一件，圓筒形，一端開口，中間有一道凸稜。長6.2厘米，徑一端2厘米，另一端1.8厘米。骹內還遺有朽木。其年代爲西漢中期。由骹內殘留朽木可知，該器顯然是裝在木柲上的實用兵器。東漢，戈和鐏均絕迹。

錯金銀銅鐏

戰國青銅鐏。因其鑲嵌錯金或錯金銀紋飾，故稱。河北易縣燕下都遺址辛莊頭墓區三十號戰國晚期墓出土錯金銀銅鐏和錯銀銅鐏各一件。錯金銀銅鐏從出土情況看，屬一直援直內，援

脊隆起，脊兩側有血槽之銅戈柲下之鐏。惜戈柲已腐朽無存，戈內部存有朽木之痕迹。該器略呈扁圓形，上部內側有一窄面，其上鑲嵌錯金銀勾連雷紋；外側鑲嵌錯金銀三角紋、連弧紋、捲雲紋等；兩側鑲嵌錯金銀三角紋；下端有四周凸箍，凸箍之下鑲嵌金、銀、箔三周。其下部呈扁圓形，鐏底向外凸出呈球面狀，上飾鳳、鳳頭及鳳冠承托上部四周凸箍，作張口吐舌狀，足彎曲，展翅，向上捲，長尾向外捲，突出於鐏體之外。鳳全身鑲嵌錯金銀饕餮紋，其末端鑲嵌錯金銀勾連雲雷紋。器高14.5厘米。該墓出土之錯銀銅鐏屬一件直援，微上昂，已殘缺之銅戈木柲下之銅鐏。略呈扁圓直筒形，近中部有一周凸箍，上鑲嵌銀綫和銀箔組成之雲雷紋。凸箍兩側和近兩端處，各鑲嵌銀箔一周。其中間用銀箔、銀綫鑲嵌鳳鳥紋、捲雲紋等。內側有一窄面，上用銀綫鑲嵌變形雲雷紋。靠近凸箍上部兩側各有一圓穿，用以固定戈柲。辛莊三十號墓是一座隨葬仿銅陶製禮器的大型墓，從出土之陶禮器"七鼎六簋"推測，該墓之主人應爲燕國之貴族，鑲金銀銅鐏顯示了墓主人高貴的身份。

矛

矛

後世稱槍。用於直刺和扎挑的長柄格鬥兵器。由矛頭、矜（柄）、鐓組成。矛頭前部稱身，一鋒兩刃，刃中爲脊，兩側稱葉；矛頭後部稱骹，上粗下細，中呈圓筒狀用於插矜。矜呈圓形，竹製或木製。上端插入骹中，末端套鐓。《釋名·釋兵》："矛，冒也，刃下冒矜也。

下頭曰鐏，鐏入地也。其矜曰松櫝，刃長三尺，矜宜輕，以松作之也。櫝，速獨也，前刺之言也。"《方言》卷九："矛，吳、揚、江、淮、南楚、五湖之間謂之鋋，或謂之鋌，或謂之鏦，其柄謂之矜。"相傳矛爲蚩尤所創製。據雷學淇校輯《世本下·作》："蚩尤作五兵，戈、矛、戟、酋矛、夷矛。"實際矛的出現，要比上述傳説早得多。史前階段，原始人已經能在木棒上修出尖鋒，進行狩獵和采掘。此後，把尖形石片、獸骨片縛於竹、木棒端，遂成爲矛的原始形態。新石器時期，人們掌握了磨製和鑽孔技術，製造了頭部尖鋭，基部有孔的石、骨矛頭。各地新石器時代遺址，多有出土。石矛頭多成葉、骹相連狀，葉較寬，有用於殺傷的鋒刃；骹較短，用於捆縛於柄上。柄是用截面較圓的長木棍製成。將木柄一端剖開，把矛頭插入，再用繩類纏緊。骨矛葉窄長，有的下部有孔。迄今發現最早的青銅矛，是湖北武漢黃陂盤龍城商前期遺址出土的三件柳葉形銅矛。刃似狹葉狀，兩翼尚未形成，骹作扁菱形，兩側的系爲L形，其形制仍具石、骨矛特點。商晚期，銅矛漸多，多爲雙鈕式矛（亦稱三角形葉矛）或雙孔式矛（亦稱亞腰尖葉形矛）。刃似闊葉或長葉狀，兩側已形成片形翼。形體寬大，製作精良，并有簡單銘文。雙鈕或雙孔用於垂挂矛纓。矛矜長度，據河南安陽大司空村發現十件商晚期銅矛殘留木柄痕迹，約1.4米。河南殷墟侯家莊西北崗殷王陵墓曾出土青銅矛七百餘件，可見商代銅矛之多。除青銅矛外，石、骨矛仍然使用，并出現了許多玉製矛，形制多仿銅矛，無使用痕迹，爲儀仗所用。其時矛爲軍隊主要格鬥兵器。《史記·周本紀》載，殷紂王無道，武王率諸侯至牧野，其誓中有"稱爾戈，比爾干，立爾矛"的記載，説明當時的矛已經和戈、盾并成爲武王伐紂之師的主要裝備。西周，矛是僅次於戈的長柄格鬥兵器。《書·費誓》載魯侯伯禽時，徐戎、淮夷叛，魯侯興兵征討，告誡將士準備好的武器裝備中，格鬥兵器爲"鍛乃戈矛，礪乃鋒刃"。《書·顧命》中記西周祖廟衛士所配武器，除戈、鉞之外，還有"一人冕，執鋭，立于側階"。孔安國傳："鋭，矛屬也。"西周矛的形制大體沿襲商代。刃似長條闊葉，下端寬，略似等腰三角形。骹短，孔圓。爲雙鈕式矛，但矛體較小。東周，青銅矛形制漸窄，製作亦更精美，鋭利。爲戰車戎右（即車右）裝備之兵器。魯哀公二年（前493），晋、鄭鐵之戰，衛太子蒯聵爲車右，見鄭師衆，懼而跳下戰車。其後禱曰"蒯聵不敢自佚，備持矛焉。敢告無絶筋，無折骨，無面傷"。矛還作爲貢品和禮品。漢趙曄《吳越春秋·夫差内傳》載，吳王欲伐齊，越王句踐爲討好吳王，以"甲二十領，屈盧之矛，步光之劍"獻吳王。孔丘弟子子貢至越。越王句踐"送子貢金百鎰，劍一，良矛二。子貢不受，遂行。"（見《史記·仲尼弟子列傳》）據考古發掘資料，春秋晚期至戰國，以窄體、直刃、骹一直延至矛葉中部的雙鈕或有釘孔的矛爲主要形制。時南北方矛亦各有特點。南方以楚爲代表，矛體稍長大，刃狹長均匀，刃下端本的部位作圓弧形。矛身多有飾紋，反映了楚越文化特點。北方以三晋地區爲代表，一般矛體較短小，前鋒鋭厚，刃側有血槽，狹長條刃近本的部位稍稍擴大呈鋭角形。形制簡素，矛身常有記載製造年月、部門、官吏和工匠姓名的銘文。到戰國中晚期，還逐漸演變產生了一種南北方都流行的窄體矛。其中脊綾上凸起兩刃形成較深血槽，具有更強的殺傷力。矛的長度，據《周禮·考工記·盧人》："酋矛常有四尺，夷矛三尋。"鄭玄注："八尺曰尋，倍尋曰常。"常爲倍尋即十六尺。則酋矛長當爲二丈，夷矛長爲三尋，即二丈四尺。《說文·矛部》云："矛，酋矛也，建於兵車，長二丈。"周制二丈，合今 4 米以上，爲車戰長兵器無疑。秦代，青銅矛形制較爲單一。其刃體寬扁而直，兩面有血槽，截面呈菱形。骹體橢圓，中空直至鋒端，短骹，骹上設孔以固柲。矛頭較戰國短，多在 15 厘米左右。秦陵兵馬俑坑戰車旁出土矛柲（柄）二件，一件殘長 4.3 米，另一件殘長 6.7 米，爲已發現之長柄兵器之最，當爲車戰或儀仗用。戰國晚期，鋼鐵矛出現。河北易縣燕下都四十四號墓出土鋼鐵兵器中，有矛頭一百九十三件，多爲塊煉鐵鍛製，其中亦有鋼製品（參見本卷《古代兵器戰具說·冷兵器考》"燕下都鐵矛"文）。《荀子·議兵》中，曾以"慘如蜂蠆"形容當時鐵矛之銳利。秦末漢初，鋼鐵矛已大量裝備部隊。楚漢戰爭中，漢將朱通便是"以執矛從高祖入漢，以中尉破曹咎"，被封在中邑爲貞侯的（見《史記·惠景閒侯者年表第七》）。西漢景帝時，梁孝王最貴，曾"多作兵器弩、弓、矛數十萬"（見《史記·梁孝王世家》）。由於鋼鐵冶煉技術的發展，漢鋼鐵矛較戰國矛形體加大，穿刺力更強。出土實物中，矛頭長多在 30 厘米以上，四川金堂東漢初年崖墓出土了一件長達 84 厘米的矛頭。漢代還出現了帶有倒鈎的"鈎釨矛"。除騎兵專用的長矛外，還有步兵用的"手矛""雙矛"等短柄矛。三國至西晉，矛一直是步兵和騎兵主要長柄格鬥兵器。《三國志·魏書·公孫瓚傳》載，公孫瓚使用的矛兩頭施刃。瓚從數十騎兵行塞，見鮮卑數百騎，"瓚乃自持矛，兩頭施刃，馳出刺胡，殺傷數十人"。又同書《蜀書·張飛傳》載，曹操軍入荊州，劉備南逃至當陽長阪，令張飛斷後，"飛據水斷橋，瞋目橫矛曰：'身是張益德也，可來共決死。'敵皆無敢近者"。使劉備免於難。東晉十六國，由於重甲騎兵的出現，矛取代了戟成爲軍中唯一長柄刺殺格鬥兵器，時稱矟。唐以後，矛稱槍，一直是軍中主要長柄格鬥兵器。直至清後期。（參見本卷《兵器戰具說·冷兵器考》"矟""槍"文）

石矛

矛頭石製，故稱。最早的石矛是原始人將經過打製的石塊安裝在木棒頂端，爲矛之原始形制。新石器時代，人們在掌握了磨製和鑽孔等加工技術的基礎上，製作了較爲尖銳、利於扎刺又易捆縛的石矛頭。其形制一般呈長條形，前端聚成尖鋒，兩面有刃，中間隆起，基部有孔。河南鄭州馬莊龍山文化遺址出土之石矛，長 40.2 厘米，鋒部銳利，骹細長如鏃鋌，可較牢固捆縛於木柄上。河南安陽大寒村南崗龍山文化遺址出土之石矛，通體磨製，體扁平，三角尖鋒，下部兩側直邊，平底。尖殘，殘長 7.5 厘米。雲南普洱思茅地區新石器時代遺址采集的石矛，黑色石磨製，呈雙肩三角形，直體，有中脊，雙棱刃口，通體磨光。長 11.7 厘米，肩寬 4.9 厘米，矛身長 7.1 厘米，厚 1 厘米。原始社會晚期直至商代前期，石矛一直是軍中用於扎刺的主要格鬥兵器。此後，漸爲青銅矛所替代。

骨矛

矛頭骨製，故稱。因骨材較石材更易磨製，故新石器時期亦大量使用骨矛。其形制有圓錐形、扁錐形、三棱形、長條形多種。前端磨製成尖鋒，後有細鋌用以捆縛木柄。山東寧陽大汶口新石器時代遺址出土之骨矛頭，有的長達20厘米以上，有的基部鑽有用於捆縛矛頭之圓孔。至商晚期，骨矛和石矛一起爲青銅矛所取代。

雙孔式銅矛

青銅矛之一種。因骹上有用於垂挂矛纓之雙孔，故名。直刃、筒身，兩側呈扁葉狀，較柳葉形銅矛銳利。始於商代晚期。河南安陽大司空村商晚期墓曾出土一件雙孔式銅矛，其葉尖而長，兩翼作曲弧形下延，刃葉下有雙孔爲系，骹孔呈菱形或橢扁形。此類矛因其葉尖腰細，故亦稱亞腰尖葉形矛。西周時漸爲雙鈕式銅矛所替代。

雙鈕式銅矛

青銅矛之一種形制。因骹上有用於垂挂矛纓之雙鈕，故稱。直刃、筒身、垂脊，兩側呈狹葉、闊葉、闊短葉、短葉、長葉等不同形制。湖北武漢黃陂盤龍城樓子灣出土之商早期雙鈕式銅矛，刃呈柳葉狀，骹短於矛身，中脊起棱，下口圓形，上段方形，刃部菱形。骹近口處有半環形雙鈕。陝西城固出土商中期雙鈕式銅矛，狹葉，長骹，下口圓形，近口處有雙鈕。河南安陽小屯村出土之商晚期矛，闊葉，隆脊，骹較長，有雙鈕。河南安陽楊家莊出土之商晚期矛，葉闊而短，葉端最寬。長骹橫截面作菱形，骹口處雙鈕孔甚大。上海博物館收藏一件商晚期矛，葉短而闊，葉末狹條形向下延長成小半環形雙鈕，骹較粗。此爲商代晚期較流行之雙鈕式銅矛的主要形制。至西周前期，仍以商代雙鈕式銅矛爲主要形制。陝西西安市長安區張家坡出土西周早期銅矛，刃似長條闊葉，向下漸寬，近似等腰三角形；骹較短，骹口呈圓形，骹中間偏下處有半環形雙鈕。至中晚期，矛體漸呈窄瘦，形體亦較商代小，但雙鈕銅矛仍出現較多。東周，青銅矛以窄體矛爲主，骹部有雙鈕或單鈕的青銅矛仍爲窄體矛形制之一。河南淅川曾出土春秋中期銅矛一件，長31厘米，闊葉飾透雕雲紋，骹較長，其中部設單鈕，骹內有殘留之木柄，可知爲實用兵器。戰國時期，巴蜀地區銅矛形制爲雙鈕式。矛身爲柳葉形，骹部飾虎紋、手心紋等，并有耳形雙鈕。湖南慈利石板村戰國墓出土青銅矛四件。其中一件呈扁圓筒形骹，骹兩側有兩條凹槽，近葉處有雙獸面鈕爲系。另一件骹呈圓筒形，矛身薄扁，骹近兩翼處各有四對銅鈕爲系。此爲雙鈕式矛之特殊形制。雲南青銅矛始見於春秋早期。雲南德欽納古石棺墓曾出土三件骹側附對稱雙鈕的青銅矛，爲迄今所知雲南最早的雙鈕式銅矛。其矛身呈寬葉狀，骹長與矛身略等。此後，雙鈕式矛始終是雲南青銅矛主要形制。楚雄萬家壩出土春秋銅矛四百四十二件，其中雙鈕式矛占一百五十五件。戰國時，雲南雙鈕式矛仍出土很多。呈貢天子廟出土銅矛六十三件，雙鈕式多達四十二件。西漢雲南仍流行銅兵器。雙鈕式矛除承襲戰國形制外，還出現了置於骹中部或中部偏下兩側之半環鈕式銅矛和置獸狀環鈕於骹和矛身基部之間的新形制。

大洋洲青銅矛

江西新幹大洋洲商墓出土之青銅矛。共三十五件，形制多樣，有短骹矛、長骹矛、帶系矛、彎葉矛、四棱錐狀矛等。短骹矛，葉作較寬柳葉形，前鋒尖銳，雙面弧刃，中脊略隆起，長條形血槽直通骹部。骹長約占器長之三分之一。鋬截面略呈扁平六邊形，端部一周加厚。出土之短骹矛中，有十三件形體相似，通長13.7至17.4厘米，骹長2至6.7厘米，葉寬4至4.9厘米，重110至160克。一件葉較長，通長25厘米，骹長5.3厘米，葉寬5.7厘米，重260克。一件有方鋬，通長14.5厘米，骹長4厘米，葉寬4厘米，重100克。長骹矛有凸脊、隆脊兩種。骹長約占器長之二分之一。矛葉較窄，呈狹長柳葉形，血槽小而短。凸脊長骹矛長骹直通前鋒部，形成雙面凸脊的高棱，骹截面近菱形。隆脊長骹矛六件，通長17.4至30厘米，骹長7.6至14厘米，葉寬3.7至5.2厘米，重120至360克。其葉端前鋒大都尖銳，雙面弧刃，圓本，葉下半部有花瓣式血槽。正中脊部隆起帶棱，直通骹部，骹截面爲略扁圓形。其中一件形制稍異，骹端及前葉均較寬，血槽直通骹部，骹邊及兩側邊一周凸起，與葉相連，使葉面的血槽呈帶葉花蕾形。此類矛的形制，與中原商代出土矛相似。帶系矛有短骹和長骹之分。帶系短骹矛出土五件，通長11.8至16.3厘米，骹長1.8至2.1厘米，葉寬3.8至4.5厘米，重50至120克，其製作十分精緻，器身多飾花紋。有一件葉面中脊處的骹部鏤空成燕尾紋，孔中鑲嵌綠松石，出土時器表銹蝕較輕，前鋒部光滑閃亮。此類矛鋬截面太小，無法安裝較粗的木柲，顯然是作爲儀仗用兵器。帶系長骹矛三件，通長91至93厘米，骹長7.7至10厘米，葉寬4至4.7厘米，重200至240克。其鋬管較大，應爲實戰兵器。有二件形制

相同，葉近三角形，有血槽，尖鋒，隆脊，骹部截面呈菱形，雙側有環耳。出土時還殘留着捆縛柲柄的褐色編織繩，由兩端各自橫向穿鈕而過，然後分別斜向骹端與柄相扎。彎葉矛一件，通長11.1厘米，骹長9.5厘米，葉寬3.5厘米，重70克。四棱錐形矛二件，通長16厘米和12.5厘米，骹長6.1厘米和5.9厘米，葉寬1.8厘米，重100克。另有二件異形矛，已殘。

吳越青銅矛

　　產於吳越地區的銅矛。商早期，吳越地區始有青銅矛出現，大多模仿中原殷商形制，但在某些部位亦小有差异。如骹口處鑄半環雙鈕（參見本卷《兵器戰具說・冷兵器考》“雙鈕式銅矛”文）等。西周中早期，吳越地區青銅矛大量出現，其形制一類是仿中原地區之寬葉長骹矛；另一類則是具有吳越地區特色之狹葉矛。江蘇鎮江丹徒大港母子墩西周墓出土之狹葉矛有四種形制：其一矛身狹葉直刃，有後鋒，圓凸脊，骹呈橢圓形，葉中部向外形成弧形，下收作後鋒；其二橢圓骹，鋬口呈燕尾形雙尖叉狀；其三葉較短，有明顯棱脊直通骹；其四中脊乃斷面作方棱形。安徽黃山屯溪西周墓出土青銅矛，中脊凸棱形，兩葉微外弧，下收與骹無區分，骹較短，扁圓鋬，鋬口作凹弧形。此類矛與商周中原寬葉矛相比，矛身由闊葉變窄葉，更加銳利，鋬管短，克服了中原商周矛葉寬骹長易折斷的缺陷。到西周晚期至春秋早期，吳越地區仿中原銅矛已極爲少有，基本上使用具吳越特色的狹葉形矛。其矛身兩葉刃綫的內曲弧度增大，前部尖窄，後部加寬，中部呈束腰形。有的如江蘇江寧陶吳西周墓出土銅矛，

兩葉外刃作成有弧度的上下倒刺，較直刃殺傷力更強。骹部由早期鋬口的燕尾叉形改作雙尖叉較短的凹弧叉。整個矛體亦比前期大。春秋中晚期，以吳王夫差矛爲代表的吳越矛，代表了吳越青銅矛和中國兵器製造的最高水準。這一時期吳越矛形制特點是前鋒尖利，中脊較高，脊中綫呈凸棱形貫通全身，或隆脊起三棱和脊中綫作凹溝血槽形，矛身兩葉刃綫內弧度比中期減小。骹長比刃短，還出現有特短式骹（參見本卷《兵器戰具說·冷兵器考》"吳王夫差矛"文）。鋬口端呈凹叉形或內弧缺口形，鋬上常見一獸首穿鈕。全器中空壁薄，兩刃鋒利。通長一般爲 25 至 30 厘米。其時銅矛除鋒刃銳利、器體堅韌外，紋飾也極考究。所飾之菱形、米字形、火焰狀暗花紋，爲吳越鑄造兵器之絕技（參見本卷《兵器戰具說·冷兵器考》"吳越青銅劍"文）。公元前 473 年，越滅吳，不久，楚滅越。此後吳越青銅矛大體沿襲前形制，但鑄作工藝不如前期。據出土資料，多作柳葉形，中脊突棱形，兩葉有血槽，鋬呈圓形或略呈橢圓，鋬口微作凹弧形或齊平。

吳王夫差矛

春秋晚期青銅矛。吳王夫差所用。湖北江陵出土。長 29.5 厘米，寬 3 厘米，最寬處 5.5 厘米。刃截面呈菱形，鋒部呈弧綫三角形。骹中空，截面呈橢圓，有殘存柲。脊部有血槽，兩面中脊和骹部有黑色米字形暗花。一面有錯金銘文兩行："吳王夫差自乍（作）用鈼（矛）。"裝飾華美，鋒刃銳利，至今完好如新。現藏湖北省博物館。

酋矛

車戰用青銅矛。周車戰五兵之一。《周禮·考工記·盧人》："酋矛常有四尺，夷矛三尋。"鄭玄注："八尺曰尋，倍尋曰常。酋、夷，長短名。酋之言遒也。酋近夷長矣。""常有四尺"，即二丈。《說文·矛部》："矛，酋矛也，建於兵車，長二丈。"

夷矛

車戰用青銅矛。周車戰五兵之一。《周禮·考工記·盧人》："酋矛常有四尺，夷矛三尋。"鄭玄注："八尺曰尋，倍尋曰常。酋、夷，長短名。酋之言遒也。酋近夷長矣。""夷矛三尋"，即二丈四尺。《釋名·釋兵》："夷矛，夷，常也，其矜長丈六尺，不言常而曰夷者，言其可夷滅敵，亦車上所持也。"

酋矛
（明王圻等《三才圖會》）

夷矛
（明王圻等《三才圖會》）

厹矛

青銅矛。中脊凸起兩刃，前鋒呈三棱狀，矛身形成血槽。《詩·秦風·小戎》："厹矛鋈錞，蒙伐有苑。"毛亨傳："厹，三隅矛也。"孔穎達疏："厹矛，三隅矛，刃有三角。"厹矛爲周代青銅矛較爲成熟之形制。

巴蜀符號銅矛

東周青銅矛。因矛骹上鑄有巴蜀地區特有的符號，故稱。巴蜀符號，多見於巴蜀青銅器和玉璽上面。見於兵器者最多，約占已發現實物百分之九十以上。其中以王振華收藏之巴蜀符號矛最多。該器共鑄有各種巴蜀符號十九個。據王振華所著《古越閣藏商周青銅兵器》載，符號銅矛長 21 厘米，寬 3.2 厘米，短骹，窄葉，骹斷面呈圓形，直通至鋒，有弓形雙耳。骹口有一道雷紋。骹部兩面均鑄有符號。從骹口到矛鋒方向正面有十一個符號：包括由分開的一對 S 形複綫合成的八字形；在八字形中間的耳形；手臂形（亦有學者稱手心形）；内填花瓣的花蕾形；兩戈無刺，長柲有帽，戈頭上面有内，下面無内的戟形，此符號與出土於湖北隨縣擂鼓墩一號墓的戰國時期多果戟相似（參見本卷《兵器戰具説·冷兵器考》"多果戟"文）；三齒長柄的叉形；類似動物首形；中有圓點的六角星形；靠近花蕾尖端側置的心形；側置，足向矛緣的鹿形；以橫綫表示地面，有草二叢，方向與手臂、戟形背反的植物形。反面從骹口數，共有八個符號：與正面相同的八字形；橫置的盾形；如波紋并有上噴泉花的水形；獸面形；居骹面中心的虎形；居虎形右側的多足蟲形；左右分列，中間有三直綫之角形；側置，鷚首，足在矛左，胸向矛鋒，腰間佩刀的跽坐人形。該矛之符號方向每每變化不定，和其他有符號之巴蜀青銅兵器相比較，有些符號相似，也有些相同的組合。對上述符號性質，目前尚無定論。

燕下都鐵矛

戰國晚期鐵兵器。1956 年河北易縣燕下都四十四號墓出土。共出土一百九十三件，保存基本完整。長約 32.4 厘米至 66 厘米不等。三種形制。第一種葉部較小，莖較長，莖、骹長之和將近葉長之二倍。骹上有銅箍，箍上存孔，可穿釘固柲。第二種葉部較大，葉、骹相衡，無莖。骹兩側有插釘固柲之孔。第三種葉部較大，葉、骹間有長莖，莖上有三節子，子皆有刃。莖骹長度之和亦爲葉長之二倍。此爲戰國時特殊形制矛。有的矛頭通長 66 厘米，骹長達 42 厘米，葉長衹有 24 厘米。燕下都矛多爲塊煉鐵鍛製而成。亦有鋼製品，經金相檢測，爲含碳 0.25% 之低碳鋼矛。

鋋

亦稱"矛鋋""鋋矛"。矛之一種。《史記·匈奴列傳》："其長兵則弓矢，短兵則刀鋋。"裴駰集解引韋昭曰："鋋形似矛，鐵柄。"司馬貞索隱引《埤蒼》："鋋，小矛鐵矜。"《説文·金部》："鋋，小矛也。"段玉裁注："矛者，酋矛，長二丈，建于兵車者也；其小者，可用戰曰鋋。"《釋名·釋兵》："鋋，延也，達也，去此至彼之言也。"據考古發掘實物，其狀似矛而細長，身扁平，兩側有刃，下有鐵柄，柄下接積竹柲。1968 年河北滿城漢墓出土兩件西漢鋋，體長 65.3 厘米，刃長 27 厘米，銅鐏長 11.5 厘米。柲已朽。從鋋到鐏的距離，兩鋋分別爲 2.14 米和 2.04 米。1978 年湖南資興出土之東漢鐵鋋全長 1.3 米，刃長 27 厘米。1972 年江西南昌出土之東漢鐵鋋，全長 1.57 米，刃長 29.5 厘米。其柄酷似竹杆，共十一節。一説爲矛的別稱。《方言》卷九："矛，吳、揚、江、淮、南楚、五湖之間謂之鍦，或謂之鋋，或謂之縱，其柄謂之矜。"

【矛鋋】

即鋋。《急就篇》卷一八："矛鋋鑲盾刃刀鈎。"顏師古注："鐵把小矛也。"《漢書·鼂錯傳》："崔葦竹蕭，屮木蒙蘢，支葉茂接，此矛鋋之地也，長戟二不當一。"《宋書·武帝紀上》："群賊數千，皆長刀矛鋋，精甲曜日，奮躍争進。"

【鋋矛】

即鋋。《六韜·虎韜》："曠野草中，方胸鋋矛，千二百具。張鋋矛法高一尺五寸。"

鶴剹

亦作"鶴膝"。矛之一種。因矛頭細長，故稱。1968 年河北滿城漢中山靖王劉勝墓出土一件。矛頭鐵質，鋒刃扁平窄瘦，下延成細長扁莖，莖下連接裝柄用之圓骹。莖與骹之間，有一凸起圓箍。矛頭長 65.3 厘米，爲漢代矛之最長者。骹下裝木質長柄，柄下端有鉛鐏。由矛頭至鐏長 2.14 米。《方言》卷九："矛骹細如雁脛者，謂之鶴剹。"《文選·左思〈吳都賦〉》："家有鶴膝，户有犀渠，軍容蓄用，器械兼儲。"劉逵注："鶴膝，矛也。矛骹如鶴脛，上大下小，謂之鶴膝。"

【鶴膝】

同"鶴剹"。此體晋代已行用。見該文。

鏦

小矛。山東臨沂銀雀山漢墓竹簡《孫臏兵法·陳忌問壘》："長兵次之者，所以救其隋也。從次之，所以爲長兵□。"究其意，鏦當爲長兵（矛、戈、戟等）之輔助。《淮南子·兵略訓》："脩鎩短鏦，齊爲前行。"高誘注："鏦，小矛也。"一説矛的別稱。《方言》卷九："矛，吳、揚、江、淮、南楚、五湖之間謂之鏦，或謂之鋋，或謂之鏦。"《廣雅·釋器》："鏦、䅒、矟、矰、殳，矛也。"《説文·金部》："鏦，矛也。"

鎩

秦漢時長柄格鬥兵器。據出土實物，有銅鎩、鐵鎩、銅鐔鐵鎩三種。尖鋒兩刃，莖後接長柄如鈹。莖與筒之間附有兩端外伸向上彎作鈎狀之鐔。除直刺殺敵外，尚有一定防護能力。據河南洛陽燒溝漢墓出土之鐵鎩和河北定州北莊漢墓出土之銅鎩，器長在 25 至 26 厘米，鐔寬 10 厘米左右。《史記·陳涉世家》載褚先生曰："鉬櫌棘矜，非銛於句戟長鎩也。"《説文·金部》："鎩，鈹有鐔也。"實戰中，多與鏦相配。《淮南子·兵略訓》："脩鎩短鏦，齊爲前行。"因其冶鑄工藝複雜，刺殺效力遠不及矛，漢以後被淘汰。

鈠

長矛。亦稱"鈹"。《史記·蘇秦列傳》："彊弩在前，鈠戈在後。"張守節正義引劉伯莊云：鈠，"利也"。《説文·金部》："鈠，長矛也。"亦謂之爲"鈹"。《方言》卷九："鈠謂之鈹。"

【鈹】[1]

即鈠。此稱漢代已行用。見該文。

鏅

亦作"鉊"。即矛。《荀子·議兵》："宛鉅鐵鉊。"高誘注："鉊，與鏅同，矛也。"《方言》卷九："矛，吳、揚、江、淮、南楚、五湖之間謂之鏅。"《文選·左思〈吳都賦〉》："藏鏅於人，去戴自閭。"劉逵注："鏅，矛也。揚雄《方言》曰：'吳越以矛爲鏅。'"

【鉊】

同"鏅"。此體先秦時期已行用。見該文。

宛鉅

宛地所産鋼鐵矛。《荀子·議兵》："宛鉅鐵鉊，慘如蠭蠆。"楊倞注："宛，地名，屬南陽……言宛地出此剛鐵爲矛。"王先謙集解："《史記》作'宛之鉅鐵施，鑽如蠭蠆'。"《商君書·弱民》："宛鉅鐵鉊，利若蜂蠆。""鉊"同

"鏦"，即矛。（參見本卷《兵器戰具説・冷兵器考》"矛""鏦"文）

矟

亦作"槊"。亦稱"激矛""丈八矟""鐵槊"。用於直刺和扎挑的長兵器。長矛之一種。始於漢，盛行於南北朝。首寬長，有兩刃，長柄。《釋名・釋兵》："矛長丈八尺曰矟，馬上所持，言其矟，矟便殺也。又曰激矛，可以激截敵陳之矛也。"騎兵所用，稱馬矟；步兵用則稱步矟。因其製造工藝簡單，鋒鋭利，有較强之穿透力，能够刺破防護力極强之鐵鎧甲，又便於馬上擊刺，故受騎兵歡迎。魏晋時，已大量裝備部隊。至東晋十六國，成爲騎兵特別是重裝騎兵主要長柄格鬥兵器。敦煌莫高窟北朝壁畫《五百羅漢成佛》中所繪重裝騎兵大多使用矟。南方騎兵的長兵器，亦爲矟。《晋書・劉毅傳》："（桓）玄曾於（殷）仲堪廳事前戲馬，以矟擬仲堪。"《北堂書鈔》卷一二四引北周庾信《與燕王書》："今致朱漆矟弱弓。"其間，還出現了一些獨特形制的矟。《三國志・魏書・公孫瓚傳》記公孫瓚使用"兩頭施刃"之馬矛。馬矛即矟。《梁書・羊侃傳》記南朝梁少府製"兩刃矟"，長二丈四尺。"（羊）侃執矟上馬，左右擊刺，特盡其妙"。《南齊書・魏虜傳》記魏孝文帝率軍至壽陽，"軍中有黑氈行殿，容二十人坐，輦邊皆三郎曷刺真，槊多白真眊，鐵騎爲群，前後相接。步軍皆烏楯槊，綴接以黑蝦蟆幡"。槊即矟，北魏軍步、騎兵均用矟。同書《桓榮祖傳》："昔曹操、曹丕上馬横槊，下馬談論，此於天下可不負飲食矣。"隋唐五代時期，矟是軍中最重要之長柄格鬥兵器。唐代法律，私人禁止持有矛、矟。據《舊唐書・尉遲敬德傳》，唐軍中有組成陣列之"排矟兵"。尉遲敬德"善解避矟，每單騎入賊陣，賊矟攢刺，終不能傷"。此後，矛、矟多稱槍。但有時亦稱長矛作槊。宋徐夢莘《三朝北盟會編》："嘗乘悍馬，手舞鐵槊。"（參見本卷《兵器戰具説・冷兵器考》"步矟"文）

【槊】

同"矟"。此體魏晋時期已行用。見該文。

【激矛】

即矟。此稱漢代已行用。見該文。

【丈八矟】

即矟。此稱魏晋時期已行用。見該文。

【鐵槊】

即矟。此稱宋代已行用。見該文。

丈八蛇矛

矟長一丈八尺，蛇、矟音近，故稱爲丈八蛇矛。《晋書・劉曜載記》稱陳安作戰時"左手奮七尺大刀，右手執丈八蛇矛。近交則刀矛俱發，輒害五六；遠則雙帶鞬服，左右馳射而走"。唐李白《送外甥鄭灌從軍》："丈八蛇矛出隴西，彎弧拂箭白猿啼。"後世小説作者稱丈八蛇矛爲一蛇形長矛并繪蛇形矛頭，實誤。

馬矟

矟之一種。爲騎兵所用，故稱。《南齊書・陳顯達傳》："顯達馬矟從步軍數百人，於西州前與臺軍戰，再合，大勝，手殺數人，矟折，官軍繼至，顯達不能抗，退走至西州後烏榜村，騎官趙潭注矟刺落馬，斬之於籬側。"

【步矟】

矟之一種。爲步兵所用，故稱。《宋書・武帝紀》："（朱）齡石所領多鮮卑，善步矟，並結陣以待之。賊短兵弗能抗，死傷者數百人，乃退走。"

鐏

矛、戟等兵器木柲（柄）末端的金屬套。通常銅製，戰國晚期，也有鐵製鐏。《禮記·曲禮上》："進矛戟者，前其鐏。"鄭玄注："平底曰鐏，取其鐏地。"始見於商。河南安陽殷墟西區曾出土商後期銅鐏一件，長12.4厘米，銎上部截面爲圓形，向下呈尖錐形，側旁有一彎鈎。湖南慈利石板村戰國墓曾出土二件套在矛柲末端之銅鐏標本。出土報告稱其爲矛鐏，實爲鐏。器呈扁圓筒形，平底，中部兩側有兩小孔。長6.1厘米，徑3.3厘米。河北易縣燕下都遺址虛糧冢墓區八號墓出土銅鐏十八件。其形制和上面二件大體相同，呈扁圓直筒形。有九件大小完全相同，高2.5厘米。另九件大小不同，最大的高2.7厘米，最小的僅高1.5厘米。該墓同時還出土了十餘件銅矛，銅鐏很可能爲矛之附件。戰國晚期，還出現了鐵製之鐏。燕下都遺址武陽臺村二十一號作坊遺址曾出土鐵鐏一百一十八件，另有殘者三十九件。均係雙合範鑄成，銎端徑稍大，底徑略小，多爲平底，有的呈扁圓直筒狀，亦有呈橢圓直筒狀。上部兩側有的各有一圓形穿，亦有的僅有一圓穿或無穿。穿上或穿下多有突棱，有的突棱多至三周。鐵鐏出土數量之多，爲戰國墓所僅見。該遺址辛莊頭墓區三十號戰國晚期墓還出土了錯金銀銅鐏二件。其形制、紋飾完全相同。呈直口圓筒形，銎口端略

鐏

（明王圻等《三才圖會》）

大，近兩端處各用銀箔鑲嵌一周帶形紋，其中間鑲嵌錯金銀勾連捲雲紋、三角紋、桃形紋等。底部鑲嵌錯金銀重環紋。器高9.9厘米，底徑2.35厘米，銎徑2厘米。從該墓出土陶禮器"七鼎六簋"推測，墓主人當爲燕國之貴族。兵器使用錯金銀附件，顯示了墓主人之高貴身份。

槍

槍

長柄刺殺兵器。以木、竹爲杆，前端置銳首以刺敵。最早見於《國語·齊語》："時雨既至，挾其槍、刈、耨、鎛，以旦暮從事於田野。"時槍似爲削尖之竹、木棒。唐玄應《一切經音義》引《三蒼》："木兩端銳曰槍。"《墨子·備城門》中有"槍二十枚，周置二步中"的記載，爲守城器械中之一種。三國時，已有製槍的記載。前蜀馮鑒《續事始》記"諸葛亮置木作槍，長二丈五尺，以鐵爲頭"。唐代，矛多稱槍，據《唐六典·武庫令》，唐代槍有四種："一曰漆槍，二曰木槍，三曰白幹槍，四曰樸頭槍。"漆槍即騎兵用長矛（即矟），木槍爲步兵用槍，白幹槍爲羽林所用，樸頭槍爲金吾所用。槍是唐代使用最廣兵器。據唐李筌《神機制敵太白陰經》記載，唐制每軍一萬二千五百人，槍占"十分"，即人手一槍。兩軍對陣時爲主要長柄格鬥兵器，宿營結寨則樹槍爲營，涉渡河川時縛槍爲筏。不少武將以善用槍而聞名。《新唐書·秦瓊傳》記"每敵有驍將銳士震燿出入以夸衆者，秦王輒命叔寶往取之，躍馬挺槍刺於萬衆中，莫不如志"。《新唐書·哥舒翰傳》記哥舒翰"工用槍，追及賊，擬槍於

肩，叱之，賊反顧，輒刺其喉，剔而騰之，高五尺許，乃墮"。《衛公兵法輯本·部伍營陣》載，唐軍布陣教練，以五十人一隊，從營地捆好槍和旗幟，帶到教場左右兩厢，"聽角聲第一聲絕，諸隊即一時散立；第二聲絕，諸隊一時捺槍卷幡，張弓，拔刀；第三聲絕，諸隊一時舉槍；第四聲絕，諸隊一時籠槍跪膝坐"。槍在唐軍布陣教練中，爲士卒主要演練兵器。五代時，槍仍爲軍中主要格鬥兵器，出現了許多善用槍之驍將。《資治通鑑·梁太祖開平三年》載，後梁大將王彥章"驍勇絕倫，每戰用二鐵槍，皆重百斤，一置鞍中，一在手。所向無前。時人謂之'王鐵槍'"。宋代，槍是主要長柄格鬥兵器。宋槍以木爲杆，前端裝鐵槍頭，下裝鐵鐏。種類繁多，形制複雜。步騎兵用槍共九種：騎兵用雙鈎槍、單鈎槍、環子槍，步兵用鵶項槍、太寧筆槍、錐槍、梭槍、素木槍和搗馬突槍。另有教閱用的槌槍，攻城用槍短刃槍、短錐槍、抓槍、蒺藜槍、拐槍，守城用槍拐突槍、拐刃槍、抓槍、鈎竿。步兵用之鵶項槍，槍首鍍錫，狀似烏鴉之項，故稱。據宋曾公亮《武經總要前集·器圖》載，步兵用槍則"用素木或鵶項"。鵶項者，以錫飾鐵嘴如烏項之白"。據該書附鵶項槍圖，鵶項槍首前端銳利，向後呈二波狀至後部收束爲圓套筒狀鐏，以鐏置長柄，柄下施鐵鐏，鐏爲菱形，下端呈尖鋒，可插地以節省持者體力。太寧筆槍，步兵用槍。木杆，上刃下鐏。槍首前端尖細，向後微闊呈弧狀，下置小鐵盤狀有刃物，類筆，故稱。宋曾公亮《武經總要前集·器圖》："近邊臣獻太寧筆槍，首刃下數寸施小鐵盤，皆有刃，欲刺人不能捉搦也。以狀類筆，故云。"錐槍亦步兵

用槍。其刃爲四棱形如麥穗，故名。"其刃爲四棱，頗壯，銳不可折。形如麥穗，邊人謂之麥穗槍"。據附圖，槍首尖銳，身呈弧狀，後端置鐏，下施鐵鐏。柄較單鈎槍短。攻城用槍用以掩護挖城牆作業人員，故槍杆較短；守城用槍用以刺殺攻城人員，故杆長。其時火器已經出現，但槍仍然是軍中必備兵器。宋曾公亮《武經總要前集·教旗》載，"步隊隊五十人……其給器仗則槍一十五根"。又《教步兵》載，"鼓一搥，諸隊槍旗並舉……又鼓一搥，諸隊槍旗並亞"。《宋史·岳飛傳》記岳飛與金兵作戰中，曾"單騎持丈八鐵槍，刺殺黑風大王"。元代漢人軍隊，仍裝備槍。《元史·隋世昌傳》："鍛渾鐵爲槍，重四十餘斤，能左右擊刺。"明代軍中火器爲主，但槍仍居"白刃之首"。明茅元儀《武備志·軍資乘·器械二》："陣所實用者，莫鎗若也。"明槍制較宋簡化，有長槍、槍、蛇矛、龍刀槍、鐵鈎槍、鈎槍。有些槍除扎挑外還增加了鈎、砍等功能。如鐵鈎槍可刺可鈎，龍刀槍有旁刃，可刺、可砍、可叉。明代作戰十分重視槍的作用。明代兵書《草廬經略·習技藝》稱："一十八般武藝，人雖不能全習，亦當熟其一二。而弓弩槍刀則人人不可無，又人人不可不熟。"明末，四川石砫土司秦良玉訓練的專門使用四川山區白蠟樹爲柲的長槍隊伍，號稱"白桿兵"（見《明史·秦良玉傳》）。因其英勇強悍、善用槍而聞名。清代，槍是清軍常用兵器。八旗和綠營均有長槍編制。槍刃鐵製，木竹柄，下裝鐵鐏，多髹朱漆或繫黑、紅旄。槍刃蒙以革囊，槍柄則繫革帶以負之。清代槍種繁多，《大清會典圖·武備》收乾隆二十一年（1756）所定槍式達十六種之多，如火焰槍、虎

牙槍。槍由於使用靈便，製作簡便，故使用時間長，自戰國時始，歷代沿襲，直至19世紀中葉，方被淘汰。

明長槍

明代主要長柄格鬥兵器。以竹木爲杆，長明制一丈二尺。據明茅元儀《武備志·器械二》，明長槍有三種形制。"鎗式一，鎗頭長共六寸，重三兩五錢，四兩止矣"。"鎗式二，鎗頭長共三寸三分，重一兩二三錢。前式壯威，此式輕利"。"鎗式三，此即古之矛也。鎗頭長七寸，重四兩，其方稜扁如蕎麥樣，前尖銳，利於透堅"。明軍十分重視長槍的訓練和使用。明代兵書《草廬經略·習技藝》認爲"一十八般武藝，人雖不能全習"，"而弓弩槍刀則人人不可無，又人人不可不熟"。該書記戚繼光軍教練士卒長槍之法，"其較長鎗，先單鎗試其手法、步法、身法、進退之法，又二鎗對試其真正交鋒。復以二十步立木把一面，高五尺，上分喉、目、心、腰、足五孔，各安一寸木毬在內。每人執鎗於二十步外，聽播鼓擎鎗作勢，飛身向前，截去孔內圓木，懸於鎗尖上，如此遍五孔乃止"。同書《教陣部》："戚繼光鴛鴦陣……後列長鎗，每兩枝各管一牌……長鎗救筅，短兵救長鎗。"

鐵鈎槍

明代用槍。其槍首鐵刀刀脊置一鐵鈎，故稱。爲明代軍中特型攻守兼用之格鬥兵器。據明茅元儀《武備志·軍資乘·器械二》載，"鐵鈎槍攻守兼用，上鐵刀連鈎長一尺，攢竹桿徑九分，長一丈二尺，或用竹桿亦可。軍中長技，南兵角貫，隨於挨牌進攻利便"。據同書附圖，鐵鈎槍首爲一短刀，刃呈弧狀，前端尖銳可刺。

刀脊下部連一倒鈎。刀下爲長柄，柄下鐵鐏上小下大，呈梯形。鐵鈎槍雖爲可砍、可刺、可鈎之多功能兵器，但其作戰中殺傷力并不强，故未能成爲明軍主要長柄格鬥兵器。

鐵鈎槍
（明茅元儀《武備志》）

龍刀槍

明代槍。槍頭下有旁刃，可刺可砍可叉，增强了槍的功能。明茅元儀《武備志·軍資乘·器械二》："龍刀槍，砍人亦可，鑱人亦可。"據該書附龍刀槍圖，其前鋒尖銳，中起脊，兩側刃向後呈倒刺，槍首下置彎鈎，鈎伸向旁側又向前呈刺狀。柄下施尖鋒狀鐵鐏。此槍爲明代之多功能格鬥兵器之一。

龍刀槍
（明茅元儀《武備志》）

清長槍

清代長柄格鬥兵器。爲清軍中常用兵器。八旗和緑營均有長槍兵編制。其形制大體同明代，槍頭鐵製，木柄或竹柄，下置鐵鐓，多髹朱漆，或繫紅旄、黑旄。刃蒙革囊，柄繫革帶負之。清長槍種類較多，僅《大清會典·武備》收乾隆二十一年（1756）定的槍式就多達十六種。其中有以長槍爲名的槍三種，分別爲緑營、健鋭營、護軍驍騎營使用。還有其他名目長槍多種。據《大清會典·武備十一》，緑營用長槍通長清制一丈四尺，刃長七寸，柄長一丈三尺，圍三寸七分，木製，末端有鐵鐏，長三寸。健銳營用長槍，乾隆十四年製，通長清制一丈三寸，刃長九寸，木柄長九尺，圍四寸六分。其形制爲圭首中起棱，旁銜鐵刃如刀，貼於槍下。刃端綴木圓珠、黑旄，末端置鐵鐏，長四寸。護軍驍騎用長槍，通長清制一丈三尺七寸，刃長一尺一寸，銎爲鐵盤，厚二分。下注朱旄。木柄長一丈二尺二寸，末鐵鐏長四寸。護軍驍騎二人合用一支。據《大清會典·武備十二》，清綠營用長槍還有綠營手槍、綠營十字鐮槍、綠營火焰槍、綠營釘槍、綠營虎牙槍、綠營鈎鐮槍、綠營雙鈎鐮槍、綠營蛇鐮槍、綠營雁翎槍等。綠營手槍通長清制三尺四寸二分。槍首銳而細，積竹柄，柄長二尺九寸，可單手握持，故名手槍。末端置骨鐵。綠營十字鐮槍通長清制四尺六寸。直刃橫刃皆圭首，相交呈十字，故名。柄長四尺，木製髹朱漆，柄下無鐏。綠營火焰槍，通長清制六尺六寸。前鋒爲短刃，向後兩側呈五個旁刃，狀如火焰，故名。柄長五尺五寸，木製，髹朱漆，末置鐏，鐏呈錐狀。綠營釘槍，通長清制一丈四尺九寸五分。槍首銳利呈細錐狀，下接長柄以藤縛之。柄長一丈四尺。綠營虎牙槍，通長清制九尺一寸，圭首，首中部凸起雙短刃向內如虎牙，故名。柄首下接長柄，柄長八尺，柄下施鐵鐏。綠營鈎鐮槍，通長清制七尺二寸。首銳而細，有旁刃彎曲向內呈鈎狀，可鈎可刺，故名。下施長柄，長六尺，木質，髹朱漆，末端置鐵鐏。綠營雙鈎鐮槍，通長清制八尺，直刃，兩旁各置一刃向內下彎曲如鈎，故名。柄長七尺，木製，裹以樺皮。下置鐵鐏。此種槍，似由東漢鈎鑲演變而

來（參見本卷《兵器戰具說·冷兵器考》"鈎鑲"文）。綠營蛇鐮槍，通長清制七尺二寸。槍首銳利尖細，首兩側出旁刃與槍首呈十字交叉，因旁刃三折彎曲如蛇，故名。下接木柄，柄下有錐狀鐵鐏。綠營雁翎槍，通長清制七尺二寸。槍首呈圭首狀，首中部設旁刃向兩側伸展向內下彎曲呈鈎狀，類雙鈎鐮槍，但較雙鈎鐮槍闊，形如雁翎，故名。下接木柄，柄下施鐏。19世紀中葉，長槍被淘汰。

戟

戟

亦作"棘"。亦稱"釴""鏌""鏝胡""鈎釴鏝胡"。合戈、矛爲一體，兼有戈之橫擊、鈎啄，又有矛之直刺功能之格鬥兵器。由源於戈的戟援和源於矛的戟刺縛以長柲（柄）組成。相傳爲蚩尤所創製。宋高承《事物紀原·戎容兵械部·戟》："《管子》：'黃帝問於伯高，伯高曰：'雍狐之山，發水出金，蚩尤受而制之，以爲雍狐之戟。'此戟之始也。"據考古發掘資料，戟的出現，要比蚩尤所處時代晚得多。河北藁城臺西村商代早期遺址曾出土一青銅矛，矛下木柲頂端插入矛銎內，柲長64厘米。下置一青銅戈，戈刃與柲呈直角。矛、戈均爲原來形制。此件兵器當爲將矛和戈結合爲一體的最早試驗，爲戟的原始形制。西周時，出現了援（戈）、刺（矛）合鑄的青銅兵器，大多刺、援相交呈十字，故稱十字形戟。也有專家認爲此種兵器應稱戈或十字形戈（參見本卷《兵器戰具說·冷兵器考》"援刺合鑄青銅戟"文）。合鑄戟工藝複雜，捆縛不牢，易脫落，作戰效能

不高，不久便被淘汰。春秋時，出現了刺、援分鑄用柲連裝的青銅戟。分鑄連裝戟向前以戟刺敵；以援上刃橫擊，以下刃鈎斫；向下以援鋒啄擊。加上捆縛牢固，刺援鋒利，作戰性能大大提高，遂成爲春秋時主要的長柄格鬥兵器。《詩·秦風·無衣》："王于興師，脩我戈戟。"鄭玄箋："戟，車戟常也。"時戟已與矛并重。因多用於車戰，故亦稱車戟。《左傳》中記載用戟的車戰戰例頗多。如隱公十一年，"鄭伯將伐許……公孫閼與潁考叔争車。潁考叔挾輈以走，子都拔棘以逐之"。"棘"即戟。又如襄公十年，晋伐偪陽，"狄虒彌建大車之輪，而蒙之以甲，以爲櫓，左執之，右拔戟，以成一隊"。戟的形制在《周禮·考工記·冶氏》有較詳細之記述，"戟廣寸有半寸，内三之，胡四之，援五之，倨句中矩，與刺重三鋝"。春秋晚期，步騎兵興起，戟也成爲步騎兵手中利器。其形制亦更成熟。至戰國，戟刺除承襲春秋形制之長刺外，還出現了刺短翼闊的短刺戟和刺尖而狹的作三棱形的狹刺戟。戟援除短胡外，還出現了援呈弧形向下作鈎曲狀，援鋒下刃峻削的鈎援戟。縛柲之内亦多作鋒刃，從而增强了殺傷力。戰國晚期，還出現了少量長刺、斜援，内末端有鈎形向上彎曲似爪距或在長胡上加鑄子刺和距鈎的特殊形制戟，加强了鈎斫功能。江淮流域還出現了柲上裝兩個或三個戟援，有的裝有戟刺，有的無戟刺的"多果（戈）戟"。到戰國晚期，戟已取代青銅戈成爲軍中主要長柄格鬥兵器。秦代，雖然鋼鐵兵器出現，但青銅戟仍然是軍中利器。鋼鐵戟始於戰國，其形制前面置銳利的戟刺，後面鑄有側出的戟枝，刺、枝垂直相交處鑄有用於插柲的圓筒，并設有方

形穿以縛柲。因其形似"卜"字，故稱"卜"字形鋼鐵戟。如《釋名·釋兵》所稱："戟，格也，傍有枝格也。"秦以後，"卜"字形戟逐漸取代青銅戟成爲步騎主要格鬥兵器。秦漢將帥，不乏持戟之例。《史記·魏其武安侯列傳》："於是灌夫被甲持戟，募軍中壯士所善願從者數十人……至吴將麾下，所殺傷數十人。"《後漢書·馬武傳》："武選精騎還爲後拒，身被甲持戟奔擊，殺數千人。"西漢文帝太子家令鼂錯上言兵事時，曾將戟與弓弩等并列爲軍隊重要武器裝備，指出"兩陳相近，平地淺中，可前可後，此長戟之地也，劍楯三不當一。萑葦竹蕭，中木蒙蘢，支葉茂接，此矛鋋之地也，長戟二不當一"（見《漢書·鼂錯傳》）。戟還是漢時亭長裝備的"五兵"之一。《後漢書·百官志》"亭有亭長，以禁盜賊"注引《漢官儀》："尉、游徼、亭長皆習設備五兵。五兵：弓弩、戟、楯、刀劍、甲鎧。"東漢時，爲了加强戟的叉刺功能，有些戟援上翹，形成鈎刺，已無向後鈎斫作用，更適應騎兵作戰需要。戟亦作爲儀仗。《漢書·叔孫通傳》："長樂宫成……於是皇帝輦出房，百官執戟傳警。"《漢書·東方朔傳》記武帝去未央宫，東方朔"陛戟殿下"。後有棨戟出現，專用於儀仗。《漢書·韓延壽傳》："功曹引車，皆駕四馬，載棨戟。"《後漢書·輿服志上》："持棨戟爲前列。"漢代，對戟的稱謂，各地不同。據《方言》卷九載："戟，楚謂之孑。凡戟而無刃，秦晋之間謂之釨，或謂之鏔，吴揚之間謂之戈。東齊秦晋之間謂其大者曰鏝胡，其曲者謂之鈎釨鏝胡。"又："三刃枝，南楚宛郢謂之匽戟。其柄自關而西謂之柲，或謂之殳。"三國、西晋時期，戟的使用更爲普

遍。出現了許多善用戟的名將（參見本卷《兵器戰具説·冷兵器考》"卜字形鐵戟"文）。東晉十六國時，戟仍沿着加强叉刺功能方向發展。戟枝由弧曲上翹逐漸變成硬折向上，呈雙叉狀。東晉後，重裝騎兵成爲軍中主要兵種，戟不能穿透製工精緻的鎧甲，加之進入中原之北方少數民族騎兵一向不用戟，故戟漸被穿刺力更强的"矟"所替代，僅在步兵中有少數保留。在戟漸被戰場淘汰的情況下，漢魏以來形成的以戟表示身份的禮儀制度仍繼續流傳。《太平御覽》卷三五二引張敞《晉東宮舊事》："東列崇福門，門各羌楯十幡，雞鳴戟十張。"《晉書·王浚傳》記王浚修建巨宅，門外立"長戟幡旗"。隋唐時，對不同品級的高官門前列戟的數目均有規定。宋時將戟改爲木製。《宋史·輿服志二》："門戟，木爲之而無刃，門設架而列之，謂之棨戟。"戟亦作爲兵器泛稱，如《史記·平原君虞卿列傳》記毛遂云："今楚地方五千里，持戟百萬。"《北史·李義深傳》："義深有當世才用，而心胸險峭，時人語曰：'劍戟森森李義深。'"（參見本卷《兵器戰具説·冷兵器考》"卜字形鐵戟"文）

【棘】

同"戟"。此體先秦時期已行用。見該文。

【釫】

無刃之戟。此稱漢代已行用。見該文。

【鎮】

無刃之戟。此稱漢代已行用。見該文。

【鏝胡】

無刃大戟。此稱漢代已行用。見該文。

【鈎釫鏝胡】

彎曲之無刃大戟。此稱漢代已行用。見該文。

積竹柲

亦稱"竹欑柲""廬"。"廬"通"籚""纑"。長兵器戈、矛、鈹、殳、戟等之柄。以木棒爲心，外貼竹片十餘根，纏絲麻髹漆而成。較普通竹、木柄堅韌耐用。《説文·殳部》："殳，以杸殊人也。"段玉裁注："杖，各本作杸……以積竹者，用積竹爲之。《漢書·昌邑哀王髆傳》：'（昌邑王）道買積竹杖。'文穎曰：'合竹作杖也。'竹部曰：'籚，積竹矛、戟矜也。'木部曰：'欑，積竹杖也；柲，欑也。'《考工記》注曰：'廬，謂矛、戟柄，竹欑柲。凡戈、矛柄皆積竹。'始於東周。《周禮·考工記·總序》："粵無鎛……秦無廬。"鄭玄注："廬，讀爲纑，謂矛、戟柄，竹欑柲。"賈公彦疏："云廬讀爲纑者，纑，縷之纑，取細長之義也。云謂矛戟柄竹欑柲者……漢世以竹爲之欑，欑謂柄之入鏊處，柲即柄也。"其《序》又云："攻木之工，輪、輿弓、廬、匠、車、梓。"鄭玄注："廬，矛、戟矜柲也。"湖南長沙瀏橋城一號墓曾出土春秋積竹柲一件，長 2.835 米，中心爲棱形木柱，外包青竹篾十八根，每根寬 4 厘米，以絲綫纏緊，表面髹漆。湖南慈利石板村戰國墓出土兩件形制相同之積竹柲。扁圓形，斷面前扁後圓。中心爲扁圓形木條，外用十根竹篾包纏。竹篾寬 3 至 5 毫米，厚 0.6 毫米。再用細綫纏緊，髹以黑漆。出土時尚有光澤。飾有彩繪圖案四段，最下面一段飾朱色金邊彩繪幾何紋，其餘三段飾雲紋、曲體紋等。

【廬】

即積竹柲。此稱先秦時期已行用，見該文。

【竹欑柲】

即積竹柲。此稱漢代已行用。見該文。

援刺合鑄青銅戟

西周青銅戟。因鑄造時把矛刺和戈體合鑄成一體，故稱。據出土實物，一種爲長胡多穿，有内，援寬有脊，上鑄扁體戟刺。似以戈爲主體。其橫延的援和内與縱伸的刺和胡交叉呈"十"字狀，故又稱其爲十字型戟。有部分十字形戟刺鋒後捲呈刀鈎狀，稱刀戟或鈎戟。現所發現合鑄戟多爲此種形制。另有少量戟脊刺較長，刺下以銎裝柲，并有固柲之釘孔。此種戟似以矛爲主體。據出土實物分析，西周合鑄戟尚未形成統一形制。有些戟在車戰中使用過，爲車戰實用兵器。但多數戟質輕而薄，還有些形制奇異，不適用於實戰，當爲儀仗用兵器。合鑄戟是古代創製戟的探索。由於製造工藝複雜，捆縛不牢容易脱落，加之青銅質脆易折等弱點，合鑄青銅戟未能大量製造和使用，便被淘汰。一説該器非戟，乃戈之一種。認爲戈以援鋒啄擊，以援下刃勾割，故援鋒尖鋭，其下刃則逐漸向下延長爲胡。援上刃的功能是捇擊。爲增强捇擊效能，便將上刃上折延長爲刺。故其刺并非一矛，而是由戈援上刃演變而成。因此應定名爲十字形戈。出土實物中，自銘爲戈的實例，北京琉璃河西周燕國墓出土五件，刺鋒後捲呈刀狀，縱向下伸與援相交呈十字，其内部銘"匽医舞戈"四字。可知西周時，有將此器稱戈的。也有主張稱此種兵器爲殳、刀戈等。

車戟

車戰用青銅戟。刺援分鑄連裝，髹漆木柲或積竹柲。因插於戰車上，故稱。《釋名·釋兵》："車戟曰常，長丈六尺。"《周禮·考工記序》："車戟常，崇於殳四尺，謂之五等。"《淮南子·氾論訓》："出犀甲一戟。"高誘注："戟，車戟也，長丈六尺。"戟長一丈六尺，合今約3.69米。春秋時盛行車戰，遂出現了車戟的概念。其時車戟戟刺長如矛，戟刺平直。1964年江蘇南京市六合區程橋東周墓出土之春秋車戟，刺呈狹葉狀，長24.6厘米。戟援寬27.5厘米，裝髹漆木柲。全長2.27米。湖南長沙瀏城橋一號墓出土之春秋晚期車戟，刺呈狹葉狀，長28厘米。援呈微弧，援鋒爲三角形。内作彎鈎形。裝積竹柲，全長2.84米。出土之東周青銅戟，柲長多在2米以上。此長度之柲比較適合雙手握持在車上作戰。

雞鳴戟

亦稱"擁頸戟""句子戟"。戰國青銅戟。因其頸似雄雞啼鳴時之擁頸狀，故稱。《周禮·考工記·冶氏》："戈廣二寸。"鄭玄注："戈，今句子戟也，或謂之雞鳴，或謂之擁頸。"賈公彦疏："或謂之雞鳴者，以其胡似雞鳴故也；云或謂之擁頸者，以其胡曲，故謂之擁頸。"據出土實物，戟刺短小，戟援胡曲。湖北江陵雨臺山楚墓出土之戰國青銅戟，刺長12厘米，戟援寬29厘米。狀類雞鳴，胡末端有倒鈎，類似雞足之距。山西長治出土之戰國戟，刺長僅9厘米，戟援寬27.5厘米。雞鳴戟爲青銅戟之成熟形制，亦作儀仗用戟。《太平御覽》卷三五二引張敞《晋東宫舊事》："東列崇福門，門各羌楯十幡，雞鳴戟十張。"

【擁頸戟】

即雞鳴戟。此稱漢代已行用。見該文。

【句子戟】

即雞鳴戟。此稱漢代已行用。見該文。

多果戟

亦稱"多戈戟"。同一木柲（柄）上裝有兩

個或三個戟援，故稱。出現於春秋晚期到戰國時期江淮流域楚、蔡等國。柲長多在 3 米左右，有裝戟刺和不裝戟刺兩種形制。1978 年湖北隨縣曾侯乙墓出土比較完整的三件銅三果戟，戟柲完好，通長 3.43 米。前有刺，刺後裝三件戟援，第一個戟援有內，其餘兩個無內。其間距離爲 4.7 到 5.3 厘米。在竹簡的簡文中對戟幾乎都有“二果”或“三果”的説明。“果”“戈”音近，或爲與一般戈相區別而稱“果”。在墓主內棺上神怪手中亦持多果戟。湖北江陵溪峨山楚墓出土一件二果戟。全長 2.6 米，髹漆木柲，裝兩個戟援，無刺。多果戟增加了車戰中勾、割、啄的能力，是以車戰爲主要作戰方式條件下出現的勾殺兵器。戰國末年，車戰漸衰，多果戟亦退出戰爭舞臺。

薛師戟

西周時薛國青銅戟。山東滕州姜屯莊出土。援刺合鑄，質輕而薄。刺與闌已殘，援、胡、刺均有刃。通長 24.5 厘米，殘高 19.3 厘米，援長 18 厘米，內長 6.5 厘米，胡部闌側有兩穿。內中部有銘文“薛師”二字。薛，國名。春秋時曾參與會盟，後爲齊國所滅。此戟是迄今發現的唯一的一件薛國兵器。古薛國遺址在今山東滕州城南 20 千米處。現藏中國人民革命軍事博物館。

楚王銅戟

戰國青銅戟。湖南益陽出土。援長 18.6 厘米，長胡三穿，內有一穿。援上鑄“敓作楚王戟”五字。出土時胡上有一矛頭。現藏湖南省博物館。

“卜”字形鐵戟

鋼鐵戟。因其形類“卜”字，故稱。始於戰國晚期。通體合鑄。前端爲細長尖鋭之戟刺，後爲與戟刺相垂直側出之戟枝，代替了青銅戟扁體的戟援，援後的內也被取消。刺和枝下之長胡，呈直體，并設三方形穿。爲捆縛牢固，在刺、枝相交處設一圓形穿，在枝基部設一方形穿，并加裝柲帽，使戟體牢縛於柲上。完整的“卜”字形鐵戟，最早發現於河北易縣燕下都遺址，共十二件。其中一件經用金相、電子束微區 X 射綫分析等方法檢驗，是由含碳均勻之鋼製成，并經過整體淬火（參見本卷《兵器戰具説·冷兵器考》“燕下都鐵戟”文）。其戟刺高度較青銅戟有較大增高，旁枝則較青銅戟援略短，其直刺功能明顯增加。秦漢時期，戟爲軍隊主要格鬥兵器。湖北江陵鳳凰山西漢墓，曾出土兩件高 48 厘米的“謁者”木俑，手執長柲戟，戟長比俑身高稍長，以人身高推測，其真實兵器總長應超過 2 米。其刺長而尖鋭，一側伸出旁枝，當爲“卜”字形鐵戟。河北滿城西漢劉勝墓中出土了兩件“卜”字形戟。一件全長 2.2 米，另一件全長 1.93 米。戟竹柲下銅鐏作筒形狀，盌斷面呈五邊形。戟刺前伸，旁枝較刺爲短。刺下延伸成長胡，有四穿。枝上又設一穿。刺、援相交處安裝銅柲帽，用麻交叉貫穿縛柲。戟上套有戟鞘，由兩木片夾合製成，髹褐漆。一件通高 37 厘米，枝長 12 厘米，另一件通高 36.7 厘米，枝長 12.1 厘米。其中一件戟枝經金相和電子顯微鏡檢驗，知其爲經多次加熱反復鍛打製成之鋼戟，并經過淬火處理。和戰國“卜”字形戟相較，滲碳工藝有較大進步，故亦更爲鋭利、堅韌。其形制，胡、刺通高均有減低，但刺和枝的寬度略增，結構更爲合理。至東漢，除戟刺與胡相連成一綫，承襲西漢形制"卜"字形戟外，還出現兩種新的形制。一種是戟刺與胡相接處稍向外弧凸。裝柲後，胡與柲成直綫，刺則向有戟枝一側傾斜；第二種戟刺直伸，戟枝橫伸後向上翹翻，形成鈎刺。第二種形制的"卜"字形戟在東漢畫像磚中亦出現很多。戟枝前翹成鈎刺，增强了戟的扎刺效能，完全失去了戟的傳統向後鈎斫功效，進一步滿足了騎兵和步兵以刺爲主的作戰需求，從而進一步提高了戟在戰争中的地位。到三國時，此種戟已成爲軍隊裝備的主要長柄格鬥兵器。《三國志·魏書·吕布傳》載，袁術遣紀靈等步騎三萬攻劉備，備求救於吕布。吕布"令門候于營門中舉一隻戟，布言：'諸君觀布射戟小支，一發中者諸軍當解去，不中可留決鬥。'布舉弓射戟，正中小支"。吕布所射之"小支"即"卜"字形鐵戟戟枝。其時除一般用之長戟外，還有短柄的"手戟""雙戟"等（參見本卷《兵器戰具説·冷兵器考》"手戟""雙戟"文）。至西晋，鐵戟已被譽爲"五兵之雄"（參閲《北堂書鈔》卷一二四引周處《風土記》），在格鬥兵器中占有重要地位。西晋以後，"卜"字形戟漸爲穿透力更强的矟所替代。（參見本卷《兵器戰具説·冷兵器考》"戟""矟"文）

燕下都鐵戟

戰國晚期鐵兵器。1965 年河北易縣燕下都四十四號墓出土。共十二件。長 23.5 至 49.5 厘米不等。形制基本相同。刺、胡大體處同一直綫，戟援橫出，與刺、胡垂直相交，援上設一穿，胡上設四穿以固柲。總體呈"卜"字形。胡之末端有一缺口，刺、援、胡相交處設一青銅帽，可使戟體與柲固定更爲牢固。對其中一件作金相檢測，該器爲增碳後之鋼片摺叠鍛打，或將鐵片摺叠鍛打而成之鋼製品，并經淬火。此器亦爲中國最早之淬火産品之一。

長戟

"卜"字形鐵戟主要形制。因其柄長，故稱。《史記·秦始皇本紀》曰："秦人阻險不守，關梁不闔，長戟不刺，彊弩不射。楚師深入，戰於鴻門，曾無藩籬之艱。"《三國志·魏書·張遼傳》載，遼守合肥時，"被甲持戟，先登陷陣，殺數十人，斬二將，大呼自名，衝壘入，至權麾下"。孫權恐慌，"走登高冢，以長戟自守"。又同書《魏書·典韋傳》記張繡襲曹營時，典韋當營門力戰，"以長戟左右擊之，一叉入，輒十餘矛摧"。

雙戟

鋼鐵戟。短柄，可雙手各持一戟作戰，故稱。《三國志·魏書·典韋傳》稱典韋："好持大雙戟與長刀等，軍中爲之語曰：'帳下壯士有典君，提一雙戟八十斤。'"甘寧亦善雙戟。《三國志·吴書·甘寧傳》裴松之注引《吴書》："凌統怨寧殺其父操，寧常備統，不與相見。權亦命統不得讎之。嘗於吕蒙舍會，酒酣，統乃以刀舞。寧起曰：'寧能雙戟舞。'"曹丕《典論·自叙》："夫事不可自謂已長。余少曉持複，自謂無對，俗名雙戟爲坐鐵室，鑲楯爲蔽木户。"《三國志·吴書·吴主傳》載，孫權曾"親乘馬射虎於庱亭。馬爲虎所傷。權投以雙戟，虎却廢"。

手戟

短柄鋼鐵戟。因可單手持握與敵搏鬥或抛擲殺敵，故稱。從東漢畫像磚看，其戟體形制同"卜"字形鐵戟，唯柄短。《釋名·釋兵》："手戟，手所持摘之戟也。"爲漢魏時期之防身兵器。三國時期見之於史載尤多。《三國志・魏書・呂布傳》記"〔董〕卓性剛而褊……拔手戟擲布"。又《吳書・太史慈傳》載太史慈與孫策相鬥，"策刺慈馬，而攣得慈項上手戟，慈亦得策兜鍪"。孫策亦用手戟，曾以手戟擊殺嚴白虎之弟輿（見《三國志・吳書・孫破虜討逆傳》裴松之注引《吳錄》）。曹操亦善手戟，《三國志・魏書・武帝操》裴松之注引孫盛《異同雜語》載，曹操私入中常侍張讓室，"讓覺之，〔曹〕乃舞手戟於庭，踰垣而出，才武絕人，莫之能害"。

劍

劍

　　既可直刺又能劈砍的短柄格鬥兵器。由劍身、劍柄組成。劍身前端銳利，稱鋒。中間突起稱脊，脊兩側呈坡狀稱從，合脊與兩從稱臘。兩側邊緣刃部稱鍔。劍柄扁圓形或圓形，前端稱首，多爲圓形，首後稱莖，莖與劍身之間多有護手稱格（亦稱鐔）。相傳劍爲蚩尤所創製。《管子・地數》云："葛盧之山發而出水，金從之，蚩尤受而制之，以爲劍、鎧、矛、戟。"實際劍的出現要比蚩尤所在時代晚得多。現所見最早的劍，是商代北方草原地區游牧民族使用的匕首式曲柄短劍。劍身短小，莖微曲，多以鈴或鹿、馬、羊等獸形爲飾。西周時，中原地區和長江流域出現了長30厘米左右，末端尖銳兩側有刃的青銅短劍；在今河北、陝西等地，還發現了扁莖有穿孔，劍身呈柳葉形的無格短劍，似爲中原短劍之原始形制。《史記・周本紀》載，武王伐紂，戰於牧野，紂兵皆叛。紂"自

燔于火而死"。武王至紂死所，"以輕劍擊之，以黃鉞斬紂頭……至紂之嬖妾二女，二女皆經自殺，武王又射三發，擊以劍，斬以玄鉞"。次日，"周公旦把大鉞，畢公把小鉞，以夾武王。散宜生、太顛、閎夭皆執劍以衛武王"。由武王以劍擊已死的紂及其嬖妾和散宜生等執劍衛武王，可知當時青銅劍已經是君主和文武官員用於佩帶和自衛的短兵器。如《釋名・釋兵》所說："劍，檢也，所以防檢非常也。"春秋早、中期，青銅劍形制大體承襲西周。據出土實物，其長多在28至40厘米之間，劍莖圓柱體，伸延呈凸脊，故稱脊柱劍。《晏子春秋・雜上三》："有敢不盟者，戟鉤其頸，劍承其心。"又"曲刃鉤之，直兵推之"。"承其心"和"直兵推之"說明其時劍主要用於直刺。故仍爲衛體和近身格鬥兵器。其間亦有新的劍型出現，但較少。春秋晚期，吳越兩國興起。因其地處水網沼澤，以步戰爲主要作戰形式，故重視青銅劍的作用。其青銅劍的冶鑄水準，亦高於中原各國。并出現了歐冶子、干將、莫邪等傳奇鑄劍大師。據出土實物，劍的長度已達40至50厘米。其中之精品，如吳王光劍、吳王夫差劍、越王句踐劍、越王州句劍等均製作精美，至今鋒利如初。《史記・仲尼弟子列傳》載，吳欲伐齊，越王句踐爲討好吳王，除表示願以士卒三千參加作戰外，還願以"甲二十領，鈇屈盧之矛，步光之劍"獻吳王。青銅劍不僅是吳越軍隊主

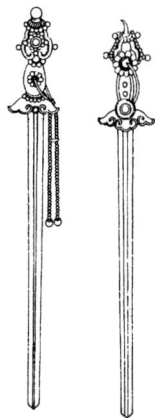

劍
（宋曾公亮《武經總要前集》）

要短柄格鬥兵器，也作爲王公貴族和士人之佩飾和互贈禮品而受到歡迎。吳公子季札欲贈其劍與徐國公子。因徐公子死，便置劍於徐公子墓前樹上以示不忘故交（參見本卷《兵器戰具説・冷兵器考》"延陵劍"文）。孔丘弟子子貢至越國，越王句踐 贈子貢以"金百鎰，劍一，良矛二"（見《史記・仲尼弟子列傳》）。戰國時，步、騎兵在戰争中的地位逐漸提高，青銅劍爲中原各國所重視，成爲各國之主要短兵器。河南衛輝出土的水陸攻戰銅鑑上的步兵和水兵，腰間均佩以青銅劍。蘇秦説韓王合縱抗秦時，稱韓國利劍可"陸斷牛馬，水截鵠鴈，當敵則斬，堅甲鐵幕，革抉咙芮，無不畢具"。贊韓士卒"被堅甲，蹠勁弩，帶利劍，一人當百"。韓宣王"按劍仰天太息曰：'寡人雖不肖，必不能事秦。'"（見《史記・蘇秦列傳》）韓國士卒"帶利劍"，韓宣王亦佩劍。《史記・刺客列傳》載，荆軻刺秦王，秦王"拔劍，劍長……故不可立拔……負劍，遂拔以擊荆軻"。同文聶政"杖劍至韓"，刺殺韓相俠累。豫讓刺趙襄子未成，趙襄子允其"拔劍三躍而擊"趙襄子之衣後，"伏劍自殺"。又《白起王翦列傳》，秦王欲殺武安君白起，"乃使使者賜之劍，自裁"，使武安君引劍自刎。又《魯仲連鄒陽列傳》，"蘇秦相燕，燕人惡之於王，王按劍而怒"。《平原君虞卿列傳》載，秦圍攻趙都邯鄲，平原君趙勝赴楚求救，楚王未許。"毛遂按劍歷階而上"，又"按劍而前"，曉以利害，使楚王立允發兵救趙。戰國青銅劍較春秋劍長，更鋭利，既可刺又能劈砍，步戰中使用方便，隨身佩帶亦不影響行動，故在戰争中大量使用。同時，各國君主、貴族、百官以至士人百姓亦均喜佩帶。據

考古發掘資料，戰國時青銅劍長達50至60厘米。南方和北方青銅劍形制已趨於統一。其形制有三。其一，莖作扁條形，折肩，劍格較寬，劍首呈圓形；其二，莖作半空或全空圓筒形，首呈圓環形，格窄而薄；其三，莖爲實心，作圓柱形，莖上有二周或三周凸起圓箍。首呈圓盤形，格寬而厚。戰國晚期至秦，青銅劍的冶鑄水準進入鼎盛，劍長達80至90厘米，并出現了劍脊和劍刃含錫量不同的雙色劍。劍脊含錫量低，韌性強，作戰中不易折斷；劍刃含錫量高，堅硬鋭利，利於作戰中劈砍和刺殺。陝西西安市臨潼區秦俑坑出土的青銅劍，還經過了鉻鹽表面氧化處理，至今色澤如新，鋒利如初。其時用於佩帶的青銅劍則更加華美。使用了鎏金、錯金、錯銀、鑲嵌等技術，并出現了劍身、劍鞘配以玉飾的玉具劍。

鋼鐵劍的出現，至少在春秋晚期（參見本卷《兵器戰具説・冷兵器考》"長沙鋼劍"文）。到戰國晚期，在仍以青銅劍爲主的情況下，鋼鐵劍已較多裝備部隊。這一時期出土的鋼鐵劍以楚國和燕國疆域最多。在湖南等地楚墓出土的戰國鋼鐵劍實物長多在70至100厘米，最長達1.4米。楚國鋼鐵劍之鋒利，也見於史籍。《史記・范雎蔡澤列傳》載，秦昭王曾對楚劍之鋒利表示憂慮，稱"吾聞楚之鐵劍利而倡優拙，夫鐵劍利則士勇，倡優拙則思慮遠。夫以遠思慮而御勇士，吾恐楚之圖秦也"。燕地出土鐵劍最多品質亦高的是河北易縣燕下都遺址從葬墓。共出土鐵劍十五把，有的劍是用塊煉鐵滲碳製成的低碳鋼件，多層叠鍛打而成，并經過淬火（參見本卷《兵器戰具説・冷兵器考》"燕下都鐵劍"文）。鋼鐵劍的成本較青銅劍低，作

戰性能大大超過青銅劍，故爲各國軍隊所接受。到秦末漢初，已成爲軍隊主要短柄兵器。王侯、文武百官亦由佩銅劍改佩鐵劍。《史記·項羽本紀》中記"鴻門宴"中的項羽、范增、項莊、項伯、劉邦、張良、夏侯嬰、靳彊、紀信等均身佩鐵劍。樊噲"帶劍擁盾入軍門"，項王賜之生彘肩，"樊噲覆其盾於地，加彘盾上，拔劍切而啗之"。可見鐵劍之鋒利。西漢時，鋼鐵劍爲軍隊特別是騎兵的主要裝備。其形制大體沿襲戰國，劍身加長，刃平直，劍鋒夾角大。其功能以劈砍爲主。劍的鑄造水準進一步提高。河北滿城陵山一號墓出土鋼劍四件。對其中一件進行全相考察，其斷面有高碳層低碳層之分，各層間碳含量差別較小，組織也較均勻，品質較河北易縣燕下都鋼劍有較大進步。同墓出土的劉勝佩劍經過局部淬火。刃部淬火，刃口更加銳利而利於劈砍；脊部不淬火，保持較好韌性，作戰中不易折斷。在西漢的戰爭中，特別是對匈奴作戰中，鋼鐵劍發揮了重要作用。此後，由於作戰的需要，特別是步騎兵作戰的需要，厚脊、單面有刃，專以劈砍殺敵的環首刀出現并逐步取代了鋼鐵劍。至東漢，劍已在實戰中爲刀所替代，僅作爲官員佩帶而存在。至西晉，改佩木劍。《晉書·輿服志》："漢制，自天子至於百官，無不佩劍，其後惟朝帶劍。晉世始代之以木。"南北朝至隋唐，仍保留佩劍制度。元代，蒙古軍尚劍，其形制已不可考。清代，劍仍作爲皇室之佩飾而存在。

石刃骨短劍

石、骨合製短劍。源於新石器時代晚期。在中國東北和西北新石器晚期文化遺址中，多有出土。以距今3000至2000年的馬家窰文化遺址出土最多。該器以獸骨爲體，前端磨成尖鋒，兩側挖出對稱的凹槽，槽內鑲嵌鋒利石葉，以膠質物粘固。因其短，亦有學者稱其爲石刃骨匕首。甘肅東鄉林家遺址出土的石刃骨短劍，以完整的細長骨梗爲體，前端磨尖，兩側鑲嵌石刃，後端粗而光滑，即爲柄，從柄到鋒端，逐漸變細變尖，柄身無明顯分界。是爲該器的原始形制。蘭州花寨子遺址出土的石刃骨短劍，是較爲成熟的形制。仍以整塊獸骨磨製而成，但器身中部有明顯束腰，其後爲逐漸變粗變寬的劍柄，柄和身已有初步區分。柄端還鑽有兩個小孔。但鑲嵌之石刃已脫落。永昌鴛鴦池墓出土的石刃骨短劍，是最爲成熟的形制。其中兩件類似東鄉出土劍，但製作遠較前者精細，另外兩件柄身複合而成。以一塊獸骨作劍身，呈扁平柳葉形，前鋒尖銳，身後部有一扁莖，其上穿孔，用以裝柄。柄以兩塊磨光的獸骨叠夾扁莖而成，獸骨上也有穿孔，用以穿釘固連。此種劍已具備了扁莖劍的基本形態和結構。東北地區出土石刃骨劍不如西北地方多，但年代略早。黑龍江密山新開流遺址出土一件殘石刃骨劍，以骨梗爲體，柄、身無明顯分界，屬該器之早期原始形制。黑龍江齊齊哈爾昂昂溪遺址出土一件殘器，柄、身複合而成，屬成熟形制的石刃骨短劍。可知原始的扁莖短劍在東北地區新石器文化中已經萌生。

扁莖劍

青銅劍之一種。劍莖部呈扁平狀，故名。源於新石器晚期的石製刃骨短劍（參見本卷《兵器戰具說·冷兵器考》"石刃骨短劍"文）。據出土資料，西周扁莖劍多數爲扁莖，弧肩，無格，劍身呈柳葉形，劍身脊部微隆起，劍莖上一般有兩個或一個穿孔。裝柄方法是將扁莖兩面夾裝兩個木條，通過莖上穿孔釘固，外面用絲繩或麻繩纏繞。另一種扁莖劍折肩，無格，劍身呈柳葉形，莖上無穿孔。其裝柄方式利用膠粘和纏綫將木柄固定在扁莖上。此種折肩扁莖劍僅在甘肅靈臺白草坡西周墓出土四件。西周扁莖劍大多素面無紋，少數有夔龍紋、蛇紋、獸面紋和雲雷紋。與扁莖劍同時出土的劍鞘，正面飾鏤空花紋的鞘罩，其背面應爲釘附木板或皮革，但已朽蝕。鞘罩舌形，其上部兩側凸出兩個"耳"。飾紋和質料，有實心銅質，整體裝飾鏤空盤蛇紋，并於鞘口處附加人紋和牛紋一種；另一種鞘罩的鏤空花紋爲夔鳳紋、夔龍紋、回字紋等，其材質爲木質，表面包鑲薄銅片。劍柄出土時大多腐朽，僅陝西寶雞茹家莊西周中期墓出土一件劍柄保存完整。其裝柄方式是在扁莖兩面用兩片弧形木板夾合，通過莖上穿孔將木板與莖穿釘固連，板外纏繞麻繩，并將柄末端插入銅質中空的劍首中。裝柄後的劍，較劍身、莖通長增加約6厘米。春秋晚期至戰國晚期，是中原地區青銅劍發展鼎盛時期。扁莖劍是當時青銅劍形制之一。據出土發掘資料，東周扁莖劍長度一般在50至60厘米，少數爲70厘米，最長達75.76厘米。劍首和劍身分鑄。劍身寬一般爲4至4.5厘米。其形制爲扁莖，折肩，有的中下部有一個或數個穿孔，有的在莖末端有一個穿孔，也有的莖上無穿孔或兩側凸出兩個小齒。其裝柄方式，仍是在扁莖兩側夾以木片，以穿釘固定或膠粘固連。東周完整的裝柄扁莖劍尚未見出土，但不少扁莖劍出土時莖部都有木質痕迹，當是夾莖木朽後遺留物。《周禮·考工記·桃氏》鄭玄注云："莖，在夾中者。"《莊子·説劍》："天子之劍……韓、魏爲夾。"注引司馬彪云："夾，把也。"夾是供使用者握持的，故稱之爲把。春秋時期，中原地區出現了早期鐵劍，其形制承襲東周扁莖劍。戰國時期，從考古發掘看，楚國、燕國、秦國地域均出土鐵劍，但以楚地爲多。其形制主要沿襲東周扁莖劍。這是因爲青銅劍都是鑄造而成，要求鑄件盡可能一次成形。扁莖劍劍首、劍格分鑄，然後合裝，增加了鑄造工藝的難度，故扁莖劍始終未能成爲青銅劍的主要形制。而鋼鐵劍鍛打成型，劍首劍格分鑄，劍身呈直綫的扁莖劍顯然更適合於鋼鐵劍的製造工藝。故成爲鋼鐵劍主要形制。

蛇頭劍

　　商代青銅劍。因其柄端作蛇頭形，故稱。1965年陝西綏德墕頭村出土。通長36厘米，刃寬3.5厘米。劍身扁長，中間有棱，劍鋒呈羊舌狀。柄端蛇頭口中舌可以活動。此劍形制體現了中原與北方草原地區民族文化之融合。現藏陝西歷史博物館。

照膽

　　古劍名。商王武丁所鑄之劍。長商制三尺，有篆書銘文"照膽"二字。南朝梁陶弘景《古今刀劍録》："武丁在位五十九年，以元年歲次戊午鑄一劍，長三尺，銘曰'照膽'，古文篆書。"

含光

　　古劍名。相傳春秋時衛國人孔周保存之殷寶劍。其劍觸物無聲，經物而不覺。《列子·湯問》："申他曰：'吾聞衛孔周其祖得殷帝之寶劍。一童子服之，却三軍之衆……'孔周曰：'吾有三劍，唯子所擇，皆不能殺人……一曰含光，視之不可見，運之不知有，其所觸也，泯然無際，經物而物不覺。'"清湯璥《交翠軒筆記·後序》："覘其劍，而無薛燭之識以察之，則含光、承影與苗山、羊頭同利矣。"

承影

古劍名。相傳春秋時衛國人孔周保存之殷寶劍。其劍視之若有物而不識其狀，觸物有微聲。《列子·湯問》："孔周曰：'吾有三劍，唯子所擇，皆不能殺人……二曰承影，將旦昧爽之交，日夕昏明之際，北面而察之，淡淡焉若有物存，莫識其狀。其所觸也，竊竊然有聲，經物而物不疾也。'"唐許敬宗《唐并州都督鄂國公尉遲恭碑》："蛟分承影，鴈落忘歸。"（參見本卷《兵器戰具說·冷兵器考》"含光"文）

宵練

古劍名。亦作"霄練"。相傳春秋時衛國人孔周保存之殷寶劍。白日見其影，夜則見其光。觸物隨過隨合。《列子·湯問》："孔周曰：'吾有三劍，唯子所擇，皆不能殺人……三曰宵練，方晝則見影而不見光，方夜見光而不見形。其觸物也，騞然而過，隨過隨合，覺疾而不血刃焉。'"唐駱賓王《上兗州崔長史啓》："靈臺宏遠，馳宵練於霜潭。"明郎瑛《七修類稿·辯證六·刀劍錄缺》："列子三劍：含光、承影、宵練。"（參見本卷《兵器戰具說·冷兵器考》"含光""承影"）

【霄練】

同"宵練"。此體唐代已行用。見該文。

輕呂

古劍名。亦稱"輕劍"。周武王敗商軍於牧野，進至商都朝歌。商紂王自焚。武王至紂所擊紂王所用之青銅劍。《逸周書·克殷》："武王答拜。先入，適王所。乃剋，射之三發而後下車，而擊之以輕呂，斬之以黃鉞。"晉孔晁注："輕呂，劍名。輕呂，史作輕劍。"《史記·周本紀》："〔武王〕至紂死所。武王自射之，三發而後下車，以輕劍擊之，以黃鉞斬紂頭。"張守節正義："《周書》作'輕呂擊之'。輕呂，劍名也。"

【輕劍】

即輕呂。此稱晉代已行用。見該文。

錕鋙劍

亦作"昆吾劍"。以昆吾山之銅冶鑄，故稱。相傳周穆王西征西戎時，西戎所獻。長尺有咫，鋼鐵刃，赤色。據考古資料推測，其刃或爲隕石之鐵（參見本卷《兵器戰具說·冷兵器考》"鐵刃銅鉞"文）。《列子·湯問》："周穆王大征西戎。西戎獻錕鋙之劍……其劍長尺有咫，練鋼赤刃，用之切玉如切泥焉。"《山海經·中山經》："昆吾之山，其上多赤銅。"晉郭璞注："此山出名銅，色赤如火，以之作刀，切玉如割泥也。周穆王時西戎獻之，《尸子》所謂昆吾之劍也。"晉王嘉《拾遺記·昆吾山》："昆吾山，其下多赤金，色如火，昔黃帝伐蚩尤，陳兵於此地。掘深百丈，猶未及泉，惟見火光如星，地中多丹。鍊石爲銅，銅色青而利。"亦泛指利劍。元湯式《湘妃引·送友歸家鄉》："高燒銀蠟看錕鋙，細煮金芽攢轆轤，滿斟玉斝傾醍醐。"明無名氏《霞箋記·烟花巧賺》："挣得個命喪錕吾。"

【昆吾劍】

同"錕鋙劍"。此體晉代已行用。見該文。

吳越青銅劍

吳越地區是中國最早鑄造青銅劍的地區之

一。《新序·雜事》篇云：“夫劍産于越。”高誘注：“干，吳也。”目前在吳越地區出土的青銅劍最早爲西周早期和中期。其時青銅劍尚未形成統一形制，鑄造粗糙古拙。劍身平脊或棱脊不一，窄格或無格，莖作扁圓或上方下圓。劍莖兩側往往鑄成雙耳形，扉棱形，或作一、二凸箍。劍長多在 30 厘米以下。此期間吳越青銅劍與當時中原和北方游牧民族地區的青銅劍一樣，器身短小，衹用於防身自衛。但其形制和鑄造工藝已形成自己的特點。尤其是劍身上出現吳越青銅兵器特有的幾何暗花紋和格上的鑲嵌紋飾。江蘇蘇州虎丘榮花三隊出土的西周青銅劍，劍身微凸，無脊棱，上刻鑄幾何形花紋，莖上飾對稱兩旋渦紋。安徽屯溪三、七號墓出土劍，劍身上均刻鑄精細花紋，格上鑲嵌紋飾。西周晚期至春秋早期，吳越青銅劍形制由多樣式向定型化發展。劍身多爲起棱綫之凸脊，爲防止刺殺時劍身折斷，有的還鑄出凸棱形脊以加强劍身的抗震性能。劍身前部鑄成凹形弧綫形，前窄後寬，劍格呈一字形窄格或蝙蝠形寬格，劍莖多作扁圓式，劍首則統一爲圓盤形。劍長度增至 40 厘米。到春秋中晚期，由於吳越地處江南水鄉，不利於車兵作戰，故步兵成爲主要兵種。利於步戰又便於貴族和士人佩帶的青銅劍，便受到了吳越統治者重視。故吳越青銅劍的冶鑄水準和生産能力逐漸高於中原地區，并首先把青銅劍大量裝備於部隊。其形制亦形成了自己的特點。劍身一般長達 50 至 55 厘米。劍刃多呈弧形，前窄後寬，鋒後束腰，更利於刺殺。并出現了劍脊和劍刃分兩次澆鑄的複合劍。劍脊含錫量低，使其堅韌，作戰時不易折斷；劍刃含錫量高，硬度高，求其鋒利。這是

吳越青銅工匠在公元前 5、6 世紀的重要發明。因其兩次澆鑄，劍呈雙色，故亦稱雙色劍。當時的實用劍，主要有空莖劍和雙箍劍。空莖劍劍身中脊起棱綫或作條形凸脊，窄格，圓莖無箍，劍首呈圓形，首後面空洞内多鑲嵌三塊綠松石。湖北襄陽蔡坡十二號墓出土的吳王夫差劍（參見本卷《兵器戰具説·冷兵器考》“吳王夫差劍”文）即屬此種劍。雙箍劍形制爲劍身中脊起脊棱，寬格刻鑄獸面紋，鑲嵌綠松石，圓形或橢圓形實莖，上有兩凸箍。河南輝縣吳王夫差劍（參見本卷《兵器戰具説·冷兵器考》“吳王夫差劍”文）、安徽廬江、南陵以及山西原平峙峪出土的吳王光劍（參見本卷《兵器戰具説·冷兵器考》“吳王光劍”文）均屬此種劍。上述青銅劍都飾有幾何形或火焰朵狀暗花紋，鑄作精美，至今仍烏黑閃亮。其刃口磨礪精細，吹毛可斷，至今仍鋒利如初。對吳越劍暗花紋的鑄造工藝，至今仍有歧議。上海博物館運用化學分析和 X 光衍射分析，證明吳越劍和其他兵器之黑色幾何紋的基體是錫青銅，花紋是錫、銅及鐵的合金，采用複合工藝鑄成（參見陳佩芬《古代銅兵銅鏡的成分及有關鑄造技術》，《上海博物館館刊》第一期）。復旦大學、中國科學院上海原子核研究所及北京鋼鐵學院等單位對越王句踐劍通過電子探針和質子 X 熒光非真空分析，則認爲劍身花紋是經過硫化處理的（參見《越王劍的質子 X 熒光非真空分析》，《復旦大學學報》1979 年第 1 期）。此期間之吳越劍，不僅代表了吳越地區青銅劍之最高水準，也是中國歷史上青銅劍鑄造之最高水準。除實用青銅劍外，還出現了供少數達官貴人佩挂的表示其高貴身份的玉具劍。其形制

多無格或作比劍身寬度爲短的窄格，扁實莖，無首；裝配用玉雕刻精緻的劍格、劍莖、劍首（參見本卷《兵器戰具說·冷兵器考》"玉具劍"文）。春秋戰國之交，越國滅吳，統治江淮地區百餘年。越國在青銅劍的鑄造上未能取得較大進展，其形制仍爲流行於春秋中晚期的窄格、有首、圓莖中空的空莖劍和寬格、有首、莖實的雙箍劍。劍長增至58至60厘米。當時，此兩種形制的劍已通行於各國。迄今考古發現這一時期著名越劍有越王句踐劍、越王鹿郢劍、越王州句劍（參見本卷《兵器戰具說·冷兵器考》"越王句踐劍""越王鹿郢劍""越王州句劍"文）等，均質地精良，鋒利如新。公元前355年，楚滅越。楚國青銅劍承襲了吳越青銅劍的鑄造工藝。此後，楚劍成爲天下之利劍。

越王句踐劍

越王句踐所用青銅劍。湖北江陵望山出土。通長55.7厘米，身寬4.6厘米，柄長8.4厘米。劍首向外翻捲呈圓箍形，內鑄十一道極細小的同心圓圈。柄爲圓柱體，纏絲并刻三道銅箍，劍格外凸，兩段分別用藍色琉璃和綠松石鑲嵌花紋。劍身用菱形暗紋，刻有鳥篆體錯金銘文："鄒王鳩淺，自乍用鐱。"鳩淺即句踐，"乍"即作，"鐱"即劍。其鋒刃至今鋒利如初，猶可斷髮。經檢測，劍身爲錫銅合金，花紋爲硫化銅。現藏湖北省博物館。

越王鹿郢劍

春秋越國名劍。湖北江陵楚郢都紀南城外出土。通長65厘米，身寬4.7厘米，脊厚1厘米。劍首呈圓盤形，首內鑄七圈同心圓凸棱。劍莖呈橢圓形，莖上雙箍，箍面飾三周凹弦紋，弦紋內嵌以綠松石。劍格鑄鳥篆體銘文。一面

爲"戉（越）王戉（越）王"，另一面是"者旨於賜"。銘文縫隙亦鑲滿綠松石。現藏湖北江陵縣博物館。

越王州句劍

春秋越國名劍。長58.7厘米，劍格寬5.1厘米。劍格正面銘文"越王"，左右兩側銘文"州句"，劍格背面左右銘文"自作用劍"。字體爲鳥形篆書。綠松石鑲嵌物已脫落，劍把環首有弦紋近十周，綫條規整。現藏上海博物館。

純鈞

古劍名。亦作"淳鈞""淳均"。亦稱"純鈎"。春秋時越王允常使善鑄劍者歐冶子鑄之寶劍。漢袁康《越絕書·外傳記寶劍》："歐冶乃因天之精神，悉其伎巧，造爲大刑三，小刑二：一曰湛盧，二曰純鈞。"《淮南子·覽冥訓》："區冶生而淳鈞之劍成。"注："淳鈞，古大銳劍也。"又，《齊俗訓》："淳均之劍，不可愛也，而歐冶之巧可貴也。"晋葛洪《抱朴子·論仙》："以蟻鼻之缺，損無價之淳鈞。"《文選·左思〈吳都賦〉》："吳鈞、越棘，純鈞、湛盧。"劉良注："純鈞、湛盧，二劍名也。"《太平御覽》卷三四三引漢趙曄《吳越春秋》："越王允常聘歐冶子作名劍五枚，三大二小：一曰純鈞。"又："〔秦客薛燭善相劍〕王取純鈞示之。薛燭矍然而望之，曰：'光乎如屈陽之華，沈沈如芙蓉始生於湘……觀其色，煥如冰將釋，見日之光，此純鈞者也。'"後亦泛指利劍。明王世貞《戚將軍贈寶劍歌》："毋嫌身價抵千金，一寸純鈎一寸心。"

【淳鈞】

同"純鈞"。此體漢代已行用。見該文。

【淳均】

同"純鈞"。此體漢代已見用。見該文。

【純鈞】

即純鈞。此稱明代已行用。見該文。

魚腸劍

古劍名。亦作"魚腸"。春秋時吳王獲越所獻寶劍。吳公子光（闔閭）曾用以刺殺吳王僚。漢趙曄《吳越春秋·闔閭內傳》："吳王得越所獻寶劍三枚，一曰魚腸，二曰磐郢，三曰湛盧。魚腸之劍，已用殺吳王僚也。"又《王僚使公子光傳》："酒酣，公子光佯爲足疾，入窟室裏足，使專諸置魚腸劍炙魚中進之。既至王僚前，專諸乃擘炙魚，因推匕首，立載交軹，倚專諸胸，胸斷臆開，匕首如故，以刺王僚，貫甲達背。"相傳爲春秋時善鑄劍者歐冶子所造。漢袁康《越絕書·外傳記寶劍》："歐冶乃因天之精神，悉其伎巧，造爲大刑三，小刑二：一曰湛盧，二曰純鈞，三曰勝邪，四曰魚腸，五曰巨闕。"《淮南子·脩務訓》："夫純鈞、魚腸之始下型，擊則不能斷，刺則不能入。及加之砥礪，摩其鋒鍔，則水斷龍舟，陸剸犀甲。"唐李賀《馬》："重圍如燕尾，寶劍似魚腸。"後亦泛指利劍。南朝梁何遜《學古贈丘永嘉征還詩》："龍馬魚腸劍，蹀躞起風塵。"元郯韶《虎丘》："傷心莫問魚腸劍，怨逐秋聲上轆轤。"一說爲匕首。《史記·吳太伯世家》："使專諸置匕首於炙魚之中以進食，手匕首刺王僚。"司馬貞索隱："劉氏曰：'匕首，短劍也。'按《鹽鐵論》以爲長尺八寸。《通俗文》云其頭類匕，故曰匕首也。"元吳梅《檢點》詩之三："荊卿匕首竟通靈，雪憤魚腸恨血腥。"（參見本卷《兵器戰具說·冷兵器考》"匕首""蟠鋼劍"文）

【魚腸】

即魚腸劍。此稱先秦時期已行用。見該文。

揜日

古劍名。相傳越王句踐采昆吾山之銅鑄寶劍八把：揜日、斷水、轉魄、懸翦、驚鯢、滅魂、却邪、真剛。傳揜日劍指日可使日暗，故稱。據晋王嘉《拾遺記·昆吾山》載，昆吾山"地中多丹。鍊石爲銅，銅色青而利，泉色赤，山草木皆勁利，土亦鋼而精。至越王句踐，使工人以白馬、白牛祠昆吾之神，採金鑄之，以成八劍。一名揜日，以之指日則光晝暗。金，陰也，陰盛則陽滅"。（參見本卷《兵器戰具說·冷兵器考》"錕鋙劍""昆吾割玉刀"文）

斷水

古劍名。相傳越王句踐采昆吾山之銅所鑄八把寶劍之一。其劍可斷水不合，故稱。晋王嘉《拾遺記·昆吾山》："二名斷水，以之劃水，開即不合。"（參見本卷《兵器戰具說·冷兵器考》"揜日""昆吾割玉刀""錕鋙劍"文）

轉魄

古劍名。相傳越王句踐采昆吾山之銅所鑄八把寶劍之一。言其指月，月中蟾兔則倒轉，故稱。晋王嘉《拾遺記·昆吾山》："三名轉魄，以之指月，蟾兔爲之倒轉。"（參見本卷《兵器戰具說·冷兵器考》"揜日""昆吾割玉刀""錕鋙劍"文）

懸翦

古劍名。相傳越王句踐采昆吾山之銅所鑄八把寶劍之一。其鋒利可斬截飛鳥，故稱。晋王嘉《拾遺記·昆吾山》："四名懸翦，飛鳥游蟲，過觸其刃，如斬截焉。"（參見本卷《兵器戰具說·冷兵器考》"揜日""昆吾割玉刀""錕

鋙劍"文）

驚鯢

古劍名。相傳越王句踐采昆吾山之銅所鑄八把寶劍之一。置海中，則鯨鯢避入深處，故稱。晋王嘉《拾遺記·昆吾山》："五名驚鯢，以之泛海，鯨鯢爲之深入。"（參見本卷《兵器戰具說·冷兵器考》"揜日""昆吾割玉刀""鋙鋙劍"文）

滅魂

古劍名。相傳越王句踐采昆吾山之銅所鑄八把寶劍之一。佩之夜行，魍魅避之，故稱。晋王嘉《拾遺記·昆吾山》："六名滅魂，挾之夜行，不逢魍魅。"（參見本卷《兵器戰具說·冷兵器考》"揜日""昆吾割玉刀""鋙鋙劍"文）

却邪

古劍名。相傳越王句踐采昆吾山之銅所鑄八把寶劍之一。因其可伏妖避邪，故稱。晋王嘉《拾遺記·昆吾山》："七名却邪，有妖魅者，見之則伏。"（參見本卷《兵器戰具說·冷兵器考》"揜日""昆吾割玉刀""鋙鋙劍"文）

真剛

古劍名。相傳越王句踐采昆吾山之銅所鑄八把寶劍之一。言其鋒利可切金斷玉，故稱。晋王嘉《拾遺記·昆吾山》："八名真剛，以之切玉斷金，如削土木矣。"（參見本卷《兵器戰具說·冷兵器考》"揜日""昆吾割玉刀""鋙鋙劍"文）

步光

古劍名。春秋時越國寶劍。《史記·仲尼弟子列傳》："越使大夫種頓首言於吳王曰：'……因越賤臣種奉先人藏器，甲二十領，鈇屈盧之矛，步光之劍，以賀軍吏。'"漢袁康《越絶書·外傳記寶劍》："句踐乃身被賜夷之甲，帶步光之劍，杖物盧之矛，出死士三百人，爲陣關下。"漢趙曄《吳越春秋·夫差內傳》："大夫種曰：'君被五勝之衣，帶步光之劍，伏屈盧之矛。'"三國魏曹丕《大墻上蒿行》："吳之辟閭，越之步光，楚之龍泉，韓有墨陽，苗山之鋌，羊頭之鋼。"

豪曹

古劍名。春秋時越王允常使善鑄劍者歐冶子鑄。《太平御覽》卷三四三引漢趙曄《吳越春秋》："越王允常聘歐冶子作名劍五枚，三大二小：一曰純鈎，二曰湛盧，三曰豪曹，或曰磐郢……秦客薛燭善相劍，王取豪曹示之。薛燭曰：'非寶劍也。夫寶劍五色並見，今豪曹五色黯然無華，殞其光，亡其神矣。'"漢袁康《越絶書·外傳記寶劍》："王使取毫曹，薛燭對曰：'毫曹，非寶劍也。夫寶劍五色並見，莫能相勝，毫曹已擅名矣，非寶劍也。'"一說豪曹即磐郢。漢趙曄《吳越春秋·闔閭內傳》："臣聞越王允常使歐冶子造劍五枚，以示薛燭。燭對曰：'魚腸劍逆理不順，不可服也。臣以殺君，子以殺父。'故闔閭以殺王僚。一名磐郢，亦曰豪曹，不法之物，無益於人，故以送死。"後亦泛指利劍。晋葛洪《抱朴子·博喻》："青萍、豪曹，剡鋒之精絶也，操者非羽越，則有自傷之患焉。"唐柳宗元《送元秀才下第東歸序》："夫有湛盧、豪曹之器者，患不得犀兕而剚之，不患其不利也。"宋曾鞏《送叔判官》："獻書又謁蓬萊宮，新斷豪曹試鋒穎。"

【磐郢】

即豪曹。此稱先秦時期已行用。見該文。

湛盧

古劍名。相傳春秋時吳王獲越所獻寶劍，後爲楚昭王所得。漢趙曄《吳越春秋·闔閭外傳》：“楚昭王卧而寤，得吳王湛盧之劍於牀……風湖子曰：‘臣聞吳王得越所獻寶劍三枚，一曰魚腸，二曰磐郢，三曰湛盧。’”又“湛盧五金之英，太陽之精寄氣託靈，出之有神，服之有威，可以折衝拒敵。然人君有逆理之謀，其劍即出……故湛盧入楚”。傳爲春秋時鑄劍大師歐冶子所造。漢袁康《越絕書·外傳記寶劍》：“歐冶乃因天之精神，悉其伎巧，造爲大刑三，小刑二：一曰湛盧，二曰純鈞，三曰勝邪，四曰魚腸，五曰巨闕。”北魏酈道元《水經注·河水三》：“古之利器，吳楚湛盧，大夏龍雀，名冠神都。”晋左思《吳都賦》：“吳鈎越棘，純鈞湛盧。”後亦泛指利劍。唐杜甫《大曆三年春白帝城放船出瞿塘峽久居夔府將適江陵漂泊有詩凡四十韻》：“朝士兼戎服，君王按湛盧。”清龔自珍《己亥雜詩》之一百三十二：“迢迢望氣中原夜，又有湛盧倚劍門。”

玉具劍

古劍名。亦稱“玉頭劍”。劍和劍鞘上嵌綴玉製之附屬物，故名。帝王達官平時或上朝佩之以顯其尊貴。始於東周。1959 年河北邯鄲出土戰國玉具銅劍長 43.5 厘米。1972 年江蘇南京市六合區出土玉具劍長分別爲 47 厘米、41 厘米。至西漢，玉具劍達鼎盛時期。《史記·田叔列傳》：“將軍取舍人中富給者，令具鞍馬絳衣玉具劍，欲入奏之。”《漢書·匈奴傳下》：“賜以冠帶衣裳、黄金璽盭綬、玉具劍。”顏師古注：“孟康曰：‘摽首鐔衛盡用玉爲之也。’鐔，劍口旁横出者也；衛，劍鼻也。”據出土資料，

西漢時已經有了摽、首、鐔、衛四件玉飾完備的標本。玉飾摽和首裝在劍格、劍首上，鐔和衛裝在劍鞘上。1968 年河北滿城西漢墓出土玉具鐵劍，全長 1.058 米，身長 88 厘米，玉劍飾爲白雲浮雕，飾神獸、捲雲紋等。典雅華貴，且四件玉具完備。東漢仍用玉具劍。《後漢書·馮異傳》：“大司徒鄧禹不能定，乃遣異代禹討之。車駕送至河南，賜以乘輿七尺具劍。”李賢注：“具謂以寶玉裝飾之。《東觀記》作玉具劍。”魏晋以後，玉具劍仍爲帝王和百官所佩帶，但劍飾較前簡單。晋時，劍爲木製，劍首飾玉，稱“玉頭劍”。宋代漸少，但仍有貴者佩之。宋陸游《夢韓無咎如在京口時既覺枕上作短歌》：“有時贈我玉具劍，間以報之金錯刀。”

【玉頭劍】

即玉具劍。晋時稱玉頭劍。晋百官皆佩木製劍，貴者劍首飾玉，故稱。晋張敞《東宫舊事》：“太子儀飾有玉頭劍。”

鹿盧劍

古劍名。“玉具劍”之一種。因劍首有鹿盧（古代用以下棺或井上汲水的絞盤類工具）形玉佩，故稱。《史記·刺客列傳》載，荆軻刺秦王，秦王驚走，“不知所爲。左右乃曰：‘王負劍！’”司馬貞索隱云：“又燕丹子稱琴聲曰：‘鹿盧之劍，可負而拔。’是也。”《漢書·雋不疑傳》顏師古注引晋灼：“古長劍首以玉作井鹿盧形，上刻木作山形，如蓮花初生未敷時。今大劍木首，其狀似此。”《宋書·禮志》：“劍不得鹿盧形。”唐以後，鹿盧劍廢止。

有鞘雙劍

戰國青銅劍。因雙劍插入同一劍鞘内，故稱。1973 年出土於四川成都青陽宫。劍身呈柳

葉形，中綫起脊，雙刃緩斂成鋒，後部飾巨蟬紋。身與莖合鑄，無格，有二穿孔用以裝柄。劍鞘用前後兩銅片製成。雙劍室平行并列，中間有一縱長貫底的凹槽，將鞘腔均分成左右二劍室。鞘飾對稱捲雲紋，斜口，雙鞘末端合一圓角，上部兩側各附一銅耳。出土時，雙劍均插入鞘內。

繁陽之金銅劍

戰國青銅劍。繁陽（古地名）所製，故稱。1974 年河南洛陽出土。劍長 45 厘米，寬 3.9 厘米，脊厚 1 厘米。劍身有錯紅銅“綸（繁）昜（陽）之金”四字。扁莖無格，莖兩側有突棱，以固着所纏緱索，莖端懸挂十二顆珍珠串成之垂飾。出土時劍在鞘內。鞘爲象牙製，長 42.2 厘米，寬 6.4 厘米，厚 2.9 厘米。兩片合成，上片鞘口飾浮雕雙綫饕餮紋，下片素面飾紋。兩片邊緣鑽有兩兩相對之小孔，用繩索在下片十字交叉地穿繫兩片小孔，使合綴成形，索痕尚存。鞘內面髹黑、紅兩層漆。

陽安君劍

戰國青銅劍。因銘文中有陽安君三字，故稱。吉林安集出土。通體呈墨綠色，刃鋒利。通長 30.2 厘米，劍身長 23 厘米。劍身中部起平脊，寬 1 厘米，厚 0.8 厘米，斷面呈六棱形。無劍格。扁莖，莖長 7.2 厘米，根部略寬，尾部較窄。劍身兩面刻字。一面刻“十（七）年相邦陽安君邦右庫工師史硬朝冶吏疤獻劑”，共二十字；另一面刻“大攻尹□□”，共五字。此劍爲趙國兵器。現藏吉林省博物院。

吳王光劍

吳王闔閭製作并使用的青銅劍。已發現多件。1964 年山西原平峙峪出土一件，殘長 50.7

厘米，劍首已殘，莖作圓柱形，上有兩道箍棱。劍身雙面飾火焰狀花紋。劍格寬厚，上嵌綠松石花紋，綠松石已脫落。隆脊有棱，近格處有篆書銘文二行八字“攻敔王光自作用劍”。1974 年安徽廬江亦出土一件。劍首殘長 54 厘米，莖作橢圓柱形，上有兩道箍棱。劍格寬厚，上嵌綠松石花紋。近格處有篆書銘文“吳王光自作用劍”。1978 年安徽南陵出土一件，銘文與前劍同。劍首、劍身均殘斷，通長 50 厘米，莖爲圓柱形，有二道箍棱，劍格較窄，無飾紋。吳王光即吳王闔閭。其劍當在闔閭自立爲吳王（前 514—前 496）期間所鑄造。

吳王夫差劍

亦稱“吳王劍”。吳王夫差製作和使用的青銅劍。已發現多件。1976 年河南輝縣發現一件，全長 59.1 厘米，劍身寬 5 厘米，劍鍔鋒利，莖上有兩道銅箍棱，劍身飾花紋，劍格飾以綠松石獸面紋，近劍格處有篆書銘文“攻敔王夫差自乍（作）用劍”。同年在湖北襄陽蔡坡十二號墓出土一件。銘文同前件。出土時劍在漆木鞘內，劍首殘缺，劍身斷爲三截，殘長 37 厘米，寬 3.5 厘米。1983 年山東沂水略疃村亦出土一件。身長 30 厘米，寬 3 厘米，通體呈墨綠色，光滑鋥亮，刃鋒利。劍身無紋飾，中部起凸脊，脊高 0.4 厘米。劍身兩側有篆書銘文兩行“工盧（攻敔）王之用劍”。

吳王餘發劍

春秋時吳王壽夢長子諸樊用劍。山西榆社出土。通長 45.2 厘米，劍身呈柳葉形，中起脊，窄格，圓首。劍身銘文有“吳王餘發（諸樊）”字樣。據《史記·吳太伯世家》載，諸樊於壽夢卒之次年（前 560）繼位，公元前

548 年攻打楚國時中箭身亡。此劍當爲公元前 560 年至前 548 年間所製造。現藏山西榆社縣博物館。

延陵劍

春秋時吳公子季札之佩劍。因其封邑在延陵（今江蘇常州），故稱。據漢劉向《新序·節士》，春秋時延陵吳公子季札帶劍出訪晉國，經徐國時，徐君觀季子佩劍心欲得之而未言。季子心許之，因有晉國之使而未贈劍。使晉返回時，徐君已死。季札乃挂劍於徐君墓樹上而去。此後以延陵劍爲不忘故交的典故。唐李白《送鞠十少府》："我有延陵劍，君無陸賈金。"明高啓《魏使君見示吕忠肅公舊贈詩因賦》："難縣延陵劍，空聽山陽笛。"

扁諸

古劍名。相傳春秋時吳國軍隊所用之劍。吳王闔閭所造。漢趙曄《吳越春秋·夫差内傳》："吳師皆文犀長盾，扁諸之劍，方陣而行。"吳琯注："闔閭既鑄成干將、莫邪二劍，餘鑄得三千，並號扁諸之劍。"漢袁康《越絕書·外傳記寶劍》："闔盧冢在閶門外，名虎丘……玉梟之流，扁諸之劍三千。"

鉅闕

古劍名。亦作"巨闕"。劍至利，則易缺，故名。闕，通"缺"。又說可穿銅鐵，故稱。《荀子·性惡》："闔閭之干將、莫邪、鉅闕、辟閭，此皆古之良劍也。"楊倞注："或曰：闕，缺也，劍至利則喜缺，因以爲名。鉅闕亦是也。干將、莫邪、鉅闕，皆吳王闔閭劍名。"漢袁康《越絕書·外傳紀寶劍》："巨闕初成之時，吾坐於露壇之上，宫人有四駕白鹿而過者，車奔鹿驚，吾引劍而指之，四駕上飛揚，不知其絶也。穿銅釜，絶鐵鑼，胥中決如粢米，故曰巨闕。"亦泛指利劍。三國魏曹植《寶刀賦》："踰南越之巨闕，超西楚之太阿。"宋沈括《夢溪筆談·器用》："劍之鋼者，刃多毁缺，巨闕是也，故不可純用劗鋼。""劗鋼"，一種質硬而脆的碳鋼，又稱"剪刀鋼"，古人多以其爲刀、劍刃。

【巨闕】

即鉅闕。此體漢代已行用。見該文。

辟閭

古劍名。春秋時吳王闔閭之寶劍，一說即"湛盧"。《廣雅·釋器》："龍淵、太阿、干將、鏌邪……辟閭，劍也。"王念孫疏證："……辟閭，此皆古之良劍也。《新序·雜事篇》云：'辟閭、巨闕，天下之利劍也。'"《荀子·性惡》："桓公之蔥，太公之闕，文王之録，莊君之曶，闔閭之干將、莫邪、鉅闕、辟閭，此皆古之良劍也。"楊倞注："或曰辟閭，即湛盧也。"

屬鏤

古劍名。亦作"屬鹿""屬盧"。《廣雅·釋器》："龍淵、太阿……屬鹿……劍也。"《淮南子·氾論訓》高誘注："屬鏤，利劍也。一曰：長劍攔施鹿盧，鋒曳地，屬録而行之也。"據《左傳·魯哀公十一年》，吳將伐齊，伍子胥恐吳爲越所滅，"使於齊，屬其子於鮑氏"，吳王聞之，賜其屬鏤劍令其自殺。又據漢趙曄《吳越春秋·句踐伐吳外傳》，越王滅吳後，賜大夫文種"屬盧之劍"，文種"遂伏劍而死"。漢桓寬《鹽鐵論·非鞅》："大夫種輔翼越王，爲之深謀，卒擒强吳，據有東夷，終賜屬鏤而死。"後人亦作殺人利劍泛稱。元韋居安《梅磵詩話》卷下引《華岳集》中《獻韓》："君家勳業在盤盂，莫把頭顱問屬鏤。"

【屬鹿】

同“屬鏤”。此體漢魏時期已行用。見該文。

【屬盧】

同“屬鏤”。此體漢代已行用。見該文。

干將

古劍名。亦稱“吳干”。春秋時吳國善鑄劍者干將及其妻莫邪所鑄，故名。《廣雅・釋器》：“龍淵、太阿、干將、鏌釾……劍也。”據漢趙曄《吳越春秋・闔閭內傳》，楚王請干將做名劍二枚。干將做劍，“金鐵之精不銷淪流”。干將妻莫耶“乃斷髮剪爪，投於爐中……金鐵乃濡，遂以成劍。陽曰干將，陰曰莫耶。陽作龜文，陰作漫理”。干將藏匿其陽劍，將陰劍獻闔閭。《荀子・性惡》：“桓公之葱，太公之闕，文王之錄，莊君之曶，闔閭之干將、莫邪、鉅闕、辟閭，此皆古之良劍也。”漢劉向《九歎・靈懷》：“執棠谿以刜蓬兮，秉干將以割肉。”亦泛指利劍。《尉繚子・兵令下》：“賞如日月，信如四時，令如斧鉞，制如干將。”《呂氏春秋・當務》：“惑而乘驥也。狂而操吳干將也。”《後漢書・杜篤傳》：“大漢開基，高祖有勳……提干將而呵暴秦。”唐韓翃《送劉侍御赴陝州》：“金羈映驌驦，後騎佩干將。”宋葉適《贈趙季清縣丞》：“五月涼如秋，照夜干將白。”

【吳干】

即干將。因干將爲吳國人，故稱吳干。《戰國策・趙策三》：“吳干之劍，肉試則斷牛馬，金試則截盤匜。薄之柱上而擊之，則折爲其三，質之石上而擊之，則碎爲百。”《呂氏春秋・疑似》：“相劍者之所患，患劍之似吳干者。”高誘注：“吳干，吳之干將者也。”

莫邪

古劍名。亦作“莫耶”。春秋時吳國善鑄劍者干將及其妻莫邪爲吳王所鑄利劍。據漢趙曄《吳越春秋・闔閭內傳》，干將爲吳王鑄劍，“金鐵之精不銷淪流”。干將妻莫邪“乃斷髮剪爪，投於爐中”，遂成二劍，陽曰干將，陰曰莫邪。《荀子・性惡》：“闔閭之干將、莫邪、鉅闕、辟閭，此皆古之良劍也。”《淮南子・脩務訓》：“服劍者期於銛利，而不期於墨陽、莫邪。”一說莫邪爲吳國大夫，以其名爲劍名。《史記・屈原賈生列傳》：“世謂伯夷貪兮，謂盜跖廉，莫邪爲頓兮，鉛刀爲銛。”裴駰集解引應劭曰：“莫邪，吳大夫也，作寶劍，因以冠名。”後世亦作利劍的通稱。《韓詩外傳》卷八：“且妾聞奚公之車，不能獨走；莫耶雖利，不能獨斷。必有以動之。”

【莫耶】

同“莫邪”。此體漢代已行用。見該文。

【鏌干】

古劍名。春秋時吳國善鑄劍者干將及其妻莫邪爲吳王所鑄干將、莫邪二劍合稱。據漢趙曄《吳越春秋・闔閭內傳》，干將爲吳王闔閭鑄劍二枝，陽曰干將，陰曰莫邪。合稱鏌干。干將以陰劍進於吳王，藏其陽劍。《莊子・達生》：“復讎者不折鏌干，雖有忮心者不怨飄瓦。”後亦稱“雌雄劍”。（參見本卷《兵器戰具説・冷兵器考》“干將”“莫邪”“雌雄劍”文）

雌雄劍

春秋時吳國干將、莫邪夫婦爲吳王闔閭鑄寶劍一對，雄劍稱“干將”，雌劍稱“莫邪”。合稱“雌雄劍”。陸廣微《吳地記》：“干將進雌劍於吳王，而藏雄劍，時之悲鳴，憶其雄也。”

一説干將、莫邪爲晋君所作之劍。《太平御覽》卷三四三引《列士傳》稱，干將、莫邪爲晋君作劍，三年而成。干將以雌劍獻晋君，留其雄劍。"謂其妻曰：'吾藏劍在南山之陰，北山之陽。松生石上，劍在其中矣。君若覺，殺我，爾生男以告之。'及至，君覺，殺干將。妻後生男，名'赤鼻'，具以告知。赤鼻……乃逃朱興山中，遇客，欲爲之報，乃刎首，將以奉晋君。客令鑊煮之，頭三日跳不爛。君往觀之，客以雄劍倚擬君，君頭墜鑊中"。後亦泛指成對的劍。《四游記·玉帝起賽寶通明會》："又有呂洞賓獻上雌雄劍二把，奏曰：'臣此劍能飛萬里，斬妖滅邪，自會相尋，入水水分。'"

七星劍

古劍名。劍身有七星圖紋，故稱。相傳楚王曾以此劍授伍子胥。後楚平王欲殺伍子胥，胥逃奔吳時，賴一漁父擺渡過江。據漢趙曄《吳越春秋·王僚使公子光傳》載，胥乃解百金之佩劍贈漁父，謂"此吾前君之劍，中有七星，價直百金，以此相答"。後世因稱七星劍爲寶劍。陝西延川文管所曾徵集到一件七星劍，是農民在進行農田基建時發現的。通長53厘米，劍格寬7厘米，柄長23厘米，刃寬4.5厘米，厚0.4厘米。柄首呈蛇頭形，柄體飾兩排菱形孔，劍體有脊，弧刃。劍格上下面各飾渦紋。柄體下側中央飾一排渦紋如星，共七個，故名蛇首七星劍。發現時，劍體斷成兩節。

太阿

古劍名。亦作"泰阿"。相傳春秋時歐冶子、干將應楚王之請而鑄造。漢袁康《越絕書·外傳記寶劍》："楚王……乃令風胡子之吳，見歐冶子、干將，使之作鐵劍。歐冶子、干將鑿茨山，泄其溪，取鐵英，作爲鐵劍三枚：一曰龍淵、二曰泰阿、三曰工布……欲知泰阿，觀其鈲，巍巍翼翼，如流水之波……晋鄭王聞而求之，不得。興師圍楚之城，三年不解，倉穀粟索，庫無兵革，左右群臣賢士，莫能禁止。於是楚王聞之，引泰阿之劍，登城而麾之，三軍破敗，士卒迷惑。流血千里，猛獸歐瞻，江水折揚，晋鄭之頭畢白。"一説爲韓劍。《戰國策·韓策一》："韓卒之劍戟……鄧師、宛馮、龍淵、太阿，皆陸斷馬牛，水擊鵠雁。"亦作寶劍通稱。《史記·李斯列傳》："服太阿之劍，乘纖離之馬。"亦泛指利劍。《漢書·梅福傳》："至秦則不然，張誹謗之罔，以爲漢歐除，倒持泰阿，授楚其柄。"顏師古注："泰阿，劍名，歐冶所鑄也。言秦無道，令陳涉、項羽乘間而發，譬倒持劍而以把授與人也。"

【泰阿】

同"太阿"。此體先秦時期已行用。見該文。

工布

古劍名。相傳春秋時善鑄劍者歐冶子、干將爲楚王鑄造的寶劍。漢袁康《越絕書·外傳記寶劍》載，楚王"令風胡子之吳，見歐冶子、干將，使之作鐵劍。歐冶子、干將鑿茨山，泄其溪，取鐵英，作爲鐵劍三枚：一曰龍淵、二曰泰阿、三曰工布……欲知工布，鈲從文起，至脊而上，如珠不可衽，文若流水不絕"。（參見本卷《兵器戰具説·冷兵器考》"太阿""龍淵"文）

頃襄劍

傳爲戰國楚頃襄王所佩，故名。《淮南子·脩務訓》："今劍或絕側羸文，齧缺卷鈺，而稱以頃襄之劍，則貴人爭帶之。"高誘注：

"絕無側，贏無文，矗齒卷鉎，鈍弊無刃，託之爲楚頃襄王所服劍，故貴人慕而争帶之。"

龍淵

古劍名。亦稱"龍泉"。相傳春秋時歐冶子、干將爲楚王所鑄利劍。因冶鑄時以龍淵水淬火，故稱。《廣雅・釋器》："龍淵、太阿、干將、鏌釾……劍也。"王念孫疏證："〔《史記・蘇秦列傳》〕索隱曰《太康地記》云：'汝南西平有龍淵水，可以淬刀劍，特堅利，故有龍淵之劍，楚之寶劍也。'"據漢袁康《越絕書・外傳記寶劍》，楚王令風胡子至吳國，使吳善鑄劍者歐冶子、干將鑄鐵劍。"歐冶子、干將鑿茨山，泄其溪，取鐵英，作爲鐵劍三枚：一曰龍淵，二曰泰阿，三曰工布……欲知龍淵，觀其狀，如登高山，臨深淵。"一說爲韓劍。《戰國策・韓策一》："韓卒之劍戟……鄧師、宛馮、龍淵、太阿，皆陸斷馬牛，水擊鵠雁。"亦泛指利劍。晉劉琨《扶風歌》："左手彎繁弱，右手揮龍淵。"

【龍泉】

即龍淵。漢王充《論衡・率性》："世稱利劍有千金之價。棠谿、魚腸之屬，龍泉、太阿之輩，其本鋌，山中之恒鐵也，冶工鍛鍊，成爲銛利。"三國魏曹丕《大墻上蒿行》："吳之辟閭，越之步光，楚之龍泉，韓有墨陽，苗山之鋌，羊頭之鋼，知名前代，咸自謂麗且美。"後亦泛指利劍。唐李白《在水軍宴贈幕府諸侍御》："寧知草間人，腰下有龍泉。"王琦注："龍泉即龍淵也，唐人避高祖諱，改稱龍淵曰龍泉。"

宛馮

古劍名。宛人於馮池所鑄，故名。戰國時韓國利劍。《史記・蘇秦列傳》："韓卒之劍戟，皆出於冥山、棠谿、墨陽、合賻、鄧師、宛馮、龍淵、太阿，皆陸斷牛馬，水截鵠鴈。"司馬貞索隱："徐廣曰：'滎陽有馮池。'謂宛人於馮池鑄劍，故號宛馮。"

棠谿

古劍名。產於棠谿，因以爲名。韓國所鑄利劍。《廣雅・釋器》："龍淵、太阿……棠谿、墨陽……劍也。"《戰國策・韓策一》："韓卒之劍戟，皆出於冥山、棠谿、墨陽、合伯、鄧師、宛馮、龍淵、太阿，皆陸斷馬牛，水擊鵠雁。"漢劉向《九歎・靈懷》："執棠谿以刺蓬兮，秉干將以割肉。"漢王充《論衡・率性》："世稱利劍有千金之價。棠谿、魚腸之屬，龍泉、太阿之輩，其本鋌，山中之恒鐵也，冶工鍛鍊，成爲銛利。"據顧祖禹《讀史方輿紀要》汝寧府西平縣，"棠谿村在縣西北，接郾城縣界。昔時產金甚精，所謂棠谿之金，天下之利也"。棠谿在今河南遂平西六十里。

鄧師

古劍名。韓國利劍。爲鄧國劍工所鑄造，故名。《史記・蘇秦列傳》："韓卒之劍戟，皆出於冥山、棠谿、墨陽、合賻、鄧師、宛馮、龍淵、太阿，皆陸斷牛馬，水截鵠鴈。"司馬貞索隱："鄧國有工鑄劍，而師名焉。"鄧國，西周、春秋時諸侯國，後爲楚滅。故址在今湖北襄樊西北。

墨陽

古劍名。韓國利劍。產於墨陽，故稱。墨陽在今河南墨山之南。《戰國策・韓策一》："韓卒之劍戟，皆出於冥山、棠谿、墨陽、合伯、鄧師、宛馮、龍淵、太阿，皆陸斷馬牛，水擊鷁雁。”《淮南子·脩務訓》：“服劍者期於銛利，而不期於墨陽、莫邪。”高誘注：“墨陽、莫邪，美劍名。”三國魏曹丕《大墻上蒿行》：“吳之辟閭，越之步光，楚之龍泉，韓有墨陽，苗山之鋌，羊頭之鋼。”

誡

古劍名。春秋時秦昭王所鑄。劍長秦制三尺。南朝梁陶弘景《古今刀劍録》：“秦昭王稷在位五十二年，以元年歲次丙午鑄一劍，長三尺，銘曰誡，大篆書。”

長鋏

青銅劍之一種。鋏，劍柄。柄長者謂之長鋏，柄短者謂短鋏。《楚辭·九章·涉江》：“帶長鋏之陸離兮，冠切雲之崔嵬。”王逸注：“長鋏，劍名也。其所握長劍，楚人名曰長鋏也。”《史記·孟嘗君列傳》載，齊人馮諼寄居孟嘗君門下爲食客，曾三彈其長鋏，歌曰：“長鋏歸來乎，食無魚”；“長鋏歸來乎，出無輿”；“長鋏歸來乎，無以爲家”。故後亦用爲處境貧困、懷才不遇或有求於人。唐柳宗元《酬婁秀才將之淮南見贈之什》：“高冠余肯賦，長鋏子忘貧。”唐李白《於五松山贈南陵常贊府》：“長鋏歸來乎，秋風思歸客。”

鋼鐵劍

亦稱“鐵劍”。鋼鐵鍛造，故稱。體修長，兩面有刃，刃鋒鋭利。最早的鋼鐵劍，出現於春秋晚期（參見本卷《兵器戰具説·冷兵器考》“長沙鋼劍”文）。至戰國，鐵劍漸多。在湖南等地楚墓中，多次掘得鐵劍，其長度多在70厘米以上，有些接近或超過1米，最長的達1.4米，幾乎是青銅劍的三倍。在燕國疆域内也出土了不少品質高的鋼鐵劍。河北易縣燕下都遺址從葬墓中發現鋼鐵劍十五把。較完整的八把中，最短的69.8厘米，最長的100.4厘米，平均長88厘米。取其中三把鑒定，祇有一把是用塊煉鐵直接鍛成之鐵劍。另兩把均由含碳不均匀之鋼製成，即用塊煉鐵滲碳製成的低碳鋼件，用純鐵增碳後對折，然後多層叠鍛打而成。爲提高刃部硬度，還經過了淬火。這是中國古代出土鋼鐵器中最早的淬火産品。體長而經過淬火的鋼鐵劍，其作戰性能大大超過短而質脆的青銅劍，故成爲軍中受歡迎的短兵器。但就總體而言，戰國至秦，青銅劍仍然是軍中主要短柄格鬥兵器。秦末漢初，鋼鐵劍漸多。其形制較前劍身加長，弧曲的刃部伸成平直，更加鋒利。劍鋒的夾角逐漸由鋭加大。形制的上述變化，説明劍已由直刺爲主改爲用兩側刃部劈砍爲主。西漢時，鋼鐵劍是軍隊主要的短柄格鬥兵器，也是帝王和達官貴人隨身佩帶的衛體兵器，并作爲權力的象徵物（參見本卷《兵器戰具説·冷兵器考》“尚方斬馬劍”文）。鼂錯在上書文帝言兵時，列舉了當時漢王朝軍中主要兵器：長戟、矛鋋、弓弩、劍盾。并指出，在“曲道相伏，險阨相薄”的地形條件下，劍盾可發揮最大作用（見《漢書·鼂錯傳》）。到漢武帝時，由於對匈奴大騎兵集團作戰需要，劍的鍛造技術進一步提高。河北滿城西漢劉勝墓發現的一枚鋼劍，長1米以上。經鑒定，此劍雖然是用塊煉鐵做原料，反復在木炭中加熱滲碳，摺叠鍛打而成，但比戰國燕下都鋼劍品質有很大提高，其夾雜物分散、尺寸减小、數目减少。同時劍中不同碳含量分層程度漸小，各片組織也更均匀。劍的刃部經過淬火，增强了硬度，使劍刃鋒利；劍脊没有淬火，則保持較好之韌性，作戰時不易折斷。至東漢，由於百煉鋼技術的出現，使劍的組織更爲緻密，成分更爲均勻，質地亦更爲精良（參見本卷《兵器戰具説·冷兵器考》"五十湅鋼劍"文）。西漢中期，由於騎兵作戰中主要靠劈砍殺敵，出現了專用於劈砍殺敵的環柄刀。至東漢末，劍爲刀所替代。

【鐵劍】

即鋼鐵劍。見該文。

銅柄鐵劍

銅鐵合製劍。劍身鋼鐵製，劍柄青銅製。中原地區多出土春秋戰國時期之鐵劍。邊疆少數民族地區，主要是西南地區，至漢代，仍使用此種鐵劍。1997年，甘肅靈臺景家莊出土一件銅柄鐵劍。該墓年代爲春秋早期。此劍是中國迄今發現最早的鐵劍，也是最早的銅柄鐵劍（參見本卷《兵器戰具説·冷兵器考》"靈臺鐵劍"文）。1989年，寧夏固原彭堡鄉農民挖出一批青銅器，墓葬遭破壞，收得戰國銅柄鐵劍一件。劍首半圓形，莖呈扁圓，飾圓點紋，劍格山字形，格上爲青銅製，一次鑄成。劍身鐵製，已被挖斷，從斷面看，中間起脊。該劍柄長9.5厘米，格長7厘米，格寬5厘米，劍身長33.5厘米，寬3.4厘米。漢代之銅柄鐵劍，以雲南晉寧石寨山滇族墓群出土最多。1956年至1957年，該墓群共出土銅柄鐵劍五十多件，年代爲西漢中晚期，其器形大體相同。劍身鐵製，扁長體，中綫起脊，兩側邊爲刃，斷面作扁菱形，類同常見之漢代鐵劍。劍柄銅製，鑄有小圓點和交叉綫紋飾，柄下有三叉形銅格，有的兩端還包以金皮。有些帶有金製劍鞘，部分附有銅鞘罩。最長通鞘頭長67厘米，最短長

49厘米。此墓群出土以銅器爲多，鐵器僅占全部隨葬品的2.5%，且多爲西漢墓。鐵器中又多爲銅鐵合製。這表明，西漢中期，滇人已開始向鐵器時代過渡。雲南江川李家山古墓群第三類墓出土鐵劍二十一件，除一件鐵製劍柄，其餘均爲銅柄。其劍莖有空心扁圓莖、空心圓柱莖、六棱柱形莖、實心莖等不同形制。劍首有喇叭形、圓盤形兩種。銅格作八字形、心形。有的柄上有長條形和近方形鏤孔。上述劍年代定爲西漢中期至東漢早期。此種劍亦見於四川。四川茂縣牟托一號棺墓曾出土銅柄鐵劍二件。皆橢圓形螺旋紋柄，山字形格銅柄，橢圓形劍首，鐵劍身，中部起脊。一件山字格較寬大，柄飾辮索狀螺旋紋，首有十字形孔，通長46.5厘米，格寬6.4厘米，出土時劍外附有皮質劍鞘殘片。另一件爲旋紋狀螺旋紋柄，首有小圓孔，通長38.5厘米，格寬5.6厘米。出土時劍身有兩塊木片合成的木劍鞘。

金柄鐵劍

劍柄金製，劍身鐵製之鋼鐵劍。河北易縣燕下都遺址辛莊頭三十號戰國晚期墓出土二件。一件金柄，金璏，金首，鐵劍身。有木質劍鞘，已朽。鞘口鑲嵌倒凹字形金箔，金箔上有模壓紋樣，正中飾雙獸，二隻後脚站立，長尾曳地，前腿揚起，雙首相向作搏鬥狀，雙獸背後各飾一羊首紋。金箔外緣爲絢紋。鞘身上飾金箔飾，由上往下：最上端飾一絢紋邊圓形金箔。次下飾一半橢圓形金箔，上部爲絢紋邊的樣紋，下部爲一豎耳長尾卧獸。次下飾二組鳥形金箔，鳥頭向下。再下又飾二組鳥形金箔，鳥頭向上。鞘末端金珌。珌一面隆起，另一面

呈弧形，無紋樣。隆起一面兩側鏨刻對稱的連體龍鳳等。劍首扁圓形，兩面紋樣相同，正中爲浮雕捲角羊首，周緣飾絢紋。柄中間飾勾雲紋，兩側蓆紋。璏中上飾三個重環紋，下飾兩個重環紋，兩側飾捲雲紋。劍身隆起，無棱。劍基寬 3.8 厘米，向前逐漸收縮，近劍尖處急收成鋒。劍雖銹蝕但劍刃仍鋒利。劍通長 71.6 厘米，身長 58.6 厘米，柄長 13 厘米。鞘通長 62.5 厘米，身長 53.8 厘米，珌長 8.7 厘米，鞘口徑 4.6 厘米。另一件金柄，金璏，金首，鐵劍身。有木質劍鞘，已朽。鞘口鑲嵌倒凹字形金箔，無紋飾，兩側有孔，各鑲嵌一個周緣爲絢紋的圓形金箔。鞘身上飾金箔飾，由上往下：最上端鑲嵌有二個頭向上的鳥形金箔，次爲一周緣飾絢紋的金箔，此金箔往下又飾五個鳥形金箔，鳥頭向下向上方向不同。鞘末端飾金珌，形制同前金柄鐵劍，但無鏨刻紋樣。劍首兩面紋飾相同，飾兩首下垂相對而臥的雙羊浮雕紋樣，正中有圓形槽。劍柄鑄出纏縱紋，末端飾兩首相背的捲角羊頭浮雕紋樣。劍身鐵鑄，已殘斷，脊隆起，無棱，劍基較寬，向前逐漸斜收，至近劍尖處急收成鋒。劍通長 71.4 厘米，身長 59.2 厘米，柄長 12.2 厘米。鞘通長 63.5 厘米，身長 55.9 厘米，珌長 7.9 厘米，鞘口徑 4.4 厘米。據出土文物可知，該墓主人應爲燕國貴族，金柄鐵劍表明了墓主人身份高貴。

金鞘銅柄鐵劍

銅柄鐵劍外附黄金劍鞘，故稱。1956 年至 1957 年在雲南晋寧石寨山滇族墓群發掘中，出土“滇王之印”的第六號西漢墓棺裏，發現有黄金鞘銅柄鐵劍四件。較完整的一件通鞘長 67 厘米，銅柄下附三叉銅格，三叉格頗長，上飾交叉綫組成的圖案紋飾，兩側凸出棘突和小圓圈組成的凸飾。莖上遍布小乳釘紋飾，莖端爲橢圓形劍首。銅柄下接鐵劍身，已殘。黄金劍鞘由三部分組成：最上面由聯珠紋和牛首圖案組成的裝飾花紋，其下是三重雉堞形紋，最下面是由圓圈紋和蛇形圖案組成的裝飾圖案。金鞘末端附有銅鞘頭。上述銅柄鐵劍均置於滇王棺中，故應爲滇王隨身佩飾之名貴兵器。該墓群三號墓發現金鞘銅柄鐵劍一件。十號墓發現銅柄鐵劍八件，其中有三件附有金鞘。據王振華所著《古越閣藏商周青銅兵器》，在王振華先生所收藏的銅兵器中，亦有金鞘銅柄鐵劍一件，其形制與金鞘的三部分花紋，和雲南晋寧石寨山六號墓黄金鞘銅柄鐵劍基本相同，通長 69 厘米，鐵刃保存良好，但最上面和中間兩部分圖案方向與石寨山漢墓群六號墓出土劍相反。

靈臺鐵劍

春秋時銅柄鐵劍。甘肅靈臺出土。通長 37 厘米，銅柄長 8.5 厘米，格長 4 厘米。劍身鐵質，殘長 9 厘米。柄、格相連，兩面飾對稱花紋，柄中部有四個長形鏤孔。因劍身全部銹蝕，故取樣金相分析未獲結果。此劍是中國已發現最早的鐵劍。

長沙鋼劍

春秋晚期鋼劍。1976 年於湖南長沙楊家山出土。殘長 38.4 厘米。銅格，長 0.9 厘米。劍身長 30.6 厘米。表面氧化，劍首已殘。莖作圓柱形。劍格含於劍身，側面作棱形。劍身中脊隆起，鋒刃近端漸窄。劍身斷面上用放大鏡可看出經過反復鍛打的層次，約八至九層。在距劍鋒 3 厘米處取樣，金相鑑定爲含有球狀碳化物的碳鋼，含碳 0.5% 左右。碳化物沿一定方向成串，基本晶粒平均直徑約 0.003 毫米。此劍是中國迄今發現最早的人工冶鍛鋼劍。

燕下都鐵劍

戰國晚期鋼鐵兵器。1965 年河北易縣燕下都四十四號墓出土。共十五件，保存完整或基本完整的八件形制基本相同。長 69.8 厘米至 100.4 厘米。劍首青銅質喇叭形，直徑 4.2 厘米。劍格作四棱形，寬 5.5 厘米。劍身起中脊，寬 4 厘米，厚 0.8 厘米。木質劍鞘（已朽），外纏絲綫并髹漆。經金相檢測，有的劍係用塊煉鐵爲原料鍛造而成；也有的是將塊煉鐵鍛成薄片增碳後，將斷面上含碳不勻之薄片加熱叠起鍛打成形，并經淬火而成。燕下都淬火鐵劍，是中國目前所知最早之淬火工藝。

杖式鐵劍

漢代特殊形制鐵劍。1968 年河北滿城出土，外形作手杖式。出土時已殘，通長 114.7 厘米，身長 93 厘米。劍身細長，斷面略呈橄欖形，身與莖之間無明顯界綫，沒有護手和劍格。劍莖上端扁平，斷面呈長方形。全劍納入木手杖之中。木杖雕作竹節狀，共六節。二、三節之間拉開，上兩節爲劍柄，柄和莖以鐵釘橫穿固定。下四節爲劍鞘。杖首、杖末均有鎏金、鎏銀銅飾。此劍平時可作手杖用，亦用作爲格鬥兵器。

五十湅鋼劍

東漢鋼劍，江蘇徐州出土。全長 109 厘米，身長 88.5 厘米。劍身有隸書錯金銘文「建初二年蜀郡西工官王愔造五十湅□□□孫劍□」。劍鐔已殘脱，銅質，内側上陰刻隸書「直千五百」。「建初二年」即公元 77 年，「五十湅」即五十煉，代表一定的工藝品質標準。據鑒定，該劍是用含碳量較高的炒鋼爲原料反復鍛造而

成。現藏江蘇徐州博物館。

劉勝佩劍

西漢鋼劍。1968 年河北滿城陵山西漢中山靖王劉勝墓出土。共二件。出土時在劉勝之金縷玉衣兩側，當爲劉勝佩劍。劍身細長扁平，中脊稍高，劍格銅質。劍鞘由兩片夾木合成，外纏絲繩并髹漆。劍莖亦夾有斷面呈橢圓形的兩木片，外纏絲繩爲緱。劍身無銘文飾物，一件帶鞘通長 104.8 厘米，身長 86.5 厘米，寬 3.4 厘米，格寬 4.5 厘米；另一件帶鞘通長 111.3 厘米，身長 87.7 厘米，寬 3.9 厘米，格寬 4.8 厘米。前一件經金相檢測是以塊煉鐵滲碳經多層叠鍛打成鋼爲原料製成，刃部經過局部淬火，致使其硬度高達維式硬度 900 千克/平方毫米，故更加鋒利；脊部未經淬火，硬度較低，保持一定韌性而不易折斷。

尚方斬馬劍

亦稱「斬馬劍」「尚方劍」「上方劍」「上方」。尚方（古代製造帝王所用器具之官署）製作，言其鋒利可斬馬，故名。皇帝使大臣可以便宜行事時所賜之權力的象徵物。《漢書・朱雲傳》：「臣願賜尚方斬馬劍，斷佞臣一人以厲其餘。」顏師古注：「尚方，少府之屬官也，作供御器物，故有斬馬劍，劍利可以斬馬也。」《漢書・王莽傳》：「使虎賁以斬馬劍挫忠。」唐王翰《飛燕傳》：「安得尚方斷馬劍，斬取朱門公子頭。」宋陸游《書志》：「鑄爲上方劍，釁以佞臣血。」明劉基《贈周宗道六十四韻》：「先封尚方劍，按法誅奸贓。」《明史・蔣欽傳》：「臣昨再疏受杖，血肉淋漓，伏枕獄中，終難自默，願借上方劍斬之。」清陸次雲《圓圓傳》：「帝急召三桂對平臺，錫蟒玉，錫上方，託重寄，命守

山海關。"

【斬馬劍】

"尚方斬馬劍"之省稱。此稱漢代已行用。見該文。

【尚方劍】

"尚方斬馬劍"之省稱。此稱唐代已行用。

【上方劍】

"尚方斬馬劍"之省稱。此稱宋代已行用。

【上方】

"尚方斬馬劍"之省稱。此稱清代已行用。見該文。

斬蛇劍

漢高祖劉邦起義時用以斬白蛇的寶劍。《漢書·高帝紀》："行前者還報曰：'前有大蛇當徑，願還。'高祖……拔劍斬蛇。"《西京雜記》卷一："高祖斬白蛇劍，劍上有七采珠九華玉以爲飾，雜厠五色琉璃爲劍匣。劍在室中，光景猶照於外。與挺劍不殊。十二年一加磨瑩，刃上常若霜雪。開匣拔鞘，輒有風氣，光彩射人。"五代馬縞《中華古今注》卷上："晋朝武帝時，武庫火，有智伯頭、孔子履、高祖斬蛇劍，二物皆爲火焚之，唯劍飛上天而去也。"一説此即赤銷劍。南朝梁陶弘景《古今刀劍録》："前漢劉季……以始皇三十四年於南山得一鐵劍，長三尺，銘曰赤霄，大篆書。及貴，常服之，此即斬蛇劍也。"

秀霸

古劍名。東漢光武帝劉秀所佩之劍。相傳爲劉秀在南陽鄂山所得。南朝梁陶弘景《古今刀劍録》："後漢光武秀在位三十三年，未貴時，在南陽鄂山得一劍，文曰'秀霸'，小篆書，帝常服之。"

吳帝六劍

三國吳孫權的六把寶劍。其名曰白虹、紫電、辟邪、流星、青冥、百里。晋崔豹《古今注·輿服》："吳大帝有寶刀三，寶劍六。寶劍六：一曰白虹，二曰紫電，三曰辟邪，四曰流星，五曰青冥，六曰百里。"唐楊炯《送劉校書從軍》："赤土流星劍，烏號明月弓。"唐王勃《秋日登洪府滕王閣餞別序》："騰蛟起鳳，孟學士之詞宗；紫電青霜，王將軍之武庫。"宋吳淑《事類賦·服用·劍》："陽文陰縵之奇，紫電白虹之異。"

飛景

古劍名。三國魏文帝曹丕鑄造。《初學記》卷二二："魏有文帝飛景、流彩、華鋒三劍。"注引魏文帝《典論》："選兹良金，命彼國工，精而鍊之，至于百辟；淶以清漳，光似流星，名曰飛景。"《藝文類聚》卷六○引《典論》曰："建安二十四年二月壬午，魏太子丕造百辟寶劍，長四尺二寸，淬以清漳，厲以礛諸，飾以文玉，表以通犀，光似流星，名曰飛景。"

鴉久劍

古劍名。唐善鑄劍者張鴉久所鑄，故稱。唐白居易《鴉久劍》："歐冶子死千年後，精靈暗授張鴉久，鴉久鑄劍吳山中，天與日時神借功。"唐元稹《説劍》："今復誰人鑄，挺然千載後。既非古風胡，無乃近鴉九。"

蟠鋼劍

古劍名。亦稱"松文劍"。宋沈括《夢溪筆談·器用》："古劍有沈盧、魚腸之名……魚腸即今蟠鋼劍也，又謂之松文。取諸魚燔熟，褫去脅，視見其腸，正如今之蟠鋼劍文也。"（參見本卷《兵器戰具説·冷兵器考》"魚腸劍"文）

【松文劍】

即蟠鋼劍。此稱宋代已行用。見該文。

腰品

短劍名。因劍具稍短，常施於脅下，故名。宋陶穀《清異錄·武器》：“唐劍具稍短，常施於脅下者名腰品。隴西人韋景珍，有四方志，呼盧酤酒，衣玉篆袍，佩玉鞢兒腰品，修飾若神人。”

匕首

短劍。因其頭部呈半圓形，如飯匕，故名。《藝文類聚·軍器部·匕首》：“《通俗文》曰：‘匕首，劍屬，其頭類匕，故曰匕首。’短而便用。”多用於衛體和行刺。新石器時代已有磨製的石質、骨質、角質匕首。也有骨、角製器身上鑲嵌有石刃的。山東寧陽大汶口新石器時代墓葬中的骨製匕首，長18厘米，器身後部有長方形孔，便於單手緊握。江蘇邳州大墩子遺址出土之新石器時代石刃骨匕首五件，分別爲23厘米、32.5厘米、18.5厘米、24厘米、33.5厘米。石刃爲鋒利小燧石片，以膠質物粘於骨質匕身兩側凹槽內。其磨製均十分精緻。最早的青銅匕首出土於甘肅玉門清泉夏代遺址，其年代約在公元前1600年。商代後期，北方草原地區游牧民族（如鬼方、土方、貢方等）出現了曲柄匕首（也有稱其爲匕首式短劍），長約30厘米左右，柄微曲，多飾有精美圖案。柄首多爲鈴首、獸首等，表現出濃厚草原氣息。春秋時期，匕首作爲防身衛體、近體格鬥兵器而受到重視。據《史記·吳太伯世家》，吳公子光爲刺殺吳王僚，“使專諸置匕首於炙魚之中以進食，手匕首刺王僚”。司馬貞索隱：“劉氏曰：‘匕首，短劍也。’按：《鹽鐵論》以爲長尺八寸，《通俗文》云‘其頭類匕，故曰匕首也’。”其時各諸侯國君主、衛士、刺客等，亦以匕首或防身、或近體搏鬥、或行刺。《史記·刺客列傳》載，魯國曹沫在魯莊公與齊桓公會盟時，“執匕首劫齊桓公”。戰國末，燕太子爲刺秦王，“豫求天下之利匕首，得趙人徐夫人匕首，取之百金……乃爲裝遣荊軻”。荊軻以獻圖爲名，得見秦王，“發圖，圖窮而匕首見”，荊軻遂以匕首刺秦王（見《戰國策·燕策三》）。湖南慈利石板村戰國墓曾出土五件戰國青銅匕首。四件爲圓盤首，窄格，圓筒莖，近格處較細，實心。一件扁平較寬，窄格，扁圓莖、實心，無首。漢以後，青銅匕首漸爲鋼鐵匕首所取代，仍用以衛體。據《漢書·王莽傳下》，更始軍攻入長安時，“莽避火宣室前殿……時莽紺袷服，帶璽韍，持虞帝匕首”。據《藝文類聚·軍器部·匕首》引《諸葛故事》，三國時，諸葛亮在“成都作匕首五百枚，以給騎士”；又引《典論》：“魏太子造百辟匕首二，其一理似堅冰，名曰清剛，其二曜似朝日，名曰揚文。”此後至近現代，匕首雖一直没能成爲軍隊主要裝備，但因其短小、鋒利、便於携帶，作爲自衛防身和近體搏鬥兵器一直受到軍隊的重視。

滿城鐵匕首

漢代衛體兵器。河北滿城西漢墓出土。已銹蝕。通長36.7厘米，身長23厘米，環首徑4.7厘米。身扁平，中綫起脊，脊兩側坡面鑲嵌金片花紋帶。一面作火焰狀，一面似雲紋。莖（把）寬扁，兩邊緣鼓起而中空，環首和格用銀基合金製成，環首鏤空細嵌雲片作捲雲紋，環首近莖部和鈿格亦嵌金片作獸面紋。

鉞

鉞

亦作"戉"。亦稱"揚"。大斧，短柄格鬥兵器。亦作刑具或用於禮儀。由鉞身和木柲（柄）組成。《説文·戉部》："戉，斧也。"但較斧形體大，身厚重。一側有刃。刃呈弧形，以直内插入木柲。作戰時靠重力劈砍。始於新石器時代的石鉞，其形制扁平，弧形寬刃，穿孔。石鉞源於石斧，但比石斧所用材質更佳，製作更精。較石斧更早成爲專用兵器，并進一步發展成爲軍事首領指揮和權力的象徵物。迄今最早的青銅鉞出土於河南鄭州二里崗。鉞素身，有肩無闌，有一穿。此後，鉞漸多，有二穿、三穿鉞，内亦加長，有些鉞中部有一大圓孔，鉞身并飾以夔紋、雷紋等圖案。商中期，鉞身與内之間出現了闌，使身、柲結合更爲牢固。商後期，銅鉞數量大增，并出現大型鉞。河南安陽殷墟婦好墓和山東青州蘇埠屯出土之銅鉞，體態厚重，製作精美，可謂商代銅兵器之首。銅鉞上之人面或獸面紋飾，形象猙獰，給人以威懾之感。商至西周，史籍中有關鉞的記載較多。《詩·大雅·公劉》："弓矢斯張，干戈戚揚，爰方啓行。"毛亨傳："揚，鉞也。"《史記·殷本紀》載，夏桀爲政荒淫，諸侯昆吾氏爲亂，商王湯興師，"自把鉞以伐昆吾，遂伐桀"。至商末，商紂囚西伯於羑里，西伯臣閎夭之徒，求美女奇物獻紂，又獻洛西之地，紂乃"賜弓矢斧鉞，使得征伐"。商王湯伐昆吾，伐桀，要"自把鉞"；周王西伯得紂王所賜斧鉞，便取得了征伐諸侯的權力，可知當時鉞已成爲軍事指揮權的象徵。《史記·周本紀》

載，商紂王昏亂暴虐，武王率諸侯大軍至商郊牧野，"武王左杖黄鉞，右秉白旄，以麾"。在紂師"皆倒兵以戰"，紂"自燔于火而死"的情況下，武王至紂所，射箭三發，下車後，先以輕劍擊紂，再"以黄鉞斬紂頭，縣大白之旗"。此時，紂之嬖妾二女皆已自殺。"武王又射三發，擊以劍，斬以玄鉞"。次日，"周公旦把大鉞，畢公把小鉞，以夾武王"。武王對已死之紂王及其嬖妾均以鉞斬之，周公旦和畢公又大小鉞夾武王，象徵着周武王已經取得了統治天下的王權。武王斬二女所用之玄鉞，裴駰集解引《司馬法》曰："夏執玄鉞。"引宋均曰："玄鉞用鐵，不磨礪。"宋説爲是。已出土多件商代鐵刃銅刃實物，説明當時已經能將隕鐵用於兵器製造（參見本卷《兵器戰具説·冷兵器考》"鐵刃銅鉞""玄鉞"文）。西周，鉞作爲權力象徵物仍受到重視。《書·顧命》記周成王喪禮中周祖廟之衛士所持兵器，鉞亦爲其中之一。"一人冕，執劉，立于東堂；一人冕，執鉞，立于西堂"。周天子將征伐之權授予諸侯時，亦授予象徵權力的青銅鉞。《虢季子白盤銘》："賜用鉞，用征蠻方。"東周時，諸侯紛爭，禮崩樂壞，王權衰弱，象徵王權之青銅鉞漸衰。從出土之青銅鉞看，雖製作精美，威重感已不如西周。但仍作爲軍事將領之權力象徵物和實戰兵器而存在。《史記·孫子吳起列傳》載孫武爲吳王闔廬試以宮女演練隊形時，"乃設鈇鉞，即三令五申之"。并"斬隊長二人以徇"。戰國時，中原地區青銅鉞漸少，巴蜀地區青銅兵器鼎盛，出現了刃部兩側長度不等的靴形鉞。嶺南和滇亦有靴形鉞出現，但與巴蜀鉞形制、紋飾各異。秦漢以後，鉞多鐵製，已完全退出實戰，僅作爲軍事指揮權的象徵物、儀仗和刑殺用具繼續存在。東漢末，董卓欲篡皇權，"自以爲太尉，加鈇鉞，虎賁"（見《後漢書·董卓傳》）。三國時，東吳以陸遜爲大都督，恐衆將不服，吳主"乃假公黃鉞統御六師及中軍禁衛而攝行王事，主上執鞭，百司屈膝"（見《三國志·吳書·陸遜傳》裴松之引陸機爲陸遜銘）。

【戉】

同"鉞"。此體漢代已行用。見該文。

【揚】

即鉞。此稱先秦時期已行用。見該文。

石鉞

石質鉞。新石器時代兵器。最早出現於太湖地區馬家浜文化，流行於良渚文化。一般呈長方形，通體磨光。器體扁薄，刃口寬於背部，有直刃、弧刃兩種，中部多有一大穿孔。1961年上海青浦出土的一件石鉞，長 16 厘米，刃寬 12.2 厘米，弧刃，刃部稍寬，中間偏後有圓孔。1951 年江蘇淮安出土之石鉞長 13.8 厘米，寬僅 8.2 厘米，器形窄瘦，後部置圓孔。1960 年江蘇蘇州市吳中區出土之石鉞，刃呈半圓形，刃寬達 12.5 厘米，長 11.6 厘米。長刃之兩邊呈弧形向中間和後部收束形成縛柲之內，中設圓孔。其形制精美，磨製工藝水準極高。石鉞縛柲的完整形制見於 1978 年河南汝州出土之彩繪陶缸。缸高 47 厘米，其彩繪内容爲鸛口中銜一魚，立於一橫縛長柲石鉞前。石鉞弧刃，體長，中有圓孔。推測鸛爲死者氏族圖騰，魚是敵對氏族之圖騰，石鉞則象徵死者的權力。可知當時鉞已經成爲氏族首領指揮和權力的標志物。木柲之實物雖已朽腐，但浙江嘉興曹墩、杭州市余杭區費家埭和石蛤先後發現留有捆綁木柄

痕迹的三件石鉞。山西襄汾陶寺遺址出土的石鉞上面亦留有塗紅彩的木鈇痕迹。據石鉞捆柄痕迹推測，上述石鉞均爲橫向裝柄，其中刃口鋒利者爲作戰兵器，刃口鈍厚者爲禮器。

不對稱形銅鉞

青銅鉞的一種特殊形制。除用作兵器外，也用作收割工具、儀仗用具和舞具。其形制特點爲兩側刃長短不同，呈不對稱狀態。大多出土於中國雲南、四川、廣西、廣東、湖南等省和越南北部。印尼和緬甸等國也有少量出土。始見於春秋，流行於戰國和秦漢時期。有月形鉞、靴形鉞、鏟形鉞等不同形制。月形鉞其刃呈半月或月芽形，扁圓銎。銎上多有圖像、紋飾，紋飾以鋸齒紋、三角紋、圓圈勾連紋爲主。雲南江川李家山古墓群出土漢代月形鉞兩件。刃呈新月形，銎部有單耳和對穿小孔，鑄有繩索紋、人字形紋等組成的圖案。銎孔橢圓形。一件長 15 厘米，刃寬 11.9 厘米；另一件長 14 厘米，刃寬 16 厘米。還出土一件異型月形鉞，刃同前兩件，呈新月形，銎部彎曲成"7"字形，頂端鑄立體銅牛。彎曲處兩面各鑄出一凸起圓飾似瑪瑙鈕。銎部鑄弧綫圖案，銎孔呈橢圓形。長 34.2 厘米，刃寬 9.4 厘米。雲南晉寧出土之戰爭場面貯貝器上鑄一月形銅鉞，年代爲西漢，長 14.5 厘米，刃寬 20 厘米，作新月形，兩端不對稱，銎上鑄猿蛇搏鬥，飾斜方格紋、回旋紋、繩紋。該貯貝器還鑄銅人飾月形鉞一件，長 16.8 厘米，刃寬 13.6 厘米，呈月牙形，兩刃不對稱明顯。銎上鑄一人，裸體。除滇池地區外，四川、湖南、雲南其他地區和越南北部也都有出土。靴形鉞刃呈弧形或平直，刃兩端長短相差懸殊，銎呈六角形或扁圓形，

整體呈靴形。器身紋飾精美，有的有鹿、狗、水鳥、船等圖案和回形紋、雲雷紋、幾何形紋等紋飾。該器在雲南金車地區和越南北部出土最多，故亦稱紅河流域鉞。中國兩廣和湖南等省亦有出土。1974年廣西平樂出土一件銅鉞，年代爲戰國，高8.4厘米，刃寬14厘米，呈月牙形，整體呈靴形。1963年湖南衡陽出土的戰國靴形鉞，高9.5厘米，刃寬12.4厘米，正背面皆有紋飾。靴尖一側刃較另一側長，端部上翹。雲南晋寧出土之戰爭場面貯貝器上鑄有一件銅人靴形鉞。長16.8厘米，刃微弧，靴尖處稍長，刃寬13.6厘米，銎上鑄裸體人。雲南江川李家山漢墓群出土的靴形鉞，銎部鑄有雙旋紋、葉紋、弧綫紋等組合圖案。有單耳，銎孔橢圓形。長14.2厘米，刃寬9.8厘米。鏟形鉞出於兩廣地區。整體呈鏟形。上端作楔形空銎，銎首爲長方形、六棱形、扁圓形，腰部外侈。刃或平弧，刃寬於銎或身部，有些刃有磨損痕迹，個別有較寬崩口，顯然是實用的兵器或工具。

婦好銅鉞

商後期銅兵器。河南安陽殷墟小屯村婦好墓出土，長39.5厘米，刃寬37.5厘米，重9千克。體型巨大，弧刃，一角稍殘，平肩方内，有對稱長方形穿，肩下兩側飾以雙虎噬人紋，銘"婦好"二字。婦好是商王武丁的配偶，著名軍事統帥，曾多次領兵作戰。此鉞紋飾繁縟，當爲婦好權力之象徵物。現藏中國國家博物館。

亞醜銅鉞

商代銅鉞。山東青州出土。鉞長32.7厘米，刃寬34.5厘米，肩寬23.3厘米，方内，有兩長穿，鉞身作鏤空人面紋，眉、瞳、鼻突出，猙獰可怖，正背兩面人形口部兩側各有一"亞醜"銘記。該鉞形制巨大，製作精美，有使用痕迹。據《漢書·地理志》，青州市一帶，"殷末有薄姑氏，皆爲諸侯，國此地"。據此推測，亞醜鉞當爲諸侯薄姑氏文化遺存。現藏山東省博物館。

戚

亦作"鏚"。斧鉞類劈砍兵器。其形體與鉞相似，但較鉞小。《説文·戊部》："戚，戊也。"段玉裁注："戚小于戊。"戚從尗，尗有小義，故戚即小鉞。新石器時代，即有石戚、玉戚。最早的青銅戚出土於河南偃師二里頭文化遺址。長28厘米，素面，體部作均匀長條形，至刃部稍有擴大，有上下闌，内上有方孔。爲實用兵器。上海博物館收藏一件青銅戚體部和二里頭戚出土物相似，爲均匀長條形，至近闌處本部高起作半球形，上下闌呈L形，當爲二里頭文化期器或商早期器。另一件曲邊大孔弧刃。銎兩側作均匀内凹弧形，刃部亦均匀突出，内闊，兩肩各有一穿，亦爲商早期青銅戚。商晚期，最流行之形制爲上側刃長，下側刃短，呈弧形不等邊弧刃，内置在上側，故上肩狹而下肩寬。上海博物館藏之透雕龍紋戚即爲此種。商晚期亦有一種兩側作等邊或稍不等邊，有橢扁形短銎之青銅戚。陝西扶風出土之商晚期銅戚，飾五隻浮雕蚱蜢。陝西綏德出土之商晚期戚，援部飾捲屈夔龍，内鑄"鄉"字，二人對坐，中置食器，作就食狀。上面兩種裝飾繁縟者爲當時樂舞之道具。至周，仍有以戚爲武舞道具。《孔子家語·困誓》："子路悦，援戚而舞，三終而出。"《禮記·文王世子》："大樂正學舞干戚。"又《祭統》："朱干玉戚以舞。"可知當時舞必用戚。周前期，戚仍出土較多。陝西寶雞竹園溝出土之龍紋戚，兩側等直、體修長，刃口爲淺弧形，有銎，內後下端有缺口。日本白鶴美術館收藏之龍王戚，本體狹長，有圓孔，弧刃兩角捲曲，兩側各飾一虎。有上下闌，內長，後端有三齒。均爲西周早期青銅戚之精品。東周以後，戚漸消亡。一說爲斧。《禮記·明堂位》："朱干玉戚，冕而舞《大武》。"鄭玄注："戚，斧也。"《詩·大雅·公劉》："弓矢斯張，干戈戚揚。"毛亨傳："戚，斧也；揚，鉞也。"《左傳·昭公十二年》："君王命剝圭以爲鏚柲。"杜預注："鏚，斧也。"

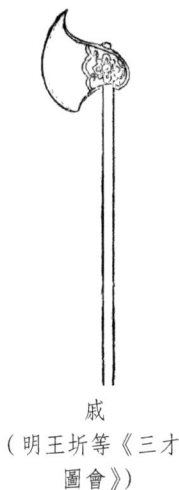

戚
（明王圻等《三才圖會》）

【鏚】

同"戚"。此體先秦時期已行用。見該文。

玄鉞

周武王用以斬商紂王嬖妾二女所用之鉞。據《史記·周本紀》，周武王率諸侯軍攻至商都朝歌，商紂王及其二嬖妾均自殺，武王以金飾之黃鉞斬紂王，"已而至紂之嬖妾二女，二女皆經自殺。武王又射三發，擊以劍，斬以玄鉞"。裴駰集解引宋均曰："玄鉞用鐵，不磨礪。"根據考古發掘資料，商代已用隕鐵製造兵器刃部（參見本卷《兵器戰具說·冷兵器考》"鐵刃銅鉞"文）。故此玄鉞當爲以隕鐵爲刃之青銅鉞。

鐵刃銅鉞

鉞體銅製，刃部以鐵製，故稱。1972年和1977年分別在河北藁城臺西和北京市平谷區劉家河商代中期墓出土兩件，其形制大體相同。鉞身一面扁平，一面微凸，直內，內上有一圓口，鉞身與內中間有闌，鐵刃部殘損。前一件殘長11.1厘米，闌寬8.5厘米；後一件殘長8.4厘米，闌寬5厘米。鐵刃殘部包入青銅鉞體內約1厘米。經鑒定，鐵刃爲隕鐵鍛製而成。1931年河南浚縣辛村亦曾出土一件。通長17.1厘米，扁斧形。銅鐵結合部在鉞身中腰部，鐵質部分大體完整。鉞身飾變體虎面紋，由兩個虎上顎之側面對稱組合而成，虎口中有一圓孔，闌側設二穿，內部置圓孔并飾有小獸面紋。該器爲西周早期兵器。因未能及時保護而流至國外。現藏美國華盛頓弗利爾美術館。

綠營雙鉞

清代綠營用鉞。使用者雙手各持一，故稱。圓背曲刃，柄長清制一尺六寸。雙鉞形制相同。《大清會典圖》卷一〇三："綠營雙鉞，鍊鐵，橫置柄首，左右雙持。刃如半月，背圓而俯。刃徑各四寸六分，背徑二寸四分，厚四分，自刃至背四寸七分。柄如雙斧之制。"

斧

斧

古代劈砍兵器。厚脊薄刃，脊端設銎以裝短柄。《說文·斤部》："斤，斫木斧也。"段玉裁注："凡用斫物者皆曰斧。"北京周口店曾出土多種石斧，係原始人將天然樹杈前端彎曲部分豎插於石斧脊端銎內而成。因其利用了力學的尖劈原理，可用小力發大力，故成爲主要劈砍工具。商代出現銅斧，形體加長，刃呈平形或略成弧形，其裝柄方式有直銎式、管銎式兩種。因其形制上與鉞相似，故文獻中常斧鉞并提。時斧爲劈砍工具，亦作兵器。周時，斧在中原地區主要是生產工具，也作爲兵器或儀仗。《詩·豳風·破斧》："既破我斧，又缺我斨，周公東征，四國是皇。"毛亨傳："隋（橢）銎曰斧，斧斨，民之用也。"《墨子·備城門》中有"長斧，柄長八尺"的記載，把斧列爲守城兵器。漢代，鋼鐵斧出現，因其沉重鋒利而受到重視。

斧
（明王圻等《三才圖會》）

《漢書·王訢傳》："繡衣御史暴勝之使持斧逐捕盜賊。"居延漢簡守禦兵器中也有"長斧"。可知漢代斧爲軍中常備兵器之一。其形制自漢畫像石所見，有刃平直和刃外侈呈弧形兩種。漢畫像上還可見一種體細長，刃成弧形，與刃相對的後部呈尖刺形斧。據《晉書·輿服志》，名鑿腦斧，專用於儀仗守衛。三國時期，諸葛亮很重視斧的使用和斧的品質。據《諸葛亮集》，他在發現"前後所作斧都不可用"時，曾親自督造戰斧一百把，并寫《作斧教》告誡諸將，指出戰斧好壞"非小事也，若臨敵，敗人軍事矣"。晉以後，斧刃加寬、柄減短，更利於劈砍。唐五代時期，斧爲步騎兵之常備格鬥兵器。有長柯斧、鳳頭斧等，由武庫令掌管。《舊唐書·李嗣業傳》載，李嗣業與安禄山戰於香積寺，以步兵三千持長柯（柄）斧、陌刀，大敗安禄山騎兵。宋代，斧仍爲軍中劈砍兵器。時斧有短柯（柄）、長柯（柄）之分。短柯斧用於攻守城作戰，長柯斧爲野戰格鬥兵器。宋軍曾用手持長柯斧之步兵戰勝金國之重甲騎兵。《宋史·楊存中傳》記金人以拐子馬擊柘泉，楊存中"使萬人操長斧，如墻而進，諸

軍鼓譟奮擊，金人大敗"。《宋史·王德傳》："兀术以鐵騎十餘萬夾道而陣……一酋被甲躍馬始出，德引弓一發而斃。乘勝大呼，令萬兵持長斧，如墻而進，敵大敗。"元代，斧爲元軍格鬥兵器之一。《多桑蒙古史》記"蒙古軍全爲戰騎……携弓一、斧一、刀一、矛一"。清代，斧爲軍中雜形兵器之一。有前鋒左、右翼使用之鐵斧，綠營用雙斧、長柄斧等。斧爲清十大類兵器之一。《大清會典圖》卷一〇三載："斧俱鍊鐵，橫置柄首。"清中葉以後，斧被近代槍炮所淘汰。

石斧

新石器時期重要石器。以石製成，用作砍伐工具或武器。磨製加工，兩面有刃。有圓柱形、長柱形、長方形、梯形，有肩、有段等多種形式。早期石斧較爲厚重，晚期石斧較規整。多有使用損傷痕迹。石斧是由手斧轉化而來的，一般安裝有木柄。1977 年江蘇溧陽沙河鄉良渚文化遺址曾發現一木柄石斧，呈長方形，平頂，通體磨光，兩面刃。出土時有木柄。斧長 11 厘米，寬 2.8 厘米，厚 3 厘米。木柄長 29 厘米，以榫卯安柄法裝入卯眼内。該遺址還發現一帶柄有段石斧。呈長條形，長 15 厘米，寬 4.5 厘米，厚 3 厘米。斷面爲長方形，平頂，後面上部有段，四棱整齊，兩面刃對稱，刃口鋒利。出土時有木柄，柄長 32 厘米，頭部最大直徑 6 厘米。此種石斧，在長江以南其他新石器遺址也有發現。石斧利用力學的尖劈原理，可以以小力發大力，且製造工藝較爲簡單，使用方便，故成爲由原始工具轉化爲原始兵器中數量較多的兵器。各地新石器時期文化遺址多有出土。1983 年河北灤平後臺子新石器遺址下文

化層遺存出土石斧十八件，雙面刃，除頂部打製痕不精磨外，其餘部位皆磨光，兩側多磨出棱面。大多平面似矩形，弧刃。少量爲厚條形，截面近長方形，刃略弧。上文化層遺存也發現石斧三件，有角閃巖質和變質巖兩種。長方體，截面爲橢圓形。至商代，石斧爲青銅斧所替代。

銅斧

青銅製砍伐工具。亦作爲兵器和刑具使用。源於新石器時代石斧。始見於商代，流行於商周。西周前，銅斧多見兩種形制，一種形體較長，刃平直或略成弧形，圓銎；另一種形體較寬，弧刃，圓銎。中國國家博物館收藏之河南鄭州出土商銅斧，體呈長方形，刃部略成弧刃，銎部稍寬，爲直銎式裝柄。河南安陽殷墟西區墓葬出土之銅斧，呈長方形，刃部略成弧刃，中間置一圓孔，管銎式裝柄。其時銅斧因形制上與銅鉞相似，故文獻中常常斧鉞并提。如《史記・殷本紀》：“賜弓矢斧鉞，使得征伐。”《國語・魯語上》：“大刑用甲兵，其次用斧鉞。”東周時，銅斧主要用於砍伐，但也用作兵器。1971年湖南長沙瀏城橋一號墓出土矩形木柄銅斧一件。長6.9厘米，刃寬4.8厘米，兩面弧形刃，長方銎，有肩。柄呈矩形，長11.4厘米，下端插入銎內，上端距頂端4厘米處裝橫柄，橫柄長33.5厘米。斗榫處用竹釘加固。該器爲春秋戰國之交銅兵器。1972年山西長治出土戰國銅斧一件，長16.4厘米，以銎裝柲。似受北方草原民族兵器形制影響，斧銎呈鳥首形。雲南地區銅斧獨具特色。1972年雲南江川李家山古墓群出土東周銅斧具有滇文化色彩。長16.6厘米，刃部略成弧刃，向內後收呈束腰，銎部飾浮雕騎馬武士。居住在今廣東、

廣西和湖南南部的南越族，所鑄造銅斧，亦有本地區特色。1963年廣東青遠出土銅斧二件。一件長12.1厘米，弧刃，有回形飾紋。另一件長15厘米，略成弧刃，整體呈長方形。兩件均直銎裝柄，銎部向下呈弧形。至西漢，鋼鐵兵器取代了青銅兵器，中原地區銅斧被淘汰，但雲南滇池、昆明等地仍然製造和使用造型奇异、紋飾獨特、鑄造精美的青銅兵器。1956年出土於雲南晋寧西漢墓之直銎銅斧，一件長15.8厘米，弧刃；另一件長17.2厘米，略成弧刃。兩件均鑄有精美紋飾。同墓出土之管銎斧，全長17.2厘米，銎長14.5厘米，管銎上鑄四隻狐狸，飾回旋紋、犬牙紋、太陽紋。至西漢末期，雲南兵器與中原融爲一體，銅斧亦被淘汰。

透雕獸首圓銎斧

春秋青銅斧。銎頂飾透雕獸首，儀仗用。1972年8月山西長治分水嶺第二百六十九號墓出土一件，長16.3厘米。銎頂爲透雕獸首，有耳，圓目，張口吐舌，舌即長條式斧體，端刃弧形。有龍形體攀附。中間獸首上的龍首朝後，口含長蛇，蛇頸鱗甲分明。銎管裝飾上部兩側飾二獸，中間爲絢紋凸箍，下部飾三角雲紋。出土時銎內留有朽木，爲木柲遺痕。1978年山東濟寧薛國故城出土一件，銎頂亦飾透雕獸首，張口吐舌，長舌爲斧體，一側有“壽元”二字銘文。攀附獸首上，向後之龍體不甚清晰。銎口下端作尖齒形沿，較爲特殊。長17厘米。高10厘米。1982年山東臨沂王家黑墩村鳳凰嶺東周墓出土一件。銎頂呈橢圓形，上飾透雕獸首，張口吐舌，舌爲斧體，端刃圓鈍。獸首腦後伸出的斧內部分不作蛇形，而近似鳳尾圖案。獸首吻前還飾有一蜷曲的螭形物。頭上伏

獸頭向前，更近似獸首冠飾。由於獸首造型奇特，故稱其爲鳳首。器長 20.7 厘米，高 11.6 厘米。山西侯馬上馬墓地亦出土一件。長 16.2 厘米。橢圓形銎與透雕獸首大體與上面幾件銎斧相同。但紋飾相異，其銎頂獸首爲橫置圖案化形態，後面接方內，內上飾鏤孔伏獸紋。據王振華《古越閣藏商周青銅兵器》第二十號，古越閣收藏之透雕獸首圓銎斧通長 14.4 厘米，高 6 厘米，斧作狹本長條式，弧刃。銎呈管狀，有絢紋凸箍一道，下有穿孔。銎頂作透雕獸首，有耳，有眼，張口吐舌爲斧體。銎另一端作龍形體攀附中間獸首上，狀作吐舌，舌末端又作成獸首吐舌。因其形制和器物尺寸都與山西長治分水嶺出土圓銎斧相近，故推測古越閣透雕獸首圓銎斧應出土於山西地區。

斱

即斧。短柄劈砍兵器。橢形銎裝柄稱斧，方形銎裝柄稱斱。《說文·斤部》：“斱，方銎斧也。”明佚名《霞箋記·驛亭奇遇》：“效軍家扮粧，非同博浪，只爲一宵恩愛情難放。混軍中執斱，不見翠眉娘。”

前鋒左翼用斧

清代用斧。因清軍前鋒左翼用，故稱。直背，刃微曲，榆木柄長清制一尺二寸。《大清會典圖》卷一〇三載，前鋒左翼用斧“刃如半月，背削而修，刃徑四寸。鋄銀龍火珠。背闊一寸一分。自刃至背四寸五分。榆木柄，長一尺二寸，圍二寸四分，末鑽以鐵”。

前鋒右翼用斧

清代用斧。因清軍前鋒右翼用，故稱。背弧曲，刃闊，樺木柄長清制一尺。《大清會典圖》卷一〇三載，前鋒右翼用斧“刃平，背微狹，刃闊

三寸四分，背闊二寸，自刃至背三寸二分。樺木柄長一尺，圍三寸。末裹暖木皮，穿孔繫藍緌”。

綠營長柄斧

清代綠營用斧。因其柄長，故稱。背微曲，柄長清制四尺。《大清會典圖》卷一〇三載，綠營長柄斧“自背至刃八寸五分，刃徑七寸，背徑四寸，厚一寸。柄長四尺，圍四寸，木質髹朱”。

綠營雙斧

清代綠營用斧。因使用者雙手各持一，故稱。雙斧形制一致，曲背、闊刃、短柄，柄長清制一尺六寸。《大清會典圖》卷一〇三載，綠營雙斧“左右雙持，刃如半月，背方，刃徑各四寸六分。背徑一寸五分，厚四分。自刃至背各四寸五分，重各一觔，柄各長一尺六寸，圍三寸一分，亦木質髹朱”。

鈹

鈹 [2]

亦作“鈚”。長柄格鬥兵器。銅鈹由鈹頭、鈹莖和木柲（柄）組成。鈹頭尖鋒直刃，鈹莖扁形，上設穿孔。鈹頭和鈹莖形制和扁莖銅劍相似。鈹莖後端接長柲，柲爲木質或積竹柲（參見本卷《兵器戰具說·冷兵器考》“積竹柲”文）。柲末端有的還裝有銅鐏。鈹有一鋒二刃，再接以長柲，遂形成穿刺力強而又能左右劈砍之長兵器。《左傳·襄公十七年》載，宋國華閱死，其弟華臣使賊人持鈹殺華閱之子皋比的家宰華吳，“賊六人以鈹殺諸盧門合左師之後”。又昭公二十七年，吳國公子光使刺客鱄設諸（即專諸）刺吳王僚。僚之侍衛親兵皆持

鈹，"門階户席皆王親也，夾之以鈹"，進奉菜肴者"坐行（膝行）而入，執鈹者夾承之，及體以相授也"，"鑄設諸實劍於魚中以進，抽劍刺王，鈹交於胸，遂弑王"。由此推斷，青銅鈹在春秋時，已經成爲近體格鬥之利器，并且大量裝備部隊。故鈹之産生，當在春秋以前。至戰國，鈹更受重視，出土亦多。1960 年河北易縣出土之戰國青銅鈹，鈹頭長 33.6 厘米。同年河北磁縣發現之銅鈹鈹頭長 33.4 厘米。1956 年湖南長沙紫檀鋪戰國墓出土一件頭、莖、柲、鐏完整之青銅鈹。鈹頭長 33 厘米，以積竹柲爲柄。其裝柄方法是將鈹莖插入積竹柲端之裂隙，兩面用木板夾持，外面再用絲帶層層纏緊。柲下端裝銅鐏，鐏長 8 厘米。此器通長 1.62 米，大體相當於人之身高。湖南慈利石板村戰國墓出土銅鈹二件，形制相同。灰綠色，形似劍，隆脊有從。扁平短莖，莖裝入柄中。木柄爲上下兩塊扣合而成，一塊有楔形槽，一塊有 T 形栓，兩塊相合卡住莖，前有一寬銅箍固定。兩側依次密排二十五至三十條竹片，寬 3 至 5 厘米，厚 0.7 厘米，其上用細綫纏繞，外髹黑漆，飾金黄、朱紅彩雲紋。木柄尾殘斷，長度不明。陝西西安市臨潼區一號秦兵馬俑坑曾出土秦銅鈹十件。可釋銘文者有"十五年鈹""十六年鈹""十七年鈹""十八年鈹""十九年鈹"等。鈹頭似短劍，其身有從有鍔而無脊。鈹莖一頭略寬，另一頭略窄，呈長方形。莖身之間皆有格。莖後有帶銅鐏之長木柲痕迹。至西漢，鋼鐵製鈹取代青銅鈹。鐵製鈹頭較銅鈹長，在其莖部作尖刺形銅箍，使鈹頭與柲結合更爲牢固。柲下端多有鐏，鐏亦有尖齒。鐵鈹完整實物，見於山東淄博西漢齊王墓隨葬坑。該墓出土之鐵鈹刃長 72 厘米，莖部設箍，箍長 13.3 厘米，銅鐏長 28 厘米，連柲全長 2.9 米，其長度大大超過戰國青銅鈹。此器爲實戰用鈹。山東巨野西漢墓出土一件鐵鈹，刃長 66 厘米，箍爲銅質鎏金。鐵鈹是西漢軍中主要武器裝備之一。西漢軍中有"長鈹都尉""執鈹人"等官號。《漢書·高惠高後文功臣表第四》記隆慮克侯周竈"以卒從起碭，以連敖入漢，以長�都尉擊項籍，侯"。顔師古注："長�，長刃兵也，爲刀而劍形。《史記》作長鈹，鈹亦刀耳。"《史記·高祖功臣侯者年表第六》記安丘侯張説"以卒從起方與，屬魏豹，二歲五月，以執鈹入漢，以司馬擊籍，以將軍定代，侯，三千户"。亦有稱其爲矛者。《方言》卷九："錟謂之鈹。"郭璞注："今江東呼大矛爲鈹。"漢以後廢止。

【�】

同"鈹²"。此體漢代已行用。見該文。

秦王政十七年銅鈹

秦代青銅鈹。1979 年陝西西安市臨潼區秦俑坑出土。共十件。其中一件器身長 23.5 厘米，六個面，無中脊。莖呈矩形，近身處略寬，長 11.7 厘米，最寬處 11.3 厘米。近柲處有一小圓穿孔用以穿釘固柲。有菱形格。木柲表面塗漆，已朽，下端置銅鐏。鈹身兩側有極細之秦小篆銘文，一側爲"十七年寺工歇工鮫"，另一側爲"寺工"。鈹莖刻"子壬五"三字。"十七年"即秦王政十七年（前 230），"寺工"爲製造此器之官署，"歇"爲該官署之主官，"工"即工匠，"鮫"爲工匠之名。"子壬五"爲該器之編號。戰國青銅器，多有用干支作器物編號的。該器鑄造工藝極精，鈹身莖同模，鈹格分鑄，格含於鈹身。迄今已歷經兩千餘年，仍棱角規整，鋒鍔鋭利，僅鈹面有少許緑斑銹痕。現藏陝西西安市臨潼區秦始皇兵馬俑博物館。

齊王墓鐵鈹

1979 年山東淄博市臨淄區大武鄉西漢齊王墓隨葬器物坑共出土鐵鈹二十件，成束堆放。二十件鐵鈹形體完全相同。劍形首，斷面呈菱形，扁錐形莖，莖套以尖齒形銅箍，箍鑿刻雲紋和尖齒紋。柲已朽，其銅鐏，横斷面呈菱形，中部飾寬頻弦紋一周，前部有六個尖齒嵌入柲内，鐏上花紋有三種，第一種弦紋前部鑿刻尖齒紋和對稱流雲紋，後部鑿刻流雲紋；第二種弦紋前部鑿刻尖齒紋和對稱流雲紋，後部鑿刻對稱流雲紋，花紋上刻一"左"字；第三種寬頻弦紋上鑿刻三角紋，前後刻對稱流雲紋。鈹首（刃）長 72 厘米，箍長 13.3 厘米，鐏長 28 厘米，首、柲、鐏總長 2.9 米。爲西漢軍中實用兵器。現藏山東省博物館。

殳

殳

中國古代長柄砸擊兵器。由積竹或木質柄、柄端金屬殳頭、柄下端金屬鐏組成。《説文·殳部》"殳"下引《周禮》："殳以積竹，八觚，長丈二尺，建於兵車，旅賁以先驅。"源於原始社會之棍棒。現所見最早的銅殳爲西周時期製作。陝西寶雞竹園溝西周早期墓出土一件，直徑約 12 厘米，銎徑約 5.6 厘米，表面有三枚較大的凸齒。該省扶風白莊出土一件，年代相當西周中葉，正面作五角星形，器高 5.8 厘米，銎徑約 2.2 厘米。東周青銅殳爲軍中長柄格鬥兵器。《詩·曹風·候人》："彼候人兮，何戈與

役。"其時殳與戈、酋矛、夷矛、戟合稱"車之五兵"。《左傳·昭公二年》載："張匄抽殳而下……扶伏而擊之，折軹。"軹，戰車上横木，殳在車戰中顯然用於砸擊。殳的形制，據《周禮·考工記·廬人》："殳長尋有四尺……凡爲殳，五分其長，以其一爲之被而圍之。"賈公彦疏："殳，長丈二尺，無刃，可以擊打人。"《釋名·釋兵》："殳，殊也。長丈二尺而無刃。"《文選·張衡〈西京賦〉》："但觀罝羅之所羈結，竿殳之所揘畢。"李善注引薛綜曰："殳，杖也，八棱，長丈二而無刃，或以木爲之，或以竹爲之。"據出土實物，殳通長一般在 3 米以上，柄呈八棱形。殳首形制，除呈平頂圓筒形之無尖鋒殳外，江淮流域楚蔡等國還出現了有刃銅殳。殳首呈三棱矛狀，可以刺殺；骹部厚重并鑄有尖刺，可以砸擊。大大提高了殳的作戰威力。時殳也用於禮儀和護衛。帝王、諸侯出巡，衛士執殳開道。殳亦受到步兵重視。據《周禮·夏官·司右》鄭玄注引《司馬法》，殳與弓矢、矛、戈、戟爲步戰五兵。秦代，殳首呈三角錐狀，無刃。漢代，殳演變爲吾，爲儀仗守衛兵器。此後，殳退出實戰，僅作爲儀仗存在。

殳
（明王圻等《三才圖會》）

曾侯乙墓銅殳

戰國銅殳。湖北隨縣曾侯乙墓出土。共七件，兩種形制。一種柲長 3 米餘，徑 23 厘米，殳首長 17.6 厘米，呈三棱矛狀，刃鋒利。鋒後裝粗棘刺形銅箍和細棘刺形銅箍，間隔 40 至 50 厘米。刃葉上有銘。其中一件銘"曾侯邸之

用殳"。骹部飾浮雕龍紋。另一種爲積竹柲，通長 3.21 米，殳首爲圓形銅帽，末端裝八棱形銅鐏。同墓竹簡稱之爲"晋祋"。因其兼有砸擊和刺殺兩種功能，故成爲車戰中重要格鬥兵器。

秦俑坑銅殳

秦代殳。陝西西安市臨潼區秦始皇兵馬俑坑三號坑成批出土。殳體長 10.5 厘米，徑 2.3 厘米。形制簡單，銅質，呈圓筒形，頂端呈三棱錐形，無利刃，下接長柄。據考證，出土之三號坑爲秦俑之指揮坑，故此批銅殳當爲擔任警衛之武士守衛或儀仗用。

十九年大良造鞅殳鐏

戰國秦銅殳鐏。1995 年出土於陝西咸陽塔兒坡石油鋼管鋼繩廠秦墓。器呈圓柱形，尾端較細，端面呈拱形，中空，中部有透孔。高 5.25 厘米，頭端口徑 2.32 厘米，尾端徑 2 厘米，壁厚 0.1 厘米。有銘文四行十四字"十九年大良造庶長鞅之造殳眡鄭"。刻銘剛勁纖細，較草率，即所謂"草篆"。銘中"十九年"爲秦孝公十九年（前 343）。"鞅"即商鞅。"大良造庶長"爲商鞅的兩種爵位。《史記·秦本紀》説秦孝公六年"拜鞅爲左庶長"，十年"衛鞅爲大良造"。"之造"即商鞅監造。戰國中期秦青銅器刻字多用"之造"二字。"殳"乃此器之自銘。"眡鄭"按一般刻銘通例，應是此器製造地點。"眡"即"斄"。《史記·曹相國世家》："〔曹參〕從還定三秦，初攻下辯、故道、雍、斄。"張守節正義引《括地志》："故斄城一名武功，縣西南二十二里，古邰國也。""鄭"亦秦縣。但此件殳鐏不可能在兩個縣製造。故很可能是斄縣所屬一個鄉、里的記名。此鐏乃是殳的部件，殳柲的下端插入此器之中，既便於手持，又可

插於地下節省使用者的體力。（參見本卷《兵器戰具説·冷兵器考》"殳""鐏"文）

大棒

大棒

頂部裝有利刃之木棒，兼有擊刺兩種功能。明將戚繼光鎮守北邊時爲騎兵創製。明戚繼光《練兵實紀·雜紀·大棒解》："西北原野之戰，舊傳俱用大棒並其他器，悉置不問。木棒亦無式，不知用法。緣以敵人盔甲堅固，射之不入，戳之不傷，遂用棒，一擊則毋問甲冑之堅皆靡。雖然，但勢短難以刀交，又須雙手舉用，而馬上不得齊，齊用力下擊，必然閃墜，此步技也……必欲馬軍兼用，須加一短刃，可三寸，如鴨嘴。打則利於棒，刺則利於刃。"明戚繼光《紀效新書·手足篇》："大棒，刃長二寸，有中鋒，一面起脊，一面有血漕，磨精，重四兩。"

大棒
（明茅元儀《武備志》）

叉

叉

亦稱"馬叉"。直刺兵器。由長木柄與鐵叉頭組成。有兩股、三股兩種，由漁獵工具演進而成。《釋名·釋兵》："桰旁曰叉。"明茅元儀《武備志·軍資乘·器械三》："銳鈀……

馬叉……皆短兵中之長者也……鋭鈀即叉也。馬叉與鐺鈀大同而小異，利在于馬。"《皇朝禮器圖式·武備三》："綠營馬叉，鍊鐵爲之，通長六尺六寸……縱一尺。銎穿鐵盤三，相擊作聲。柄長五尺，圍四寸，木質，髹朱，末鐵鐏長四寸。"

【馬叉】

即叉。此稱明代已行用。見該文。

綠營馬叉
（清允祿《皇朝禮器圖式》）

白梃

白梃

亦作"白挺"。亦稱"棓""白棓""白棒"。即棍棒，打擊兵器。斬木即成，取材方便，製作簡易。《呂氏春秋·簡選》："鋤耰白挺，可以勝人之長銚利兵。"高誘注："挺，杖也。"《漢書·諸侯王表》："陳吳奮其白挺。"顏師古注引應劭曰："白挺，大杖也。"《淮南子·詮言訓》："王子慶忌死於劍，羿死於桃棓。"高誘注："棓，大杖。"《三國志·魏書·鍾會傳》："會已作大坑，白棓數千，欲悉呼外兵入。"晋葛洪《抱朴子·至理》曰："於是官軍以白棒擊之，大破彼賊，禁者果不復行，所打煞者，

白棒
（明王圻等《三才圖會》）

乃有萬計。"《新唐書·李嗣業傳》："常爲先鋒，以巨棓笞鬪，賊值，類崩潰。"《通典·兵五》："連枷、連棒、白棒……城上城下，咸先蓄積。"清俞樾《茶香室叢鈔·旱魃》："果見火光入農家，以大棓擊之，火焰散亂，有聲如馳。"

【白挺】

同"白梃"。此體先秦時期已行用。見該文。

【棓】

即白梃。此稱漢代已行用。見該文。

【白棓】

即白梃。此稱三國時期已行用。見該文。

【白棒】

即白梃。此稱晋代已行用。見該文。

夾刀棍

棍棒之屬。棍首如刀，可擊可刺。明將戚繼光統兵薊鎮時創製。戚繼光《練兵實紀·雜紀·夾刀棍解》："此即大棒也。但加一利刃如解首，異其名，擊刺皆便。柄亦如棍，刃長五寸，更短更妙。木柄向刃下稍存微棱，庶倉卒及夜間用之知其刃所向也。"

杵棒

砸擊兵器。棍棒之屬。兩端粗大，皆有鐵皮包裹及植鐵釘。唐宋軍隊裝備中之輔助性兵器。唐長孫無忌《唐律疏義·衛禁上》曰："將兵器、杵棒等闌入宮門得徒三年。"宋曾公亮《武經總要前集·器圖》："取堅重木爲之，長四五尺……植釘於上如狼牙者爲狼牙棒，本末均大者爲杵（棒）。"

杵棒
（明王圻等《三才圖會》）

長鐮

長鐮

亦作"長鐮"。亦稱"鈎鐮"。鈎割兵器。由長柄鐮刀轉化成之兵器，故稱。木柄首裝金屬鐮刀，鈎割或啄擊敵人。始見於《墨子・備城門》："十步一長鐮，柄長八尺。"孫詒讓閒詁："《說文・金部》云：'鐮，鍥也。'《刀部》云：'刉，鐮也。'《方言》云：'刈鈎，自關而西或謂之鈎，或謂之鐮。'《六韜・軍用篇》云：'艾草木大鐮，柄長七尺以上，三百枚。'"一本作長鐮。唐杜佑《通典・兵五》："長錐、長鐮……城上城下，咸先蓄積。"鈎鐮，初作收割草木工具，後用作兵器，漢王充《論衡・程材篇》曰："山野草茂，鈎鐮斬刈，乃成道路也。"宋陳規《守城錄・湯璹德安守禦錄下》曰："戰棚上下方欲施用火鎗、撞鎗、鈎鐮之。"明茅元儀《武備志・戰船二》："鈎鐮。刃闊一寸三，篙竹長一丈五尺。舟中或割其繂，或勾其船，或割其棚間繩索，必不可少。須竹長而輕，刃彎而利。"

鈎鐮
（《大清會典》）

【長鐮】

同"長鐮"。此體先秦時期已行用。見該文。

【鈎鐮】

即長鐮。此稱明代已行用。見該文。

抓子棒

抓子棒

亦稱"鐵抓"。砸擊兵器。裝有帶三根倒鈎之鐵棒頭，除用於砸擊外，并可以抓鈎拉敵騎兵於馬下。宋代軍隊裝備中輔助性兵器。宋曾公亮《武經總要前集・器圖》："抓子棒……取堅重木爲之，長四五尺……近邊臣於棒首鏇鋭刃，不作倒雙鈎，謂之鈎棒，無刃而鈎者亦曰鐵柭。"

抓子棒
（宋曾公亮《武經總要前集》）

【鐵抓】

即抓子棒。此稱宋代已行用。見該文。

骨朵

骨朵

亦作"肒肒""鶻鵌"。砸擊兵器。以銅鐵或堅木製成首部粗大之棍棒，首部呈蒜頭或蒺藜等形。由先秦之"長椎"演變而來。唐宋後多用爲儀仗，并塗以金銀，以壯觀瞻。宋宋祁《宋景文公筆記》卷上："關中謂腹大者爲肒肒，上孤下都。俗因謂杖頭大者亦曰肒肒，後訛爲骨朵。"宋曾公亮《武經總要前集・器

骨朵
（明茅元儀《武備志》）

圖》："蒺藜、蒜頭骨朵二色，以鐵或木爲大首。迹其意，以爲胍肫，大腹也，謂其形胍而大。後人語訛，以胍爲骨，以肫爲朵。其首形製不常，或如蒺藜，或如羔首，俗以隨宜呼之。"《遼史·兵衛志上》："每正軍一名，馬三匹，打草穀、守營鋪家丁各一人。人鐵甲九事……弓四、箭四百、長短鎗、鍋鍬、斧鉞、小旗。"《宋史·儀衛志二》："車駕行幸儀衛……隨身器械，另別給銀骨朵一。"

【胍肫】

同 "骨朵"。此體宋代已行用。見該文。

【鍋鍬】

同 "骨朵"。此體宋代已行用。見該文。

連梃

連梃

亦作 "連挺"。亦稱 "鐵鍊夾棒"。打擊兵器。以革條編索或鐵鍊連結兩節堅木棒而成，手持之節較長，擊敵之節較短。由農具連枷演變而來，主以守城，擊打攀城至女墻外側之敵。先秦以迄明清，一直行用軍中。甘肅金塔額濟納河東岸曾出土漢代實物。《墨子·備城門》："二步置連梃、長斧、長椎各一物。"一本作 "挺"。《通典·兵五》："連梃，如打禾連枷狀，打女墻外上城敵人。"宋曾公亮《武經總要前集·器圖》："鐵鍊夾棒。本出西戎，馬上用之，以敵漢之步兵。其狀如農家打麥之枷，以鐵飾之，利於自上擊下。"

【連挺】

同 "連梃"。此體先秦時期已行用。見該文。

【鐵鍊夾棒】

即連梃。此稱宋代已行用。見該文。

連珠雙鐵鞭

打擊兵器。據宋曾公亮《武經總要前集·器圖》，與 "鐵鍊夾棒" 形制功能基本相同，唯擊敵之節由單棒改爲雙棒。（參見本卷《兵器戰具說·冷兵器考》"連梃" 文）

狼牙棒

狼牙棒

亦稱 "蒺藜棒"。砸擊兵器。棒首裝有尖刺，狀如狼牙，故稱。雲南江川曾出土戰國初期之實物，青銅棒頭，長尺許，外表有凸出之錐刺，截面爲八棱形。頂有平頭及尖鋒兩種，或飾以獸首。底部爲銎，

狼牙棒
（明王圻等《三才圖會》）

以便裝棒柄。宋錢易《南部新書》卷六："韋丹任洪州，值毛鶴叛，造蒺藜棒一千具，并於棒頭以鐵釘釘之，如蝟毛……其棒疾成易具，用亦與刀槍不殊。"宋曾公亮《武經總要前集·器圖》："取堅重木爲之，長四五尺……植釘於上如狼牙者，曰狼牙棒。"

【蒺藜棒】

即狼牙棒。此稱宋代已行用。見該文。

啄

啄

啄擊兵器。長柄，啄首垂直橫臥柄上，端點有尖錐形利器。雲南晋寧、江川等地曾出土戰國實物。木柄頂端插入青銅啄首銎中，啄首長 20 餘厘米，與柄成直角。有頭呈尖錐形或平頭帶刃者。啄上并鑄有牛、鹿等物。唐李筌《太白陰經·戰具·器械》："馬軍及陌刀，並以鎚、斧鉞代，各四分支。"

流星鎚

流星鎚

亦稱"飛鎚"。手執打擊兵器。繩索兩端，各繫一帶角多面體鐵鎚。平時暗藏於身，用時以右手投擲前面一鎚，左手提後面一鎚，以備不虞。通用於明代，但并非軍中制式兵器。重量大小及繩索長短，均因人而异。清代改爲一鎚，另一端裝把手，可反復連擊。明唐順之《武編前卷五·鎚》："夫鎚者，暗器也，不得已而用之……流星鎚有二，前頭者謂之正鎚，後面手中提者，謂之救命錘。"明茅元儀《武備志·器械三》："飛鎚，即流星鎚也。"

飛鎚
（明何汝賓《兵錄》）

【飛鎚】

即流星鎚。此稱明代已行用。見該文。

傷杷

傷杷

宋代钂類兵器。以木或竹爲柄，上有五齒，齒裝鐵鋒，兼有直刺及格架功能。傷，輕易，輕便，易製易用，故稱。宋曾公亮《武經總要前集》已見傷杷。明軍裝備中作爲輔助性兵器。明茅元儀《武備志·器械三》："傷杷之制堅木秆五枝，長二尺一寸，上鐵頭三寸，木柄三尺。專於步戰，進退周旋，貫能隔架鎗刃，乘隙攻刺。南人備倭，以竹造用。"

椎

椎

砸擊兵器。多爲鐵製，有裝長木柄及不裝柄兩種。始於先秦，唐以後發展爲"骨朵"及鎚類兵器。《墨子·備城門》："二步置連梃、長斧、長椎各一物。"《六韜·軍用》："方首鐵鎚，重八斤，柄長五尺以上……一名天槌，敗步騎群寇。"《史記·魏公子列傳》載："朱亥袖四十斤鐵椎，椎殺晋鄙。"

鈀

鈀 [1]

亦作"扒"。啄擊兵器。有鐵製、木製兩種。長柄，鈀頭植利齒若干。晋虞喜《志林新書》："〔賀齊〕尤好軍事，兵甲器械，極爲精好。干、櫓、戈、矛、葩、爪、文畫、弓弩、矢箭，咸取上材。"明茅元儀《武備志·器械三》："扒，以木爲之，而外施鐵。"又，《教藝九》："執鈀有勢，進鎗時步步以鈀頭照管鎗頭，一擊一戳而入者爲上等。"清王晫《兵仗記》："鈀之制有二：曰鐵鈀，曰木鈀。鐵鈀之頭，直刃，橫齒皆鐵。"

【扒】

同"鈀[1]"。此體明代已行用。見該文。

訶藜棒

訶藜棒

砸擊兵器。棍棒之屬。首部裹鐵之短木棒，單手持用。宋軍裝備中輔助性兵器。宋曾公亮《武經總要前集·器圖》："訶藜棒……取堅重木爲之，長四五尺……以鐵裹其上者，人謂訶藜棒。"

訶藜棒
（明茅元儀《武備志》）

鈎鑲

鈎鑲

鈎、盾結合之複合兵器。上下有鈎，後有把手和小型鐵盾。以盾推擋，以鈎鈎束。常與刀劍等兵器配合使用。左手持之擋鈎，右手持刀劍砍殺。《釋名·釋兵》："鈎鑲，兩頭曰鈎，中央曰鑲，或推鑲，或鈎引用之皆宜也。"一説，劍屬。創製於東漢。漢代盛用戟，此爲制戟之有效兵器。因戟有橫出小枝，被鈎束後很難抽回，即可乘機以刀劍攻擊。江蘇銅山發現之漢畫像石，有二人格鬥圖，一人之戟已被鈎住，持鈎鑲者正用刀下砍。據河南、河北、四川等地出土實物測量，小盾高 20 餘厘米，寬 10 餘厘米；上鈎長 25 厘米許，下鈎長 15 厘米許。東漢後，鈎鑲廢止。

鈎棒

鈎棒

砸擊與鈎刺相結合之複合兵器。棒首置利刃及倒雙鈎。爲宋軍裝備中之輔助性兵器。宋曾公亮《武經總要前集·器圖》："取堅重木爲之，長四五尺……近邊臣於棒首鏇銛刃，不作倒雙鈎，謂之鈎棒。"

鈎棒
（明王圻等《三才圖會》）

樞

樞

粗棍杖，砸擊兵器。《急就篇》卷一七："鐵錘樞杖棁柲殳。"顏師古注："麤者曰樞，細者曰杖。"宋岳珂《桯史》卷五："屏息庭槐下，執樞候晨。"一説爲"策""鞭"。

錘

錘

亦作"鎚"。砸擊兵器。短柄，頭呈珠形，銅或鐵製。由"椎"演進而來。《急就篇》卷一八："鐵錘樞杖棁柲殳。"顏師古注："錘亦可以擊人，故從兵器之例。張良所用擊秦副車，即此物也。”唐駱賓王《詠懷》：“寶劍思存楚，金鎚許報韓。”清王晫《兵仗記》：“鎚之制有二：曰鐵錘，曰流星錘。”

【鎚】

同“錘”。此體唐代已行用。見該文。

鏟

鏟

推斬、刺殺兵器。木柄首端有橫寬二尺許之月牙形鐵鏟，末端安有長約一尺之槍矛狀鐵鐏。前以推斬及格架，後以刺殺。月牙形鏟首，有凹弧向前及凸弧向前兩種。凸弧向前者又稱“天蓬鏟”，前後均爲刃，可推斬亦可鈎割。明茅元儀《武備志·器械三》：“鏟，長小尺一丈，尾有刃，以便後刺。”

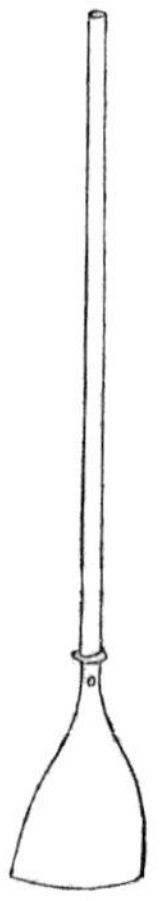

鏟
（明王圻等《三才圖會》）

鐵簡

鐵簡

砸擊兵器。鐵鞭屬。四棱方柱體。有單簡與雙簡兩種。長短大小，因人而异。盛行於宋，爲軍中裝備之輔助性兵器。福建曾發現宋重臣李綱所用實物，上有“靖康元年李綱製”之錯金篆書銘文。《宋史·任福傳》：“〔任福〕揮四刃鐵簡，挺身决鬬，槍中左頰，絶其喉而死。”宋曾公亮《武經總要前集·器圖》：“鐵鞭、鐵簡兩色：鞭，其形大小長短，隨人力所勝用之。人有作四棱者，謂之鐵簡，言方棱似簡形，皆鞭類也。”《金史·烏延查剌傳》：“查剌左右手持兩大鐵簡，簡重數十斤，人號爲‘鐵簡萬户’。”（參見本卷《兵器戰具説·冷兵器考》“鐵鞭”文）

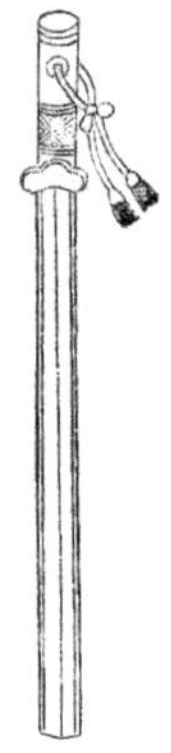

鐵簡
（明茅元儀《武備志》）

鐵鞭

鐵鞭

砸擊兵器。鐵質。圓柱體，形似竹節，有柄，單手持用。由先秦刑具竹鞭演變而來。非軍中制式裝備。《新五代史·安重榮傳》：“又使人爲大鐵鞭以獻……號‘鐵鞭郎君’，出則以爲前驅。”《宋史·王繼勳傳》：“繼勳有武勇，在軍陣，常用鐵鞭、鐵槊、鐵檛，軍中目爲‘王三鐵’。”宋曾公亮《武經總要前集·器圖》：“鐵鞭、鐵簡兩色；鞭，其形大小長短，隨人力所勝用之。”

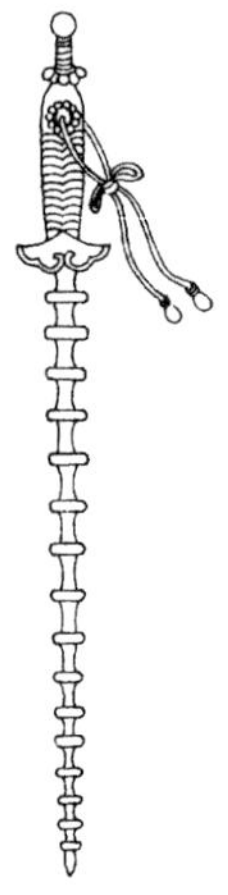

鐵鞭
（宋曾公亮《武經總要前集》）

雙飛撾

雙飛撾

亦稱"鷹爪飛撾"。手擲抓擊兵器。繩索兩端各繫一鷹爪狀鐵撾，指皆雙節，可伸出活動；另一繩索兩端各繫一鐵環，撾繩由環中通過。抽拉撾繩，撾爪上部套入環中，五指即被箍合攏。同時以右手擲一撾擊敵人馬，左手提另一撾備用，著身即拉繩收合，使其無法逃脱。

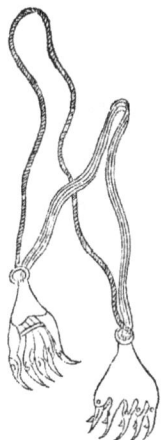

雙飛撾
（明茅元儀《武備志》）

明茅元儀《武備志·器械三》："雙飛撾，用净鐵照式打造，若鷹爪樣，五指攢中、釘活，穿長繩繫之。始擊人馬，用大力人丢去，着身收合，回頭不能脱走。"明何良臣《陣紀·技用》："短兵者，爲接長兵之不便，然亦有長用也……（如）連珠鐵鞭、鷹爪飛撾。"

【鷹爪飛撾】

即雙飛撾。此稱明代已行用。見該文。

钂

钂

亦稱"通天鈀"。具有直刺與格架雙重功能之長柄兵器。有三齒、五齒兩種。中齒較長，尖銳如鎗，用於直刺；側齒弧形，裝有上下凸出之尖刺，主以格架。《詩·邶風·終風》曰："擊鼓其鏜，踊躍用兵。"由又演變而成。明代抗倭時始裝備於軍隊。清軍綠營亦以裝備，形制仍舊，但改稱"通天鈀"。明徐光啓《恭承新命謹陳急切事宜疏》："山東募送鎗钂鈎鐮竿子等教師各十數名。"

【通天鈀】

即钂。此稱清代已行用。見該文。

通天鈀
（清允禄《皇朝禮器圖式》）

钂鈀

钂鈀

又類兵器。長柄，鐵首，三齒。正鋒尖銳如鎗，兩側橫股爲四棱體，弧形前彎，尖端低於正鋒，可擊可禦，兼有直刺與格架功能。由鍛演化而成。1982 年浙江淳安曾出土宋代實物，刃尖爲三角形，鐵首長 66 厘米，橫股闊 28 厘米。明朝戚繼光曾加改進，并用爲火箭發射架，爲戚家軍裝備中重要兵器之一。明戚繼光《紀效新書·短器長用解》：钂鈀"長七尺六寸，重五斤……上用利刃，橫以彎股，刃用兩鋒，中有一脊……彎股四棱，以棱爲利"。又，"而惟此一品，可擊可禦，兼矛盾兩用。若中鋒太長，兩橫太短，則不能架拿賊器；若中鋒與橫股齊，則不能深刺，故中鋒必高二寸。且兩股平平可以架火箭"。明茅元儀《武備志·器械三》："〔钂鈀〕短兵中之長者也，钂鈀即叉也。"

狼筅

戚繼光抵抗倭寇時所操練"鴛鴦陣"的武

器配置之一。行用於明代。其械形體重滯，械首尖銳如槍頭，械端有數層多刃形附枝，呈節密枝堅狀。明戚繼光《練兵實紀·雜集·軍器解上·狼筅解》："狼筅乃用大毛竹，上截連四旁附枝，節節枒杈，視之粗可二尺，長一丈五六尺。人用手勢遮蔽全身，刀槍叢刺必不能入，故人膽自大，用爲前列，乃南方殺倭利器。"明馮夢龍《智囊補·兵智·鴛鴦陣》："戚繼光每以鴛鴦陣取勝，其法二牌平列，狼筅各跟隨牌，每牌用長槍二枝夾之，短兵居後。"

抛射兵器

抛射兵器

　　冷兵器之一種，將具有殺傷功能之物體以人力或機械力擲至敵方以殺敵。包括以臂力投擲的標鎗、颺石；以重力結合物體之杠杆作用抛擲利器殺敵的砲；以人、動物或機械力量改變竹、木等器物形狀儲存能量，利用其復原之彈射力射出各種箭矢殺敵之弓、弩。因其能在較遠距離殺傷敵人，故自戰爭產生以來，一直是軍隊重要裝備。火藥兵器出現後較長時期，仍爲軍中輔助兵器，以補火器之不足。

　　抛射兵器起源於原始狩獵工具。原始人在舊石器時代打製石工具的基礎上，還創製了一些專門用於遠距離殺傷獵物的工具。包括以繩索結合手臂力量甩石球擊殺獵物的飛石索，以竹、木之彈射力彈射石球和箭矢擊殺獵物的彈弓與弓弩，以人手臂力量投擲矛狀利器以刺殺獵物的標槍等。據考古發掘資料，舊石器時代遺址有大量石球出現，說明人們已經能用抛石索抛擲石球。到新石器時代，出現了硬木製矛頭和穩定方向的翼形器，說明其時已有專用於投擲的標槍（參見本卷《兵器戰具說·冷兵器考》"標鎗"文）。漢趙曄《吳越春秋·句踐歸國外傳》稱"弓生於彈"，認爲弓箭之弓源於彈弓之弓。從民族學材料（如雲南傣族用的竹彈弓）和甲骨文中彈字（參見本卷《兵器戰具說·冷兵器考》"彈弓"文）可看出，彈弓之弓和弓箭之弓很相似。彈弓之彈丸用小石即可，故先於弓箭是可能的。弓箭是原始人最重要的狩獵工具。弓箭的創製，是人類技術上十分重要的進步。此後，又經過了漫長的實踐，由最早用單片竹木材彎曲并縛以動物角筋、皮革繩索的單體弓發射削尖的竹片和木棍，發展到用多種材料製成之早期複合弓發射銳利的石、骨鏃，并有能保持飛行穩定箭羽的箭。弓箭輕便、快捷，較標槍、抛石索等發射距離遠，發射準確，殺傷力亦强，遂成爲原始人主要狩獵工具。但弓祇能用手臂張弦，力量有限，穿透力和發射距離受到限制；邊控弦邊瞄準，也使發射時機的掌握和瞄準精度受到影響。爲了彌補弓箭上述弱點，新石器時期，人們在弓箭的基礎上，創製了可以延時發射的原始木弩。到原始社會晚期，由於部落聯盟之間殘酷頻繁戰爭的需要，既可用於狩獵又能殺人的抛石索、標槍、弓、弩等便轉化爲原始抛射兵器。其中的弓和弩，成爲最重要的抛射兵器。夏代，抛射兵器大體沿襲原始社會晚期。在相當於夏代文化遺址中有少量青銅箭鏃的出現，但未能改變夏代以石、骨鏃爲主的局面。商代，抛射兵器仍以弓箭爲主。時弓爲多種材料製成之合體弓，弓長與人身高相近。箭以銅鏃爲主，形制多爲雙翼帶鋌式，也大量使用骨、角、蚌、石鏃。箭杆以竹木製爲主，亦用藤製。箭羽多用雕翎、角、鷹羽等。據出土實物，當時已經有了弛弓時縛在弓背上保護弓體的銅弓秘，套在拇指上以利扣弦的玦（扳指）和盛箭的箙等附件。弓箭不僅爲戰爭之利器，亦爲權力之象徵物。《史記·周本紀》載，商紂王因西伯獻美女珍寶，"賜之弓矢斧鉞，使西伯得征伐"。同文載武王伐商紂至牧野，紂自焚而死。武王"至紂死所。武王自射之……已而至紂之嬖妾二女，二女皆自殺。武王又射三發"。商代已有用弩的記載（參見本卷《兵器戰具説·冷兵器考》"弩"文），但未見出土實物。西周軍隊之抛射兵器以弓箭爲主，但弩已成爲正式裝備。東周時，戰爭的頻繁促進了抛射兵器的發展。製弓技術的進一步提高，使當時的角弓弓力更大。加之弓箭輕便、快速等特點，使其仍爲主要抛射兵器。銅弩機的出現，弩的射程和穿透力的大大提高，使弩成爲軍中僅次於弓的抛射兵器。據出土資料，東周弩大多爲"發於肩膺之間，殺人百步之外"（見《孫臏兵法·勢篇》）臂張弦之輕型弩。但春秋末至戰國，也出現了不少以雙臂雙足共力張弦的強弩，如射六百步之外的時力、距來、黍子，可以"以一當十"之蹶勁、超足等。并創製了絞車連弩、大黄參連弩等大型連弩，開創了牀弩和連弩之先河。春秋時出現的利用杠杆作用抛擲石彈殺敵的砲，時稱"旝"或"發石"，雖然未能大量裝備部隊，但爲此後砲成爲主要抛射兵器奠定了基礎。秦代，車兵、騎兵均配備弓箭，步兵除弓箭外，還裝備弩。故至楚漢戰爭，仍有弩將（見《史記·高祖功臣侯者年表》）之官稱。當時弓弩用箭仍以銅鏃爲主，但有少量鐵鏃和鐵鋌銅鏃出現。漢代，由於對北方少數民族作戰需要，特別是對匈奴的長期戰爭，使弩成爲比弓更重要之抛射兵器，達到無戰不用弩之地步。漢弩機較前有較大改進。弩機外加銅廓，把銅廓嵌入弩臂機槽，則更爲牢固；望山加高，射程更遠；有些弩機在望山上刻有表示距離的刻綫，使瞄準更爲精確。漢代製弓技術，更爲成熟。至西漢中期，鋼鐵鏃已基本取代銅鏃。據《史記·李將軍列傳》，李廣出獵，"見草中石，以爲虎而射之，中矢没鏃，視之石也"。中石而没，可見其時鋼鐵鏃之鋭利和弓力之強。三國至西晋，抛射兵器以弓爲主，弩次之。砲時稱"發車""霹靂車"，在攻守城作戰中使用漸多。東晋十六國，北方各族南下中原，其騎兵慣用弓，用弩漸少。但江南各國仍弓弩并用，并出現了大型牀弩。隋唐時，抛射兵器以弓爲主。唐弓包括步兵用之長弓、騎兵用角弓、近射的稍弓和儀仗用格弓。但弩不廢，除步兵用擘張弩，騎兵用馬弩外，還使用以絞車轉軸上弦的車弩。砲已成爲軍中重要抛射兵器，文獻中有一次造砲三百具和用三百人拉拽的記載（參見本卷《兵器戰具説·冷兵器考》"砲"文）。宋代，火兵器出現，但弓弩仍爲軍中主要抛射兵器。弩還得到進一步發展。宋時創製的強弩神臂弓後改製成克敵弓，可射三百六十步，合今制540餘米。牀弩種類繁多，最遠可射千步，合今制1500餘米。砲已成爲宋軍和北方各國（遼、金、蒙、西夏等）軍隊重要抛射兵器，不僅用來抛擲石彈，亦用以抛擲火器，故亦稱爲"炮"。其間，南宋陳規首創將砲設於城内，定砲人立於城牆上指揮砲之發射，大大提高砲的威力。可惜這種最早的間接瞄準法未能得到推廣，因之未能發揮更大作用。

蒙古攻宋襄陽之戰，亦思馬因將人力拉拽拋石之砲改用重力拋石，創製襄陽砲，大大提高了砲的威力。其時砲已成爲各國拋射兵器中之主要裝備，爲攻守城戰具特別是攻城作戰中不可缺少之利器。元代，蒙古軍重視弓馬騎射，故弓箭爲主要拋射兵器。砲作爲攻城器械而受到重視，并設立砲軍以發揮砲之作用。弩（包括牀弩）亦作爲輔助拋射兵器而存在。明代，火器盛行，拋射兵器漸衰。弓、弩因其輕便和命中率較當時火兵器高，仍保留在軍中，僅牀弩因其笨重而退出實戰。砲使用漸少。清代，八旗兵善騎射，以騎馬射箭爲武將之本，故弓制完備。弓箭仍爲軍中之利器。因受火兵器影響，弩機較前先進，但弩祇作爲地方部隊之裝備。砲已不見於軍隊編制。其時雖弓箭仍受到重視，但總體上，拋射兵器的作用已日漸衰微。19世紀中葉，弓弩爲鳥槍等火兵器所替代，拋射兵器遂退出戰爭舞臺。

弓

弓

　　拋射兵器之一種。由弓身與弓弦兩部分組成。弓身需要有極強之彈性，弓弦則要有難斷之韌性。箭或彈丸扣弓弦上，拉弦使弓身彎曲，伺機鬆弦，以弓身復原之彈力，射箭或彈丸殺敵。《説文·弓部》：“弓，以近窮遠。”弓各部之名稱，見《釋名·釋兵》：“其末曰簫，言簫梢也；又謂之弭，以骨爲之，滑弭弭也。中央曰弣，弣，撫也，人所撫持也。簫弣之間曰淵，淵，宛也，言宛曲也。”弓的發明者，雷學淇校輯《世本·作》云：“夷牟

作矢，揮作弓。”宋衷注：“夷牟、揮，皆黃帝臣也。”《孫臏兵法·勢德篇》：“羿作弓弩，以勢象之。”亦有稱羿之弟子逢蒙爲弓的發明者。據考古發掘資料，弓的出現至少在距今三萬年前的舊石器時代（參見本卷《兵器戰具説·冷兵器考》“箭”文）。比上述文獻記載要早得多。最原始的弓是用單片木材或竹材縛上動物筋、皮條或繩質的弦彎曲製成的單體弓，以削尖之木棍或竹杆爲箭，即《周易·繫辭下》所説：“弦木爲弧，剡木爲矢。”商代的弓，已經脫離了原始單體弓階段。在河南安陽殷墟小屯車馬坑曾發現兩張弛弓的遺痕，兩弭間相距65厘米。據此推測，當時弓張弦可達1.6米，與人身高相近。在金文、甲骨文弓的象形文字中，弓弣部向射手一側明顯凹入，并且在張弓和弛弓時，弓弣的狀態不同，可知商代的弓至少是用兩種材料黏合成之合體弓。商代還出現了“弓形器”（亦稱“銅弓柲”）。弛弓時，可縛在弓背中央以防弓損壞。并出現了中國最早的的板指。射箭時，將扳指套在拇指上以利扣弦。西周時，拋射兵器仍以弓箭爲主。現尚未發現西周時弓和箭的實物，從出土之箭鏃推斷，其弓形制大體同商代。爲保證弓箭品質和戰爭需要，當時還設置了掌管弓（箭）之專門機構。《周禮·夏官·司弓矢》：“司弓矢掌六弓四弩八矢之法，辨其名物，而掌其守藏與其出入。”東周時，製弓工藝有較大進展。各國爲滿足戰爭對拋射兵器的需要，努力提高製弓技術。據《周禮·考工記·弓人》載，其時製弓需要“六材”，即幹、角、筋、膠、絲和漆，“六材既聚，巧者合之”。對六材的作用和選用標準，均有詳細規定。并已掌握了獲取不同弓材之最

佳季節，"弓人爲弓，取六材必以其時"。將六材合製成弓的不同工序也需選不同季節，"凡爲弓，冬析幹而春液角，夏治筋，秋合三材，寒奠體，冰析灂"，再春披弦。由此推知，當時製一弓至少需二至三年。按使用者身份，弓分爲天子用弓、諸侯用弓、大夫用弓、士用弓四級。按弓之長度，可分爲上制、中制、下制。以其性能和用處，可分爲王弓、弧弓、夾弓、庾弓、唐弓、大弓六種。據出土實物，東周弓身係以木竹多層叠合後，黏縛膠質薄片狀動物角、筋，以絲纏緊，通體髹漆而成之複合弓。弓弦多用絞絲或動物筋，與《周禮·考工記·弓人》大體相合。戰國時，出現了很多著名的強弓，特別是韓國，"天下之強弓勁弩皆自韓出，谿子、少府、時力、距來，皆射六百步之外"（見《戰國策·韓策一》）。弓箭不但能大量殺傷敵之士卒，還可以射倒敵方旗幟，使其指揮混亂，軍心動摇；射殺敵方主將，使敵營解體。戰國時各國均注意培養善射者。據《戰國策·西周策》，楚國養由基"去柳葉者百步而射之，百發百中"。在晋楚鄢陵之戰中，楚共王給他兩隻箭，令其射晋國將領呂錡。養由基祇一箭即射中呂錡咽喉，呂立即斃命（見《左傳·成公十六年》）。漢代，大規模的戰爭，特別是對北方匈奴的大騎兵集團作戰，對弓的數量和品質，都提出了更高的要求。據出土資料，漢弓長度大體在 130 至 140 厘米。在居延甲渠候官遺址出土的王莽時期至東漢建武初年的複合弓，長 130 厘米，外側材質爲扁平長木，内側由數塊牛角銼磨、拼結、黏合而成，弣部又夾二木片。弓表纏絲髹漆外黑内紅。其製作和取材，均較戰國爲優。據《漢書·李廣傳》載，西漢名將李廣善射，每戰必以弓箭殺敵。"廣出獵，見草中石，以爲虎而射之，中石没矢。視之石也"。足見弓力之大。魏晋南北朝時，北方匈奴、鮮卑等游牧民族進入中原，因其善弓馬騎射，故弓箭盛行，并出現了一些拉力極強的特製弓。《梁書·羊侃傳》載，"侃少而雄勇，膂力絶人，所用弓至十餘石"。《魏書·奚康生傳》載，奚康生"能引强弓，力至十餘石……其弓長八尺，把中圍七尺二寸，箭粗殆如今之長笛"。隋唐時，遠射兵器以弓弩爲主。《新唐書·兵志》："人具弓一、矢三十、胡禄、横刀……皆一。"弓和横刀是士卒必備兵器。當時弓有四種：步兵用長弓，騎兵用角弓，近射用稍弓，儀仗用格弓。由唐杜甫《兵車行》中"車轔轔，馬蕭蕭，行人弓箭各在腰"可知弓箭在唐代軍中地位。唐名將薛仁貴"一發洞貫"五甲。在與突厥鐵勒作戰時，"仁貴發三矢，輒殺三人，於是虜氣懾，皆降"（見《新唐書·薛仁貴傳》）。宋代，火藥兵器出現，但未能取代弓箭。"軍器三十有六，而弓爲稱首；武藝一十有八，而弓爲第一"（宋華岳《翠微北征録·弓制》）。據《宋史·兵志十一》載，宋時設弓弩院和弓弩造箭院，專司弓弩製造。"弓弩院歲造角弝弓等凡千六百五十餘萬。諸州歲造黄樺、黑漆弓弩等凡六百二十餘萬"。宋尹洙《河南先生文記》載，宋軍"諸處馬軍每一都槍手、旗頭共十三人，其八十餘人並係弓箭手"。可知宋"馬軍"（騎兵）多數爲弓箭手。弓之形制仍爲複合弓。有麻背弓、白樺弓、黑漆弓、黄樺弓等。元代，蒙古軍以騎兵爲主，步兵次之。步騎皆精騎射，作戰多以弓强箭多取勝。明代，火器盛行，弓箭因其使用便捷，可補火器之不足，故仍爲軍中利器。明代弓制與宋元相似，名稱不同。有開元弓、小梢弓、西番木弓等。明何良臣《陣記・束伍》云："授器之要，因其短長；編列之宜，隨其地勢。每以槍、筅、弓、弩、標、銃爲長兵。"把弓作爲士兵必要之"授器"。同書《技用》中又指出："凡射之理，開弓須雄而引滿，發矢須靜而慮周。"强調射箭時要"心清""情逸""性靜""身正""力閑""審固"，保持"從容閑逸"的情緒，則"射必中的"。明代主張用軟弓長箭，不單純追求增加弓的强度和挽弓的力量。明戚繼光《紀效新書・射法篇》中云"力勝其弓，必先持滿"，主張"莫患弓軟，服當自遠"。清初，八旗兵重視弓馬騎射，以弓爲主要遠射兵器。《大清會典》分兵器爲十類，弓矢爲其中之一。弓制亦十分完備，有皇帝御用弓、王公將佐弓、職官兵丁弓三類。形制均沿襲前朝複合弓，唯選材、裝飾、大小有不同。弓力强弱亦因弓胎厚薄、筋膠輕重有差。清中葉後，鳥槍兵逐漸取代了弓箭手，加之八旗兵腐敗，已不能拉弓射箭。19 世紀中葉，弓完全廢除。

彈弓

亦稱"彈"。拋射兵器。在新石器時代遺址中，出土過一些較小的石質或陶質彈丸，推測爲彈弓發射之石彈。由甲骨文中彈字"⟨圖⟩"和民族學材料（如雲南傣族的竹彈弓）可知，最早的彈弓與弓很相似，但較弓小。《莊子・山木》："蹇裳躩步，執彈而留之。"漢劉向《説苑・善説》："彈之狀如弓，而以竹爲弦。"漢趙曄《吳越春秋・句踐歸國外傳》記善射者陳音云："弩生於弓，弓生於彈，彈起古之孝子。"認爲弓箭

之弓源於彈弓之弓。彈弓較弓輕捷、快速，但射程近，殺傷力亦弱，故一直未能成爲軍中主要拋射兵器。

【彈】

即彈弓。此稱先秦時期已行用。見該文。

王弓

古弓名。周六弓之一。弓體外橈少，內向多，弓力較大，用於射甲、盾和木靶。《周禮・夏官・司弓矢》："掌六弓、四弩、八矢之灋……王弓、弧弓，以授射甲革椹質者。"又，《考工記・弓人》："往體寡，來體多，謂之王弓之屬，利射革與質。"革，甲盾之類。質，木椹、椹質，射箭之木靶。

弧弓

古弓名。周六弓之一。弓力較大。其性能同王弓。用以射甲、盾和木靶。《周禮・夏官・司弓矢》："掌六弓、四弩、八矢之灋……王弓、弧弓，以授射甲革椹質者。"甲革，甲、盾等防護兵器，椹質，木質箭靶。（參見本卷《兵器戰具説・冷兵器考》"王弓"文）

大弓[1]

古弓名。周六弓之一。弓體之外橈與內向部分相等，弓力屬中等。用於初學射者、使者和辛勞王事者。《周禮・夏官・司弓矢》："掌六弓、四弩、八矢之灋……唐弓、大弓，以授學射者、使者、勞者。"鄭玄注："往體、來體若一，曰唐大……學射者弓用中，後習强，弱則易也。使者、勞者弓亦用中，遠近可也。"往體，弓體外橈部分；來體，弓體內向部分。（參閱《周禮・考工記・弓人》）

唐弓

古弓名。周六弓之一。其性能同大弓。弓

力屬中等，用於初學射者、使者和辛勞王事者。《周禮·考工記·弓人》："往體來體若一，謂之唐弓之屬，利射深。"（參見本卷《兵器戰具説·冷兵器考》"大弓"文，參閱《周禮·夏官·司弓矢》）

夾弓

古弓名。周六弓之一。弓幹曲，弓體外橈多，内向少，射程近，用於射侯（靶）和弋射。侯，箭靶。弋射，矢上繫絲繩用以射鳥。《周禮·夏官·司弓矢》："掌六弓、四弩、八矢之灋……夾弓、庾弓，以授射犴侯、鳥獸者。"鄭玄注："犴侯五十步，及射鳥獸，皆近射也。"《周禮·考工記·弓人》："往體多，來體寡，謂之夾臾之屬，利射侯與弋。"

庾弓

古弓名。周六弓之一。其性能同夾弓。用於射侯、弋射。參見本卷《兵器戰具説·冷兵器考》"夾弓"文。（參閱《周禮·夏官·司弓矢》《周禮·考工記·弓人》）

繁弱

古良弓名。亦稱"大弓"。《左傳》定公四年："子魚曰：'……昔武王克商……分魯公以大路、大旂，夏后氏之璜，封父之繁弱。'"杜預注："繁弱，大弓名。"《荀子·性惡》："繁弱、鉅黍，古之良弓也，然不得排㮐，則不能自正。"一説爲夏后氏良弓。《史記·司馬相如傳》："彎繁弱，滿白羽。"張守節正義："文穎云：'彎，牽也。繁弱，夏后氏良弓名。'《左傳》云：'分魯公以夏后之璜，封父之繁弱。'"也作良弓通稱。晉劉琨《扶風歌》："左手彎繁弱，右手揮龍淵。"唐駱賓王《從軍中行路難》："向月彎繁弱，連星轉太阿。"

【大弓】[2]

即繁弱。《左傳·定公八年》："盜竊寶玉、大弓。"杜預注："大弓，封父之繁弱。"孔穎達疏："此寶玉、大弓必是國之重寶，歷世掌之，故自劉歆以來説《左氏》者，皆以爲夏后氏之璜，封父之繁弱，成王所以分魯公也。"一説周武王軍用弓。《穀梁傳·定公八年》："大弓者，武王之戎弓也。"

彤弓

漆以赤色的弓。天子賞賜有功諸侯或大臣可以行使"專征伐"等權力之弓。《書·文侯之命》："用賚爾秬鬯一卣，彤弓一，彤矢百。"孔安國傳："諸侯有大功，賜弓矢，然後專征伐。彤弓以講德習射，藏示子孫。"《左傳》僖公二十八年："彤弓一，彤矢百，玈弓矢千。"楊伯峻注："彤弓、彤矢與下玈弓矢，俱以所漆之色言之。"《荀子·大略》："天子彤弓，諸侯彤弓，大夫黑弓。"《史記·齊太公世家》："三十五年夏，會諸侯于葵丘。周襄王使宰孔賜桓公文武胙、彤弓矢、大路，命無拜。"又《晉世家》："天子使王子虎命晉侯爲伯，賜大輅，彤弓矢百，玈弓矢千，秬鬯一卣，珪瓚，虎賁三百人。"

角弓

複合弓。弓身兩端挂弦之弓弭用獸角，故稱。《詩·小雅·角弓》："騂騂角弓，翩其反矣。"朱熹集傳："角弓，以角飾弓也。"《説文·弓部》段玉裁注："角弓，謂弓之傅角者也。"唐代騎兵用弓稱角弓，其形體小，强度大。《通典·武庫令》記唐軍中弓制："一曰長弓，二曰角弓，三曰稍弓，四曰格弓。"唐岑參《白雪歌送武判官歸京》："將軍角弓不得控，都護鐵衣冷難著。"亦泛指强弓。清費錫璜《少年行》:"臂上角弓强,腰間劍似霜。"

侯弓

古弓名。較射時用以射侯(箭靶),故稱。其角、幹均用優良質材。《周禮·考工記·弓人》:"覆之而幹至,謂之侯弓。"鄭玄注:"射侯之弓也。幹又善,則矢疾而遠。"

盧弓

亦作"旅弓"。天子賜有功諸侯可以"專征伐"之黑色弓。《書·文侯之命》:"盧弓一,盧矢百。"孔安國傳:"盧,黑色也,諸侯有大功賜弓矢,然後專征伐。"據《左傳·僖公二十八年》載,晋、楚城之戰,晋勝。周天子"策命晋侯爲侯伯,賜之大輅之服,戎輅之服,彤弓一,彤矢百,旅弓矢千"。杜預注:"彤,赤弓;旅,黑弓。"晋潘勗《册魏公九錫文》:"是用錫君彤弓一,彤矢百,旅弓十,旅矢千。"

【旅弓】

同"盧弓"。此體先秦時期已行用。見該文。

彤弓

亦作"雕弓""琱弓"。古弓名。弓體刻鏤文飾,故稱。爲天子所專用。《荀子·大略》:"天子彤弓,諸侯彤弓,大夫黑弓,禮也。"楊倞注:"彤,謂彤畫爲文飾。"後亦泛稱精美之弓。漢司馬相如《子虚賦》:"左烏號之雕弓,右夏服之勁箭。"北周庚信《周大將軍司馬裔神道碑》:"藏松寶劍,射柳琱弓。"唐杜牧《題永崇西平王宅太尉愬院六韻詩》:"隴山兵十萬,嗣子握琱弓。"

【雕弓】

同"彤弓"。此體漢代已行用。見該文。

【琱弓】

同"彤弓"。此體南北朝時期已行用。見該文。

大屈

亦作"大曲"。古弓名。春秋時楚國良弓。楚王曾將此弓贈魯昭公,後悔之,昭公懼,將弓送還。《左傳·昭公七年》:"楚子享公于新臺,使長鬣者相,好以大屈。"杜預注:"大屈,弓名。"孔穎達疏:"魯連書曰:'楚子享魯侯於章華之臺,與大曲之弓,既而悔之,蔿啓彊見魯侯,魯侯歸之。'大屈即大曲也。"

【大曲】

同"大屈"。此體先秦時期已行用。見該文。

銑

古弓名。以金、蚌、玉等貴重飾物裝飾兩端的弓。《爾雅·釋器》:"弓……以金者謂銑。"郭璞注:"用金、蚌、玉飾弓兩頭,因取其類以爲名。"

角端

古弓名。弓臂以角端牛之角製成,故稱。《後漢書·鮮卑傳》:"又禽獸異於中國者,野馬、原羊、角端牛。以角爲弓,俗謂之角端弓者。"李賢注引《前書音義》:"角端似牛,角可爲弓。"角端,亦作"角觸",異獸名,狀如豕,角在鼻上,相傳能人言,角可作弓。《史記·司馬相如列傳》:"獸則麒麟、角觸。"裴駰集解:"郭璞曰:'角觸,音端,似豬,角在鼻上,堪作弓。李陵曾以此弓十張遺蘇武也。'"司馬貞索隱:"《毛詩疏》云:'麟黄色,角端有肉。'《京房傳》云:'麟有五綵,腹下有黄色也。'張揖云:'角端似牛角,可以爲弓。'"

烏號

亦作“烏嘷”。古良弓名。以桑柘枝製。亦泛指良弓。《淮南子・原道訓》：“射者扞烏號之弓，彎綦衛之箭。”高誘注：“烏號，桑柘。其材堅勁，烏跱其上，及其將飛，枝必橈下，勁能復巢，烏隨之，烏不敢飛，號呼其上。伐其枝以爲弓，因曰烏號之弓也。一説，黄帝鑄鼎於荆山鼎湖，得道而仙，乘龍而上，其臣援弓射龍，欲下黄帝，不能也……於是抱弓而號，因名其弓爲烏號之弓也。”《孔子家語・好生》：“楚恭王出游，亡烏嘷之弓。”三國魏王肅注：“弓，烏嘷之良弓。”《史記・司馬相如列傳》：“左烏嘷之雕弓，右夏服之勁箭。”《初學記》卷二二引晋嵇含《木弓銘》：“烏號之撲，豐條足理，弦弧走括，截飛駭止，射隼高墉，必出有擬。”

【烏嘷】

同“烏號”。此體漢代已行用。見該文。

瞑弓

古弓名。弓臂以永昌西之野桑枝條作。《新唐書・南蠻傳上・南詔上》：“永昌之西，野桑生石上，其林上屈兩向而下植，取以爲弓，不筋漆而利，名曰瞑弓。”

玉腰

古弓名。宋代用西夏産竹牛角製之弓。宋康譽之《昨夢録》：“西夏有竹牛，重數百斤，角甚長而黄黑相間，用以製弓極佳，尤健勁。其近弝黑者謂之‘後醮’，近弰及弝俱黑而弓面黄者謂之‘玉腰’。”

黎弓

古弓名。海南黎族人所用之長弰木弓。宋范成大《桂海虞衡志・志器・黎弓》：“以藤爲弦，箭長三尺，無羽，鏃長五寸，如茨菰葉。以無羽，故射不遠三四丈，然中者必死。”宋周去非《嶺外問答・器用・黎弓》稱黎弓以藤爲弦，類似中原地區之彈弓。（參見本卷《兵器戰具説・冷兵器考》“彈弓”文）

箭

箭

亦稱“鏃”“鏑”“矢”。扣在弓或弩弓上，通過弓或弩弓的彈力發射殺敵之利器。由鋭利之箭鏃，保持飛行穩定之箭羽，連接鏃和羽的箭杆，扣弦的箭栝組成。雷學淇校輯《世本・作》稱黄帝臣“夷牟作矢”。漢趙曄《吴越春秋・句踐歸國外傳》記“神農黄帝弦木爲弧，剡木爲矢，弧矢之利，以威四方”。《荀子・解蔽》載“倕作弓，浮游作矢”。《山海經・海内經》云“少皞生般，般是始爲弓矢”。諸説不同。最早的箭無鏃，是削尖了的木棒或竹片。山西朔州峙峪村舊石器時期遺址發現的一枚燧石打製的箭鏃，經測定，距今二萬八千餘年。由此推斷，箭的使用，當在三萬年以前。在比峙峪遺址晚的石器時代遺址中所發現的原始箭鏃，多爲骨製。這是因爲箭的消耗量極大，獸骨容易加工。至新石器晚期，石器磨製工藝不斷提高，石鏃纔較爲普遍使用。商代的箭已經形成了箭鏃、箭杆、箭羽、箭栝四部分。當時銅鏃盛行，但同時大量使用骨、角、蚌、石鏃。箭杆多用竹製，但亦用木、藤。箭羽以雕翎爲上，角鷹羽次之，鴟梟羽又次之，雁鵝羽因遇風易偏斜，故爲下。栝，又稱“比”，多刻在箭杆底部。銅鏃基本形制爲凸脊扁體雙翼帶鋌式。箭杆長度，河南安陽殷墟發現箭杆的遺痕爲 87 厘米，羽長爲杆長的五分之一。河北藁城臺西發現的遺痕爲 85 厘米，羽長 25 厘米左右。西周時箭的形制大體同商代。西周末年至春秋，由於戰爭規模的擴大和防護裝具的改善，對箭的數量和品質提出了更高的要求，出現了菱形和三棱形銅鏃。到戰國時，三棱形銅鏃已完全取代了商、西周以來的雙翼帶鋌銅鏃。箭杆仍以竹木爲主，尾裝鳥羽。從出土實物可知，當時弓用箭一般長 70 厘米，弩用箭較短，多在 50 厘米左右。秦代箭仍以銅鏃爲主，但也出現了少量的鐵鋌銅鏃和鋼鐵鏃。漢代，鋼鐵鏃大量生產和普遍使用。據出土實物，漢代鋼鐵鏃尖鋒呈四棱形，長箭達 80 厘米，短箭 67 厘米左右。鏃短杆長，利於遠射殺敵。三國時，出現了可供連弩（又稱“元戎”）發射的八寸長的鐵弩箭。東晉十六國攻守城作戰多用牀弩，所用弩箭極長，如帶羽之短矛。唐代，據《唐六典・武庫令》載，箭有四種，“一曰竹箭，二曰木箭，三曰兵箭，四曰弩箭”。其中兵箭爲裝有鋼鏃之長箭，穿透力很強。弩箭“皮羽而短”，爲弩專用。絞車弩用箭鏃長宋制七寸，杆長三尺，以鐵葉爲羽，可射七百步。宋代，箭類繁多。弓用箭有點鋼箭、鐵骨麗錐箭、木撲頭箭、火箭、烏龍鐵脊箭、鳴鵑箭等。弩用箭有木羽箭、風羽箭、點鋼箭、撲頭箭、三停箭等。時牀弩有較大發展。其箭以木爲杆，鐵葉爲翎，大者稱“一槍三劍箭”。踏橛箭可上下成行釘在城牆夯土上，攻城者可攀緣以登。元代箭資料較少，據新疆烏魯木齊鹽湖出土箭，箭杆長 71.5 厘米，徑 0.6 厘米，柳木製，鐵鏃，尾端粘附翎羽，甚堅挺。明代，箭類繁多，多以箭鏃不同樣式而命名。如穿甲錐箭、菠菜頭箭、鑿子頭箭、兩開肩箭、狼舌頭箭、月牙箭、艾菜頭箭、柳葉箭、三叉箭、菱葉箭、眉針箭、鏟子箭、兔叉箭、小撲頭箭、鐵撲頭箭、四扣馬箭、攢竹箭、無扣箭、蕎麥棱箭、半邊扣箭等。明代還出現了一些用銅溜子、竹筒或手發射的雜箭，如鞭箭、袖箭、筒子箭、流星箭等，多用於自衛或近體格鬥。明代製箭，據明宋應星《天工開物・弧矢》載，箭杆多用竹、萑柳（即蒲柳，也稱水楊）、樺木。其箭“杆長二尺，鏃長一寸”。製竹箭杆時，“削竹四條或三條，以膠粘合，過刀光削而圓成之，漆絲纏約兩頭”，遂成“三不齊”箭杆。用木製箭杆乾燥時易彎，需通過“箭端”（用於矯正箭杆的木槽）使其變直。箭杆末端刻“銜口”扣弦，前端裝鐵鏃，箭尾近“銜口”的地方，用膠粘上三條各剪成三寸長的翎爲箭羽。清代箭多用楊木爲杆，也用柳木、樺木。箭長在 96 厘米左右。大體有鈚箭、梅針箭、骲箭、哨箭四大類。鈚箭鏃寬而薄。梅針箭鏃細而尖。骲箭無鏃，以寸骨鏤孔，發射時受風而鳴，又謂之響箭，用於校閱。哨箭以骨爲骹，鐵爲鏃，既發聲響，又可殺敵，又謂之鳴鏑。19 世紀中葉，弓箭爲鳥槍所替代。（參見本卷《兵器戰具說・冷兵器考》“拋射兵器”“弓”“矢”“鏃”文）

【鏃】

即箭。《方言》卷九：“箭，自關而東謂之矢，江淮之間謂之鏃。”清黃遵憲《赤穗四十七義士歌》：“長梯大錐兼利鏃，或踰高埤或踰溝。”亦指箭鏃。居延漢簡中銅鏃均稱鏃，如“十二月餘郭橐矢銅鏃六十四毋入出”（《居延漢簡》甲乙編四一三・四）。漢陳琳《武庫賦》：

"焦銅毒鐵，鏺鏃鳴鏃。"

【鏑】

即箭。《史記·匈奴列傳》："冒頓乃作爲鳴鏑，習勒其騎射。"裴駰集解引《漢書音義》："鏑，箭也。"亦作箭鏑。《史記·秦楚之際月表》："墮壞名城，銷鋒鏑，鉏豪桀，維萬世之安。"《文選·潘岳〈射雉賦〉》："彳亍中輟，馥焉中鏑。"徐爰注："鏑，鏃矢也。"

【矢】

即箭。《周易·繫辭下》："弦木爲弧，剡木爲矢。"《山海經·海內經》："少暤生般，般是始爲弓矢。"《方言》卷九："箭，自關而東謂之矢，江淮之間謂之鏃，關西曰箭。"《居延漢簡》中，箭均稱矢，如"矢銅鏃二萬口"（《居延漢簡》甲乙編五二一·九），"二月餘陷堅槀矢銅鏃四百六十七口"（《居延漢簡》甲乙編一九九·一二）。（參見本卷《兵器戰具説·冷兵器考》"抛射兵器""弓""箭"文）

八矢

古代枉矢、絜矢、殺矢、鏃矢、矰矢、茀矢、恒矢、庳矢八種箭之合稱。枉矢、絜矢利火射，用諸守城車戰；殺矢、鏃矢用於田獵和近戰；矰矢、茀矢用於弋射；恒矢、庳矢用於習射、禮射、宴射。《周禮·夏官·司弓矢》："掌六弓四弩八矢之灋，辨其名物而掌其守藏。"鄭玄注："此八矢者，弓弩各有四焉。枉矢、殺矢、矰矢、恒矢，弓所用也；絜矢、鏃矢、茀矢、庳矢，弩所用也。"（參閱《周禮·夏官·司弓矢》）

火箭[1]

箭頭敷以引火物射至敵方引起焚燒之箭矢。最早的火箭，爲周之"枉矢""絜矢"。《周禮·夏官·司弓矢》："枉矢、絜矢利火射，用諸守城車戰。"鄭玄注："枉矢者，取名變星，飛行有光，今之飛矛是也……二者皆可結火以射敵。"墨子稱其爲烟矢。《墨子·備城門》："烟矢射火城門上。"其時已用火箭攻城。三國時，蜀漢諸葛亮圍魏陳倉，守將郝超"以火箭逆射其雲梯，梯然，梯上人皆燒死"（《三國志·魏書·明帝紀》裴松之注引三國魏·魚豢《魏略》）。宋以後，以火藥代替引火物敷於箭鏃上，成爲燃燒性火藥兵器。宋曾公亮《武經總要前集·器圖》："又有火箭，施火藥於箭首，弓弩通用之。其傅藥輕重，以弓力爲準。"（參見本卷《兵器戰具説·火藥兵器考》"燃燒性火器""火藥箭"文）

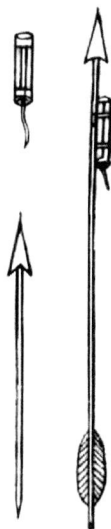

火箭
（明何汝賓《兵録》）

白羽[1]

矢名。以白羽爲箭翎，故名。原指白色之羽。《國語·吳語》："皆白常、白旂、素甲、白羽之矰，望之如荼。"韋昭注："交龍爲旂。素甲，白甲；矰，矢名，以白羽爲衛；荼，茅秀也。"後借指帶白羽之箭。《史記·司馬相如列傳》："彎繁弱，滿白羽，射游梟，櫟蜚虡。"張守節正義："文穎云：'引弓盡箭鏑爲滿，以白羽羽箭，故云白羽也。'"

電影

箭名。箭莖青而箭羽赤。《六韜·虎韜·軍用》："材士强弩矛戟爲翼，飛鳧、電影自副。

飛鳬，赤莖白羽，以銅爲首；電影，青莖赤羽，以鐵爲首。"據此，電影之鏃爲鐵製。

飛鳬

古箭名。銅鏃，赤莖，白羽。《六韜·虎韜·軍用》："陷堅陳，敗强敵，大黄參連弩，大扶胥三十六乘，材士强弩矛戟爲翼，飛鳬、電影自副。飛鳬，赤莖白羽，以銅爲首。"

綦衛

綦地所產之箭。衛，鋒利。一説爲羽。《列子·仲尼》："引烏號之弓，綦衛之箭。"張湛注："綦，地名，出美箭；衛，羽也。"《淮南子·原道訓》："射者扞烏號之弓，彎綦衛之箭。"高誘注："綦，美箭所出地名也。衛，利也。"

僕姑

箭名。亦稱"金僕姑"。亦泛指良箭。《左傳》莊公十一年："乘丘之役，公以金僕姑射南宫長萬。"宋雷樂發《烏烏歌》："有金須碎作僕姑，有鐵須鑄作蒺藜。"元周霆震《李潯陽死節歌》："臣衷願瀝付渠答，臣首欲飛宜僕姑。"清黄河澄《邊馬》："殁無文梓槨，身有僕姑痕。"

【金僕姑】

即僕姑。此稱先秦時期已行用。見該文。

鳴鏑

亦稱"嚆矢""鳴鏃""鳴箭""鳴髇""骲箭""響箭"。箭之一種。鏃或鏃鋌多爲骨、木製，有小孔。射時受風而鳴，故稱。東周時稱"嚆矢"，多用於指示目標。《莊子·在宥》："焉知曾史之不爲桀跖嚆矢也。"陸德明注引向秀："嚆矢，矢之鳴者。"成玄英疏："嚆，箭鏃有吼猛聲也。"《史記·匈奴列傳》載，冒頓爲太子時，"乃作爲鳴鏑，習勒其騎射。令曰：'鳴

鏑所射而不悉射者，斬之。'"裴駰集解引《漢書音義》："鏑，箭也，如今之鳴箭也。"引韋昭曰："矢鏑飛則鳴。"後冒頓以鳴鏑爲號指揮騎士射殺其父頭曼單于而自立爲單于。漢陳琳《武庫賦》："矢則申息、肅慎，箘簵空流，焦銅毒鐵，鐅鏃鳴鏃。"三國魏曹植《名都篇》："攬弓捷鳴鏑，長驅上南山。"可知鳴鏑在漢魏時，亦爲中原王朝所重視。漢代鳴鏑，據出土實物，除骨製鏃外，也有用於實戰的鋼鐵鏃，鏃鋌上插入特製之骨質鳴響而成。還出現有銅鳴鏑。1979年3月，江蘇揚州邗江胡揚五號漢墓和弓箭同時出土一件銅鳴鏑。球狀，中空，面有六孔，其中兩孔稍大，插入圓形竹杆，已殘；另四孔較小，當爲鳴孔。内蒙古呼倫貝爾市扎賚諾爾墓群出土鐵鏃三十四件，其莖部帶有鳴響。該墓還出土骨製鳴響五件，橢圓柱形，空心，上有四個小圓孔，可受風而鳴，兩頭均可插入鏃莖内。上述鐵鏃鳴鏑的使用者屬東漢末鮮卑族。宋代稱"骲箭"，多以骨或木爲箭鏃，鏃頭有孔可受風發聲。據《資治通鑑·宋順帝昇明元年》載，順帝欲射殺蕭道成，"左右王天恩曰：'領軍腹大，是佳射堋，一箭便死，後無復射；不如以骲箭射之。'帝乃更以骲箭射，正中其齊"。胡三省注："《集韻》云：'骨鏃也。'余謂骨鏃亦能害人，況以之射人腹乎！蓋當時所謂骲箭者，必非骨鏃。"此種近距離射中人

骲箭
（《大清會典》）

腹部而不能傷人之骲箭應爲無箭鏃之鳴鏑。據内蒙古赤峰出土此種遼國鳴鏑，其鋌部骨製，有受風孔三個，呈葫蘆形，長10.8厘米。又稱"鳴髇"。宋蘇軾《人日獵城南》："忽發兩鳴髇，相趁飛虹小。"王文誥輯注引《唐韻》："髇箭，即鳴鏑也。"明代又稱"響箭"。明宋應星《天工開物·佳兵》："響箭，則以寸木空中，錐眼爲竅，矢過招風而飛鳴，即《莊子》所謂嚆矢也。"明王志堅《表異録·器用》："骲箭，響箭也。"清代，骲箭爲軍中裝備之箭鏃。以楊木爲笴，寸骨空中鏤孔爲鏃。因無鐵鏃，不能殺傷，祇用於校閲。據《大清會典圖·武備·弓箭》和《皇朝禮器圖式》，清軍所用骲箭之制有五：尖骲箭、射虎骲箭、齊骲箭，方骲箭、實心骲箭。皇室用骲箭之制有四：皇帝大閲骲箭、皇帝大禮隨侍骲箭、皇帝隨禮骲箭、皇帝隨侍骲箭。又有哨箭多種。因用於田獵，故有鐵鏃（參見本卷《兵器戰具説·冷兵器考》"哨箭"文）。清末，弓箭爲清軍所淘汰，鳴鏑亦廢止。

【嚆矢】

即鳴鏑。此稱先秦時期已行用。見該文。

【鳴鏃】

即鳴鏑。此稱漢代已行用。見該文。

【鳴箭】

即鳴鏑。此稱漢代已行用。見該文。

【鳴髇】

即鳴鏑。此稱宋代已行用。見該文。

【骲箭】

即鳴鏑。此稱宋代已行用。見該文。

【響箭】

即鳴鏑。此稱明代已行用。見該文。

鍛矢

利箭。其鏃鋼製，故稱。《漢書·衡山王劉賜傳》："賓客來者，微知淮南、衡山有逆計，皆將養勸之。王乃使孝客江都人救赫、陳喜作輣車鍛矢，刻天子璽，將、相、軍吏印。"又"爽聞，即使所善白嬴之長安上書，言衡山王與子謀逆，言孝作兵車鍛矢"。

飛䖵

古箭名。亦作"飛虻"。《方言》卷九："其三鎌長尺六者，謂之飛虻。"《廣雅·釋器》："飛䖵……箭也。"東漢光武帝劉秀曾作飛䖵箭攻赤眉軍。（參閲漢班固《東觀漢記·赤眉載記》）

【飛虻】

同"飛䖵"。此體晋代已行用。見該文。

鈚箭

鏃寬而薄，箭杆較長的箭。唐杜甫《七月三日亭午已後校熱退晚加小凉穩睡有詩因論壯年樂事戲呈元二十一曹長》："長鈚逐狡兔，突羽當滿月。"仇兆鰲注："《廣韻》：'鈚，箭也。'《通俗文》：'骨鏃曰骲，鐵鏃曰鏑，鳴箭曰骹，霹葉曰鈚，皆古制。'"清代，鈚箭爲軍隊和皇室用箭之一類。既用於實戰，亦用於田獵。《大清會典·兵部·武庫清吏司》："笴用柳木或樺木，首飾鶴羽，鏃以鐵爲之，曰鈚箭。"據《大清會典圖·武備·弓箭》載，鈚箭之制有十三，索倫鈚箭、大鈚箭、小鈚箭、鏽鐵鈚

鈚箭
（《大清會典》）

箭、射虎鈚箭、齊鈚箭、月牙鈚箭、燕尾鈚箭、梳脊鈚箭、抹角鈚箭、尖鈚箭、叉鈚箭、遵化長鈚箭。皆長二尺九寸，唯遵化長鈚箭長三尺。又據《皇朝禮器圖式》，有皇室用鈚箭四種：皇帝大閱鈚箭、皇帝大禮隨侍鈚箭、皇帝吉禮隨侍鈚箭、皇帝隨侍鈚箭。

一槍三劍箭

大型牀弩用箭。其鏃似鐵矛頭，以長木爲箭杆，以鐵葉爲箭羽。利於遠射或攻守城作戰。爲中國冷兵器時代射程最遠之箭鏃。宋曾公亮《武經總要前集·器圖》載，三弓牀弩"用木榦鐵羽，世謂之一槍三劍箭"。又，"以七十人張發一槍三劍箭，射及三百步"。合今約1500米。

一槍三劍箭
（明茅元儀《武備志》）

三停箭

宋代弩用短箭。宋曾公亮《武經總要前集·器圖》："三停者，箭形至短，羽、榦、鏃三停，故三停箭中物不能出，以短故也。"

木羽箭

宋代弩用箭。箭杆和箭羽均木製，故稱。宋曾公亮《武經總要前集·器圖》："木羽者，以木爲榦羽。咸平初，軍校石歸宋上之。箭中人雖榦去鏃留，牢不可拔，戎人最畏之。"

三停箭
（明王圻等《三才圖會》）

木羽箭　　　　　　風羽箭
（明王圻等《三才圖會》）　（明王圻等《三才圖會》）

風羽箭

宋代弩用箭。箭尾無羽毛。尾處設風孔，代替箭羽保持箭之飛行方向，故稱。箭羽缺乏時備用之箭矢。宋曾公亮《武經總要前集·器圖》："風羽者，謂當安羽處則空兩邊以容風氣，則射時不掉。此不常用，備翎羽之乏耳。"

踏橛箭

宋代牀弩用箭。多用於次三弓牀弩和手射弩。攻城時，可連續發射使箭鏃由上而下置於城墻上，攻者可踏箭攀登而上，故名。宋曾公亮《武經總要前集·器圖》："箭則或鐵或翎，次三弓並利攻城，故人謂其箭爲踏橛箭者，以其射著城上，人可踏而登之也。"

劃子箭

箭名。箭鏃似鏟形。宋孟元老《東京夢華錄·駕登寶津樓諸軍呈百戲》："又以柳枝插於地，數騎以劃子箭，或弓或弩射之，謂之'劄柳枝'。"

點鋼箭

宋代弓用箭。其箭鏃鋼製，故稱。箭鏃"點鋼"，時謂精鐵。宋曾公亮《武經總要前

集·器圖》："點鋼，木撲頭
鳴鋼精鐵也。"

藥箭

箭鏃塗有毒藥，故稱。
《後漢書·西域傳》："地生
百草，有毒。國人煎以爲
藥，傅箭鏃，所中即死。"
宋范成大《桂海虞衡志·志
器》："藥箭，化外諸蠻所
用。弩雖小弱，而以毒箭濡
箭鋒，中者立死，藥以蛇毒
草爲之。"

哨箭

清代田獵用箭。鳴鏑
之一種。以骨或角爲骹，
骹下設孔。發射時，受風
而鳴，故稱。據《大清
會典圖·武備·弓箭》：
哨箭以鐵爲鏃，楊木爲
笴，其制有十：索倫哨
箭、角哨箭、方哨箭、鴨
嘴哨箭、合包哨箭、齊哨
箭、圓哨箭、長哨箭、榛
子哨箭、榛子哨鈚箭。又
據《皇朝禮器圖式》載，
另有皇室用哨箭三種。吉
禮隨侍哨箭，"箭鏃鷺羽，
羽間繪藻文蟠夔，五采相間，括旁裹綠繭"；皇
帝隨侍哨箭，"箭笴全素，餘皆俱如吉禮隨侍哨
箭之制"；皇帝行圍哨箭，"鵰羽，括髹朱，傍
裹紅樺皮，以射麀麕諸獸"。（參見本卷《兵器
戰具說·冷兵器考》"鳴鏑"文，參閱《大清會

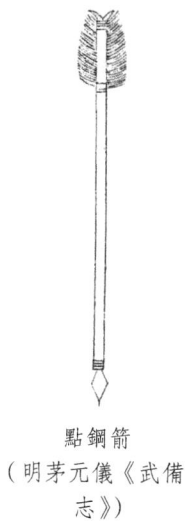

點鋼箭
（明茅元儀《武備
志》）

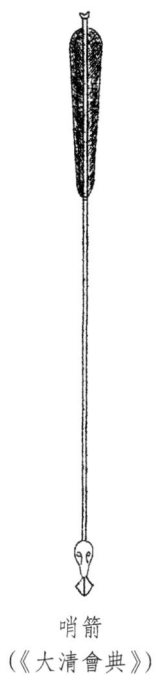

哨箭
（《大清會典》）

典·兵部十·武庫清吏司》）

梅鍼箭

亦作"梅針箭"。清
代箭之一類。楊木或樺木
爲笴，鐵爲鏃，其鏃尖而
細，故稱。據《皇朝禮器
圖式》，梅鍼箭因其用途
不同而形制各異。皇帝大
閱梅鍼箭，"鏃長三寸八
分厚而前銳後修"；皇帝
隨侍梅鍼箭，"笴全素"；
作戰用之梅鍼箭，"雕羽，
羽間朱括髹朱，旁裹黑
樺皮"；齊梅鍼箭，"箭鏃端橫平"，穿透力強，
"可穿鑲子甲"，厄魯特梅鍼箭，鏃短，可遠射。

【梅針箭】

同"梅鍼箭"。見該文。

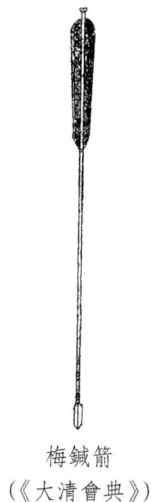

梅鍼箭
（《大清會典》）

鏃

鏃

箭頭。裝在箭前端用以殺敵之尖狀利器。
居中起脊，向前聚成銳利尖鋒；兩側爲刃，刃
與脊間稱葉，葉向後形成後鋒，後鋒與脊間稱
本，通常和脊形成一定夾角；脊後稱關，關後
爲細鋌，用以插或縛在箭杆上。對鏃的稱謂，
見《釋名·釋兵》："其本曰足，矢形如木，木
以下……鏑，敵也，可以禦敵也。齊人謂之
鏃。鏃，族也，言其所中皆族滅也。關西曰
鉸。鉸，交也，言有交刃也。"《說文·雉部》：
"族，矢鋒也，束之族族也。"段玉裁注："今字
用鏃，古字用族。同書《金部》曰：'鏃者，利

也.'則不以矢族字矣。族族,聚雁。毛傳云:"五十矢曰束。'"按,"鏈"一作"鋒"。最早的鏃,由石、角、骨、蚌等原料打製而成。山西朔州市朔城區峙峪村附近舊石器時代遺址發現的石鏃,經測定,距今二萬八千九百四十五年,鏃長2.8厘米,用薄燧石加工製成。由此推斷,人們懂得在箭杆上安裝鏃以增强箭之殺傷力至少是在距今三萬年以前。在比峙峪遺址晚的山西沁水下川遺址,發現了較峙峪多的黑燧石石鏃,長3至4厘米,有圓底、尖底兩種。因石鏃製造要求工藝水準較高,故當時使用較少。新石器時代是以磨製石器工藝爲特徵的。但其時磨製工藝水準較低,磨製石器頗費工時,而鏃的消耗量又很大,故仍以製造較爲容易的骨鏃爲主。山東寧陽大汶口文化(前3800—前2200)遺址出土的骨鏃,有簡單三角形骨片、圓錐形骨片和圓錐形有鋌三種形制。龍山文化(前2000—前1500)時期,骨鏃前端的鋒已有三個刃棱,形成了三刃的尖鋒,比圓錐形尖鏃殺傷力大。鏃尾磨成了比鏃爲細的圓鋌,可以更牢固插在箭杆上。這一時期還出土了較多的角鏃和石鏃。石鏃多爲三角形或葉狀,有中脊,剖面呈菱形;也有少量鏃體呈圓柱狀,鋒端磨出三個刃棱前聚成鋒。從骨鏃爲主到骨鏃和石鏃并用,反映了新石器晚期石器磨製工藝的進步。青銅鏃的出現,至晚在商初。河南偃師二里頭文化遺址出土了兩種青銅鏃,爲迄今所見最早之銅鏃。一種呈扁平圓葉形,尾部有不規則的鋌,其形制古拙,爲銅鏃早期形態;另有些銅鏃形制規整,鏃脊凸起,有扁平雙翼,翼末端有倒刺,鏃尾有圓鋌,頂端前聚成尖鋒。經測定,均爲青銅鑄造。在後一種的基礎上,形成了商代銅鏃的基本形制——雙翼帶鋌式。商代亦有其他樣式銅鏃,如平頭有箍式、平頭式、筒脊式、扁圓脊式等,但出土不多。鏃的安裝方法,通常是將鏃鋌插入箭杆頂端凹槽内,再用麻類纏裹,使其牢固;脊筒式箭鏃(脊下有圓筒)則將箭杆直接插入鏃後筒内。此後,鏃的形態在戰爭實踐中不斷完善,主要表現在夾角漸大,翼末端逆刺更爲尖銳,并逐漸出現了血槽。商代還大量使用石、骨、蚌、角鏃。其形制不够規範,但普遍有較鋒利的刃和獨立於鏃體的鋌,有的還磨出了逆刺。西周時,弓箭爲主要兵器之一。其青銅鏃大體沿襲商代雙翼帶鋌式銅鏃形制,薄翼厚脊,雙翼前聚成鋒,後有倒刺,有的有血槽。東周時,青銅鏃的形制特別是鋒利程度,爲當時各國所重視。《管子·參患》云:"射而不能中,與無矢者同實;中而不能入,與無鏃者同實。"指出了箭鏃不僅要命中,還要能"入"(殺傷敵人),否則不如"無矢"和"無鏃"。春秋中前期仍以雙翼帶鋌式爲主,但鏃體趨於窄瘦,并出現了菱形銅鏃和三棱銅鏃。戰國時,三棱銅鏃已逐漸取代了雙翼帶鋌銅鏃成爲主要形制。秦代,仍以三棱鏃爲主,但也出現了少量鐵鋌銅鏃和鐵鏃,説明秦代鏃已開始向鋼鐵鏃過渡。西漢初期,仍大量使用秦代之三棱銅鏃,西漢中期以後,鋼鐵鏃大量生產并普遍使用。同時也使用鐵鋌銅鏃。西漢長安武庫遺址出土之鐵鋌銅鏃通長11.2厘米,鐵鏃長5至5.8厘米,尖鋒呈四棱形。至東漢,青銅鏃廢止。魏晋南北朝時期,除四棱形鋼鐵鏃外,還出現了菱形、平頭、扁形鋼鐵鏃。隋唐時期,據遼寧朝陽有關墓葬發掘資料表明,鋼鐵鏃因其用途不同而形制各异,長在 4.5 至 17 厘米之間。又據《唐六典·武庫令》載，唐代有"兵箭"，因裝有鋼鏃，故穿透力極強。絞車弩用箭鏃長七寸，爲攻守之利器。宋代，箭類繁多。點鋼箭、鐵骨麗錐箭、烏龍鐵脊箭均用鋼鐵鏃。明代箭多以箭鏃形態命名，如"波菜頭箭""狼舌頭箭"等（參見本卷《兵器戰具説·冷兵器考》"箭"文）。據明宋應星《天工開物·弧矢》載，其時箭"前端裝鐵鏃"，"鏃長一寸"。清代箭鏃因用途不同而形制不同。用於實戰者以鐵爲鏃，用於校閲或訓練者或無鏃，或以骨爲鏃。

木鏃

木製箭鏃。1974 年發現於浙江桐鄉羅家角遺址。爲新石器時代之兵器，亦用於狩獵。長6.7 厘米，圓柱形長鋒，圓錐形短鋌，表面留有鉖磨痕迹。

砮

石製箭鏃。或泛指鏃。《國語·魯語下》："有隼集於陳侯之庭而死，楛矢貫之，石砮，其長尺有咫。"韋昭注："隼，鷙鳥也。楛，木名。砮，鏃也，以石爲之。八寸曰咫。"宋王觀國《學林·矢》："矢刃又謂之鏃，又謂之砮。"梁啓超《讀十月初三上諭感言》："以之與無主義、無統一之官僚内閣相遇，其猶以千鈞之砮潰癰也。"一説可製箭鏃之石。《書·禹貢》："厥貢羽毛齒革，惟金三品，杶榦栝柏，礪砥砮丹。"孔穎達疏引賈逵曰："砮，矢鏃之石也。"《文選·左思〈蜀都賦〉》："其中則有青珠黄環，碧砮芒消。"劉良注："砮，可作箭鏃。"《説文·石部》："砮，砮石可以爲矢鏃。"晋常璩《華陽國志·蜀志》："臺登縣有孫水，一曰白沙江，入馬湖水。山有砮石，火燒成鐵，剛利，

《禹貢》厥賦砮是也。"

雙翼帶鋌銅鏃

青銅箭鏃之一種。鏃脊凸起，向前聚成尖鋒，兩翼末端做出倒刺。因其鏃脊兩側伸出扁平有刃雙翼，鏃尾部有用以插入箭杆之細鋌，故稱。始見於河南偃師二里頭早商（一説夏末商初）文化遺址，但出土較少。在此後的商代遺存中有大量出土。河南安陽殷墟商代晚期遺址出土之雙翼帶鋌銅鏃，形體有較大改進。雙翼夾角漸大，翼末端之倒刺更加尖鋭，沿兩翼側刃形成明顯血槽。擴大了箭鏃射入之受創面積，穿透力增强，同時使射中之鏃不易拔出。此種鏃爲商代青銅鏃之成熟形制。沿用至西周。至春秋，三棱銅鏃漸多。戰國時，雙翼帶鋌銅鏃漸爲三棱銅鏃取代。

三棱銅鏃

亦稱"羊頭"。青銅鏃之一種。始於春秋早期。河南三門峽市上村嶺虢國墓出土之春秋早期三棱鏃，剖面呈弧邊三角形，通過三個頂點伸出凸刃，前聚成鋒，開啓了此後長期使用之三棱鏃之先河。至春秋晚期，三棱鏃漸多，湖南長沙瀏城橋春秋晚期墓出三棱鏃二十九枚，占總出土銅鏃數之百分之六十三，并有長刃和短刃兩式，均十分鋭利。到戰國時期，三棱鏃已完全取代雙翼帶鋌銅鏃成爲青銅鏃之主要形制。據出土資料，東周三棱鏃有兩種式樣。一種是圓脊上凸出三個翼，前聚成鋒，因有翼，故亦稱"三翼青銅鏃"；另一種剖面呈三角形，三棱前聚成鋒，亦稱"三棱錐鏃"。前者出土較多。其鏃頭日趨短小，鋌漸長，有的鋌長達 30 至 40 厘米。至秦，雖有少量鐵鋌銅鏃和鐵鏃，但仍以三棱銅鏃爲主。陝西西安市臨潼區秦俑

坑出土三棱銅鏃九千餘件，鏃體較戰國三棱鏃長，鏃面經銼磨、拋光，更爲尖銳。有些鏃表面有一屋緻密的含鉻化物之氧化層，故出土時仍光亮烏黑，鋒利如初。西漢初，仍以三棱銅鏃爲主。中期，漸爲鐵鋌銅鏃和四棱鐵鏃替代。至東漢三棱銅鏃廢止。

【羊頭】

即三棱銅鏃。銅箭鏃之一種。《方言》卷九："凡箭鏃……三鐮者謂之羊頭。"《淮南子·脩務訓》："苗山之鋌，羊頭之銷，雖水斷龍舟，陸剸兕甲，莫之服帶。"

錍

亦作"鈚"。亦稱"鈀"。鏃體長而鐮（棱）銳利之箭鏃。《墨子·雜守》："吏樿桐㒼，爲鐵錍。"《方言》卷九："凡箭鏃胡合嬴者……其廣長而薄鐮謂之錍，或謂之鈀。"亦泛指利鏃。三國魏曹丕《飲馬長城窟行》："武將齊貫錍，征人伐金鼓。"唐杜甫《戲呈元二十一曹長》："長鈚逐狡兔，突羽當滿月。"

【鈚】

同"錍"。此體唐代已行用。見該文。

【鈀】

即錍。此稱漢代已行用。見該文。

剛罫

十字形鐵鏃。《文選·潘岳〈射雉賦〉》："捧黃間以密毃，屬剛罫以潛擬。"李善注："剛罫，弩矢鏃也，以鐵爲之，形如十字，各長三寸，方似罔罫，故名罫焉。罫、卦同。"劉良注："剛卦，矢名。"

決　拾

決拾

亦作"抉拾"。古代射具"決""拾"之合稱。決，扳指，戴射手右手拇指用於鈎弦；拾，革製護臂，套射手左臂上。此稱最早見於西周。《詩·小雅·車攻》："決拾既佽，弓矢既調，射夫既同，助我舉柴。"毛亨傳："決，鈎弦也；拾，遂也。"《儀禮·大射》："小射正奉決拾以笴，大射正執弓。"《周禮》作"抉拾"。《周禮·夏官·繕人》："繕人掌王之用：弓弩、矢箙、矰弋、抉拾。"鄭玄注引鄭司農曰："《詩》云：'抉拾既次。'詩家說，或謂抉謂引弦彄也；拾謂韝扞也。"《戰國策·楚策一》："章聞之，其君好發者，其臣抉拾。"漢張衡《東京賦》："決拾既次，彫弓斯彀。"清李漁《閑情偶寄·聲容·選姿》："手以揮弦，使其指節纍纍，幾類彎弓之決拾。"（參見本卷《兵器戰具說·冷兵器考》"抉""拾"文）

【抉拾】

同"決拾"。此體先秦時期已行用。見該文。

抉

古射具。亦作"決"。亦稱"射決""韘""鈎弦""扳指"。射者戴於右手拇指用來鈎弦和發矢之環形指套。多用石、骨、象牙、翡翠等製，亦有以皮革爲之。河南安陽殷墟婦好墓出土之玉抉，是迄今所見最早之抉。周代文獻中已有較多記載。《禮記·內則》："右佩抉、捍、管、遰、大觿、木燧。"陳澔注："抉，射者著於右手大指，所以鈎弦而開弓體也。"《詩·衛風·芄蘭》："芄蘭之葉，童子佩韘。"毛傳："韘，抉也。能射御則佩韘。"鄭玄箋："韘之言沓，所以彊沓手指。"《逸周書·器服》："象玦朱極韋素獨。"朱右曾校釋："玦，決也，一名韘，以象骨爲之，著右手大指，所以鈎弦闓禮。"《管子·問》："鈎弦之造，戈戟之緊，其屬何若？"《楚辭·天問》："馮珧利決，封狶是鷃。"《説文·韋部》："韘，射決也。所以拘弦，以象骨韋系著右巨指。"段玉裁注："即今人之扳指也。"

【決】

同"玦"。此體先秦時期已行用。見該文。

【射決】

即玦。此稱先秦時期已行用。見該文。

【韘】

即玦。此稱先秦時期已行用。見該文。

【鈎弦】

即玦。此稱先秦時期已行用。見該文。

【扳指】

即玦。此稱清代已行用。見該文。

玉扳指

商代玉製扳指。1976 年河南安陽婦好墓出土。高 2.4 至 2.7 厘米，壁厚 0.4 厘米。深綠色，有褐斑。下端平齊，上端呈前低後高的斜坡形，中空，背面下端有條凹下的槽。正面雕刻着獸面紋，眉細長，眼呈方形，口向下，兩耳向後，雙目下邊各有一圓孔。獸面兩側分雕有獸身，略微上豎，三短足向前屈。使用時將此扳指套入拇指，弓弦正好納入扳指背面槽內，獸面雙目下之圓孔可穿繩索於手腕，射時作鈎弦之用。此器是中國迄今發現最早的扳指實物。

拾

古射具。亦稱"遂""射韝""韝扞""捍"。射箭時套在左臂上之皮製護套。《周禮·夏官·繕人》："繕人掌王之用：弓弩、矢箙、矰弋、抉拾。"鄭玄注："拾謂韝扞也……韝扞著左臂，裏以韋爲之。"《儀禮·大射》："司射適次袒決遂。"鄭玄注："遂，射韝也，以朱韋爲之，著左臂，所以遂弦也。"《禮記·曲禮下》："野外軍中無摯，以纓、拾、矢可也。"鄭玄注："拾，謂射韝。"《説文·韋部》："韝，臂衣也。"段玉裁注："射韝者，《詩》之拾，《禮經》之遂，《内則》之捍也……凡因射著左臂謂之射韝，非射而兩臂皆著之以便於事，謂之韝。"唐沈佺期《獨坐憶舊游》："童子成春服，宮人罷射韝。"清虞兆隆《天香樓偶得·捍、拾、遂》："凡射用韜左臂以利弦者，韋爲之，一謂之捍，一謂之拾，一謂之遂，一物而三名也。"

【遂】

即拾。此稱先秦時期已行用。見該文。

【射韝】

即拾。此稱漢代已行用。見該文。

【韝扞】

即拾。此稱漢代已行用。見該文。

【捍】

即拾。此稱漢代已行用。見該文。

朱極

古射具。射者爲便於引放弓弦套在食指、中指和無名指上的皮套，因色紅，故名。《儀禮·大射》："贊設決，朱極三。"鄭玄注："極猶放也，所以韜指，利放弦也，以朱韋爲之。三者，食指、將指，無名指。無極放弦，契於此指，多則痛，小指短，不用。"胡培翬正義："此君極，朱而用三，若臣則用二。"

侯

侯

　　古代行射禮、較射和習射用之箭靶。以獸皮爲飾者稱皮侯，在布上畫獸形者稱布侯。因獸皮和所畫獸形不同而謂之虎侯、豹侯、熊侯、豻（幹）侯、麋侯等。射禮時，天子、諸侯、卿大夫等因其身份而射不同之侯。侯中心設鵠，鵠中心謂正，繪以三色稱三正；繪以五色稱五正。正中稱槷，亦稱泉。《儀禮·鄉射禮》："乃張侯下綱，不及地武。"鄭玄注："侯，謂所射布也；綱，持舌繩也；武，迹也。中人之迹，尺二寸。"《周禮·夏官·射人》："樂以貍首，七節、三正。"鄭玄注："正之證也。射者内志正，則能中焉。畫五正之侯，中朱、次白、次蒼、次黃、玄居外。三正損玄、黃。"《小爾雅·廣器》："射有張皮謂之侯。侯中者謂之鵠。鵠中者謂之正，正方二尺。正中者謂之槷，槷方六寸。"《漢書·吾丘壽王傳》："《詩》云'大侯既抗，弓矢斯張'。"顏師古注："侯，所以居的，以皮爲之。天子射豹侯，諸侯射熊侯，卿大夫射麋侯，士射鹿豕侯。"《北史·宇文貴傳》："魏文帝在天游園，以金厄置侯上，令公卿射中者即賜之。"宋歐陽修《九射格》："九射之格，其物九，爲一大侯而寓以八侯。"參閱《廣釋名·釋兵》《小爾雅·廣器》。

三侯

　　侯名。以熊、虎、豹皮爲飾的三種箭靶。《詩·小雅·賓之初筵》"大侯既抗，弓矢斯張"毛亨傳："大侯，君侯也。"鄭玄箋："天子諸侯之射，皆張三侯，故君侯謂之大侯。"《周禮·夏官·射人》："王以六耦射三侯。"鄭玄注引鄭司農："三侯，熊、虎、豹也。"《論語·八佾》："子曰：'射不主皮。'"何晏集解引馬融云："天子三侯，以熊、虎、豹皮爲之。"《舊唐書·文苑傳中·許景先》："今則不然，衆官既多，鳴鏑亂下，以苟獲爲利，以偶中爲能，素無五善之容，頗失三侯之禮。"

皮侯

　　侯名。用獸皮爲飾，故名。《周禮·考工記·梓人》："張皮侯而棲鵠，則春以功。"鄭玄注："皮侯，以皮所飾之侯。"賈公彥疏："天子三侯，用虎、熊、豹皮飾之側，號曰皮侯。"孫詒讓正義："所謂皮侯，是侯側之飾，及鵠並以皮爲之，故專得皮侯之名也。"

虎侯

　　侯名。以虎皮爲飾，故名。周天子大射自射之射靶。《周禮·天官·司裘》："王大射，則共虎侯、熊侯、豹侯。設其鵠。"鄭玄注："王之大射，虎侯，王所自射也……凡此侯道，凡九十弓。"賈公彥疏："虎侯者，謂以虎皮飾其側，九十步之侯，王射之也。"《論語·八佾》："子曰：'射不主皮。'"何晏集解引馬融云："天子三侯，以熊、虎、豹爲之。"《漢書·吾丘壽王傳》引《詩·小雅·賓之初筵》："大侯既抗，弓矢斯張。"顏師古注："侯，所以居的，

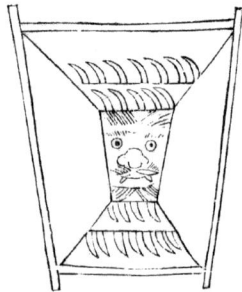

虎侯
（明王圻等《三才圖會》）

以皮爲之。天子射虎侯，諸侯射熊侯，卿大夫射麋侯，士射鹿豕侯。"

豻侯

侯名。亦作"干侯"。以豻皮爲飾，故名。《説文·豸部》："豻，胡地野狗。"《周禮·夏官·射人》："士以三耦射豻侯。"鄭玄注："士與士射，則以豻皮飾侯。"賈公彦疏："豻皮明於兩畔，以豻皮飾之，故得豻侯之名。"孫詒讓正義："《大儀射》注云：'豻侯者，豻鵠、豻飾也。'然則此豻侯亦當兼以豻皮爲鵠，鄭止言飾者，文不具。"《儀禮·大射》："公射大侯，大夫射參，士射干。"漢賈誼《新書·禮》："歲凶穀不登，臺扉不塗，榭徹干侯，馬不食穀，馳道不除。"注："榭與序同，所以習射之處，干侯即豻侯。"

【干侯】

同"豻侯"。此體漢代已行用。見該文。

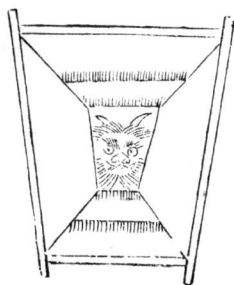

豻侯
（明王圻等《三才圖會》）

豹侯

侯名。以豹皮爲飾之箭靶。天子大射，卿大夫所射。諸侯大射，則與群臣共射之。《周禮·天官·司裘》："王大射，則共虎侯、熊侯、豹侯。設其鵠。諸侯則共熊侯、豹侯。"鄭玄注："王之大射……豹侯，卿大夫以下所射。諸侯之大射……豹侯，群臣所射。"又鄭玄注：

"凡此侯道……豹、麋五十弓。"賈公彦疏："豹侯者，謂以豹皮飾其側，五十步之侯，卿大夫已下射之也。"（參見本卷《兵器戰具説·冷兵器考》"侯"文）

熊侯

侯名。以熊皮爲飾，故名。天子大射時諸侯所射。諸侯大射時則用於自射。《周禮·天官·司裘》："王大射，則共虎侯、熊侯、豹侯。設其鵠。諸侯則共熊侯、豹侯。卿大夫則共麋侯。皆設其鵠。"鄭玄注："熊侯，諸侯所射……諸侯之大射，熊侯，諸侯所自射。"賈公彦疏："熊侯者，以熊皮飾其側，七十步之侯，諸侯射之也。"（參見本卷《兵器戰具説·冷兵器考》"侯"文）

麋侯

侯名。以麋皮爲飾之箭靶，故名。天子大射，卿大夫用之。卿大夫大射，與其家臣共射。《周禮·天官·司裘》："王大射，則共虎侯、熊侯、豹侯。設其鵠。諸侯則共熊侯、豹侯。卿大夫則共麋侯。皆設其鵠。"鄭玄注："大射者爲祭祀射……卿大夫之大射，麋侯，君臣共射焉。"賈公彦疏："卿大夫則共麋侯者，亦五十步以麋皮飾其側，君臣共射之。"《三禮圖·射侯·麋侯》："《司裘》云'卿大夫則共麋侯'，

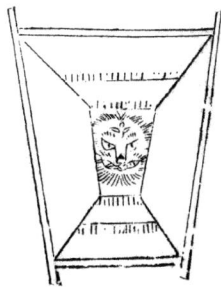

麋侯
（明王圻等《三才圖會》）

此謂王朝卿大夫畿内有采地者，將祭祖先，示行大射之禮，張麋侯君臣共射焉，亦以麋皮飾侯側，又以皮方制其鵠，著于侯中。其侯道亦五十弓，侯廣鵠方丈尺之數，亦與王之豹侯同。"《漢書·吾丘壽王傳》："《詩》云'大侯既抗，弓矢斯張，射夫既同，獻爾發功'。"顏師古注："侯，所以居的，以皮爲之。天子射豹侯，諸侯射熊侯，卿大夫射麋侯，士射鹿豕侯。"

木椹

亦稱"椹質"。木製箭靶。《周禮·考工記·弓人》："謂王弓之屬，利射革與質。"鄭玄注："質，木椹。"《周禮·夏官·司弓矢》："王弓弧弓，以授射甲革椹質者。"鄭玄注："質，正也，樹椹以爲射正。射甲與椹，試弓習武也。"

【椹質】

即木椹。此稱先秦時期已行用。見該文。

垛

亦稱"墊""埻"。土築之箭靶。《後漢書·齊武王縯傳》："伯升遂進圍宛……王莽……使長安中官署及天下鄉亭皆畫伯升像於墊，旦起射之。"李賢注："〔墊〕，《東觀記》《續漢書》並作埻。"唐張鷟《游仙窟》："張郎太貪生，一箭射兩垛。"《唐六典》："以五等閱其人，一曰長朵，二曰馬射。"宋莊季裕《雞肋卷上》："每謔一笑，須筵中闔堂衆庶皆噱者，始以青紅小旗各插於墊上爲記，至晚較旗多者爲勝。"清褚人穫《堅瓠六集·譏射不中》："唐國公蕭瑀，不能射。太宗命射，俱不著垛。"

【墊】

即垛。此稱漢代已行用。見該文。

【埻】

即垛。箭靶。《呂氏春秋·本生》："萬人操弓，共射一招，招無不中。"漢高誘注："招，埻的也。"唐玄應《一切經音義》卷四二："射棚曰埻，埻中木曰的。"《東觀漢記·齊武王劉縯傳》："莽素震其名，大懼，使畫伯升像於埻，旦起射之。"

射棚

亦稱"射坍"。箭靶。《北齊書·高隆之傳》："顯祖曾至東山，因射謂隆之曰：'射棚上可作猛獸，以存古義，何爲置人？終日射人，朕所不取。'"《南史·宜都王鏗傳》："彌善射，常以坍的太闊，曰：'終日射侯，何難之有。'乃取甘蔗插地，百步射之，十發十中。"唐段成式《酉陽雜俎續集·貶誤》："今軍中將射鹿，往往射棚上亦畫鹿。"《宋史·禮志十七》："苑中皆有射棚，畫暈的。"一説爲土築箭靶，同射垛。據《資治通鑑·宋順帝昇明元年》載，"帝立道成於室内，畫腹爲的，自引滿，將射之……左右王天恩曰：'領軍腹大，是佳射坍。'"胡三省注："射坍，今言射垛也。"

【射坍】

即射棚。此稱南北朝時期已行用。見該文。

弩

弩

拋射兵器。以機械力儲存能量，待機發射之弓。由弩臂、弩弓、弩機組成。弩臂用以承弓、撑弦。前置容弓孔橫向固定弓體，後部設槽以裝弩機，中間以長溝置箭。弩弓爲多層竹、木製成之複合弓，用以積蓄彈射力。弩機用於扣弦、瞄準和發射。發射前，將弦挂於弩機牙上，置箭於槽内，箭尾嵌弦上。瞄準目標後，撥動弩機懸刀，弦鬆則箭射出。弩在瞄準時不受使用者體力限制，較弓更爲精確。可用手臂以外的力量張弦，故可使用拉力更强的弓，從而增强了箭鏃的射程和殺傷力。最早的弩以木製機栝，因稱木弩。中國少數民族尚存較原始木弩，其"懸刀"（即板機）用骨角所製。在各地新石器時代的遺址中，有一些帶孔小骨片出現，形制及尺寸和木弩"懸刀"相近。由此推知，弩的産生，當在原始社會晚期。從古代文獻中也可找到有關弩的記述。《太平御覽》卷三四八引譙周《古史考》云："黄帝作弩。"也有稱羿時已有弩之機栝，"羿執鞅持桿，操弓關機"（見《韓非子·説林》）。商代用弩，見於《禮記·緇衣》引《太甲》："若虞機張，往省括于厥度則釋。"鄭玄注："虞，主田獵之地者也；機，弩牙也；度謂所擬射也。虞人之射禽，弩已張，從機間視括，與所射參相得，乃後釋弦發矢。"太甲乃商湯之孫。周代，弩受到重視。《周禮·夏官·司弓矢》："司弓矢掌六弓四弩八矢之灋，辨其名物，而掌其守藏，與其出入。"春秋時，銅弩機出現，弩漸成爲軍中重要抛射兵器。漢趙曄《吳越春秋·句踐歸國外傳》記楚國善射者陳音對越王句踐論述弩時指出："琴氏乃横弓著臂，施機設樞，加之以力，然後諸侯可服。"形容弩的威力已達到"鳥不及飛，獸不暇走，弩之所向，無不死也"的地步。《孫子·作戰》中把弩與甲冑戟楯同列爲重要兵器，稱"公家之費，破車罷馬，甲冑矢弩，戟楯蔽櫓，丘牛大車，十去其六"。孫子還以"曠機"和"發機"譬喻作戰中"勢"與"節"的

關係："是故善戰者，其勢險，其節短。勢如曠弩，節如發機。"戰國時，弩大量使用於戰争中。據《史記·孫子吳起列傳》載，齊、魏馬陵之戰時，齊軍師孫臏以減灶法誘魏軍至馬陵，"令齊軍善射者萬弩，夾道而伏"。魏軍夜至，"齊軍萬弩俱發，魏軍大亂相失"。可知當時弩不僅威力極大，且部隊裝備數量也很多。由出土戰國時期無郭之青銅弩機和弩臂、竹弓形制推斷，當時弩多爲雙手張弓之擘張弩。《孫臏兵法·勢》："何以知弓弩之爲勢也，發於肩膺之間，殺人百步之外，不識其所道至，故曰，弓弩勢也。"這裏所言之弩亦爲擘張，與考古發掘相一致。但戰國文獻中也有使用强弩的記載。如《荀子·議兵》記魏國當時有"十二石之弩"，《史記·蘇秦列傳》記韓國勁弩能"射六百步之外"，當爲用脚踏張弓之蹶張弩。據《六韜·虎韜·軍用》，戰國時還有"大黄參連弩""絞車連弩"等强弩。漢代，由於戰争特别是對匈奴戰争的需要，弩成爲比弓更爲重要的抛射兵器。漢軍步騎兵均大量裝備。西漢鼂錯在分析西漢與匈奴軍力時曾指出："勁弩長戟""游弩往來"，"爲中國之長技也"（見《漢書·鼂錯傳》）。《史記·李將軍列傳》載，李廣爲十倍於己之匈奴包圍，"漢兵死者過半，漢矢且盡"，"廣乃令士持滿毋發，而廣身自以大黄射其裨將，殺數人，胡虜益解"。由强弩"大黄"殺傷力之强，可知漢代製弩技術已達很高水準。漢代郡國還組成了以弩手爲主的"材官蹶張"部隊，并設有"强弩將軍""强弩都尉"等官職。漢代弩較戰國有較大改進。弩機外加裝銅鑄機匣——郭，把郭嵌進弩臂槽中，可使弩承受更大張力，增强了弩箭殺傷力。還

加高了弩機望山。有些弩機在望山上加刻表示不同距離的刻度，使射手之視綫經由望山上與射距相適應的刻度，再通過箭端瞄準目標，形成了三點一綫之瞄準綫（參見本卷《兵器戰具說・冷兵器考》"長興弩機"文）。望山起到了現代步槍表尺的作用。漢弩臂末端還增設了把手，更便於操作。漢弩強度以石爲單位，居延出土之漢簡記載中有一、三、四、五、六、七、八、十二石等八種。使用最多的爲六石，可射約 260 米。漢弩有雙手張弦之"擘張"弩，供騎兵用。有手與雙足踏張之"蹶張"弩和腰足共張之"腰引"弩，多用於步兵。漢時對弩之含義及各部分名稱，已有明確闡述。《釋名・釋兵》稱："弩，怒也，有勢怒也。其柄曰臂，似人臂也。鈎弦者曰牙，似齒牙也。外曰郭，爲牙之規郭也。下曰懸刀，其形然也。合名之曰機，言如機之巧也。亦言如門户之樞機開闔有節也。"三國和西晉時，軍中仍大量裝備弩。從發現的三國時期弩機銘文看，魏和蜀都設有製造弩之工廠。弩的形制，亦沿襲漢代。爲增強弩的威力，諸葛亮曾改製"連弩"，創製了可一次發射十隻八寸鐵弩箭的"元戎"（見《三國志・蜀書・諸葛亮傳》注引《魏氏春秋》）。西晉滅亡後，北方游牧民族進入中原。因弩不便馬上使用，加之北方游牧民族騎兵慣用弓箭，故弩在北方漸泯没無聞。但在江南，從東晉到南朝，弩一直爲軍中重要抛射兵器。《晉書・朱伺傳》記朱伺在夏口之戰中"用鐵面自衛，以弩的射賊大帥數人，皆殺之"。東晉南朝時還製造了用於攻守城作戰的牀弩。唐代，遠射兵器以弓箭爲主，但弩未廢。據《通典・兵二》載，唐代弩有步兵使用之"擘張"弩，可射三百

步；騎兵用之馬弩，可射二百步。由於張弩遲緩，臨敵不過一、二發，爲提高射速，采取輪番張弩之法，"陣中張，陣外射，番次輪迴，張而復出，射而復入，則弩不絶"。用於攻堅或守城的"絞車弩"（又稱"車弩"），唐時有所發展。車弩以轉軸上弦，一次可射七支巨箭，射七百步。宋代，重視弩的使用。認爲"爭山奪水，守隘塞口，破驍陷勇，非弩不克"，"弩者，中國之勁兵，四夷所畏服也"（見宋曾公亮《武經總要前集・教弩法》）。北宋時設弓弩院和弓弩造箭院，專司製造弓弩。據《武經總要前集・器圖》，宋弩有黃樺弩、黑漆弩、木弩、跳鐙弩等。宋代名將多善用弩。岳飛能挽弓八百斤，弩八石。學射於周同，盡得其術，能左右射。韓世忠改製強弩"神臂弓"，更名"克敵弓"。作戰時，每射"鐵馬"（騎兵），敵應弦而倒（參見本卷《兵器戰具說・冷兵器考》"克敵弓"文）。爲縮短射箭間隙，宋時軍中分"張弩人""進弩人"和"發弩人"，各司其職。牀弩在宋代取得較大發展。《武經總要前集・器圖》所載牀弩，自二弓至四弓，種類繁多，射程可達千步（合今約 1500 米），爲中國冷兵器最遠射程，在宋代戰爭中發揮了一定作用。據《宋史・寇準傳》載，宋軍與契丹軍統帥肖撻覽相持，"時威虎軍頭張瓌守床子弩，弩撼機發，矢中撻覽額，撻覽死，乃密奉書請盟"。牀弩威力雖大，但機動性差，故多用於攻守城作戰。明代，火器盛行，弩在戰爭中地位漸漸减弱，但仍占有一定地位。明茅元儀《武備志・軍資乘・器械》："中國之利器曰弓與弩。自漢以後，虜弓日強，遂不可復及。唯弩之用爲最。"明代兵書《草廬經略》有《用弩》一篇，對弩在戰

争中的作用作了詳細論述。稱"争山奪險，守壘制突，非弩不可。邀射，則前後不能顧；伏射，則左右莫可支。吾以衆弩而共射一人，則元戎立斃鋒前。乘高守隘，萬弩蹶張，百步之内，射無不中"。明宋應星《天工開物・佳兵・弩》將弩列爲"守營兵器"，認爲弩"不利行陣"。明代弩大體承襲宋代，唯連弩得到發展。除可同時發射二、三支箭的"神臂弩""克敵弩"外，還出現了輕便、快捷，可在較短時間内連續發射的"諸葛弩"。該弩設有活動板手和可在弩臂上前後滑動之箭槽，可連續發射十支箭。"便捷輕巧，即付騎兵，亦可持之以衝突。但矢力輕，必借藥耳"（見《武備志・軍資乘・器械》）。因其矢力僅達"二十餘步"（見《天工開物・佳兵・弩》），故不能成爲戰場上主要抛射兵器。清代，火兵器大量製造和使用，用弩較少。至雍正五年（1727）議定全國軍隊武器裝備，弩并未列入。據《大清會典事例・兵部》載，乾隆五年（1740）纔議准"滇黔二省地方山箐，陰雨不常，弓箭一遇潮濕之時，險仄之地，不能應手施展。唯弩弓以木爲質，其力最勁，爲行軍之利器，令弓箭兵各兼習弩弓，以資利用"。此後弩纔在部分行省軍隊中小規模使用。清代弩主要有雙機弩弓、如意弩弓、射虎弩弓和連發弩弓等種。由於火兵器興起，一些火兵器技術應用於弩機上，使清弩機較前結構更科學，操作更簡便。如清雙機弩便是利用杠杆原理上弦，設雙牙并有保險裝置（參見本卷《兵器戰具説・冷兵器考》"雙機弩"文）。上弦省力，亦更爲準確。清弩弓按《大清會典》規定，一般爲楊木和榆木，弓面傅角，弓背加筋膠，外貼樺皮，兩弰圓曲。弦爲纏絲。

所用箭有弩鈚箭、如意弩箭、弩骲箭、射虎弩箭等。19世紀中葉，弩廢止。

弩機

抛射兵器弩用以勾弦和控制發射時機的青銅機械，是一種轉軸連動式發射裝置，由懸刀、望山、牙鈎心、鍵（亦稱牛、栓塞）組成。牙用以卡弦。望山用以瞄準。懸刀即板機，用以發射。鈎心連接牙和懸刀。鍵將各部組成一整體并固定於弩臂後端空槽内。張弦裝箭時，手拉動望山，牙上升，鈎心被帶起，其下齒卡住懸刀刻口，連接的懸刀和牙均被固定。這樣牙便扣住弓弦，將箭置於弩臂箭槽内，使箭栝頂在卡於兩牙之間的弓弦上，呈待擊狀。通過望山瞄準目標後，向後扳動懸刀，牙下縮，弓弦失去控制而迅速回彈，箭即隨弦而發射出去。現所見弩機實物，最早爲戰國弩機。1952年長沙掃把塘一百三十八號戰國中期墓出土弩機一件，銅製，由牙、望山、懸刀、鍵組成。懸刀長6.7厘米，上端寬6.7厘米，下端寬0.5厘米。牙有兩齒，其後連接望山，望山高3.6厘米，寬3.5厘米，厚1.4厘米。1957年湖南長沙左家塘新生磚廠十五號戰國晚期墓曾出土

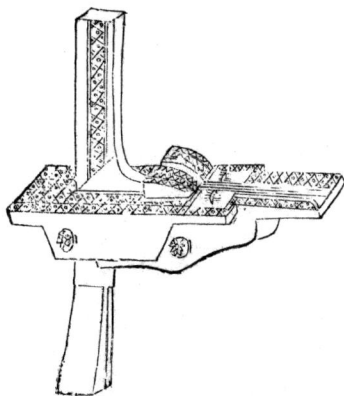

弩機
（明王圻等《三才圖會》）

弩機一件，僅存懸刀、牙、望山。懸刀長 8 厘米，上端寬 1.2 厘米，下端寬 0.6 厘米。後端的牙，齒高 3.3 厘米，寬 3.5 厘米，厚 2.1 厘米。前面橫放的牙，長 5.4 厘米，寬 2.2 厘米，厚 0.8 厘米。經科學發掘出土的戰國弩機，除以上兩件外，還有 1958 年湖南常德德山十二號戰國中晚期墓出土的一件，四川成都羊子山第一百七十二號漢墓出土的兩件。常德一件已殘破，成都兩件形制與長沙出土之戰國弩機完全相同，很可能來自楚地或受楚文化影響。上述戰國弩機，在結構原理和製作技巧上均很成熟，由此推斷，銅弩機的創製，應在春秋時代，至晚在戰國早期。創製和最早使用銅弩機的很可能是楚國。漢代弩機出土甚多。其結構、原理、形制等完全繼承戰國弩機傳統。其改進處懸刀呈長方形，望山加大增高，并由尖角形變成近似長方形。增設了銅弩機構件的機匣——銅郭，增大了弩的拉力，使弩的射程更遠。漢代弩機還盛行刻鑄裝飾物，有的錯金、錯銀。爲提高瞄準精度，除增高望山外，有的弩機還在望山上增設了刻度，射手可從望山上選擇與目標距離相適應之刻度，使視綫經由望山上的刻度再通過箭端對準瞄準點，可大大提高弩箭的命中率。1968 年河北滿城西漢墓出土之銅弩機郭長 9.7 厘米，望山上窄下寬，近長方形，上端作小直槽，可能是爲嵌入有刻度的尺規而設，惜尺規無存。滿城漢墓出土的另一件弩機郭長 9.5 厘米，望山共刻五度，分別用錯銀和錯金標出一度和半度，再從下往上遞減度距。1976 年浙江長興出土一件有刻度銅弩機，郭長 17.4 厘米，望山高 10.4 厘米，錯銀刻度 9.4 厘米，刻度劃爲六又四分之一等分，每一等分又

分四小格，飾有錯銀圖案。漢代出土弩機多有刻鑄銘文者。1986 年至 1987 年，漢長安城未央宮第三號建築遺址出土西漢弩機銘文刻於弩機郭身、懸刀、牙、鈎心和前後栓塞之上。銘文有 "南陽工官第二千一百卅八" "南陽工官第二千二百一十四" "南陽工官第五百卅八" "南陽工官第三百一十" 等。南陽工官係西漢設於南陽郡之製造兵器機構，後面數字爲生產該器之編號。以 "工官" 銘文弩機除 "南陽工官" 外，還有 "河内工官" 銘弩機，其刻銘簡單，字體潦草細小，刻銘的行文風格與 "南陽弩機" 基本一致，僅編號後面還有規格號（批號）。出土數量也較南陽弩機多（參見本卷《兵器戰具說·冷兵器考》"河内工官弩機" 文）。魏晋南北朝時期，弩機仍承襲漢代形制。湖北鄂州市鄂城區出土西晋之銅弩機，郭長 9.8 厘米，寬 2.4 至 3.65 厘米，郭頂面飾錯銀鳥紋和菱形花紋，望山上有刻度。湖南長沙出土的一件晋銅弩機，郭長達 18.9 厘米，較前弩機郭長增加一倍，其拉力顯然大增。1960 年江蘇南京出土大銅弩機，郭長 39 厘米，寬 9.2 厘米，通高 30 厘米。安裝這樣大的弩機，弩臂長當在 2 米左右。故此弩機祇能用於當時已出現的大型牀弩（參見本卷《兵器戰具說·冷兵器考》"牀弩" 文）。隋唐五代，弩的種類較多，但迄今未見唐代弩的圖像和出土資料。宋代重視弩的製造和使用，有些史料亦有繪圖（如宋曾公亮《武經總要》），但過於簡單，未能詳解弩機的構造和形制。元代以後，弩漸少，史料和出土發掘均未見弩機形制。清代雖有使用弩的記載，但所用之雙機弩、雙機彈弓弩的鈎弦和發射裝置已和銅弩機無相同之處。（參見本卷《兵器戰具說·冷

兵器考》"雙機弩" "雙機彈弓弩" 文）

"河内工官" 弩機

漢銅弩機。因其刻有 "河内工官" 銘，故稱。該器在中國迄今發現和出土的漢代 "工官" 銘文弩機中數量最多。1955 年廣西貴港瀕粉廠出土一件，銘文爲 "河内工官第廿四"。1972 年雲南玉溪市江川區李家山漢墓出土一件，通高 17.4 厘米，郭長 10.5 厘米，郭後端、懸刀、機牙、栓塞上等處均陰刻隸書 "河内工官二百□十□"。1959 年福建武夷山城村漢城遺址出土弩機栓一件，方頭柱狀，一端鑽孔，通長 5 厘米，徑 1 厘米，上有銘文 "河内工官……三十斤□五十□□"，也有人將此銘釋爲 "河内工官二千六百五十六甲" 或 "河内工官三十斤百五十□"。1981 年至 1988 年，在城村漢城高胡南坪甲組遺址建築群中出土了多件 "河内工官" 弩機。其銘文分別爲 "河内工官二千二百卅二丙"，"河内工官千四百五十八丁"，"河内工官二千二百四十甲"，"河内工官四千五百卅四甲"。同期，在城村漢城北崗漢墓一號建築遺址出土弩機郭一件，郭面中央有箭槽，側面前後各有一穿孔，郭側前部刻記一符號，郭後刻 "河内工官三百十丁" 等字樣，郭長 10.6 厘米。同墓二號建築遺址亦出土一件，銘文爲 "河内工官□千……"。工官是漢代製造兵器的機構。《史記·絳侯周勃世家》載，"條侯子爲父買工官尚方甲楯五百被可以葬者"，可知西漢前期漢景帝時已經設置 "工官"。"河内工官" 應爲西漢設於河内郡的製造兵器機構。後面銘文中的數位爲産品先後的編號。甲、乙、丙等可能是批數的編號，也可能代表産品的不同規格。其刻銘簡單，字體潦草，字迹細小，具有西漢弩機刻銘的特點。河内工官始造年代有學者認爲是西漢晚期或王莽時代，亦有認爲係漢景帝之世或武帝初年。

長興弩機

東漢銅弩機。浙江長興楊灣村出土。弩機全長 17.4 厘米，郭面後寬前窄，呈凸字形，箭槽兩側各有一小槽，郭身前後以兩個蘑菇形穿固定。郭面四周和槽邊均飾有錯銀綫條，郭面後部有三行錯銀菱形圖案。機牙長 2.4 厘米，上飾錯銀幾何圖形。懸刀長 8.95 厘米。望山全長 10.4 厘米，錯銀刻度長 9.4 厘米，劃爲六又四分之一等分，每一等分又劃爲四小格。這些刻度綫當爲代表一定距離之 "表尺"。發射時，弩手通過望山上和目標距離相對應之刻綫，經過箭端瞄準目標，形成了三點一綫的瞄準綫，可以提高弩箭的命中率。（參見本卷《兵器戰具説·冷兵器考》"弩" 文）

内弩

短弩。因安置於地穴内，故稱。始見於春秋。據《墨子·備城門》載，敵人以挖穴（即挖地道）攻城時，守城者亦應挖穴，并在穴中設内弩以禦敵。《墨子·備城門》："敵人爲穴而來，我亟使穴師選本，迎而穴之，爲之具内弩以應之。" 孫詒讓《閒詁》："内弩，即《備穴篇》之短弩，穴中以距敵者。"

伏弩

置弩於隱蔽處，弦扣於弩機牙上。弩機懸刀縛長綫，綫另一端由專人控制或拴在必要之處。拉動長綫或有人觸動長綫，則牽動弩機懸刀而發箭。最早見於陵墓中。秦始皇嬴政造驪山陵墓，爲防後人掘盗，"令匠作機弩矢，有所穿近者輒射之"（見《史記·秦始皇本紀》）。唐段成式《酉陽雜俎·尸穸》:"《水經》言:'越王勾踐都琅琊,欲移允常冢,冢中風生,飛沙射人,人不得近,遂止。'按《漢舊儀》:'將作營陵地,內方石,外沙演,戶交橫莫耶,設伏弩、伏火、弓矢與沙。'蓋古製有其機也。"亦指埋伏於暗處的弩。楚漢戰爭時,劉邦、項羽對峙於廣武。劉邦歷數項羽罪狀,"項羽大怒,伏弩射中漢王"(《史記·高祖本紀》)。《後漢書·袁紹傳》記"操出行圍,配伏弩射之,幾中"。《明史·葉旺傳》:"率精騎數百挑戰城下,中伏弩仆,為我兵所獲。"

連弩

亦稱"積弩"。可連發數矢或同發數矢之弩。最早見於《墨子·備高臨》:"備臨以連弩之車。"時為守城戰具。據《史記·秦始皇本紀》載,方士徐市等入海求仙藥,數歲不能得。乃詐稱:"蓬萊藥可得,然常為大鮫魚所苦,故不得至,願請善射與俱,見則以連弩射之。"這時連弩顯然已可用於野戰。漢代有關連弩記載較多。《淮南子·兵略訓》有"積弩陪後,錯車衛傍"的記載。積弩即連弩。《史記·李將軍列傳》記西漢與匈奴戰爭中,郎中令李廣率四千騎出塞擊匈奴,為匈奴左賢王四萬騎包圍。在漢兵死者過半、箭矢且盡的情況下,李廣"乃令士持滿毋發,而廣身自以大黃射其裨將,殺

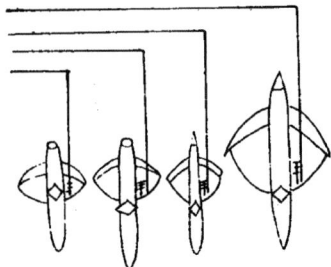

連弩
(清年羹堯《治平勝算全書》)

數人"。裴駰集解引孟康曰:"《太公六韜》曰:'陷堅敗強敵,用大黃連弩。'"《漢書·李陵傳》記李陵率"射士步兵"五千人出居延擊匈奴時,為匈奴單于軍包圍,"陵軍步鬥樹木間,復殺數千人,因發連弩射單于"。顏師古注引服虔曰"三十弩共一弦也",引張晏曰"三十弩絭共一臂也"。三國時,諸葛亮對連弩進一步改進,稱"元戎",一弩可發十支箭。《三國志·蜀書·諸葛亮傳》載:"亮性長於巧思,損益連弩,木牛流馬,皆出其意。"諸葛亮改連弩所製之"元戎",據前文引《魏氏春秋》,"以鐵為矢,矢長八寸,一弩十矢俱發"。

【積弩】

即連弩。此稱漢代已行用。見該文。

大黃

亦稱"黃肩""黃閒"。"連弩"之一種。因其大而色黃,故名。據《史記·李將軍列傳》,李廣"自以大黃射其裨將,殺數人"。裴駰集解引鄭德曰:"黃肩弩,淵中黃朱之。"引孟康曰:"《太公六韜》曰:'陷堅敗強敵,用大黃連弩。'"引韋昭曰:"角弩色黃而體大也。"司馬貞索隱:"大黃、黃閒,弩名也。"後人多以其為強弓利弩之代稱。宋沈遘《五言信武殿》:"大黃殪賢王,京觀封鯢鯨。"清錢陸燦《周亮公墓誌銘》:"手發大黃,應弦殪敵。"清蔣士銓《雪中人·掛弓》:"從此白羽歸壺,黃肩收靫,霜鋒入鞘,金瑣藏匣。"

【黃肩】

即大黃。此稱漢代已行用。見該文。

【黃閒】

即大黃。此稱漢代已行用。見該文。

時力

古强弩。謂製作得時，力倍於常弩，故名。《戰國策·韓策一》："天下之强弓勁弩，皆自韓出。谿子、少府時力、距來，皆射六百步之外。"《史記·蘇秦列傳》："谿子、少府時力、距來者，皆射六百步之外。"司馬貞索隱："韓又有少府所造時力、距來二種之弩。按：時力，謂作之得時則力倍於常，故有時力也。"

距來

古强弩。亦稱"鉅黍""巨黍"。因其弩力强勁，可距來敵，故名。《史記·蘇秦列傳》："天下之彊弓勁弩皆從韓出，谿子、少府時力、距來者，皆射六百步之外。"裴駰集解："距來者，謂弩執勁利，足以距來敵也。"《荀子·性惡》："繁弱鉅黍，古之良弓。"晋潘岳《閑居賦》："谿子巨黍，異絭同機。"據王念孫《讀書雜志·史記四》："距來當爲距黍。黍、來隸書相近，故黍訛爲來。"一説爲古强弓。

【鉅黍】

即距來。此稱先秦時期已行用。見該文。

【巨黍】

即距來。此稱晋代已行用。見該文。

谿子

古强弩。因其製弩所用之材産於南方谿子蠻，故稱。一説爲鄭國製弩工匠谿子陽所製而得名。《史記·蘇秦列傳》："天下之彊弓勁弩皆從韓出，谿子、少府時力、距來者，皆射六百步之外。"裴駰集解引許慎曰："南方谿子蠻夷柘弩，皆善材。"司馬貞索隱："按：許慎注《淮南子》，以爲南方谿子蠻出柘弩及竹弩。"《淮南子·俶真訓》："烏號之弓，谿子之弩，不能無弦而射。"高誘注："谿子，爲弩所出國

名也……一曰谿子陽，鄭國善爲弩匠，因以名也。"後亦用爲强弩之代稱。晋潘岳《閑居賦》："谿子巨黍，異絭同機。"

擘張弩

輕型弩。因以雙臂張弦，故稱。爲東周弩之主要形制。《孫臏兵法·勢》："何以知弓弩之爲勢也，發於肩膺之間，殺人百步之外。"這裏"發於肩膺之間"，當爲以臂張弦。由出土之無郭青銅弩機和弩弓推斷，東周弩多爲輕型弩，即擘張弩，與《孫臏兵法》一致。漢代，始有擘張弩之稱。《漢書·申屠嘉傳》稱申屠嘉"以材官蹶張從高帝擊項籍"。顏師古注："今之弩，以手張者，曰擘張，以足蹋者，曰蹶張。"唐代，擘張弩爲軍中裝備之抛射兵器之一。《通典·兵十一》，唐擘張弩可射三百步，步兵作戰用。使用時多采取"陣中張"，"陣外射"，張而復出，以保持發射之連續性。《太平御覽》卷三四八引《趙公王琚教射經》："擘張弩，中三百步，步戰用之。"唐以後，弩多以雙臂張之，但多因其形制、質地爲名。

蹶張弩

强弩之一種。用手足共同張弦，故稱。其射程和殺傷力均較擘張弩佳，但操作複雜。多爲步兵使用。始見於戰國。據《戰國策·韓策一》，韓已有用脚張弦的"蹻勁"，可以"以一當十"。《史記·蘇秦列傳》稱："韓卒超足而射，百發不暇止，遠者括蔽洞胸，近者鏑弇心。"司馬貞索隱："超足謂超騰用執，蓋起足蹋之而射也。故下云'蹻勁弩'是也。"張守節正義："超足，齊足也。夫欲放弩，皆坐，舉足踏弩，兩手引揍機，然始發之。"可知韓卒之超足而射，即以足踏弩而張之。漢代，始稱蹶張。《史

記·張丞相列傳》載，丞相申屠嘉"以材官蹶張從高帝擊項籍"。裴駰集解引如淳曰："材官之多力，能脚蹋强弩張之，故曰蹶張。"漢代不僅有使用蹶張的步兵材官蹶張，而且有以强弩爲名的官職，如"强弩都尉""强弩將軍"等。三國到西晋，蹶張弩一直爲步兵之利器。西晋滅亡後，北方各民族以騎射爲主，不使用蹶張等强弩，但南方由東晋至南朝，蹶張一直爲步兵之利器。唐代，《唐六典·武庫令》所載之弩有七，其中"伏遠弩"，據《舊唐書·兵志》載，可"縱矢三百步"，當爲蹶張弩。宋代蹶張弩有黄樺弩、白樺弩、黑漆弩、雌黄樺梢弩、木弩、跳鐙弩等。爲提高射速，作戰時，分工爲"張弩人""進弩人""發弩人"，各司其職。宋沈括《夢溪筆談·辨證一》："今之武卒蹶弩，有及九石者。"蹶弩，即蹶張弩。宋神宗熙寧中所造之神臂弓亦爲脚踏張弦之蹶張弩（參見本卷《兵器戰具説·冷兵器考》"神臂弓"文）。明宋濂《懷遠大將軍趙公神道碑銘》載，"公巡城至東門，敵發蹶張，中其腰脅，箭深入約六寸，公即拔出之"。明茅元儀《武備志·弩一》中稱："蹶張者，可二、三石，古所云弓之强者不及也。"并載蹶張弩圖。可知明時蹶張弩仍爲軍中抛射兵器，但使用已漸少。清代，弩僅爲

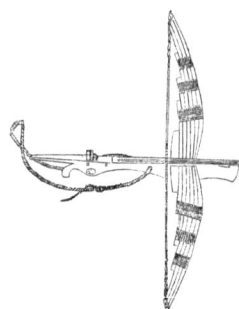

蹶張弩
（明茅元儀《武備志》）

部分地區軍隊裝備，但無蹶張弩之制。

腰引弩

弩的一種。以腰足共同張弦，故名。始見於漢。據漢畫像腰引弩圖像，腰引者平坐地上，弩平放引者面前，雙脚掌蹬住弓體，腰上置挂鈎，通過鈎索鈎住弩弓弓弦。扣弦時，雙足掌向前用力，兩手扯住鈎索，身體向後倒，則弓弦張開挂於弩機牙上。其弩力顯然强於擘張和蹶張。《晋書·馬隆傳》載，馬隆募兵平樹機能，"募限腰引弩三十六鈞，弓四鈞，立標簡試，自旦至中，得三千五百人"。明代，稱腰開弩。明茅元儀《武備志·器械二》："弩之力，腰開者可十石。"并載有腰開弩圖。可知明代腰引弩仍爲軍中所用。

牀弩

亦作"狀弩""牀子弩"。以多張强弓之力發射弩箭之弩。因其弓置於木製發射架（時稱牀子）上，故稱。使用時，以人力、畜力或機械力張弓扣於弩機機牙上，上箭瞄準目標後，以木槌擊下弩機"扳機"，弓回彈，將矛狀箭射出。至遲在西漢時，牀弩已用於作戰。《六韜·軍用篇》中提到的"絞車連弩"、東漢《論衡》中的"車張"之弩，即牀弩。據《後漢書·陳球傳》，陳球守零陵時，"弦大木爲弓，羽矛爲矢，引機發之，遠射千餘步，多所殺傷"。能將"羽矛"射"千餘步"，應爲多弓之牀弩。東晋南北朝時，《北史·源賀傳》載，源賀在魏文成帝時，裝備有"强弩十二牀"，每牀强弩要六頭牛張弦。《宋書·殷孝祖傳》中記時有"二十五石弩"，其力約合今1500千克，非一人體力所能張開，亦應是多弓之牀弩。江蘇南京市秦淮河曾出土南朝大型牀弩銅弩機，長

達 39 厘米，寬 9.2 厘米，高 30 厘米，按其弩機大小復原之弩臂至少在 2 米以上。唐代牀弩已列爲軍隊裝備，稱"絞車弩"（又稱"車弩"），是一種利用絞車轉軸張弓扣弦的牀弩。宋代，牀弩迅速發展。宋太祖時，對舊牀弩改進。《宋史·魏丕傳》："太祖皆先期諭旨，令修創器械，無不精辦。舊床子弩射止七百步，令丕增造至千步。"據北宋文瑩《玉壺清話》卷八所記，舊牀子弩僅射七百步，爲增至千步，魏丕求助於陳從信。"信令懸弩於架，以重墜其兩端，弩勢負，取所墜之物較之，但於二分中增一分以墜新弩，則自可千步矣。如其製造後，果不差"。宋代千步合今約 1500 米，爲中國冷兵器時代抛射兵器最遠之射程。牀弩爲宋軍重要裝備。據宋曾公亮《武經總要前集·器圖》，時牀弩有大小合蟬弩、三弓牀弩、斗子弩、手射弩、三弓弩、次三弓牀弩等。爲提高射速，多人操作。裝弓二至四張不等。小型牀弩五至七人，大型可達百人以上。瞄準、擊發均有分工。其最大者可射千步。時官府設有專門作坊製造牀弩。《宋史·兵志一》載宋"岢嵐軍別置床子弩砲手"。宋曾鞏《本朝政要策·兵器》稱，宋代"國公署有南北作坊，歲造甲鎧、具裝……弩樁、牀子弩，凡三萬三千"。宋代戰爭主要是城戰中牀弩發揮一定作用。據《宋史·寇準傳》，宋遼戰爭中，宋威虎軍頭張瓌守以牀子弩射敵，"弩撼機發，矢中撻覽額，撻覽死，乃密奉書請盟"。元代，牀弩仍爲軍中利器。蒙古軍所用之神臂弩，據《元史·兵志》載，可射"八百餘步"，爲牀弩無疑。明代以後，火兵器漸盛，牀弩因其機動性差，發射速度慢而被淘汰。（參見本卷《兵器戰具說·冷兵器考》"抛射兵器""弩"文）

雙弓牀弩

大型牀弩。因以雙弓之力發射弩箭，故稱。弩牀前後各置一弓，以繩連之。牀後置一大型弩機，兩側各置一轉軸。轉軸以牽引繩與主弓

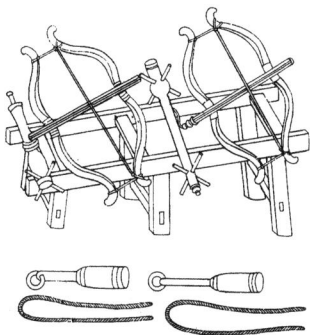

雙弓牀弩
（宋曾公亮《武經總要前集》）

弓弦相連。發射時，絞動轉軸，牽引繩拉主弓張開并扣弦於弩機牙上，另一弓亦同時張開。置箭於弦上并瞄準目標後，以木槌擊"板機"使機牙下沉，雙弓同時回彈，將箭射出。宋代牀弩盛行。時雙弓牀弩有大合蟬弩、小合蟬弩、手射弩等多種。"大者張時用十許人，次者五七人。一工準所射高下（即瞄準），一人以槌發其牙，箭用大小鑿頭箭"（見《武經總要前集·器圖》）。（參見本卷《兵器戰具說·冷兵器考》"牀弩""三弓牀弩""大合蟬弩""小合蟬弩""手射弩"文）

二弓弩

宋代牀弩。牀上置二弓，故名。其構造使用均同雙弓牀弩（參見本卷《兵器戰具說·冷兵器考》"雙弓牀弩"文）。唯其弓力較大。據宋曾公亮《武經總要前集·器圖》："二弓弩，以七十人張發一槍三劍箭，射及三百步。""一槍三劍箭"爲木杆鐵羽大型箭。（參見本卷《兵

器戰具説·冷兵器考》"三弓牀弩"文）

八牛弩

牀弩之一種。以八頭牛拉動弩弓挂弦，故名。宋蘇軾《次韻錢越州見寄》："莫將牛弩射羊群，卧治何妨晝掩門。"王十朋注引程縯曰："漢有八牛弩，以射楚軍，矢及十里。"宋代稱"三弓牀弩"爲八牛弩。宋曾公亮《武經總要前集·器圖》："三弓牀弩，前二弓，後一弓，世亦名八牛弩。"（參見本卷《兵器戰具説·冷兵器考》"牀弩""三弓牀弩"文）

三弓牀弩

大型牀弩。牀上置弓三張，以三弓之力發射弩箭，故稱。主弓居中，弓弭處用短繩與前弓相連，又以滑輪或小環將主弓之弦與後弓弦并於一處。弓後置大型弩機。牀後部兩側各置一轉軸。轉軸以牽引繩和主弓弓弦相連。發射時，絞動轉軸拉動主弓弓弦，前後兩弓弦也隨之張開，將主弓弓弦扣於弩機牙上。瞄準目標後，以木槌擊"扳機"，使弩機機牙下沉，三弓同時回彈，將箭射出。據宋曾公亮《武經總要前集·器圖》："三弓牀弩，前二弓，後一弓，

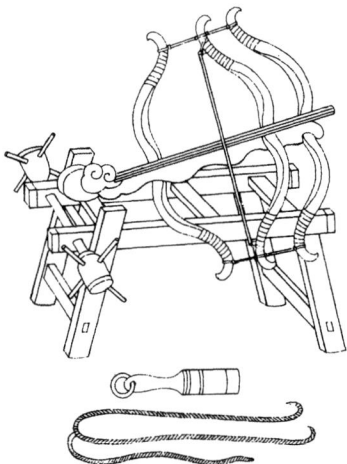

三弓牀弩
（宋曾公亮《武經總要前集》）

世亦名八牛弩。張時凡百許人，法皆如雙弓弩。箭用木幹鐵羽，世謂之一槍三劍箭。其次者用五七十人，箭則或鐵爲翎。"又"三弓弩以七十人張發一槍三劍箭，射及三百步。"

大合蟬弩

宋代雙弓牀弩之一種。其形制如兩蟬之狀，故稱。據宋曾公亮《武經總要前集·器圖》，大合蟬弩以七人張發"大鑿頭箭"，"射及一百五十步"。（參見本卷《兵器戰具説·冷兵器考》"雙弓牀弩"文）

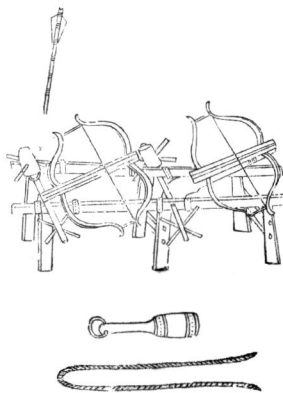

大合蟬弩
（明王圻等《三才圖會》）

小合蟬弩

宋代雙弓牀弩之一種。其形制如兩蟬之

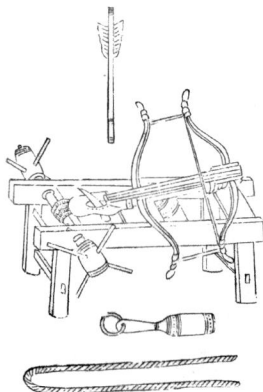

小合蟬弩
（明王圻等《三才圖會》）

狀，故稱。據宋曾公亮《武經總要前集·器圖》："小合蟬弩，以七人張發大鑿頭箭，射及一百四十步。"（參見本卷《兵器戰具說·冷兵器考》"雙弓牀弩"文）

手射弩

宋代小型雙弓牀弩。據宋曾公亮《武經總要前集·器圖》："手射弩，以二十人張發踏橛箭，射及二百五十步。"（參見本卷《兵器戰具說·冷兵器考》"雙弓牀弩"文）

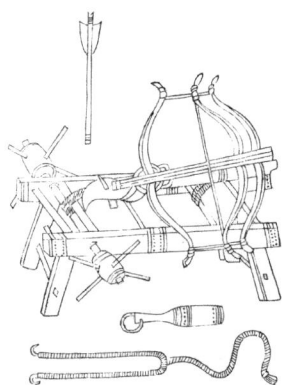

手射弩
（明王圻等《三才圖會》）

次三弓弩

因其弓力較三弓牀弩弱，故名。據宋曾公亮《武經總要前集·器圖》："次三弓並利攻城，故人謂其箭爲踏橛箭者，以其射著城上人可踏而登之也。又有繫鐵斗於弦上，斗中著

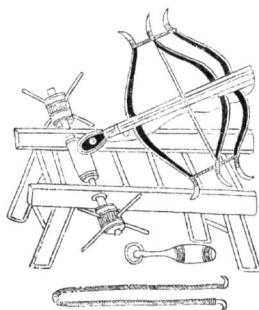

次三弓弩
（明茅元儀《武備志》）

常箭數十隻，凡一發可中數十人，世謂之斗子箭，亦云寒鴉箭，言矢之紛散如鴉飛也。三弩並射及二百大步，其箭皆可施火藥，用之輕重，以弩力爲準。"其張弦用三十人。（參見本卷《兵器戰具說·冷兵器考》"三弓牀弩"文）

克敵弓

宋代強弩。原爲宋神宗熙寧中李宏（一說李定）所造。後經韓世忠改進，射程由三百步增至三百六十步，更名克敵弓。據宋洪邁《容齋三筆·神臂弓》，神臂弓經"神宗閱試，甚善之，於是行用……韓世忠又侈大其制，更名克敵弓，以與金人戰，大獲捷勝"。

神臂弓

宋代強弩。相傳宋神宗熙寧中李宏（一說李定）所造。腳踏張弦，射程可達三百步。爲宋軍重要抛射兵器。據宋洪邁《容齋三筆·神臂弓》載，神臂弓"以檿木爲身，檀爲弰，鐵爲蹬子鎗頭，銅爲馬面牙發，麻繩札絲爲弦，弓之身三尺有二寸，弦長二尺有五寸，箭木羽長數寸，射二百四十餘步，入榆木半笴。神宗閱試，甚善之。於是行用，而他弓矢弗能及"。宋沈括《夢溪筆談·器用》稱神臂弓"似弓"，但裝有連杆和可以腳踏之蹬，"以鐙距地而張之，射三百步，能洞重札（鎧甲）"。清納蘭性德《淥水亭雜識》卷三："宋之神臂弓，本弩也。名爲弓者有故，弓弦必刮弩臂而行。弓力不盡於矢，神臂於臂之行矢處，削而下之，弦得空行，力得盡於矢也。"

斗子弩

宋代小型雙弓牀弩。據宋曾公亮《武經總要前集·器圖》："斗子弩，以四人發小鑿頭箭，射及一百五十步。"（參見本卷《兵器戰具

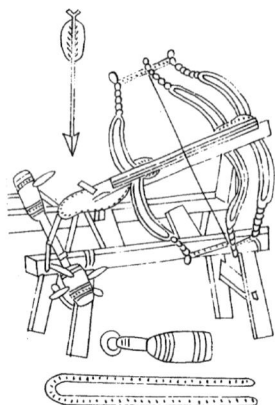

臥子弩(三弓臥子弩)
(清年羹堯《治平勝算全書》)

説·冷兵器考》"雙弓牀弩"文)

絞車弩

省稱"車弩"。大型牀弩之一種。弩置於轉軸車上，以轉軸轉動之力拉弓挂弦，故稱。由《六韜·軍用篇》中的"絞車連弩"和東漢《論衡》中之"車張"可知，漢代已有絞車弩。唐代，已成爲軍隊裝備之抛射兵器。《通典·兵十三》："作轉軸車，車上定十二石弩弓，以鐵鈎繩連。車行軸轉，引弩弓持滿弦。牙上弩爲七衢，中衢大箭一，鏃刃長七寸、廣五寸，箭榦長三尺，圍五寸，以鐵鍱爲羽，左右各三箭，次小於中箭。其牙一發，諸箭齊起，及七百步。所中城壘，無不摧隕，樓櫓亦顛墜，謂之車弩。"《太平御覽》卷三四八引《趙公王琚教射經》："今有絞車弩，中七百步，攻城拔壘用之。"宋代，牀弩盛行，絞車弩多用攻守城作戰。《宋史·張瓊傳》："及攻壽春，太祖乘皮船入城濠，城上車弩遽發，矢大如椽。"(參見本卷《兵器戰具說·冷兵器考》"弩""牀弩"文)

【車弩】

"絞車弩"之省稱。此稱唐代已行用。見該文。

夜伏耕戈

弩之一種。由先秦之伏弩發展而來。明中葉，東南沿海倭患猖獗，各地軍民多設夜伏耕戈以防倭寇。據明戚繼光《紀效新書》卷一五，夜伏耕戈"用輕浮箭並染草烏毒"以加强殺傷力。由弩機撥機引綫橫過路面三十丈外，并堆草藏之。敵觸綫而中箭。後倭寇遣人持大竹杆開路，"先打而後行"，竹杆觸綫，則伏弩發射於敵之前而不能殺傷。明軍以"百弩連成數丈"，牽綫撥機則設於"我處弩盡頭之下"。敵長杆觸動撥機引綫時，已經至伏耕盡頭，故弩發而敵不能逃。"又當分作三四箇機渠，能打發其一機，即未盡發矣，而不意又有未發之機也"。地雷出現後，耕戈漸少。但少數民族仍有用其狩獵或自衛。(參見本卷《兵器戰具說·冷兵器考》"伏弩""弩"文)

如意弩

清代弩。弩臂爲鸂鶒木，弩長清制一尺二寸四分，製法同雙機弩，弓背向内，安於弩後部，無箭槽。發射時，箭栝置弓弦，用鐵鈎拉弦挂於機牙上，鈎長二寸五分。壓扳機發射。《大清會典圖》卷九七："如意弩，木弓傅角，背飾紅樺皮，兩弰圓曲，朱絲弦，徑五寸三

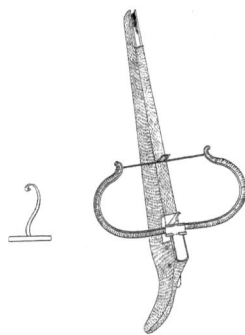

如意弩
(《大清會典》)

分。弦中施扣，臂以鸂鶒木爲之，通長一尺二寸四分。面平末俯，首飾象牙微凹，弩牙及機俱以鐵，中以鐵鍱束弓之弣。弣內向，別以鐵鈎著扣挽弦加於牙上。注矢入括，矢當臂中，撥機發之。鈎長二寸五分，下施圓木，橫二寸四分。"

射虎弩

清代弩。弩臂楠木，弩長清制三尺二寸二分，弓背向外，弓臂置兩孔，可裝雙弓。弩臂下安裝兩直木，形如凳，謂之弩足。後部設一孔，安插鐵杆插銷，鐵杆一端繫繩，另一端別在弩足上。發射時，兩足插入土內，以繩爲弩機，繩套弓弦，拉繩張弓，將繩繫在弩後面樹上，待目標靠近，則觸繩發射。《大清會典圖》卷九七："射虎弩，弓如雙機弩弓之制，臂以楠柚木爲之，長三尺二寸二分，面平，通凹，背空半以限弓。弣向外，後開孔橫笴貫之，以木片扣弦入括，置地覆葦，繫繩爲機，觸之則發。臂下平衡直木，前後設椿如凳式。"

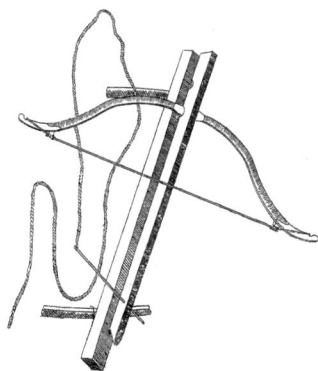

射虎弩
（《大清會典》）

雙機弩

清代弩。因裝兩個機牙，故稱。弩臂爲樺木，長清制二尺四寸七分，弓背向外，以皮帶繫弓，弩牙左右各一。以手拉弦扣於牙上，箭

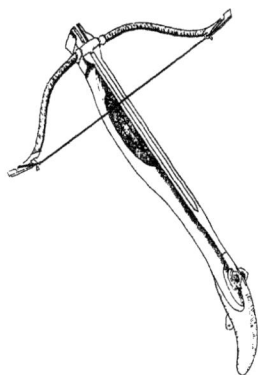

雙機弩
（清允祿《皇朝禮器圖式》）

置槽內。左手執弩臂，右手壓扳機發射。《大清會典圖》卷九七："雙機弩，木弓傅角，背飾紅樺皮，兩弰飾角。弦牀以骨，白絲弦，徑三尺四寸。臂以樺木爲之，背飾椿皮。通長二尺四寸七分，面平，末俯，弩牙鏒金鏤花，左右各一，旁飾璏瑁。素鐵機，前飾象牙鐫四力半雙機弩，清漢文。臂面通凹，端亦飾象牙。以革束弓之弣，弣向外。手挽弦加於牙上，注矢入括，撥機發之。"

雙機彈弓弩

清代弩。因其裝有兩個機牙并可發射鉛彈，故稱。該弩實物，僅知北京故宮博物院保存一件，由弩托、弩機、弩臂、承弓鐵片托組成。弩臂爲楠木纏以樺皮，面平而光滑，無箭槽。長103厘米。弩托長15.8厘米，高7厘米。承弓鐵片托長10厘米，寬3.5厘米，厚2厘米。可用手臂拉弦掛於牙上，壓扳機發射。其弩機部分由圓形軸、轉盤、機牙、方形盤、鐵釘帽、保險孔、扳機、彈簧片等件組成。圓形軸固定扳機，亦作軸，使扳機可轉動。轉盤爲弩機主件，由弩機牙帶動轉動。機牙兩個，可通過兩機牙間瞄準；發射後機牙倒下，則以手扳機牙向上，使轉盤與扳機卡住，恢復待發狀態，亦用其夾住鉛彈袋。方形軸用於固定機牙使之與轉盤連爲一體。發射後，轉盤帶動弩牙倒下；扳弩牙時，又可帶動轉盤恢復原狀。鐵釘帽是爲擋住弩牙而設。保險孔可插入鐵釘，便不致隨時觸動扳機。發射時，左手承握弩臂，右手扳動機牙，使轉盤與扳機卡住，再用手拉弦掛在弩牙上。根據弓力，亦可使用蹶張法或腰引法拉弦。按扳機，扳機向下壓彈簧片，與轉盤脫開，弩牙倒下，彈或箭即彈射出去，彈簧片反彈使扳機恢復原狀。清雙機彈弓弩利用杠杆原理上弦；視綫通過雙牙與箭鏃、目標形成瞄準綫，準確性更大；裝有彈簧，發射後可立即恢復原狀。故較古代青銅弩機先進。由於火兵器的大量使用，并未能大量裝備部隊。

箙

箙

　　盛矢器。即箭袋。最早見於新石器時代之樺皮矢箙。商代，已成爲弓弩兵之裝具。據金文圖像和河南安陽殷墟發現箙之痕迹推測，箭箙呈長方形，鏃端向下置箙內，羽端上露。當爲皮革、藤、竹編成。周代，隨着弓、弩在戰爭中地位的提高，箭使用漸多，箙也逐漸受到重視。《周禮・夏官・司弓矢》：“中春獻弓弩，中秋獻矢箙。”鄭玄注：“箙，盛矢器也，以獸皮爲之。”1954年湖南長沙出土之戰國木矢箙，形制上寬下窄。上寬13厘米，下寬7.5厘米，所置箭矢長70厘米。湖北江陵雨臺山楚墓出土之木矢箙呈長方形，寬14.5厘米，側寬4厘米，箙高17.2厘米，所置箙矢70厘米。漢代箭箙，據《釋名・釋兵》：“矢……其受之器，以皮曰箙，謂柔服用之也。”據出土實物多爲木製。湖南長沙馬王堆漢墓出土之西漢箭箙，木質，箙內盛箭十二隻。江蘇徐州獅子山兵馬俑坑出土之西漢兵馬俑中多有身背箭箙之士兵俑。其箙呈長方形盒狀，上部斜殺成口，木質。漢代亦有皮製箭箙。江蘇揚州市邗江區胡楊五號漢墓出土箭箙二件，器身呈圓筒形，蓋和身套合。一套殘朽，一件稍好。殘長57厘米，直徑約9厘米，用獸皮縫製，髹漆。兩頭內裝圓木片，底端黑色，餘爲紅色，上繪黑色梨狀點紋，黑點上施金粉，中部繪飛鳥一隻，出土時內有箭十餘隻。魏晋南北朝箭箙，據河北吳橋北朝墓葬中出土之負箭箙陶武士俑，爲長方形，斜背於士卒背後。另有形制獨特之箭箙稱“胡禄”，亦開始在中原地區使用（參見本卷《兵器戰具説・冷兵器考》“胡禄”文）。唐代，上窄下寬之扁筒形胡禄已成爲弓弩兵之重要裝備。唐代石刻“昭陵六駿”之一“颯露紫”中名將丘行恭所佩之箭箙，雙附耳貫帶，吊掛於右腰間，上垂纓飾。宋代，箭箙形制較多，如“弓（弩）箭胡蘆”“箭靫”等，皮制，大小隨箭矢形制而定。明以後，箭箙多稱“箭囊”，用皮革、綢緞、布等製成。（參見本卷《兵器戰具説・冷兵器考》“胡禄”“蘭”“叔”文）

樺皮矢箙

　　以樺皮製成之置箭用具。1974年至1978年，始見於青海樂都柳灣馬家窑文化半山類型墓內。出土時內裝骨鏃，一般長38至40厘米，寬8至10厘米，呈圓筒狀。多位於人骨架腰部或手臂旁邊，有的矢箙外還飾有幾何圖紋。

魚箙

　　以魚皮所作之矢箙。一説魚獸之皮。

《詩·小雅·采薇》："四牡翼翼,象弭魚服。"
毛亨傳:"魚服,魚皮也。"鄭玄箋:"服,矢
服也。"孔穎達疏:"魚服,以魚皮爲矢服,故
云魚服。魚皮,《左傳》曰:'歸夫人魚軒。'
服虔云:'魚獸名,則魚皮又可以飾車也。'陸
璣疏曰:'魚服,魚獸之皮也,魚獸似豬,東
海有之,其皮背上斑文,腹下純青,今以爲
弓韃步义者也,其皮雖乾燥,以爲弓韃矢
服。'"(參閲三國吴陸璣《毛詩草木鳥獸蟲魚疏
下·象珥魚服》)

笮

竹製之盛矢器。箙之一種。《儀禮·既夕
禮》:"役器:甲、胄、干、笮。"鄭玄注:"此
皆師役之器。甲,鎧。胄,兜鍪。干,楯。笮,
矢服。"《釋名·釋兵》:"矢……其受之器,以
皮曰箙……織竹曰笮。"《後漢書·禮儀志下》:
"干、戈各一,笮一,甲一,胄一。"劉昭注:
《既夕》設之役器。鄭玄注:'笮,矢箙。'"

其服

盛矢器。箙之一種。其草製之,故稱。《漢
書·五行志下之上》:"女童謡曰:'檿弧其服,
實亡周國。'"顔師古注:"檿,山桑之有點文
者也;木弓曰弧;服,盛箭者,即今之步叉
也;其,草,似荻而細,織之爲服也。"(參見
本卷《兵器戰具説·冷兵器考》"箙"文)

箕服

盛矢器。箙之一種。箕木製之,故稱。《國
語·鄭語》:"檿弧箕服,實亡周國。"韋昭注:
"山桑曰檿。弧,弓也。箕,木名。服,矢房。"
(參見本卷《兵器戰具説·冷兵器考》"箙"文)

櫝丸

亦作"櫝丸""韇丸""皾丸""皾䪅"。圓

形盛矢器,即箭筒。《左傳》昭公二十五年:"公
徒釋甲執冰而踞。"杜預注:"冰,櫝丸蓋。或
云櫝丸是箭筬,其蓋可以取飲。"《儀禮·士冠
禮》:"筮人執筴抽上櫝。"鄭玄注:"櫝,藏
筴之器,今時藏弓矢者,謂之櫝丸也。"《説
文·革部》:"韇,弓矢韇也。"《後漢書·南匈
奴傳》:"弓鞬韇丸一,矢四發,遣遺單于。"李
賢注:"《方言》云:'藏弓爲鞬,藏箭爲韇。'
韇丸即箭箙也。矢十二曰發。"《方言》卷九:
"所以藏箭弩謂之箙,弓(藏)謂之鞬,或謂之
皾丸。"《廣雅·釋器》:"皾䪅䪅韇,矢藏也。"

【韇丸】

同"櫝丸"。此體先秦時期已行用。見該文。

【韇丸】

同"櫝丸"。此體先秦時期已行用。見該文。

【皾丸】

同"櫝丸"。此體漢代已行用。見該文。

【皾䪅】

同"櫝丸"。此體晋代已行用。見該文。

蘭

亦作"韊"。盛弩矢器,其形如桶。《史
記·魏公子列傳》:"平原君負蘭矢,爲公子先
引。"司馬貞索隱:"蘭音蘭。謂以盛矢,如今
之胡簏而短也。"《説文·竹部》:"簡,所以盛
弩矢,人所負也。"《漢書·韓延壽傳》:"令
騎士兵車四面營陣,被甲鞮鍪居馬上,抱弩負
蘭。"顔師古注:"鞮鍪即兜鍪也。蘭,盛弩矢
者也,其形如木桶。"

【韊】

同"蘭"。此體先秦時期已行用。見該文。

簏

竹製之盛矢器。《周禮·夏官·司弓矢》:"田

弋充籠箙矢共矰矢。"鄭玄注："籠，竹箙也"。
（參見本卷《兵器戰具説·冷兵器考》"箙"文）

步叉

亦稱"韝靫""鞢靫""箭靫""靫"。可挂在腰間之盛矢器。箙之一種。《詩·小雅·采薇》："四牡翼翼，象弭魚服。"孔穎達疏引陸璣："魚獸……其皮背上班文，腹下純青，今以爲弓韃步叉者也。"《釋名·釋兵》："步叉，人步所帶，以箭叉其中也。"《漢書·五行志下之上》："麋弧其服，實亡周國。"顔師古注："服，盛箭者，即今之步叉也。"《後漢書·輿服志上》："輈青甲弩之箙。"李賢注："《通俗文》曰：'箭箙謂之步叉。'干寶亦曰：'今謂之步叉。'"《廣雅·釋器》："韝靫，矢藏也。"北魏賈思勰《齊民要術·煮膠》："破皮履鞋底……破鞢靫，但是生皮，無問年歲久遠，不腐爛者，悉皆中煮。"唐元稹《痁臥聞幕中諸公徵樂會飲因有戲呈三十韻》："蛇蠱迷弓影，鶡翎落箭靫。"宋代，據宋曾公亮《武經總要前集·器圖》："箭靫以皮革爲之，隨弓弩及箭大小長短用之。"靫爲當時弓弩手必備裝具。元代，箭箙亦作靫。《元史·輿服志二》："靫，制以黑革。"

箭靫
（清年羹堯《治平勝算全書》）

【韝靫】

即步叉。此稱三國時期已行用。見該文。

【鞢靫】

即步叉。此稱南北朝時期已用行。見該文。

【箭靫】

即步叉。此稱唐代已行用。見該文。

【靫】

即步叉。此稱元代已行用。見該文。

胡禄

箙之一種。南北朝時由北方少數民族傳入中原。由甘肅敦煌二百八十五號窟西魏壁畫中人物所佩之胡禄可知，其形體較長，呈扁筒形。至唐，胡禄已成爲軍中必備盛箭矢器具。《新唐書·兵志》云："人具弓一，矢三十，胡禄、橫刀……皆一。"由此推測，胡禄可盛矢三十支。陝西乾縣唐李賢、李重潤墓壁畫中儀衛圖武士右腰皆佩胡禄，其上垂一羽毛狀纓飾。五代時，仍以胡禄盛矢。《舊五代史·唐書·明宗紀九》："壬午，藥彥稠進回鶻可汗先送秦王金裝胡禄，爲党項所掠，至是得之以獻。"甘肅瓜州榆林窟五代壁畫曹議金供養圖中僕從抱一胡禄，一弓囊和一曲柄劍，胡禄內所裝之箭皆鋒鏃向上。形制同唐。至宋，胡禄爲形制精美之箭靫所取代。

弓韔

弓韔

省稱"韔"。亦稱"弓袋"。盛弓器具。《説文·韋部》："韔，弓衣也，从韋。"其稱始見於西周。《禮記·檀弓下》："軍有憂則素服哭於庫門之外，赴車不載櫜韔。"陳澔注："櫜，甲衣。韔，弓衣。甲不入櫜，弓不入韔，示再用也。"多用獸皮縫製，亦有用樹皮捲曲而成的。內蒙古呼倫貝爾市扎賚諾爾墓曾出土樺皮弓韔一件，用樺樹皮捲成，呈長扁形，在兩端銜接處用針縫合。長 90 厘米，寬 32 厘米，出土時內置一弓。該墓屬東漢末年鮮卑族墓。由此推測，北方草原民族最早的弓韔或多用樹皮縫製。至宋，稱其爲弓袋。宋曾公亮《武經總要前集・器圖》載有弓袋圖像。

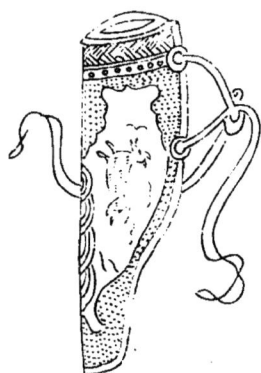

弓袋
（清年羹堯《治平勝算全書》）

弓袋皮製，扁圓形，皮面有紋飾，兩側有背帶，十分精緻。亦仍稱其爲弓韔，《宋史・曹瑋傳》：“瑋以宿將爲謂所忌，即日上道，從弱卒十餘人，不以弓韔矢箙自隨。”亦作藏弓於弓袋。《詩・小雅・采綠》：“之子于狩，言韔其弓。”鄭玄箋：“君子往狩，與我當從之，爲之韔弓。”孔穎達疏：“子之夫往狩，與我當與之，韔其弓，謂射訖，與之弛，弓納于韔中也。”

【韔】

“弓韔”之省稱。此稱先秦時期已行用。見該文。

【弓袋】

即弓韔。此稱宋代已行用。見該文。

虎韔

以虎皮作的弓袋。《詩・秦風・小戎》：“虎韔鏤膺，交韔二弓。”毛亨傳：“虎，虎皮也。韔，弓室也。膺，馬帶也。交韔，

虎韔
（明王圻等《三才圖會》）

交二弓於韔中也。”明王圻《三才圖會・器用八》：“《詩》云虎韔，以虎皮爲弓室也。交韔二弓，交二弓於韔中也。”元王逢《楊子舟中望鵝鼻山時聞黔南消息》：“黔陽百粵地，黃霧吹虎韔。”（參見本卷《兵器戰具説・冷兵器考》“弓韔”文）

韇

亦作“弓韇”。馬上用弓袋。《詩・小雅・采薇》：“象弭魚服。”孔穎達疏引陸璣曰：“魚服，魚獸之皮也……其皮背上班文，腹下純青，今以爲弓韇步叉者也。其皮雖乾燥，以爲弓韇矢服。”《左傳》僖公二十三年：“其左執鞭弭，右屬櫜韇，以與君周旋。”杜預注：“弭，弓末無緣者，櫜以受箭，韇以受弓，屬著也。”《釋名・釋兵》：“馬上曰韇。韇，建也，弓矢并建立其中也。”《説文・革部》：“韇，所以戢弓矢。”《漢書・韓延壽傳》：“騎士從者，帶弓韇羅後。”顏師古注：“韇，弓衣也。”《廣雅・釋器》：“韇、韔、櫜、韜、韣，弓藏也。”一説爲箭箙。《後漢書・西羌傳》論：“桴革暫動，則屬韇以鳥驚。”李賢注：“韇，箭服也。”

蘭錡

蘭錡

兵器架。亦稱“蘭格”。常見形式有兩種：一種由左右立柱與底座或再加橫梁構成，上裝成組托鈎或貫以孔穴，用於擱架，懸挂或插植兵器；另一種祇一根立柱，上連橫板，板上設成組托鈎，下接底座，僅擱架、懸挂一二兵器，不插放，爲尊者專屬。早在戰國時已見行用，初稱“蘭格”。《墨子・備城門》：“治裾

諸，延堞高六尺，部廣四尺，皆爲兵弩簡格。"孫詒讓閒詁："《説文·竹部》云：'簡所以盛弩也。'《史記索隱》引周成《襍字》云：'格，歧閣也。'"按，段玉裁《説文解字注·竹部》"簡"字注："《西京》《吳都》《魏都賦》皆云'蘭錡'……'蘭'字皆當从竹。"《文選·張衡〈西京賦〉》："武庫禁兵，設在蘭錡。"薛綜注："錡，架也。"可知簡、蘭皆指簡，用以盛弩；格、錡則用以擱架其他兵器。山東沂南北寨村漢墓畫像石中有簡錡圖，竪插有五件長兵器，下懸兩張弩。四川成都土橋東漢墓畫像石中有簡錡圖，橫置叉、戟、矛與長刀，下懸一弩一盾。湖南長沙馬王堆三號漢墓中所見實物則爲一根立柱式，橫板上擱架長兵器一件，兵器兩端延過橫板之外，取用便捷。簡錡多設於武庫或軍營中。兩漢時設於私邸至爲罕見，係權勢威儀之象徵。即晋人左思《吳都賦》所稱："高門鼎貴，魁岸豪桀，虞魏之昆，顧陸之裔……陳兵而歸，蘭錡内設。"魏晉南北朝之後，豪强劣紳亦私設武庫簡錡，直至清末。元明之後，民間習武者常見使用。

【簡格】

即簡錡。此稱先秦時期已行用。見該文。

【兵蘭】

即簡錡。當作"兵簡"。《史記·汲鄭列傳》"上嘗坐武帳中"裴駰集解引孟康曰："今御武帳，置兵蘭五兵於帳中。"亦作"兵闌"。晋常璩《華陽國志·蜀志》："僰道有故蜀主兵闌。"按，《左傳》宣公十二年"楚人惎之脱扃"杜預注："扃，車上兵闌。"此處"兵闌"指兵車上用以擱架兵器或固定旗幟之横木，有别於"兵簡"。亦作"兵欄"。北周庾信《周大將軍懷德公吳明徹墓誌銘》："長沙楚鐵，更入兵欄；洞浦藏犀，還輸甲庫。"

【兵闌】

同"兵蘭"。此體魏晋時期已行用。見該文。

【兵欄】

同"兵蘭"。此體魏晋時期已行用。見該文。

砲

砲

亦作"礮"。亦稱"旝""飛石""發石""將軍砲"。古代利用杠杆原理抛擲石彈等利器殺敵之大型戰具。據宋曾公亮《武經總要前集·器圖》載，砲以大木爲架，以金屬件連接各部。中心設砲柱，下端埋於地下或置砲架上。柱頂端置轉軸，軸上定梢（即抛杆）。用一木作梢稱單梢，二木稱雙梢。最多達十三梢。梢用優質木料加工而成，堅固而有彈性。長宋制二丈五尺至二丈八尺。梢越多，則可抛石彈越重，抛射距離亦越遠。梢端繫索多根，索長數丈，每索由一至二人拉拽。梢另一端繫皮窩，可納石彈或其他利器。發射前，"定砲人"指揮將砲對正目標并根據目標距離和位置高低墊起砲架前脚或後脚。然後按距離和擬放置石彈重量決定拉拽砲索人數。發射時，依統一號令猛拉砲索，皮窩中石彈則射入敵陣。"定砲人"根據石彈落點，用修正砲位方向和增減拉拽人數（遠則減人，近則加人）等辦法修正偏差，再行發射。砲始見於春秋。時稱"旝""飛石""發石"等。《左傳·桓公五年》載，周桓王以諸侯軍伐鄭，與鄭軍戰於繻葛（今河南長葛北）。鄭莊公命其左右二拒（軍）"旝動而鼓"。孔穎達疏：

"賈逵以橧爲發石，飛石，引《范蠡兵法》以證之。"《説文》："〔橧〕建大木，置石其上，發佔機，佔追敵也。"據《漢書·甘延壽傳》，甘延壽"爲羽林，投石拔距絶等於倫"。顏師古注引張晏曰："范蠡兵法，飛石重十二斤，爲機法，行二百步。延壽有力，能以手投之。"其時砲已能使重十二斤（約6000克）的飛石"行二百步"（約430米），故漸爲兵家所重視。據《資治通鑑》漢獻帝建安五年，曹操與袁紹戰於官渡，"紹爲高櫓，起土山，射營中，營中皆蒙楯而行。操乃爲霹靂車，發石以擊紹樓，皆破"。霹靂車即發石，因其發石聲震烈如霹靂，故稱。晋時，始稱礮（後簡稱砲）。晋潘岳《閑居賦》："礮石雷駭，激矢虻飛。"唐李善注："礮，今之拋石也。"亦稱"橧"。《晋書·卞壼傳》："賊峻（蘇峻）造逆，戮力致討，身當矢橧，再對賊鋒。"《太平御覽》卷三三七引南朝梁沈約《宋侍中趙倫碑》："一鼓則寇騎雲徹，橧動則敵車霧消。"隋唐時爲攻守城重要戰具。據《新唐書·李密傳》，隋煬帝大業十三年（617），李密"命護軍將軍田茂廣造雲橧三百具，以機發石，爲攻城械。號將軍礮"。又《王式傳》："式徐被甲，引家僮乘城責讓，矢橧交發，叛者走。"又《南蠻傳·南詔》："又爲大橧連弩，自是南詔憚之。"唐平安史之亂戰爭中，史思明圍太原，"李光弼作大礮，飛巨石，一發輒斃二十餘人，賊死什者二三"。叛軍不得不退後數十步以外砲所不能及之地（見《資治通鑑·肅宗至德二載》）。宋代，砲爲軍中主要拋射兵器。與宋作戰之北方遼、金、蒙古、西夏諸國，作戰中亦大量用砲，并對砲的使用，作出重大貢獻。宋曾公亮《武經總要前集·器圖》載，宋代砲有

砲車、單梢砲、雙梢砲、五梢砲、七梢砲、旋風砲、虎蹲砲、柱腹砲、獨角旋風砲、旋風車砲、卧車砲、車行砲、旋風五砲、合砲、火砲等十多種。重砲用於攻守城作戰，輕砲用於野戰。時火藥已用於軍事，故砲因用於拋射火兵器，亦稱"炮"。宋代戰爭中用砲十分廣泛。北宋欽宗靖康元年（1126），金軍六萬人進攻宋都汴梁，曾一夜安砲五千座。蒙古軍滅金戰爭中，蒙古軍圍攻汴梁，攻龍德宮，利用宋宮中太湖石假山巖作彈，巨砲"有至十三稍者，餘砲稱是，每城一角置砲百餘枝，更遞下上，晝夜不息。不數日，石幾與裏城平"（見《金史·赤盞合喜傳》）。南宋軍隊作戰，亦十分重視砲的作用。特別是南宋名臣陳規在守城作戰中，首創了用砲的間接瞄準法。陳規認爲，"凡攻守之械，害物最重，其勢可畏者，莫甚於炮，然亦視人之能用與不能用耳"。但守城用炮，"城面地步不廣，必然難安大炮，亦難容數多。雖有炮臺，炮臺地步亦不甚廣。又炮纔施放，敵人在外先見，必然以衆炮來擊。又城上炮亦在高處，自然招城外敵人用炮，可以直指而擊之"（宋陳規《靖康朝野僉言》後序）。爲加強守城諸炮之威力，陳規在城內立炮，地面寬闊，故可增加炮的數量。發射時，"定炮人"在城墻高處，指揮城內炮對準目標。發射時，則觀察石彈落點，指揮修正，"少偏，則令炮手略少那（挪）脚；太偏，則令拽炮人抬轉炮座。放過（即彈遠），則令減人或用炮稍大者；不及（即彈近），則令添人或用炮稍小者"（宋陳規《靖康朝野僉言》後序）。這是中國也是世界上最早的間接瞄準發射法。南宋理宗寶祐六年（1258），蒙古蒙哥大汗南下攻宋至合州。時南

宋合州治所已移至釣魚城（今重慶市合川區）。合州軍民依托山河之險，擊退蒙古軍多次進攻。次年六月，先以砲擊斃前來勸降的蒙古軍前鋒汪德臣；七月，蒙哥大汗在釣魚城東新門外樓臺上窺城中虛實時，亦被宋軍發砲石擊傷，後死於軍中。蒙古軍因蒙哥死而撤軍。蒙古軍滅南宋戰爭中，攻城拔壘，亦多用砲。攻南宋襄（陽）樊（城）時，回回人亦思馬因創製"襄陽砲"，以重力代替人力拉拽，大大提高了砲的威力，節省了人力。以砲擊城，"所擊無不摧陷"（參見本卷《兵器戰具説·冷兵器考》"襄陽砲"文，參閱《元史·亦思馬因傳》）。至元末明初，砲仍用於戰爭。《續資治通鑑·元順帝二十七年》載，"時徐達令四十八衛將士，每衛製襄陽砲架五座，他砲架各五十座，晝夜砲聲不絶"。明代，火器盛行，砲使用漸少。《明通鑑·熹宗天啓二年》載："乃用巨木爲機關，轉索發砲，飛鈞石擊之。又以大砲擊牛，牛返走，賊大敗去。"此後砲很少見於史籍。（參見本卷《兵器戰具説·冷兵器考》"拋射兵器""襄陽砲"文）

【礮】

同"砲"。此體魏晉時期已行用。見該文。

【礧】[1]

即砲。此稱先秦時期已行用。見該文。

【飛石】

即砲。此稱先秦時期已行用。見該文。

【發石】

即砲。此稱先秦時期已行用。見該文。

【將軍砲】

即砲。此稱隋唐時期已行用。見該文。

霹靂車

砲之一種。大型砲車。因其拋石聲震烈，故稱。《後漢書·袁紹傳》："〔曹操〕乃發石車擊紹樓，皆破。軍中呼曰霹靂車。"李賢注："以其發石聲震烈，呼爲霹靂，即今之拋車也。"（參見本卷《兵器戰具説·冷兵器考》"砲""砲車"文）

砲車 [1]

砲之一種。砲梢置四輪車上，故名。多用於攻城。三國時，曹操與袁紹戰於官渡，曾造發石車（即砲車）擊袁紹壁樓。宋代，砲車爲軍中重要拋射兵器之一。宋太祖趙匡胤曾親"幸飛山營，閱砲車"（《宋史·太祖紀》）。《宋史·魏勝傳》載："勝嘗自創如意戰車數百輛，砲車數十輛……砲車在陣中施放石砲。

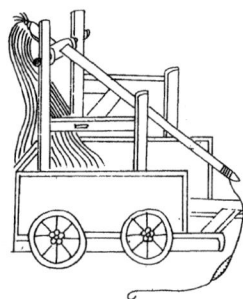

砲車
（清年羹堯《治平勝算全書》）

亦二百步。"據宋曾公亮《武經總要前集·守城》，砲車以大木爲牀（砲架），下面設四輪，便於機動。砲架"上建獨竿，竿首施羅匡，木上置砲梢，高下約城爲準。推徙往來以逐便利。其施及用物，一準常砲法"。（參見本卷《兵器戰具説·冷兵器考》"砲""霹靂車"文）

單梢砲

砲之一種。砲梢用單木，故名。據宋曾公亮《武經總要前集·守城》，宋代單梢砲"師行即用之"，

單梢砲
（明何汝賓《兵録》）

即多用於野戰。一種梢長宋制二丈五尺，拽索四十條，長四丈。另一種梢長一丈六尺，拽索四十五條，長五丈。兩種均以"四十人拽，一人定放，放五十步外，石重二斤"。唯後一種可用於守城作戰，"設於城內四面，以擊城外寇"。（參見本卷《兵器戰具說·冷兵器考》"砲"文）

雙梢砲

砲之一種。砲梢用兩根木杆，故稱。梢長宋制二丈六尺，拽索五十條，索長五丈。百人拉拽，一人定放，可將二十五斤重石彈拋至八十步外。據宋曾公亮《武經總要前集·守城》，雙梢砲亦可拋放"火毯、火雞、火槍、撒星石，放及六十步外"。守城時可置於"團（城）敵（樓）、馬面及甕城內"。（參見本卷《兵器戰具說·冷兵器考》"砲"文）

雙梢砲

（明王圻等《三才圖會》）

五梢砲

砲之一種。砲梢用五根木杆，故稱。梢長宋制二丈七尺。拽索八十條，索長五丈。宋曾公亮《武經總要前集·守城》記五梢砲"凡一砲用百五十七人拽，一人定放，放五十步外，石重七八十斤"。如用於守城，則"設于大城門左右，擊攻城人頭車"

五梢砲

（清年羹堯《治平勝算全書》）

（見本說《攻守城壘戰具考》"頭車"）。（參見本卷《兵器戰具說·冷兵器考》"砲"文）

七梢砲

砲之一種。砲梢用七根木杆，故稱。梢長宋制二丈八尺，拽索一百二十五條，索長五丈。宋曾公亮《武經總要前集·守城》記七梢砲"凡一砲二百五十人拽，二人定放，放五十步外，石重九十一百斤"。（參見本卷《兵器戰具說·冷兵器考》"砲"文）

七梢砲

（清年羹堯《治平勝算全書》）

旋風砲

砲之一種。因能四面旋轉發射，故稱。據宋曾公亮《武經總要前集·守城》，旋風砲有衝天柱一根，長宋制一丈七尺，徑九寸，下埋五尺，并置夾柱木二根以固定。梢用一根木杆，長一丈八尺，拽索四十條，索長四丈。"凡一砲五十人拽，一人定放，放五十步外，石重三斤半。其柱須埋定即可發石"。守城時，設在城牆上戰棚左右。由《武經總要前集·守城》旋風砲插圖可知，其砲無砲架，砲軸橫置於衝天柱上，軸上置單梢。因其衝天柱埋地下代替砲架承接橫軸及砲梢，故能四面旋轉發射。宋徐夢莘《三朝北盟會編》卷一六曾記有金兵攻守時使

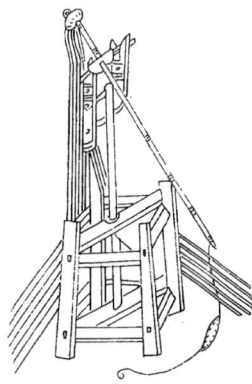

旋風砲

（清年羹堯《治平勝算全書》）

用旋風砲情況，"金人攻東水門，矢石飛注如雨，或以磨盤及磚礫絆之，爲旋風礮。王師以纜結網承之，殺其勢"。

虎蹲砲 [1]

砲之一種。其架形如虎蹲，故稱。單木爲梢，梢長宋制二丈五尺。拽索四十條，索長四丈。宋曾公亮《武經總要前集·守城》載，虎蹲砲"七十人拽，一人定放，放五十步外，石重十二斤"。

虎蹲砲
（明王圻等《三才圖會》）

手砲

砲之一種。敵接近時使用。砲梢用一根木杆，杆長宋制八尺。據宋曾公亮《武經總要前集·守城》，手砲"用二人，放石重半斤"。無拽索，由放砲人直接按下砲梢將另一端皮窩中石彈抛出，故名。

襄陽砲

砲之一種。亦稱"巨石砲""回回礮"。元軍攻南宋襄陽時始用，故稱。其構造大體同砲，唯不用人力拉拽。將砲梢繫繩索一端升起，挂以石、鐵等重物，皮窩一端用鐵鉤鉤於砲架上。放定瞄準後，鬆鉤，重物使砲梢一端突然下落，另一端則升起將石彈甩出。元攻南宋襄樊（襄陽、樊城）五年而未能下。據《元史·世祖紀四》載，"回回亦思馬因創作巨石砲來獻，用力省而所擊甚遠，命送襄陽軍前用之"。又據《亦思馬因傳》，以襄陽砲擊樊城，城破；二月，移師襄陽。"置砲於城東南隅，重一百五十斤，機

發，聲震天地，所擊無不摧陷，入地七尺"。元軍攻破襄陽後，在此後攻潭州（今湖南長沙）、靜江（今廣西桂林）作戰中，襄陽砲都發揮了重要作用。至元末，襄陽砲戰場上，仍發揮了重要作用（參見本卷《兵器戰具說·冷兵器考》"砲"文）。明代後，爲火兵器所淘汰。

【巨石砲】

即襄陽砲。此稱元代已行用。見該文。

【回回礮】

即襄陽砲。因回回人亦思馬因所造，故稱。《元史·兵志一》：世祖中統十六年三月，"括兩淮造回回礮。新附軍匠六百，及蒙古、回回、漢人新附能造礮者，俱至京師"。據《元史·亦思馬因傳》，元軍圍攻襄陽，"亦思馬因相地勢，置砲於城東南隅"，"所擊無不摧陷"。

標鎗

標鎗

亦稱"標子""梭鎗"。抛射兵器。以手臂力量抛擲矛狀物殺敵之利器，形同鎗矛而較輕便，頭粗重，尾細輕，重心在前，以利飛行。遠古時，用於狩獵及部落戰爭。最早的標鎗是用於投擲的矛。浙江河姆渡新石器時代遺址，曾出土一些木質、骨質、石質的翼形器和矛狀木質器物。推測係專用標鎗部件。翼形器通過穿孔縛於標鎗柄部，以保證標鎗飛行穩定。木矛頭爲標鎗頭。後成爲西南山區少數民族之傳統兵器。宋時始成爲軍中裝備兵器，稱"梭鎗"。元明至清末，稱"標鎗"，爲軍隊輔助兵器，通常與盾牌配合。左手舉盾以遮蔽箭矢，至投擲距離，右手猛力投擲。《宋史·蠻夷傳

三》："兵器有環刀、標、牌、木弩。"又"〔儂〕智高聞王師絶險而至，出其不意，悉衆來拒，執大盾、標鎗"。明唐順之《武編前卷五·牌》："短兵相接，尚在三十步内外，必須用標鎗以飛擊之。敵人見標必避之，中標者必倒。我兵必乘其勢各持便器而入。各兵衝進，又必列牌於隊前以蔽矢石……用手牌者，執標一二枝，以備飛擊。"明戚繼光《紀效新書·比較武藝賞罰篇》："凡籐牌……每人長刀一把，標鎗二枝。籐牌無標鎗如無牌同。蓋長短勢絶，急不能入，須用標鎗誘之使彼一顧，則籐牌乘隙徑入。"又《籐牌總説》："標鎗，或用稠木、細竹皆可，但前重而後輕，前稍粗而後稍細爲得法。"

【標子】

即標鎗。《正字通·木部》："標，標子，槍名。今滇南用標槍三枝，空中手擲，謂之標子。"

【梭鎗】

即標鎗。宋代軍隊裝備之抛射兵器。鎗首尖鋭鋒利，兩刃向後微張呈三角形。至鎗首三分之二處向

標鎗（製標鎗式）
（明何汝賓《兵録》）

梭鎗
（明王圻等《三才圖會》）

内收束漸窄至底部設銎以置木柄，柄下端尖鋭可插地。宋曾公亮《武經總要前集·器圖》："梭鎗，長數尺，本出南方，蠻獠用之，一手持旁牌，一手標以擲人，數十步内，中者皆踣。以其如梭之擲，故云梭鎗。亦云飛梭鎗。"

飀石

抛射兵器。竹竿頂端繫繩，繩頭編結網兜，裝入石塊後，用力甩擲，石塊離兜飛出。多用於守城。明代禦倭戰争中，曾作爲補助性兵器。明戚繼光《紀效新書·布城諸器圖説》："飀石，用一握竹，長五尺，繩繫頭作兜貯石，搖勢一擲而去，守城宜用。"

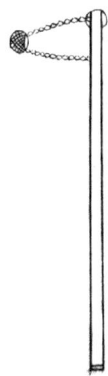

飀石
（明何汝賓《兵録》）

犁頭鏢

抛射兵器。明代多用於水戰，由桅杆頂斗或高翹之船尾擲向敵船。清代爲緑營之裝備。明茅元儀《武備志·軍資乘水·戰船二》："犁頭鏢，重二斤，（桿）長七尺，首徑一寸，尾徑三分……下擲賊舟，中舟必洞，中人必碎……全在鐵重，柄粗尾細……鋒但利即可，不必加工，蓋用其體重利下之勢耳。"

犁頭鏢
（明茅元儀《武備志》）

防護兵器

防護兵器

　　保護有生力量在戰鬥中不爲敵人兵器殺傷，或能降低殺傷效能的裝具和器械。包括防護頭部的冑，防護軀幹的甲，手持護體之盾，防護戰馬之具裝等。原始社會晚期，隨着原始格鬥兵器的出現，用藤、木、獸皮爲材料的原始防護兵器也出現在戰爭中。雲南滄源發現的新石器時代末期原始崖畫上的武舞中，舞者大多一手持盾，另一手持兵仗。可知當時人類已經懂得用盾防護身體。這種盾在近代少數民族中還可以看到，如雲南景頗族用獸皮作成的盾。甲冑相傳是人們受到動物用甲殼保護軀體的啓發，在身上設法披裹東西以自衛而發明的。據民族學資料，最早的甲是在身上和頭上纏裹一些樹皮、藤條，而後把藤編成藤甲和藤冑，以保護自己。獸皮開始大約是整張披裹在身上，之後在實踐中學會簡單裁製，形成與身體相適的整片皮甲。雲南傈僳族的皮甲，是用兩片長約 1 米的生牛皮縫合而成。上部開一舌形縫，沿縫將舌形皮革掀起，形成領孔。穿時從領孔把頭套出去，掀起舌形皮革護住後頸，再從腋下用繩把前後兩片繫緊。臺灣蘭嶼雅美人的甲則用藤編成，表面蒙鈍魚皮，并有藤編成護頭的藤冑。商代雖已進入青銅器時代，但防護兵器仍多爲皮革和藤、木、獸皮製造。據河南安陽小屯村殷墟所見皮甲殘迹，是按護衛身體部位不同，將皮革裁成大小不同的甲片，再連綴成甲衣。還出土了一些圓形、中部隆起、邊上有對稱的"穿"的銅甲泡，推測是綴附在皮甲外面以增強防護能力的。冑是商代防護兵器中唯一銅製品。其表面多有圖案紋飾，頂部正中有向上豎立可裝纓之圓管。商代作戰中，衹有戰車上的武士着甲冑，故稱甲士。附屬戰車之徒兵則無任何防護裝具。商代盾呈長方形，以木爲框，蒙以皮革或編織物。背面有把，可以手持。盾飾銅鑄，多呈猙獰獸面狀。商代盾主要與戈配合使用。金文中多有戈、盾合文或武士一手持戈一手持盾的圖像。西周甲大多使用皮革，并釘綴青銅飾件以加強防護力。但也出現了用衆多青銅甲片連綴而成之青銅鎧甲。青銅冑衹在中原地區北部發現，但形制與商代不同。盾仍用藤木和皮革製成，形制呈梯形或長方形。東周甲冑仍以皮製爲主，唯其製作技術已達高峰。據《周禮·考工記·函人爲甲》和考古發掘資料，東周甲冑多用甲片連綴而成，甲片用牛皮、犀皮或兕（野牛）皮製作，呈長方形。盾以木和皮革爲主要材料，出土實物多呈對稱雙弧形，表面鬃漆，有的還繪有精美圖案。也有長方形或梯形盾牌。秦代因秦兵馬俑出土而得到準確鎧甲資料。秦甲結構精密，大多由甲片編綴而成，似爲皮甲。全係上甲衣，由前甲（護胸）、後甲（護背腰）、披膊（護肩）、盆領（護頸項）、臂甲和手甲等部組成。也有少數由整片皮革或其他材料製成護甲，上面再嵌綴甲片，四周留有寬緣，其甲片似爲鐵製，大約是將佐使用的。披挂甲衣時，内着戰袍，頭上無冑，戴有長冠、巾幘等。由《漢書·高帝紀》載樊噲持鐵盾闖入鴻門宴可知，秦時已有鐵盾裝備部隊。漢代，鐵製鎧甲已成爲軍隊主要護體裝備，皮甲退居次要。其主要形制爲長方形甲片，胸甲和背甲在肩部用帶繫連；另有少量魚鱗甲，全甲用魚鱗甲片組成，爲王公貴族所用。東漢時，由畫像石和陶俑資料所見，還出現了保護腿部的"鶻尾"和"腿裙"。到東漢後期，利用百煉鋼技術鑄造鎧甲，使鐵甲日益精堅。魏晋南北朝是中國鎧甲發展的重要時期。其時鐵甲和皮甲兼用，也使用少量鋼鎧。在漢代鐵鎧甲的基礎上，發展産生了新種類鎧甲。西晋時軍隊主要裝備以胸背連綴，在肩部有不長的筒袖的筒袖鎧，至南北朝時流行一片當胸，一片當背，在肩上用帶將前後兩片扣連，腰間以腰帶扎繫的兩當鎧。三國時出現的明光鎧到南北朝時漸多。此種甲在前胸和後背各置兩面大型金屬圓護，類似銅鏡，可反射太陽光。其間還出現了由西域傳入中原的鎖子甲。西晋政權崩潰後，以騎戰爲主的北方游牧民族（匈奴、鮮卑等）大量進入中原，傳統的步騎戰相結合的作戰方式漸爲騎戰所取代，促進了騎兵裝具的發展。爲加强對戰馬的保護，東漢末年出現的保護戰馬的具裝鎧被大量使用。到東晋十六國時，具裝鎧裝備已非常普遍，導致重裝騎兵成爲此時軍隊的主力。這時的盾則向更加簡單的長方形發展。到東晋和南北朝，形制狭長、上下兩端作圭首狀、居中縱起一横棱的盾已經取代了漢代的雙弧形盾牌。隋代，甲冑主要是明光鎧和具裝鎧，兩當鎧已居次，并出現了一種步兵使用的腰腹以下有較長膝裙和腿裙的明光鎧。至唐，重裝騎兵爲輕裝騎兵所取代，具裝鎧漸衰。由於步兵地位的提高，形成了有較長腿裙的步兵甲。唐代鎧甲按《唐六典》所載共十三種。其中明光甲、光要甲、細鱗甲、山文甲、烏錘甲、鎖子甲等鎧甲爲鐵質。以明光鎧結構最爲完備，其兜鍪（即冑）除護頭外，兩側翻捲向上可護耳。胸甲分左右兩

片，居中縱束甲絆，左右各有一圓護或作凸起圓形花紋。肩蓋披髆，臂套臂護，腰間扎帶，腿有護裙，小腿裹縛吊腿。防護十分完善。唐代盾多稱彭排，承襲南北朝形制。步兵用盾爲長方形，形體較大；騎兵用盾稱圓排，體小，呈圓形或橢圓形。唐晚期到五代十國，鎧甲形制漸統一。其身甲分胸背兩部，由長方形、魚鱗形或山紋形甲片編綴，在肩部扣連。腰束寬頻，胸束細帶，有披髆、膝裙。兜鍪有可護耳和護頸兩種。宋代甲冑已形成較完整形制，一般由兜鍪、頓項、身甲、披髆、吊腿組成。其材質分鐵、皮、紙三種。馬甲結構完整，包括面簾、雞項、蕩胸、身甲、搭後五部分。皮馬甲髹漆，鐵馬甲多爲契丹和女真族重甲騎兵裝備。盾多稱牌，以木爲胎骨，外蒙皮革。除長方形的步兵旁牌和圓形的騎兵旁牌外，還有大型的專用於守城的木、竹立牌。元代防護兵器資料缺乏。俄羅斯聖彼得堡宫中藏有蒙古軍遺存的網甲（連環鎖子甲），内層以牛皮爲之，外層滿挂鐵甲片。日本博多元寇史料館收藏元軍東征時戴的冑，有髹黑漆的皮冑和多種樣式的鐵冑。明代甲冑較宋元更爲完備，由護頭的盔，護頸的頓項，護上身的胸甲、纏腰、臂縛、腕甲，護下身的腿裙、甲褲、甲靴等組成。除鐵甲冑外，明亦有綿甲、絹甲之制。明代盾牌呈長形，多木製，形體較大；圓形則用老粗藤製之藤牌，對火器有一定的防護性能。清前期，清軍仍用甲冑。冑有鐵製、皮製、布製三種，其形制因職別而异。甲有鐵甲、綿甲之分，王公貴族着鐵甲，以綢爲表裏，中敷鐵葉，外釘金、銀或銅釘，并按品級綉有各種紋樣。一般職官、士兵着綿甲，用綢布作表裏，

內敷綿花、外通體布銅釘。綿甲由甲衣、圍裳組成。甲衣除裝護肩、護腋外，胸前背後各佩一金屬護鏡，名護心鏡。前襟和腰左各裝一梯形護腹，稱前檔和左檔。清盾牌襲明代長、圓兩種形制。圓形盾有圓木盾和藤牌兩種，藤牌質堅而價廉易製，且體輕易舉，故使用廣泛。清中葉以後，甲冑、盾牌等防護兵器因火器之發達而被排斥出戰場，祇作爲校閱的裝飾品而又存在了一段時間。

盾

盾

　　亦稱"干""戚""伐""彭排""牌"等。主要用於遮禦箭刃之殺傷，對格鬥兵器的劈砍和扎刺也有一定防護作用。《說文・盾部》："盾，遮也，所以扞身蔽目，象形。"扞通捍，護衛遮擋之意。《釋名・釋兵》："盾，遮也。跪其後避以隱遮也。"遮通盾，蔽身之意。漢李龍《盾銘》稱盾的作用爲"進則辟刃，爰以衛體"。盾的出現，一般認爲要晚於格鬥兵器和遠射兵器。相傳黃帝時已經用盾。《史記・五帝本紀》載："軒轅之時，神農氏世衰，諸侯相侵伐，暴虐百姓，而神農氏弗能征。於是軒轅氏乃慣用干戈，以征不享，諸侯咸來賓從。"舜時用盾的記載，見於《淮南子・齊俗訓》："有苗不服，於是舜修政偃兵，

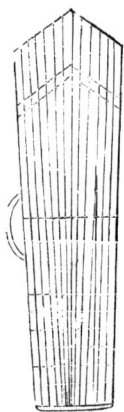

干
（明王圻等《三才圖會》）

執干戚而舞。"從黃帝到舜，處在原始部落聯盟向國家的演變階段，戰爭頻繁。在不斷的戰爭實踐中，便產了既能護衛身體，抵禦敵方武器之傷害，又不影響自己作戰的單手握持的原始形態的盾。雲南滄源地區發現的崖畫，時間爲新石器時代末期，武者一手執兵器，另一手執上端略大於下端的長方形盾，說明當時已將盾用於近體格鬥。所用材質，據推測大多用藤、木、皮革等容易取得的材料。這種原始盾，在少數民族中還可看到。臺灣蘭嶼雅美人的盾，用藤條編成，呈方形，背面有盾握；雲南景頗族人的盾，用皮革製作，呈長方形。商代盾，根據對河南安陽殷墟小屯車馬坑發現盾的遺迹和安陽侯家莊一○○三號墓發現多件盾的痕迹復原考證可知，係以木爲框，上面蒙以獸皮或編織物製成。盾面呈長方形，正面外突，背面有可用手持之盾握。盾面塗漆，并繪有虎紋或其他紋飾。盾高多在1米以上，寬約60至80厘米，下底一般較上緣寬3至5厘米。與金文中盾的圖像大體相同。商代盾有車盾、步盾之分。車盾較大。《詩・秦風・小戎》："龍盾之合，鋈以觼軜。"朱熹集傳："盾，干也，畫龍於盾，合而載之，以爲車上之衛。""合"意爲兩盾。其時車戰已興起，甲士在戰車上持長兵器作戰需雙手握持。無法以手持盾，故盾祇能置於車輿兩側。商代車輿進深約在74至83厘米之間，與盾寬相仿，可護衛甲士之下半身。商代末期，出現了盾飾。盾飾銅製，有呈獸面或人面狀的，也有銅泡狀的。多嵌綴於盾面中心以加強防護效能。周代盾亦稱"干""戚"。漢揚雄《方言・雜釋》："盾，自關而東或謂之戚，或謂之干。"《禮記・檀弓下》："執干戈以衛社

稷。"《逸周書·王會》："鮫𣃔利劍爲獻。"又稱之爲"伐",《詩·秦風·小戎》："蒙伐有苑。"孔穎達正義："伐爲中干。干、伐,皆盾之別名也。"據出土資料,西周盾比商盾略大。陝西寶雞竹園溝古弦國墓地出土盾十二件,木質,上小下大,呈梯形,髹黑色漆皮。可復原一件,上寬50厘米,下寬70厘米,高110厘米,上半周有凸棱圓周銅飾,正中安放一大銅泡。此種盾較商盾防護人體面積大。西周盾飾出土較商代多,除人面獸面形制外,有些盾飾銅泡背面鑄有簡單銘文。東周盾種類較多,《周禮·夏官·司戈盾》載"司戈盾"之職云："掌戈盾……授旅賁殳,故士戈盾,授舞者兵亦如之。軍旅會同,授貳車戈盾,建乘車之戈盾,授旅賁及虎士戈盾。及舍,設藩盾,行則斂之。"文中所稱"授舞者"之盾,當爲舞盾;"建乘車之戈盾",當爲車盾;"旅賁及虎士戈盾",當爲步盾;"藩盾"也是一種車盾,設於乘車兩旁,藩衛王車。漢代盾又有"彭排"之稱,《釋名·釋兵》云："彭排,彭,旁也,在旁排敵禦攻也。"有吳魁、滇盾(或羌盾)、陷虜、步盾、子盾等多種盾。其材質以木質和皮質爲主。《漢書·高帝紀》中有樊噲持鐵盾闖項羽設於灞上之鴻門宴的記載,說明當時鐵製盾已經出現。漢盾形制多承襲戰國時流行於楚國的對稱雙弧形盾。陝西咸陽出土漢執盾步兵俑左手持之盾均呈對稱雙弧形。河南方城漢墓畫像石中之執盾佩劍門吏圖中,門吏手持之盾亦呈對稱雙弧形,可知當時此種形制十分流行。除對稱雙弧形盾外,漢代盾還有對稱單弧形、長橢圓形、長方形等形制。三國至西晉,對稱雙弧形盾仍繼續使用,但形制有變。由出土的西晉陶武士俑可知,其

時盾的上端兩角已連成圓弧形,兩側呈微弧狀,下端之對稱雙角也連成弧綫。其形制向更加簡單的長方形盾轉化。其稱謂仍有彭排之稱。《太平御覽》卷三五七引三國蜀諸葛亮《軍令》："帳下及右陣多持彭排。"《資治通鑑·晉安帝義熙八年》載："顯之至軍後不見藩,而見軍人擔彭排戰具。"胡三省注："彭排,即今之旁排,所以扞鋒矢。"到東晉南北朝時期,長方形盾已取代了雙弧形盾。其形體狹長,上下兩端作圭首狀,居中起一道脊棱,有的盾面上還飾有凸起的獸面紋。步兵用盾有的形體較大、可手持,亦可置於地上,人避其後。隋代盾仍呈長方形,形制承襲南北朝。唐仍稱盾爲彭排,據《唐六典·武庫令》,唐彭排有六種,"一曰膝排,二曰團排,三曰漆排,四曰木排,五曰聯木排,六曰皮排"。其中團排爲騎兵用之圓形或橢圓形盾。宋代稱盾爲"牌","牌"由"彭排"之"排"通假而來。以木製成胎骨,外蒙以皮革。步兵用牌名步兵旁牌,尖首平底,中間起脊,裏面安裝倚木,因其形體長大,可將其倚立於地面上,或連接成牆以蔽敵方弓矢砲石之射擊。騎兵用之圓牌稱騎兵旁牌,較小,正面繪以虎頭,作戰時套在騎兵左臂上以防飛矢。此外,還有形體高大的竹立牌和木立牌,專用於守城作戰。明代,盾牌有長方形和圓形兩種。長方形盾爲步兵所持,體形較大,硬木製成,牌面繪虎頭。交戰時,可將其列於隊前,以蔽矢石,與標鎗、腰刀配合使用。圓形盾牌騎兵所用。以藤編製,故稱藤牌。除與刀、槍等冷兵器配合作戰外,還與鳥銃、三眼銃等火器配合使用。因其輕便,防護力強,很受歡迎。清代盾牌仍有長方形、圓形兩種。長方形盾木製,正面多

髹藍漆，繪虎頭、虎爪；背面髹朱漆，用兩橫木或藤挽之。圓形盾牌有木製、藤製兩種。木製圓牌繪虎頭，背面以藤挽之，與宋代騎兵用之圓牌相似。藤製圓牌則仿明制。由於藤牌質堅、圓滑、有伸縮性，對飛矢、刀刃、矛刺都能有效抵禦，且體輕便，成本亦低，故清代步兵、騎兵均用藤牌，還設置有漢軍藤牌營，作爲護炮之特種兵。除盾牌外，清軍中還有稱戰被、漆被的與盾相似的防護裝備。皆以布爲面，內敷綿，背綴皮革挽之，可禦弓矢炮石。清中期後，盾廢止。

【干】

即盾。此稱先秦時期已行用。見該文。

【戚】

即盾。此稱先秦時期已行用。見該文。

【伐】

即盾。此稱先秦時期已行用。見該文。

【彭排】

即盾。此稱漢代已行用。見該文。

【牌】

即盾。此稱宋代已行用。見該文。

櫓

亦作"卤"。大型盾。《左傳》襄公十年："狄虎彌建大車之輪，而蒙之以甲，以爲櫓。"《戰國策·中山策》："大破二國，流血漂卤。"鮑彪注："卤、櫓同，大盾也。"《六韜·虎韜·軍用》："甲士萬人，戟、櫓二千，矛、楯二千。"

【卤】

同"櫓"。此體先秦時期已行用。見該文。

吳魁

"盾"之一種。其形大而平。《釋名·釋兵》："大而平者曰吳魁，本出於吳，爲魁帥者所持也。"也有稱"吳"乃"大"，魁爲盾名。《廣雅·釋器》："吳魁、干……盾也。"王念孫疏證："吳者，大也，魁亦盾名也。吳魁猶言大盾，不必出於吳，亦不必爲魁師所持也。"

步兵旁牌

步兵用大型盾。主要用於遮蔽箭矢。將其排於戰鬥隊形前列，形成活動障墻，可使將士在格鬥前不受或少受敵箭傷亡。《後漢書·袁紹

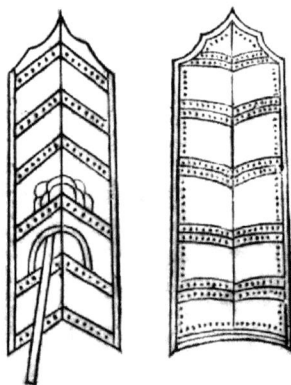

步兵旁牌
（明何汝賓《兵錄》）

傳》"營中皆蒙楯而行"之楯，即此。一般形制較大，呈長方形或尖頂長方形。宋曾公亮《武經總要前集·器圖》載有其製造及使用方法："以木爲質，以革束而堅之，步兵牌長可蔽身，內施槍木倚立於地"，由專職"牌手"使用。明戚繼光《紀效新書·諸器》載其作用："凡賴之以束整部伍，齊進止，遮人衆，壯士氣，進如堵墻，退如風雨者，唯有此牌之功爲大、可用。"戚繼光并在禦倭戰爭中加以改進，在旁牌外面，增尖頭竹釘，"急則擲之地下，可以當釘板阻險"。成爲防護、障礙兩用器械。

騎兵旁牌

騎兵用小型盾。用以遮蔽敵箭及格擋敵刃。

騎兵旁牌
（清年羹堯《治平勝算全書》）

一般形制較小，爲外凸曲面圓形，以便於馬上使用。木爲框架，上蒙皮革，表面塗漆，背面有上下兩繩環，用以套於臂上。宋曾公亮《武經總要前集·器圖》："騎牌正圓，施于馬射，左臂繫之，以捍飛矢。"其傳統製法，爲"以木爲質，以革束而堅之"。（參閱明茅元儀《武備志·器械三》）

背嵬

亦作"背峞"。輕型盾牌之一。皮面，圓形。由於盾以衛身，故又引申爲將軍之衛隊，宋代大將之精銳親軍，即稱"背嵬軍"。宋程大昌《演繁露·背嵬》引宋章淵《槁簡贅筆》："背嵬即圓牌也，以皮爲之，朱漆金花，煥耀炳目。"宋袁燮《絜齋集·邊防質言論十事·論招募》："中興之初，背嵬一軍，最爲勇健，各持巨斧，上揕人胸，下斬馬足，北敵深憚之。"宋趙彥衛《雲麓漫鈔》卷七："四帥之中，韓（世宗）岳（飛）兵尤精，常時於軍中角其勇健者，令爲之籍……別置親隨軍，謂之背峞……凡有堅敵，遣背峞軍，無有不破者。"

【背峞】

同"背嵬"。此體宋代已行用。見該文。

叠盾

能摺叠之輕型盾。始見於元代。《元史·孫威傳》："至元十一年，別製叠盾。其制：張則爲盾，斂則合而易持。"

手牌

步兵用輕型盾。與刀劍配合使用。格鬥時左手持手牌格擋敵人兵器，右手持刀劍刺殺敵人。《史記·項羽本紀》載鴻門宴上"樊噲即帶劍擁盾入軍門"即此。明時，又與標鎗配合戰鬥。明唐順之《武編前卷五·牌》引羅拱辰《牌論》："短兵相接，尚在三十步內外，必須用鏢鎗以飛擊之。敵人見鏢必避之，中鏢者必倒。我兵必乘其勢各持便器而入。各兵衝

手牌
（明茅元儀《武備志》）

進，又必列牌於隊前以蔽矢石，而牌乃陣中第一器所不可少者……用手牌者，執鏢一二枝以備飛擊，鏢既發矣而隨用腰刀。"明茅元儀《武備志·器械三》："手牌宜用白楊木或輕松木爲之，取其輕而堅也。每面長五尺七寸，闊一尺以上，兩頭比中間闊三四分。"明中期後，漸爲"籐牌"所取代。

搎牌

步兵用輕型盾。明茅元儀《武備志·器械三》載其形制："用白楊木爲之。每面長五尺，闊一尺五寸，上頭比下略小四五分，俱小尺，用繩索及木橄欖（橄欖形小木栓）挽

搎牌
（明茅元儀《武備志》）

之。"其他輕型盾之牌手，格鬥時祗能一手持牌，一手持刀劍等短兵器。捱牌牌手則可以兩手俱不持牌，使用長槍。明唐順之《武編前卷五・牌》記其使用："用捱牌則以牌上長繩上木橄欖扣入繩回中，掛於項上，以左手中指縫中繫夾牌下短繩上木橄欖，仍以五指挽槍前半節，右手執槍後半節，或伸或縮，或長或短，或左或右旋刺。非惟護自身，且護從牌之兵。"（參見本卷《兵器戰具說・冷兵器考》"手牌"文）

燕尾牌

步兵用輕型盾。牌頂開岔若燕尾，故名。明初流行於兩廣地區，以柞木或桐木製成，長約明制五尺，闊不盈尺，與"手牌"不同之處爲脊部隆起，背如鯽魚。防護效果較"手牌"好。明唐順之《武編前卷五・牌》："左手執牌，大指橫挽刀一把，裏又帶鏢一枝，右手擎鏢一枝。與賊相近三十步內外，先用右手鏢飛擊，次取牌裏鏢又飛擊，然後用刀。"明茅元儀《武備志・器械三》："側身前逼，雖當利刃而不能斷。其體輕，故運如鳥翼，而一切矢石皆可避。"明中期後，漸爲防護性能更佳、更輕便之"籐牌"所取代。（參見本卷《兵器戰具說・冷兵器考》"手牌"文）

燕尾牌
（清允祿《皇朝禮器圖式》）

剛柔牌

皮革、絲綿等複合製成之步兵用盾。明禦倭名將戚繼光創製，主要用於遮擋鳥銃彈丸。其所著《紀效新書・布城諸器圖說》載其製法：

"以輕木爲長桃，中用一檔牌身如木牌大，先用生牛皮二層釘之，皮裏用好蠶綿三斤，用布裝爲一袋，貼牛皮之裏，用分水薄綿紙每二張鬆鬆團爲一毬，挨行擺之。又用蠶綿五斤序布袋一幅蓋之，四邊竹釘定固，通用灰漆四明，裏面布處用油厚塗，使不用水，重可十五斤。"此牌"四五十步之外可以遮衛鉛子，屢試無失。然近至三十步亦要打透。但鉛子銃必是遠放，定無一二十步可放之事"。明何良臣《陣紀・技用》："戚繼光曾以絲綿數層製度牌上，名曰剛柔牌，以拒鳥銃，終不能擋。"

剛柔牌
（明何汝賓《兵録》）

籐牌

藤條編製步兵用小型盾。原流行於福建地區，明代禦倭戰争中，戚繼光用來裝備其部隊，并與腰刀、標鎗配套使用。《宋史・蠻夷傳四》曰："懷信、康訓分領，緣溪入合灘，……擊之，殺傷五百人，奪梭槍、藤牌。"先以標鎗飛擊敵人，以挫其鋒，然後用腰刀與敵格鬥。戚繼光《紀效新書・籐牌總說篇》："〔籐牌〕銃子雖不能禦格，而矢石鎗刀皆可蔽，所以代甲胄之用。在南方田塍泥雨中，頗稱極便……牌無標（鎗）能禦而不能殺。將欲進步，然後起標，勿輕發以敗其事。腰刀用於發標之後。"戚繼光《練兵實紀・雜集・軍器解》記有藤牌形制："以籐爲之，中心突向外，內空可容手軸轉動。週籐高出，雖矢至面不能滑泄及人。內以籐爲上下二環，以容手肱執持。重不過九斤，圓徑三尺。"此後發展爲軍隊正式裝備。參見本考"手牌""燕尾牌"。（參閱明茅元儀《武備志·器械三》）

無敵神牌

下置車輪，可以推動之大型盾，主要用於遮蔽矢石。明代禦倭戰爭中，曾一度使用。其形制爲獨輪車前端豎一木質大牌，外面塗漆，彩繪猛獸頭形，頂端露出三支槍鋒。一人操

無敵神牌
（明何汝賓《兵録》）

縱，可進可退。進攻時排於隊伍前列，形成活動障墻，宿營時并聯排於四周，形成寨墻。爲攻守兩用器械。明唐順之《武編前卷五·牌》："其牌可以衝鋒。"又："無敵神牌，一人可以敵百，十卒能敵千人。無拘山戰、水戰，可用攻營、守營，能鎮我兵之不退，能拒敵兵之前進。"（參閱明茅元儀《武備志·器械五》）

虎頭火牌

火箭與手牌結合之步兵用盾。明代曾一度用於戰場，由"猛火刀牌"發展而來。牌面微向前凸成弧形曲面，上繪虎頭，張口部分爲空洞。背面暗藏火箭發射匣一具，内裝火箭十至二十支，引信連結，通至火門。匣上部用活動環與牌洞下緣連結。匣下部掀起與牌成直角時，匣口正與洞合。平時以皮帶固定箭匣下部，并蓋以皮蓋。戰時先以牌遮蔽矢石，俟接近敵人時，迅速打開皮帶扣及皮蓋，掀起箭匣，施放火箭。由於出敵意外，殺傷效果較好。水、陸戰均可使用。明茅元儀《武備志·軍資乘·火

器圖説八》載有全圖及分解圖。

虎頭木牌

鳥銃、火箭與手牌結合之步兵用盾。具有發射架及防護牌之雙重功能。由"虎頭火牌"演變而來。爲對抗騎兵而創製。明與後金戰爭中曾一度使用。明茅元儀《武備志·軍資乘·火器圖説八》載有其形制及使用："牌高五尺，厚三分，闊一尺七寸，外有生牛皮包，頂上用鐵條釘護，可禦鋒刃，皮畫獸形，挖二孔爲眼，橫設鐵皮，轉活開閉。木牌旁邊，上下鑿二方眼，長六寸，闊二寸，嵌以小匣，每匣藏神機箭二枝。一牌四匣，共箭八枝。牌後釘上木牙四條，將小匣銷住木牙上，使其活動。遇敵扯出上銷，匣向後落，箭鏃外向，發遠三百餘步。箭完亦可再裝。牌上鑿一圓孔，透出神槍一根，虜若稍近，扯出神槍打放爲援。此器日可對敵，夜可安營，行可肩，止可豎。虜騎衝突，最難攔擋，先將此牌抵定，後將鳥銃、三眼神槍等器打放，既可阻伊衝突，後可呈吾奮擊。"

猛火刀牌

噴筒與手牌結合之步兵兩用盾，全稱爲"神行破陣猛火刀牌"。明代曾一度用於戰場。明茅元儀《武備志·軍資乘·火器圖説八》："牌用生牛革爲之，畫以火龍火獸，暗藏神火等火三十六筒（按：牌中部暗開三十六孔，每孔嵌小型噴火筒一具，六具一組。各組火藥配方及殺傷效能各不相同。如毒火使人'昏眩'，法火使人'噴嚏'，煙火'著皮肉爛'等），藥信盤曲，列於陣，兩軍相對，號炮一響，齊滾而進。牌有滾法，火噴二三丈，甲士左持牌，右持刀，上砍賊首，下斬馬足。用此牌一面，足

抵强兵十人。”

甲

甲

亦稱“介”“函”“鎧”。作戰中穿在身上用以遮擋箭、刃之防身護體裝具。産生於原始社會晚期。相傳古人受到動物“孚甲以自禦”的啓發，模擬動物以甲殼保護身體，在身上披裹皮革、樹皮、藤條等就便材料以保護自己，進而發明了原始甲。據民族學資料，最原始的護甲是把樹皮、藤條或整張的動物皮披裹在身上。而後，逐漸學會用藤條編成簡單的藤甲或將獸皮做些簡單裁製使其更合身。臺灣蘭嶼雅美人的藤甲表面蒙有魨魚皮，高46.5厘米，即是一種藤條編成并蒙以獸皮加强其防護能力的護甲。商代皮甲，迄今僅在河南安陽殷墟中發現殘迹。由腐爛後留在地上的紋理可知，皮甲有黑、紅、白、黄四色圖案花紋，殘迹最大徑在40厘米左右，顯然是一整片皮甲。據遺迹推斷，商甲是將皮革裁製成大小不同的革片，連綴而成。前胸、後背等要害處，使用大片的厚皮革以利防護，肩、臂、腰、胯等處，則使用小的甲片連綴，既防護了身體，又便於活動。商代銅兵器盛行，但未見青銅甲出土。有些商代遺址出土了一些銅泡，呈圓形，中部隆起，周沿留出的窄邊上有對稱的穿。這些青銅泡綴附在皮甲外邊，可加强皮甲的防護作用。1977年陝西城固出土的商後期銅泡，一件直徑11.8厘米，透頂，沿上有兩對對應的穿；另一件直徑10厘米，尖頂，平沿上均匀分布四個穿。西周主要使用皮甲，并在甲上釘綴青銅飾件，以加强防護效能。迄今發現西周的青銅甲飾件大多呈圓泡形，出土時背面多粘有皮革殘迹，周邊還有漆痕，説明當時的皮甲是經過髹漆的。西周時還出現了用青銅片連綴而成的青銅甲。1976年山東膠州西庵遺址出土一件銅胸甲，寬37厘米，高38厘米，由左中右三片合成，整體呈猙獰獸面狀，沿上有釘孔，當是釘綴在皮質甲衣上使用。東周時期，仍以皮甲爲主。甲片用牛皮、犀牛或兕（野牛）皮製成，髹漆後，用繩、絲組成細皮條綴連。1978年湖北隨縣擂鼓墩一號墓出土的皮甲是迄今發現的較爲完整的東周皮甲。胸、背、脅、肩四部位甲片均用固定編綴。胸背以下四列甲片每片高約15厘米，寬約11厘米，均是每列先横向固定編綴，然後上下列縱連接，作活動編綴，以利身體俯仰。甲袖亦活動編綴，極便伸縮。甲身在右側開口，穿好後用絲帶結扣繫合。全套甲髹黑漆，以紅色絲組連綴。東周皮甲裝飾也極豐富多彩，出土戰國竹簡中多有“彤甲”“素甲”“畫甲”等名目。并出現了將兩層皮甲叠合爲一片甲札以加固和增强防護能力的合甲。春秋時期，車戰頻繁，爲加强對駕車馬的保護，出現了皮製的馬甲。戰國時車戰漸衰，但戰車仍爲軍中重要裝備，故戰車馭馬仍披挂馬甲。1978年湖北隨縣出土戰國初期馬甲殘片，均以大塊皮革製作，裏外髹漆，表面飾有凸起的紅色圖案花紋。秦代甲由秦俑坑出土的武士俑所着鎧甲可知，甲衣由護胸的前甲、護腰背的後甲、護肩的披膊、護頸項的盆領、護臂的臂甲、護手的手甲組成。内着戰袍，甲衣披挂在戰袍外面。有的還有圍護頸項的曲領，綁護腿的“行縢”。甲衣形制和編綴，一類由整片皮革或其他材料製成甲衣，甲衣上鑲綴甲片，雙層防護，四周留有寬緣，緣上多繪彩色圖案。其甲片小而密，很可能是金屬的。此類甲爲將佐使用。第二類甲出土較多，全由甲片編綴而成，甲片較厚，似爲皮甲，爲秦軍士卒所用。騎兵爲乘馬方便，甲衣較短；戰車御手甲身長，爲有效地防護，還編綴有長長的護臂甲和護手甲。西漢時，鐵製鎧甲成爲軍隊主要防護裝備，但皮甲仍使用。由陝西咸陽楊家灣出土的西漢武士俑可知，西漢鎧甲主要形制爲札甲，用長方形甲片，胸背兩甲在肩部用帶繫連，有的還有披膊和盆領。通常用麻繩（亦有用皮條）編綴。先橫編後縱連。橫編時由中心一片開始向左右編綴；縱連則由上排壓下排。多數部位是縱橫部固定，但在需要活動部位，如肩部、腰胯部則將編組的繩索（或皮條）留有可供活動的長度，使披甲將士活動時，甲片可上下推移，伸縮自如。除札甲外，西漢亦有少量魚鱗甲出現。1968 年河北滿城劉勝墓出土魚鱗甲，共用甲片二千八百五十九片，甲片用純鐵熱鍛製成，復原後長 80 厘米，腰圍 1.15 米，袖長 34 厘米。1979 年山東淄博出土西漢鐵甲，共有甲片二千二百四十四片，甲片上還飾有金、銀片。魚鱗甲當爲西漢王公貴族所用鎧甲。東漢鎧甲實物未見出土，由出土之陶俑和畫像石可知，其防護部位較西漢有增加，除身甲、披膊、盆領外，還出現了保護腿的鶻尾和腿裙。東漢後期，使用百煉鋼技術製造鎧甲，大大提高了鎧甲的防護能力。陳琳《武庫賦》稱當時鎧甲曰："鎧則東胡闕鞏，百煉精剛，函師震旅，韋人製縫，元羽縹甲，灼爚流光。"魏晉南北朝時期鎧甲得到重大發展。其品質更加精堅，除鐵甲、皮甲外，還出現了少

量鋼甲。形制則更加多樣，先後有筒袖鎧、兩當鎧、明光鎧、鎖子甲出現。西晉以筒袖鎧爲主。《南史·殷孝祖傳》稱其爲"諸葛亮筒袖鎧"，可知三國時已經出現，至東晉仍然使用，至南北朝爲兩當鎧所取代。兩當鎧，因其形制和當時服飾中之兩當衫相近，故稱。當時軍隊盛行穿布質的褲褶，穿兩當鎧時，要先於裏面穿褲褶。其時，步兵不受重視，故兩當鎧主要爲騎兵防護裝具。明光鎧亦爲南北朝時期之重要防護裝具，其形制是在前甲和後甲片上各置兩面大型金屬護，反照陽光則發光，故稱明光鎧。鎖子甲亦稱"環鎖鎧"，是從西域傳入中原的。據《晉書·呂光載記》，鎖子甲"鎧如環鎖，射不可入"。《北堂書鈔》卷二一引魏曹植《先帝賜臣鎧表》中稱："先帝賜臣鎧。黑光、明光各一領，兩襠鎧一領，環鎖鎧一領，馬鎧一領。"可知明光鎧、兩當鎧、環鎖鎧均始於三國。馬鎧，晉以後多稱"具裝"或"具裝鎧"，是騎兵保護戰馬的鎧甲，三國時已經出現了比較完整的具裝鎧。《太平御覽》卷三五六引魏曹操《魏武軍策令》稱："〔袁〕本初馬鎧三百具，吾不能十具。"東晉十六國和南北朝時期，具裝鎧已經普遍使用并直接導致了重甲騎兵成爲此時軍中主力。其時具裝鎧材質有鐵質、皮質兩種，由保護馬頭的面簾、保護馬頸的雞頸、保護馬胸的當胸、保護馬腰腹的身甲、保護馬臀的搭後和保護騎乘者後背的寄生等六部分組成。隋唐時期，鎧甲大體承襲南北朝晚期。隋代以明光鎧爲主，兩當鎧居次。保護戰馬的具裝鎧亦受到重視。當時的明光鎧一種沿襲南北朝形制，胸背各有兩面大金屬護；另一種形制略有變化，胸甲分成左右兩片，居中縱束甲

絆。隋代還出現了步兵使用的明光鎧，安徽合肥西郊隋墓曾出土着明光鎧陶武士俑一件，腰部以下有很長的膝裙和腿裙，無法騎馬，顯然是步兵所用。唐代，步騎兵甲漸完備。據《唐六典・武庫令》，唐代鐵甲以明光鎧最盛。其形制是在隋代出現的居中縱束甲絆形制基礎上發展起來的，胸甲分成左右兩片，居中縱束甲絆，左右各有一圓護，或作凸起的圓弧形花紋，肩置披膊，臂套臂護，腰扎帶，腰帶之下有兩膝裙護住雙腿，小腿上則多裹縛吊腿。除明光鎧外，唐代甲還有光要甲、細鱗甲、山文甲、烏錘甲、白布甲、皂絹甲、布背甲、步兵甲、皮甲、木甲、鎖子甲、馬甲等共十三種。兩當鎧已被淘汰，但將胸甲和背甲在肩上扣連的方法仍沿用。唐代，重甲騎兵衰落，具裝鎧亦衰。步兵地位提高，故有較長膝裙或腿裙的步兵甲有很大發展并形成一類。晚唐，出現了一種新型鎧甲，身甲由長方形甲片、魚鱗形甲片或山文甲組成。肩覆披膊，腰束大帶，胸部束細帶，腰以下左右各垂一膝裙。五代十國時期，此種甲取代了明光鎧成爲鎧甲主要形制。宋代甲材質分爲鐵、皮、紙三種。以鐵甲爲最。據《宋史・兵志》載，高宗紹興四年（1134）頒布的四等甲式，甲重宋制四十五至五十斤，甲片一千八百七十五片。南宋中期後，鎧甲重量減輕，甲片數反而增加，説明鎧甲品質有所提高。宋沈括《夢溪筆談・器用》稱當時羌族用冷鍛技術製造的瘊子甲“去之五十步，強弩射之不能入”。宋甲形制大體同唐代。身甲爲一整片，由數列小甲片組成，用帶子從肩上繫連并在腰部束扎。上綴披膊，下垂兩片吊腿。馬甲由面簾、雞項、當胸、身甲和搭後組成。有鐵質、皮質兩種。皮馬甲髹黑漆或紅漆。元代多披用鐵絲、銅絲與鐵甲片相連的網甲。騎兵甲品質較好，步兵稍差，將帥則裝飾金銀以顯其高貴。俄羅斯聖彼得堡宮收藏有蒙軍遺存之鎧甲，内層爲牛皮，外面滿挂鐵甲片。明代甲名目較多，多依其製作、形制和色澤不同而名之。其將官爲鋼鐵甲，甲片多呈山字形；兵士爲鎖子甲，腰部以下有鐵網裙和鐵網褲，足穿鐵網靴。又有以絲綢或棉布爲裏上釘綴甲片的絹甲和綿甲。還出現了在戎衣外面穿罩甲衣，束小帶，長短不一的罩甲。清代鎧甲較前有較大變化。其甲分上下兩截。上爲甲衣，裝護肩、護腋，胸前和後背各裝一金屬銅護，名護心鏡，前襟接縫處和腰間左側各佩梯形護，稱前檔和左檔，右側因有箭囊遮住，故無檔。甲衣下部稱圍裳，左右各一幅，穿時用帶子繫在腰間。王公貴族着鐵甲，以綢緞做表裏，中敷鐵葉，外釘較密的銅或金、銀釘，并按品級繡有紋樣。一般職官及士卒着綿甲，以綢布爲表裏，内敷棉花外布銅釘。清中葉後，火兵器漸盛，鎧甲因無法防護火器，被排斥出戰場，僅作爲校閲用的裝飾品存在。

【介】

即甲。此稱始見於商代甲骨文，後世亦稱甲胄爲介胄。《周禮・夏官・旅賁氏》：“軍旅，則介而趨。”漢揚雄《長楊賦》：“鏊生蟣虱，介胄被沾汗。”《宋史・楊存中傳》：“存中以數騎入擊，殺敵數百人，帝乘高望見介胄盡赤。”詳本考“甲”。

【函】

即甲。《周禮・考工記》：“燕無函。”又“函人爲甲”。宋王興之《周禮訂義》引趙氏曰：

"謂之函者，取其包含之義，甲能包裹人身，物不能傷，所以名官以函人也。"又引陳祥道曰："甲亦曰介、曰函、曰鎧……函所以周其身。"詳本考"甲"。

【鎧】

即甲。初指金屬甲，魏晉後亦稱皮甲爲鎧。《周禮·夏官·司馬》賈公彥疏："古用皮謂之甲，今用金謂之鎧。"《尚書正義》孔穎達疏："經典皆言甲胄，秦世以來始有鎧、兜鍪之文。古之作甲用皮，秦漢以來用鐵，鎧、鍪二字皆從金，蓋用鐵爲之。"《宋書·孔覬傳》："龍驤將軍阮佃夫，募得蜀人數百，多壯勇便戰，皆著犀皮鎧，執短兵。"詳本考"甲"。

合甲

兩層以上皮革貼合一起製成之甲。較單層皮甲牢固耐用，防護力强。《周禮·考工記·函人》載："合甲壽三百年。"鄭玄注引鄭衆云："合甲，削革裹肉，但取其表，合以爲甲。"湖北江陵藤店楚墓出土之皮甲，即爲合甲。湖北隨縣擂鼓墩曾侯乙墓出土之大批皮甲，多爲兩層皮革合成之合甲。甲片髹漆，製工精細，雖然深埋地下兩千餘年，連結絲帶已經腐朽，但仍能揭剝復原，僅清理出較爲完整之合甲即達十二領之多。（參閱荆州地區博物館《湖北江陵藤店一號墓發掘簡報》，《文物》1973年第9期；湖北省博物館、隨縣博物館、中國社會科學院考古研究所技術室《湖北隨縣擂鼓墩一號墓皮甲胄的清理和復原》，《考古》1979年第6期）

組甲

若干小塊甲片連綴組成之皮甲。早期皮甲，多爲整張獸皮製成。因不便於作戰，商晚期後均改爲組甲。組甲遂成爲皮甲之代稱。據考古資料，組甲多由"身甲""甲裙""甲袖"三部組成。胸背不動部分甲片較大，腰胯肩臂活動部分甲片較小。湖北隨縣曾侯乙墓出土皮甲，身甲由胸甲、背甲、肩片、脅片共二十片甲片編成，固定連綴。甲裙由五十六片甲片分四列編成，每列由左向右固定編綴，各列則由上向下叠壓，活動編綴。身甲與甲裙皆一側開口，穿着後絲帶繫合。兩甲袖各由五十二片甲片分十三列編成，下列叠壓上列，活動編綴，可以伸縮。甲全長80厘米以上，可防護人體軀幹。周以後，組甲亦引申爲武士之代稱。《左傳·襄公三年》："使鄧廖帥組甲三百，被練三千以侵吳，吳人要而擊之，獲鄧廖。其能免者：組甲八十，被練三百而已。"南朝梁江淹《北伐詔》："組甲十萬，鐵騎千馬。"

犀甲

犀牛皮所製之甲。上古時期，中原地區地廣人稀，氣候温暖，森林沼澤中生活有大量犀牛，其皮堅厚，防護力强，爲製甲主要材料之一。漢後犀牛漸少，僅邊境少數民族地區仍有用犀甲者。隋唐後演變爲優良皮甲之代稱。《周禮·考工記·函人》："犀甲壽百年。"《荀子·議兵》："楚人鮫革犀兕以爲甲，鞈（堅貌）如金石。"《左傳·宣公二年》："犀兕尚多，棄甲則那？"《南齊書·高帝紀上》："〔楊難當部〕皆衣犀甲，刀箭下不能傷。"唐柳宗元《平淮夷頌》："錫盾雕戈，犀甲熊旗。"

鐵甲

亦稱"鐵幕""玄甲"。鋼鐵製造之甲。始見於戰國。河北易縣燕下都遺址曾出土戰國鐵胄及鐵甲甲片。入漢後，鋼鐵冶煉技術發展，軍隊普遍裝備了鐵甲。時人稱之爲"玄甲""鐵鎧”。居延出土漢簡中有多枚簡中有成軍裝備“鐵鎧”之記錄。内蒙古呼和浩特漢城遺址出土之漢武帝時鐵甲，由六百五十片鐵甲片編成，全重 22 斤。由於甲片較大呈長條形，狀類簡札，故亦有“札甲”之稱。秦兵馬俑坑之將軍俑，即多爲着札甲。漢代鐵甲之製作及形制已相當成熟，此後發展主要爲提高精度、增加品種及擴大防護部位。宋時已護及全身，每領重達 50 斤。火器出現後，隨其性能之提高，鐵甲逐漸衰落以至絕迹。《吕氏春秋·貴卒》：“衣鐵甲，操鐵杖以戰。”《戰國策·韓策》：“當敵則斬堅甲、盾、鞮鍪、鐵幕。”《史記·衛將軍驃騎列傳》：“發屬國玄甲軍。”《三國志·魏書·文帝紀》注引《魏書》曹丕詩：“玄甲耀日光。”（參閱陸思賢《呼和浩特二十家子古城出土的西漢鐵甲》，《考古》1975 年第 4 期）

【鐵幕】

即鐵甲。此稱先秦時期已行用。見該文。

【玄甲】

即鐵甲。此稱漢代已行用。見該文。

魚鱗甲

亦稱“細鱗甲”“柳葉甲”。由小型甲片編綴而成之鐵甲，狀似魚鱗，故名。始見於西漢。河北滿城西漢中山靖王劉勝墓出土之魚鱗甲，由“身甲”“甲袖”“垂緣”三部組成。身甲爲葉狀甲片，共一千五百八十九片；甲袖、垂緣爲圓角長方形甲片，共一千二百七十一片，全甲二千八百五十九片，重 16.75 千克。編綴方法：先橫後縱，由中向左右前後叠壓，由上向下上下叠壓。上下兩列錯置，下排甲片對上排兩片中間，如魚鱗狀。因編織細密，防護性能較好，且更便於行動，故長期在軍中使用，係

鐵甲中之主要品種。《唐六典·武庫令》：“甲之制十有三……三曰細鱗甲……細鱗、山文、烏鎚、鎖子，皆鐵甲也。”宋李廌《作塞上射獵行》曰：“塞雲委地如潑墨，惡風吹沙變黄黑；紫髯將軍柳葉甲，銀鬃護闌白玉勒。”《明會典》洪武二十六年：“令造柳葉甲、鎖子頭盔六千副，給守衛皇城軍士。”（參閱《滿城漢墓》，文物出版社 1978 年版）

【細鱗甲】

即魚鱗甲。此稱唐代已行用。見該文。

【柳葉甲】

即魚鱗甲。此稱宋代已行用。見該文。

鎖子甲

亦稱“環鎖鎧”。由金屬連綴甲片或完全由金屬環套扣而成之鐵甲。由“魚鱗甲”發展而來。由鐵絲環連綴爲魚鱗形。始見於東漢末，《太平御覽》卷三五六引三國魏曹植《先帝賜臣鎧表》：“先帝賜臣鎧：黑光、明光各一領，兩襠鎧一領，環鎖鎧一領。”但魏晉時使用尚少，隋唐後開始流行。《唐六典·武庫令》將其列爲軍隊制式鎧甲之一，元代成爲軍隊主要防護裝備。從現存實物觀察，多爲由金屬環套扣而成者，每環必與上下左右四環套扣，形成連鎖網狀，更爲輕軟堅密，便於騎射。據學者考證，此種甲爲南北朝時受西域鐵甲影響而創製。（參閱楊泓《中國古兵器論叢》，中國社會科學出版社 2007 年版）

【環鎖鎧】

即鎖子甲。此稱漢魏時期已行用。見該文。

竹甲

以短毛竹片連綴而成之札甲，始見於漢，明代禦倭戰争中仍有使用。南朝宋劉義慶《世

説新語》：“魏武征袁本初，治裝，餘有數十斛竹片，咸長數寸，衆云並不堪用，正令燒除，太祖思所以用之，謂可爲竹枰楯。”明鄭若曾《江南經略·僧兵首捷記》：“竝營於普照寺，密催皮工造皮甲，竹工造毛竹甲，皮甲在内，竹甲在外。”

紙甲

紙質防護服。始見於唐代。《新唐書·徐商傳》載：“襞紙爲鎧，勁矢不能洞。”五代時淮南農民起義軍亦曾“積紙爲甲，時人謂之白甲軍”（見《資治通鑑·周世宗顯德三年》）。由於輕便易製，成本低廉，又有一定防護力，至宋代成爲軍隊制式裝備之一。宋曾公亮《武經總要·器圖》記：宋甲“有鐵、皮、紙三等”。

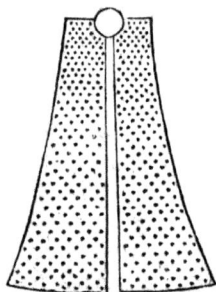

紙甲
（明何汝賓《兵録》）

《宋史·兵志十一》載：“康定元年四月，詔江南、淮南州軍造紙甲三萬，給陝西防城弓手。”明朱國禎《湧幢小品》上記有紙甲製法：“用無性極柔之紙，加工錘軟，叠厚三寸，方寸四釘。如遇水浸濕，銃箭難透。”實驗證明，一寸厚以上多層壓實紙札，較同厚之木板更具防護力。故紙甲防護力當與木牌相當。（參閲明茅元儀《武備志·器械四》）

象皮甲

象皮所製之甲。古代西南地區盛產大象。因象革堅厚，防護性能良好，故當地軍隊常用以製甲。宋范成大《桂海虞衡志·志器》：“蠻甲，惟大理國最工甲冑，皆用象皮。胸背各一大片如龜殼，堅厚與鐵等。又連綴小皮片爲披膊、護項之屬，製如中國鐵甲。葉皆朱之，兜鍪及甲身内外，悉朱地間黄黑，漆作百花蟲獸之紋，如世所用犀毗，器極工妙。”（參閲宋周去非《嶺外代答》）

猴子甲

冷鍛法製造之優良鐵甲。甲片末端有隆起小筍，頗類人體猴子，故名。宋代青堂（今青海西寧）羌族人所造。冷鍛甲表面光潔，薄而強度、硬度高，至今仍爲強化金屬之重要方法。宋沈括《夢溪筆談·器用》：“青堂羌善鍛甲，鐵色青黑，瑩徹可鑑毛髮，以麝皮爲絪旅之，柔薄而韌……曾取試之，去之五十步，強弩射之不能入。嘗有一矢貫札，乃是中其鑽空，爲鑽空所刮，鐵皆反卷，其堅如此。凡鍛甲之法，其始甚厚，不用火，冷鍛之，比元厚三分減二乃成。其末留筋頭許不鍛，隱然如猴子，欲以驗未鍛時厚薄，如浚河留土筍也。”

赤藤甲

以赤藤條編製之防護服。甲呈筒狀，無領、無袖，類似現代背心。多在南方產藤地區使用。明茅元儀《武備志·器械四》記有製法：“赤藤甲，以赤藤五十斤，石槽内水浸半月，取出曬三日，復入槽添水。如此浸滿一週歲，曬乾，照式編穿，共（可製）二十副，其外桐油油之，

赤藤甲
（明何汝賓《兵録》）

其甲輕堅，能革矢刃。利於水大（戰）。又以此藤作笠，臨敵作盔，陰則備雨。"（參閱《古今圖書集成·戎政典·甲胄部》）

綿甲

亦稱"戰襖""棉花戰衣"。表裏爲布，中實棉花之將士防護服。明清軍隊制式裝備之一。《明會典》洪武九年："令將作局造棉花戰衣……江西等處造戰襖。"明代農民起義軍亦曾使用。《明史·李自成傳》載："縣甲厚百層，矢炮不能入。"明朱國禎《湧幢小品》上載有製法："以綿花七斤，用布縫如夾襖……粗綫逐行，橫直縫緊，入水浸透，取起鋪地，用脚踹實……曬乾收用"，"鳥銃不能大傷"。綿甲輕便，利於水戰，在潮濕氣候下，不會銹蝕，對早期黑色火藥管形射擊火器具有一定的防護能力，故在清代亦頗爲流行。清綿甲增釘金屬圓釘以提高防護力、增加美觀。（參閱明李盤等《金湯借箸十二籌·籌製器》）

【戰襖】

即綿甲。此稱明代已行用。見該文。

【棉花戰衣】

即綿甲。此稱明代已行用。見該文。

馬甲[1]

亦稱"馬鎧""具裝"。古代戰馬之防護裝具。先秦戰車挽馬，一般均披馬甲，主要爲皮甲，間亦有銅鎧。《詩·鄭風·清人》即有"駟介旁旁"之描述。湖北隨縣曾侯乙墓曾出土戰國初期髹漆皮馬甲，馬胄尚完整。湖北荆門戰國墓出土馬甲，身甲由大型皮甲片編綴之護頸及護身兩部組成。秦漢騎兵興起，戰馬亦用馬甲，初時僅有護胸，兩晋後重甲騎兵盛行，馬甲趨於完備，稱爲"具裝"。《晋書·桓宣傳》

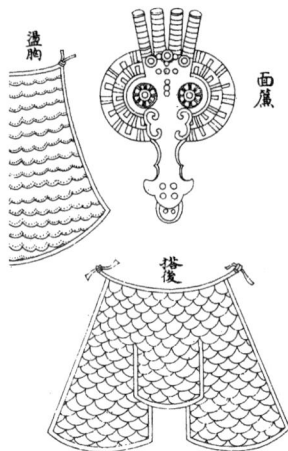

馬甲（面簾、拾後、盪胸）
（宋曾公亮《武經總要前集》）

載："馬甲全裝，謂之馬具裝。"有皮製及鐵製兩種，由護首之"面簾"、護頸之"雞頸"、護胸之"當胸"、護身之"馬身甲"、護臀之"搭後"及竪立尻上之"寄生"六部組成。戰馬除耳、目、口、鼻及四肢外露外，主要部位均有鎧甲保護。隋唐時期盛行輕騎兵，馬甲使用甚少。宋遼及宋金戰爭中，重甲騎兵曾再度興起，馬具裝亦被廣泛使用。但因其過於沉重，影響戰馬機動快速性能的發揮，且不能持久，故進入明清後，騎兵戰馬一般不再使用馬甲。（參閱宋曾公亮《武經總要·器圖》；湖北省荆沙鐵路考古隊包山墓地整理小組《荆門市包山楚墓發掘簡報》，《文物》1988年第5期。）

【馬鎧】[1]

即馬甲[1]。此稱晋代已行用。見該文。

【具裝】

即馬甲[1]。此稱晋代已行用。見該文。

唐猊鎧

亦稱"唐夷甲"，省稱"唐夷"。唐猊，古代傳說中的猛獸，皮堅厚，可製甲。唐，大也。先秦已見行用。漢趙曄《吳越春秋·句踐伐吳外傳》："越王乃被唐夷之甲，帶步光之劍，杖屈盧之矛，出死士以三百人爲陣關下。"金董解元《西廂記諸宮調》卷二："爲首强人……裹一頂紅巾，珍珠如縿飯；甲掛唐夷兩幅，靴穿抹綠。"凌景埏注："唐夷——就是'唐猊'，古代一種凶猛的野獸，用它的皮製甲，非常堅厚。後來就用'唐夷'作爲甲的代詞。"後世已見人工製成之皮甲，稱"唐猊鎧"。明茅元儀《武備志·器械四》載其製法："唐猊鎧，先用透骨草五斤、蘿蔔子三斤爲咀（磨碎），入清水一百斤煮二百沸，去查，入川山甲五張，大同鹽三斤，皮硝三斤，硝石五兩，碙砂半斤，封鍋嚴密，煮一晝夜，取開，用杓鑄如牛皮厚。其樣不一：如匙頭、柳葉、魚鱗、方葉、方長之類。穿作甲，輕利。南方多用。"

【唐夷甲】

即唐猊鎧。此稱先秦時期已行用。見該文。

【唐夷】

"唐夷甲"之省稱。即唐猊鎧。此稱至遲宋元時期已行用。見"唐猊鎧"文。

兩襠鎧

即兩當鎧。由胸甲、背甲組成之輕便鐵甲。形制與古代裲襠服近似，故名。《釋名·釋衣服》載："裲襠，其一當胸，其一當背。"兩襠鎧正爲一當胸、一當背。據出土着甲武士俑觀察，其形制爲：在肩部以帶鉤連胸、背兩甲，腰部束帶，使甲貼身。此稱始見於三國，《太

唐猊鎧
（明何汝賓《兵録》）

平御覽》卷三五六載三國魏曹植《先帝賜臣鎧表》，有"兩襠鎧一領"與"兩襠鎧十領"之記録。但魏晉時期此鎧尚未普遍。進入騎兵活躍之南北朝時，由於其簡便易製，穿着輕便靈活，既能防護身軀要害部位，又不影響馳騁戰鬥行動，所以最爲盛行。并成爲武將制式官服。直至隋唐，方逐漸爲"明光鎧"所取代。（參閱唐虞世南《北堂書鈔》卷二一，唐徐堅《初學記》卷二二）

箭袖鎧

亦稱"諸葛亮箭袖鎧"。箭，同"筒"。胸甲背甲連綴一起，肩部有短筒袖之鐵甲。始於漢末，經諸葛亮改進定型，故又稱"諸葛亮箭袖鎧"。兩晉盛行，成爲軍隊主要裝備。據出土武士俑觀察，甲片排列方式多與"魚鱗甲"同，間亦有高盆領、長箭袖者。南北朝後期，逐漸爲"兩襠鎧"所取代。《宋書·王玄謨傳》："〔玄謨〕除大將軍、江州刺史，副司徒建安王於赭圻，賜以諸葛亮箭袖鎧。"《宋書·殷孝祖傳》："諸葛亮箭袖鎧、鐵帽，二十五石弩射之不能入。"（參見本卷《兵器戰具說·冷兵器考》"魚鱗甲"文）

明光鎧

前胸後背各有兩面大型橢圓形金屬甲片之鐵甲。橢圓甲片稱"圓護"，表面平滑，光潔度高，太陽照射下可反射明光，故名。始用於東漢末，《太平御覽》卷三五六引三國魏曹植《先帝賜臣鎧表》中，即載有明光鎧，係由札甲演變而來。圓護大而厚，對心胸要害部位防護良好。《周書·蔡祐傳》記："祐時著明光鐵鎧，所向無前，敵人皆曰此鐵猛獸也，皆遽避之。"此鎧除身甲外，尚配有"披膊""腿裙"。《唐六

典·武庫令》將其列爲十三種甲制之首，係唐軍裝備中之主要鎧甲。目前已出土大量南北朝及隋唐時期着甲武士俑，形制基本相同。中唐發展爲僅有一片防護腹部圓形制，後期開始衰退，北宋時淘汰。

胄

胄

防護裝具。產生於原始社會晚期。在進攻性兵器形成和完善的過程中，產生了原始防護裝具。胄便是當時的武士爲保護頭部而創製防護裝具之一種。由臺灣蘭嶼雅美人使用的以藤條編製的藤胄推測，最早的胄是用就便材料如藤、獸皮等進行簡單加工而成的。商代青銅兵器盛行，銅胄出土較多。河南安陽侯家莊殷商墓中，共出土青銅胄一百四十一頂。其表面打磨光滑，并有精美圖案紋飾，但内面較粗糙。高 20 厘米左右，重 2000 至 3000 克，均爲合範鑄造，胄體前部遮住眉際，左右及後部向下延伸，可防護耳部和頸部。胄面居中有一條縱向的脊棱，把胄體分成兩半。胄頂正中，有向上竪立的圓管，用來安裝纓飾。商代還出現了以防護面部爲主并有恐嚇敵人作用的銅臉殼。陝西城固出土之商晚期銅臉殼，高 16.5 厘米，寬17.7 厘米。五官位置與人面部相似，但形象猙獰，目眶深凹，雙耳直立，懸鼻突出。各有通孔與面部五官相通。西周，胄已見於文字。《書·費誓》："善敹，乃甲胄。"孔穎達正義引《説文》："胄，兜鍪也。"《詩·魯頌·閟宫》："公徒三萬，貝胄朱綬，烝徒增增。"西周胄仍以皮製爲主，青銅胄祇在中原北部有出土，其

形制與商不同。北京市昌平區白浮西周墓出土青銅胄兩件。其中已修復的一件，胄體左右兩側向下伸展，稱護耳，胄頂中央縱置網狀長脊，脊中部有可以繫纓之環孔。全胄無紋飾。另一件殘破，形制大體同前件，但胄頂無縱脊，設置一圓鈕，鈕中設孔以繫纓。内蒙古寧城南山根西周墓出土的青銅胄除兩側有護耳，胄頂有方鈕并穿有橫孔外，沿邊寬頻上還凸出一列圓泡釘。東周胄多爲皮製，據湖北隨縣擂鼓墩一號墓出土之皮甲胄復原模型，當時皮胄下有垂緣，可護住雙耳和頸部，中有脊梁，髹黑漆，用紅色絲組連綴。青銅胄形制多與西周北方胄相似，胄頂和兩側底邊一般有方鈕，可貫穿皮條。戴胄後用皮條繫於頸部。戰國時，出現了鐵製胄。河北易縣燕下都四十四號墓曾出土一件用八十九片鐵甲片編成的鐵胄，現已復原。全高 26 厘米，頂部用兩片半圓形甲片合綴成圓形平頂，以下主要用圓角長方形的甲片由頂向下編綴，共七層。甲片的編綴方法大多是上層壓下層，前片壓後片。甲片一般高 5 厘米，寬4 厘米左右。漢代鐵胄稱"兜鍪"。漢簡中胄多稱"鞮瞀""鉬瞀"。中國科學院考古研究所編《居延漢簡甲編》："鐵鞮瞀二中毋絮今已裝"（甲 12：3.26）。勞榦《居延漢簡考釋》："鐵鞮瞀一"（228.18），"鎧鞮瞀各□"（377：1），"鐵鉬瞀若干"（486.17），"革甲鞮瞀"（甲.1030），"革甲鞮瞀各一"（甲.121），"革鞮瞀四一"（甲.1283）。上述簡文中"鐵鞮瞀""鐵鉬瞀"即鐵胄，"革甲鞮瞀"即皮胄。可知當時鐵胄盛行，但皮胄仍然爲軍隊之裝備。鐵胄實物，山東淄博齊王墓隨葬坑曾出一件，復原高 24.5 厘米，由八十片甲片組成。魏晉南北朝時期，鐵

鎧和皮甲兼用，胄的形制，據出土陶武士俑，大體同漢代。隋唐時期，未見甲胄實物出土，據出土之陶俑，胄有兩種形制，一種兩側之護耳下垂至耳下又向上翻轉；另一種有垂至肩臂可護頸部的頓項。宋代胄稱頭鍪，頂部中央插纓，後面垂綴較長的頓項。其材質有鐵、皮、紙三種。元代胄有皮製、鐵製兩種，鐵胄較多。明代胄稱盔，多用鋼鐵製造。據明茅元儀《武備志·器械四》，明代鐵盔有"一塊鐵""四明盔""六葉盔""皮穿柳葉盔"等多種名目。圓頂，頂部有圓管插放纓、旗、羽等飾物，後部下垂爲頓項，亦稱圓腦。清代前期，胄有鐵製、皮製、布製之分。胄頂豎一銅管，周圍垂有貂尾、獺尾、雕翎等因身份等級而异之飾物。後面垂有護項，左右下垂爲護耳，頷下有護頸，前面有護眉。鐵胄、皮胄表面髹漆，内有襯裏。布胄用綢布和棉花製成帽形，外包鐵葉，再貫以銅釘。清中期，胄和甲均被淘汰。

兜鍪

亦作"兜牟"。亦稱"鞮鍪"。即胄。《説文》："兜，兜鍪，首鎧也。"朱駿生《説文通訓定聲》："胄所以蒙冒其首，故謂之兜。亦曰兜鍪者，叠韻連語。"也有認爲兜鍪係鐵製之胄。《書·費誓》："善敹，乃甲胄。"唐孔穎達疏引《經典釋文》："皆言甲胄秦世已來始有鎧、兜鍪之文。古之作甲用皮，秦漢已來用鐵。鎧、鍪二字皆從金，蓋用鐵爲之，而因以作名也。"其稱最早見於戰國。《戰國策·韓策一》中蘇秦説韓王時已有"甲盾鞮鍪"的稱謂。秦漢以後，胄多稱兜鍪。《東觀漢記·馬武傳》："〔武〕身被兜鍪鎧甲，持戟奔擊。"《新五代史·雜傳·李金全》："晏球攻王都於中山，都遣善

射者登城射晏球，中兜牟。"宋洪邁《夷堅丙志·牛疫鬼》："見壯夫數輩，皆被五花甲，著紅兜鍪，突而入。"宋元後，多稱胄爲盔，但兜鍪之稱未廢。清趙翼《孫介眉招食鰱魚頭羹》："鰱魚之美乃在頭，頭大於身如兜鍪。"（參見本卷《兵器戰具説·冷兵器考》"胄"文）

【兜牟】

同"兜鍪"。此體五代時期已行用。見該文。

【鞮鍪】

即兜鍪。此稱先秦時期已行用。見該文。

盔

宋以後胄多稱盔。明茅元儀《武備志·器械四》："盔，即古之鍪也。"明代盔，一般高明制八寸，後部有長約一尺之鎖子鐵絲網狀之頓項，全重八九斤。（參見本卷《兵器戰具説·冷兵器考》"胄""兜鍪"文）

石甲胄

以石質材料製成的甲胄。係1998年在陝西秦始皇陵園出土的陪葬物。本次試掘共出土石鎧甲近90領，石兜鍪（胄）36領左右。其甲片形制各异，磨製精美，連綴有序，足見秦代工匠製甲工藝之高超。據馬明志《古今罕見的石質甲胄》載："1998年，我們的'塵土藝術家'——考古工作者在距始皇陵封土東南約200米的内外城垣間東面角處發現了一處面積達1300多平方米的巨型陪葬坑，編號爲K9801。本次試掘祇開挖了100多平方米。我們認識到K9801爲坑道式土木結構地下建築，特別讓人震驚的是在陪葬坑西南角的三個探方内發現大批分布稠密的秦代石質鎧甲和兜鍪（即胄，古代作戰時所戴的頭盔）。這是首批重現於世的秦代甲胄實物，而以石質爲原料的

甲胄在古今中外聞所未聞。"（參閱《中國文物報・月末鑒賞》1999 年 10 月 31 日）石甲胄在中國軍事史上未見用於實戰。

藤兜牟

亦稱"黎兜鍪"。以藤條編製之防護帽。宋范成大《桂海虞衡志・志器・甲胄》："黎兜鍪，海南黎人所用，以藤織爲之。"爲南方少數民族之傳統裝備。明茅元儀《武備志・器械四》："藤兜牟，以細藤爲之，用藤若干。内用綿帽一件，帽表用布二層，帽裏用布一層，内用絲綿若干，繭紙若干，用絹綾緝之。帽後不合，口開，高三寸，以便人頭有大小，臨時自綴。盔内、盔頂上俱用紅纓。"尖頂、闊簷，類似農村竹笠。

【黎兜鍪】

即藤兜牟。此稱宋代已行用。見該文。

鬼面

亦稱"假面""面具"。防護面部之裝具。有與胄連爲一體者，亦有單爲一體者。一般形象凶猛，兼具恐嚇敵人之功能。有皮、銅、鐵三種。先秦戰爭中即已有之。陝西城固曾出土商代銅面具，河南浚縣曾出土先秦皮面具，均突目獠牙，醜惡异常，五官位置，各有小孔。秦漢後仍經常用於戰爭。南朝侯景之親軍，金軍之重甲騎兵及明鄭成功之"鐵人"均曾戴鐵面具作戰。宋葉紹翁《四朝聞見録》："〔畢再遇〕披髮戴兜鍪鐵鬼面。"《晋書・朱同傳》："夏口之戰，同用鐵面自衞。"《北齊書・蘭陵王孝瓘傳》："常著假面以對敵。"《宋史・狄青傳》："帶銅面具。"又《包再興傳》："再興募死士著鐵面具披氈列陣以待之。"

【假面】

即鬼面。此稱南北朝時期已行用。見該文。

【面具】

即鬼面。此稱宋代已行用。見該文。

第二節　攻守城壘戰具考

攻守城壘戰具指專用於城池、堡壘攻守作戰使用之兵器或器具。在人類爲争奪生存資源而産生的戰争出現後，爲保存自己，防禦敵人之侵襲及掠奪，攻守城壘戰具便應運而生。

據古文獻記載，早在傳説的三皇五帝時期，就已經出現了城壘。《漢書・食貨志》載，神農之時即"有石城十仞，湯池百步"，《世本・作》記："鯀作城郭。"野外考古資料證明此説非虛。1995 年河南鄭州發現之西山古城，始建於公元前 3300 年之仰韶文化晚期。迄今爲止，黄河中下游之河南、山東、長江中游之兩湖等地區，已發現建於公元前 21 世紀前之古城遺址十六處。城壘的出現，使攻守城壘作戰亦隨之産生。其時處於石器時代，尚無力製造專用之戰具。夏、商至西周時期，城壘逐漸增多，并發展成爲各統治集團之政治經濟中心和軍事上的戰略要點，城池、堡壘遂成爲戰爭中之主要爭奪目標。攻守城戰具亦隨之産生。最早見於文獻記載的攻城戰具見於《詩·大雅·皇矣》，記周文王進攻崇國國都時，曾使用鈎援、臨車、衝車等攻城戰具。春秋末期，傑出的軍事家墨子，爲阻止楚國攻宋，與創造了攻城戰具雲梯的工程家公輸盤（亦作"公輸般"）進行過一場模擬城池攻守作戰。《墨子·公輸》載："公輸盤九設攻城之機變，子墨子九距之。公輸盤之攻械盡，子墨子之守圉有餘。"可見當時攻守城壘之戰具已有長足發展，僅據《墨子·備城門》等各篇所記，當時攻守城壘戰具有二十種之多。此後，攻守城壘作戰日益頻繁、激烈，攻守城壘戰具之種類及形制亦日漸複雜和多樣。至唐宋時期，冷兵器時代之主要攻守城壘戰具均已出現。此後雖有發展，但其基本功能無實質變化。

攻城戰具依其在古代戰爭中的作用大致可分五種。越壕戰具，用以保障攻城部隊通過戰壕，如飛橋、蝦蟆車等；接城戰具，用以掩護攻城部隊接近城垣，以便進行填壕、掘牆作業，如轒轀、頭車等；登城戰具，用以攀登城牆，如鈎援、雲梯等；毀城戰具，用以破壞城牆、城門及城上防護設施，如衝車、鈎堞車等；偵察戰具，用以瞭望城上、城内敵情，如巢車、望樓等。守城戰具亦有五種。反接城戰具，用於殺傷迫近城垣之敵，如火捽、夜叉檑等；反登城戰具，用以殺傷攀登城垣之敵，如懸脾、狼牙拍等；反毀城戰具，用以防護守城士卒及城上工事設施并摧毀敵之攻城戰具，如纍荅、燕尾炬等；反地道戰具，用以殺傷由地道攻城之敵，如注盤、橐籥等；障礙戰具，用以阻止并殺傷攻城之敵，如塞門刀車、鹿砦等。

巢車

亦稱"樓車""樓櫓""雲車""板屋"。瞭望敵情之高架車，狀如鳥巢，故名。始見於春秋，《左傳·成公十六年》："楚子登巢車以望晋軍。"又宣公十五年"登諸樓車"。《後漢書·南匈奴傳》："帝造戰車，可駕數牛，上作樓櫓。"又《光武帝紀》："列營數百，雲車十餘丈，瞰臨城中。"《通典·兵十三》："以八輪車上樹高竿，竿上安轆轤，以繩挽板屋上竿首以窺城中。板屋方四尺，高五尺，有十二孔四面列布。車可進退圍城而行，於營中遠視，亦謂之巢車，如鳥之巢，即今之板屋也。"管形射擊火器發展後，逐漸不用。（參閲宋曾公亮《武經總要前集·攻城法》）

【樓車】

即巢車。此稱先秦時期已行用。見該文。

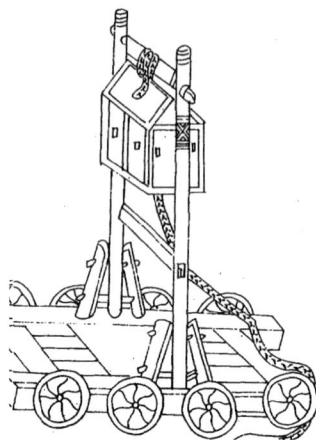

巢車
（清年羹堯《治平勝算全書》）

【樓櫓】

即巢車。此稱漢代已行用。見該文。

【雲車】

即巢車。此稱漢代已行用。見該文。

【板屋】

即巢車。此稱唐代已行用。見該文。

望樓車

攻城用瞭望敵情之高架車。由"巢車"演變而來。板屋固定於竿首，觀察人員蹬竿身踏腳木攀登而上。此稱始見於宋，宋曾公亮《武經總要前集·攻城法》："望樓〔車〕，與城中望樓爲一，所以下望城中事，攻城欲利推徙，故以車載。其制：以堅木爲車，坐並轅長一丈五尺，下施四輪，輪高三尺五寸，上建望竿，長四十五尺，上徑八寸，下徑一尺二寸，上安望樓，竿下施轉軸，兩旁施义手木，繫麻繩三棚（三層），上棚二條，各長七十尺，中棚二條，各長五十尺，下棚二條，各長四十尺。帶環鐵撅十條，皆下銳。凡立竿如舟上建檣法（不用時利用竿底轉軸放倒，以便於移動，用時再用繩拉直），釘撅繫繩（於地），六面維之令固。"

飛橋

亦稱"壕橋"。攻城戰具。用以跨越城壕。即有兩輪和可移動之長板橋。推入城壕，車輪成爲支柱，支撐橋面，攻城部隊可迅速通過。始用於先秦。《六韜·虎韜·軍用》："渡溝塹飛橋，一間廣一丈五尺，長二丈以上。"宋曾公亮《武經總要前集·攻城法》："壕橋，長短以壕爲準，下施兩巨輪，首貫兩小輪，推進入壕，輪陷則橋平可渡。"亦有下設四巨輪者，用於寬壕。

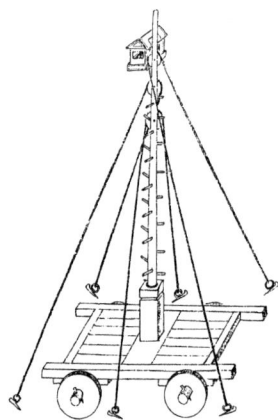

望樓車
（宋曾公亮《武經總要前集》）

壕橋
（清年羹堯《治平勝算全書》）

【壕橋】

即飛橋。此稱宋代已行用。見該文。

摺叠橋

攻城戰具。用以跨越較寬城壕。由戰國時之"壕橋"改進而成。將壕橋面板與另一壕橋以轉軸連結，摺叠其上，俟推入城壕後，將摺叠於上部之壕橋板以推竿推起，倒向對岸。宋曾公亮《武經總要前集·攻城法》："摺叠橋，其制以兩壕橋相結，中施轉軸。"由於橋爲木架結構，易被焚毀，且城壕深時亦無法使用，所以實戰中甚少使用，後世見用於防火登高作業。

摺叠橋
（清年羹堯《治平勝算全書》）

蝦蟆車

攻城戰具。用以填塞城壕。始見於南北朝。《宋書·南平穆王鑠傳》："〔元嘉〕二十六年，拓跋燾南侵陳、潁，遂圍汝南懸瓠城……多作蝦蟆車以填塹。"《南史·殷琰傳》："大蝦蟆車，載土，牛皮蒙之，三百人推以塞塹。"用該車填塹，較以往由戰士投擲草木土石填壕，可大爲提高作業速度，但過於笨重。稍後，多以普通車輛載土填壕。隋唐以後，逐漸爲預製越壕器材——"壕橋"所取代。

轒輼

攻城戰具。掩護戰士接近城垣，進行填壕、掘墙之工程作業車。此稱始見於春秋，《孫子兵法·謀攻》："攻城之法，爲不得已，修櫓轒輼，具器械，三月而後成。"曹操注："轒輼者，轒牀也。轒牀其下四輪，從中推之至城下也。"其結構特點爲：上有防護設施，可遮蔽矢石，下有四輪而無底板，車內戰士可踏地推之前進及在內進行工程作業。《通典·兵十三》有較爲具體的記述："攻城戰具，作四輪車，上以繩爲脊，生牛皮蒙之，下可藏十人，填隍（城壕）推之，直抵城下，可以攻掘。金火木石所不能敗。"火器出現後，逐漸退出戰場。

尖頂木驢

省稱"木驢"。亦稱"尖頭木驢""洞屋"。攻城戰具。用以掩護戰士近城垣，進行填壕、掘墙作業。因頂部尖斜，城上檑、石投中後，順斜面下滑，可相對減少頂部所受壓力。此稱始見於南北朝。《梁書·羊侃傳》記梁武帝太清二年（548）侯景攻建康時，"爲尖頂木驢攻城，矢石所不能制"；又《侯景傳》記此役"景又作木驢數百攻城"。此具由先秦時之轒輼發展而來。《册府元龜》卷三九九引《通典》曰："侯景反，〔羊〕侃爲守城督……賊爲尖頭木驢攻

木驢
（清年羹堯《治平勝算全書》）

城，矢石所不能制。"《通典·兵十三》記其形制、性能："以木爲脊，長一丈，徑一尺五寸，下安六腳，下闊而上尖，高七尺，内可容六人，以濕牛皮蒙之，人蔽其下舁，直抵城下，木石鐵火所不能敗，則用其攻城，謂之小頭木驢。"後有所改進，容積增大，"長一丈五尺""内蔽十人"，下爲六輪，可以推進，不需抬行。（參見本卷《兵器戰具説·攻守城壘戰具考》"轒轀"文，參閲宋曾公亮《武經總要前集·攻城法》）

【木驢】

即尖頂木驢。此稱南北朝時期已行用。見該文。

【尖頭木驢】

即尖頂木驢。此稱唐代已行用。見該文。

【洞屋】

即尖頂木驢。亦稱"洞子"。以其頂像屋脊，内空似屋，故稱。《新五代史·南唐世家》曰："世宗親督兵以洞屋穴城而焚之，城壞，彦卿、昭業戰死，周兵怒甚，殺戮殆盡。"宋陳規《靖康朝野僉言》後序："敵先采濕木編洞屋，以生牛皮蓋其上戴之，令人運土木填壕。"宋湯璹《德安守禦録》卷上："賊列騎成陣逼城，驅人抬鵝車、洞子、樓座，用牛皮並氈包，漫攻齊安門……用搭鈎鈎去洞子上皮氈，墜大石及磚石摧擊。"

【洞子】

即洞屋。此稱宋代已行用。見該文。

木牛車

攻城戰具。用於掩護戰士接近城垣，進行填壕掘牆。由"轒轀"演變而來，主要改加了梁、柱、木板，以增强防護能力。宋曾公亮

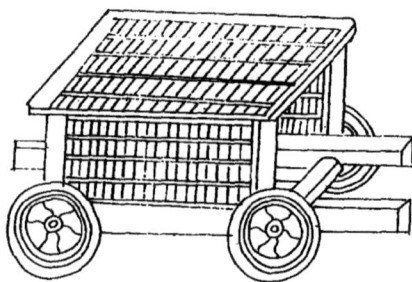

木牛車
（清年羹堯《治平勝算全書》）

《武經總要前集·攻城法》："木牛，以堅木厚板爲平屋，裹以生牛革，下施四車輪，自内推進，以蔽攻城人，亦木驢之類也。"（參見本卷《兵器戰具説·攻守城壘戰具考》"轒轀""尖頂木驢"文）

頭車

攻城戰具。填壕及挖掘城牆、地道用工程作業車。由"轒轀"演變而來。至宋，已發展爲由屏風牌、頭車及多輛緒棚等組成之作業系列車。頭車長宋制九尺，闊七尺，以木爲框架，圍以厚六寸、寬五寸之木條，表面再覆以皮笆，頂上鋪兩層皮笆，中填尺餘厚之穰草，以防矢石。頂中心有天窗，方二尺，可容人用梯上下，并設有泥漿桶，以防守軍火攻。頂前端竪立屏風笆，中開箭窗，可以射外。"凡攻城鑿地道，

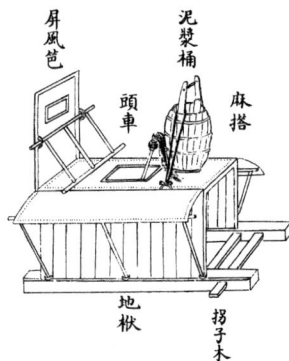

頭車（麻搭、泥漿桶、拐子木、地枕、屏風笆）
（宋曾公亮《武經總要前集》）

以車蔽人，先於百步内以矢石擊當面守城人，使不能立，乃自壕外進車"（見宋曾公亮《武經總要前集·攻城法》）。原來頭車無輪，利用絞車使頭部上昂，再用一丈八尺長之兩根揭竿，逐次撬進，宋時改在車下裝四輪，由車内人推進。車每前進數步，即以緒棚接續車後，形成由多輛緒棚連接成之棚道。遇壕則運土草等填之，運者皆自車中及緒棚下往來，矢石不能傷害。爲掩護頭車，車前設屏風牌，牌下有獨輪，三面圍有防護板。左右防護板後，裝有略向外張之護板，稱掩手。火器發達後，逐漸爲輕便之掩護器材所取代。

緒棚

攻城戰具。掩護戰士進行土工作業之活動防護棚。與頭車組合使用。宋時棚下裝四輪，以利於移動。宋曾公亮《武經總要前集·攻城法》："緒棚，接緒頭車架木爲棚，故曰緒棚。其高下如頭車，棚上及兩旁皆設皮笆，以禦矢石。若頭車進，則益（增加）設之，隨其遠近。"（參見本卷《兵器戰具説·攻守城壘戰具考》"頭車"文）

緒棚
（清年羹堯《治平勝算全書》）

半截船

攻城戰具。遮蔽彈矢之輕便防護器材，用以掩護攻城戰士接近壕墻。形如半隻船底向上之舢板，故名。木板製作，下有四撑杆，内容五人。接敵時，四人持杆前進；停止時，以杆撑地，進行填壕、掘墻等工程作業或戰鬥，主要使用於明代。

半截船
（明何汝賓《兵録》）

厚竹圈篷

攻城戰具。遮蔽彈矢之輕便防護器材，用以掩護攻城戰士接近壕墻。形爲半圓船篷，以竹子編製而成。下容五人，接敵時在内擡進，主要使用於明代。

厚竹圈篷
（明何汝賓《兵録》）

鈎援

亦稱"鈎梯"。攻城戰具。用以攀登城墻。即首端裝有金屬鈎之長竿。三代城墻，皆夯土築成，外側傾斜度大，鈎於城墻上沿，即可攀援而上。始見於商末。《詩·大雅·皇矣》："以爾鈎援，與爾臨衝，以伐崇墉。"朱熹注："鈎援，鈎梯。所以鈎引上城。"《管子·兵法》："凌山阬不待鈎梯。"

【鈎梯】

即鈎援。此稱先秦時期已行用。見該文。

雲梯

亦稱"飛雲梯"。攻城戰具。用以登城。始見於春秋。《吕氏春秋·愛類》："公輸般爲高雲梯。"《戰國策·宋衛策》："聞公爲雲梯。"高誘注："梯長而高，上至於雲，故曰雲梯。"由"鈎援"發展而來。當時城牆已近於垂直，故將兩鈎援相并，中加踏足横樘，下裝車輪，以人力擡架附牆，推輪前進仰搭牆頂。《墨子·備梯》："雲梯者，重器也，其動移甚難。"魏晉後大有改進：主梯上增設上城梯，梯首安雙輪，使能沿牆滑動，主梯裝於六輪車上，以便於機動。三國魏陳琳《武軍賦》曰："竁深隧下三泉，飛雲梯衝神鈎之具，不在孫吴之篇，三略六韜之術者，凡數十事秘莫得聞也。"《通典·兵十三》："以大木爲牀，下置六輪，上立

雙牙，牙有檢梯節長丈二尺，有四桄，桄相去有三尺。勢微曲，遞互相檢，飛於雲間，以窺城中。有上城梯，首冠雙轆轤，枕城而上，謂之飛雲梯。"至宋時，主梯與上城梯以轉軸連結，成爲摺叠式結構，并增設防護，形成雲梯與轒轀結合之戰具。宋曾公亮《武經總要前集·攻城法》："雲梯，以大木爲牀，下施六輪，上立二梯，各長二丈餘，中施轉軸，車四面以生牛皮爲遮罩，内以人推進，及城，則起飛梯於雲梯之上。"火器大量用於攻守城戰鬥後，各種木結構之重型雲梯均逐漸停用，繼續裝備於軍隊之輕型飛梯仍被稱爲"雲梯"，如清"健鋭營雲梯"，即是。（參見本卷《兵器戰具説·攻守城壘戰具考》"飛梯"文；參閲唐李筌《神機制敵太白陰經·攻城具》；郭寶鈞《山彪鎮與琉璃閣》（科學出版社1959年版）載戰國銅鑑上的水陸攻戰中雲梯圖像）

【飛雲梯】

即雲梯。此稱三國時期已行用。見該文。

飛梯

攻城戰具。攀登城牆用輕型梯。在"竹飛梯"基礎上改進而成。雙杆并立，中設踏足横樘，杆首裝兩滑輪，靠於城牆，向前推進，即可靠滑輪沿牆上滑之力，迅速而省力地將梯竪起。《晋書·慕容皝傳》曰："復攻柳城，爲飛梯、地道，圍守二旬，石琮躬勒將士出擊，敗之。"《周書·王思政傳》："又隨

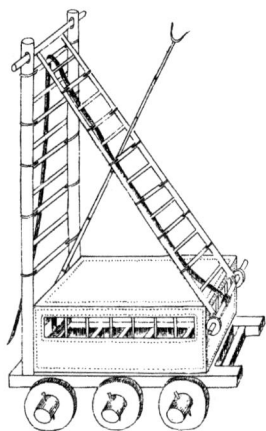

雲梯
（宋曾公亮《武經總要前集》）

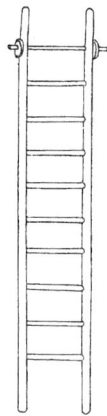

飛梯
（宋曾公亮《武經總要前集》）

地勢高處築土山以臨城中，飛梯、火車、晝夜攻之。"宋曾公亮《武經總要前集·攻城法》："飛梯，長二三丈，首貫雙輪，欲蟻附，則以輪著城推進。"火器大量用於攻守城戰鬥後，各種木結構之重型雲梯逐漸停用，唯便於機動之飛梯仍繼續使用，但改稱爲"雲梯"，并將木輪易爲鐵輪，增設推梯上墻之長杆鐵叉兩具。《大清會典圖》："健鋭營雲梯，乾隆十四年製。通高二丈二尺，旁植木二，中施橫木……兩端施鐵輪，别以木柄鐵叉二推之。"（參見本卷《兵器戰具説·攻守城壘戰具考》"雲梯"文）

竹飛梯

攻城戰具。簡易型登城梯。由"鈎援"演變而成。在長竹竿上，增添橫樘，以便攻城戰士踏之以上。此梯使用輕便，簡單易製，但長度有限，且穩固性不高，在進攻高大城垣及守軍抗擊下，攀登較難，多用於偷襲營寨。宋曾公亮《武經總要前集·攻城法》："竹飛梯，用獨竿大竹，兩旁施脚澀以登。"

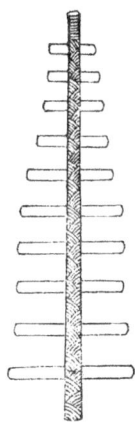

竹飛梯
（明茅元儀《武備志》）

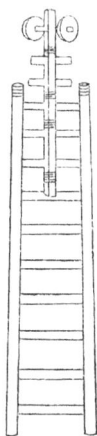

躡頭飛梯

攻城戰具。攀登城墻用輕型梯之一。由"飛梯"與"竹飛梯"結合而成。下爲雙杆飛梯，上爲獨竿竹飛梯，中間

躡頭飛梯
（明茅元儀《武備志》）

以轉軸連結。宋曾公亮《武經總要前集·攻城法》："躡頭飛梯，如飛梯之制，爲兩層，上層用獨竿竹，中施轉軸以起，竿首貫雙輪，取起附城易起。"

天橋

攻城戰具。用以登城之活動型架車。常用形制有二：一種爲高與城齊之高架車頂，竪以木板或摺叠橋，向城推進時，木板或橋面可防矢石，接近城墻時，放倒木板、橋面，搭在城上，攻城戰士通過橋、板登上城墻。另一種，爲向前傾斜之梯形高架車，四周有防護設置，推至城墻，頂端即與城對接。兩種均盛行於宋。《宋史·孟宗政傳》："金選精騎二千，號挈子手，擁雲梯、天橋先登。"宋陳規《守城録·守城機要》："天橋與對樓無異，止是於樓上用長板作脚道，或摺叠翻在城上，皆是登城之具。"宋湯璹《德安守禦録》卷下："天橋，脚共六隻，高五尺，厚薄一如洞子。脚長六丈以上，闊二丈，高三丈五尺以上，近及四丈。上闊一丈以上，當頭自下至上斜高向前約一丈。上中下三層當面并兩邊及頂上，皆用牛皮、厚氊毯棉被掛搭。其天橋底盤上，復繫大竹索兩條，各長二十餘丈。每條百餘人牽拽。"（參閱宋洪邁《容齋隨筆·李彦仙守陝》）

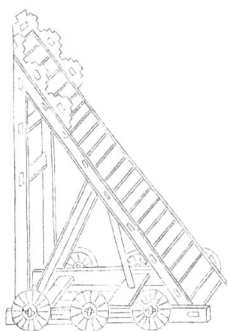

天橋（行天橋）
（明茅元儀《武備志》）

飛樓

攻城戰具。大型高架車。用以觀察、指揮，或據以發射弓弩，制壓城上守軍，掩護部

隊攻城。始見於戰國，盛行於兩晉，火器發達後，逐漸淘汰。《六韜·虎韜·軍略》："視城中，則有雲梯、飛樓。"《晉書·慕容超載記》："又爲飛樓、懸梯、木幔之屬，遥臨城上。"《宋書·侯景傳》："景造諸攻具及飛樓、撞車……並高數丈，一車至二十輪。"

搭天車

攻城戰具。重型雲梯之一種。摺叠式結構，以轉軸連結兩梯，下有四輪。上城梯首裝有兩隻大鐵鈎，當推上城梯翻倒向城牆時，鐵鈎即緊搭於堞牆上，不易爲叉竿、撞車等抵住或撞倒。此稱見於宋曾公亮《武經總要前集·攻城法》。（參見本卷《兵器戰具説·攻守城壘戰具考》"雲梯"文）

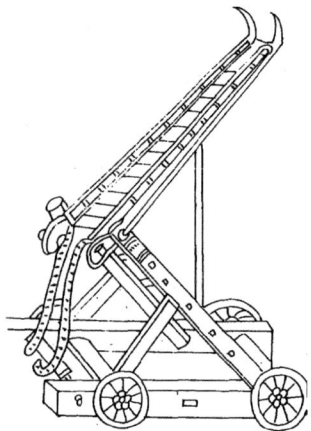

搭天車
（清年羹堯《治平勝算全書》）

衝車

省稱"衝"。亦稱"攻車""撞車"。用以撞擊城牆或城門。商末周軍攻崇時即已用之。《詩·大雅·皇矣》："臨衝閑閑，崇墉言言。"衝，鄭玄箋云"衝車也"。秦漢後廣泛使用。王莽軍攻昆陽，"圍城數重，或爲衝車以撞城"（見《後漢書·天文志上》）；劉裕攻廣

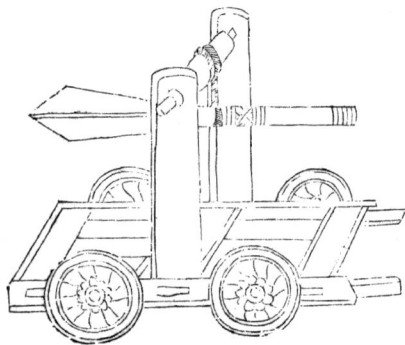

撞車
（明王圻等《三才圖會》）

固，"造衝車，覆以版屋，蒙之以皮，並設諸奇巧，城上火石弓矢無所施用"（見《晉書·慕容超載記》），但對泥牆效果甚微。北魏軍攻鍾離城，"衝車撞之，所值城上輒頹落；義之乃以泥補缺，衝車雖入而不能壞"（見《梁書·昌義之傳》）。《北史·韋孝寬傳》稱之爲"攻車"，《梁書·侯景傳》稱之爲"撞車"。衝車形制，高誘説："衝車，大鐵著其轅端，馬披甲，車被兵，所以衝於敵城也。"（見《淮南子·覽冥訓》"大衝車"注）考之以實戰，此説恐不確。明茅元儀《武備志·守三·器式一》記攻車："車與城齊，用繩拴繫大堅木，五六人抬繩木撞女牆，如撞油之類。女牆本薄，最易震撼，頃刻牆倒。"撞擊城門之衝車，則爲置巨木於車輪軸上，多人推之猛撞城門，故《戰國策·齊策五》稱之爲"百尺之衝"。

【衝】

即衝車。此稱先秦時期已行用。見該文。

【攻車】

即衝車。此稱南北朝時期已行用。見該文。

【撞車】[1]

即衝車。此稱南北朝時期已行用。見該文。

雲橋

亦稱"雲梁"。大型攻城戰車。唐德宗時，朱泚攻奉天（今陝西乾縣），《舊唐書·渾瑊傳》："賊造雲橋成，闊數十丈，以巨輪爲脚，推之使前，施濕氈生牛革，多懸水囊以爲障，直指城東北隅，兩旁構木爲廬，冒以牛革，迴環相屬，負土運薪於其下，以填壕塹，矢石不能傷……是時，北風正急，賊乃隨風推橋以薄城下，賊三千餘人相繼而登。"渾瑊以地道、火攻，使"雲橋焚爲灰燼"。《新唐書》稱之爲"雲梁"。

【雲梁】

即雲橋。此稱唐代已行用。見該文。

臨衝吕公車

省稱"吕公車"。《詩·大雅·皇矣》："與爾臨衝，以伐崇墉。"孔穎達疏："臨者，在上臨下之名；衝者，從旁衝突之稱……兵書有作臨車、衝車之法。"臨車及衝車結合而成之重型攻城戰車。高與城齊，内分數層，外覆皮革，可容數十人至百餘人，并配有破壞工具。將車推至城脚，頂有天橋，可衝至城上，下有衝木，可破壞城牆。由雲橋發展而來。因史載吕尚（姜太公）首用臨衝以攻崇，故稱。明熹宗天啓間，奢崇明叛軍攻成都，以"數千人擁物如舟，高丈許，長五十丈，樓數重，牛革蔽左右，置板如平地……中數百人挾機弩毒矢，旁翼兩雲樓，曳以牛，俯瞰城中。城中人皆哭。〔朱〕燮元曰：此吕公車也"（見《明史·朱燮元傳》）。清末，太平軍攻桂林時，"砍伐大木製吕公車，高與城齊，數十人立其上，向城點發槍炮"（《盾鼻隨聞録》卷一）。明茅元儀《武備志·攻二·器具圖説》有圖。（參見本卷《兵器戰具説·攻守城壘戰具考》"雲橋"文）

【吕公車】

即臨衝吕公車。此稱明代已行用。見該文。

鈎堞車

攻城戰具。四輪車上裝一安有大鐵鈎之長杆，利用杠杆原理操縱，用以拉毀城堞。由衝車演化而來，創製於南北朝。《宋書·南平穆王鑠傳》："拓跋燾南侵陳、穎，遂圍汝南懸瓠城……毀佛浮圖，取金像以爲大鈎，施之衝車端，以牽樓堞。"因其作用而稱之爲鈎堞車。《梁書·侯景傳》："景造諸攻具及飛樓、撞車、登城車、鈎堞車……百道攻城並用焉。"唐後，因其必先搭於城堞而後下拉，又稱之爲搭車。宋曾公亮《武經總要前集·攻城法》載有其圖。

鵝車

亦稱"鵝鶻車"。攻城戰具。四輪車上裝有首安大鐵鑱之長杆，杆末安若干横木。持横木操縱鐵鑱挖掘城牆。因長杆傾斜前伸，狀似鵝頭，故稱。《舊唐書·吐番傳》："〔吐番軍〕約十五萬衆，圍我（唐）鹽州數重……以飛梯、鵝車、木驢等四面齊攻。"唐以後稱之爲"鵝鶻車"。宋曾公亮《武經總要前集·攻城法》載有

鵝鶻車
（明茅元儀《武備志》）

其圖。

【鵝鶻車】

即鵝車。此稱宋代已行用。見該文。

火車[1]

攻城戰具。車上裝載爐、鍋、油、薪，推至城下，用以縱火燒城門、城樓。此稱始於南北朝。《南齊書·高帝紀》："賊馬步奄至，又推火車數道攻戰。"《梁書·侯景傳》："以火車焚城東南隅角樓，賊因火勢以攻城。"宋曾公亮《武經總要前集·攻城法》："火車，以車輪車中爲爐，上施鑊，滿盛以油，熾炭火爨令沸，仍四面積薪，推至城門樓下，縱火而去，敵必下水沃之，油得水則焰益高，則樓可爇也。"（參閱《舊唐書·馬燧傳》、明茅元儀《武備志·軍資乘·火器圖説十一》）

火車（盛油引火車式）
（明何汝賓《兵録》）

揚塵車

攻城戰具。用以播揚灰塵粉沫迷盲守城敵軍之高架四輪車。車上兩立柱，高與城牆齊，柱首安轆轤，下裝長方木槽，內裝石灰粉及塵土等物，用長繩通過轆轤操縱木槽顛簸，向城上揚塵。其稱始見於宋。宋曾公亮《武經總要前集·攻城法》："其車與烟同縱，待烟氣盛，即推車逼城，揚其塵灰。守城人不能存之，必

回避聚向一邊，則攻城人可緣上。"又《行烟》："備蓬艾薪草萬束以來，其束輕重使人力可負。以乾草爲心，濕革外傅，候風勢急烈，於上風班布發烟，漸漸逼城。"

木幔

攻城戰具。高懸於車上之大盾，以繩操縱，可上下活動，用以遮蔽矢石，掩護攻城戰士攀城。由守城戰具"渠答"演變而來。此稱始於晋。《晋書·慕容超載記》："〔劉裕攻廣固〕爲飛樓、懸梯、木幔之屬遙臨城上。"《通典·兵十三》："以板爲幔，立桔槔於四輪車上，懸幔逼城堞間，使趫捷者蟻附而上，矢石所不能及，謂之木幔。"至宋時，爲加強防護能力，又於木板上加覆皮革。宋曾公亮《武經總要前集·攻城法》："木幔，以板爲之，制如屏，裹以生牛革，上施桔槔，載以四輪車，低昂以繩挽之。"（參閱宋許洞《虎鈐經·攻城具》）

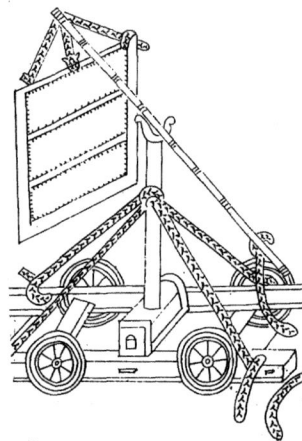

木幔
（清年羹堯《治平勝算全書》）

距堙

亦作"距闉"。亦稱"羊黔（羊坽）""土山""壘道"。攻城工事。此稱始見於春秋。《孫子兵法·謀攻》："攻城之法……距闉，又三月

距堙
（清年龔堯《治平勝算全書》）

而後已。”曹操注：“距闉者，踊土積高而前，以附於城也。”《墨子・備高臨》：“積土爲高，以臨吾城，薪土俱上，以爲羊黔。”孫詒讓閒詁：“畢云：‘《襍守》作羊坽。’……坽，郎丁切，峻岸也。”《通典・兵十三》：“於城外起土爲山，乘城而上，古謂之土山，今謂之壘道，用生牛皮作小屋，並四面蒙之，屋中置運土人，以防攻擊者。”注：“土山即孫子所謂距闉也。”

【距闉】

同“距堙”。此稱先秦時期已行用。見該文。

【羊黔】

即距堙。此稱先秦時期已行用。見該文。

【土山】

即距堙。此稱唐代已行用。見該文。

【壘道】

即距堙。此稱唐代已行用。見該文。

縣陴

守城戰具。懸於城墻外側，可以上下移動之小型木堡，用以殺傷攀城敵人。據《墨子・備蛾傳》，以厚周制二寸之木板，製成前後三尺，左右五尺，高五尺，無上蓋，形似木箱之小木堡，堡下設“轉徑尺六寸”之滑輪，城

上設轆轤（絞車），用鐵索連結木堡上口前後衡木上，操縱轆轤，可使木堡沿城墻外側墻面上下滑動。由於有輪，故磨擦力極小，移動輕快。一戰士立於木堡中，胸部以上露出堡上，手持長二丈四尺，兩端均裝鋒刃之長矛，在城上四人操縱下，沿城墻迅速上下活動，用矛刺殺左右一丈內攀城敵人。此稱僅見於戰國。

火捽

守城戰具。亦稱“傳湯”。用以燒殺敵人，并爲出擊戰士開路。在兩車輪中間軸上，束滿草木等易燃物品，輪側捆以帶刺荊棘，以繩索懸吊城上，當敵軍蟻集城下準備登城時，特別在城墻部分損壞，敵由破壞口進行突襲時，點燃火捽，斬斷懸索，使其下墜滾進，即可“令勇士隨而擊之，以爲先行”。始見於戰國。《墨子・備蛾傳》：“以車兩走（兩輪），軸閒廣大以圉，犯（範）之，鬷其兩端以束輪，徧徧塗其上，室（充塞）中以榆若蒸，以棘爲旁，命曰火捽，一曰傳湯，以當隊，客則乘隊，燒傳湯（灼熱）斬維而下之，令勇士隨而擊之，以爲勇士前行。”

【傳湯】

即火捽。此稱先秦時期已行用。見該文。

奈何木

守城戰具。設於堞墻外，阻礙及砸擊登城敵人，兼作報警裝置。明茅元儀《武備志・守二・需備》：“堞墻之間，豎架奈何木。其制豎立架木二根，機關橫挑木各一根，上閣一木，謂之奈何木。木上錯綜釘以竹簽，其木之輕重與挑木相稱。倒綴虎怕莿，每莿一束，用小指大草繩三尺長，一頭繫莿束，一頭縛二三斤重石塊，將石連繩纏於木莿，垂墻頭之外邊，賊

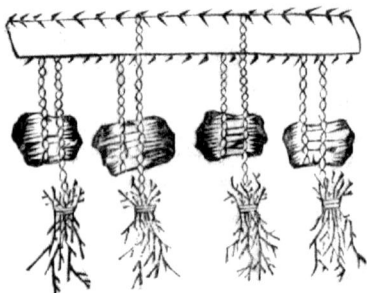

奈何木式
（明何汝賓《兵錄》）

來襲攻，既不能攀援而上，又不能飛越而入，一經移動，磚石下墜，荊木隨落，賊自取傷，而守堞兵夫且又驚覺，即拋打磚石，傷賊必多。因其無可奈何，故謂之曰奈何木也。"

夜叉檑

守城戰具。亦稱"留客住"。用以刺擊攀城敵人。由"懸牌"演變而來。宋曾公亮《武經總要前集·守城》："夜叉檑，一名留客住，用濕榆木，長一丈許，徑一尺，周回施逆鬚，出木五寸，兩端安輪腳，輪徑二尺，以鐵索、絞車放下復收，並以擊攻城蟻附者。"參見本考"懸牌"。（參閱明茅元儀《武備志·守三·器式一》）

【留客住】

即夜叉檑。此稱宋代已行用。見該文。

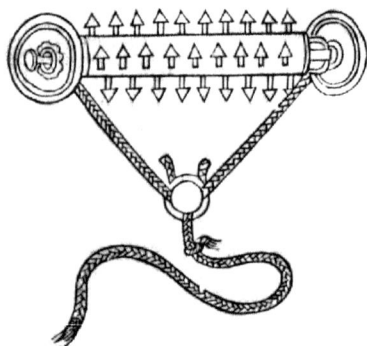

夜叉檑
（明何汝賓《兵錄》）

狼牙拍

守城戰具。用以拍擊攀城之敵。宋曾公亮《武經總要前集·守城》："狼牙拍，合榆木爲質（框架），長五尺，闊四尺五寸，厚三寸。以狼牙鐵釘二千二百箇，皆長五寸、重六兩，布釘於拍上，出木三寸。四面施一刃刀，刀入木寸半。前後各施二鐵環，貫以麻繩，鉤於城上。敵人蟻附登城，則使人掣起，下而拍之。"

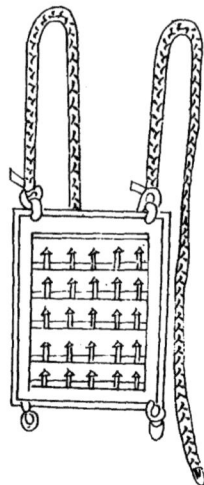

狼牙拍
（清年羹堯《治平勝算全書》）

纍石

亦稱"蘭石""雷石""羊頭石"。守城時用以投擲敵人之石塊。部落戰爭時即已用之。戰國時稱之爲"纍石"或"蘭石"。《墨子·備城門》："城上……一皆積纍石。"又《號令》："悉舉民室材木瓦，若蘭石數。"《漢書·鼂錯傳》："高城深塹，具蘭石。"如淳注："蘭石，城上雷石也。"石塊愈大，砸擊力愈强，但爲便於使用，漢代規定防守之手投雷石，其大小以一般羊頭爲標準，故又稱羊頭石。1973年在内蒙古額濟納旗破城子障門内東側曾出土大量堆積齊整之羊頭石。據初師賓《漢邊塞守禦器備考略》（載《漢簡研究文集》，甘肅人民出版社1984年版），出土之居延漢簡，有很多烽燧障城儲備羊頭石數量之記錄："羊頭石千五十""羊頭石五百""羊頭石二百"等。

【蘭石】

即纍石。此稱先秦時期已行用。見該文。

【雷石】

即礌石。此稱漢代已行用。見該文。

【羊頭石】

即礌石。此稱漢代已行用。見該文。

木檑

防守戰具。以沉重樹幹製作，用以砸擊敵人。有大小兩種：小者用於防守一般城池、營寨，爲長宋制四尺、徑五寸之樹幹，表面安裝尖釘，在敵人攀登城牆，蟻集於城脚下時，由城上投下。大者用於山地防禦，檑體較大，俗稱滾木，無固定尺寸，兩端以繩索繫於城上或陣地立柱上，多在木檑之上放置大量石塊，當敵人仰攻至一定距離時，守軍砍斷繩索，木檑、石塊沿山坡一瀉而下。遼寧新賓漢代古城，尚留有放檑設施遺迹。（參閱宋曾公亮《武經總要前集·守城》；佟達、張正巖《遼寧省新賓縣黑溝高句麗早期山城》，《文物》1985年第2期。）

木檑
（明何汝賓《兵錄》）

泥檑

守城戰具。以泥製成，由城上投下砸擊敵人。以黏性土和泥，加入豬鬃、馬尾等加固，製成長約宋制二三尺、直徑約五寸之圓柱體。（參閱宋曾公亮《武經總要前集·守城》，明茅

泥檑
（清年羹堯《治平勝算全書》）

元儀《武備志·守三·器式一》）

磚檑

守城戰具。由城上投下砸擊敵人。以泥製成長約宋制三尺五寸、直徑約六寸之八角柱體，入窑燒成。（參閱宋曾公亮《武經總要前集·守城》，明茅元儀《武備志·守三·器式一》）

磚檑
（明茅元儀《武備志》）

金火罐

守城戰具。內裝鐵熔液，用砲抛射或手投，着物後罐碎液濺，燒燙敵人。由"行爐"發展而來，可燒殺砲射程內之敵。此稱始見於宋。宋曾公亮《武經總要前集·守城》："其制：圍九寸，形圓，口徑八分。先用麻布泥漿，次使麥麪泥，次又用豬鬃泥，逐重塗傅。煨煖後盛金火汁，以麥麪土泥塞口。用濕氈五指裹入礶內放。其盛器則有生鐵篩盆，抱注則有生鐵杓、熟鐵杓。若敵來攻城，有團隊者，以金礶打之，人馬中則解散。放宜急，勿使凝結。凡礶拽三聲放，此可一聲放之。"

金火罐
（明茅元儀《武備志》）

飛鈎

亦稱"鐵鴟脚"。守城戰具。狀類船錨，用以鈎殺敵人。始見於戰國。《六韜·虎韜·軍用》："飛鈎，長八寸，鈎長四寸，柄長六尺以上……以投其衆。"秦漢後有所發展。宋曾公

亮《武經總要前集・守城》:"飛鈎,一名鐵鴟脚。鈎鋒長利,四出而曲,貫鐵索,以麻繩續之。凡敵人被重甲,頭有鍪笠,又畏矢石,不得仰視,候其聚處,則擲鈎於稠人中,急牽挽之,每鈎可取三兩人。"(參見本卷《兵器戰具說・攻守城壘戰具考》"轉關女牆"文)

飛鈎
(清年羹堯《治平勝算全書》)

【鐵鴟脚】

即飛鈎。此稱宋代已行用。見該文。

轉關女牆

城防工事設施,有轉軸可以旋轉伸出堞牆外之活動樓櫓。用以投擲飛鈎等兵器,以消滅聚集於城下死角内之敵。由戰國時之"木樓"發展而來。《通典・兵五》:"凡攻城之兵,禦捍矢石,頭戴鍪帽,仰視不便,袍甲厚重,進退又難,前既不得上城,退則其帥逼迫,人衆煩鬧,我作轉關女牆,騰出城外,以轆轤墜鐵索,索頭安鐵鴟脚,當聚鬧之處,擲下撥人。"(參見本卷《兵器戰具說・攻守城壘戰具考》"飛鈎"文)

撞杆

守城戰具。亦稱"撞車"。用以撞擊攻城雲梯。四輪車中間兩側立柱,上置橫梁,梁下吊一撞杆,類似寺廟敲鐘用撞木。杆前端或加鐵撞頭或以鐵葉包裹。當雲梯靠近堞牆時,推動撞杆搗毀或撞翻雲梯。始用於三國,盛行於宋代。安徽合肥西郊三國魏所築古城遺址曾出土

撞車之鐵撞頭:尖首,方腹,圓柄,長39厘米,重12斤。《舊唐書・竇建德傳》曰:"宇文化及保聊城,建德縱撞車拋石,機巧絶妙,四面攻城,陷之。"《宋史・吳玠傳》:"金人以雲梯攻壘,楊政以撞杆碎其梯。"宋曾公亮《武經總要前集・守城》:"撞車,上設撞木,以鐵葉裹其首,逐便移徙,伺飛梯臨城,則撞之。"(參閱合肥市文物管理組《合肥出土三國城防器械》,《文物》1982年第9期。)

【撞車】²

即撞杆。此稱唐代已行用。見該文。

鐵撞木

守城戰具。用以砸擊尖頂木驢等攻城作業車,通常與燕尾炬等配合使用。宋曾公亮《武經總要前集・守城》:"鐵撞木,木身鐵首。其首六鐵鋒,鋒大三指,長尺餘,鋒尖爲逆鬚,其末貫鐵索。凡木驢逼城,即自城上以轆轤絞鐵撞木下砍之,皮革皆壞,乃下燕尾炬燒之。"

鐵撞木
(明茅元儀《武備志》)

衝木

守城戰具。首或腰帶鐵刃之粗木。自城上以鐵索懸持之,砸擊攻城戰車。宋陳規《守城錄・陳規靖康朝野僉言後序》曰:"持衝木人,

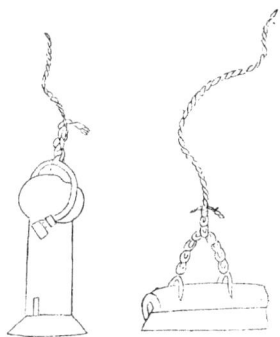

衝木
（明茅元儀《武備志》）

與對樓上人相對，不免互傷，亦非全勝。"明尹耕《堡約·堡器》："衝木者，亦陣聣間用也。制：用大木，徑一尺以上，長六七尺、八九尺者。鑿孔兩端，鐵繩雙繫，則橫用之；鑿孔其尾，鐵繩單繫，則直用之。橫用者置鐵刃其腹，直用者置鐵刃其首……牛革洞子附城，宜以此懸擊斷之。"

鈎竿

守城戰具。帶有鐵鈎之長杆，用以鈎搭攻城飛梯等。唐李靖《衛公兵法·攻守戰具》："鈎竿，如槍，兩旁有曲刃，可以鈎物。"宋曾公亮《武經總要前集·守城》："鈎竿，如槍，兩旁加曲刃。竿

鈎竿
（明王圻等《三才圖會》）

首三尺，裹以鐵葉，施鐵刺如雞距。"有時與杈竿配合抵禦登城類攻具。（參見本卷《兵器戰具説·攻守城壘戰具考》"杈竿"文）

杈竿

亦作"叉竿"。亦稱"抵篙"。守城戰具。帶有鐵叉頭之長杆。用以抵拒飛梯不使靠接城

墻，亦可用以擊刺登城敵人。唐李靖《衛公兵法·攻守戰具》："杈竿，如槍，刃爲兩歧叉，用（拒）飛梯及人。"宋曾公亮《武經總要前集·守城》："叉竿，長二丈，兩歧用叉，以叉飛梯及登城（敵人）。"常與鈎竿配合使用，使敵登城之梯，既不能進，

杈竿
（清年羹堯《治平勝算全書》）

亦不得退，然後以火焚之。張巡守睢陽，尹子奇"爲雲梯，勢如半虹，置精卒二百於其上，推之臨城，欲令騰入。巡預於城潛鑿三穴，候梯將至，於一穴中出大木，末置鐵鈎，鈎之使不得退；一穴中出一木，柱之使不得進；一穴中出一木，木末置鐵籠，盛火焚之。其梯中折，梯上卒盡燒死"（《資治通鑑·唐肅宗至德二載》）。後多用以抵拒輕型登城之梯，稱之"抵篙"。因狀類撑船之篙，故稱。明茅元儀《武備志·守三·器式一》："抵篙，用長小杉木爲之，可以禦雲梯。"（參見本卷《兵器戰具説·攻守城壘戰具考》"鈎竿"文）

【叉竿】

同"杈竿"。此體宋代已行用。見該文。

【抵篙】

即杈竿。此稱明代已行用。見該文。

鐵汁神車

守城戰具。車載冶爐，内熔鐵汁，敵攻城時，傾灑城下，用以燙殺及燒毀攀城之敵及攻城戰具。由先秦"薪火水湯以濟之"，即傾倒沸水傷敵之法發展而來（見《墨子·備梯》及

鐵汁神車
（明何汝賓《兵錄》）

《雜守》）。楊津守定州，曾“置爐鑄鐵，持以灌城”（見《魏書·楊津傳》）。所熔鐵汁，稱之爲金汁或金液。張巡守睢陽，尹子奇“造木驢攻城，巡熔金汁灌之，應投銷鑠”（見《資治通鑑·唐肅宗至德二載》）。魏勝守海州，金兵“乘昏霧，四面薄城急攻……城上熔金液，投火牛，金兵不能前，多死傷”（見《宋史·魏勝傳》）。明茅元儀《武備志·軍資乘·火器圖說》：“鐵汁神車，用堅木造車，下設四輪，以使推轉。載以冶爐，熔以鐵汁，剖竹爲槽，塗以漿泥，曬令極乾。如賊城下攻打，隨推神車以鐵汁注於城下，如萬道火星，四散迸擊，雖厚水牛革遇之，無不穿透。”

行爐

守城器械。即熔爐，用以熔化銅、鐵，以

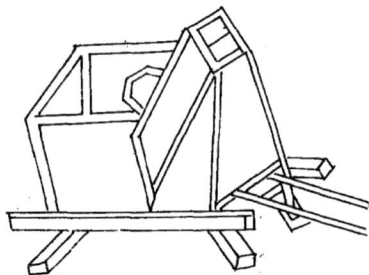

行爐
（清年羹堯《治平勝算全書》）

其沸汁灑潑攀城敵人。始用於南北朝，此稱見於宋。火器發展後，不再使用。《魏書·楊津傳》：“置爐鑄鐵，持以灌賊。”《資治通鑑》唐肅宗至德二載：“〔尹子奇〕造木驢攻城，〔張〕巡熔金汁灌之，應投銷鑠。”宋曾公亮《武經總要前集·守城》：“行爐，熔鐵汁，舁行於城上以潑敵人。”

游火鐵筐

守城戰具。亦稱“游火箱”。鐵筐盛火，懸墜城下，燒灼挖掘城墻之敵。唐李筌《神機制敵太白陰經·守城具》：“游火鐵筐，盛火加脂蠟，鐵索懸墜城下，燒孔穴掘城之（敵）。”宋曾公亮《武經總要前集·守城》：“游火箱，以熟鐵如籃形，盛薪火加艾蠟，以鐵索縋下，燒灼穴中攻城人。”

【游火箱】

即游火鐵筐。此稱宋代已行用。見該文。

鐵火牀

守城戰具。垂至城下燒灼攻城敵人或用以夜間照明。宋曾公亮《武經總要前集·守城》：“鐵火牀，製用熟鐵，長五六尺，闊四尺，下施四木輪，以鐵葉裹之，首貫二鐵索，上縛草火牛二十四束，自域縋下，燒灼攻城者，亦可夜照城外。”

火牛 [1]

守城戰具。以柴草等易燃物捆扎成粗大草束，用以縱火焚燒敵之人馬器械。狀頗類牛身，故稱。《資治通鑑·唐懿宗咸通十年》：“以槍揭火牛焚之，戰艦既燃，賊皆潰走。”胡三省注：“火牛，縛草爲之，□以燒敵。”《宋史·魏勝傳》：“城上熔金液、投火牛，金兵不能前，多死傷。”宋湯璹《德安守禦録》卷下：“又以乾

火牛
（宋曾公亮《武經總要前集》）

竹柴草，造下火牛三百餘箇……尋於城上推下火牛柴草。”

雉尾炬

守城戰具。亦稱“燕尾炬”。專用以焚燒攻城之尖頂木驢。與之同時盛行於南北朝。羊侃守建康臺城，侯景“爲尖頂木驢攻城，矢石所不能制。侃作雉尾炬，施鐵鏃，以油灌之，擲驢上焚之，俄盡”（《梁書·羊侃傳》）。《通典·兵五》：“燕尾炬，縛葦草爲之，分爲兩歧，如燕尾狀，以油蠟灌之，發火，從城墜下，使之騎木驢而燒之。”（參閱宋曾公亮《武經總要前集·守城》）

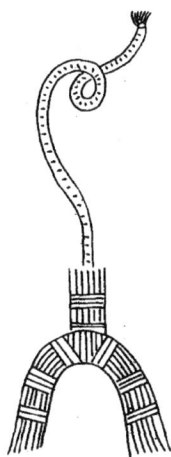

燕尾炬
（清年羹堯《治平勝算全書》）

【燕尾炬】

即雉尾炬。此稱唐代已行用。見該文。

飛炬

守城戰具。由雉尾炬發展而來。該炬分岔處雖有鐵釘，但投擲時難以準確釘入尖頭木驢之脊背，遂改進爲以鐵索懸於桔槔，由人操縱

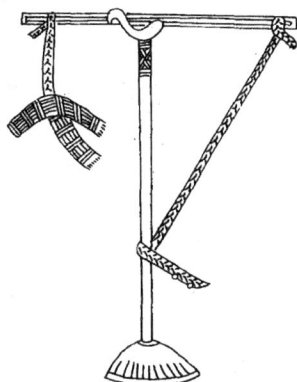

飛炬
（清年羹堯《治平勝算全書》）

下垂，使騎於木驢上燃燒。如用以燒殺密集攀城之敵兵，則不須開岔，稱之飛炬。宋曾公亮《武經總要前集·守城》：“飛炬，如燕尾炬。城上設桔槔，以鐵索縋之下，燒攻城蟻附者。”（參見本卷《兵器戰具説·攻守城壘戰具考》“雉尾炬”文）

絞車

守城戰具。專用以絞取攻城戰具。宋曾公亮《武經總要前集·守城》：“絞車，合大木爲床，前建二叉手柱，上爲絞車，下施四卑（單）輪，皆極壯大。力可挽二千斤。凡飛梯、木幔逼城，使善用搭索者，遙抛鉤索，掛及梯、幔，併力挽令近前，即以長竿舉大索，鉤及而絞之

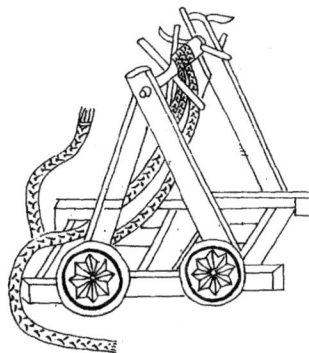

絞車
（清年羹堯《治平勝算全書》）

入城。如絞木轤，待其逼城，且擲大木楯石擊之，次下小石勿絕，使木轤內驚懼，人不敢出。則使二壯士，坐皮屋中，自城上設轆轤繫鐵索縋至木轤上，二人俱出，引絞車鈎索掛搭木轤畢，復拽上。即速絞取入城。皮屋，以鐵捲爲質，生牛革裹之，開出入竅，可容二壯士。”

纍荅

守城戰具。亦稱“護陣籬索”。《漢書・李陵傳》：“劍砍絕纍。”顏師古注：“纍，索也。”以繩索編製之防護簾，懸於城樓或城堞外側，用蔽矢石。必要時可用以覆燒攀城敵人。《墨子・備蛾傳》：“爲纍（當爲“壘”）荅，廣、從（縱）各丈二尺（原文誤作“丈各二尺”，今正），以木爲上衡，以大麻索編之（原文作“以麻索大徧之”，今正），染其索塗中，爲鐵鏁，鈎其兩端之縣。客（敵）則蛾傅城，燒荅以覆之。”宋後火器出現，不再用以覆燒攀城敵人，僅用以保護樓、牆等防禦設施，稱之爲“護陣籬索”。《宋史・兵志十一》：“破砲之策尤奇。其法：用稻穰草成堅索條，圍四寸，長三十四尺，每二十條爲束，別以麻索繫一頭於樓後柱，搭過樓，下垂至地，栿梁垂四層或五層，周庇樓屋，沃以泥漿。火箭、火砲不能侵，砲石雖百鈞無所施矣。且輕便不費財，立名曰‘護陣籬索’。”

【護陣籬索】

即纍荅。此稱宋代已行用。見該文。

渠荅

亦作“渠答”。亦稱“渠譫”。守城戰具。懸於女牆外側遮蔽矢石之大型防護牌。春秋時已廣爲應用。《尉繚子・攻權》：“城險未設，渠荅未張，則雖有城無守矣。”又《武議》：“無衝籠而攻，無渠荅而守，是爲無善之軍。”《漢書・鼂錯傳》：“高城深塹，具藺石，布渠答。”顏師古注引蘇林云：“渠答，鐵蒺藜也。”又引如淳注，與蘇林說異。《墨子・備城門》：“城上之備：渠譫。”又“城上二步一渠……二步一荅，荅廣九尺，表十二尺”。岑仲勉《墨子城守各篇簡注》：“古人常渠荅連言，兩者必互有關係”，“余以爲渠制先立一柱……然後外面張荅……換言之，渠像船上之桅，荅即是帆”，“用來阻擋矢石”。據《墨子》各節所記，其形制爲：城上距女牆五寸處豎一長丈五之杆，下埋三尺，杆首安一與牆垂直、長六尺之橫木，前端裝一與牆平行、長十尺之橫梁，梁下懸一寬九尺、長十二尺之防護版。能遮蔽矢石，但不影響守兵擊刺攀登城牆之敵。

【渠答】

同“渠荅”。此體漢代已行用。見該文。

【渠譫】

即渠荅。此稱先秦時期已行用。見該文。

籍幕

守城戰具。亦作“籍莫”。以布或繩等製成之軟性防護簾。利用其反作用力遮蔽矢石及削減衝車之衝力，以保護女牆不被撞毀。戰國時即已用之。《墨子・備城門》：“城上……爲樓加籍幕，棧上出之以救外。”又：“籍莫，長八尺，廣七尺，其杝（柂，架也）廣五尺，中籍莫爲之橋，索其端，適（敵）攻，令一人下上之，勿離。”岑仲勉《墨子城守各篇簡注》：“中籍莫者，於遮幕當中之處。古人稱牽扯上下之具曰‘橋’，故曰索其端。遇敵來攻，令一人任牽幕之職，使或上或下以阻擋矢石，其用與今世之索網相近。”

【籍莫】

同“籍幕”。此體先秦時已行用。

布幔

守城戰具。亦作
“布縵”。以多層布製
成之防護軟簾。利用其
反作用力，遮蔽矢石及
減弱衝車之衝擊力。由
籍幕演變而來。韋孝寬
守玉璧時，高歡造攻
車（衝車）攻城，“車
之所及，莫不摧毀，雖
有排楯，莫之能抗。孝

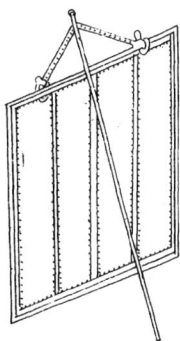

布幔
（清年羹堯《治平勝算
全書》）

寬乃縫布爲縵，隨其所向則張設之。布懸于空
中，其車竟不能壞”（《北史·韋孝寬傳》）。《通
典·兵五》：“布幔，複布爲之，以弱竿懸挂於
女墻（外）八尺，折砲石之勢，則矢石不復及
墻。”宋曾公亮《武經總要前集·守城》：“結粗
繩爲網，如布幔張掛，亦可護女墻樓櫓。”（參
見本卷《兵器戰具説·攻守城壘戰具考》“籍
幕”文）

【布縵】

同“布幔”。此體宋代已行用。見該文。

垂鍾板

守城戰具。保護城
上工事設施之防護板。
木質，裹以皮革。宋
曾公亮《武經總要前
集·守城》：“垂鍾板，
長六尺，闊一尺，厚三
寸，用生牛皮裹，開箭
窗，施于戰棚。”

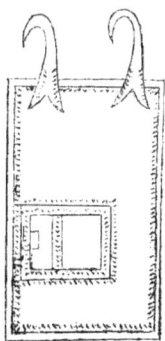

垂鍾板
（明茅元儀《武備志》）

皮竹笆

守城戰具。牛韋編
竹而成，用以保護城
上防禦設施。宋曾公
亮《武經總要前集·守
城》：“皮竹笆，以生牛
皮條編江竹爲之。高八
尺，闊六尺，施于白露
屋兩邊，以木馬倚定。
開箭窗可以射外。”

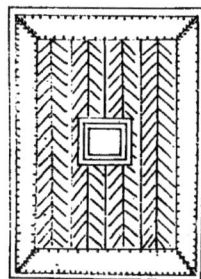

皮竹笆
（清年羹堯《治平勝算
全書》）

木女頭

守城戰具。用以代替被摧毀之女墻。厚木
板製成，形同女墻。宋制高六尺，闊五尺，板
面開觀察孔及發射孔。底部裝兩輪，以便於機
動。輪軸裝有拐子木，用以支撐板墻直立及制
止其移動。宋曾公亮《武經總要前集·守城》：
“木女頭，形制如女墻。以版爲之，高六尺，闊
五尺，下施兩輪，軸施拐木二條。凡敵人攻城
摧壞女墻，則以此木女頭代之。”

木女頭
（清年羹堯《治平勝算全書》）

皮簾

守城戰具。皮革製成之防護牌。用以遮蔽
矢石。唐時即已行用。《通典·兵五》：“敵若以
大石擊墻樓，石下之處出挑空中，懸生皮、氈

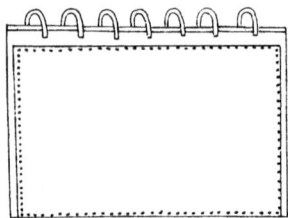

皮簾
（宋曾公亮《武經總要前集》）

毯等袋，以乘其石。”宋時始有此稱。宋曾公亮
《武經總要前集·守城》："皮簾，以水牛皮爲
之。闊一丈，長八尺，橫綴皮耳（皮環）七箇。
凡城上有闕遮蔽，則張掛之。”在實戰中，亦有
用竹子編製者。《宋史·李光傳》："光命編竹若
簾揭之，砲至即反墜，不能傷。”

懸簾

守城戰具。設於城上垜口間，用以蔽箭。
明茅元儀《武備志·守二·需備》："懸户、懸
簾，垜口第一切要之物，無此二者，賊萬弩齊
發，城上不能存站……每垜口作木架一箇，兩
足在內，栽於城上，一轉軸匡檔在外，緊貼兩
垜之邊，上用覆格，可搭氈毯，或用被褥，俱
以水濕，直遮垜口，箭不能入。但防賊鉤竿所
挑，裏面須用兩帶繫於架內，外用兩括撑柱，
長一尺，以鐵圈子定於匡檔兩旁。如欲下視，

懸簾
（明茅元儀《武備志》）

將兩柱斜撑兩垜邊旁，遠視高撑，近視低撑，
下可矙十丈。”《古今圖書集成·戎政典》卷
二九六稱之爲"護城遮箭架"。

懸户

守城戰具。木製防護板，置於城上垜口外
側，用以遮蔽矢石。明茅元儀《武備志·守
二·需備》："懸户，以轉軸作爲小門一扇，厚
一寸，木橫使，以防箭劈。外畫虎頭，兩眼穿
透如鵝卵大，可以遠窺。不用木架，止用兩鐵
管，狀如環錐，尖入垜內。更作拐頭疊入垜之
兩旁，其懸户用則懸之，不用則摘之。”

浮棚

守城戰具。突出堞墙外之軟性平臺，上積
磚石等物，用以砸擊登城之敵，兼作報警裝
置。此稱見於明茅元儀《武備志·守二·需
備》："於垜外蓋出浮棚，每扇約闊三四尺，或
長六七八尺，不拘，環城接連。駕設之法：或
用小木竹，每根比棚闊三四尺，以一半伸出垜
外，一半放入垜內，其外擱浮棚，棚上壓以磚
石，天晴加置石灰數包於其上，內用繩縛，墜
石虛懸。若賊加梯棚上，則棚軟不乘其梯，其
磚石墜擊城下，而內懸木石墜落，墙內守垜者
且自驚覺；若賊置梯棚下而上登其棚，墻首一
移動，而亂石又墜矣。”

笓籬戰格

守城戰具。保護城上工事設施之防護裝
置。由渠荅演變而來。唐李筌《神機制敵太白
陰經·守城具》："笓籬戰格，於女墙上挑出，
去墙三尺，內著橫括，前端安轄，以荊柳編之。
長一丈，闊五尺，懸安椽端，用遮矢石。”隋唐
之後，出現幾種功能與此基本相同之防護板，
如"垂板""笓籬笆""皮笆"等，或立於城上

戰棚四周，或懸於女墻外側。對箭矢、抛石均有一定防護能力，但當侵徹力較大之管形射擊火器發展之後，均先後廢止使用。

木立牌

守城戰具。輕型盾之一。持以巡城或置於敵棚上，牌高宋制五尺，闊三尺，上尖下方，中脊隆出。牌後有雙環，裝丁字形拐子木，可以手持，亦可撐於地上。宋曾公亮《武經總要前集·守城》載有其形制及圖。（參見本卷《兵器戰具説·冷兵器考》"盾"文）

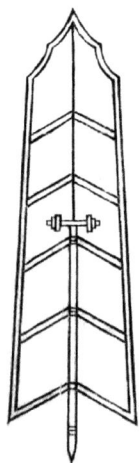

木立牌
（明何汝賓《兵錄》）

竹立牌

守城戰具。輕型盾之一。以闊宋制五分、長五尺之厚竹條，用生牛皮條編織而成。高五尺、闊三尺，上尖下方，中脊前隆。宋曾公亮《武經總要前集·守城》："可（持）以巡城及置於敵棚上，以防火砲、火箭之類，亦以蔽人射外。"

竹立牌
（清年羹堯《治平勝算全書》）

木螳螂

亦稱"行馬"。防騎兵、戰車之移動性障礙物。將木杆兩端削如劍刀，交叉排列於輕型戰車上，尖刃斜向前，用以阻礙及刺傷敵戰車挽馬與騎兵戰馬。此稱見於戰國，後演變爲"拒馬"。《六韜·虎韜·軍用》："三軍拒守，木螳螂劍刃扶胥，廣二丈，百二十具，一名行馬。平易地，以步兵敗車騎。"

【行馬】

即木螳螂。此稱先秦時已行用。見該文。

拒馬槍

省稱"拒馬"。亦稱"連拒馬槍""拒馬木""遠馱固營拒馬槍"。移動性障礙物。由戰國"木螳螂"發展而來。用以刺扎、拒止敵騎衝擊，故稱。有活動和固定兩種形式：活動式爲三支木槍交叉相結，中心以軸釘貫連，可以收合，便於行軍携帶。使用時以鐵索連結若干具架設；行軍時分解、收合馱運，故又稱"連拒馬槍""遠馱固營拒馬槍"。《通典·兵五》："城門先造連拒馬槍，壯鋭，以鑕連之。"《新五代史·南唐世家·李昇》："彦貞之兵施利刃於拒馬。維以鐵索。"宋曾公亮《武經總要前集·器圖》："拒馬槍，其制：以竹若木，三枝六首，交竿相貫，皆有刃。植地輒立。貫處以鐵爲索，更相勾聯。或佈陣、立營、拒險、塞空，皆益設之。所以禦賊突騎，使不得騁。故

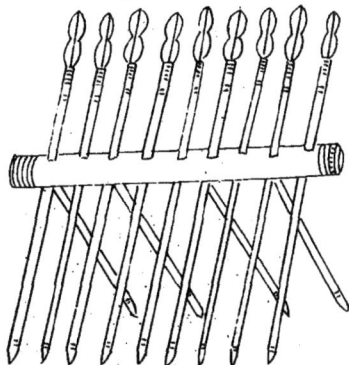

拒馬
（清年羹堯《治平勝算全書》）

曰拒馬。"《宋史·劉錡傳》記宋高宗紹興十年順昌之戰："〔金軍〕每進一步，即用拒馬擁之，人進一步，拒馬亦進，退不可却……戰自辰至申，敵敗，〔宋軍〕遽以拒馬术障之。少休，城上鼓聲不絶，乃出飯羹，坐餉戰士，如平時。敵披靡不敢近。食已，撤拒馬术，深入斫敵，又大破之。"《古今圖書集成·戎政典》卷三〇〇："遠馱固營拒馬槍，長七尺上下，安鐵槍頭，中釘轉心。如臨敵，擺列陣外，拒賊衝鋒。"固定式爲在粗長木上安裝若干尖鋒木槍，主要用於防禦，置城内或陣前要道、巷口等處。《通典·兵五》："拒馬槍，以木，徑二尺，長短隨事。十字鑿孔，縱橫安檢，長一丈，鋭其端，可以塞城中門巷、要路，人馬不得賓士。"《古今圖書集成·戎政典》卷三〇〇："近守拒馬鹿角槍，橫用大木一根，長短不一，上用鐵槍九或十，如鹿角式樣，亦以拒敵衝鋒。"參見本考"木螳螂"。

【拒馬】

"拒馬槍"之省稱。此稱唐代已行用。見該文。

【連拒馬槍】

即拒馬槍。此稱唐代已行用。見該文。

【拒馬木】

即拒馬槍。此稱宋代已行用。見該文。

【遠馱固營拒馬槍】

即拒馬槍。此稱清代已行用。見該文。

木蒺藜

防守器材。移動性障礙物。始見於戰國。《六韜·虎韜·軍用》："木蒺藜……敗步騎，要窮寇，遮北走。"宋曾公亮《武經總要前集·守城》："木蒺藜以三角重木爲之"。（參見本卷《兵器戰具説·攻守城壘戰具考》"蒺藜"文）

蒺藜

防守器材。亦稱"鐵蒺藜""鐵菱角"。移動性障礙物。通常撒布於敵軍必經之地，用以遲滯敵人行動及刺傷敵人馬。體有多枚尖刺，狀如植物蒺藜或菱角，故俗亦稱"鐵菱角"。此稱始見於戰國初，《孫臏兵法·陳忌問壘》："蒺藜者，所以當溝池也。"《墨子·備城門》："城上……皆積壘石、蒺藜。"《六韜·虎韜·軍用》："狹路微徑，張鐵蒺藜……敗步、騎。"秦漢後成爲軍隊常用器材。《宋史·扈再興傳》："夜以鐵蒺藜密布地，黎明佯遁，金人馳中蒺藜者十踣七八。"從目前大量出土實物觀察，多爲四尖刺者，四刺間夾角皆120°，無論如何着地，必有一刺向上，多數中心有孔，可用繩串連，以便於撒布、回收及携帶。明戚繼光《紀效新書·束伍》："挨牌、籬

木蒺藜
（清年羹堯《治平勝算全書》）

蒺藜
（明茅元儀《武備志》）

鐵蒺藜
（宋曾公亮《武經總要前集》）

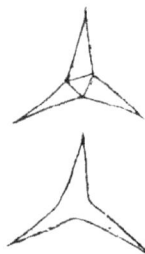

鐵菱角
（明茅元儀《武備志》）

牌上各帶蒺藜十串，每串六箇。"又《布城諸器圖説》："蒺藜繩連，利於收起。每一小尺一箇，每一步六箇爲一繩，俱用繩串入蒺藜心中而出，每一小隊前面下五層，共計十五根。"水軍主戰船亦有裝備，如福船每船千枚，海滄每船八百等，用以接舷戰時投入敵船，使敵行動困難。經改進後，沿用至今，已成爲防各種輪胎車之有效障礙物。唐代還曾出現一種大型鐵蒺藜，用以砸擊攻城之尖頭木驢。《通典·兵五》："敵若木驢攻城，用鐵蒺藜下而敦之，其法以熟鐵闊徑長一尺二寸四條，縱橫布如蒺藜形，鎔生鐵灌其中央，重五十斤，上安其鼻，連鑕擲下。"

【鐵蒺藜】

即蒺藜。此稱先秦時期已行用。見該文。

【鐵菱角】

即蒺藜。此稱明代已行用。見該文。

鬼箭

移動性有毒障礙物，即蘸毒鐵蒺藜。以竹筒貯存及撒布。明戚繼光曾廣泛使用於禦倭戰爭中。其所著《紀效新書·布城諸器圖説》："鬼箭，鐵蒺藜糞汁炒，染毒藥戳腳曰鬼箭，撒地以爲阻路守險之用……筒用貓竹去皮，庶不裂，長一尺上，用木蓋，下用原節爲底，貯

鬼箭
（明何汝賓《兵録》）

蒺藜懸之於腰。用時手提撒之，下地均勻且速而不粘。"鬼箭另一義爲暗射毒箭。《遼史·太祖紀上》："以養子涅里思附諸弟叛，以鬼箭射殺之。"

塞門刀車

守城戰具。亦稱"塞門架器車"。移動性障礙物。在兩輪車前端裝有防護板，板上密布長達尺餘之刀鋒。一人推進。城壘門被敵攻毀時，以之塞門阻敵，故稱。始行於宋，沿用至明。明時增安火銃，性能有所提高，稱之爲塞門架器車。宋曾公亮《武經總要前集·守城》：

塞門刀車
（清年羹堯《治平勝算全書》）

"〔塞門刀車〕以兩輪車自後出槍刃密布之。凡爲敵攻壞城門，則以車塞之。"明茅元儀《武備志·器械五》："塞門架器車，轅長六尺，輪高二尺，橫闊二尺五寸，箱高三尺，前柱高五尺。架四層鋒刀，餘眼穿銃。如賊焚破城門，令人駕推塞之，點銃放打，萬萬不能進城。"

【塞門架器車】

即塞門刀車。此稱明代已行用。見該文。

風扇車

守城戰具。用以扇烟灰以熏嗆由地道攻城之敵。宋曾公亮《武經總要前集·守城》："風

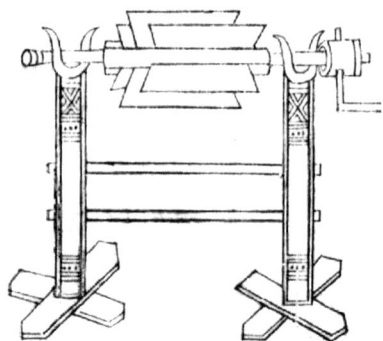

風扇車
（明何汝賓《兵録》）

扇車，二柱二桄，高闊約地道容。上施轉軸，軸四面施方扇，凡地道中遇敵人，用扇揚石灰、簸火毬煙以害敵人。"

狗脚木

守城器械，懸挂防護板之木架。在城堞墙內側，竪立兩根木柱，相距約宋制五尺，在稍高於堞墙位置，各裝一突出堞牆以外之橫木，橫木首端設挂鈎，用以懸挂各種防護板。（參見本卷《兵器戰具說·攻守城壘戰具考》"笆籬戰格"文，參閱宋曾公亮《武經總要前集·守城》）

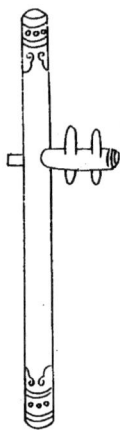

狗脚木
（清年羹堯《治平勝算全書》）

挏啼

防守戰具。防騎兵之移動性障礙物。方形木框上裹外釘以尖銳倒鬚釘，置於敵騎通過之處。用以扎傷敵馬腿，遲滯其前進。宋曾公亮《武經總要前集·守城》："挏啼，斲四木爲方形，徑七寸，中橫施鐵逆鬚釘其上，

亦攔馬路之具。"（參閱明茅元儀《武備志·守三·器式一》）

地澀

防守戰具。防騎兵之移動性障礙物。以銳釘釘於木板上，置於敵騎兵必經之路或陣地前，用以扎傷馬蹄遲滯敵騎兵行動。三國時即已行用。安徽合肥曾出土三國時地澀所用逆

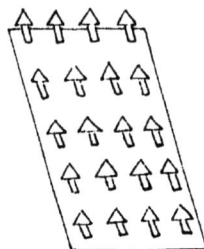

地澀
（宋曾公亮《武經總要前集》）

鬚釘實物。宋曾公亮《武經總要前集·守城》："地澀，以逆鬚釘布板上，板厚三寸，長闊約三二尺餘，以閡馬足。"（參閱明茅元儀《武備志·守三·器式一》；合肥市文物管理組《合肥出土三國城防器械》，《文物》1982 年第 9 期。）

竹箭

亦稱"竹簽"。植埋式椿砦類障礙物，埋設於護城河或陷馬坑中，用以扎傷敵人馬。《墨子·號令》："立竹箭水中。"又《雜守》："墙外水中爲竹箭，箭尺廣二步，箭下於水五寸，雜長短，前外廉三行。外、外鄉（向），內亦內鄉。"即長短相間，分三行排插，外行尖端向外，內行尖端向內，使敵往來均皆受阻。唐李筌《神機制敵太白陰經·守城具》："陷馬坑，坑長五尺，闊一尺，深三尺。坑中埋鹿角、竹簽……軍營要路設之。"

【竹簽】

即竹箭。此稱唐代已行用。見該文。

橐

鼓風具。亦稱"韝袋"。守城時用於反地道戰。鼓風吹烟灰以熏嗆地道中之敵人。《老

子》第五章："天地之間，其猶橐籥乎？"王弼注："橐，排橐也。"朱謙之校釋引吳澄曰："橐籥，冶鑄所以吹風熾火之器也。"春秋時已用於守城及地道作戰。《墨子·備城門》記其使用方法："令陶者爲月明，長二尺五寸，六圍（五寸一圍），中判（分）之，合而施之内中，偃一覆一……善塗亦竇際（隙），勿令泄（氣）……置康（糠）若疾亦中，勿滿。"又"穴内口爲灶，令如窯（窖），令容七八員（團）艾……灶用四橐。穴且遇……疾鼓橐熏之。"至唐代，仍用此法。《通典·兵五》："審知穴處，助鑿迎之。與外相遇，即就以乾艾一石，燒令烟出。以板於外密覆穴口，勿令烟泄，仍用韝袋鼓之。"迨至宋代，爲功效更佳之風扇車所取代。

【韝袋】

即橐。此稱唐代已行用。見該文。

地聽

地道戰中用以偵測聲源方位之器材。利用固體傳聲速度高、衰減小并易於激起缸體共震原理，用陶甕偵聽敵軍挖地道之方位。始見於戰國初。《墨子·備穴》："令陶者爲罌，容四十斗以上，固順之以薄鞈革，置井中，使聰耳者伏罌而聽之，審知穴之所在。"《通典·兵五》："地聽，於城内八方，穿井各深二丈，以新甖用薄皮裹口如鼓，使聰耳者於井中託甖而聽，則去城五百步内，悉知之。"後又使用於野戰，且更爲簡便，一直爲軍中沿用。唐李筌《神機制敵太白陰經·游奕地聽篇》："選少睡者，令枕空胡鹿（長袋形箭箙）臥，有人馬行三十里外，東西南北皆有響見於胡鹿中，名曰地聽……野豬皮爲胡鹿尤妙。"

土色氈簾

僞裝器材。用於地道中。宋曾公亮《武經總要前集·守城》："氈簾制爲土色，凡地道兩旁皆橫鑿洞穴，可容十人，執短兵，藏穴中，外垂簾爲蔽，與土色無別。若敵人攻奪地道，則出兵捍之。"

翻身窟

省稱"翻身"。地道工事。攻城軍隊挖於守軍地道頂上之孔穴，用以向下灌注毒藥汁，以殺傷地道中作業之守軍。宋曾公亮《武經總要前集·攻城法》："翻身，謂城中鑿地道迎我，以甕聽審知所自，我則傍穿暗道，層級漸高，直至敵人所鑿地道上爲穴，穴口施注盤，以透槽注藥以灌之。"（參見本卷《兵器戰具說·攻守城壘戰具考》"皮漫"文）

【翻身】

"翻身窟"之省稱。此稱宋代已行用。見該文。

皮漫

地道戰中用以遮蔽敵軍灌注毒汁之防護器材。當攻守城壘軍隊以地道工事對抗時，一方使用有毒藥汁由"翻身窟"中灌注對方地道，以殺傷地道中作業之敵。被灌注一方，則以皮漫遮於翻身窟口，使藥汁不能澆淋人身。宋曾

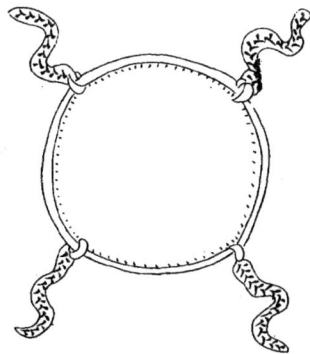

皮漫
（清年羹堯《治平勝算全書》）

公亮《武經總要前集・攻城法》："皮漫，方六尺五寸，亦生牛皮爲之，四角各施鐵連環，環貫大繩。"又："凡我鑿地道，敵人作翻身窟注藥害我，我則張皮漫，擊繩於排沙柱端以盛之，則無害。"（參見本卷《兵器戰具説・攻守城壘戰具考》"翻身窟"文）

轉射機

守城戰具。亦稱"旋機弩"。可調整射向、旋轉發射之小型牀弩。此稱見於戰國，《墨子・備城門》載有其使用及形制。城上每二十步部署一具，由二人操縱。《隋書・禮儀志七》記曰："六合城……其床上施旋機弩，以繩連弩機，人從外來，觸繩則弩機旋轉，向觸所而發。"

【旋機弩】

即轉射機。此稱隋代已行用。見該文。

連弩車

守城戰具。數弩相連而成之大型牀弩。銅弩機重一百五十斤以上，以絞盤開弦，十人操縱。可發射大矢或小矢。大矢長周制十尺，尾部有繩，射出後可用轆轤捲回。射小矢則不回收。矢槽高出弩臂三尺，可容小矢六十支。弩牀可上下活動以改變射角。戰國時即已用之。《墨子・備高臨》："連弩之車杖，大方一（原文此處衍"方一"，據蘇時學勘誤删正）尺，長稱城之薄厚。兩軸三輪，輪居筐中，重下上筐。左右旁二植……左右縛弩皆於植，以弦鈎弦，至於大弦……弩臂前後與筐齊，筐高八尺，弩軸去下筐三尺五寸。連弩機郭用銅一石三十鈞，引弦鹿盧收（原文作"鹿長奴"，據孫詒讓閒詁改正）。"又："長如筐有儀，有詘勝（屈伸），可上下……矢長十尺，以繩矢端，如弋射，以磨龐盧卷牧。矢高弩臂三尺，用弩無數，矢人六十枚，用小矢無留。十人主此車。"按"以繩繫於矢端"以下文字，多有訛脱衍文，今據孫詒讓《墨子閒詁》改補，不復一一注出。此後所引《墨子》均同此。

疾犁投

守城戰具。用以投射蒺藜，以便在敵軍主攻地段上撒布障礙場。始見於戰國，由於文獻記載簡略，已難考其具體形制。《墨子・備城門》："疾犁投，長二尺五寸，大二圍以上。"

第三節　火藥兵器考

火藥兵器，省稱"火器"，即利用火藥能製成具有焚燒、爆破與殺傷等作用之兵器。就其功能言，有燃燒性火器、爆炸性火器、管形射擊火器。就其質地言，有混合火藥（黑色火藥）火器與化合火藥（無烟火藥）火器兩類。

中國發明之黑色火藥於 10 世紀始用於軍事，因其能量較小，且組配比率不甚合理，故對火器之發展有所限制。直到近代化合火藥使用後，火器之戰術技術性能發生飛躍，方促使冷兵器全部淘汰。中國自北宋初至清代鴉片戰爭時期（10—19 世紀），爲火器與冷兵器并用時代。此間，北宋時創製之火藥箭、火毬、火筒、火蒺藜等燃燒性火器及其應用於戰爭，標志着火器與冷兵器并用時代之開始；南宋時又有爆炸性火器鐵火炮與管形射擊火器突火槍問世。突火槍已被公認爲世界槍炮之鼻祖。元代中國發明之銅火銃——手銃與盞口銃，爲世界現存最早之金屬管形射擊火器。同火槍類相比，火銃能耐較大腔壓，裝藥較多，威力增大，且堅固耐用，故成爲元軍與元末農民軍之重要火器裝備。至明代，火銃之品種、數量增多，形制結構不斷改進，品質亦有顯著提高，且更加規範化、系列化，更利於實戰，故成爲明軍裝備之主要火器。明初還鑄造一些大型銅鐵火炮，於戰争中發揮出較大威力。16 世紀初至 17 世紀初，歐洲先進之槍炮及其製造技術先後傳入中國，其中影響較大者爲佛郎機銃、鳥銃與紅夷礮。佛郎機銃係有瞄準裝置之後裝子母炮，較明代原有之火炮（火銃）射速快，命中率高，但口徑較小，威力不大，故至清代前期即很少製用。鳥銃係明後期對傳入之火繩槍與燧發槍之通稱。火繩槍因其槍管較長、口徑較小、有瞄準裝置與彎形木質槍托，用火繩槍機發火，并發射與口徑吻合之圓鉛彈，故其射速、命中率、射程與侵徹力等均比明火銃有較大提高。燧發槍又進一步改火繩槍機爲燧發槍機，點火可靠，射速增快，重量減輕，使用方便，不久即取代火繩槍。紅夷礮則爲大威力加農炮，因適應明末戰争之需要，故對其仿製與使用，曾倍受明廷重視。明朝於仿製上述槍炮過程中，經火器專家們潛心研製，還創製一些具有中國特點之優良火器。譬如，爲提高射速而製成之“掣電銃”“迅雷銃”，機動靈巧之小型臼炮“虎蹲炮”，大威力長身管之“大將軍炮”等。其他各類火器亦隨火藥品質提高有了長足進步。噴筒與抛射火器之燃燒、發烟、致毒、設障等作用增强；炸彈、地雷、水雷類爆炸火器各有發展；以火藥燃氣爲動力之反推火箭更有較快發展。清代前期，爲適應戰争需要，尚能重視加農炮（紅夷礮）、子母礮、臼炮型銅鐵火炮及鳥槍（多爲火繩槍）之製造，但很少有創新。終因清廷之腐敗與閉關鎖國，導致中國火器大大落後於西方。

自 19 世紀 60 年代始，一批志士仁人鑒於鴉片戰争之慘敗，在“師夷之長技以制夷”口號下，着手建立近代軍事工業，開始購買與仿製西方各國之先進武器裝備，終使冷兵器逐漸退出戰争舞臺，最後跨入火器時代。

燃燒性火器

燃燒性火器

　　主要用以燃燒，兼有發烟、施毒、布障與殺傷等功能之火器。包括古代火藥箭、火毬、噴筒、火鎗以及裝載火器之火牛、火獸等各類。創始於北宋之此類火器，爲火藥最早應用於軍事之初級火器。據《宋史・兵志十一》等史籍記載，自太祖開寶三年（970）至真宗咸平五年（1002），兵部令史馮繼昇、神衛水軍隊長唐福、冀州團練使石普等，先後向宋廷進獻火箭（即火藥箭）、火毬、火蒺藜等燃燒性火器。成書於1044年之《武經總要》，對其構造與使用均有記載。因其具有較好之燃燒性能，并兼有發烟、致毒等作用，故在戰爭中得到迅速發展。僅神宗元豐七年（1084）二月，由東京汴梁一次調發熙州、河州駐軍之火器，即有神臂弓火箭十萬枝、火藥弓箭兩萬支、火藥火砲箭兩千支、火彈兩千支之多。南宋時發明之長竹竿火鎗、飛火槍，係將紙製火藥筒縛於冷兵器鎗頭下之噴火與刺殺兩用兵器。經元至明，燃燒性火器之性能與製用又有較大發展。隨着火藥性能之提高，配製出各種新式燃燒、發烟、致毒藥及引信藥，并將鐵蒺藜、火老鼠等小型器件摻入其中，以提高其直接殺傷和障礙功能。除抛石機或人力抛擲之火毬、火妖、火桶、火磚等火器外，還製造出可發射火毬類之火炮，發明了毒藥噴筒、滿天噴筒、毒龍噴火神筒等各式火器。其發火方式，一般則由最初之烙錐發火改爲引信點火與預伏火種之法。火鎗上之火藥筒增爲二，可延長其噴火時間，并有改爲金屬製筒者。燃燒性火器曾爲宋元軍隊主要裝備火器

之一，至明代仍占重要地位，在攻守城作戰與水戰中，發揮出重要作用。隨着管形射擊火器之廣泛應用於戰爭，此類火器逐漸衰落。至清代，火毬、火桶、噴筒等雖然仍在使用，但已降爲非重要火器。（參見本卷《兵器戰具說・火藥兵器考》諸文，參閱宋曾公亮《武經總要前集》、明焦玉《火龍經》、明何汝賓《兵錄・製器煉鐵法》、明茅元儀《武備志・軍資乘・火器圖說》）

火藥箭

　　宋代對弓弩火藥箭與火藥鞭箭之統稱。前者係將一球形火藥包縛於箭首，以弓弩發射之燃燒性兵器；後者則爲將一球形火藥包縛於形似竹鞭之箭杆前部，用彈射裝置彈射之燃燒性兵器。均創製於宋初，爲早期初級火器，用於守城戰。宋曾公亮《武經總要前集・器圖》：“火箭，施火藥於箭首，弓弩通用之，其縛藥輕重，以弓力爲準。”又《守城》：“賊若填壕，則爲火藥鞭箭以射，焚其笏槁橋械。”至明代，除仿宋火藥箭外，又加改進，製成“釘篷火箭”“弓射火石榴箭”等，裝備於明軍，應用於戰爭。（參閱明茅元儀《武備志・軍資乘・火器圖說五》、明何汝賓《兵錄・釘篷火箭》）

弓弩火藥箭

　　以弓弩發射之縛火藥包於箭首之燃燒性火箭。不同於利用火藥燃燒噴氣推進之火箭，而是將一球形火藥包縛附於普通箭杆前部近鏃處，以箭杆爲軸，對稱環繞縛之，使箭身飛行時保持平衡。火藥包外殼用易燃物料製成，包內火藥量多少，以弓弩力大小確定。弓弩火藥箭除弓弩通用者外，箭身一般較爲粗長，如用三弓斗子弩施放之斗子箭、雙弓牀弩與大合蟬弩施

放之大鑿頭箭等。點燃火藥包外殼後，以弓弩射出，扎於敵之糧草積聚等物上，待包内火藥被包殼引燃，産生燃燒作用。創製於宋初，爲軍隊裝備火器。宋曾公亮《武經總要前集·器圖》："火箭，施火藥於箭首，弓弩通用之，其縛藥輕重，以弓力爲準。"又《守城》："放火藥箭則如樺皮羽，以火藥五兩（宋制）貫鏃後，燔而發之。"至明代，仍製用此類火器，并隨火藥性能與技術水準之提高，使其燃燒作用得以加强。（參見本卷《兵器戰具説·火藥兵器考》"火藥箭"文；參閲明茅元儀《武備志·軍資乘·火器圖説五》；王兆春《中國火器史》軍事科學出版社 1991 年版。）

火藥鞭箭

以彈射裝置彈射之鞭形火藥箭。將一球形火藥包縛附於形似竹鞭之箭杆前部，點燃火藥包後，一人搖杆，一人持箭末，利用彈力將其彈射於敵方，引起燃燒。創製於宋初，爲軍隊裝備之實用火器。宋曾公亮《武經總要前集·守城》："鞭箭用新青竹長一丈、徑寸半爲竿，下施鐵索，梢繫絲繩六尺，別削勁竹爲鞭箭，長六尺，有鏃，度正中施一竹臬，亦謂之鞭子，放時以繩鉤臬，繫箭於竿，一人搖竿爲勢，一人持箭末，激而發之，利在射高，中人如短兵。"至明代，仍製用之。（參見本卷《兵器戰具説·火藥兵器考》"弓弩火藥箭"文，

火藥鞭箭
（明茅元儀《武備志》）

參閲明茅元儀《武備志·軍資乘·火器圖説五》）

弓射火石榴箭

明代以弓發射之火藥箭。據宋代火藥箭改製而成。以球形火藥包縛於箭鏃後之箭杆上，火藥包前部安藥綫。箭鏃鋒利，且有倒鉤。點燃後射向敵方，燒殺其人馬，焚其戰船。因藥包成石榴狀，故稱。明茅元儀《武備志·軍資乘·火器圖説五》："〔弓射火石榴箭〕將後火藥用綿紙二三層，中樹箭桿，用藥傍桿包成石榴樣，外加蔴布縛緊，以松脂熬化封固，又用紙糊油過。藥綫眼向前開，鐵鏃須要鋒利、倒鉤，燃藥綫發火，方可開弓放去。一着人馬篷帆，水澆之不滅，亦便利之器。"此類火箭製造簡便，所費低廉，爲明軍裝備火器之一，使用甚廣，時見奇效，而史籍少見記載。

火毬

古代一種球形抛擲火器。用絲蔴布等作圓形外殼，内裝混合火藥，或摻入有毒、發烟物質與鐵蒺藜、碎瓷片、小紙炮、地鼠（點燃後能鼠飛之小型火器）等，外塗瀝青、松脂等可燃性防潮劑。初以烙錐發火，後改爲燃藥綫發火。其形大者如斗，小者如拳。大者以抛石機抛出，或用碗口銃（火炮）發射，小者人力投擲。至敵處爆碎，産生燃燒、發烟、布毒與設障等功能。始見於宋初。《宋史·兵志十一》："〔咸平三年〕

火毬
（明何汝賓《兵録》）

八月，神衛水軍隊長唐福獻所製火箭、火毬、火蒺藜。”宋曾公亮《武經總要前集·守城》載有火毬、霹靂火毬、蒺藜火毬、毒藥烟毬等多種。爲宋、金、元時主要火器之一，曾廣泛用於戰爭。明代又有較大發展。明茅元儀《武備志·軍資乘·火器圖説》不僅輯有以緩燃火藥製成之初級球形火器，還載有多種以速燃火藥製成之此類火器。因其製造簡易，實用方便，成爲明軍重要裝備火器之一。至清前期，雖已降爲輔助性火器，但仍爲軍隊裝備之一。《清通典·兵十一》：“火器，大者曰礮……小者曰鳥鎗、曰火甋、曰火毬。”近代槍炮用於戰爭後漸淘汰。

引火毬

測定火毬抛擲距離之試射球形器。其制與火毬略同，唯内裝磚石屑，不裝火藥。始用於宋初。宋曾公亮《武經總要前集·守城》：“〔引火毬〕以紙爲毬，内實磚石屑，可重三五斤，熬黄蠟、瀝青、炭末爲泥，周塗其物，貫以麻繩。凡將放火毬，

引火毬
（清年羹堯《治平勝算全書》）

涼先放此毬，以準遠近。”（參閲明茅元儀《武備志·軍資乘·火器圖説九》）

竹火鷂

鷂式燃燒性火器，編竹爲籠成橢圓形，外糊紙數層，内裝火藥、小卵石，束稈草爲尾，以穩定飛行。火錐燃火，以砲（抛石機）或人力抛於敵處，焚燒敵之物資及威懾敵人。創製

於宋初，係宋元時重要火器之一，多用於守城。宋曾公亮《武經總要前集·守城》：“編竹爲疏眼籠，腹大口狹，形微脩長，外糊紙數重，刷令色黄，入火藥一斤在内，加小卵石使其勢重，束稈草三五斤爲尾，二物與毬同。若賊來攻城，皆以砲放

竹火鷂
（清年羹堯《治平勝算全書》）

之，燔賊積聚及驚隊兵。”（參閲明茅元儀《武備志·軍資乘·火器圖説九》）

毒藥烟毬

施放毒烟之球形火器。外如火毬，塗敷可燃性防潮劑；内裝火藥、毒藥、發烟物等；中貫以麻繩。火錐烙燃，以砲（抛石機）或人力抛擲於敵處，毒害、熏灼敵人。主要用於守城。創製於宋初，爲宋元時重要火器之一。宋曾公亮《武經總要前集·火攻》：“〔毒藥烟毬〕毬重五斤。用硫黄十五兩，草烏頭五兩，烟硝一斤十四兩，芭豆五兩，狼毒五兩，桐油二兩半，小油二兩半，木炭末五兩，瀝青二兩半，砒霜二兩，黄蠟一兩，竹茹一兩一分，麻茹一兩一分，搗合爲毬。貫之以麻繩一條，長一丈二尺，重半斤，爲絃子。更以故紙一十二兩半，麻皮十兩，瀝青二兩半，黄蠟二兩半，黄丹一兩一分，炭末半斤，搗合塗傅於外。若其氣熏人，則口鼻血出。二物並以砲放之，害攻城者。”（參見本卷《兵器戰具説·火藥兵器考》“火毬”文，參閲明茅元儀《武備志·軍資乘·火器圖説九》）

烟毬

發烟之球形火器。毬内用火藥宋制三斤，外敷黄蒿約重一斤，如火毬法塗敷之，令厚。用時以錐烙透，以砲（拋石機）或人力拋至敵群，烟焰熏灼敵人，主要用於城戰。創製於宋初，爲宋元時軍隊重要火器之一。參見本卷《兵器戰具說·火藥兵器考》"火毬"文。（參閲宋曾公亮《武經總要前集·火攻》，明茅元儀《武備志·軍資乘·火器圖説九》）

蒺藜火毬

亦稱"火蒺藜"。裝有火藥蒺藜之燃燒性球形火器。内以火藥團與三枚六首鐵刃，中貫麻繩一根，長宋制一丈二尺，外以多重紙與防潮性可燃物質敷定，再安逆鬚鐵蒺藜八隻。放時燒鐵錐烙透，令焰出，以砲（拋石機）或人力拋至敵處，殺傷敵人，焚毁敵之戰具，并布障以阻滯敵軍。創製於宋初，爲當時世界最先時之火器。宋、金、元時軍隊重要裝備之一，多用於守城。《宋史·兵志十一》："〔咸平三年〕

蒺藜火毬
（清年羮堯《治平勝算全書》）

八月，神衞水軍隊長唐福獻所製火箭、火毬、火蒺藜。"宋曾公亮《武經總要前集·守城》："〔蒺藜火毬〕火藥法：用硫黄一斤四兩、焰硝二斤半、蠟（麄）炭末五兩、瀝青二兩半、乾漆二兩半搗爲末，竹茹一兩一分、麻茹一兩一分剪碎，用桐油、小油各二兩半、蠟（麄）二兩半，鎔汁和之，外敷用紙十二兩半、麻一十

兩、黄蠟二兩一分、炭末半斤，以瀝青二兩半，黄蠟和合，周塗之。"（參見本卷《兵器戰具說·火藥兵器考》"火毬"文，參閲明茅元儀《武備志·軍資乘·火器圖説九》）

【火蒺藜】

即蒺藜火毬。此稱宋代已行用。見該文。

滚毬

燃燒性球形火器。以多層紙裱糊爲外殼，内裝硫磺、窩磺、焰硝、麻茹等藥物，外塗敷松脂防潮劑。使用時，以燒紅之鐵錐烙透引燃，再以砲（拋石機）或人力拋至敵處，焚燒敵之城壘、車船，燒傷敵軍。創製於宋初，係宋、金、元時軍隊重要火器之一。宋曾公亮《武經總要前集·守城》："〔滚毬〕火藥法：晋州硫黄十四兩、窩黄七兩、焰硝二斤半、麻茹一兩、乾漆一兩、砒黄一兩、定粉一兩、竹茹一兩、黄丹一兩、黄蠟半兩，清油一分、桐油半兩，松脂一十四兩、濃油一分。右以晋州硫黄、窩黄、焰硝同搗羅，砒黄、定粉、黄丹同研，乾漆搗爲末，竹茹、麻茹即微炒爲碎末，黄蠟、松脂、清油、桐油同熬成膏，入前藥末，旋旋和匀。以紙五重裹衣，以麻縛定。更別鎔松脂傅之，以砲放。"（參閲明茅元儀《武備志·軍資乘·火器圖説九》）

鐵嘴火鷂

燃燒性火器。以木作身，呈方形，上安鐵嘴，尾束稈草，火藥裝於尾内，火錐燃火，以砲（拋石機）或人力拋出，用以縱火焚敵積聚，燒傷敵人。始用於宋，爲宋元時重要火器之一，多用於守城。宋曾公亮《武經總要前集·守城》："木身，鐵嘴，束稈草爲尾，入火藥於尾内……若賊來攻城，皆以砲放之，燔賊積聚及

驚隊兵。"又"如賊已
向城,乘城將士皆援,
立牌以自障城,及弩臺
上並度視遠近,施放
矢石、火毬、火鷂、鞭
箭。"(參閱明茅元儀
《武備志・軍資乘・火
器圖說九》)

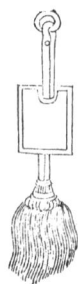

鐵嘴火鷂
(明茅元儀《武備志》)

霹靂火毬

　　燃燒及發烟之球形
火器。因竹裂毬破,聲
如霹靂,故稱。以薄瓷
數十片、火藥宋制三四
斤,裹竹爲毬,外塗敷
可燃性防潮劑。火錐烙
毬燃燒,竹扇簸其烟
焰,以熏灼及威懾敵

霹靂火毬
(明何汝賓《兵錄》)

人。創製於宋初,係宋元時重要火器之一,主
要用於守城戰中對付以地道作業攻城之敵,亦
爲當時世界最先進的火器。宋曾公亮《武經總
要前集・守城》:"用乾竹兩三節,徑一寸半,
無罅裂者,存節勿透。用薄瓷如鐵錢三十片和
火藥三四斤,裹竹爲毬,兩頭留竹寸許,毬外
加傅藥。若賊穿地道攻城,我則穴地迎之,用
火錐烙毬開,聲如霹靂,然(後)以竹扇簸其
烟焰,以熏灼敵人(放毬者含甘草)。"(參閱明
茅元儀《武備志・軍資乘・火器圖說九》)

一母十四子砲

　　以聲響驚敵之火器。於紙糊竹編容器內,
裝火藥與小竹筒製成之砲,中間一個大者爲母
砲,周圍十四個小者爲子砲,燃藥綫擲於敵
營,發出十五聲響,以驚潰敵人。明中期已行

用。爲明軍裝備火器。
明唐順之《武編前卷
五・火》:"一母十四
子砲,焰硝一斤,硫
黃三兩二錢,杉灰四
兩。"明茅元儀《武備
志・軍資乘・火器圖說
二》:"〔一母十四子砲〕
以竹筒造砲,以竹篾編

一母十四子砲
(明茅元儀《武備志》)

砲胎,長四寸,徑二
寸,重紙糊厚,曬乾,裝火藥,下穿藥綫,一
攢十四筒,一大居中爲母,十四筒作子,周圍
抱住,藥信長短俱聯於內,透出一綫燃著,有
一十五聲之響。宜用黑夜高阜擲下,驚潰敵營,
亦軍中當備者。"

大蜂窠

　　燃燒與障礙性球形火器。以紙布爲殼,內
裝速燃火藥、毒火、小砲、地鼠、鐵蒺藜等物,
點火擲出,殺傷、毒害敵人,焚毀敵之戰具物
資。始製於明前期,由火毬類發展而成。製作
簡易、實用,爲明、清(前期)軍隊裝備火器
之一,多用於水戰。明戚繼光《紀效新書・戰
船器用說》:"〔大蜂窠〕
範大砲紙糊百層,間
布十層,內藏小砲,半
入毒,半入火。又間小
砲,入灰煤、地鼠頭、
帶火磁沙、炒毒鐵蒺
藜……此一火器,戰守
攻取水陸不可無者,奪
心眩目,驚膽傷人,製
宜精妙,此尤兵船第一
利器也。"(參閱明鄭

大蜂窠
(明何汝賓《兵錄》)

若曾《籌海圖編‧兵器》、明王圻等《三才圖會‧器用》、明茅元儀《武備志‧軍資乘‧火器圖説九》）

天火毬

燃燒性小型球形火器。於雞鴨卵殼内裝滿火藥料，外敷茄柴灰半指厚，不用點火，以繩圈投於敵處，跌破即成火焰，焚燒敵之戰具、衣甲、糧草等。始製於明，爲明軍實用火器之一，多用於水戰。明唐順之《武編前卷五‧火》：「〔天火毬〕其藥用黑豆稭燒灰每存性，每一斤加焰硝半斤、硫黄四兩、班毛一兩、真黄天硫一兩六錢，無風日處攢合，當時即裝入雞鴨卵殼内，令滿。每一個令加頑石子一塊，如栗子大，夾紙封口，用茄柴灰固濟半指厚。遇敵令軍士以繩圈投去，到彼處跌破，不拘落在草船木人身服盡成火，水亦不能救，若陸戰燒敵糧輜積尤妙。」（參閱明茅元儀《武備志‧軍資乘‧火器圖説九》）

天墜砲

拋擲燃燒性火毬。紙製圓形外殼，内裝火藥與火塊數十，安有藥綫，點燃藥信，升至半天，墜於敵巢，震響如雷。能燒賊營寨，黑夜令敵自亂相殺。可用拋石機拋出。見於明中期典籍，由前代火毬類發展而成。係當時明軍火器之一，後漸棄之。（參閱明鄭若曾《籌海圖編‧兵器》、明茅元儀《武備志‧軍資乘‧火器圖説二》）

火妖

手擲燃燒致毒性球形火器。以薄紙爲殼，内裝毒火蒺藜，外敷可燃性防潮物。點火拋出，殺傷毒害敵人。明前期已見行用，由前代火毬類發展而成。其製簡易實用，水戰守城皆宜，爲明軍裝備火器之一。明戚繼光《紀效新書‧戰船器用説》：「紙薄拳大，内蕩松脂，入毒火，外煮松脂、柏油、黄蠟，燃火拋打，烟焰蒺藜戳脚，利水戰守城，俯擊短戰。」（參閲明鄭若曾《籌海圖編‧兵器》、明王圻等《三才圖會‧器用》、明茅元儀《武備志‧軍資乘‧火器圖説九》）

火妖
（清年羹堯《治平勝算全書》）

火桶

手擲燃燒與障礙性火器。主要用於焚燒敵船。在木桶内裝火藥半桶，鋪火磚四個，蒺藜一百個。再用粗碗一個，將炭火三四塊用温灰培放碗内，平放於藥面上，以蓋蓋之。擲於敵船，碗内炭火跌出，即刻引燃火藥，焚燒敵船。此器無藥綫長短之失，無敵返擲之時，無爲敵所救之慮，至易至便，萬用無差。創始於明，爲明清水軍重要裝備火器之一。明戚繼光《紀效新書‧戰船器用説》：「〔火桶〕先將炭火

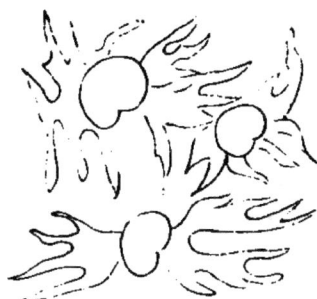

天墜砲
（清年羹堯《治平勝算全書》）

燒紅，盆盛一處，約戰舟相近百十步，以火入粗碗，灰培，再俟賊近三二十步，以碗平放在藥桶內，蓋了；俟兩舟相逼，將桶平平擲下，至賊船被磕動，碗內炭火跌泛而出，與藥相埋即發，時刻不失，較之別器挂綫不燃及綫濕

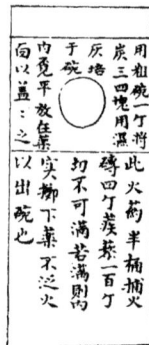

火桶
（清年羹堯《治平勝算全書》）

放早之病，皆可無矣。"清魏源《聖武記》卷一四："桶可受斗，半實硝磺，薄沙覆之。火碗中央，加蓋微扁，輕擲敵艙，火激藥發，迫不及防，以暇出奇，急則自傷，是曰火桶。"近代火器出現後漸廢。

火彈

手擲燃燒致毒性球形火器。以薄紙爲殼，內裝毒藥、蒺藜，外敷可燃性防潮物。點火投出，毒害殺傷敵人。創始於明前期，由火毬類發展而成，爲明清軍裝備火器之一。明茅元儀《武備志·軍資乘·火器圖説九》："〔火彈〕用薄夾紙糊如拳大，以松香在內熱塗，入毒藥蒺藜，安藥綫，外刷松香、桐油、黃蠟，燃火拋

火彈
（明茅元儀《武備志》）

擊。"至鴉片戰爭後仍沿用此類火器。清魏源《聖武記》卷七："我兵步步立柵，以須進偪，擲火彈入木城。"（參見本卷《兵器戰具説·火藥兵器考》"火毬"文）

火磚

手擲磚形火器。兼有燃燒、障礙與殺傷作用。木板或紙質外殼，成磚形，內裝小型火器、有毒物質及火藥、鐵蒺藜等，以延期引信點燃，投至敵船或敵陣中，用以縱火及殺傷敵人。始製於明中葉。由球形爆炸性火器演變而來。製造簡易，便於儲運。明清兩代廣泛使用於水陸攻守戰鬥。明戚繼光《紀效新書·戰船器用説》："〔火磚〕用地鼠（點火後竄飛如鼠之小型火器）、紙筒砲各安藥綫，每五筒排爲一層，上下二節各二層，

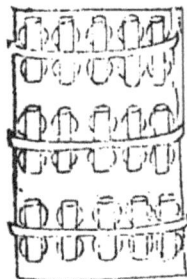

火磚（火磚·包裹式）
（明茅元儀《武備志》）

以薄篾橫束，合灑火藥、松脂、硫黃、毒烟，用粗紙包裹成磚形，外用綿紙包糊，以油塗密，另於頭上開口下竹筒，以藥綫自竹筒穿入。"明茅元儀《武備志·軍資乘·火器圖説九》："用薄胎素板糊成方磚形板匣一箇，長一尺，闊四寸，高二寸。開一頭，用松香熬化，盪在匣內。硫黃末摻上，入火藥一斤四兩，飛燕與紙爆各二十，鐵蒺藜三十，外用油紙四五層封固。燃藥綫拋入敵船發開，飛燕四散，飛擊延燒。"《清通典·兵十一》："火器大者曰礟……小者曰鳥鎗，曰火甀。"近代火器出現後漸棄。

火罐

裝有火藥之陶罐，爆碎燃燒與障礙性火

器。主以焚燒敵船。於薄脆瓦罐内裝火藥與爆竹、飛鼠、鐵蒺藜等，用紙布包緊，縛以火繩。遇敵船近，點火擲去，罐爆火起，烟焰彌漫，飛鼠亂竄，蒺藜滿布，殺傷敵人，燒毀敵之船帆戰具。創製

火罐
（明何汝賓《兵録》）

於明，爲明水軍主要火器裝備之一。明何汝賓《兵録·製器煉鐵法》："今改火罐，火在罐外緊慢無失，一擲即碎，不能反擲；罐複小巧，抛去便中，無利於此者。火罐須用脆薄瓦罐，其物料即以火磚火毬之料易之。罐内貯爆竹、飛鼠、鐵蒺藜各三十箇，罐口用紙布包緊，仍用油飾以却濕氣，罐上有四耳，每耳用綿紗火繩一條，長一尺，平中拴結，則四耳八繩頭。追近賊船，燃點八頭，抛擲過船，罐即破碎飛爆。"行用至清前期。清魏源《海國圖志·籌海上》："我火箭噴筒已爇其帆，火罐火斗，已傷其人。"近代火器應用於戰爭後火罐漸廢。

平曠步戰隨地滾

冷兵器與火器組合裝置。以杉木製圓筒，外釘塗毒利刃、鐵釘，安滾藥筒數十，腹藏發藥、神砂。點火後，滾向敵陣，外藥燃盡至腹，滾筒爆碎，神砂飛散。主要用於平原步戰，對敵營衝擊。創製於明代，爲陸戰有效火器之一。明茅元儀《武備志·軍資乘·火器圖説九》："〔平曠步戰隨地滾〕用杉木爲身，長三尺，徑四寸，中留車空一寸厚，要滾圓爲妙。外釘利刃尖釘，十字釘之，蘸虎藥，週圍安滾藥筒六十箇，腹裝發藥神砂。如平原步戰，列於陣

前，約離賊營十餘丈，點信火發，木飛而去，則滾賊營。人足馬蹄盡皆傷壞，況虎藥見血即斃，待外滾藥盡燃至腹，則發藥碎擊，沙飛煙迷賊竅，嚏涕連聲，眼花唇噤。"

西瓜砲

手擲燃燒與障礙球形火器。其形如西瓜，故稱。紙布質外殼，内裝鐵蒺藜、火鼠與火藥。燃藥綫發火，投於敵群，爆碎殺傷敵人。創製於明初，由宋火毬類發展而成。製造簡易，便於携用，宜於守城作戰與水戰。明何汝賓《兵録·製器煉鐵法》："此砲原是守城第一利器，但以高臨下，方可用也。砲中入小蒺藜一二百枚，火老鼠五六十筒（點火後四處竄飛之小型火器）。每一鼠筒面倒縛細毛鈎三口，各貫火綫，俱入砲中，然後入砲藥，唯使藥滿，不可築實。入藥

西瓜砲
（明何汝賓《兵録》）

之後，緊閉其口，再糊蔴布二層，堅紙二十層，曬乾；週迴分三停，錐三細孔，俱貫入藥綫。頂上正中錐一孔，入二寸長細竹管，夾一藥綫，貫入其中，使其火當中發，爆力均齊，不致偏勝也。四藥綫會歸一束，俟賊至城下，點燃總線，待火將發，丟落賊群中。火綫必四者，防抛滅也。砲聲一響，紙殼碎裂，亦能傷人，蒺藜布散滿地，火鼠錯亂燒人。人必走動，脚踏蒺藜，自然傷跌，斷不敢再至城下矣。"明茅元儀《武備志·軍資乘·火器圖説一》："西瓜砲，此物原是守城第一美器。"

風塵砲

施放烟塵之火器。外殼有竹篾或瓶式兩種，內裝石灰、人糞、皂角末等物，另放入火藥紙砲一個，以藥綫引燃紙砲爆碎，順風拋至敵群，風塵遍野，敵人馬閉目難開，可乘機追殺。宜於守城。始見明中期典籍，由前代火毬類發展而成。明何汝賓《兵錄·製器煉鐵法》："將竹篾爲簍，形如西瓜，外用紙糊，上留一大眼。將好石灰風化，又用人糞曬乾，皂角研爲細末，分兩不等，共

風塵砲
（明何汝賓《兵錄》）

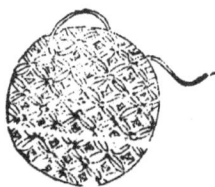

爲一處。將大鍋燒紅，炒要墨色爲度，裝入砲中。內放小砲一箇，仍封固其口，穿眼裝上藥綫，每軍可帶二三箇。"明茅元儀《武備志·軍資乘·火器圖説二》："壙子石灰羅過，桑柴炭燒火，炒半炷香，用小口小底火瓶，底鑽一竅，腹入紙砲一箇，藥綫從瓶底透出，將石灰築滿，生牛皮封瓶口，倚高或平陸，必取下風擊之。"

神火混元毬

手擲致毒性火毬。以竹篾編爲圓形殼體，外糊以紙，內入毒藥，中實大紙砲，點燃藥綫，投擲於敵營，紙砲爆破，毬體炸裂，毒烟四散，由宋火毬發展而來，爲明軍實用火器之一。多用於攻守城作戰。明茅元儀《武備志·軍資乘·火器圖説九》："其製以竹篾編圓形，紙

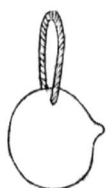

神火混元毬
（明茅元儀《武備志》）

褙，曬乾，內入毒藥，中藏一大紙砲，封口，外面五綵妝畫成，錐安藥綫，拴繩繫之，夜晚秘涉賊營，與神火鏢、子母銃齊發，炸破，毒烟入鼻，人馬皆傷，守城攻防，亦可通用。"

飛火槌

亦稱"火飛抓""火抓"。手擲燃燒性火器。以木製成，形如棒槌，故稱。槌內鏇空裝滿火藥，上安藥綫，并開出火孔數個，外釘以倒鬚鈎。點燃藥綫，擲於敵處，火發延燒。創製於明前期。製作簡易，實用方便。初用以水戰，後亦用於陸戰。明何汝賓《兵錄·製器煉鐵法》："〔飛火槌〕身連柄八寸長，圓圍三寸，狀如棒槌。以白楊木爲之，中車空使薄，裝藥在內，釘三道釘，每道用倒鬚鈎釘四箇，攢十字釘，止留倒鈎在外。倒鈎約一寸，以鋒利爲上。打去賊船，使釘釘船牢，一時不能脫，而火發可以燒船。"明李盤《金湯借箸十二籌·水器》："賊船遠用火箭，近十數步內，或焚帆、焚篷，非火飛抓不可。製用木鏇作棒槌形，自頂上入刀，將內中鏇空，入火藥裝滿，周圍共掏七八孔出火，用倒鬚釘釘之，外糊油紙避雨濕。臨敵用手擲去，或高釘帆上，或釘入人身，釘入灶棚，皆可延燒。陸戰前面長兵相抵，後面短器手點火擲中敵，此亦使其亂而取之之意也。"清魏源《聖武記》卷一四："焚帆毀篷，火抓是資。圓木陷刃，空中藥施，火孔六七，倒錐置之。臨敵亂擲，釘入帆桅，或高或下，釘

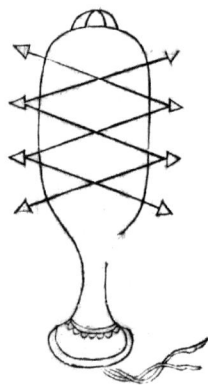

飛火槌
（明何汝賓《兵錄》）

著火隨，是曰火抓。"（參閱明茅元儀《武備志·軍資乘·火器圖説七》）

【火飛抓】

即飛火槌。此稱明代已行用。見該文。

【火抓】

即飛火槌。此稱清代已行用。見該文。

風雷火滾

燃燒致毒性火器。以竹、紙爲筒，内裝毒火藥與生鐵小砲，點火飛滾而去，焚燒敵之糧草衣甲，毒害、殺傷敵人。創製於明，爲當時平原步戰火器之一。明茅元儀《武備志·軍資乘·火器圖説九》："〔風雷火滾〕用竹篾編筒，圍一尺，長三尺，筒外用紙糊四五十層，一頭留口，裝毒火藥並生鐵小砲五箇，封口，中穿藥綫。安置停妥，如劫賊營，彼預爲準備，可將此滾四面點發飛去，糧草衣甲盡可焚滅。"

紙糊圓砲

手擲爆碎燃燒與障礙性火器。紙製外殼，内裝速燃火藥、鐵菱、火鼠（火發鼠飛之小火器）等，有藥綫眼以安藥信，點燃擲於敵處，砲碎殺傷敵人。明代唐順之創製。由前代紙砲發展而成，更爲實用，宜於守城。明唐順之《武編前卷五·火》："今製者不過震響一聲，無益於用。本職因此舊物而觸，爲新製造成此砲。待其糊成紙殼之時，中含小鐵刺菱二三十枚，地火鼠一二十枝，方入藥於其内，然後緊糊其口。每砲一枚，開藥綫眼四處，各穿藥綫，使其丢落城下，不至滅火。賊近城下時，燃砲而下，砲一響則砲中所

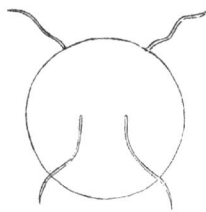

紙糊圓砲
（明茅元儀《武備志》）

藏刺菱自然布散，其中火鼠飛去，賊見火鼠燒身必走，而刺菱又傷其足，況城上且擊之矣。"（參閱明茅元儀《武備志·軍資乘·火器圖説二》）

萬人敵

手擲燃燒性火器。泥作外殼，内裝火藥，四面開孔，外框製以木架。點燃後，手擲城下，火焰四面噴射，并不停旋轉，燒殺敵軍人馬。此器製易、費省、實用。創始於明，爲明軍守城常用火器之一。明宋應星《天工開物·佳兵》："萬人敵。凡外郡小邑，乘城却敵，有炮力不具者，即有空懸火炮而癡重難使者，則萬人敵近制隨宜可用，不必拘執一方也。蓋硝黄火力所射，千軍萬馬立時糜爛。其法：用宿乾空中泥團，上留小眼，築實硝黄火藥，參入毒火神火，由人變通增損。貫藥安信，而後外以木架框圍，或有即用木桶而塑泥實其内廓者，其義亦同。若泥團必用木框，所以妨（防）擲投先碎也。敵攻城時，燃灼引信，拋擲城下。火力出騰，八方旋轉。旋向内時，則城墻抵住，不傷我兵；旋向外時，則敵人馬皆無幸。此爲守城第一器。"

萬火飛砂神砲

手擲發烟致毒性火藥兵器。創製於明初。在腹大口小之瓷罐内裝神烟、飛砂等藥物，另有爆火藥一筒，點燃擲於城下，火發罐破，以飛火、飛烟、飛砂，殺傷敵軍人馬。主以守城，先發此炮，繼以炮石銃弩擊敵，戰果更佳。明佚名《火龍神器録·城守火龍神器》："用燒酒炒製礦砂，和以芽皂、薑粉、蓼屑、砒磺、礌（砂）等毒藥，盛於磁罐，暗藏發藥。擲於城下，火發罐破，煙飛霧障，法藥四散，飛砂撲

賊眼目，神煙鑽賊孔竅，飛火燎賊面皮，眼瞎頭昏肉爛。繼以炮石銃弩矢擊之，賊縱驍勁，其能飛登乎？”（參閱明茅元儀《武備志・軍資乘・火器圖說一》）

群蜂砲

圓形燃燒致毒與障礙性火器。以竹篾編爲圓籃，外糊紙殼，内裝火藥、鐵蒺藜、毒火飛燕（小型致毒燃燒性火器）等物，點燃後投擲於敵船或敵群中，用以縱火與殺傷敵人。創製於明初，由前代火毬發展而成。因其取材、製造簡易，作戰實用有效，故明代軍隊多用之。明茅元儀《武備志・軍資乘・火器圖說二》：“篾編成圓籃，以紙厚糊四五十層，曬乾；上糊油紙十五層，開砲一竅，以火藥三斤，加鐵蒺藜半斤，飛燕毒火、紙爆各數十箇納其中。其威力甚大，不唯可以擊人，飛燕火發，四散飛開，粘人身上及遇篷帆，尤能延燒，火澆之不滅，投之賊船，蔑有不破者。”明施永圖《武備秘書・火攻神器》：“抛入射船，飛燕火發，其船立破。高阜抛入賊營，無不立潰。”

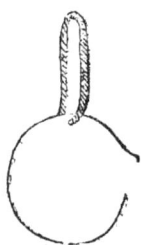

群蜂砲
（明茅元儀《武備志》）

燒天猛火無攔砲

燃燒與障礙性火藥兵器。創製於明初，由北宋火毬發展而成。狀如圓球，内藏飛火、毒火、法火、噴火、烈火、爛火等火藥筒二三十個，并置爆火筒一個。乘風高月黑之夜，點火送入敵營，以爆火引燃各種火藥，即能致毒發煙，燒傷敵之人馬器物。係當時偷劫營寨之有效兵器之一。明佚名《火龍神器録・偷劫火龍神器》：“捲紙爲筒，中藏神火二三十筒，火各不同，或飛、或走（毒火、法火），或跳、或躍（飛火、噴火），遇糧則燒糧，遇賊則燒賊，遇馬則燒馬，送入賊營，隨風四散，撲入眼目，烟焰障天，燒人鬚髮，焚糧驚馬，勢不可遏，飛入賊隊，彼必自亂，乘此奮擊，大捷成矣。”（參見本卷《兵器戰具說・火藥兵器考》“火毬”文，參閱明茅元儀《武備志・軍資乘・火器圖說一》）

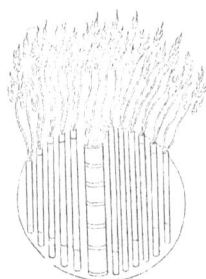

燒天猛火無攔砲
（明茅元儀《武備志》）

燒賊迷目神火毬

燃燒與障礙性球形火器。以三十層紙糊爲圓形外殼，内裝速燃火藥、鐵蒺藜、地老鼠（小型鼠飛火器）、小紙爆、飛砂、神烟等物。點燃藥信，抛擲於敵營，殺傷及威懾敵人。由宋火毬類發展而來。明茅元儀《武備志・軍資乘・火器圖說九》：“裝砲法：先將發藥一層鋪底，次放鐵蒺藜、地老鼠、小紙砲各十箇，再鋪飛砂、神烟一層，又放法藥一層，藜鼠（即鐵蒺藜、地老鼠）一層，神烟一層，再將發藥平口裝滿，用紙糊其口，安藥綫，外用柿漆紙護其藥綫。恐遇陰雨、磨擦，再用油繩爲絡，上陣兵士持之點信。抛入賊營碎擊，則蒺藜搠腳，地鼠攢入衣甲，滿地跳躍驚燒，小爆擊之，以亂賊心，乘此而用火攻，無有不敗者。”

爛骨火油神砲

燃燒致毒性火藥兵器。創製於明前期，由宋代火毬發展而成。狀如圓球，内藏鐵子磁砂與其他燃燒致毒物，中置藥信，點火發出，砲碎殺傷敵人。主以守城。明佚名《火龍神器録·守城火龍神器》："用桐油（主燒主燃火）、銀鏽碙砂（主爛皮肉）、金汁蒜汁（主毒），炒製鐵砂磁粉，將生鐵鑄小（子），砲發去，一擊粉碎，肌膚頃爛，眼目立瞎，雖身生羽翼，亦不能施展。"（參見本卷《兵器戰具説·火藥兵器考》"火毬"文，參閱明茅元儀《武備志·軍資乘·火器圖説一》）

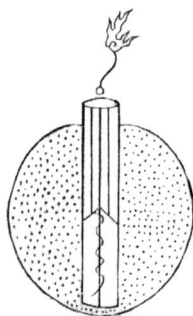

爛骨火油神砲
（明何汝賓《兵録》）

轟雷砲

用於施毒與設障兼有殺傷作用之球形火器。以騰沙作胎成圓球，施紙布外殼，内裝速燃火藥、毒藥、地鼠、紙砲、毒蒺藜等，安有藥綫，燃火抛擲，爆碎驚嚇殺傷敵人。水陸作戰皆宜。始見於明中期典籍，由前代火毬發展而成。係明軍實用火器之一，後漸廢。明茅元儀《武備志·軍資乘·火器圖説二》："用騰沙胎，曬乾，紙糊百層，間布十層，内裝半毒藥半火藥，並

轟雷砲
（明茅元儀《武備志》）

地鼠小紙砲，頭拴毒鐵蒺藜鈎針，包松脂硫黃，固封大口，錐入藥綫。此一火器，水陸宜用者，奪心眩目，驚膽傷人，制宜精之。"

噴筒

亦稱"火筒"。用於噴射火焰與毒烟之管形兵器。將火藥與毒烟劑等裝入不同形制之竹筒内，點燃後噴出火焰或毒烟，近距離毒殺燒灼敵人、焚毀敵之船具。主用於攻守城寨與水戰。始創於宋初，時稱"火筒"。成書於宋前期之《行軍須知·守城》載："用火筒、火礴、長鎗、檑木、手礴傷上城人。"至明代有較大發展。明茅元儀《武備志·軍資乘·火器圖説八》載有"毒藥噴筒""滿天噴筒""毒龍噴火神筒""神火噴筒"等多種形制。此類

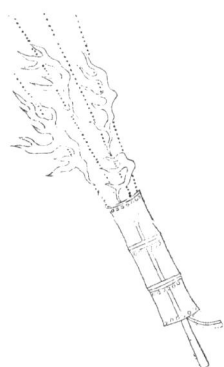

噴筒
（明茅元儀《武備志》）

係宋、元、明時軍隊重要火器裝備之一，沿用至清降爲軍隊輔助之兵器。（參見本卷《兵器戰具説·火藥兵器考》各文）

【火筒】

即噴筒。此稱多行用於宋代。見該文。

猛火油櫃

以火藥作引燃劑之噴火兵器。銅製，主要由盛火藥之火樓，盛猛火油（石油）之方形櫃，裝有拶絲杖（活塞）之猛橫筒（油缸），連接油櫃與油筒、起供油、回油作用之捲筒等組成。用時，先於火樓中裝入慢燃火藥，烙錐點火，使火樓成高溫區。并預熱噴油管道，再手拉活塞杆向後，使櫃内油升入橫筒。然後猛推

猛火油櫃
（明何汝賓《兵錄》）

活塞杆向前，將猛火油壓出，經火樓遇熱引燃，從噴口噴出烈焰。創製於五代至宋初，主要用於守城與水戰。宋曾公亮《武經總要前集·守城》："以熟銅爲櫃，下施四足，上列四卷筒。卷筒上橫施一巨筒，皆與櫃中相通。橫筒首尾大細，尾開小竅，大如黍粒。首爲圓口徑（宋制）寸半。櫃傍開一竅，卷筒爲口，口有盖，爲注油處。橫筒內有拶絲杖，杖首纏散麻，厚寸半，前後貫二銅束約定。尾有橫拐，拐前貫圓掩，入則用閉筒口。放時以杓自沙羅中挹油，注櫃竅中，及三斤許。筒首施火樓，注火藥於中，使燃。入拶絲杖，放於橫筒，令人自後抽杖，以力蹙之，油自火樓中出，皆成烈焰……凡敵來攻城，在大壕內及傅城上頗衆，勢不能過，則先用薰蕕、爲火牛縋城下，於踏空版內放猛火油，中人皆糜爛，水不能滅。若水戰，則可燒浮橋戰艦，於上流放之。"（參閱明茅元儀《武備志·軍資乘·火器圖説十》）

毒龍噴火神筒

以噴毒火爛火殺傷敵軍之火器。其製以竹爲筒，內貯各種火藥，用鐵鍊懸於高竿之上，立於城垛口或船頭。點燃後，噴出火焰二三丈，以焚燒敵之人馬與船帆。創製於明初，先用於城戰，後則廣泛用於水戰，係明、清（前期）軍隊裝備之一。明佚名《火龍神器録·攻擊火龍神器》："〔毒龍噴火神筒〕截竹爲筒，約長三尺，以貯毒火加爛火藥於內，懸於高竿之首，令壯士持至城垛口中，乘風發火，烟焰撲人，燎賊面皮，鑽賊孔竅，竚立不定，昏眩倒撲，蟻附而登。內外相應，隨用利器擊之，破之必矣。筒藏飛火、毒火、噴火、爛火，或加神烟、神砂、烈火，隨機而用，火飛空而擊賊。"清林福祥《平海心籌》卷上："截竹爲筒，約長四尺，以貯毒火、爛火、毒烟等，以鐵鍊懸於高竿，插在船頭，烟焰向敵，無不立僕。"（參閱明茅元儀《武備志·軍資乘·火器圖説八》、清袁宮桂《浒墅百金方·製器》）

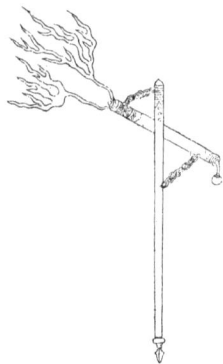

毒龍噴火神筒
（明茅元儀《武備志》）

飛天噴筒

以噴出火藥餅焚燒敵軍之火器。以竹爲筒，筒內先裝慢火藥，次裝噴火藥，再裝藥餅一個。如此多次，裝畢，聽用。可噴三四十步，爲噴筒類噴程最遠者。尤宜水戰。創製於明初，沿用至鴉片戰爭，爲明清水軍重要裝備火器之一。明戚繼光《紀效新書·戰船器用説》："〔飛天噴筒〕硝磺、樟腦、松脂、雄黃、砒霜，以分兩法，制打成餅，修合筒口，餅兩邊取渠一道，用藥綫拴

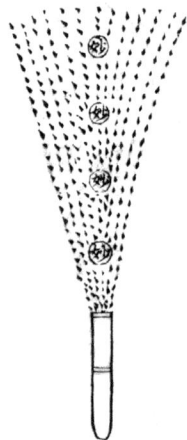

飛天噴筒
（明何汝賓《兵錄》）

之。下火藥一層，下餅一箇，用送入推緊，可高十數丈，遠三四十步。徑粘帆上如膠，立見帆燃莫救，此極妙萬方效策。"清林福祥《平海心籌》卷上："用圓大貓竹，長三尺，以蔴繩纏密，加以桐油，下用木柄，長三尺。先下灰多硝少慢藥一層，次加噴藥，次下餅一枚。照方製餅，必與口一樣，送出方有力也。噴藥內加毒烟、碎玻璃、碎磁器均可。"（參閱明茅元儀《武備志·軍資乘·火器圖說八》、清袁宮桂《洴澼百金方·水戰》）

滿天烟噴筒

專噴毒烟使敵中毒之火器。截竹爲筒，內裝毒烟火藥，縛於鎗竿頭，燃火噴烟，使敵中毒。創製於明初，用於守城與水戰，係明、清（前期）軍隊裝備火器之一。明戚繼光《紀效新書·戰船器用說》："〔滿天煙噴筒〕截粗徑二寸竹，布箍，用硝磺、砒霜、斑毛、剛子、磠砂、膽礬、皂角、銅綠、川椒、半夏、燕糞、烟煤、石灰、斗蘭草、草烏、水蓼、大蒜，得法分兩制度，磁沙玉（與）田沙炒毒，繫鎗竿頭，順風燃火，則流淚噴涕，閉氣禁口。"（參閱明焦玉《火龍神器陣法》、明茅元儀《武備志·軍資乘·火器圖說八》、清袁宮桂《洴澼百金方·製器》）

滿天烟噴筒
（清年羹堯《治平勝算全書》）

對馬燒人火葫蘆

小型噴火兵器。因以凹腰葫蘆爲之，故稱。創製於明，便於隱藏携用，近戰燒敵。但受葫蘆之限，并非明軍常用兵器。明茅元儀《武備志·軍資乘·火器圖說九》："用凹腰葫蘆爲之，外以黃泥、紫土、鹽水和護一指厚，曬乾，再灰布一層，外用生漆漆之，聽用。舊文章紙不拘多少，每次十餘張，燈上點燒灼，將水盆覆板上，將紙點灼，就放盆下，連蓋悶

對馬燒人火葫蘆
（明茅元儀《武備志》）

灰存性。每灰一兩，硝一分，硫黃二釐，共拌勻灌入葫內，用火種燒紅入內，隨即用乾葛塞其口，收貯聽用。任放不熄，遇敵或夜行遇盜，藏於袖內，放開口迎面噴之，火發三四丈，燒鬚燎鬢，面目腐爛也。"

衝鋒追敵竹發熕

亦稱"飛火筒"。噴筒類火器。前以三尺粗竹爲身，後以二尺堅木爲柄，內裝火藥、石子及毒砂等。單兵手持噴放。由宋火筒發展而來，盛行於明，鴉片戰爭時期，清軍尚用於水戰，稱"飛火筒"。當威力强大之近代槍炮裝備於軍隊後，即被淘汰。明茅元儀《武備志·軍資乘·火器圖說三》："〔衝鋒追敵竹發熕〕用茅竹截筒，長三尺，先用冷火之藥浸透，以易其性，使不染火爲度。外以鐵綫纏之，再用牛觔蔴裹，瓦灰灰之，曬乾，生漆漆之。內裝發藥五升。次裝石子廿四塊，每塊重半斤。磁鋒一升，俱用砒黃、巴豆、磠砂等炒製裝之。再用神砂三

合，毒火一合。裝畢，上用黃泥塞其口，口上用鐵箍箍之。堅木爲柄，柄長二尺，裝實聽用。每士卒馬上携之四緷，甚爲輕便，行營出邊追襲，與賊對取勝，無踰於此。"清林福祥《平海心籌》卷上："飛火筒……内裝發藥五斤，次裝石子、鐵鋒一斤，砒霜毒藥炒製入内，加以神砂三合，毒烟三合，裝畢，用黃泥封口，以鐵箍箍之，一近敵船，燃引發火。"（參閲明李盤《金湯借箸十二籌》卷四、清袁宮桂《洴澼百金方·製器》）

【飛火筒】

即衝鋒追敵竹發熕。此稱多行用於清代。見該文。

噴燒式火鎗

冷兵器鎗與火藥噴筒相結合之複合兵器。創始於南宋，由北宋發明之火筒演變而成。當時攻守城戰具多係大型木結構，并有木板、皮笆等防護，若用小火毬類燃燒，因其自身重量較輕，射中後易於脱落，難達縱火目的；若以較重之大火毬，則必用大型砲（抛石機）抛擲，亦有不便。故將火藥筒安裝於冷兵器長鎗之鎗頭後，用砲抛之，以鎗杆穩定飛行方向，鎗頭爲其定位，刺入目標不致脱落。宋曾公亮《武經總要前集·守城》："火礮（即抛石機）……若燔芻糧積聚及城門、敵棚、頭車之類，則上施火毬、火鷂、火鎗以放之。"又"雙梢礮……亦放火毬、火鷂、火鎗"。至南宋，發展爲將紙、竹質火藥筒（即管形火器）縛於鎗頭後，戰時先噴射火焰燒灼敵人，再以鎗鋒刺殺，因而産生新型火鎗。1232年蒙金兩軍戰於汴京，金軍使用之"飛火鎗"，即爲此類。據《元史·史弼傳》載，1276年元宋戰於揚州時，"騎士二人挾火鎗刺弼，弼揮軍禦之"。明代出現夾置二噴火筒之火鎗，較單筒可延長噴火時間。亦有改用金屬火藥筒者。明清軍使用之梨花鎗，即屬此類。火鎗爲宋明軍重要火器裝備之一，沿用至清降爲輔助性火器。（參見本卷《兵器戰具説·火藥兵器考》各火鎗文，參閲明茅元儀《武備志·軍資乘·火器圖説七》）

長竹竿火鎗

竹製管形噴火兵器。以長竹竿作鎗管，内裝火藥。點燃藥綫，引燃火藥，噴出火焰，燒傷敵人。宋高宗紹興二年（1132）陳規創製。時值敵兵圍德安，陳規率軍民堅守，於實戰中發明此器。爲世界上最早出現之管形火器。宋陳規等《守城録》卷下："以火砲藥，造下長竹竿火鎗二十餘條。"《宋史·陳規傳》："規以六十人持火鎗自西門出，焚天橋，以火牛助之，須臾皆盡。"

飛火槍

亦稱"火槍"。火藥噴筒與冷兵器鎗結合之複合兵器。既能噴火，又能刺殺。創製於宋，始用於蒙金戰争。《金史·蒲察官奴傳》："持火槍突入……槍制，以敕黃紙十六重爲筒，長二尺許，實以柳炭、鐵滓、磁末、硫黃、砒霜之屬，以繩繫槍端，軍士各懸小鐵鑵藏火，臨陣燒之，焰出槍前丈餘，藥盡而筒不損。"又《赤盞合喜傳》："飛火槍，注藥以火發之，輒前燒十餘步，人亦不敢進。"（參閲《明史·兵志四》、明茅元儀《武備志·軍資乘·火器圖説七》）

【火槍】

即飛火槍。此稱金代已行用。見該文。

小一窩蜂

亦稱"鐵梨花"。火藥噴筒與長鎗相結合之複合兵器。將噴筒兩個縛於鎗頭之下，内裝火藥、石子、火彈子、生鐵子、鐵菱角等，距敵（明制）三四丈時，先發噴筒，致敵於不利境地。由飛火槍演變而來，爲明軍實用火器之一。明唐順之《武編前卷五·火》："小一窩蜂即鐵梨花，硝一斤，黄四兩，杉灰四兩八錢，硃砂一兩六錢爲末，鉛製過，水銀四兩，石子每箇重三分，火彈子每箇重五分，用火藥打成塊，生鐵菱角每箇一錢，生鐵子每箇重一錢……檀木桿子徑二寸半，趄紙筒長一尺三寸，厚四分，或用大竹，外以生牛皮裹住，曬乾亦可。頭上留大指頭一眼，以紙塞住，用前數件藥末並後五件攪匀打實，封固綁於長鎗頭上，火發三四丈，長鎗一丈二尺。此器火發如群蜂相似，敵人離我四五丈地，先被此並火石鐵三色子燒臉，目不能睁，我先勝四五丈地，彼敵不能前進，參雜大軍短刀長牌於隊中。此爲步下攻城之寶也。"（參閱明茅元儀《武備志·軍資乘·火器圖説七》）

小一窩蜂
（明茅元儀《武備志》）

【鐵梨花】

即小一窩蜂。此稱明代已行用。見該文。

天蓬鑹

亦稱"火鑹"。冷兵器鑹與噴火筒相結合之兩用兵器。明神宗萬曆年間，趙士楨於舊製天蓬鑹基礎上，增置二噴火筒，既能噴火，又能格鬥，作爲鷹揚車輔車士卒所持兵器之一。明趙士楨《神器譜·防虜車銃議》："凡遇入犯之時，可以速戰，則憑車束伍前拒，以壯士卒之膽，用大小銃砲，險勢短節，相機擊打，以張軍聲。伺其來鋭稍挫，我之勝氣益盛，再以大砲噴擊，火沙、火箭撲射，用促兇威，兇威既促，即以火鑹、火鎗諸器出衝車外，虜馬見火，必致驚亂。"

【火鑹】

即天蓬鑹。此稱行用於明神宗萬曆年間。見該文。

火鎗

明代火藥噴筒與冷兵器鎗相結合之複合兵器。因有二噴筒夾置於鎗頭下，故稱。既能噴火，又能刺殺。由宋代飛火槍發展而來，爲明軍實用兵器之一。沿用至清初，改竹、紙質噴筒爲金屬製。明茅元儀《武備志·軍資乘·火器圖説七》："〔火鎗〕柄長六尺，鎗頭長尺許，木柄下有鐵鑽，兩邊又上作鉤鐮。夾鎗有二噴筒，用時先放一筒，藥綫引轉，復放一筒，完即作短兵……頭長尺許，鎗也；兩刃向上，鑽也；兩刃向下，鐮也。一器而四用之者。設使有主臂力者持之，亦利器也。"

火鎗
（明茅元儀《武備志》）

梨花鎗

火藥噴筒與冷兵器鎗相結合之複合兵器。將火藥噴筒縛於鎗頭之下，遠能噴火，近能刺殺。由飛火槍發展而來。爲明軍實用火器之一。明胡宗憲《籌海圖編·兵器》:"〔梨花鎗〕用梨花一筒,繫於長鎗之首。臨敵時,用之一發,可遠去數丈,人著其藥即死,火盡鎗仍可以刺賊,乃軍前第一火具也。"明焦玉《火龍經》卷下:"法以礬水紙作筒,長一尺三寸,厚四分,或用生牛革爲之亦可,内裝元宵花火……將毒藥、發火藥、飛砂裝入筒内,發藥實底。遇敵相對,將筒繫紮極長鎗並狼筅頭上,燃火對敵,有此鎗筅四五百桿,萬火如林,敵不能當也。"沿用至清,漸廢。

梨花鎗
（明何汝賓《兵錄》）

火牛[2]

用牛裝載火器與冷兵器衝入敵營之戰具。盛行於明。由古代火獸、火牛發展而來。古火牛係在牛尾上繫以艾火,將冷兵器鎗刀縛於牛身或牛角,衝入敵陣殺敵。火藥兵器出現後,牛身上增置各種火器,形成冷熱兵器結合,其戰鬥威力大增。明茅元儀《武備志·軍資乘·火器圖說十》:"〔火牛〕以彎木作架,罩布遮牛形。用此架作根本,却從架上生發打造前後左右架三層。火砲藥綫接續,四方插利刃,上覆紅布幔遮。仍於牛項肚尾拴劣火盤住,令人暗牽敵營,或臨急攻衝,將三劣火點起,中通架上,牛項尾火起著痛,吼跑大傷人馬。乘其驚亂,攻之則勝也。"

木火獸

多種火器并用之組合戰具。獸形,故稱。獸雙耳藏烟瓶,嘴中安噴筒,左右胸旁拴火銃。各藥綫會總後部一處,點火俱發。一人推行,衝入敵陣,殺傷、驚嚇敵人。創始於明,由前代火獸發展而來。能綜合發揮不同火器之作用,威力倍增,且省兵力,減少己之傷亡。明茅元儀《武備志·軍資乘·火器圖說十》:"〔木火獸〕用輕木造,架下安四獸足,高三尺,長五尺二寸。四足踏四輪,身頭用竹篾編形,裏外紙糊,裝畫以彩像,用白礬重塗。藏二烟瓶於耳内,口中置竹噴筒,左右胸旁拴銃四眼,内裝火藥鉛子,藥綫聯絡,俱從後發。用一人駕行,衝鋒驚敵,乘亂擊之也。"

木火獸
（明茅元儀《武備志》）

木人活馬

以活馬運載之多火器組合戰具。木製人體爲外殼,内裝火箭、毒砂及西瓜砲等,縛於馬上,兩側安置長鎗,迫使馬首無法轉向。點火後奔入敵營,先噴射、後爆炸。可大量殺傷敵軍,且起威懾作用。創始於明。明茅元儀《武備志·軍資乘·火器圖說十》:"〔木人活馬〕用木作人形,飾以衣冠,裝以神像,身高三尺，頭高九寸，下闊二尺，上闊一尺五寸。居中用竹筒，至木人齊，徑一寸五分。週圍鑽眼，每二寸爲一層，共十五層，每層七眼，至頂共一百零五眼。身三面留孔與内合，孔内俱安神箭、神砂、神火，口與二目安三神砂。頂上安二大神鎗起火，前安神砂，背後留門。安畢補合，騎於馬上，一手向前，一手向後。空腹近脊，安一大西瓜砲，白礬水煮刷馬雁，庶不燒爛馬背。木人後手藥綫連絡貫通一身，馬尾剪净，用没香合火藥裝袋一條如錢粗，縛馬尾根。馬左右用二鎗夾縛，木人兩腿前穿馬彎嚼環出，馬頭長一尺，使馬直前不得轉首，外布包鹽一合，置馬口中紮住，下繫烟瘴雲霧藥鎗……或日或夜，我營更變號色，將馬秘牽臨敵營。先點木人後手藥綫，次點馬尾火帶，又點腹下雲霧火，主將喝令速去，即還本營，勿得回顧。馬著火只往前衝，木人後手藥綫著至頂上起火，其馬五彩雲罩，彼視如同天神。藥綫往下，層層火箭陸續出，底大砲聲震如雷，木人擊碎，砲擊至箭，飛傷人馬。我兵登高遠望，彼營驚亂。"（參閲明施永圖《武備秘書·火攻神器》）

木人活馬
（明茅元儀《武備志》）

木人火馬天雷炮

以木人掩藏火藥、火炮，以火馬衝入敵陣之燃燒爆炸性火器。創始於明初，由古時火牛、火獸發展而來。其制：木人腹内裝火藥、火炮，坐於馬上，藥信通連馬尾處之蘆葦。點燃蘆葦、藥信，火熱馬奔，衝入敵陣燃爆，殺傷威力甚大。爲當時陸戰有效武器之一。明佚名《火龍神器録·陸戰火龍神器》："〔木人火馬天雷炮〕用木板裝作人形，坐以馬上，穿以衣甲，執以器械。木人腹内藏火炮一枚，藥信從馬尾盤曲度入腹中，兩傍用竹爲欄杆，前後透出馬足一尺五寸，掛鞭鞍上，使馬直衝而去，不得旋轉退後，尾縛蘆葦，塗以膏脂。火熱馬奔，突入賊陣，信到炮發，碎擊傷人，雖至堅難敵之陣，破之必矣。腹藏神火一斗、毒火一斗，炮藏烈火神砂，或飛火、毒火、神火三火合一，量賊陣斟酌而用之。"（參閲明茅元儀《武備志·軍資乘·火器圖説十》）

火牛轟雷砲

燃燒爆炸性火器。以火牛運載，馳入敵陣爆炸，故稱。始見於明代。由火牛、火獸等發展而來。主要用於對密集敵群之作戰，但并非明軍常用戰具。明茅元儀《武備志·軍資乘·火器圖説十》："〔火牛轟雷砲〕用老廢牛爲之，角縛利刃，蘸虎藥，兩旁竹夾其足，使不旋轉。背負大鐵砲一箇，容藥一斗，藥信盤曲於砲内。砲藏烈火、神砂、神火等藥。凡賊兵甚衆，我兵甚少，用此衝之，人馬遇之，立時腐爛，突入賊隊，火發砲碎，勢若轟雷，霹靂一聲，不及掩耳，雖艱難敵重圍之陣，亦破必矣。"（參閲明焦玉《火龍經》卷下、明施永圖《武備秘書·火攻神器》）

爆炸性火器

爆炸性火器

利用火藥爆炸性能製成之兵器，係對古代炸彈、地雷、水雷之總稱。最早之軍用炸彈創製於南宋，由北宋發明之霹靂火毬演變而成。用火藥、瓷片與竹節裹製之霹靂火毬，已含有爆炸因素之萌芽。宋欽宗靖康元年（1126），金人圍攻汴京，宋臣李綱於守城時使用之霹靂砲，被視爲霹靂火毬之發展。1161年采石磯之戰，宋將虞允文曾用霹靂砲大敗金兵。據宋楊萬里《誠齋集·海鰍賦》記載，此砲用紙筒裝石灰與硫磺製成，點着後升入空中，降落水內，硫磺石灰得水而火發，再由水內跳出，紙筒炸裂，石灰烟霧四散，迷盲敵人馬之眼睛。至1189年，陽曲（今山西陽曲）北鄭村捕狐人鐵李製出陶火罐砲，入火藥於罐內，口安引信，點燃後，火罐爆炸，發出劇烈響聲，藉以捉住狐狸。此陶火罐即爲軍用炸彈之雛形。約12世紀末至13世紀初，金人在此基礎上發明出鐵製外殼、內裝火藥之“震天雷”。此爲世界最早之金屬炸彈。1221年，金人攻宋蘄州，曾用抛石機大量抛射此種炸彈，使守兵與防禦設施遭到很大殺傷與破壞，成爲當時威力最大之火器。此後，宋廷大量仿製，稱之爲“鐵火砲”。其大者鐵殼重宋制十斤，小者三斤，亦有五、六、七斤者。據《景定建康志》卷三九記載：宋理宗時，僅建康府於兩年多時間內即生產此類火器三萬五千一百四十八枚。1232年，蒙古兵攻金南京時，金人以此將蒙軍“牛皮洞子”炸毀。《金史》描述其爆炸威力爲：“砲起火發，其聲如雷，聞百里外，所爇圍半畝之上，火點著甲鐵皆透。”

此後蒙元軍亦多次製用此類火器。譬如元世祖忽必烈兩次攻日本時，元軍均使用過鐵火砲。至明代，此類火器隨火藥品質之提高又有很大發展。不僅創製出鐵、石、陶、木、泥質等多種形制之炸彈，還將其使用範圍由地面擴大至地下或水中，創製出多種地雷與水雷，并以衆多地雷并聯之地雷陣大量殺傷敵軍人馬。其鐵火砲之發火裝置，由藥綫點火改用竹筒或螺旋性導火綫製成之信管，鐵殼內除裝有爆炸藥外，還增填一些鐵菱，以增强其殺傷力。地雷與水雷之引爆裝置益加複雜化，主要有燃發、拉發、觸發、鋼輪發火四種。雷殼內除火藥（爆炸藥、燃燒、致毒藥等）外，還裝填鐵丸或鉛丸等。清代前期，清軍主要裝備鎗炮等火器，使用此類很少，直到鴉片戰爭爆發後，方有少量地雷、水雷製品，以增强防禦能力。

古代炸彈

古代一種爆炸性抛擲火器。彈體有鐵、陶、木、紙、泥等不同形制。內裝火藥與發火裝置，安有藥綫，點燃後以火藥燃燒產生之高壓氣體爆碎彈殼，直接殺傷敵軍人馬。其使用方式：以手投擲，或以砲（抛石機）抛射，或以火炮發射，亦有用繩繫結，自城上吊下者。始製於12世紀末至13世紀初，由宋初燃燒性霹靂火毬與霹靂炮演進而成。據金元好問《續夷堅志·狐鋸樹》載，金世宗大定二十九年（1189），陽曲（今山西陽曲）北鄭村一捕狐爲業之鐵李曾製“火罐砲”，入藥於陶罐內，捕狐時點燃藥撚，使火罐爆炸，發出猛烈響聲，致狐群驚逃，進至網內，再用斧椎將其殺死。此陶火罐，可謂軍用炸彈之雛形。不久，金人在此基礎上發明“震天雷”，用於戰爭，最早之鐵質炸彈問世。1221 年金攻宋蘄州，即用此炸毀其城防設施（見宋趙與裦《辛巳泣蘄録》）。宋元朝廷均曾大量製造此類火器，稱之爲"鐵火砲"。至明代，此爆炸火器進一步發展，又有"擊賊神機柘榴砲""威遠石砲""蒺藜砲""荔枝砲"等多種製品。宋、元、明軍裝備此類火器，廣泛用於攻守城、水戰與野戰。至清代前期，漸被淘汰。（參見本卷《兵器戰具説·火藥兵器考》各文，參閲明茅元儀《武備志·軍資乘·火器圖説》）

鐵火砲

亦稱"震天雷"。鐵殼爆炸性火器。鐵鑄外殼，形如瓦罐、合碗等。内裝火藥，置導火綫。點燃後，或用砲拋擲，或以手投放，亦有用火砲發射者。因火藥燃燒生出高壓氣體，使鐵殼爆碎，殺傷敵軍人馬。始見於南宋。宋寧宗嘉定十四年（1221），金兵攻宋蘄州時，曾大量使用鐵火砲。金人稱之爲"震天雷"。宋趙與裦《辛巳泣蘄録》："其形如匏狀而口小，用生鐵鑄成，厚二寸……〔一宋兵〕被金人以鐵火砲所傷，頭自面霹碎，不見一半。"《金史·赤盞合喜傳》："其攻城之具有火砲名震天雷者，鐵礶盛藥，以火點之，砲起火發，其聲如雷，聞百里外，所爇圍半畝之上，火點著甲鐵皆透。"沿

震天雷
（明茅元儀《武備志》）

用至明代，其發火裝置改爲竹筒與信管，又内增鐵菱，以提高殺傷力。還專門爲其設計出碗口銃，以增大發射距離。鐵火砲爲宋、元、明時威力較大之火器，廣泛用於攻守城戰、水戰與野戰。至清代，逐漸自軍事裝備中淘汰。清袁宫桂《洴澼百金方·製器》："金有火砲，名震天雷者……蒙古攻金時，爲牛皮洞，直至城下，掘城爲龕，間可容人，則城上不可奈何矣。人有獻策者，以鐵繩懸震天雷，順城而下，至掘處，火發，人與牛皮洞皆碎迸無跡。"

【震天雷】

即鐵火砲。此稱多行用於金代。見該文。

木砲

木質爆炸性火器。取堅木鑿之中空，内裝火藥、石子、鐵彈，安上藥綫，連於機槽，火發爆碎，殺傷敵人。簡易實用，多於守城戰中應急而造。始用於明，係明軍實用火器之一。明茅元儀《武備志·軍資乘·火器圖説二》：

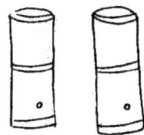

木砲
（清年羹堯《治平勝算全書》）

"〔木砲〕用堅木造式，無論大小，渾鑿空腹，外鐵箍四道，下開綫眼，裝火藥杵實，口入黄土少許，次進石、鐵子，藥綫穿聯機槽，火發砲碎飛傷，便於守城，事急爲易造耳。"

石榴礟

亦稱"擊賊神機柘榴砲"。預放地面之爆炸性火器。由鐵火砲發展而成。製以生鐵，大如碗，内裝法藥、毒火、神烟、發藥，并以酒盞盛火種，外畫五彩，置於路旁，敵拾之，摇

擊賊神機柘榴砲
（明茅元儀《武備志》）

動火種，引爆被炸。水陸作戰皆宜。始見於明中期典籍，爲明軍裝備火器之一。《明史·兵志四》："又有奪門將軍大小二樣神機礮、襄陽礮、盞口礮、椀口礮、旋風礮、流星礮、虎尾礮、石榴礮。"明茅元儀《武備志·軍資乘·火器圖說二》："〔擊賊神機柘榴砲〕砲用生鐵鑄造，形類柘榴，如碗大，上留一孔，以灌毒火、神烟等藥，裝藥只可裝十之六分藥，放酒盞一箇，盞內放火種，用鐵蓋塞其口，砲外用粉粉白，上畫五色花卉，輕輕擺放路傍地上，賊見以爲好戲之物，將手拾之，搖動機關，砲擊粉碎，烟霧障天，神砂鑽入賊孔，鎖喉噤齒，立瞎雙睛，血湧髓流，毒火燒鬚燎肉，殺賊利器也。"沿用至清前期，因其物造形、花飾累年不變。敵已識破，後被淘汰。

【擊賊神機柘榴砲】

　　即石榴礮。此稱明代已行用。見該文。

夜敵竹銃

　　手投竹質爆炸性火器。以明制尺許竹筒，內實火藥及火彈，點燃後爆炸。多在夜襲敵營時使用，可用以驚、擾、燒殺敵軍或縱火。創製於明前期，因其簡易實用，故成爲明軍常用火器之一。後又改進爲更實用之火磚。明茅元儀《武備志·軍資乘·火器圖說三》："〔夜敵竹

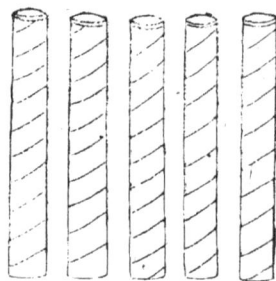

夜敵竹銃
（明茅元儀《武備志》）

銃〕以堅厚竹小者佳，外用生牛皮條繫緊，曬乾，鑽火眼引綫入，用火彈二十四個，築實火藥，用木板鑲口，若寇入境，乘夜多遣健卒秘至賊營，或一更或兩更分，燃筒炸火光耀，群寇驚疑必亂，量勢驅兵以混戰。"

威遠石砲

　　大威力之爆炸火器。鑿石中空，內裝爆藥、石子，大石彈一枚塞口，并製火門，火種藏其中。置臺堡旁或敵出沒之路。預安走綫，撤至高處，待敵至，引走綫發火，爆炸敵之人馬。明佚名《火龍神器録·附録》："〔威遠石砲〕取千觔頑石如彈形，鑿一腹，可容藥一斗，製火門以安走綫，內裝爆藥二觔，入小石子一百，用大石子一箇。以瀝青、青蠟貫蔽火門，一發橫炸數里，人馬盡成齏粉。此不費不勞，隨地可置宜設。"明茅元儀《武備志·軍資乘·火器圖說一》："爲今之急，莫若用威遠石砲之省。上不費公帑，下不勞兵力，在在頑石可造，處處邊臺可設……當置緊衝臺下，沿邊墩堡，敵人出沒要路，延袤星設，瞭敵將至，數里之外，當預安走綫。一發一砲，炸打橫亙數里，且其山崩地裂，若雷霆之轟擊，人馬盡成齏粉矣，更有何物敢攖其鋒哉。每砲裝藥二斤，小石彈

一百箇，大石彈一箇，外填塞其口。"

荔枝砲

　　手投荔枝形爆炸性火器。陶質外殼，内裝火藥、碎石、毒砂等物，中置藥信，點火拋擲於敵處，爆破殺敵。始創於明初，由宋代火毬類發展而成。多用於守城或衝陣。此器製之簡易，携用方便，故長期沿用，至清始衰。明茅元儀《武備志·軍資乘·火器圖説二》："〔荔枝砲〕用細泥打爛做成圓砲，厚（明制）一寸，腹空，空藥二合，留小指大一孔，窑内燒過。將硝一斤，黄四兩，杉木灰四兩，爲極細末，慢慢磨入砲内。約有九分藥，以竹一節釘入，中孔處入藥信，以紙糊定，如空空。掘墩臺之賊，點火擲下擊賊，砲響碎破，砲尾擊破之，火藥燒之。臨陣，每軍（人）可帶十數箇，臨敵時，燃火遠拋，則砲炸石碎，毒砂亂拋，鼻聞其煙，人馬噴涕不止，兩目難開，手足無措。"

荔枝砲
（明茅元儀《武備志》）

鑽風神火流星砲

　　一種爆炸致毒性火藥兵器。創製於明，由宋鐵火砲發展而成。生鐵鎔鑄，狀圓如球，内藏多種火藥，中置藥信，燃信火發砲碎，殺傷敵之人馬。此砲有大、中、小三型，大者用驟馬馱入敵陣，中者用母砲發出，小者用手擲出，各有所用。明茅元儀《武備志·軍資乘·火器圖説一》："〔鑽風神火流星砲〕用生鐵鎔鑄，狀圓如毬，中藏神烟、神砂、毒火、飛火、法火、爛火等藥，用堅木爲馬，兩旁烙兩孔，分四信引於外，中留空藏一信，盤曲於中，以礬紙裹信，藏久不潮。大砲則用驟馬馱入，毒火五升，飛火五升，神砂一升，或加爛火、法火亦可；中砲則用母砲發出，毒火半升，飛火半升，神砂三合；小砲則用手持擲去，毒火三合，飛火三合，神砂三合。"

鑽風神火流星砲
（明茅元儀《武備志》）

地雷

　　布設於地下或地面之爆炸火器。由雷殼、裝藥與引爆裝置構成。按雷殼質地區分，有石、鐵、瓷、泥等；其引爆法有燃發、拉發、觸發、機發等；其布法，除單發雷外，常有用一根藥綫控制之群發雷，另有以母雷引爆若干子雷之"子母雷"。創始於明初，由宋代鐵火砲發展而來。據《明史紀事本末·燕王起兵》載，明惠帝建文二年（1400），白溝河之戰曾"藏火器地中，人馬遇之，輒爛"。之後，其製漸多，其用益廣。據《火龍經》《武備志》等書載，明軍實用地雷有十多種。其發火方式亦不斷改進，除以信香與藏伏火種發火外，又創造出鋼輪火石摩擦發火之"鋼輪發火裝置"。明軍曾廣泛應用地雷陣，擊殺敵軍。曾銑守三邊，廣設地雷，軍聲大震。戚繼光鎮薊州，製自犯鋼輪火，於沿邊臺城之下，多擺地雷陣，使邊防安然。至清代，軍中仍大量製造地雷，以適應戰爭需要。明胡宗憲《籌海圖編·兵器》："地雷式：以生鐵鑄成，實藥斗許，檀木砧至底，砧

内空心裝藥綫一條。擇
寇必由之地，掘地作
坑，連連數十，埋地雷
於坑中，内用小竹筒通
藥綫，土掩如舊，機關
藏火。賊不知而踏動，
則地雷從下震起，火
焰衝天，鐵塊如飛蝗，
著人即死。"明宋應星

地雷
（明茅元儀《武備志》）

《天工開物·佳兵》："地雷：埋伏土中，竹管通
引，衝火起擊，其身從其炸裂。"（參閱明茅元
儀《武備志·軍資乘·火器圖説》、清李漁《比
目魚·寇發》）

石炸砲

　　石質地雷。石造外殼，圓形，内裝炸藥，
安小竹筒，穿以藥綫，埋於地下，拉發、觸發
或燃發均可，火發爆碎，殺傷敵人。此砲取材、
製作簡易，便於久埋地
下。創製於明初，爲明
軍實用火器之一。多用
於守城設伏。明茅元儀
《武備志·軍資乘·火
器圖説十三》："用石造
圓形，大小不等，腹中
鑿空，裝炸藥滿，杵實

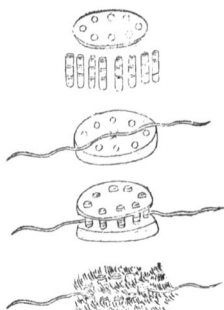

石炸砲
（清年羹堯《治平勝算
全書》）

九分，入小竹筒一節，入引綫，用紙隔藥，上
少覆乾土，土上用紙觔（糊）泥，泥平，盤藥
綫於上，守城設伏地雷，用此炸砲，火發砲碎，
且爲久埋妙器。"

地雷炸營

　　以鋼輪火石裝置引爆之地雷群。將數個長
竹炸砲安裝於方木座上，埋入地坑，上蓋穿砲

輕板，各砲藥信總合一處，與外藥綫相連，引
入鋼輪火石裝置。敵人觸動拉綫，即引爆雷群。
明茅元儀《武備志·軍資乘·火器圖説十三》：
"地雷炸營，多設關隘。以竹九寸圍者，鋸作
段，長五尺，打通，底留一節，先以生牛皮繩
縛，後以沸油灌入，良久傾出，下安藥綫，杵
作炸砲藥滿八分，入鉛鐵子，以蠟封口，挖地
坑五尺，每處下用方木坐，豎其八枝，木蓋，
隔土不侵，藥信總合一處於坑内，穿透藥綫，
引進鋼輪，火機動發即應矣。"（參見本卷《兵
器戰具説·火藥兵器考》"鋼輪發火"文）

伏地衝天雷

　　用藏伏火種引爆之地雷群。將若干地雷埋
於地下，藥綫總合一處，靠近盛火種盆，火種
接連直豎地上之刀鎗杆，敵來搖動刀鎗，火種
墜落於藥綫上，即引爆群雷，殺傷敵人。用藏
伏火種發火，較信香更爲可靠，且能延長埋伏
時間。但每隔一定時間，需添加火種物料。創
始於明，係明軍實用之埋雷術之一。曾銑守禦
三邊，曾多次以藏伏火種布設地雷陣，敵驚駭
不已。明茅元儀《武備志·軍資乘·火器圖説
十三》："地下埋伏神火法：料賊至之處，預將

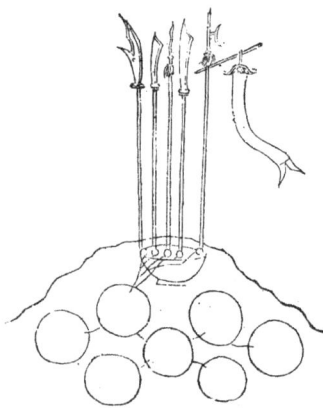

伏地衝天雷
（明茅元儀《武備志》）

地挖三尺深，將神火火砲埋伏，火種用烏盆盛，放於砲上，藥綫總盤於上，相近火種，其烏盆連於鎗刀桿上，仍以土覆平，不露其跡，鎗柄直豎插地上。賊至，見其械必來搖拔，提機關，火種倒在藥綫上，衆火齊發。”明瞿汝説《兵略纂聞》：“曾銑在邊，又製地雷。穴地丈許，櫃藥於中，以石滿覆，更覆以沙，令與地平。伏火於下，可以經月。繫其發機於地面，過者蹴機，則火墜藥發，石飛墜殺人，敵驚以爲神。”

自犯砲

以鋼輪火石裝置起爆之地雷群。雷殼製以鐵、石、瓷、瓦皆可。圓形，內裝炸藥，用小竹筒穿藥綫，外接火綫，穿火槽，入鋼輪發火裝置。踏動機關，群雷起爆，殺傷敵軍。創製於明，由前代爆炸性火器發展而來。戚繼光守禦薊州，曾多處布以地雷陣，使邊防安然。沿用至清前期，因製作複雜，使用不便，復漸被西式地雷取代。明戚祚國《戚少保年譜》卷一二：“製自犯鋼輪火。沿邊臺城之下，擇其平廣虜可集處，掘地，埋石砲於內，中置一木匣，各砲之信總貫於匣中，而匣底叢以火藥，中藏鋼輪，並置火石於旁，而伏於地上。虜馬躪其

自犯砲
（清年羹堯《治平勝算全書》）

機，則鋼輪動轉，火從匣中出，諸砲並舉，虜不知其所自。”明茅元儀《武備志·軍資乘·火器圖説十三》：“其製或鐵或石或磁或瓦燒造，空腹，如前炸砲製法，外綫通連火槽火柜，相機連連安置要路，賊犯其機，群砲皆裂。”（參見本卷《兵器戰具説·火藥兵器考》“炸砲”“鋼輪發火”文，參閲明施永圖《武備秘書·火攻神器》）

炸砲

以鋼輪火石裝置引爆之地雷群。每雷鐵鑄外殼，大如碗，內裝炸藥，以小竹筒穿藥綫，外用火綫連接入火槽，再引入鋼輪發火裝置。敵踏觸拉綫，群雷起爆，殺傷敵軍人馬。創製於明，沿用至清。明焦玉《火龍經》卷下：“炸炮，製以生鐵鑄。空腹，入藥，杵實。入小竹筒，穿火綫於內。外長綫穿火槽，擇寇必由之路，掘坑，連連數十埋於坑中。藥槽通接鋼輪。土掩，使賊不知，踏動發機，地雷震起，鐵塊如飛，火焰衝天。”明施永圖《武備秘書·火攻神器》：“擇寇必由之路，掘坑，多埋坑中，藥槽通接鋼輪，土掩，使賊不知，踏機火發，砲焰衝天，敵無不克。”（參見本卷《兵器戰具説·火藥兵器考》“地雷炸營”“鋼輪發火”文，參閲明茅元儀《武備志·軍資乘·火器圖説十三》）

神武默機火箱

引爆地雷之發火裝置。木製火箱，內藏火種，以法針連接地雷引信，觸動法針，則火種傾覆，點燃引信，遂萬彈齊發，殺傷敵之人馬。創製於明。明茅元儀《武備志·軍資乘·火器圖説十三》：“其製，用堅板作箱，大小任意爲之，箱蓋鑿二孔以通法針，蓋旁開六孔，以通香火，

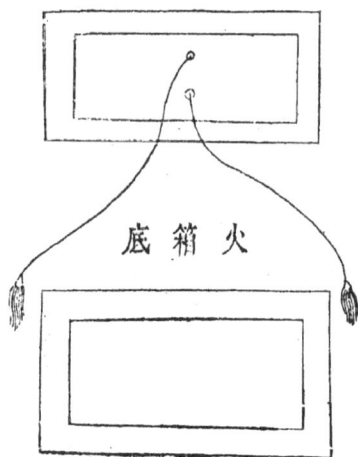

神武默機火箱
（明茅元儀《武備志》）

底用禦火之物，油漆堅固，底旁設火孔，以引三元彈神砲。此器多備，遇警藏於賊所由之處，一動其機，萬砲齊發，萬馬倒，萬人斃。"

萬彈地雷砲

以鋼輪發火裝置引爆之大地雷。於大瓷罈內裝滿炸藥，中安藥綫，埋於地下，其上堆滿石塊，以長竹竿穿火綫與罈內藥綫連接，再引入鋼輪發火裝置。敵至，踏動火綫發機，或以人扯動發火，地雷頓炸，殺傷力甚大。創始於明，爲明軍實用火器之一。明茅元儀《武備志·軍資乘·火器圖説十三》："用大窰罈一箇，

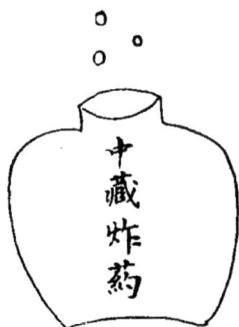

萬彈地雷砲
（清年羹堯《治平勝算全書》）

盛炸藥盡滿，中鑿眼一箇，以裝藥綫，罈口用土填緊。探虜出没之處，掘地丈餘，上用亂鵝卵石堆滿，仍用泥土蓋平。再用鋼輪一箇，埋藏如法，將竹竿作爲藥路，引入罈内或遠處，用人扯拽或拌索，以物加上誘之。輪火一發，其罈炸裂如雷，泥土亂石衝天，強寇遭之，有不披靡者乎？乃火攻中最狠者。"

無敵地雷砲

鐵質地雷。生鐵鑄外殼，圓形，内裝火藥，中安小竹筒，穿以藥信，預埋地中。其引爆方式，一爲在藥信上方以烏盆盛火種覆之。一爲以長竹竿穿火綫與藥信通接。可由兵士在遠處點火引燃，亦可將火綫入鋼輪發火裝置。火發雷炸，殺傷敵軍人馬。創製於明，爲明軍實用火器之一。明佚名《火龍神器録·埋伏火龍神器》："砲用生鐵鑄，以極圓爲妙。或用藥一斗，或五升，或三升，神火、毒火、發藥合宜而用。堅木爲法馬，分作三信，以防閉塞，合通火竅。料賊必到之地，先埋於地中，或馬到機發，擊石取火；或賺賊入套，與號爲令，火發砲響，奮擊如飛，勢如轟雷，不及掩耳。"（參閱明茅元儀《武備志·軍資乘·火器圖説十三》）

渡水神機砲

埋伏於水旁之拉發地雷群。將數十個爆炸性火砲總於一根藥信，藏於竹筒，埋入地槽，又以長繩繫藥信於用瓷盆裝盛之火種旁。敵至，隔水拉繩，砲由火種引發，突然爆擊，殺傷敵軍。創始於明，明軍曾多次用以制敵。明茅元儀《武備志·軍資乘·火器圖説十二》："渡水神機砲者，隔水爲陣，欲用火攻勝之。倘我兵寡，勢不能敵，必暗使細作之士，將砲埋險要之處。元（玄）妙在藥信（二三十砲總於一信，

渡水神機砲
（明茅元儀《武備志》）

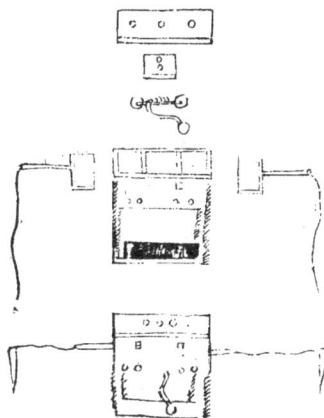

鋼輪發火
（明茅元儀《武備志》）

機動則砲齊發）。將地掘槽，用猫竹剖爲兩半，中剜去節，用礬水浸紙曬乾，裹其藥信（則不生潮），藏於竹內，埋於地槽，仍以土掩覆，將磁盆對合，敲眼與竹口相對，以埋法火，火種用不灰木製合（用鐵精、乾漆、不灰木、硝、硫等物合之），埋於地，經一二月，遇雨水亦不息，機將長繩繫於藥信，垂於火種之旁。賊至，用繩拽動其機，則砲應手而發（砲藏神砂著賊，立瞎雙睛，磁屑著賊見血封喉，毒火著賊立時腐爛，鉛子著賊透腹穿心），隨出奇兵以應之，無有不敗，雖鬼神亦莫測其機也。"（參閱明施永圖《武備秘書·火攻神器》）

鋼輪發火

用鋼輪摩擦火石之機械發火裝置。用於引爆地雷或水雷，較香火與藏伏火種之引爆時機更爲準確可靠。其制：用榆槐木製一長方鋼輪匣，內裝能轉動之鐵軸，軸兩端各裝一鋼輪，輪周相對之木匣內，各裝火石數塊，與鋼輪緊接，相近之處置發藥。軸捲長繩，其上端固定於軸，下端經匣底方孔通出，懸一重石硾。匣

周圍多鑽藥綫眼，將藥綫連於發藥上，并穿竹火槽通接地雷與水雷。全匣埋入地下。其發火式，一爲於鐵軸上裝尖端橫板，以鐵針阻住橫板，使鐵軸不轉，針鼻拴游綫，交橫遠擊釘地。游綫動，鐵針離，重石硾下降，鐵軸轉動，摩擦火石，發出火花，引燃發藥，再由藥綫傳火，引爆地雷或水雷。二爲用兩塊阻板托住重石硾，阻板外各由鐵針通向架外，針鼻各拴游綫，遠釘於地。扯動游綫、鐵針，拉開阻板，重石硾下降，鋼輪火石摩擦發火，即刻引爆之。三爲用一塊木板托住重石硾，木板一端固定，另一端裝一鐵銷，活放於鐵圈內，以繩繫定，引出在外。扯動游綫，提動鐵圈，脫離鐵銷，木板自下，重石硾下降，石上火起，即刻引爆之。"鋼輪發火"創製於明，是當時先進發火裝置。係用重石硾自身重力向下運動原理而設製之傳動機構，曾廣泛用於地雷引爆，發揮出重要作用。（參閱明茅元儀《武備志·軍資乘·火器圖說十三》）

黃冕地雷

江蘇候補知府黃冕研製之地雷。其模鑄法

爲：內用泥胚，外用木模，鑄成半球式、正方體式、長方體式、三角體式等鐵質外殼。除去泥胚，使雷殼中空，裝填炸藥與鐵刃等件，殼留小孔，安藥綫，供引爆。經魏源研究，以此爲拉發式地雷。清道光時已見行用。清黃冕《地雷圖說》："地雷造法，空其中，以藏利器，以出藥綫，竅其旁，內用泥胚，外用木模，鑄成後去泥實藥。一切如造炸彈之法。每具輕者一二十觔，重者一二三百觔，計每鐵十觔，配炸藥一觔許，輕重照數加減。一造地雷之法，以閉氣緊固爲得力，一二十觔者留孔方圓不過一二分，一二百觔者留孔不遇一寸，鑄成時宜用口對孔吹之，遇有鐵窩露氣之處，宜以油灰粘糊，使不出氣爲度。一地雷一二十觔者可擊數十丈，一二百觔者，可擊數百丈。"

水雷

布設於水中用以炸毀或擊穿敵船之火器。其制：一爲鐵鑄雷殼，內裝炸藥與發火裝置，外加密封，沉入水中，遇敵船引爆之。明宋應星《天工開物》所載之"混江龍"，明茅元儀《武備志》所載之"水底龍王砲"即是。一爲將特製火炮與發火機械連裝，密封後置於水中或敵船底下，屆時引發彈丸，擊穿敵船，使之漏水沉沒。明唐順之《武編》中之"水底雷"、明茅元儀《武備志》中之"既濟雷"等即是。按其布設狀態，可分爲錨雷、漂雷、沉底雷等。其發火方式，有拉發、觸發、機發等種。創始於明前期，明清水戰中曾廣泛使用。（參閱明唐順之《武編前卷五·火》、明宋應星《天工開物·火器》、明茅元儀《武備志·軍資乘·火器圖說十二》）

水底雷

拉發錨雷。係將大將軍銃密封於大木箱內，沉入水中，下用鐵錨定位，箱內藏伏火種，用繩索連接發火裝置，拉至岸邊。敵船接近，以伏兵拉動火種，引燃銃發。創始於明，係明水軍實用水雷之一。明唐順之《武編前卷五·火》："水底雷。以大將軍爲之，埋伏於各港口。遇賊船相近，則動其機，銃發於水底，使賊莫測，舟楫破而賊無所逃矣。用大木作箱，油灰粘縫，內宿火，上用繩絆，下用三鐵錨墜之。"

水底鳴雷

觸發水雷。將鐵雷密封於大缸中，沉入水底，以繩索繫其發火裝置，再橫於水面下明制一二寸處，敵船觸動繩索，機落發火，水雷爆炸，擊毀敵船。（參閱明王鳴鶴《火攻答》）

水底龍王砲

定時爆炸漂雷。熟鐵製造外殼，重明制四、五、六斤，內裝炸藥一斗或五升。上安信香引火，其長短據敵船遠近而準定。外裹以牛脬，密封，載於木牌上，再用硝羊腸引於水面通氣，

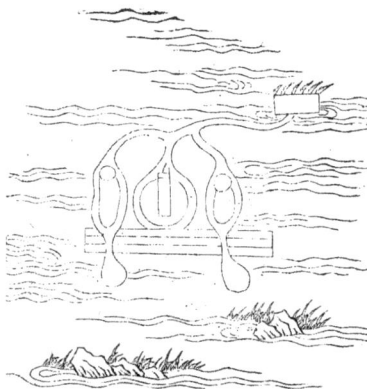

水底龍王砲
（明茅元儀《武備志》）

并用鵝雁翎作浮，不致熄滅火種。據水流與敵船入水深度，以石塊墜入水中，乘夜順流放下，近敵船時，香到火發，砲從水底爆炸，擊碎敵船。創製於明前期，爲明水軍裝備火器之一。至鴉片戰爭時，清水軍仍有應用。明茅元儀《武備志・軍資乘・火器圖説十二》："砲用熟鐵打造，以木牌載之，其機巧在於藏火，砲上縛香爲限，香到信發（或一更或三更，準定香限寸數時刻不差），裹以牛脬而不通氣，則火悶死，通以羊腸（硝過夾以粗鐵綫），上以鵝雁翎爲浮，隨波浪上下，則水灌入而火亦死。其機之玄妙有如此，量賊船泊處，入水深淺，將重石墜之，黑夜順流放下，香到火發，砲從水底擊起，船底粉碎，水入賊沉，可坐而擒也。"清林福祥《平海心籌》卷上："〔水底龍王砲〕機在藏火，砲內縛香爲限，香到心行，時刻不差，裹以牛脬，通以羊腸，硝過，上用鵝雁翎蕩板，量敵船之遠近，較準時刻，順流放下，香到火發，砲從船底擊起，敵船粉碎矣。"

既濟雷

定時發炮水雷。將鐵鑄大口徑短管砲裝足發藥與大鉛彈，藥信連接信香，裝入狗皮袋中，以兵士携之，泅水至敵船停泊處，釘於敵船底上，香到砲發，擊毀敵船。創製於

既濟雷
（明茅元儀《武備志》）

明，爲明軍實用火器之一。明茅元儀《武備志・軍資乘・火器圖説十二》："〔既濟雷〕水戰用打船底，鐵鑄大砲長一尺五寸，徑四寸，內藏送藥二斤，藥信盤曲於砲上，放大鉛彈重二斤，用黄蠟封口，用狗皮一張縫袋，將砲兜在居中，四足用四錐，鑽釘賊舟底上，每一舟底用砲八箇，香到砲發，船底粉碎，則舟沉，賊可生擒也。"

混江龍 [1]

拉發水雷。其制與"水底龍王砲"相似，唯改信香發火爲火石、火鐮摩擦發火，使點火更爲可靠。創始於明，爲明軍實用水雷之一。明宋應星《天工開物・佳兵》："混江龍。漆固皮囊，裹炮沉於水底，岸上帶索引機。囊中懸吊火石、火鐮。索機一動，其中自發。敵舟行過，遇之則敗。然此終癡物也。"（參見本卷《兵器戰具説・火藥兵器考》"水底龍王砲"文）

潘仕成水雷

廣東候補道潘仕成與美國軍人壬雷斯研製之水雷。始於鴉片戰爭後。此種雷以密封之木箱爲外殼，箱壁垂挂鐵墜，沉入水中，上用鐵鏈或繩索懸接於一浮球。箱成扁六棱柱體，分大中小三型，內裝炸藥、水鼓、引爆裝置等機件，箱頂有護蓋、藥蓋與羅蓋。施放時，令善潛水者將其送至敵艦底，以引繩繫於錨索上，再將護蓋上木塞拔去，潛游離艦，經時五六分許，海水通過細管注入皮水鼓內，使其漲起，帶動杠杆使彈簧錘脱落，撞擊火帽，引爆，炸毀敵艦。清道光時已見行用。清潘仕成《攻船水雷圖説》："凡九閱月而水雷成，演試以徑尺餘西桅數百本〔木〕，聯貫六層，排比周密，纜桅成簰，廣袤七尺餘，厚約六七尺，將礮具載

火藥二百觔，安置簹底，須臾機發，如迅雷驚霆，烟焰燒空，木植飛騰折裂。屢試輒驗，夫夷船底厚不過尺，似此礟力猛銳，又何堅之不摧，何敵之不破哉。”道光二十三年（1843）九月，所製此雷又於天津大沽海口試爆成功。天津道據情覆奏：“用厚八寸長丈六杉木四層，共厚三尺六寸繫備木筏，安於海河，墜定錨纜，將喫藥百二十觔水雷送至筏底，繫定引繩，拔塞後待時四分許，轟然一聲，激起半空，將木筏擊散，碎木隨烟飛起，其海河水勢亦圍圓激動，洵爲火攻利器。”

手榴彈

用手投擲的彈藥。因其早期外形與破片像石榴或石榴子，故名。一般由彈體、引信兩部分組成。彈體有柱形與卵形兩式，有的帶有手柄，内裝炸藥與其他物質。有殺傷、燃燒、發烟、照明、毒氣與反坦克等不同作用的彈種。引信多爲擊發或拉發延期引信，也有用電觸發和延期雙重引信者。主要裝備於步兵，用以殺傷敵人有生力量、破壞其技術裝備或執行其他戰術任務。中國製造手投彈藥歷史悠久。宋代發明的“火毬”，明代製造的“萬人敵”等，皆爲此類火器。

古代火箭

火箭[2]

古代一種利用火藥燃氣向後噴射之反作用力飛往目標之兵器。“火箭”一詞最早見於《三國志・魏書・明帝紀第三》“〔太和二年〕十二月，諸葛亮圍陳倉，曹真遣將軍費曜等拒之”裴松之注引《魏略》：“〔郝昭〕以火箭逆射其雲梯，梯然，梯上人皆燒死。”其時之火箭，係將浸滿油脂之麻布等易燃物，綁縛箭鏃近處，點燃後以弓弩射向目標。與後世之火箭有別。宋初，始用火藥代替上述易燃物，出現火藥箭，袛是仍以人力擲射爲動力。當以火藥爲動力之反推火箭問世後，雖仍沿用此稱，但其性質已發生根本變化。北宋後期，中國民間流行能高飛之“流星”，已是利用火藥燃氣反衝力而飛行之“烟火”。不遲於12世紀，最早之軍用火箭產生。其制：於普通箭杆近鏃處縛以噴口向後之火藥筒，點燃藥綫後，氣體向後噴出，推動箭體前進。以火藥筒爲動力部，箭鏃爲戰鬥部，用箭杆、尾翎與配重鐵塊穩定飛行。其結構雖簡略，但就其工作原理與組成部分而言，則爲現代火箭之雛形。一些當時被稱爲“雷”或“砲”之兵器，其實亦爲此類火箭。宋高宗紹興三十一年（1162），宋金采石磯之戰中使用之“霹靂砲”，已爲諸多專家共識爲早期火箭。至明代，火箭技術迅速發展，其火藥筒、戰鬥部與發射裝置均有較大改進，并適應軍事需要，研製成單發火箭、多發齊射火箭、二級火箭、有翼火箭等種類繁多之火箭兵器，大量裝備於明軍，廣泛運用於戰場，被稱爲“軍中利器”。明戚繼光《紀效新書・布城諸器圖説》：“夫火箭亦水陸利器，其功不在鳥銃下。”清代前期，火箭仍爲軍隊裝備火器之一。《清通典・兵十一》：“火器，大者曰礟……小者曰鳥鎗，曰火甎，曰火毬，曰火箭。”火箭係中國古代重大發明之一，對世界火箭兵器發展具有深遠影響。（參閲明焦玉《火龍經》、明茅元儀《武備志・軍資乘・火器圖説》）

一窩蜂

多發齊射火箭。在六面體木桶内裝神機箭32支，藥筒長明制四寸，箭杆長明制四尺二寸，鏃塗毒藥；前後以格眼板爲箭定位，藥綫會總於火門處，以手持箭桶或架於車船之上控

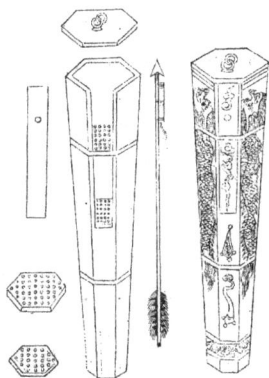

一窩蜂
（明茅元儀《武備志》）

制射向，點火齊發，射程可達三百餘步。水陸戰皆宜。平時有木蓋封口，防其潮濕。創製於明代前期，爲明軍裝備火器之一。據載：明惠帝建文二年（1400）李景隆率明官府軍與朱棣戰於白溝河時，曾使用此火箭齊射朱棣軍。此爲中國史籍關於使用反推火箭作戰之最早記載。明茅元儀《武備志·軍資乘·火器圖説六》：“木桶内貯神機箭三十二枝，名曰一窩蜂，須製造如法，力能貫革，可射三百餘步……用之南北水陸，靡所不宜……在西北多用車戰，每車可架十數桶。去敵二百步外，總線一燃，衆矢齊發，勢若雷霆之擊，莫敢當其鋒者；且至輕，陸兵人人可以負行。每營或數十桶，或百桶，多多益善。”清袁宮桂《汧澼百金方·製器》：“木桶内貯神機箭三十二枝，以射虎毒藥塗於鏃頭……若守城，則垂其頭，向賊放之。”（參閲《明史·兵志四》）

二虎追羊箭

多火藥筒并聯火箭。將推進火藥筒兩個并聯縛於箭鏃後端，毒火藥筒一個縛於箭翎前方，噴口向前，代替配重鐵塊，前後藥綫通連，點燃推進火藥筒，火箭飛向目標，并引燃劣火藥筒噴火，焚毀敵之戰具。箭上配置之三鋒鐵鏃亦可殺傷敵人。射程可達五百餘步。多火藥筒并聯推進，可增大射程及投送重量，係火箭技術進步之表現。創製於明，爲明軍實用火器之一。明茅元儀《武備志·軍資乘·火器圖説

二虎追羊箭
（明茅元儀《武備志》）

六》：“二虎追羊箭，箭杆長五尺，一股三簇，行火藥筒二，筒向翎；毒火藥筒一，筒向簇。共三筒。徑七分，長四寸五分，縛於一竿，發五百步，行火藥二筒，火從出畢，會至劣火藥筒，火出能焚燒棚寨，及燒敵船，及毀敵之房舍。”明焦玉《火龍經》卷下：“〔二虎追羊箭〕箭杆長五尺，一頭三鏃，以發火藥二筒、毒火藥一筒參差縛定，而鏃邊毒火筒長四寸五分，發火筒長七寸，先燃發藥放箭，箭近敵營則信已到毒火筒邊，火毒發開，燒營寨衣甲，燒眼目口鼻，水戰立燒船篷，妙不可言也。”

七箚箭

七發齊射火箭。將七枚火箭分裝於七竹箚内，藥信總會於用牛皮製作之護手前，點火後七箭俱發。破陣殺敵，威力甚大。爲明軍實用火器之一。明茅元儀《武備志·軍資乘·火器圖説六》：“〔七箚箭〕用竹七根，長四尺，徑

八分，打通節，内外光淨聽用。火箭桿長四尺五寸，翎長四寸，藥筒長四寸五分，徑一寸二分，黃土封後。一頭箭簇長二寸三分，四棱有槽，塗見血封喉藥，離口四指半稱平，恐尾輕，用鐵釘作墜子，務要稱得匀平爲則。箭七

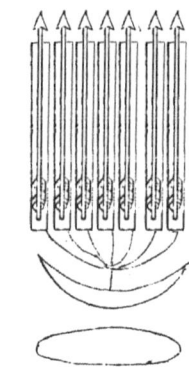

七筩箭
（明茅元儀《武備志》）

矢，用前七筩緔爲一處，用牛皮作盤子護手，安箭七矢於内信總頭。護散騎摧鋒挫銳之法，疾騎難逃，用百具火破齊整之陣，有二百步之力。護手皮漆過，下用皮兜住，免磨藥信。"明焦玉《火龍經》卷下："用粗竹七根，長五尺餘，通節爲筒。入長神機箭一枝，箭鏃長二寸三分，爲四棱槽，以蘸虎藥，但要將箭頭梢頂藥筒，當要稱平爲準，入各筒。信藥總一處，縛緊竹筒。一牛革爲盤，軟皮作兜，輕便易携。黑夜白日燒營劫寨，真利器也。"

三隻虎鉞

三發齊射火箭。於三隻鐵管内安三支火箭，藥綫會合一處，點火後，三箭俱發，主要用於對敵散騎作戰。創製於明，爲明軍實用火器之一。明茅元儀《武備志·軍資乘·火器圖說六》："〔三隻虎鉞〕一如鐵銃，管長腹大，即今神鎗也。三銃三管，内三條藥綫俱合會於中。一點火，三矢俱發，與鎗無異。三矢易

三隻虎鉞
（明茅元儀《武備志》）

於獲賊人散騎，亦善攻步隊。"

小五虎箭

小型五發齊射火箭。其製法與"五虎出穴箭"同，唯欲輕便，故稍變其制。以荆棍爲杆，長明制一尺八寸，翎後配鐵硾，其藥筒長四寸。（參見本卷《兵器戰具說·火藥兵器考》"五虎出穴箭"文。參閱明茅元儀《武備志·軍資乘·火器圖說六》、明焦玉《火龍經》卷下）

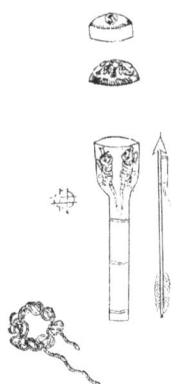

小五虎箭
（明茅元儀《武備志》）

小竹筒箭

多發齊射小型火箭。以小竹筒作發射裝置。皮蓋覆口保護，皮箍筒尾加固；内藏小火箭十枚，箭長明制九寸，翎後有配重鐵硾，藥筒長明制一寸五分；藥綫會總一處，自火門透出。遇敵燃火齊發，可達二百餘步。創製於明前期，箭短且速，製作簡便，係明軍實用火器之一。明何汝賓《兵録·製器煉鐵法》："〔小竹筒箭〕每筒藏短火箭十枚，亦以毒藥塗鏃，重不過二斤，每兵可負四五筒，敵不知爲何物。候至百步之外，忽然火齊發，箭短且速，敵安能避？則一兵可兼數十人之技。凡將領隨從旗健雜流，俱可負帶。試其力，能貫薄板，發時舉竹筒稍昂，可至二百餘

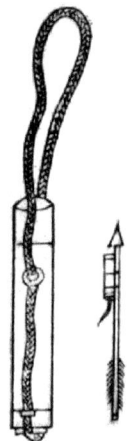

小竹筒箭
（明何汝賓《兵録》）

步，勿謂箭小而忽之也。"（參閱明茅元儀《武備志·軍資乘·火器圖説五》）

五虎出穴箭

五發齊射火箭。將毛竹筒一端劈開，編成籃狀，内藏火箭五枚，箭鏃塗毒藥，藥綫并聯，點火齊發，可射遠五百步。輕便勢猛，適於步、騎戰。爲明軍實用火器之一。明茅元儀《武備志·軍資乘·火器圖説六》："〔五虎出穴箭〕用小猫竹筒，上劈開六寸許，編成一籃，内外漆布堅密，以備雨濕。筒口用鐵條分爲井字形，藏箭五枝。神機藥筒長四寸，荆木二尺五寸長爲桿，翎後加以鐵硪，離筒口六指，稱量相平爲準，竹小取其輕便，編籃方可容五藥筒，此箭可發五百步，塗以射虎毒藥，勢極猛烈，故以五虎名之。人負一筒，可兼十人之勇，邊塞馬上用之甚便。"（參閱明焦玉《火龍經》卷下）

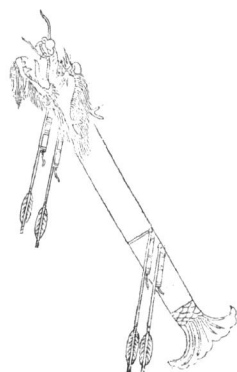
五虎出穴箭
（明茅元儀《武備志》）

火龍出水

二級火箭。因水戰中如火龍出於水面，故稱。用毛竹作龍身，木雕龍頭龍尾，龍腹裝火箭數枝。頭與尾下各安火箭筒二，四藥綫相連，會總一處，并與腹中火箭藥綫通接。若水戰，離水面明制三四尺，先點燃火箭筒，推動火龍飛去，待其將燃盡時，藥綫再引燃龍腹火箭，由龍口飛出。焚燒敵之船帆。亦可用於陸戰。創製於明。爲現代多級火箭之始祖。明茅元儀《武備志·軍資乘·火器圖説十二》："〔火龍出水〕用猫竹五尺，去節，鐵刀刮薄，前用木雕成龍頭，後雕龍尾，口宜向上，其龍腹内裝神機火箭數枝。龍頭上留眼一箇，將火箭上藥綫俱總一處，龍頭下兩邊用斤半重火箭筒二箇，其筒大門宜下垂，底宜向上，將蔴皮魚膠縛定，龍腹内火箭藥綫由龍頭引出，分開兩處，用油紙固好裝釘，通連於火箭筒底上，龍尾下兩邊亦用火箭筒二箇，一樣裝縛。其四筒藥綫總會一處，捻繩。水戰可離水三四尺燃火，即飛水面二三里去遠，如火龍出於江面，筒藥將完，腹内火箭飛出，人船俱焚，水陸並用。"

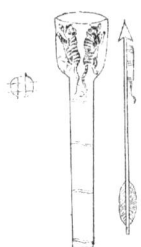
火龍出水
（明茅元儀《武備志》）

火龍箭

多發齊射火箭。以竹篾編筒，内裝火藥箭十八或二十支，各藥綫會總一處，由筒旁綫眼透出。一人手持發射，用以焚燒敵之糧草、城樓、船帆及燒殺人馬，水陸戰皆宜。創製於明前期，爲明軍裝備火器之一。明何汝賓《兵録·製器煉鐵法》："〔火龍箭〕用竹篾編筒，長四尺，口大尾小，紙糊油刷，以防風雨。内編橫順閣箭竹口三節，上編捉綁，前身旁留小眼，穿藥綫，總聯内起火綫上。每筒裝十七八枝，或二十枝，鋼箭頭塗毒藥。起火前揑明火一丸，焚糧草城樓船隻俱妙，遇敵則前衝可也。"

四十九矢飛廉箭

多發齊射火箭。以篾編造竹籠，内藏火箭四十九支，藥信匯流排會於籠底部。前端加蓋，以防雨濕。點火後，四十九矢齊射，順風放去，威勢甚猛。爲水陸戰利器。創製於明前期，由單發火箭發展而來。明佚名《火龍神器・陸戰火龍神器》：〔四十九矢飛廉箭〕編篾爲籠，中空圓眼，約長四尺，外糊紙帛，內裝四十九矢，以薄鐵爲鏃，鏃銼三鉤，蘸以虎藥，賊中立斃。"明茅元儀《武備志・軍資乘・火器圖說六》：〔四十九矢飛廉箭〕內裝四十九矢，以薄鐵爲鏃，捲紙爲筒，長二寸許。前裝燒火，用砒霜巴豆合後裝催火發藥也。縛於鏃上，順風放去，勢如飛蝗，着賊則腐爛，掛篷則焚燒，賊心驚怖，且焚且溺，破之必矣。前裝爛火藥、神火藥，各對分，後裝催火發藥，務首尾輕重相等，則去遠。或箭蘸虎藥，中賊則見血封喉。亦水戰之利器也。"（參閱明施永圖《武備秘書・火攻神器》）

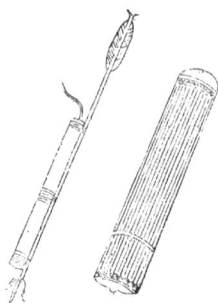

四十九矢飛廉箭
（明茅元儀《武備志》）

百矢弧箭

以紙筒施放之多發齊射火器。在六個特製小紙筒內，各裝竹鏃箭矢數支、多半筒火藥，藥綫連貫一處。點燃藥綫，火藥氣體膨脹，使筒內箭矢齊發。製用簡易，適於近距離作戰。明茅元儀《武備志・軍資乘・火器圖說六》："百矢弧箭……用白礬、瀝青製過紙筒六箇。長五寸，徑一寸五分，裝藥多半筒，連中心繫縛一處。每筒內裝箭數枝，箭用老竹削，長五寸，如弩箭。頭用松香

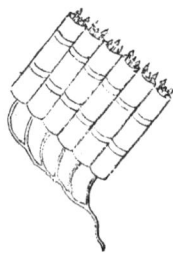

百矢弧箭
（明茅元儀《武備志》）

汁蘸過，火內炙乾，刮磨快利，其硬如鐵，藥綫貫連，宜於近用。"

百虎齊奔猛箭

多發齊射火箭。在方形木匣內裝百枚帶毒鏃之火箭，通過匣內上下二層相同規格之格眼板分別給其定位。各藥綫會總一處，點火齊射。通過手控箭匣或架設一定角度，確定射角。若架於車船之上，可增其機動威力。宜於水陸作戰。創製於明代，由單飛火箭發展而成。明焦玉《火龍經》卷下："匣內用猛箭，藥筒長三寸，肥短竹桿，長一尺六寸，共百矢。翎後加以鐵砸，離筒口四指，稱量相平爲準，能發三百步之外，一發百矢。塗以射虎毒藥，威力甚猛，故以立名。若用之舟車，即可隨意改制，長（爲）大神機式樣更雄。此式短小，特爲陸地步戰一人背負設耳。"（參閱明茅元儀《武備志・軍資乘・火器圖說六》）

長蛇破敵箭

多發齊射火箭。在口大尾小之木匣內裝箭三十支，箭鏃塗以劇毒藥，上下以格眼板爲其定位，藥綫會總於火門，靠手控箭匣角度把握發射方向，點火齊發，射程達二百餘步。上有皮木蓋封口，并置火門板與鐵鰲防其受潮。明茅元儀《武備志・軍資乘・火器圖說六》：〔長蛇破敵箭〕木匣內藏火箭三十枝，藥筒長四寸，桿長二尺九寸，俱以射虎毒藥塗在鐵鏃，每匣重不過五六斤，令一兵負之，候敵至二百步內，忽然火齊

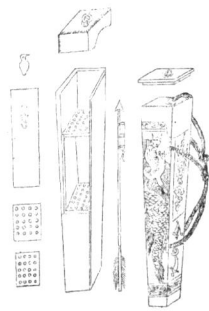

長蛇破敵箭
（明茅元儀《武備志》）

發，威勢毒烈，一兵賢於三十兵，故以立名。"
（參閲明焦玉《火龍經》卷下）

神火飛鴉

多火藥筒并聯有翼火箭。以竹、紙爲外殼，形如飛鴉，故稱。創製於明前期。初時鴉腹藏神火、飛火、爆火，尾縛一催火筒。後據實戰需要，腹藏均爲炸藥，增火藥筒爲四，并聯縛於鴉翅下，其戰鬥部實爲炸彈。用時，先點燃四藥筒飛去三百步外，待將墜地，再引爆炸藥，殺傷敵人，焚燒敵之戰具物資。明茅元儀《武備志·軍資乘·火器圖説十》："〔神火飛鴉〕用細竹篾爲簍，細蘆亦可，身如斤餘雞

神火飛鴉
（明茅元儀《武備志》）

大，宜長不宜圓，外用綿紙封固，内用明火炸藥裝滿，又將綿紙封好，前後裝頭尾。又將褙紙裁成二翅，釘牢兩旁，似鴉飛樣。身下用大起火四枝，斜釘，每翅下二枝。鴉背上鑽眼一箇，放進藥綫四根，長尺許，分開釘連四起火底内。起火藥綫頭上另裝扭總一處。臨用先燃起火，飛遠百餘丈，將墜地，方着鴉身，火光遍野。對敵用之，在陸燒營，在水燒船，戰無不勝矣。"後來，製者又以毒火、毒烟藏其中，用信香引燃，以縱火、布毒、發烟。明施永圖《武備秘書·火攻神器》："〔神火飛鴉〕用篾爲之，照今人清明時所放紙鳶，或八角，或圓，或鳶，中藏毒火、毒烟等，藥信上結綫香一段，香盡信然，綫斷鳶落，火焰齊發，燒營焚船之妙著。"火箭以多藥筒推進，可增大飛行距離與負重量；加翼，則又增其穩定性，使具一定滑

翔力，并可借風力增加飛行高度與距離；用火藥直接殺傷目標，較冷兵器殺傷威力更大。此爲火箭技術之重大進步。（參閲明焦玉《火龍經》卷下、明佚名《火龍神器·攻擊火龍神器》）

神火箭屏

多發齊射火箭。於方形木箱内裝火箭百餘枚，各藥綫總會於火門處，以藥綫繫於種火庫。下設兩木墩支撐，中有轉機鐵軸將箭屏連接於墩。機動火發，衆箭齊飛。明茅元儀《武備志·軍資乘·火器圖説八》："〔神火箭屏〕用木板造此箱，尺寸可容火箭百餘枝，下二座墩，中以活轉機鐵軸。凡遇賊攻，預置要路，機動火發。箭飛數百步，造此數百具，亦大助耳。"

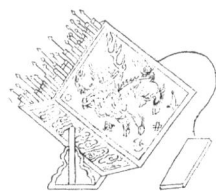
神火箭屏
（明茅元儀《武備志》）

神機箭

二三發齊射火箭。用大竹筒作發射裝置，内入火箭二三支，鏃醮毒藥，藥綫會總一處，透出筒外，遇敵燃火，順風而發，射程百步，水陸戰皆宜。創製於明初，由前代單發火箭發展而來。明鄭若曾《籌海圖編·兵器》："〔神機箭〕造法：礬紙爲筒，内入火藥，築令滿實；另置火塊，油紙封之，以防天雨；後鑽一孔，裝藥綫，用箭竹爲幹，鐵矢鏃如燕尾形，末裝翎毛；大竹筒入箭二矢，或三矢。望敵燃火，能

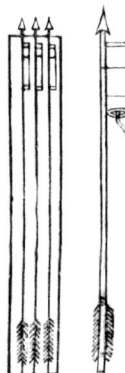
神機箭
（明何汝賓《兵録》）

射百步，利順風，不利逆風，水陸戰皆可用。用之水戰，能燔舟篷；用之陸戰，能毀巢穴，中毒必死。"（參閱明戚繼光《紀效新書·布城諸器圖説》、明茅元儀《武備志·軍資乘·火器圖説五》、清袁宮桂《浒澼百金方·製器》）

飛空砂筒

可往返飛行之二級火箭。用薄竹片作箭身，頂端安倒鬚鎗，將兩個火藥筒顛倒交縛於箭身前端兩側，一筒口向後，爲飛去藥筒，一筒口向前，爲飛回藥筒。另以一毒砂筒置於飛去藥筒之上，三筒藥綫依次通連。以"竹溜子"發射。火箭飛至目標，倒鬚鎗釘敵船篷帆，毒砂筒爆炸，火燒砂落，敵傷目難救。此時藥信引燃飛回藥筒，火箭返回。用於水陸戰，陸戰不用倒鬚鎗。始見於明中期典籍。明唐順之《武編前集·火》："〔飛空砂筒〕用白竹片爲身，用起火二筒，交口顛倒之，連身長七尺，徑一寸五分，絲麻纏綁一處，前筒口向後，後筒口向前，此來去身也。前用爆瘅（竹）一箇，長七寸，徑七分，安在筒頭上，藥綫置起火筒內，爆外用三四層夾紙作圈，筒連起火粘爲一處；爆外圈內裝前製過砂，糊嚴密，頂上用薄倒鬚鎗，如在陸地不用此鎗。"明茅元儀《武備志·軍資乘·火器圖説八》："〔飛空砂筒〕放時先點前起火，用大茅竹作溜子，照敵放去，剌彼篷上，彼必齊救，信至爆烈，砂落傷目無救，向後起火筒發動，退回本營，敵人莫識。"有學者從物理學角度考

飛空砂筒
（明茅元儀《武備志》）

辨，認爲此火箭不可能飛回，仍待研究。

飛空擊賊震天雷炮

有翼火箭。以竹篾編爲球殼，內裝一送藥筒，餘裝火藥與帶毒鐵菱角，藥綫相接，兩旁各安一風翅。先燃送藥筒，推箭體至目標；再引燃其餘火藥，爆碎殺傷敵人。係明軍實用火器。明茅元儀《武備志·軍資乘·火器圖説二》："〔飛空擊賊震天雷炮〕其炮徑三寸五分，狀類毬，篾編造。中間用紙桿一筒，長三寸，內裝送藥，筒上安發藥神烟，藥綫接著送藥，外以紙糊十數層，油紅色，兩旁安轄風翅兩扇。如攻城，順風點信，直飛入城，待送藥盡燃，至發藥碎爆，煙飛霧障，迷目鑽孔。燒賊打陣，亦如前法。風大去之則遠，風小去之則近，破陣攻城甚妙。"又有稱"震天飛砲"者。明施永圖《武備秘書·火攻神器》："震天飛砲……順風點信，飛入賊營，藥發亂擊，身焦目瞎。"

飛鎗箭

以火藥反推力飛向目標之大火箭。其戰鬥部非一般箭鏃，而以明制三五寸長鎗頭爲之，故稱。杆大身長，藥筒亦粗，可飛去五百餘步，能射穿鎧甲。架於樹枝杈或冷兵器上，待敵至有效距離內燃放。爲當時單發火箭中威力較大者。創製於明，由普通火箭改製而成。陸戰水戰皆宜，係明軍實用火器之一。明戚繼光《練兵雜紀》卷五："〔飛鎗箭〕惟近日所造之法，其鏃長五寸，橫闊八分，或如劍形，或如刀形，

飛鎗箭
（明茅元儀《武備志》）

或三稜如火箭頭，光瑩芒利可玩，通計連身重二斤有餘，北方所未見。燃火發之可去三百步，中者人馬皆倒，不獨穿而已……此器其聲如雷，則馬驚跳躍不敢前，又高飛深入，則後行皆不可避，使敵未測所向也，凡有枝杈之物皆可架放。"明茅元儀《武備志·軍資乘·火器圖説五》：〔飛鎗箭〕鐵鏃長三寸，藥筒長八寸，徑粗一寸二分，箭桿用荆棍，長六尺，或實竹桿，徑粗五六分，翎長七寸，後有鐵硾……此即火箭之類，特以桿大身長，用鏃不同異其名耳……箭頭塗以毒藥，力能洞甲，可射五百餘步，須候敵至三百步發之，長枝短用，勢力益大。"（參閲明李盤《金湯借箸十二籌》卷一一）

飛刀箭

單發大火箭。其戰鬥部如刀形，故稱。（參見本卷《兵器戰具説·火藥兵器考》"飛鎗箭"文）

飛劍箭

單發大火箭。其戰鬥部如劍形，故稱。餘同"飛鎗箭"。（參見本

飛刀箭
（明茅元儀《武備志》）

飛劍箭
（明茅元儀《武備志》）

燕尾箭
（明茅元儀《武備志》）

卷《兵器戰具説·火藥兵器考》"飛鎗箭"文）

燕尾箭

單發大火箭。其戰鬥部如燕尾，故稱。（參見本卷《兵器戰具説·火藥兵器考》"飛鎗箭"文）

流星砲

安有紙砲之單發火箭。箭鏃近處縛一推進火藥筒，筒後安一爆炸性紙砲。箭至目標後，紙砲爆炸，用以驚嚇、殺傷敵之人馬。創製於明前期，明軍實用火器之一。明茅元儀《武備志·軍資乘·火器圖説七》："箭桿用實竹，如小指大，長四尺五寸，翎花長四寸五分，箭長五寸，徑一寸，鎗鏃倒鬚有槽，可塗見血封喉藥，長二寸五分，腳長二寸，箭打藥畢，

流星砲
（明茅元儀《武備志》）

後安紙砲一箇，與箭大小同，長一寸八分。箭中人馬，後有砲鳴，驚駭跳躍，乘亂攻之，致勝之術。"

群豹橫奔箭

多發齊射火箭。於前大後小之八面體木匣內，裝火箭四十支，前後以格眼板爲其定位，藥綫會總於火門，點火齊射，可遠飛四百步。以手控箭匣角度，確定射向。平時以木蓋封口，以防陰雨。因匣口尺寸大於匣尾，火箭定位前疏後密，故火箭飛出後有較大散布範圍。創製於明，由單飛火箭發展而成。明茅元儀《武備志·軍資乘·火器圖説六》："匣藏神機箭，筒長五寸，以肥短荆棍二尺三寸爲桿，共四十矢，翎後加以鐵硾，去筒口六指，稱量相平爲準，

力可到四百餘步，一發四十矢，匣口稀疏，稍分左右，尾後緊密架之，一發橫布數十丈。凡原野間遇敵，祇以十餘匣列陣前，橫闊數百丈皆箭矣。能左右擊敵，故名‘群豹橫奔箭’。”（參閱明焦玉《火龍經》卷下）

群鷹逐兔箭

多發齊射火箭。於長方形木匣兩頭各置火箭三十支，箭鏃塗以毒藥。以四塊尺寸相等之格眼板分別爲其定位。匣開火門，上置二層火門蓋，分別會總兩端藥綫。點火後，先齊射一頭，繼發另一頭。平時用皮木蓋封閉箭匣兩口，以防潮濕。創製於明。明茅元儀《武備志・軍資乘・火器圖說六》：“兩頭匣內各藏肥短火箭（藥筒長三寸，箭桿長一尺四寸，翎後有鐵硾）三十枝，兩頭共藏六十枝，名曰群鷹逐兔箭，因其短小猛鷙立名。每匣重不過五七斤，亦以射虎毒藥塗鐵鏃。令一兵負之，候敵至百步之外，忽然火齊發，即微傷亦未有不立斃者；放盡一頭，忽又以一頭繼之，使其莫測，是一兵而兼六十兵之技矣。”

雙飛火籠箭

多發齊射火箭。創始於明。用竹篾製籠，呈圓筒狀，長明制四尺二寸，圍五尺。籠內兩

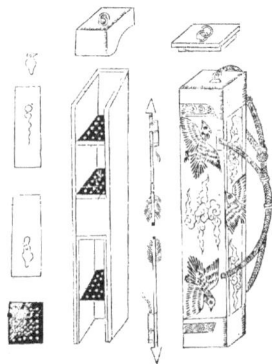

群鷹逐兔箭
（明茅元儀《武備志》）

端各藏火箭多枚，火綫并聯一處，用時先點燃火綫，再自山坡向下滾動火籠，火箭同時向相反兩個方向射出，殺傷敵人，亦可用於守城作戰。爲明軍實用火器之一。（參閱明茅元儀《武備志・軍資乘・火器圖說六》）

雙飛火籠箭
（明茅元儀《武備志》）

管形射擊火器

管形射擊火器

以火藥爲能源發射彈丸之管形兵器。泛指管形射擊之火槍、火銃、火炮各類。其身管質地，有竹、木、金屬諸種。最早之管形射擊火器始於南宋，由竹木爲體之火筒、火槍演變而成。據《宋史・兵志十一》載，宋理宗開慶元年（1259）壽春府守軍使用之“突火槍”，以巨竹爲筒，內裝火藥，發射“子窠”（子，即碎石、鉛丸等粒狀子彈；窠，即置於發射藥上承托散彈之‘馬子’），殺傷敵人。此爲世界最早之竹質管形射擊火器，已被公認爲現代槍炮之始祖。因其射程短、威力小、且易炸裂，故至13世紀即爲元朝發明之金屬管形射擊火器——“銅火銃”所取代。目前於黑龍江哈爾濱市阿城區、陝西西安市、北京市通州區等地出土之早期手銃，中國國家博物館收藏之元“至順三年”（1332）盞口銃，中國人民革命

軍事博物館收藏之"至正辛卯"（1351）手銃等，即爲此類火器實物。它們通由前膛、藥室與尾部組成。前膛用以裝填圓石彈、鐵彈或鉛彈等，藥室用以填裝火藥，室壁開有火門，從中引出藥綫，點火發射。早期火銃無統一制式標準，亦無槍、炮之別。通常將口徑、重量較大者稱爲"碗口銃"或"盞口銃"，小者稱之爲"手銃"；大者用架或用車運送、施放，多人操作發射；小者則爲單兵使用。後來，此兩者發展成槍與炮兩個系列。同火槍相比，火銃使用壽命長、射速快、威力大，故在戰爭應用中得到較快發展。至明代，火銃製用不僅形制各异，數量增多，而且工藝精細，結構更爲科學合理，品質上有較大提高。從目前各地出土之明代大量火銃實物可見而知。爲便於研究，人們依據上述槍炮區別之標準，將火銃區分爲槍與炮兩類。就槍類言，在 15 世紀前，明朝創製出許多單管槍、多管槍與單管多節槍。其特點爲：槍管較短，重量與口徑較大，直把，滑膛，前裝彈藥，用火繩點火。16 世紀初，參照傳入之佛郎機構造，增設瞄準裝置。16 世紀中葉，歐洲火繩鎗——鳥銃傳入中國。因其較明手銃類口徑減小，身管加長，裝有準星、照門，尾部爲曲形木托，采用火繩槍機，發射與口徑相吻合之圓鉛彈，使其射程、命中精度與侵徹力等均有明顯提高，故爲明廷大量仿製，裝備於軍隊。自此，手銃之製用減少。就火炮言，從元文宗至順三年（1332）盞口銅火炮問世後，經元末、明初之激烈戰爭，得以迅速發展。小型銅火炮廣泛應用於水陸作戰。明太祖洪武年間製用之碗口銃，形似文宗至順三年火炮，但管壁加厚，藥室部明顯隆起，身管外箍數道，已能承受較

大膛壓。此外，明初還創製出直膛銅、鐵炮，譬如河北寬城出土之明太祖洪武十八年銅炮，山西省博物院收藏之洪武十年大口徑鐵炮。此鐵炮爲世界最早之大型鐵鑄火炮實物。據《大明會典》載，明孝宗弘治（1488—1505）前，明廷製造之火炮，有碗口炮、神機炮、旋風炮、將軍炮等大小十餘種。一般這些火炮身管較短，射速較慢，射程較近，命中率亦較低。早期火炮在技術性能上均存在一些缺陷，譬如發射時後坐力大，跳蕩性大，且易炸裂，常有自傷現象發生，故使用時，一般除將其固定於架上外，常將其安置地坑內，以穩固炮身。約 15 世紀，發明出特製炮車，有雙輪、三輪、四輪各式。將火炮固定於炮車上發射，使其機動性增強。爲控制炮車後坐，又用鐵錨類將其固定於地上。對不同炮車之小型火炮，則用鐵釘或木樁將其固定於地上。15 世紀末至 16 世紀初，又發明出活動炮架，火炮安於其上，可上下左右轉動，便於調整射角、射向，機動火力。爲增强炮身堪抗力，除提高煉鐵品質外，多按照火藥於膛內燃燒情況，在鑄造時，由前至後遞次加厚，藥室最厚，并外加鐵箍，以減少炸膛。爲提高發射速度，"兩頭銃"與"百子連珠炮"等相繼問世。早期火炮均發射實心鉛彈、石彈，亦有發射箭矢者，後來方發射鐵彈或散彈。約 15 世紀後期，火炮始發射爆炸彈，係由宋元之"鐵火砲"演變而成。明代發射爆炸彈之火炮，有毒火飛炮、轟天霹靂猛火炮等多種。這些改進，使火炮之技術性能與威力得以不斷增强。16 世紀初期，由葡萄牙傳入有瞄準裝置之後裝子母炮——佛郎機銃，較明原有火炮之射速與命中率均有提高。明廷大量仿製，以改善明軍

火器裝備。還創製出適於多山水地區作戰之小型臼炮——虎蹲砲，威力較大之長管鐵炮，如"仁字""天字"大將軍炮等。17世紀初，歐洲一種大型加農炮——紅夷礮傳入中國，此爲當時威力最大之火炮。明廷倍加重視，成批仿製，以應戰事急需。清代前期，清廷尚能重視槍炮製用，但很少有所創新。據《清文獻通考》記，康熙十三年（1674）至六十年（1721），清廷所造之大小銅鐵炮約九百門。其形制主要有三：一是加農炮（即紅衣礮）型，如"神威無敵大將軍礮""武城永固大將軍礮"等。二是臼炮型，如"威遠將軍炮"。三是子母炮型，如北京故宮博物院收藏之鑄鐵子母炮等。所製槍械品種雖多，但多爲火繩槍，亦有少量采取燧發槍機，如轉輪式、彈簧式、撞擊式燧發槍等。直至19世紀中葉，中國槍炮大都停留於滑膛、前裝與火繩點火階段。總之，從14世紀至17世紀，中國對槍炮之研製呈現出不斷改進與發展之趨勢，亦能吸取外來之先進技術，但自18世紀至19世紀中期，因朝廷腐敗保守，閉關鎖國，致使中國槍炮鑄造技術停滯不前，大大落後於西方。（參閱明焦玉《火龍經》、明茅元儀《武備志・軍資乘・火器圖說》、清官修《皇朝禮器圖式》、國防科學技術工業委員會科學技術部《中國軍事百科全書・古代兵器》）

火銃

　　元明時對金屬管形射擊火器之通稱。始見於元初，由宋代突火槍演變而成。以銅鐵鑄造，銅質爲多。早期火銃均爲單管銃，制有大小：大者因銃口形狀不同而被稱爲"碗口銃""盞口銃"等，安於架上發射；小者衹爲單兵手持兵器，稱"手銃""無敵手銃"等。通由前膛、藥室與尾部構成，從銃口裝填藥、彈，藥室壁開有火門，安放藥綫，以點火方式發射石、鉛、鐵彈或火毬。架射者口徑較大，形體粗短，已被公認爲中國軍隊最早使用之

火銃
（明茅元儀《武備志》）

火炮。中國國家博物館所藏至順三年盞口銅銃即此類。手持者口徑較小，形體較長，前膛呈直筒形，藥室隆起，尾銎中空，可安木柄，便於操持，已被視爲早期槍類。中國人民革命軍事博物館收藏之至正辛卯銅銃即此類。後來，此兩種火銃即分別發展爲槍與炮兩個系列。因火銃較火槍具有射速快、威力大、壽命長等優點，故能迅速發展，成爲元末、明代軍隊重要火器裝備之一，在戰爭中發揮出重要作用。《元史・達禮麻識理傳》："虎賁司糾集丁壯苗軍，火銃什伍相聯。"明朝建立後，火銃製用，不僅數量大量增加，而且品質亦有很大提高。自明世宗嘉靖年起，火銃雖爲鳥銃與佛郎機逐漸取代，但爲提高射速，又創製出各種多管銃，諸如三眼銃、七星銃、車輪銃等，繼續應用於戰爭。盛行於明代二百餘年之火銃，曾對明代軍事具有重要影響。（參閱明茅元儀《武備志・軍資乘・火器圖說》）

槍銃

　　中國古代一種口徑較小、重量較輕之管形射擊火器。宋代以前之鎗，僅指具有刺殺功能之格鬥兵器鎗，全無射擊火器之含義。宋金時期創製之火槍、飛火槍等，僅爲格鬥兵器鎗與火藥筒之複合兵器，仍屬非射擊火器類。南宋

理宗開慶元年（1259）問世之竹質突火槍，已具備管形射擊火器三要素：槍筒、火藥、子窠（最早之彈丸），係世界上最早發射彈丸之槍，堪稱世界槍炮之始祖。於此基礎上，元代初期（約13世紀末與14世紀初）發明之銅手銃，已被視爲金屬管形射擊火器之早期製器。除現存元順帝至正十一年（1351）銅手銃製工精美外，餘多爲粗糙製品。明代，此類單兵手持單管火銃，在數量、品質上均有長足進步。還創製出各種形制之多管與單管多節槍，以提高射速。其共同點爲槍管較短，重量與口徑稍大，滑腟，前裝，直式木柄，以火繩點火，均屬“火門槍”類。直至明世宗嘉靖時大量仿製外來火器鳥銃後，明軍裝備之槍又有較大改進。其身管加長，口徑減小，設有瞄準裝置，改用槍機（多爲火繩槍）發火，發射與口徑相吻合之圓鉛彈，改用曲形木托，使其射程、命中率等明顯提高。鳥銃傳入後，中國火器專家精心研製，不斷革新。明神宗萬曆年間，趙士楨改嚕蜜銃槍機於槍托內，可簡化射擊動作；創製出裝有子銃之掣電銃與有五隻槍管之迅雷銃，可輪換發射，提高射速。明思宗崇禎八年（1635），畢懋康研製出自生火銃，改火繩槍機爲燧石發火，使點火更加可靠。在與後金軍戰爭中，明軍所用之鳥銃多安一木叉，使瞄準時不致晃動。清康熙年間，戴梓發明連珠火銃，可交替扳動兩個槍機，連續發射二十八個彈丸，射速大大增快。清代改鳥銃爲鳥槍，使槍與銃長期并用之名稱劃一，“槍”字取代“銃”字。所製鳥槍類輕火器種類很多，據《大清會典》《皇朝禮器圖式》載，有圖可查者爲四十九種。其中燧發槍三種，餘皆爲火繩槍，而裝備於軍隊者僅兵丁

鳥槍一種。總之，中國古代槍類發展之特點爲：其身管由短到長，口徑由大到小，重量由重到輕，槍把由直形到曲形，瞄準裝置由無到有，經歷着不斷創新與改進的不同發展階段，但直到19世紀中葉，仍停留於滑腟，前裝，多以火繩點火之狀態。（參見本卷《兵器戰具説·火藥兵器考》“管形射擊火器”文，詳本卷《兵器戰具説·火藥兵器考》各槍文；參閱明焦玉《火龍經》、《大明會典·火器》、明茅元儀《武備志·銃》、明趙士楨《神器譜》。）

突火槍

以火藥發射彈丸之竹管射擊火器。以巨竹製身管，內裝火藥與子窠。子，即粒狀散彈；窠，即兜托散彈之窩狀木板（木馬子）。點燃後，將散彈與木窠一齊射出，殺傷敵人。此爲運用射擊原理發射彈丸之最早管形射擊火器，已被視爲近代槍炮之鼻祖。創製於宋理宗開慶元年（1259），由南宋壽春府守軍發明。《宋史·兵志十一》：“開慶元年，壽春府……又造突火槍，以鉅竹爲筒，內安子窠，如燒放焰絶，然後子窠發出，如砲聲，遠聞百五十餘步。”

手銃

中國古代一種單兵用單管火銃。屬早期槍類。由前腟、藥室與尾銎等部分構成。銅鑄或鐵鑄，以銅居多。外有加強箍數道。前腟呈直筒形；藥室部隆起，上開火門；尾銎中空，用以安木柄，便於手持操作。從銃口裝填藥、彈，發射石彈、鉛彈或鐵散彈，亦有發射箭鏃者。約13世紀末與14世紀初創製。1970年黑龍江哈爾濱市阿城區半拉城子出土一具實物，據學者考證，係1287、1288年，元世祖親征叛王乃顔時，其屬將李庭部遺下的（見魏國忠《黑龍

江阿城縣半拉城子出土的銅火銃》，載《文物》1973 年第 11 期）。1974 年陝西西安出土一具實物，1976 年江西出土三具實物（見鼂華山《西安出土的元代銅手銃與黑火藥》，載《考古與文物》1981 年第 3 期；黄冬梅《清江出土的銅火銃和八思巴文銅錢》，載《江西歷史文物》1987 年第 1 期），其形制與阿城銅手銃相似，均被視爲元代早期製品。中國人民革命軍事博物館收藏之銘文"至正辛卯"銅手銃，鑄造工藝精緻，銃面光滑，已非初創時産品。至明代前期，銅手銃製品大量增加，成爲明軍主要火器裝備。鑄造更爲精細，多數口徑減小，身管加長，銃身多刻有製造地點、單位、監造官員、工匠、重量、年月等字樣。至明成祖永樂年間，形制已基本統一，銃身亦改爲按膛壓由藥室至銃口遞減變薄，并增火門蓋，以防火門藥被風吹雨濕，且統由中央兵工部門生産，統一編號，其製造規模之大前所未有。明中期後，各種多管槍與較先進之鳥銃出現後，銅手銃生産逐漸減少。（參見本卷《兵器戰具説・火藥兵器考》諸銃文，參閲明焦玉《火龍經》、明茅元儀《武備志・軍資乘・火器圖説》）

半拉城子銅火銃

早期金屬管形射擊火器。1970 年 7 月出土於黑龍江哈爾濱市阿城區半拉城子。銅鑄。由前膛、藥室、尾銎三部分構成。長 34 厘米，口徑 2.6 厘米，重 3.5 千克。藥室外凸成橢圓形，上有孔眼，以裝火綫。尾中空，安木柄，手持點火發射。銃上刻有 "×" 形標記，無銘文。工藝粗糙。據考古學者考證，係 13 世紀末至 14 世紀初製品，爲中國目前發現之早期火銃實物之一。現藏黑龍江省博物館。（參閲魏國忠

《黑龍江阿城縣半拉城子出土的銅火銃》，《文物》1973 年第 11 期。）

西安銃

1974 年 8 月於陝西西安東關景龍池巷南口外出土之銅手銃。銃身短而粗，全長 26.5 厘米，口徑 2.3 厘米，銃膛長 14 厘米，重 1.78 千克。鑄工粗糙，銃壁各部薄厚不均，前後外箍六道，藥室内殘存塊狀黑火藥。經專家考證，爲 14 世紀初元代製品。據有關部門檢測，其火藥中硝、硫、炭之配比率大體爲 60%、20%、20%，是一種較好的粒狀發射藥。（參閲鼂華山《西安出土的元代銅手銃與黑火藥》，《考古與文物》1981 年第 3 期。）

清江銃

1976 年江西樟樹出土之銅手銃。共三件。形制與半拉城子出土之銅手銃相似。長 37.6 厘米，口徑 2.5 厘米，重 1.8 千克。鑄工粗糙。經專家考證，爲元代早期製品。（參閲黄冬梅《清江出土的銅火銃和八思巴文銅錢，《江西歷史文物》1987 年第 1 期。）

通縣銃

1970 年於北京市通州區出土之銅手銃。全長 36.7 厘米，口徑 2.6 厘米，銃膛長 18.1 厘米，尾銎長 10.9 厘米，重 2.13 千克。銃膛與銃尾形狀微成喇叭形，藥室前後各有箍一道。專家認爲，屬 13 世紀末至 14 世紀初製品。現藏於首都博物館。

黑城銃

1971 年内蒙古托克托縣原黑城公社出土之銅手銃。全長 29.5 厘米，口徑 2.5 厘米，銃膛長 17.5 厘米，尾銎長 8 厘米，重 2.3 千克。其外形與西安銃相近。有關專家認爲，此銃與西

安銃製作年代相近，可能稍晚些。（參閱崔璿《內蒙古發現的明初銅火銃》，《文物》1973 年第 11 期。）

元至正辛卯火銃

早期金屬管形射擊火器。1351 年製造，銅鑄。由前膛、藥室、尾銎組成。長 43.5 厘米，口徑 3 厘米，重 4.75 千克。銃口外緣加厚，藥室隆起呈橢圓形，上方有火門，供安火綫。尾銎中空，邊緣有二小孔，裝上木柄後，可用鐵釘固定。銃身外部隆起四箍，以提高銃身堪抗力。鑄有“射穿百劄，聲動九天”“至正辛卯”“神飛”等銘文。發射時，將火藥從銃口裝入藥室，再裝石、鉛彈於前膛，點燃火綫，引燃火藥，射出彈丸，殺傷敵人。此銃口徑較小，形體細長，製工精湛，光滑美觀，可能不爲普通士兵所用，而係高級武官或宮廷所有。現藏中國人民革命軍事博物館。

洪武五年手銃

單兵用火銃。明寶源局鑄造。已見出土實物多件。其一，全長 43 厘米，口徑 2 厘米，銘文爲“江陰衛全字三拾捌號長銃筒重三斤貳兩洪武伍年伍月吉日寶源廠造”（見日本有馬成甫《火炮的起源及其流傳》）。其二，1964 年於河北赤城出土，全長 44.2 厘米，口徑 2.2 厘米，銘文爲“驍騎左衛勝字肆佰壹號長銃筒重貳斤拾貳兩洪武伍年拾貳月吉日寶源局造”，原藏河北省文物研究所。其三，1949 年後於江蘇南京東華門左城牆出土，全長 44.8 厘米，口徑 2 厘米，銘文爲“礁山偏鎮壹佰三拾號長銃筒重貳斤拾貳兩洪武伍年拾貳月吉日寶源局造”。現藏南京博物院。

洪武十年手銃

單兵用火銃。已見出土實物多件。1971 年秋於內蒙古托克托縣原黑城公社出土二件：其一，全長 44 厘米，口徑 2 厘米，銘文爲“鳳陽行府監造官鎮撫孫英教匠謝阿佛軍匠華孝順重三斤半洪武拾年月日造”。其二，全長 43.5 厘米，口徑 2 厘米，銘文爲“鳳陽行府造重三斤捌兩監造鎮撫劉聚教匠陳有才軍匠崔玉洪武拾年月日造”（參見崔璿《內蒙古發現的明初銅火銃》，《文物》1973 年第 11 期）。1956 年山東梁山出土一件，全長 44 厘米，口徑 2.15 厘米，銘文爲“杭州護衛教師吳住孫習舉軍人王宦保銃筒重三斤柒兩洪武拾年月日造”。（參閱劉桂芳《山東梁山縣發現的明初兵器》，《文物參考資料》1958 年第 2 期。）

永樂七年手銃

單兵用手銃。明兵仗局、軍器局製。各地出土實物多件。原河北省文物研究所收藏一件，全長 34.5 厘米，口徑 1.7 厘米，銘文爲“天字伍仟貳佰三拾捌號永樂柒年玖月日造”（參見成東《明代前期有銘火銃初探》，《文物》1988 年第 5 期）。1978 年 10 月於遼寧遼陽出土一件，全長 35.2 厘米，口徑 1.5 厘米，重 2.5 千克，銘文爲“天字貳萬貳仟伍拾捌號永樂柒年玖月日造”。（參閱《文物資料叢刊》1983 年第 7 期）

永樂十三年手銃

單兵用單管火銃。屬中型手銃，一般安於架上發射。已見出土製品三件。其一，全長 43.6 厘米，口徑 5.3 厘米，重 8 千克，銘文爲“奇字壹萬貳仟肆拾陸號永樂拾三年玖月日造”。此銃出土時藥室與前膛後部保留有火藥、鐵散彈，藥與彈間有一木馬子。銃用木馬子，能於火藥燃燒時形成較爲密閉之空間，增强火藥氣體之膛內壓力，以增大射程及殺傷力，對散彈發射尤爲奏效。現藏河北省文物考古研究院。（參閱成東《明代前期有銘火銃初探》，《文物》1988 年第 5 期。）

永樂十九年手銃

單兵用單管火銃。已發現實物多件。其一，全長 36 厘米，口徑 1.7 厘米，尾部鐫有"天字伍萬壹佰拾伍號永樂拾玖年玖月日造"。（銘文參見成東《明代前期有銘火銃初探》，《文物》1988 年第 5 期）此銃自藥室至銃口，膛臂厚度遞減，成錐形體。火門外有長方形藥池及可開閉之火門蓋，可直接點燃引火藥發射彈丸，較燃引綫更爲簡便可靠。現藏故宮博物院。

大追風鎗

前裝單管單發鎗。鐵鑄鎗管，長明制四尺九寸，後五寸入木柄內，柄長一尺九寸，尾部彎曲。重 9 千克。上有照門、照星等瞄準裝置。裝入火藥、鉛彈，點火發射。平射二百餘步。二人負用，將鎗置於三足鐵柱上，一人持鎗瞄準，一人點火。創製於明中期，較前期鎗射程遠，命中率高，爲當時明軍火器裝備之一。明末漸廢棄。明茅元儀《武備志·軍資乘·火器圖説四》："〔大追風鎗〕每位用人二名，一名執鎗照準，則一名執火繩。鎗用三足鐵柱，其器甚長且利便，發而能遠……每用藥六錢，鉛子一枚，重六錢五分，平發二百餘步，高發十餘里（丈），此真無敵之長技也。"（參閱

大追風鎗
（明王圻等《三才圖會》）

明王圻等《三才圖會·器用》）

竹火槍

竹質單管鎗。茅竹鎗管，內裝含硝量比重較大之直性火藥，發射鉛子擊敵。創製於明，由前代火槍發展而來。唯在對火藥配方與性能之掌握精妙，而使竹管不致爆裂并燒毀。製用簡單，負行輕便，爲明軍實用火器之一。隨着金屬鎗廣泛應用，其製漸廢。明茅元儀《武備志·軍資乘·火器圖説七》："〔竹火槍〕用猫竹長三尺，鑽透如鐵鳥銃樣，底用土築實一二寸，湊土處鑽眼，以作火門，備裝藥綫，外用鐵絲、麻綫紮緊，瓦灰漆固，內將瀘藥瀘過，用直性火藥一錢六分，放鉛子一枚，照準對打，移動輕便，當者立斃，兩利火器。"

快鎗

明製單管鎗。長明制六尺五寸，重五斤。前有冷兵器鎗頭，鎗頭後有裝填藥彈之鎗筒，長二尺，筒外加箍數道，筒後安鎗杆。先向筒中放一根寸半長、兩頭醮過硫黃之火藥綫，再放火藥三四錢，以搠杖杵實，再下鉛子一枚。用時，拔去鎗頭，點火發射。射畢，視情裝上鎗頭刺敵。爲明軍單兵用鎗。經戚繼光改進之後，更爲實用。明戚繼光《練兵實紀雜集》卷五："快鎗解。北方禦敵，唯有快鎗一種……今製必以腹長二尺爲準，腹用鑽洞，光圓如口，每口可吞鉛子三四錢，藥有竹木筒量就，封貯候用……入藥綫之後，用竹木筒內藥，每次一筒，用搠杖築實，下鉛子一枚。不可用二三枚，二三枚者舊弊，彼殊不知一錢藥，一錢子，則去直，中途不落地，可以計步命中。"

神鎗

亦稱"神機火槍"。前裝單管鎗。明初參照

安南神機鎗製造。
鐵製鎗管，較手銃
長，射程亦較遠。
既能發射鉛彈，又
可發射箭矢。關鍵
爲火藥與箭或彈
之間，墊一鐵力木
（廣東產木材）製

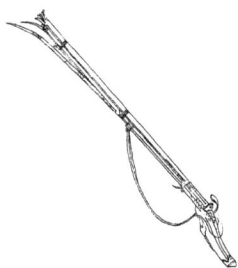

神鎗

之"木送子"，因其質硬而重，故可遠射達三百
步。爲明軍裝備火器之一。明茅元儀《武備
志·軍資乘·火器圖說五》："神鎗。箭下有木
送子，並置鉛彈等物，其妙處在用鐵力木，重
而有力，一發可以三百步。"清袁宮桂《沺澼百
金方·製器》："神機火槍者，用鐵爲矢鏃，以
火發之，可至百步之外，捷妙如神，聲聞而矢
即至矣。明永樂中，平南交，交人所製者尤巧。
命內臣如其法監造。"

【神機火槍】

即神鎗。此稱明代已行用。見該文。

倒馬火蛇神棍

一種能發射鉛彈又能噴火之火器。創製於
明初。有兩種形制：一是鐵棍中空，內裝鉛
彈、發藥、神火，一端
安有木柄；一是兩端鐵
棍，中爲木柄，一頭裝
鉛彈、發藥，另一頭裝
毒火、神火。勇士持之
衝入敵陣，彈擊火燒并
以棍打，殺傷敵之人
馬。係當時陸戰兵器之
一。明佚名《火龍神器
錄·陸戰火龍神器》：

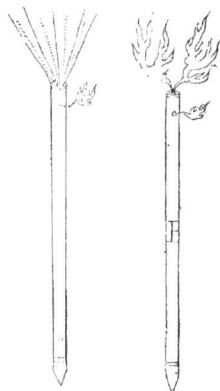

倒馬火蛇神棍
（明茅元儀《武備志》）

"〔倒馬火蛇神棍〕棍用熟鐵打造，中空以藏
（鉛彈）神火，（與毒火藥合用），身長三尺，以
木爲柄，（柄）長四尺，用勇士持之以衝馬陣，
火盡用彈去，舉棍迎頭擊之，亦可破敵。又一
法，以鐵打造兩頭，如彈銃大，中間隔斷，一
頭裝火，一頭裝彈，火盡用彈，最利於戰。火
燒棍擊，百戰百勝……與強弓硬弩相間，與賊
交鋒，火器燒擊，無不破之陣，近戰之必用者
也。"（參閱明茅元儀《武備志·軍資乘·火器
圖說七》）

連子銃

可連續裝填彈藥之
單管鎗。鐵鑄鎗管，分
節裝填火藥，節間隔以
多層紙板及藥棉，藥室
前鎗管開孔，豎一鐵
筒，內裝鉛子數枚。點
火發射，鉛子逐次落入
鎗管。可節省裝填時
間，提高射速。創製於
明。明戚繼光《紀效新
書·布城諸器圖說》：

連子銃
（清年羹堯《治平勝算
全書》）

"〔連子銃〕銃如鳥銃，但藥盡處用一吼，上安
一鐵筒，入鉛子數枚，鬥定口一箇，銃放去一
箇，子又落入。銃內裝藥式：其法以藥裝入一
節，節以厚褙紙錢一箇，中穿藥綫一寸，送入
銃內，又裝一箇，藥入築實，又間以穿藥線紙
錢，如此裝至鉛子鐵管止。"（參閱明王鳴鶴
《登壇必究·火器》、明何汝賓《兵錄·製器煉
鐵法》）

連銃

多銃并聯火器。明神宗萬曆年間趙士楨製

造。將十八支相同形制之單管槍分組裝置，橫列擺放，并聯一體，各銃藥綫通接，點火連發，射擊敵群人馬，發射威力甚大。明趙士楨《神器譜・銃圖》："用兵尚變，制器求宜……遇衆噴擊，緣衝齊發，摧鋒殿後，連銃、百子（佛郎機）諸器是也。"

萬勝佛郎機

前裝子炮單管銃。由母砲、子砲及及附件皮袋、銃架等組成。母砲有瞄準裝置，子砲九個，長形，預裝藥彈，前裝於母砲内，鐵銷卡住，以防倒出；三人操縱，副射手持帶鐵環之銃棍爲架，射手瞄準發射，彈藥手裝藥彈。隨發隨裝，可提高射速。射程可達300餘米。創製於明，由佛郎機改進而成，適於步騎作戰，爲明軍優良火器之一，曾於戰爭中廣泛使用。明茅元儀《武備志・軍資乘・火器圖説四》："〔萬勝佛郎機〕母砲長一尺六寸，底上少許有孔，旁繫鐵捎（銷），底至火門一寸六分。子砲長一尺七寸，底稍上有門，底至火門一寸，如望下放打，以捎（銷）從孔，關住子砲之間，以防倒出……每位人三名，仍各帶銃棍一根，此器蓋做佛郎機而略爲更易者也。佛郎機重大利於船，不利於步騎。且提砲短小，氣泄無力。今改子砲，子砲三套九位，身長氣全而有力。一裝一放，循环無端，照星、照門對準方發，平放二百餘步，每用藥三錢，鉛子一枚，重三錢，可佐威遠與連砲。"（參閱王圻等《三才圖會・器用》）

單眼銃

前裝單管單發銃。始於明前期。銃身鐵製，長明制一尺餘，後部開有安裝引信之火眼，尾部裝有木質直柄，單兵手持發射，點燃發火。

由元代銅手銃演變而來。爲明軍裝備之一。隨火器之發展，逐漸爲有瞄準裝置之鳥銃等所取代。明茅元儀《武備志・軍資乘・火器圖説三》："單眼銃。雖取輕便，臨敵不及裝藥，今造少也。"明後期開始逐漸淘汰。

單眼銃
（明茅元儀《武備志》）

無敵手銃

明製單管銃。據《大明會典・火器》載，兵仗局自明世宗嘉靖七年（1528）始用黃銅鑄造一百六十支，每支重明制十六斤，發邊地使用，後每年均有製造。河北省文物考古研究院收藏一支嘉靖十年製品，全長73.4厘米，口徑3.1厘米，較明初手銃粗長，銃身刻有"勝字柒佰伍拾玖號無敵手銃嘉靖辛卯年兵仗局造重拾伍斤"等字樣。

劍銃

單管銃。創製於明，爲明軍裝備火器之一。鐵製銃管，有照星、照門，尾安鐵銃頭，長明制九寸，以銃鞘爲柄，柄尾部下彎尺餘，以便於夾持瞄準。全長明制四尺八寸，重八斤。敵遠，發射鉛彈；敵近，以銃管砸擊或銃頭直刺，一器三用。明茅元儀《武備志・軍資乘・火器圖説七》：

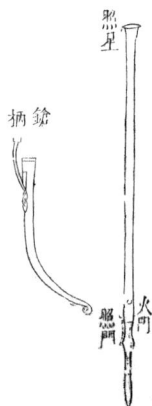

劍銃
（明王圻等《三才圖會》）

"〔劍鎗〕每位用人一名，其器甚長，照甚準，發甚利，亦用佐威遠地雷各砲……臨敵調集數十餘位鑽打，一招應發而斃，殲其渠魁，摧其耳目，虜所大忌，可使不戰而遁。其製通身是鐵，把内藏鎗可當短兵，鎗棍一器而兼三器之用，專備出奇制勝。每用藥三錢，鉛子一枚，重三錢。平放遠二百餘步，與銃棍火槍相間攻打，蓋恐賊忽至，可急用也。"

獨眼神銃

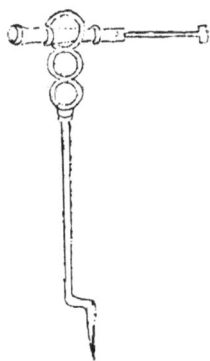

獨眼神銃
（明茅元儀《武備志》）

單管鎗。以熟鐵打製，管後部鑽眼，安藥綫，尾置有拐木柄，以鐵圈架支撐，點火發射。始於明前期，爲明軍實用火器之一。明茅元儀《武備志·軍資乘·火器圖説三》："〔獨眼神銃〕用熟鐵團打，工精，短者二三尺，長者四尺，止於底鑽眼，後安木柄拐，前用鐵圈挾住，照準對打。"因過於簡陋，不便施用，至清後期漸廢止。（參閲清朱璐《防守集成·措應》）

擊賊砭銃

亦稱"半天雷"。前裝單管單發鎗。始於明前期。鎗身鐵鑄，長明制三尺，有火門，無瞄準裝置，尾部裝有木質直柄。點燃發火，發射鉛彈，最大射程達400餘米。近戰時可作砸擊兵器與敵格鬥。由單眼銃演變而來，爲明前期軍隊裝備之一，後逐漸被有瞄準具之鳥銃等所取代。明茅元儀《武備志·軍資乘·火器圖説三》："〔擊賊砭銃〕用鐵打造，管長三尺，柄長二尺。步戰用此，一發三百步遠，彈能擊賊，其銃又能打賊，其器械一器而兩用，最利者也。"明施永圖《武備秘書·火攻神器》："半天雷……内藏發藥、毒火、鉛子等，一發三百餘步，無堅不破之利器。"

【半天雷】

即擊賊砭銃。此稱明代已行用。見該文。

钂銃

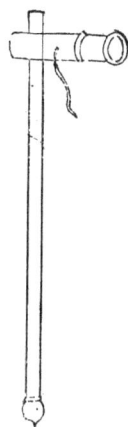

钂銃
（明茅元儀《武備志》）

單管鎗。始於明。形如钂頭，故稱。鐵製鎗管，長明制一尺許，垂直裝於木柄上端，多用於守城作戰。係明軍實用火器之一。明茅元儀《武備志·軍資乘·火器圖説七》："钂銃。豎鐵七八斤，團造如钂頭樣。後安木柄，長五尺，内裝藥五錢，鉛彈六七枚，以紙塞口。如備攻城守城軍夫每執一把，預閣垛口之外，望下對打，其賊不敢挖扒（城脚）。"（參閲清朱璐《防守集成·措應》）

一把蓮

一把蓮
（明茅元儀《武備志》）

發射群箭之竹質管形射擊火器。粗竹筒内裝火藥，并插滿木杆鐵鏃、鐵翎箭，後安木柄。點火後，群箭齊飛。主要用於殺傷敵群體目標。創製於明前期，爲明軍實用火器之一。明唐順之《武編前卷五・火》："〔一把蓮〕用毛竹一段，約長二尺五寸，打通節，留底，下用黃土，上用鐵口，外用細麻索細繞一層，用濃礬水瀝於上；又用麻布料灰一層，曬（乾）；仍用麻布，再用麻索一層，麄細瓦灰，後上洴，却將半指厚鐵片，照桶底大小安平。黃土實築二寸，曬乾爲度。將前各色藥攪勻，實築……再用隨竹筩大小竹一節三寸在口內，上加黃土築實，方安木桿鐵頭鐵翎箭，在口內插滿，長一尺，皮作護手。盤子下以木柄鐵箍三道，曬乾，聽用。"（參閱明茅元儀《武備志・軍資乘・火器圖説八》）

九矢鑽心神毒火雷炮

發射箭矢之銅銃。銅鑄銃管，藥室上開有引綫火孔，尾有鐵柄，置於堅木架上，可調整射角，旋轉發射。銃內裝有發射藥，馬子前裝有九矢。火藥點燃後，靠膛內氣體壓力將九矢齊發，殺傷敵人。創製於明前期，爲明軍實用火器之一。明佚名《火龍神器録・陸戰火龍神器》："〔九矢鑽心神毒火雷炮〕銃用精銅鎔鑄，身長三尺八寸，中藏九矢，矢鏃上蘸虎藥，一發則九矢齊飛，擊心透骨，勁不可禦，中於人馬，見血封喉，立時而斃。用此銃一個，足抵精兵九人。"（參閱明茅元儀《武備志・軍資乘・火器圖説六》）

火弩流星箭

由竹筒發射之群箭矢，實爲管形射擊火器。以毛竹作筒，長明制二尺五寸，外用牛筋、苧麻、鐵綫、生漆、魚膠纏定。內裝火藥、彈馬與箭矢十支，鏃蘸虎藥。筒後彎用木柄。點燃藥信齊發，適於步戰。較普通箭矢威力增大。創製於明，爲明軍實用火器之一。明何汝賓《兵録・製器煉鐵法》："〔火弩流星箭〕此弩之製，用竹爲之。筒長二尺五寸，柄長二尺，鐵箍二道，筒內箭長二尺，共十矢。上陣點其藥信，衆矢齊發，勢若飛蝗，一弩可抵十兵之用。"（參閱明茅元儀《武備志・軍資乘・火器圖説五》）

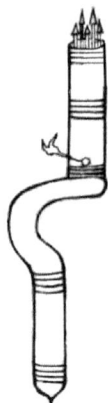

火弩流星箭
（明何汝賓《兵録》）

神威烈火夜叉銃

省稱"夜叉銃"。發射帶火毒箭鏃之單管火銃。將帶有三棱倒鬚鈎之塗毒箭鏃，釘於火銃法馬（法馬亦稱木馬，以堅木車成之圓形薄片，微小於銃管直徑，裝於發射藥與彈丸之間，用以減少火藥氣體之外泄，增大射程及動能）。根據需要，將裝有毒火、爛火等不同火藥之布包以鐵絲縛於箭鋌上，裝入銃中發射。鏃中目標後火藥燃燒。有時於木馬後填充部分硫磺，使其曳火飛行，可用以指示目標。水陸作戰皆宜。始創於明，爲明軍實用火器之一。明佚名《火龍神器録・偷劫火龍神器》："〔神威烈火夜叉銃〕銃與常銃相同，不必另造。惟用堅木車爲法馬，馬上釘利鏃，鏃上蘸虎藥，布裹神火，鐵綫縛緊鏃上。遇人馬則釘入骨，遇輜重則焚糧草，遇船則燒篷帆。

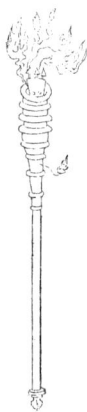

神威烈火夜叉銃
（明茅元儀《武備志》）

鏃制三稜倒鈎，遇物釘入，搖拔不出。器雖常制，而厲害百倍。"至鴉片戰争時，仍偶有使用。清林福祥《平海心籌》卷上："〔夜叉銃〕遇人則釘人，遇船則沉桅帆。"（參閱明茅元儀《武備志·軍資乘·火器圖説三》）

【夜叉銃】

"神威烈火夜叉銃"之省稱。此稱明代已行用。見該文。

單飛神火箭

發射箭矢之單管鎗。始見明初典籍。爲明軍實用火器之一。明佚名《火龍神器録·陸戰火龍神器》："〔單飛神火箭〕銃用精銅鎔鑄，筒長三尺，容矢一枝，用法藥三錢，藥發箭飛，

單飛神火箭
（明茅元儀《武備志》）

勢若火蛇，攻打二三百步，人馬遇之，穿心透腹，可貫數人，與神鎗並用，中藏堅馬、法藥，鏃蘸虎藥，以竹爲翎。"（參閱明茅元儀《武備志·軍資乘·火器圖説五》）

拐子銃

單管多節鎗。熟鐵鎗管上鑿一隙，後安木拐把，管内前裝子砲三個，子砲預裝發藥、鉛彈，遇敵夾木拐點火，逐次發射。創製於明中期，較單發增速三倍。爲明軍實用火器之一。明茅元儀《武備志·軍資乘·火器圖説三》："〔拐子銃〕用熟鐵團造，長一尺二寸，徑二寸二分，後筒三寸，安木拐欛。腹面上鑿一隙，從前進小砲三箇，各長三寸，徑一寸七分，上連拐釘入隙，不滾藥綫，小砲裝藥八分。入二

拐子銃
（明茅元儀《武備志》）

錢鉛子二箇，遇敵夾打。"

銃棍

單管兩發鎗。創製於明，係明軍裝備之一。長明制六尺五寸，上半段爲一般鎗管，下半段爲外纏竹藤之鐵棍。有瞄準裝置及上下兩火門，可分段裝填兩發鎗彈。發射時次第點燃上下火門之藥綫，格鬥時可用以砸擊敵人。常與威遠砲、地雷連砲等配合使用。明茅元儀《武備志·軍資乘·火器圖説七》："〔銃棍〕每位重十斤，用人一名……亦用星、門，上身全用鐵，如鳥銃，或一發，或再發，下身鐵連心，外用竹籚漆包裹，緩則發後再裝藥，急則作悶棍以擊，一器而兼二器之用。每用藥三錢，鉛子一枚，重三錢，平放遠二百餘步，藥待臨放時方裝，以防不虞。"（參閱明王圻《三才圖會·器用》）

銃棍
（明茅元儀《武備志》）

十眼銃

亦稱"十眼礟"。單管十發火銃。有銅、鐵兩種，鐵質爲多。長明制五尺，中間一尺爲實體，兩端各二尺爲鎗管。管身各分五節，每節

十眼銃
（明茅元儀《武備志》）

長四寸，各鑽火眼，裝藥彈。由口至内，逐次點火發射，一人持放。在單發鎗基礎上爲增大射速而設製。創製於明中期，爲明軍實用火器之一。明茅元儀《武備志·軍資乘·火器圖説四》："〔十眼銃〕用熟鐵造，重十五斤，長五尺，中團實一尺，兩頭空箍，每節長四寸鑽一眼，分鑽十眼，如裝火藥一節，略杵，下重一錢五分鉛子一枚，入紙隔，再裝藥，又入紙護，餘倣此，十眼裝完，自口挨眼，番轉點放。"《明史·兵志四》："嘉靖二十五年，御史張鐸亦進十眼銅礟，大彈發及七百步，小彈百步。"

【十眼礟】

即十眼銃。此稱明代已行用。見該文。

七星銃

多管發射火器。由火銃身管集束而成，下置兩輪，可任意調整射角。一次點火，七管齊發，火力密度有所提高。創始於明中期。由於裝填費時，明末遂被淘汰。明茅元儀《武備志·軍資乘·火器圖説三》："〔七星銃〕豎鐵

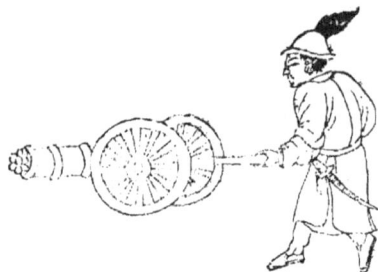

七星銃
（明茅元儀《武備志》）

打造七銃，居中一大銃，圍旋六銃，如快鎗樣。長一尺三寸。各銃底總合一處，外以厚鐵包裹鐵箍三道。底鑽一綫眼，上安木柄，長五尺。下二輪，徑一尺五寸。中軸錠鐵樞，將木柄安上，杵入火藥，多裝鉛、鐵子，隨高隨低，點火對打，其勢猛烈。"

八斗銃

多管鎗。鐵質鎗管八，分別安裝於兩根木柄之兩端，共爲四組，中以轉軸相連，臨敵分組點火發射。此器較三四眼銃射速增快，又較爲靈活，故其威力亦大。

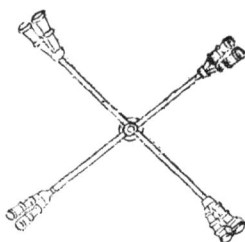

八斗銃
（明茅元儀《武備志》）

創始於明中期，但非常用兵器。（參閲明茅元儀《武備志·軍資乘·火器圖説四》）

子母百彈銃

多管鎗。銃管用熟鐵打造，一大管居中，十小管圍繞，鐵箍爲一體，安有木柄。每管尾安藥綫，會總一處，自木柄前端綫眼透出。一大力者負用。每銃各裝發藥與鉛彈數十枚，點火齊放。見於明後期典籍。由單管銃發展而成，殺傷威力增大，係明軍實用火器之一。明茅元

子母百彈銃
（明茅元儀《武備志》）

儀《武備志·軍資乘·火器圖説三》：“〔子母百彈銃〕用煉成熟鐵打造，每銃長一尺五寸，外箍小銃十條，各長五寸，下用木柘柄，每管內裝鉛彈數十枚。用大力人遇敵執打。”清朱璐《防守集成·嚴禁》：“子母百彈銃……用大力人握定，燃綫俯擊敵之團隊攻城人。”

三眼鐵銃

三管銃。將三個銃管合鑄爲“品”字形，尾部共用一個尾鋬，可安裝木柄。鐵箍三道。各有火門，以安火綫。各管通長45厘米，口徑2.3厘米。自管口裝入藥彈，點火發射，可逐次單發，亦可三管齊放。較單管銃射速增快。始用於明世宗嘉靖年間，爲明軍裝備火器之一。現中國人民革命軍事博物館藏有實物。

三捷神機

多管銃。共有三管，其形制同五雷神機。（參見本卷《兵器戰具説·火藥兵器考》“五雷神機”文，參閲

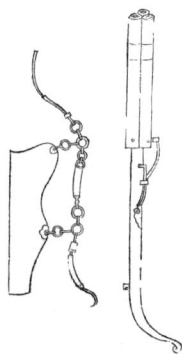

三捷神機
（明王圻等《三才圖會》）

明茅元儀《武備志·軍資乘·火器圖説四》）

五排銃

多管銃。鐵質銃管五個并聯一體，尾安木柄；每管後開火眼、安藥綫，可單發，亦可齊放。射速較三眼銃有所提高。創製於明中期，爲明軍實用火器之一。明茅元儀《武備志·軍資乘·火器圖説四》：“〔五排銃〕用豎鐵打造，每銃重一斤四五兩，後安木柄，長四尺，每孔裝藥鉛子四五枚。”

五排銃
（明茅元儀《武備志》）

五眼鐵銃

五管銃。五隻鐵管合鑄一體，外用鐵箍加固，共用一尾鋬，可裝木柄。各管通長23厘米，口徑1.5厘米，鋬長23厘米，重5.5千克。每管後部均有火門，以安火綫。前裝藥彈，點火發射。可次第單發，亦可五管齊放。較單管銃射速增快，火力增強。爲明中期製品，明軍裝備火器之一。

五雷神機

亦稱“神雷銃”。多管銃。共五管，銃口各置照星，後裝木柄，柄尾彎曲，柄上置總照門與夾有火繩之銅管。銃管可旋轉，每轉至對準銅管火繩時，即可點火，逐次輪轉發射，射程達百二十步以上，命中精確度較高。創始於明朝後期，針對三眼銃多發而不準，鳥銃準而不能多發之缺點改製而成。明施永圖《武備秘書·火攻神器》稱之爲“神雷銃”。爲明軍裝備火器之一。明茅元儀《武備志·軍資乘·火

器圖説四》:"〔五雷神機〕銃長一尺五寸，重五斤，底至火門高一寸，每銃各有照星，柄上總一照門，銃裝柄上，可以旋轉，火繩函銅管內，剛對火門，放時以左手托住，柄挾右腕照準，以左指按銅管點放，一銃放後，輪對星門再放……每位人二名，帶銃棍一根，每發用藥二錢，鉛子一枚重一錢五分，遠一百二十步。"（參閲明王圻等《三才圖會・器用》）

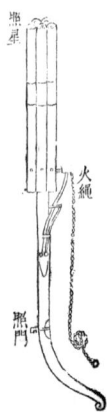

五雷神機
（明王圻等《三才圖會》）

【神雷銃】

即五雷神機。此稱明末已行用。見該文。

太極總炮

八銃組合裝置。由太極桶、太極蓋、太極底、八卦火銃等組裝而成。桶內置盤香火種，與八卦銃藥綫相近，扯動其機，遂引燃火銃自發。創製於明前期。明焦玉《火龍經》卷下:"此器造十數具，設埋伏要路，遇賊，一動其機，銃彈自發，賊悉死矣。"明茅元儀《武備志・軍資乘・火器圖説十三》:"〔太極總炮〕其製以熟鐵，或堅木，如式造。無論大小，上蓋太極開一竅，露火氣；中桶繫種火盤香釘鐵活機，周圍安穿八卦銃，兩耳鐵針入扶中楄下；底宜厚，盛藥物針掭。群砲皆發，隘口空營，多設尤妙。"

車輪砲

形類車輪之多管銃裝置。將七十二枚鐵製單銃分別裝於十八根輻條之兩個車輪上。銃膛內裝火藥、鉛子，兩輪以鐵質轉軸連接，行軍一騾駄架，臨敵架置地面，逐一點火轉發，次第擊射，殺傷力甚大。此雖重明制二百餘斤，三人操持，但機動以騾負，戰之以架放，且能連續轉動發射，火力甚猛。始見於明中期典籍，但非明軍常用火器。明茅元儀《武備志・軍資乘・火器圖説二》:"車輪砲。每輪輻條十八根，長一尺四寸。每條左右傍銃二杆，其銃用豎鐵圓打，重一斤半，長一尺。輪邊刻口，每副安三十六杆，前用鐵絆，後鈎輪頭。銃內裝火藥、鉛子，一騾駄架二輪，架中綻鐵轉柱，以皮條護銃口，以固藥子，連木架約重二百餘斤，三軍附之。如臨敵，將架置地，先取一輪安架柱上，隨其高低轉打，二軍可執七十二人之器也。"

直橫銃

多管鎗。熟鐵打造鎗管，前、左、右各三，共連於一木鎗上。每管分裝發藥、鉛彈；管尾開眼，安有藥信，總會於木鎗前端綫眼處透出。遇敵點火齊放，直中橫傷，殺敵威力甚大。見於明代典籍，爲明軍實用火器之一。此由單管鎗發展而成，既增射速，又直橫三方向擊敵。後漸廢。明茅元儀《武備志・軍資乘・火器圖説三》:"〔直橫銃〕打造鐵銃，如三眼鎗式，裝將軍砲藥九分，入鉛子畢，將木馬子送至銃腹，用木鎗一根，長七八尺，兩頭鈎閣橫銃，中鑿大眼，橫套中鎗，入藥彈、藥信，遇敵放打，此爲前中橫傷也。"

馬步相宜三眼鎗

三眼銃之改進型。木杆一端，三面作槽，以納銃筒。另端插一鋼刀，均用鐵箍固牢。每筒長明制一尺三寸，重十三兩，均有螺絲底，

旋入木杆。點火發射，射畢，以鋼刀作短兵格
鬥。因筒以熟煉精鐵爲之，故很輕便。明神宗
萬曆年間，趙士楨改製而成。明趙士楨《神器
譜·馬步相宜三眼銃形》："馬上長四尺四寸，
步下長五尺五寸，重七斤。"

三神鑱

冷兵器鑱與火銃相結合之兩用兵器。全長自
明制六尺六寸至九尺九寸，長短規格不一，以用
器士卒身高并力氣大小而定。一端裝連三銃，發
射彈丸，另端置鑱，作格鬥用，中爲把柄。明神
宗萬曆年間趙士楨製，爲鷹揚車輔車士卒火器之
一。明趙士楨《神器譜·銃圖》："用兵尚變，制
器求宜，上下古今，歷觀夷夏長兵之利，圖間諸
器可謂神乎其神者矣……短兵相接，逐北追奔，
出人不意，電光、三神是也。"

夾櫚銃

管形發射火器與冷兵器鐵叉相結合之複合
兵器。將兩銃管夾束於木柄上，柄上端安鐵叉。
敵遠，發彈丸擊敵，格鬥時用叉刺殺，一器二
用。創製於明前期，由飛火槍發展而來，係明
軍實用火器之一。明茅元儀《武備志·軍資
乘·火器圖說四》："〔夾櫚銃〕銃造二眼，中
堅木長柄，頭前安鐵叉，將銃夾束（束）兩旁，
二眼銃總束爲一。"

神仙自發排車銃

多種火器組合裝置。將神彈、神鎗、神銃、
神箭、神砂等火器分組嵌入巨木槽内，外釘鐵
環；分別安設飛火、毒火、烈火、法火、神火
等火藥，藥信巧妙連接各火器、火藥，用鐵索
懸於城垛外，視敵之遠近緩急，點火而次第發
出，又擊又燒，威勢甚猛。專用於守城作戰。
創製於明前期，爲明軍實用火器之一，後漸棄

之。明佚名《火龍神器
錄·守城火龍神器》：
"〔神仙自發排車銃〕用
巨木鋸爲兩半，剜刻陷
槽，以嵌火器，外釘鐵
環，以安毒火藥。將鐵
索懸於城垛外，内用鐵
錨墜於城脚地下，其妙
在藥信盤曲有方，護以
礬紙，以防風雨。神
器與神火相間，如賊攻

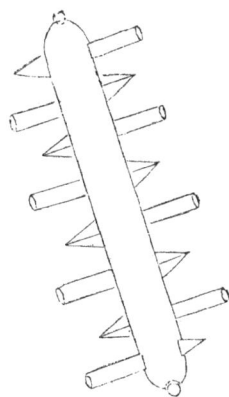

神仙自發排車銃
（明茅元儀《武備志》）

城，器擊火燒。亦量賊遠近，看勢緩急，次第
發出；縱賊兵百萬圍繞，可談笑却之；或不時
開城，出奇兵以擊之。"（參閱明茅元儀《武備
志·軍資乘·火器圖說三》）

神機萬勝火龍刀

火銃、噴筒與大刀相結合之三用兵器。銃
膛内裝發藥、鉛子，主擊；噴筒中藏毒火、爛
火等藥，主燒；刀分兩刃，鋒尖醮虎藥，主
刺。量敵遠近，分別使用銃、筒、刀，與强弓
硬弩相間，再番迭戰。創製於明朝初年，沿用
至鴉片戰爭時期。始爲明軍陸戰兵器，後亦用
於水戰。明佚名《火龍
神器錄·陸戰火龍神
器》："〔神機萬勝火龍
刀〕身長一尺五寸，或
銅鎔鑄，或鐵打造，中
空藏鉛彈一枚，刀分兩
開刃，長三寸，上醮虎
藥，兩旁亦縛毒火。與
賊對敵，戰法如前（與
毒龍鎗同）。上砍賊首，

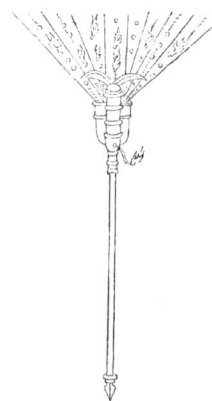

神機萬勝火龍刀
（明茅元儀《武備志》）

下砍馬足，此刀一柄足抵强兵三人，亦一器而三用也。"清林福祥《平海心籌》卷上："〔神機萬勝火龍刀〕將近敵船，燃著火信，可以焚其篷帆，一近敵船便可用刀鈎搭敵船，可以縱身過舟矣。"（參閱明茅元儀《武備志・軍資乘・火器圖説七》）

飛天神火毒龍鎗

手銃、噴筒與冷兵器鎗相結合之三用兵器。金屬鎗身，中藏鉛彈一枚；鎗鋒兩分開，上塗毒藥；鎗身兩旁縛火藥噴筒兩個；鎗柄、鐏如舊。敵遠，發鉛彈擊之；敵近，發毒火、飛火燒之；還可以鎗鋒刺之，一器三用。創始於明朝初年，由火槍、

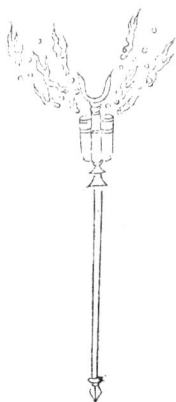
飛天神火毒龍鎗
（明茅元儀《武備志》）

手銃發展而來，爲當時陸戰利器之一。明佚名《火龍神器録・陸戰火龍神器》："〔飛天神火毒龍鎗〕鎗身長一尺五寸，或用銅鑄，或用鐵打造，中藏鉛彈一枚，鎗鋒分兩開，長一尺五寸，上醮虎藥，兩旁縛毒火二筒，火中有砂。製砂法：用銀鏽、磠砂、人精、桐油製過。與賊對敵，遠則發鉛彈擊之，近則發毒火燒之，戰則舉鋒鎗刺之。鉛彈擊賊，厲害穿心透骨，毒火燒賊頃刻腐爛，虎藥傷賊見血封喉。一器三用，神捷莫大焉。此鎗一柄足抵强兵三人。"（參閱明茅元儀《武備志・軍資乘・火器圖説七》）

雷火鞭

單管鎗與金屬鞭鑄爲一體之複合兵器。創製於明前期。既發射鉛子，又作冷兵器鞭使用。

但因其實戰效果不佳，很快即爲一般火銃所取代。明茅元儀《武備志・軍資乘・火器圖説七》："〔雷火鞭〕用銅鐵鑄，上細下粗，長三尺二寸，前空五寸，火藥舂内，下錐火眼，入一錢鉛子三枚，木柄長四寸，委大力人用之。"

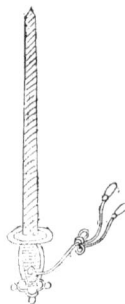
雷火鞭
（明茅元儀《武備志》）

電光劍

冷兵器長柄劍與火銃、噴筒相結合之兩用兵器。全長自明制六尺六寸至九尺九寸，與用器士卒身量長短并力氣大小相宜。係於舊式長柄劍基礎上增置一火銃與一噴筒，將其連裝於劍旁。敵遠，以火銃發射彈丸；敵近，先以噴筒噴出火焰，再用劍進行格鬥。明神宗萬曆年間，趙士楨研製而成，爲鷹揚車輔車士卒所用火器之一。明趙士楨《神器譜・銃圖》："用兵尚變，制器求宜……短兵相接，逐北追奔，出人不意，電光、三神是也。"

蕩天滅寇陰陽鏟

單管鎗與鐵鏟相結合之複合兵器。明前期已見行用。鐵鏟柄長明制六尺六寸，前二尺四寸爲鎗管，内裝鉛子、毒火、神砂等，既可發射彈丸、噴出毒火、神砂以殺傷敵人，亦可用鐵鏟與敵格鬥。爲明軍實用火器之一，但非制式裝備。（參閱明茅元

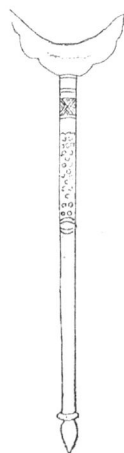
蕩天滅寇陰陽鏟
（明茅元儀《武備志》）

儀《武備志·軍資乘·火器圖説七》）

衝陣火葫蘆

發射鉛彈兼噴火之火器。創製於明初。形似葫蘆，故稱。其銃心裝鉛彈、發藥，葫蘆内另藏毒火，或爛火，或神火。勇士持之，衝入敵陣，以彈擊火燒殺傷敵之人馬。水戰，則將其架於船頭或置於船旁。明佚名《火龍神器録·陸戰火龍神器》："〔衝陣火葫蘆〕形類葫蘆，中爲銃心，以藏鉛彈葫（蘆）内藏毒火一升，堅木爲柄，長六尺，用猛士一人持之，與火牌相間，列於陣前，衝入賊隊，人馬俱驚，馬步俱利。"沿用至鴉片戰爭時期。清林福祥《平海心籌》卷上："〔衝陣火葫蘆〕形類葫蘆，中爲銃心，以藏鉛彈、毒火等物……放在船頭以木架乘之及放在船旁，皆可用也。"（參閲明施永圖《武備秘書·火攻神器》）

衝陣火葫蘆
（明茅元儀《武備志》）

賽煩銃

明代發射鉛子之鐵銃。其發射聲勢可比發煩，射速可比鳥銃，故稱。炮身長明制三小尺，前腔可裝鉛子半斤，後爲粗腹以裝藥。用鐵送子（圓頭捌杖）下送鉛子。尾部横截面擴長，抵住地墻、墊物射擊，炮不後坐。以加墊高低準其遠近。係戚繼光據鳥銃、佛郎機之利弊而創製。明戚繼光《紀效新書·布城諸器圖説》："〔賽煩銃〕行營之内，鳥銃雖速準而力小，難禦大隊，難守險阻，難張威武；佛郎機又太重，難於扛隨。今以臆創一器，名爲賽貢銃。既無下木馬延遲之艱，又不坐後，其鉛子猶佛狼機之大，其聲勢可比發煩，其速即可比鳥銃。每五百人之中，用以五六門，以備守路截險，甚妙。一銃式：銃長三小尺，内口約容半斤鉛子，藥在粗腹不可過，鉛子送至腹口方好，即如此平卧地下，隨其遠近加墊頭高，並不用木馬等類。此器之利者，亦以項長而鉛子合口故也。"（參閲明何汝賓《兵録·製器煉鐵法》）

翼虎銃

竹火銃與冷兵器鎗相結合之複合兵器。創製於明前期，由飛火槍發展而成。長竹一根，前安鐵鎗頭，鎗尖後三面縛竹火銃三，各裝火藥鉛彈，藥綫總會一處；火銃後另置倒鬚刃五股。敵遠發射鉛彈，敵近交鋒用鎗，以倒鬚刺殺鈎割，并用以將敵騎兵拉拽下馬。爲明軍實用兵器之一。適於步騎兵作戰。明後期漸廢。明茅元儀《武備志·軍資乘·火器圖説四》："〔翼虎銃〕用五寸圍竹一根，長一丈五尺，離梢一尺五寸安鎗頭，如人手五股，倒鬚長四寸；梢安木翎，三面縛大竹筒三節，徑二寸，長一尺，裝火槍藥，入鉛彈，拴在木翎上，藥綫總合，隨火勢又增力也。"

翼虎銃
（明茅元儀《武備志》）

小樣佛郎機

明製小型佛郎機銃。據《大明會典·火器》記：軍器局於明世宗嘉靖七年製小樣佛郎機四千門，八年又製三百門，供各邊城堡使用。1984 年在河北撫寧城子峪敵樓內發現此類母銃三件、子銃二十四件，可配成三套。母銃各重 4 千克，口徑 2.2 厘米，長 63 厘米，由前膛、裝彈室與尾部構成，尾部空中，可安木柄。子銃各重 0.8 千克，口徑 1.6 厘米，長 15.5 厘米。由前膛、藥室與尾部組成。可嵌入母銃輪流發射。母銃分別刻有"勝字"不同編號與"嘉靖二十四年造"等銘文。子銃亦分別刻有"勝字"不同編號。參見本卷《兵器戰具説·火藥兵器考》"佛郎機銃"文。（參閱王兆春《中國火器史》）

馬上佛郎機

明製騎兵用輕便佛郎機銃。1970 年於北京市西四出土一件明世宗嘉靖二十三年（1544）兵仗局馬上佛郎機母銃。其制與小樣佛郎機近似。重 4.9 千克，口徑 3 厘米，長 74 厘米。1984 年在北京市延慶區古長城遺址又發現二件馬上佛郎機子銃，其制與小樣佛郎機子銃類同。長 15.4 厘米，口徑 2.8 厘米。可與上述母銃配套使用。參見本卷《兵器戰具説·火藥兵器考》"佛郎機銃"文。（參閱王兆春《中國火器史》）

鳥銃

一種口徑與重量較小之金屬管形射擊火器，爲明後期對火繩鎗與燧發鎗之統稱。清朝改稱鳥鎗。由身管、鎗機、木托、搠杖等組成。明世宗嘉靖二十七年（1548）傳入中國。因比明前期之手銃具有身管長、口徑小、有瞄準裝置、使用曲形木托與火繩鎗機等特點，故射程較遠，命中率較高。明朝最初仿製之鳥銃，均爲滑膛鎗管，前裝彈藥，火繩鎗機，口徑約爲 9 至 13 毫米，身管長 1 至 1.5 米，鎗重 2 至 4 千克，彈重 3 至 11 克，射程 150 至 300 米。因其裝填彈藥之程式繁瑣，故發射速度較慢。神宗萬曆年間，趙士楨改嚕蜜鳥銃鎗機於鎗托內，以簡化發射程式；又製成裝有子銃之"掣電銃"、有五支鎗管之"迅雷銃"，以增射速。思宗崇禎八年，畢懋康於《軍器圖説》中所載

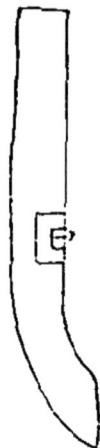

鳥銃
（清年羹堯《治平勝算全書》）

之"自生火銃"，改火繩鎗機爲燧發鎗機，使點火更加可靠。清康熙年間戴梓製成"連珠火銃"，可交替扣動兩個扳機，連發二十八彈。之後，鳥鎗種類增多，但多爲火繩鎗。鳥銃爲明清軍隊主要輕火器，曾廣泛用於戰爭。其結構與外形可爲近代步槍之雛形。鴉片戰爭後，漸被淘汰。（參閱明戚繼光《紀效新書·布城諸器圖説》、明茅元儀《武備志·軍資乘·火器圖説三》、清官修《皇朝禮器圖式·火器》）

九頭鳥

大型鳥銃。明神宗萬曆年間，趙士楨創製。發射威力較大，多用於夜戰。明趙士楨《神器譜》卷二："九頭鳥。即大鳥銃。重二十餘斤，用藥一兩二錢，大彈一箇，小彈錢許者九箇，遇敵衝我，人衆

九頭鳥
（清年羹堯《治平勝算全書》）

則亂，打人必審定而放，尤宜夜戰。"又《放九頭鳥圖》："凡乘夜襲人，並敵人偷營之時，先將火毯放去，必然看見蹤跡，隨跡發機，一彈並出，無有不中之理。背銃兵持三眼銃一門，大銃一出，即放三眼銃，以便再裝大銃。"

三長銃

單管火繩槍。因取歐洲火繩槍之輕便而加其威，取嚕蜜銃之快捷而加其巧，取日本銃床之便而加其穩，故稱。明神宗萬曆年間，趙士楨創製。明趙士楨《神器譜》卷二："〔三長銃〕取西洋筒之輕，加之以狠；嚕蜜機之快，加之以巧；日本床之便，加之以穩……名曰三長。"又，《三長銃全形》："長五尺，重五六斤，西洋筒加厚，使添藥分數，嚕蜜機前首加長，再置一機，使火門自開，日本床後尾再長三四寸，頂著肩膀。"

子母銃

亦稱"子母鳥銃"。發射子銃（彈藥）之鎗。據鳥銃、佛郎機銃創製而成，避鳥銃裝藥不速之弊，取佛郎機後裝子銃之長。其鎗管後部開鐵槽以裝子銃，子銃仿佛郎機子銃式，但小而輕。另一顯著之處，爲在母銃前裝有銃刀，可視爲早期刺刀，以便近戰拼刺。創始於明神宗萬曆年間。明何汝賓《兵錄·製器煉鐵法》："子母鳥銃者，其鐵管與眼孔大小並龍頭木函等項，悉如鳥銃之式。蓋鳥銃必於管長然

後中的無遺，而管長裝藥不速，是乃易以子銃也。惟管後不結螺絲底，做照（佛）郎機銃式，開作鐵槽謂之母銃。自槽後至管端長官尺四尺二寸，重可六觔，槽中裝子銃，後加鐵栓。子銃一樣四個，每個僅重一觔，如（佛）郎機銃子之式，長七寸。上有小鐵牌作擎手，中開小眼，以照前星，大與母銃相稱。子母口務要緊密，以免藥烟冲目，其錫鱉發藥藥筒皮袋，一如鳥銃。其母銃之端，有照星，又加短劍一把，劍鋒官尺長一尺三寸，靶長五寸，口開曲眼，裝上管端，即以照星湊入曲眼，少扭轉自然扣緊，盛以木函，總自木函起至劍末止，長六尺。遇放時，四子輪裝，即放至百銃，其子不熱，萬無爆炸之失。若至戰酣，藥彈兩盡，及與賊相薄（搏），兵刃相接，或卒遇賊於兩步之內，裝銃不及，即插上劍鋒，則舉銃爲鎗也。蓋鳥銃本兵中長技而致用不能太遠，子母銃則遠近兼利，故視鳥銃功用爲有加也。"

【子母鳥銃】

即子母銃。此稱明代已行用。見該文。

西洋銃

歐式火繩槍。其制略同嚕蜜銃，但較輕巧。龍頭機安於銃床後部，倒向火門。有方形火門蓋，以防陰雨，後有火墻（檔板），防烟起觸目，發射威力較大，僅次於嚕蜜銃。明神宗萬曆年間，趙士楨仿製。明趙士楨《神器譜·原銃》："臣竊計戰

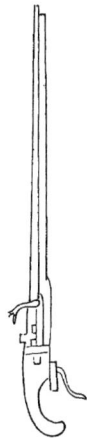

子母銃
（明何汝賓《兵錄》）

西洋銃
（清年羹堯《治平勝算全書》）

陣之間，大器除三將軍、佛郎機、千里雷諸砲外，小器遠而且狠，無過嚕蜜，次則西洋，造之盡制，用之有法，迴圈無端，綿綿不絕。"又，《西洋銃全形》："〔西洋銃〕約重四五斤，長六尺許，龍頭在床外，倒回顧火門，撥之則落，火燃自起，因有發軌在撥軌之下也。用藥一錢，彈八分。火門不粘本身，在蓋機銅葉之上，燃火門不及本身，燃本身不及火門。可多放五六次，較倭鳥銃更覺輕便。大小藥罐、捌仗同嚕蜜銃。"

合機銃

一種改進型單管火繩槍。明神宗萬曆年間，趙士楨爲確保發火無誤，在嚕蜜銃基礎上對發火機構加以改進而成。係將發火機與啓門機連裝於一個總機上，扳動總機，在發火機下落之同時，啓門機自動打開火門，保證發射。明趙士楨《神器譜・合機銃全形》："銃帶床共長五尺，筒長三尺三寸，重七斤半，用之城守，並車上、舟中，長四尺，陰陽二機，陽發火，陰啓門，對準之時，即有大風，不怕吹散門藥。中國南北將臣若肯究心，則海上塞外，自此鳥銃無有臨時不發之患矣。銃筒長短大小如嚕蜜。"床形，前類嚕蜜，後類軒轅，後部製有砲房，外上方置蓋機銅板。

迅雷銃

裝有火繩鎗機之多管鎗。有鎗管五支，各長明制二尺餘，共重十餘斤，安置於前後兩個圓盤上，中間爲長木柄，柄後端裝鎗頭。木柄中空，內裝火毬一個。柄上設有共用之發火裝置"機匣"。每鎗管均有照門、照星，以便瞄準。特配小斧與半徑一尺六七寸之圓牌。發射時，將牌套於銃管上，斧倒插於地，架鎗，點

燃火繩，使鎗機對準一鎗管之火門，按龍頭，即發火，依次輪番發射。五管彈丸射畢，點燃火毬，噴出火焰燒敵。待彈丸、火毬用完，敵已逼近時，即去掉圓牌，作長鎗刺殺。明神宗萬曆二十六年（1598）趙士楨參照鳥銃與多眼銃優長而創製，爲七星銃、五雷神機之發展。此銃輪轉發射，較鳥銃射速增快，爲一銃三用之火器。明趙士楨《神器譜・原銃》："〔迅雷銃〕筒五門，各長二尺許，總重十餘斤，筒上俱有照門、照星，中著一木桿，總用一機，置之匣內，輪流運轉，以一斧柄，末著丫义，倒插地上，架定打放，放完敵近，去牌倒持五銃護手，直進，當短鎗戳。"

迅雷銃
（明何汝賓《兵錄》）

奇勝銃

雙管并聯火繩槍。明神宗萬曆年間，趙士楨創製。兩支槍管連爲一體，一左一右。長明制三尺餘，重六七斤。兩個旋機裝於一個機軌內，兩個龍頭、火門，仍一左一右安置。發射時一齊裝飽藥彈，但放其一；先放左邊，再放右邊，常留其一，以濟急用。明趙士楨《神器譜》卷二："兵以正合以奇勝。山林之間，村落之內，勢難用衆，陡然遇敵，神氣牽於顧盼，手足拘於忙迫，發銃不中，恐被賊窘，製爲雙機，常留其一，使奇正具於一器，可以自相犄角，名曰奇勝。"

軒轅銃

一種特製單管火繩槍。明神宗萬曆年間，趙士楨創製。爲防火門藥被風吹雨濕，特製機軌，確保發火無誤。明趙士楨《神器譜》卷二：“北方多風，南方多雨，天時稍乖，即利猶鈍，作軒轅銃筒式嚕蜜損益床制，創爲機軌，火門掩定不動，機發自開，盤火繩於床背，有雨則設銅瓦以蓋之。”又，《軒轅銃圖》：“北地多風，方欲對準門藥，風已吹去，因製一機，能令火落，火門自開，更爲一篷，以防陰雨，內有一銅輪，輪上有機昂起，故曰軒轅，緣軒轅爲五兵之祖也。”又，《軒轅銃圖》：“打放架勢，一如嚕蜜，惟裝飽時，銃床向下，銃筒向上，使銅篷常蓋火繩，即有微雨可放。”

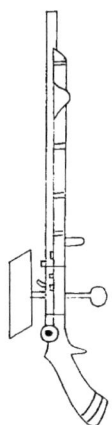

軒轅銃
（清年羹堯《治平勝算全書》）

鳥嘴銃

裝有瞄準裝置之火繩鎗。明神宗嘉靖年間參照傳入之歐洲火繩鎗製作。因其鎗機形似鳥嘴，故稱。熟鐵打造鎗管，重約明制五六斤，上有照星照門，安裝於木牀之上，牀末稍短於鎗，內藏搠杖（通條）一根，重三兩。另有火繩，每根長二丈，重三兩。每次裝粒狀黑火藥三錢，鉛彈一枚，重三錢。鎗後有火門，并加蓋，裝有龍頭火繩發火裝置。用時將點燃之火繩插入龍頭，打開火門，左手托牀，右手握鎗柄，食指撥規（扣扳機）向後，龍頭落入火門，燃藥發射。爲明軍主要裝備火器之一。明戚繼光《紀效新書·布城諸器圖説》：“鳥銃之中準，在於腹長而直；火藥不奪手，在於前手拿在銃腹；照放之直，在於兩手俱托執銃身，而無點火之誤；鉛子之利，在於合藥之方。”又《練兵雜紀》卷五：“目照之法……以目對後星，以後星對前星，以前星對所擊之物，故十發有八九中。即飛鳥之在林，皆可射落，因是得名。”沿用至清，改稱爲“鳥鎗”，係清軍主要輕火器。《皇朝通典·兵十一》：“凡給發軍器……各營兵之專習者，爲弓箭、爲鳥鎗、馬礮。”（參閱明鄭若曾《籌海圖編·兵器》、明王鳴鶴《登壇必究·火器》、明茅元儀《武備志·軍資乘·火器圖説三》、明李盤《金湯借箸十二籌·籌製器》、清袁宮桂《洴澼百金方·製器》。）

旋機翼虎銃

三管火繩槍。明神宗萬曆年間，趙士楨在北方騎用三眼銃基礎上改製而成。重明制五斤餘。三筒并聯，各長三四寸，有照門、照星。用兩個火繩槍機，燃火發射。既可於馬上摧堅，又可設伏急擊。明趙士楨《神器譜》卷二：“北方馬上用三眼銃以禦虜騎，虜頗畏之，然放畢舉以搏擊，頭重起艱，利害相半兼之，甚難討準，往往虛發。因變其制，用照星、短牀，後尾鉤著鞓帶，左手執銃對敵，右手懸刀燃火，放畢爲盾，舉刀迎敵。馬上可備出奇摧堅，步下極便伏路急擊，名曰翼虎。”又：“〔翼虎銃〕用二機，下有圈，以熟鐵爲之，上纏以布，或皮，尾鑿二槽，上藏火針，下藏火綫，藥二錢，鉛彈一錢五分，其使法與藤牌同。”

掣電銃 [1]

後裝子銃之火繩鎗。明後期已見使用。鐵鑄鎗管，裝於木牀之上。有瞄準裝置，全長約明制六尺，重五斤。鎗前部用溜筒（即母銃銃管），後部開長孔，可納子銃。子銃五個，每長六寸，重約十兩，上開火門，裝藥二錢五分，鉛子重二錢。其發火裝置同嚕蜜鳥銃。明神宗萬曆二十六年（1598）趙士楨參酌鳥銃與小佛郎機之長創製。此鎗用子銃預裝彈藥，輪流裝入鎗管發射，可增快射速。明趙士楨《神器譜·原銃》：“〔掣電銃〕約長六尺許，重五斤，前用溜筒，後著子統五門，其機一如嚕蜜銃，小銃火眼之下有機如挈機形，床下面用銅片做橋，以護之，放畢一銃，撥之即起，其子銃鉛彈，俱於臨陣之先，裝飽停妥，臨時流水打放，大小藥罐、捅杖俱與嚕蜜銃同，用藥綫，不用火池。托手與西洋銃同。”又：“〔子銃〕長六寸，重十兩許，前有圓小嘴，後有扁方筍，筍中有眼，受捎（銷）釘，防前撞、後座，藥二錢五分，彈二錢。”

掣電銃
（明何汝賓《兵錄》）

掣電銃 [2]

後裝子銃之火繩鎗。明神宗萬曆年間，火器專家趙士楨在所研製之掣電銃基礎上加以改製而成。明趙士楨《神器譜》卷二：“此銃因用溜泄氣改作此式。重五斤，筒長二尺四，四子銃附於一牌，牌并子銃共重十六斤。放銃人帶一鋼釵，放畢插銃於背，持釵與執牌人兩背挨緊而進。”又：“機筒如嚕蜜，床如軒轅，子銃麗於牌上，即相失，亦可打放，且有短兵在手。”（參見本卷《兵器戰具說·火藥兵器考》“嚕蜜銃”“軒轅銃”“掣電銃 [1]”文）

震叠銃

雙管火繩鎗。明神宗萬曆年間，趙士楨據倭寇作戰特點研製而成。明趙士楨《神器譜》卷二：“倭見我兵舉銃，輒伏地上，因製叠筒，一經機發，火燃下上，彈既並出，雖伏奚避？名曰震叠。”又，《震叠銃全形》：“筒二。每筒重三斤，長二尺五寸。上下二筒，上有照門、照星，下筒只有火門……內用藥各一錢五分，彈如之。打放架勢並事件，一如嚕蜜銃，只機多一頭，放時著藥毫不可多毫不可少，若藥有多少，彈有輕重，則苗頭不準。”此銃是在多管火銃基礎上，以火繩點火發射之新型鎗。其設計巧妙，射速增快，殺傷威力亦較大。

嚕蜜銃

一種較鳥銃射程遠、威力大而又輕便之火繩鎗。由嚕迷國（今土耳其）傳入。明神宗萬曆二十五年（1597），火器專家趙士楨據以仿製，次年即將成品進獻於朝廷。由銃管、銃牀、曲形木托、龍頭與扳機、機軌、瞄準裝置、捅杖等組成。重明制六至八斤，長六至七尺，裝藥四錢，鉛子重三錢。其形制結構較鳥銃有不少改進。因龍頭式機頭與機軌均裝於槍把上，并於發機近處置寸餘之小鋼片，以增彈性，使鎗機捏之則落入火門，射畢即自行昂起，故簡化了射擊程式；因裝填火藥較多，故射程較遠、威力較大；因銃管係用精煉之鋼鐵片捲製而成，由大小兩管緊密貼合，故銃身較輕，堪抗力較強。據徐光啓明熹宗天啓元年（1621）二月二十七日奏稱，在他領取二千支嚕蜜銃後，經部隊數月練習，“只是小有炸損，不過數門，其餘具堪用”。明趙士楨《神器譜·原銃》：“〔嚕蜜銃〕約重七八斤，或六斤，約長六七尺。龍頭，軌、機俱在床內，捏之則落，火燃復起，床尾有鋼刃，若敵人逼近，即可作斬馬刀用，放時，前捉托手，後掀床尾，發機只捏不撥，矻然身手不動，火門去著目對準處稍遠，初發烟起，不致薰目驚心，此其所以勝於倭鳥銃也，用藥四錢，鉛彈三錢。"又，《進神器疏》："小器遠而且狠，無過嚕蜜。"明茅元儀《武備志·軍資乘·火器圖説三》："鳥銃，唯嚕密銃最遠最毒。"

鷹揚銃

裝子銃之單管銃。明神宗萬曆年間，趙士楨研製而成。銃筒較長，管壁加厚，設有瞄準裝置，後部安放子銃。射擊較準，射速較快，既有佛郎機之輕便，又有大鳥銃之威力。是一種機動性好，殺傷力大之輕火器。明趙士楨《神器譜》卷二："鳥銃雖精，遽難迫我，但近聞對馬島大鳥銃有佛郎機之烈，更能命中，則又出長技之上，似非牌甲可禦，不惟後日患之。前時，二三曉將間爲所困緣，是畢慮竭。愚用長筒加厚，仍著照門、照星，納子銃於筒後，不令敵口泄氣。有佛郎機之便，而準則過之，有大鳥銃之準，而便則過之。對壘之際，敵一舉放，我已三四發彈，是以便勝之也。若置輕車之上，有車數輛，陸續衝擊，猛烈之勢足埒大將軍，而離合縱橫，進退俯仰，較大將軍殊爲輕便。倭既以鳥名銃，茲器奮擊飛揚，可以制之，名曰鷹揚。"

八棱口花鎗

清前期製火繩鎗。鐵鑄鎗管上設有照星、照門。滑膛，前裝，發射鐵子。鎗置床上，床藏搠杖，下安木叉。近火門處，裝有火繩鎗機。《皇朝禮器圖式·火器》："本朝製八棱口花鎗，鑄鐵爲之，通八棱，近口弦文，重五觔十兩，長三尺二寸，受藥二錢，鐵子三錢四分。餘俱如素口花交鎗之制。"參見本卷《兵器戰具説火藥兵器考》"素口花交鎗"。(參閱《大清會典圖·鎗礮二》)

大綫鎗

清前期製火繩鎗。鐵鑄鎗管較長，雲楸木床僅及鎗長之半。滑膛，前裝，發射鐵砂子。無瞄準裝置。火繩鎗機裝於火門近處。無搠杖，無木叉。《皇朝禮器圖式·火器》："本朝製大綫鎗，鑄鐵爲之，重八觔十四兩，長五尺五寸，素鐵火機，受藥一錢五分，砂子八錢，雲楸木牀，末飾以銅，煖木托。凡綫鎗之制，皆周爲八棱，不加星斗，牀及鎗之半，不內搠杖，牀下無叉，而有托。束銅環二道，或鋄金。"(參閱《大清會典圖·鎗礮二》)

小綫鎗

清前期製火繩鎗。其制如大綫鎗，唯鎗重不及。《皇朝禮器圖式·武備四·火器》："本朝製小綫鎗，鑄鐵爲之，重七觔十兩，受藥一錢五分，砂子八錢，餘俱如大綫鎗之制。"(參閱《大清會典圖·鎗礮二》)

回部花套鎗

清前期製火繩鎗。鐵鑄鎗管裝於雲楸木牀之上，床末微短於鎗。滑膛，前裝，發射鐵子。鎗上鑄有準星、照門，近火門處安有火繩鎗機。床內置搠杖，下置木叉。注重飾紋。《皇朝禮器圖式·武備四·火器》：

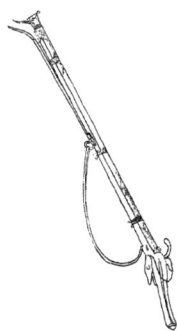

回部花套鎗
（清允禄《皇朝禮器圖式》）

"本朝製回部花套鎗,鑄鐵爲之,重八觔二兩,長三尺四寸二分。口蓮瓣,内各鋄夔龍,近口亦鋄夔龍二重。前起脊,中亦鋄夔龍。後六棱,近火門鋄銀回部花文,加星斗。素鐵火機,受藥一錢五分,鐵子二錢。雲楸木床,又末飾以角。"(參閱《大清會典圖 · 鎗礮二》)

仿神花大交鎗

清前期製火繩鎗。鐵鑄鎗管裝於木床面上。滑膛,前裝,發射鐵子。有照門、照星,近火門處裝有火繩鎗機。床内藏摁杖,下有木叉。《皇朝禮器圖式 · 武備四 · 火器》:"本朝製仿神花大交鎗,鑄鐵爲之,重七觔十二兩,長三尺六寸二分。口鋄蓮瓣,近口爲索文、二重花文,前起脊,中亦爲索文花文。後四棱微凹,素鐵火機,受藥二錢,鐵子三錢四分。牀如素鐵大交鎗牀之制。"(參閱《大清會典圖 · 鎗礮二》)

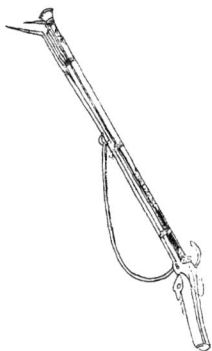

仿神花大交鎗
(清允禄《皇朝禮器圖式》)

仿神花小交鎗

清前期製火繩鎗。鐵鑄鎗管,滑膛,前裝,發射鐵子。鎗身置有照門、照星,近火門處裝有火繩鎗機,床面置鎗。床末稍短於鎗,内藏摁杖,下安木叉。《皇朝禮器圖式 · 武備四 · 火器》:"本朝製仿神花小交鎗,鑄鐵爲之,長三尺六寸,受藥二錢,鐵子三錢,餘俱如仿神花大交鎗之制,牀如素鐵大交鎗牀之制。"(參閱《大清會典圖 · 鎗礮二》)

仿神花鎗

清前期製火繩鎗。鐵鑄鎗管。滑膛,前裝,發射鐵子。鎗身鑄有照門、照星,近火門處裝有火繩鎗機。鎗裝於木床之上,牀内插摁杖,下置木叉。《皇朝禮器圖式 · 武備四 · 火器》:"本朝製仿神花鎗,鑄鐵爲之,雲楸木牀,末飾以角,底鐫'仿神花鎗,子重三錢六分,藥重二錢,長二尺六寸,鐵重五觔八兩,鞘重一觔十二兩,共重七觔四兩',漢文。樺木叉,末亦飾角,餘俱如仿神花大交鎗之制。"(參閱《大清會典圖 · 鎗礮二》)

花口小交鎗

清前期製火繩鎗。鐵鑄鎗管,滑膛,前裝,發射鐵子。置有照門、照星。木床上置鎗,内有摁杖,下床木叉。鎗後火門近處裝有龍頭火繩鎗機。《皇朝禮器圖式 · 武備四 · 火器》:"本朝製花口小交鎗,鑄鐵爲之,重五觔八兩,長三尺五寸,受藥二錢,鐵子三錢一分,口佈微凹,前起脊,中四棱,後圓,素鐵火機。餘俱如金口交鎗之制,樺木床,末飾以角,叉末飾以銅。"(參閱《大清會典圖 · 鎗礮二》)

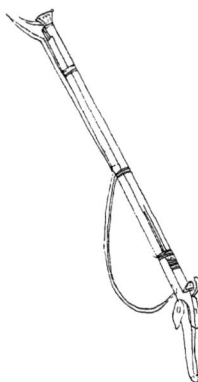

花口小交鎗
(清允禄《皇朝禮器圖式》)

花奇鎗

清前期製火繩鎗。此鎗配有子鎗,可預裝子藥。用時將子鎗依次由鎗底裝入鎗膛,逐次連續發射,可增快射速。其制,鐵鑄鎗管裝於木床之上。鎗上設有照門、照星,以利瞄準。

床柄可開閉，鎗底納子鎗。火門近處裝有火繩鎗機。扣動扳機，燃着之火繩落入藥池，以引燃子鎗内之裝藥，將彈丸發射出去。《皇朝禮器圖式・武備四・火器》："本朝製花奇鎗，鑄鐵爲之，重五觔十二兩，長三尺五分。口鋄金蓮瓣，前起脊，中四棱，鋄金如鐶三道，後圓，鋄金素火機，受藥二錢，鐵子三錢八分。餘俱如樹鷄神花奇鎗之制，烏拉松木牀，末飾以角，樺木义，末亦如之。"（參閲《大清會典圖・鎗礮二》）

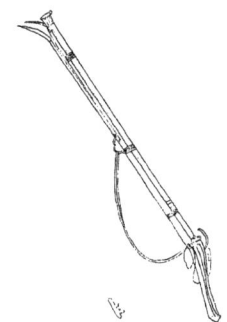

花奇鎗
（清允禄《皇朝禮器圖式》）

花綾奇鎗

清前期製火繩鎗。鐵鑄鎗管置於木床之上，床及鎗長之半。滑膛，前裝，發射鐵砂子。鎗後火門近處裝有火繩鎗機。床内無挪仗，亦無木义。《皇朝禮器圖式・武備四・火器》："本朝製花綾奇鎗，鑄鐵爲之，重四觔十二兩，長三尺三寸五分，通八棱，鋄金素火機，受藥二錢，砂子三錢二分，烏拉松木牀，末飾以金，煖木托。"（參閲《大清會典圖・鎗礮二》）

秀花綾鎗

清前期製火繩鎗。較大綾鎗輕而短，裝藥與砂子量亦減。《皇朝禮器圖式・武備四・火器》："本朝製秀花綾鎗，鑄鐵爲之，重七觔三兩，長四尺八寸，受藥一錢二分，砂子五錢，餘俱如大綾鎗之制。"（參見本卷《兵器戰具説・火藥兵器考》"大綾鎗"文，參閲《大清會典圖・鎗礮二》）

兵丁鳥鎗

清前期製火繩鎗。鐵鑄鎗管置於木床之上，床末稍短於鎗。床内藏挪杖（通條），床下裝鐵义。滑膛，前裝，發射鐵子。鎗上設有照門、照星，以便瞄準。藥室右側開火門，與藥池相通。火門近處裝有龍頭火繩鎗機。點燃火繩，扣動扳機，將夾住火繩之龍頭落入藥池中，使引火藥燃着，迅速引燃膛内之發射藥，將彈丸射出。爲清軍主要裝備之一。《皇朝禮器圖式・武備四・火器》："本朝製兵丁鳥鎗，鑄鐵爲之，重六觔，長六尺一寸。不鋄花文，素鐵火機，受藥三錢，鐵子一錢。木牀，滿洲、蒙古俱髹以黄，漢軍髹以黑，綠營髹以朱。束鐵鐶二，鐵义長一尺。"（參閲《大清會典圖・鎗礮二》）

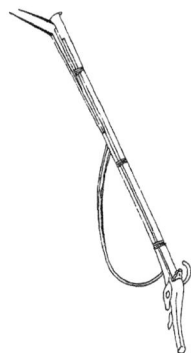

兵丁鳥鎗
（清允禄《皇朝禮器圖式》）

金口交鎗

清前期製火繩鎗。鐵鑄鎗管裝於木床上，床比鎗稍短，内藏挪杖，下置木义。滑膛，前裝，發射鐵子。鎗身上設有照門、照星，近火門處裝有龍頭火繩鎗機。《皇朝禮器圖式・武備四・火器》："本朝製金口交鎗，鑄鐵爲之，重六觔十四兩，長三尺

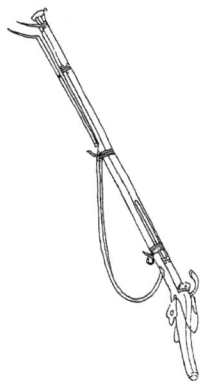

金口交鎗
（清允禄《皇朝禮器圖式》）

四寸六分。口鋄金蓮瓣，前起脊，後八棱，素鐵火機，受藥二錢，鐵子三錢。榆木牀，牀末飾以鹿角，樺木叉不加飾。"（參閱《大清會典圖・鎗礮二》）

素口花交鎗

清前期製火繩鎗。鐵鑄鎗管裝於木床之上，床比鎗微短，內藏搠杖，下裝木叉。滑膛，前裝，發射鐵子。鎗上置有照門、照星，近火門處裝有火繩鎗機。《皇朝禮器圖式・武備四・火器》："本朝製素口花交鎗，鑄鐵爲之，重五觔八兩，長三尺三寸二分，前起脊，中四棱，素鐵火機，受藥二錢，鐵子四錢，烏拉松木牀，樺木乂，末飾以角。"（參閱《大清會典圖・鎗礮二》）

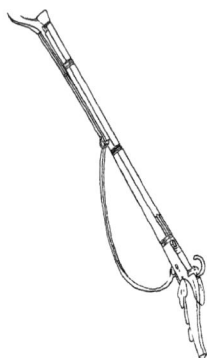

素口花交鎗
（清允祿《皇朝禮器圖式》）

素鐵大交鎗

清前期製火繩鎗。鑄鐵鎗管安裝於木床面上，床末微短於鎗。床內藏搠杖，下置木叉。滑膛，前裝，發射鐵子。鎗身上設有照門、照星，近火門處裝有龍頭火繩鎗機。《皇朝禮器圖式・武備四・火器》："本朝製素鐵大交鎗，鑄鐵爲之，重八觔，長三尺七寸五分，通起脊，不鋄花文，素鐵火機，受藥二錢，鐵子三錢六分。樺木牀，牀末飾以鹿角，叉末飾以銅。"（參閱《大清會典圖・鎗礮二》）

新回部花套鎗

清前期製火繩槍。鐵鑄鎗管裝於烏拉松木床之上，床末稍短於鎗。床內藏搠杖，下置樺木叉。滑膛，前裝，發射鐵子。鎗面設有照門、照星，近火門處裝有火繩鎗機。《皇朝禮器圖式・武備四・火器》："本朝製新回部花套鎗，鑄鐵爲之，重六觔十兩，長三尺五寸七分。口鋄金回文，中起脊，後四棱，橫周星文四重，近火門鋄銀回部花文，加星斗。素鐵火機，受藥一錢五分，鐵子一錢八分，牀如摺花交鎗牀之制。"（參閱《大清會典圖・鎗礮二》）

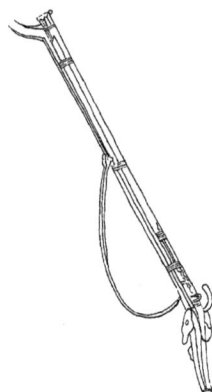

新回部花套鎗
（清允祿《皇朝禮器圖式》）

摺花交鎗

清前期製火繩鎗。鐵鑄鎗管裝於木床之上，床末稍短於鎗。床內藏有搠杖，下置木叉。鎗身設有照門、照星，鎗後近火門處裝有火繩鎗機。《皇朝禮器圖式・武備四・火器》："本朝製摺花交鎗，鑄鐵爲之，重七觔十二兩，長三尺七寸，前起脊，後四棱，受藥二錢，鐵子三錢六分，鋄金素火機，餘俱如金口交鎗之制，烏拉松木牀，樺木乂，末飾以角。"（參閱《大清會典圖・鎗礮二》）

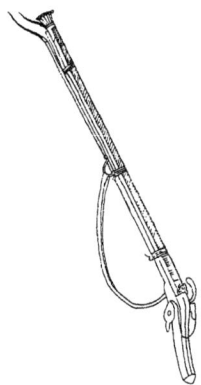

摺花交鎗
（清允祿《皇朝禮器圖式》）

蒙古花大交鎗[1]

清前期製火繩鎗。鐵鑄鎗管，飾以蒙古花

紋，故稱。滑膛，前裝，發射鐵子。鎗身鑄有照門、照星。鎗後火門近處裝有火繩鎗機。鎗置於木床面上，束以韋三道，床內藏捌杖，下置木叉。《皇朝禮器圖式·武備四·火器》："本朝製蒙古花大交鎗，鑄鐵爲之，重七觔十二兩，長三尺七寸，通八棱，口周鍥星文，近口爲星文索文花文，周爲蒙古花文，素鐵火機，受藥二錢，鐵子三錢九分，牀如素鐵大交鎗牀之制。"（參閲《大清會典圖·鎗礟二》）

蒙古花大交鎗[2]

清前期製火繩鎗。與"蒙古花大交鎗[1]"有別之處爲：鐵鑄鎗管前起脊，中四棱，稍短一寸，重增四兩，發射鐵子重量亦增，餘無大別。《皇朝禮器圖式·武備四·火器》："蒙古花大交鎗二……鑄鐵爲之，重八觔，長三尺六寸，近口星文索文花文，前起脊，中四棱爲花文，橫鍥星文索文，後圓亦如之，受藥二錢，鐵子四錢七分，牀如素鐵大交鎗牀之制。"（參閲《大清會典圖·鎗礟二》）

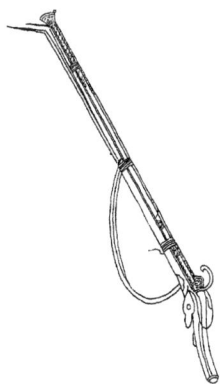

蒙古花大交鎗
（清允禄《皇朝禮器圖式》）

蒙古花小交鎗[1]

清前期製火繩鎗。鐵鑄，滑膛，前裝，發射鐵子，有瞄準裝置，火繩鎗機，床上置鎗，束以韋三道，床內藏以捌杖，床下裝有木叉。《皇朝禮器圖式·武備四·火器》："蒙古花小交鎗一……鑄鐵爲之，重八觔，長三尺六寸，前後八棱，中起脊，花文與'蒙古花大交槍一'同，受藥二錢，鐵子四錢二分，牀如素鐵大交鎗牀之制。"（參閲《大清會典圖·鎗礟二》）

蒙古花小交鎗[2]

清前期製火繩鎗。與"蒙古花小交鎗[1]"有別之處爲：彼鎗管中起脊，此前起脊；彼花紋同於"蒙古花大交鎗[1]"，此同於"蒙古花大交鎗[2]"。餘無大別。《皇朝禮器圖式·武備四·火器》："蒙古花小交鎗二……鑄鐵爲之，前起脊，八棱，後圓，花紋與'蒙古花大交鎗二'同。素鐵火機，高麗木牀，末飾以鹿角，底鑴'蒙古花槍，子重三錢三分，藥重二錢，長三尺五寸四分，鐵重五觔四兩，鞘重二觔四兩，共重七觔八兩'，漢文。又末飾以角。"（參閲《大清會典圖·鎗礟二》）

輕鋭花綫鎗

清前期製火繩鎗。鐵鑄鎗管，滑膛，前裝，發射鐵砂子。無瞄準裝置。火繩鎗機。床僅鎗長之半，無捌杖，無叉。另有輕捷、輕、落禽等多種綫槍，其制相差無幾。《大清會典圖·鎗礟二》："輕鋭花綫鎗，重四觔十兩，長四尺。鋄金素火機，受藥一錢，砂子四錢。雲楸木牀，束以鋄金鐶，末飾鋄金蟠螭，煖木托。"（參閲《皇朝禮器圖式·武備四·火器》）

輕捷花綫鎗

清前期製火繩鎗。《皇朝禮器圖式·武備四·火器》："本朝製輕捷花綫鎗，鑄鐵爲之，受藥一錢，砂子四錢，素鐵火機，牀末飾以銅。餘俱如輕鋭花綫鎗之制。"（參閲《大清會典圖·鎗礟二》）

輕花綫鎗

清前期製火繩鎗。《皇朝禮器圖式·武備四·火器》："本朝製輕花綫鎗，鑄鐵爲之，受

藥一錢，砂子四錢，牀末鋄銀蟠螭。餘俱如輕銳花綫鎗之制。"（參閱《大清會典圖・鎗礮二》）

落禽花綫鎗

清前期製火繩鎗。《皇朝禮器圖式・武備四・火器》："本朝製落禽花綫鎗，鑄鐵爲之，重七觔十四兩，長五尺七寸，通起棱，素鐵火機，受藥一錢五分，砂子八錢，鸂鶒木牀，牀及鎗之少半，束以鋄金環，末亦鋄金，煖木托。賽海青花綫鎗、鶊神花綫鎗、連墜花綫鎗、勝鴉鶻花綫鎗皆同。"（參閱《大清會典圖・鎗礮二》）

神海青花綫鎗

清前期製火繩鎗。《皇朝禮器圖式・武備四・火器》："本朝製神海青花綫鎗，鑄鐵爲之，重七觔十二兩，長五尺七寸，受藥一錢五分，砂子八錢，餘俱如大綫鎗之制。"（參閱《大清會典圖・鎗礮二》）

雁神花綫鎗

清前期製火繩鎗。《皇朝禮器圖式・武備四・火器》："本朝製雁神花綫鎗，鑄鐵爲之，重八觔一兩，受藥一錢五分，砂子八錢。餘俱如落禽花綫鎗之制。山雞花綫鎗同。"（參閱《大清會典圖・鎗礮二》）

梟神花綫鎗

清前期製火繩鎗。《皇朝禮器圖式・武備四・火器》："本朝製梟神花綫鎗，鑄鐵爲之，重七觔十三兩，受藥一錢五分，砂子八錢。餘俱如落禽花綫鎗之制。水剳子花綫鎗同。"（參閱《大清會典圖・鎗礮二》）

孤頂花綫鎗

清前期製火繩鎗。《皇朝禮器圖式・武備四・火器》："本朝製孤頂花綫鎗，鑄鐵爲之，重八觔八兩，長五尺五寸，受藥一錢五分，砂子八錢，雲楸木牀，餘俱如落禽花綫鎗之制。"（參閱《大清會典圖・鎗礮二》）

樹雞神花奇鎗

清前期製火繩鎗。此鎗吸取子母鎗之長，特製有子鎗，將預裝之子鎗裝入鎗膛，隨發隨裝，使射速增快。其制，鐵鑄鎗管置於木床之上。鎗上裝有照門、照星，以瞄準目標。床柄可開閉，鎗底納子鎗。火門近處裝有火繩鎗機。扣動扳機，已點燃之火繩落入藥池中，引燃子鎗內之裝藥，將彈丸發射出去。《皇朝禮器圖式・武備四・火器》："本朝製樹雞神花奇鎗，鑄鐵爲之，重六觔，長三尺五分。口鋄金蓮瓣，前起脊，後八棱，加星斗。鋄金素火機，受藥二錢，鐵子三錢八分。核桃木牀，末飾以鹿角，榆木叉，末飾以羚羊角。凡奇鎗皆通底，旁如牡鑰，連牀柄處，下爲屈戎可開闔，藥子皆實子。鎗內，開底納之，從牡鑰中固以鐵鈕。子鎗六，長二寸四分，如管，連火門，遞發之相續而速。其制或如交鎗，或如綫鎗，皆不用搠杖。"（參閱《大清會典圖・鎗礮二》）

舊神花綫鎗

清前期製火繩鎗。其制，除鎗管加長、鎗重減輕外，皆同大綫鎗。《皇朝禮器圖式・武備四・火器》："本朝製舊神花綫鎗，鑄鐵爲之，重七觔十五兩，長五尺七寸。受藥一錢五分，砂子八錢。餘俱如大綫鎗之制。"（參見本卷《兵器戰具說・火藥兵器考》"大綫鎗"文，參閱《大清會典圖・鎗礮二》。）

舊神花鎗

清前期製火繩鎗。鐵鑄鎗管，通皴起爲花

紋。滑膛，前裝，發射鐵子。有照門、照星，以便瞄準。鎗裝於木床之上，床末稍短於鎗。床內藏捅杖，下置木叉，利於瞄準射擊。鎗後近火門處設有龍頭火繩鎗機。《皇朝禮器圖式・武備四・火器》："本朝製舊神花鎗，鑄鐵爲之，長三尺六寸二分。口爪棱，近口鍥花文，前起脊三；中六棱，亦鍥花文。近火門微凹三道，加星斗，鍥金花火機。雲楸木牀，飾銀花文，牀末飾以角。底鑴'神花鎗，藥用二錢，子用二錢八分，鐵五觔九兩，鞘二觔二兩，共重七觔十一兩'，漢文。羚羊角叉。"（參閱《大清會典圖・鎗礮二》）

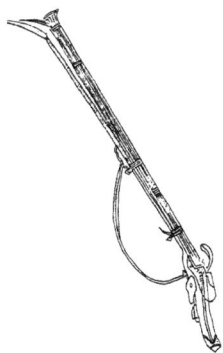

舊神花鎗
（清允禄《皇朝禮器圖式》）

麗花綫鎗

清前期製火繩鎗。較大綫鎗輕而短，而藥與砂子量亦稍減，餘皆同。《皇朝禮器圖式・武備四・火器》："本朝製麗花綫鎗，鑄鐵爲之，重六觔三兩，長四尺八寸。受藥一錢二分，砂子五錢。餘俱如大綫鎗之制。"（參見本卷《兵器戰具說・火藥兵器考》"大綫鎗"文，參閱《大清會典圖・鎗礮二》。）

御用花準鎗

清帝用火繩鎗。鐵鑄鎗管裝於木床之上。滑膛，前裝，發射鐵子。鎗身設有照門、照星，以利瞄準。床稍短於鎗管，內藏捅杖，下置木叉，便於瞄準發射。鎗後近火門處，裝有龍頭火繩鎗機。飾以金銀等貴重物，製作頗爲精美。爲皇帝圍獵所用。《皇朝禮器圖式・武備四・火器》："御用花準鎗，鑄鐵爲之，長四尺三寸，口鍥金蕉葉文，近口爲索文，前起脊，中四稜，周鍥金如鐶四道，後圓，牀底鑴'花準鎗，藥用二錢，子用四錢四分，鐵六觔八兩，鞘二觔十二兩，共重九觔四兩'，漢文。餘俱如皇帝御用舊神鎗之制。"（參閱《大清會典圖・鎗礮一》）

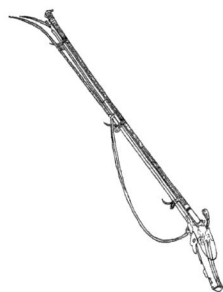

御用花準鎗
（清允禄《皇朝禮器圖式》）

御用大準鎗

清帝用火繩鎗。鐵鑄鎗管，上有照門、照星。滑膛，前裝，發射鐵子。床端微短於鎗管，內裝捅杖，下安木叉，便於瞄準射擊。鎗後近火門處裝有龍頭火繩鎗機，用法如御用虎神鎗。飾以金銀等貴重物，製作頗爲精美。多爲皇帝圍獵時所用。《皇朝禮器圖式・武備四・火器》："御用大準鎗，鑄鐵爲之，長四尺三寸六分，口鍥金星文，下亦爲星文間索文，近火門爲蟠夔，牀底鑴'大準鎗，藥用二錢，子用三錢八分，鐵六觔六兩，鞘二觔十四兩，共重九觔四兩'，漢文。餘俱如皇帝御用舊神鎗之制。"（參閱《大清會典圖・鎗礮一》）

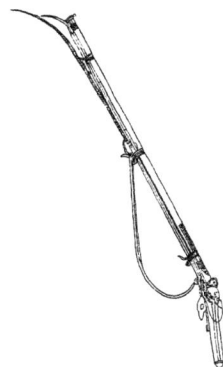

御用大準鎗
（清允禄《皇朝禮器圖式》）

御製禽鎗

清康熙特製獵用火繩鎗。鐵鑄鎗管安裝於

木質床面之上。滑膛，前裝，發射鐵子。鎗管上鑄有照門、照星，以利瞄準。床較鎗微短，竅起端以內搠杖，床下置有木叉。鎗後近火門處裝有火繩鎗機。點燃龍頭（清允祿《皇朝禮器圖式》）內之火繩，扣動扳機，使燃火落入藥池中，引燃發射。北京故宮博物院所藏之康熙御製禽鎗，長116.5厘米，口徑1.4厘米，裝有火繩鎗機，上鐫"御製禽鎗，長三尺五寸，重六觔，藥重二錢，子重三錢四分"字樣。《皇朝禮器圖式・武備四・火器》："御製禽鎗，鑄鐵爲之，重六觔，長三尺五寸，口鋄金蓮瓣，前起脊，中四棱，後圓。近火門鋄金雙螭環繞。'御製禽鎗'，篆文鋄金。素火機，加星斗，受藥二錢，鐵子三錢四分，高麗木牀，叉末飾以角。"（參閱《大清會典圖・鎗礮一》）

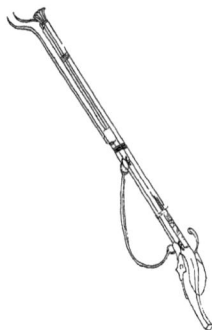

御製禽鎗
（清允祿《皇朝禮器圖式》）

御製小禽鎗

清康熙特製獵用火繩鎗。較御製禽鎗稍輕、稍短，裝藥彈量亦減少。餘同。《皇朝禮器圖式・武備四・火器》："御製小禽鎗，鑄鐵爲之，重五觔七兩，長三尺二寸八分，受藥一錢五分，鐵子二錢七分，鸂鶒木牀，牀末飾象牙花文，餘俱如御製禽鎗之制。"（參

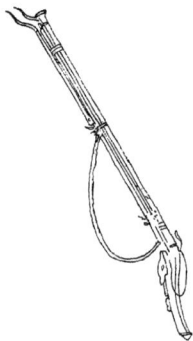

御製小禽鎗
（清允祿《皇朝禮器圖式》）

見本卷《兵器戰具說・火藥兵器考》"御製禽鎗"文，參閱《大清會典圖・鎗礮一》。）

御用虎神鎗

清乾隆製獵用火繩鎗。鐵鑄鎗管裝於木床上。滑膛，前裝，發射鐵子。有照門、照星，便於瞄準。床前部稍短於鎗管，內裝搠杖，下置木叉。鎗

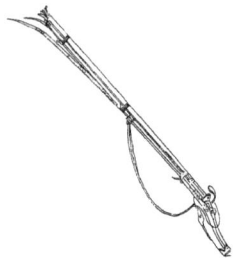

御用虎神鎗
（清允祿《皇朝禮器圖式》）

管後部近火門處裝有龍頭火繩鎗機。扣動扳機，將燃燒之火繩落入藥池中，引燃發射。因係乾隆帝御用，特飾以金銀等珍貴物，製作精美。《皇朝禮器圖式・武備四・火器》："御用虎神鎗，鑄鐵爲之，長四尺八寸，口鋄金蓮瓣，前圓起脊，後四稜，鋄金花火機，加星斗，雲楸木牀；近斗處飾銀花文，中鋄金'乾隆御用'漢文。左右鐫'御製虎神鎗記'，清漢文。牀末飾以角，鏤花文，底鐫'虎神鎗，藥用二錢五分，子用七錢，鐵八觔十兩，鞘三觔十兩，共重十二觔四兩'，漢文。又以羚羊角爲之。"（參閱《大清會典圖・鎗礮一》）

御用舊神鎗

清乾隆用火繩鎗。鐵鑄鎗管裝於木床之上，滑膛，前裝彈藥，發射鐵子。鎗身上鑄有照門、照星，以利瞄準。床前部比鎗管微短，內裝搠杖，下置木叉。鎗管後部近火門處裝有龍頭火繩鎗機，用法如御用虎神鎗。因係御用，飾以金銀等珍貴物，製作精美。《皇朝禮器圖式・武備四・火器》："御用舊神鎗，鑄鐵爲之，長三尺九寸，通起脊，鋄金花火機，加星斗，雲楸

木牀，近斗飾銀花文，中錢金'乾隆御用'，末飾以角，底鐫'舊神鎗，藥用一錢六分，子用三錢三分，鐵六觔二兩，鞘二觔六兩，共重八觔八兩'，皆漢文。又以羚羊角爲之。"（參見本卷《兵器戰具說·火藥兵器考》"御用虎神鎗"文，參閱《大清會典圖·鎗礮一》。）

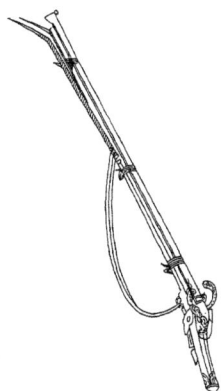

御用舊神鎗
（清允禄《皇朝禮器圖式》）

御製奇準神鎗

清乾隆特製獵用火繩鎗。鐵鑄滑腔鎗管，裝於木床上，前裝，發射鐵子。鑄有照門、照星。床前部比鎗管稍短，內裝搠杖，下安木叉。鎗管後部近火門處裝有龍

御製奇準神鎗
（清允禄《皇朝禮器圖式》）

頭火繩鎗機，用法如御用虎神鎗。飾以金銀等珍貴物，甚爲華麗。北京故宮博物院藏有此鎗實物。其口徑爲 1.7 厘米，長 203 厘米，管長 155.6 厘米，上鐫"大清乾隆年製""奇準神鎗"等字樣。爲國家文物珍品。《皇朝禮器圖式·武備四·火器》："御製奇準神鎗，鑄鐵爲之，口錢金回文蕉葉文，前起脊，中四稜，錢金爲雙螭環繞，錢金'大清乾隆年製'，漢。後圓，加星斗，錢金素火機，雲楸木牀，牀末飾以角，底鐫'特等第二鎗，長四尺五寸，重七觔，鞘

重二觔二兩，共重九觔二兩，藥重二錢，子重五錢'，亦漢文。樺木叉，末飾以角。"（參見本卷《兵器戰具說·火藥兵器考》"御用虎神鎗"文，參閱《大清會典圖·鎗礮一》。）

御製威捷鎗

清乾隆特製火繩鎗。鐵鑄鎗管安於木床上，滑腔，前裝，發射鐵子。鎗管上鑄有照門、照星。床末稍短於鎗管，內藏搠杖，下置木叉。鎗管後火門近處裝有龍頭火繩鎗機。《皇朝禮器圖式·武備四·火器》："御製威捷鎗，鑄鐵爲之，口髹漆，素鐵火機，高麗木牀，底鐫'頭等第七鎗，長四尺四寸，重六觔十二兩，

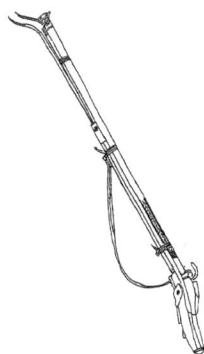

御製威捷鎗
（清允禄《皇朝禮器圖式》）

鞘重三觔一兩，共重九觔十三兩，藥二錢，子重四錢五分'，漢文。餘俱如奇準神鎗之制。"（參見本卷《兵器戰具說·火藥兵器考》"御製奇準神鎗"文，參閱《大清會典圖·鎗礮一》。）

御製威赫鎗

清乾隆特製火繩鎗。鐵鑄鎗管安於木床上，鎗身上置有照門、照星，鎗管後部火門近處裝有火繩鎗機。滑腔，前裝，發射鐵子。床末微短於鎗管，內藏搠杖，下有木叉。《皇朝禮器圖式·武備四·火器》："御製威赫鎗，鑄鐵爲之，前起脊，錢金索文花文，中亦如之，後四稜，近火門錢花文，素

御製威赫鎗
（清允禄《皇朝禮器圖式》）

鐵火機，高麗木牀，底鐫'頭等第六鎗，長四尺五寸，重七觔，鞘重三觔二兩，藥二錢，子重五錢'，漢文。餘俱如奇準神鎗之制。"（參見本卷《兵器戰具說·火藥兵器考》"御製奇準神鎗"文，參閱《大清會典圖·鎗礮一》。）

御製純正神鎗

清乾隆特製火繩鎗。鐵鑄滑膛鎗管安於木床上，前裝，發射鐵子。鎗身上鑄有照門、照星。床末稍短於鎗，內有捌杖，下置木叉。鎗管後部近火門處裝有龍頭火繩

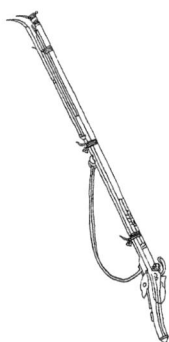

御製純正神鎗
（清允禄《皇朝禮器圖式》）

鎗機。其用如御用虎神鎗。《皇朝禮器圖式·武備四·火器》："御製純正神鎗，鑄鐵爲之，口髹漆，素鐵火機，牀底鐫'頭等第三鎗，長四尺五寸，重七觔，鞘重二觔二兩，共重九觔二兩，藥二錢，子重四錢五分'，漢文。餘俱如奇準神鎗之制。"（參見本卷《兵器戰具說·火藥兵器考》"御用虎神鎗""御製奇準神鎗"文，參閱《大清會典圖·鎗礮一》。）

御製連中鎗

清乾隆特製火繩鎗。鐵鑄鎗管裝於木床面上，滑膛，前裝，發射鐵子。鎗身鑄有照門、照星。床末稍短於鎗管，內安捌杖，下

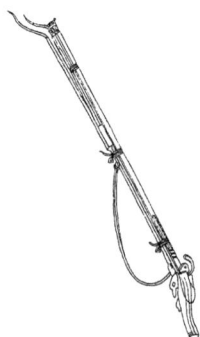

御製連中鎗
（清允禄《皇朝禮器圖式》）

置木叉。鎗管後部近火門處裝有火繩鎗機。其用如御用虎神鎗。《皇朝禮器圖式·武備四·火器》："御製連中鎗，鑄鐵爲之，口髹漆，素鐵火機，牀底鐫'頭等第四鎗，長四尺四寸，重六觔十二兩，鞘重二觔一兩，共重八觔十三兩，藥二錢，子重四錢五分'，漢文。餘俱如奇準神鎗之制。"（參見本卷《兵器戰具說·火藥兵器考》"御用虎神鎗""御製奇準神鎗"文，參閱《大清會典圖·鎗礮一》。）

御製準正神鎗

清乾隆特製火繩鎗。鎗管鐵鑄，上有照門、照星，滑膛，前裝，發射鐵子。木床微短於鎗管，內裝捌杖，下安木叉，便於瞄準射擊。鎗管後部近火門處置有火繩

御製準正神鎗
（清允禄《皇朝禮器圖式》）

鎗機。其用法如御用虎神鎗。《皇朝禮器圖式·武備四·火器》："御製準正神鎗，鑄鐵爲之，口髹漆，素鐵火機，牀底鐫'頭等第二鎗，長四尺三寸，重六觔八兩，鞘重二觔，共重八觔八兩，藥二錢，子重四錢'，漢文。餘俱如奇準神鎗之制。"（參見本卷《兵器戰具說·火藥兵器考》"御用虎神鎗""御製奇準神鎗"文，參閱《大清會典圖·鎗礮一》。）

御製應手鎗

清乾隆特製火繩鎗。鐵鑄鎗管上有照門、照星，滑膛，前裝，發射鐵子。鎗管裝於木床上，床末稍短於鎗管，內有捌杖，下置木叉，便於瞄準射擊。鎗管後部火門近處安有龍頭火繩鎗機。《皇朝禮器圖式·武備四·火器》："御製應手鎗，

鑄鐵爲之，近口鍥索
文花文，中亦如之，
近火門鍥花文，素鐵
火機，高麗木牀，底
鐫'頭等第五鎗，長
四尺五寸，重七觔，
鞘重三觔二兩，共
重十觔二兩，藥二

御製應手鎗
（清允禄《皇朝禮器圖式》）

錢，子重五錢'，漢
文。餘俱如奇準神鎗之制。"（參見本卷《兵器戰
具説·火藥兵器考》"御製奇準神鎗"文，參閱
《大清會典圖·鎗礮一》。）

自來火槍

亦稱"自生火銃""自來火銃""自來火鳥
鎗"。清代對燧發鎗之統稱。有轉輪式與撞擊
式、彈簧式三種。約明末傳入中國。明思宗崇
禎八年（1635），畢懋康在《軍器圖説》中所
載之自生火銃即是其中一種。其構造和性能與
鳥銃相似，唯發火裝置改爲燧石發火，扣動扳
機，龍頭下壓，火石與火鐮撞擊發火，引燃火
門藥，并引燃發射藥，將彈丸射出。較火繩點
火更爲安全可靠，可有效地克服風雨對射擊造
成的困難，提高射擊精度。清代著名火器專家
戴梓製造之連珠火
銃，亦爲燧發鎗一
種。康熙時有少量
燧發鎗製品，但未
見在軍隊中大量使
用，至19世紀初擊
發鎗出現後，即逐
漸退出歷史舞臺。
（參見本卷《兵器戰

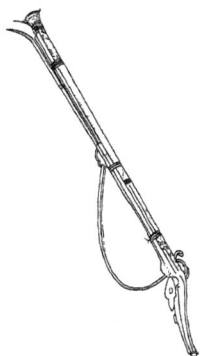

自來火大鎗
（清允禄《皇朝禮器圖式》）

具説·火藥兵器考》諸燧發鎗文。）

【自生火銃】

即自來火槍。此稱行用於明末。

【自來火銃】

即自來火槍。此稱行用於清代。

【自來火鳥鎗】

即自來火槍。此稱行用於清代。

連珠火銃

戴梓研製之燧發鎗。一種特型鳥銃。始見
於清代文籍。清紀昀《閲微草堂筆記》："鳥銃
形若琵琶，凡火藥鉛丸，皆貯於銃脊。以機輪
開閉。其機有二，相銜如牡牝。扳一機則火藥
鉛丸自落筒中，第二機隨之並動，石激火出，
而銃發矣。計二十八發，火藥鉛丸乃盡，始需
重貯。"可連扳連發，提高射速。（參閲《清史
稿·戴梓傳》）

御製自來火大鎗

清康熙特製獵用燧發鎗。鐵鑄鎗管安於木
牀面上。滑膛，前裝，發射鐵子。鎗面設有照
星、照門，從照門中視照星所指瞄準目標。牀
前端稍短於鎗管，内藏搠杖，牀下安有木叉，
便於瞄準射擊。鎗後近火門處置有輪式燧發鎗
機。發射時，用鑰匙上緊輪弦，扣動扳機，輪
軸轉動，與火石急速摩擦，打出火花，點燃藥
池中引火藥，再引燃膛内發射藥，將彈丸射出。
製作精美，裝飾華貴。《皇朝禮器圖式·武備
四·火器》："御製自來火大鎗，鑄鐵爲之，重
五觔九兩，長三尺三寸六分，口爲蓮瓣，微凹，
近口鋄金回文藻文，前起脊，中面分四稜，後
圓，皆鋄金回文藻文，鋄金素火機銜石，旁施
鋄金鏤花輪擊石發鎗，受藥八分，鐵子六分五
釐，芸香木牀，末亦鋄金，义末飾羚羊角。凡

交鎗之制,口加照星,中加斗,或於近火門加斗,從斗中視星所指以爲準,牀視鎗微短,窾其端以内搠杖,以樺木或角爲之,飾以銅或角,長於鎗寸許,牀下加木叉,曲而前銳,中施橫梁,前却唯所宜,牀面置鎗,束以韋三道。"(參閱《大清會典圖·鎗礮一》)

御製自來火小鎗

清康熙特製獵用燧發鎗。鐵鑄鎗管安裝於木質床面之上。滑膛,前裝,發射鐵子。鎗管上鑄有照門、照星,從照門視照星所指瞄準目標。床前端較鎗管稍短,内有搠杖,下置木叉,便於瞄準射擊。鎗後近火門處裝有轉輪式燧發鎗機。扣動扳機,輪軸轉動,與火石急速摩擦,打出火花,點燃藥池中之引火藥,再引燃膛内發射藥,將彈子射出。裝飾華貴,工藝精巧。《皇朝禮器圖式·武備四·火器》:"御製自來火小鎗,鑄鐵爲之,重二觔十二兩,長二尺四寸九分,口鋄金蕉葉文、鋄索文、星文,前起脊,中四稜,周鋄金如鐶二道,後圓,近火門爲蟠螭,受藥七分,鐵子一錢,烏拉松木牀,牀末不加飾,餘俱如御製自來火大鎗之制。"(參閱《大清會典圖·鎗礮一》)

御製自來火二號鎗

清康熙特製獵用燧發鎗。鐵鑄鎗管置於木質床面之上。滑膛,前裝,發射鐵子。鎗身上設有照門、照星,從照門視照星所指瞄準目標。床前端較鎗管稍短,内藏搠杖,下安木叉,便於瞄準射擊。鎗後近火門之處裝有輪式燧發鎗機。用時,以鑰匙上緊輪弦,扣扳機,輪軸轉動,與火石急速摩擦,打出火花,點燃藥池中引火藥,再引燃膛内發射藥,將彈丸射出。製作精巧,裝飾珍貴。北京故宮博物院藏有此鎗

實物。其口徑1.1厘米,長135.5厘米,叉長48厘米,裝有轉輪式燧發鎗機。爲中國珍貴文物之一。《皇朝禮器圖式·武備四·火器》:"御製自來火二號鎗,鑄鐵爲之,重三觔,長二尺八寸,口鋄金獸面,前起脊,後四稜,受藥一錢二分,鐵子一錢八分五釐,鸂鶒木牀,牀末不加飾,餘俱如御製自來火大鎗之制。"(參見本卷《兵器戰具說·火藥兵器考》"御製自來火大鎗"文,參閱《大清會典圖·鎗礮一》)

撞擊式燧發鎗

清乾隆年間製鳥鎗之一。鐵鑄鎗管安於木床之上,床末稍短於鎗。滑膛,前裝,發射鐵子。長118.5厘米,管長88厘米,口徑1.7厘米。管後火門近處裝有燧石鎗機。龍頭銜火石,前竪火鐮。發射時,先拔起龍頭,再扣動扳機,機頭下落,燧石擦過火鐮,産生火花,燃着藥池之引火藥,迅速引發膛内彈丸射出。現藏北京故宮博物院。

抬鎗

始於清道光年間。據耆英道光二十一年(1814)三月《酌擬添造抬鎗摺》:鎗長七尺五寸,木鞘長五尺,裝火藥三兩五錢,鉛彈重五錢,火繩點火發射,射程約三百步,射速每分鐘一發。爲鴉片戰爭時清軍裝備火器之一。太平天國亦曾製用此鎗,稱"長龍"。太平天國五年(1855)頒布之《行軍總要》規定:"凡所用大小砲,必要預先派定,即於名牌上注明某人用砲火,譬如一兩司馬,該管下兵有二十五人,則限其使長龍二條,營鎗五條。"曾國藩組建之湘軍,編有抬鎗隊。清王定安《曾文正水陸行軍練兵志·營制》:"一哨之制……每哨八隊,一隊抬鎗,二隊刀矛,三隊小鎗,四隊刀矛,

五隊抬鎗。”至光緒年間，此鎗仍有製用。據孫毓棠輯《中國近代工業史資料》，四川機器局光緒年間所製前膛鎗中即含各式抬鎗在內。現藏中國人民革命軍事博物館。

手槍

單手使用的小型槍械。主要用於近距離戰鬥和自身防衛。通由槍管、握把、彈匣、擊發瞄準裝置等部件構成。短小輕便，可迅速發射，一般在 50 米內有良好殺傷效力。軍用手槍有自動（含半自動）與非自動之分。自動手槍包括戰鬥手槍、自衛手槍和特種手槍；非自動手槍包括古代手槍與多數轉輪手槍。中國製造近代手槍，開始於 1913 年對外國手槍的仿製。此年三月二十九日，北洋政府陸軍部軍械司《關於試製機關槍手槍致上海製造局等函稿》中稱：“機關槍爲戰鬥利器，手槍亦軍隊需要，中國向來未有製造，從事購買，不惟漏卮甚巨，且不免有人棄我取之弊。亟應行知各局廠，將現在各國所有各項新式機關槍、手槍等詳細研究，參互折衷，究以何種需要爲盡善，或別出新裁，妥速擬定制式，繪具圖說，詳細報部，以便抉擇等因。合亟函達貴廠局從速查照辦理可也。”（見《中國近代兵器工業檔案史料》二）。當年，即有金陵兵工廠仿製成美國勃朗寧 7.62 毫米手槍；1916 年上海兵工廠也開始製造該型手槍。1921 年，漢陽兵工廠仿造德國毛瑟 7.63 毫米手槍，時稱“自來得手槍”“駁殼槍”；後鞏縣、上海等兵工廠也相繼仿造；經過改進，又有民國十四年（1925）式毛瑟手槍製品，既可單發，又能連發。1937 年，漢陽兵工廠開始仿製美國史密斯韋森式 8.1 毫米轉輪手槍；1940 年貴陽中央修械廠也仿製該型手槍。

步槍

單兵使用的長管槍械。主要以發射槍彈殺傷暴露的有生力量，也可用槍托、刺刀等進行格鬥，有的還能發射槍榴彈殺傷有生目標或打擊薄壁裝甲目標。係軍隊基本的武器裝備。一般由槍管、機匣、容彈具、擊發裝置、發射機構、瞄準裝置與槍托等組成，有的配有刺刀和槍口裝置等部件。按其使用分爲普通步槍、騎槍、突擊步槍與狙擊步槍；按其發射性能，有自動步槍與非自動步槍兩種。步槍源於中國在 13 世紀發明的管形射擊火器。後經六百餘年不斷改進，至 19 世紀下半葉，出現采用金屬彈殼的步槍，即德國創製的 1871 年式毛瑟步槍。此後，因彈倉供彈機構和無烟火藥的應用，纔出現近代步槍。

銅帽槍

擊髮式滑膛前裝單發步槍。以雷汞製火帽罩於火門，扣動扳機，擊錘撞擊火帽發火，引燃發射藥，發火可靠性較燧發槍高。因火帽銅製，故稱。1840 年第一次鴉片戰爭中的侵華英軍，即多裝備此種步槍。1845 年，中國亦開始製造，首由僧格林沁用以裝備滿洲火器營。故宮博物院現尚存有實物：槍長 1.54 米、口徑 12 毫米，火帽以薄銅片製成，直徑 4.5 毫米、高 5 毫米，裝於可容五十粒之銅盒中，撥動盒後旋鈕，火帽即由口出。清丁守存《西洋自來火銃製法》：“造銅帽用熟紅銅打薄片，先造鋼板一具，厚一分半，闊一寸，長五寸，平排二十眼，眼徑一分許，中密畫豎絲如髮，底置鋼砧爲托，以銅小杵合空徑少弱，將紅片眼蓋上，杵對之，遂成一銅帽。”第二次鴉片戰爭後，即爲前裝綫膛單發步槍所取代。

米涅步槍

　　清末製造的前裝綫膛單發步槍。江南製造總局槍廠於 1867 年仿法國米涅式步槍製成。由刻製四條膛綫的槍管、斜曲的槍托、具有擊錘與火帽的擊發裝置、帶有表尺的瞄準具、刺刀等部件組成。槍長（除刺刀）1.4 米，重（除刺刀）4.8 千克，口徑 17.8 毫米，彈重 68 克，初速每秒約 360 米，最大射程約 900 餘米。刺刀可兼帶刀矛進行格鬥，表尺可提高命中精度，膛綫則可增大射程與彈丸侵徹力。此槍另一特點爲使用長形彈丸。此前，彈丸均爲球形，裝入膛後，須用探條搗擊，使彈丸變形而緊貼槍膛。此彈徑略小於口徑，裝彈容易。彈底中空，發射時火藥氣體壓力使彈底膨脹，自動嵌入膛綫，可相對提高發射速度。但因從槍口分別填裝彈藥，口徑大，射速較慢；槍身重，携帶不便，故光緒二年（1876）後，即不見製造此槍之記載，但裝備於清軍後沿用至 19 世紀末纔被淘汰。（參閱清魏允恭《江南製造局記》卷七）

燕飛步槍

　　清末仿製的前裝綫膛單發步槍。江南製造總局槍廠於 1867 年仿英國燕飛（亦有譯爲李恩飛者）式步槍製成。口徑 14.4 毫米，長 1.39 米，重 3.6 千克，初速每秒約 360 米，最大射程約 900 米。其餘略同於“米涅步槍”。仿製少量後即停產。（參見本卷《兵器戰具說·火藥兵器考》“米涅步槍”文，參閱清魏允恭《江南製造局記》卷七。）

林明登步槍

　　清末製造的擊針式後裝單發槍。1867 年江南製造總局槍廠首先生產，係仿美國林明登（後多譯爲林明敦）邊針後膛槍製造。此爲中國自製最早用撞針發火裝置的近代步槍。口徑 13 毫米，槍長（除刺刀）1.36 米，槍重（除刺刀）4.9 千克，膛綫六條，初速每秒 430 米，表尺射程 1100 米。較前裝槍增設閉鎖機（亦稱槍機或槍閂），安於機槽內，以其前後運動推子彈入膛及退出彈殼。子彈入膛後，閉鎖機頭與槍管尾部密接，使火藥氣體不能後泄，以增大初速及彈丸動能，提高命中精度及侵徹力。子彈改進爲以彈殼將彈丸、發射藥及火帽聯爲一體，既便於裝填，又提高射速，每分鐘可發射 6 至 7 發。但初製時彈殼有紙及金屬兩種，前者發射後留有殘屑，且易受潮濕。1884 年，進一步改善爲全用金屬彈殼，并適當縮短槍長，改邊針爲中針。爲清軍步兵裝備之一。清李鴻章《李文忠公全集·奏稿·籌議海防摺》同治十三年十一月初二日：“洋槍一項，各國改用後門，以其手法靈捷，放速而及遠。其舊製前門槍，賤價售於中國，每爲外人所輕……其後門槍……林明登、士乃得二種，近年已運入中國，臣處及沈葆楨均購存林明登數千枝，上海機器局亦能仿造。”（參閱清魏允恭《江南製造局記》卷七）

快利連珠步槍

　　清末製造的連發步槍。清光緒十六年（1890）江南製造總局槍廠參照美國黎意式步槍，開始試製連發槍，製成少量樣品後，經試射性能良好。在此基礎上，又參照時奧國曼利夏式步槍進行改進，始成此槍。口徑 9.65 毫米，槍重 4.3 千克，每次裝填子彈 5 發，彈重 17.5 克，最大射程 1500 米，有效射程 300 米。槍機爲直動式，前後推拉槍柄，不需回轉閉鎖，即可送彈入膛及退殼，操作簡便。此爲中國自製最早的五彈連發步槍。當時所謂連發槍，與現代火藥氣體傳動供彈之自動、半自動步槍不同，係利用彈簧彈力供彈，裝填若干子彈後，可連續拉推槍機進行發射。較裝填一次發射一彈的單發槍，提高了發射速度。（參閱清魏允恭《江南製造局記》卷七）

漢陽式步槍

清末製連發槍。清光緒二十一年（1895）漢陽槍炮廠生產。係八八式毛瑟步槍改進型：省去套筒，增厚管壁，原槍管外徑爲 13.4 毫米，增爲 14.8 毫米，加木護蓋，將表尺由直立式改爲固定弧形式，加長探條并移動刺刀座位置。改進後槍重稍增，爲 4.66 千克，但更爲堅固耐用，且易於製造。此後，全國各兵工單位，多改造此槍，停止生產其他型式步槍，成爲清末新軍裝備國產槍枝中最主要的槍種，直至民國，仍在使用。（參閱清張之洞《張文襄公全集·奏議》）

三十三年式快槍

清末製連發步槍。1907 年廣東石井兵工廠仿德國 1904 年新式毛瑟槍製成。隨後四川機器局亦有生產。當時全稱爲"光緒三十三年六八新式五響無烟快槍"。口徑 6.8 毫米，槍長（除刺刀）1.257 米，槍重（除刺刀）4.04 千克。槍彈爲尖頭定裝式，可減少彈丸所受空氣阻力，增加其侵徹力。初速每秒 700 米，表尺射程爲 2000 米。1912 年定名爲"元年式步槍"。（參閱李伯芹《金陵與漢陽兵工廠概況》）

【光緒三十三年六八新式五響無烟快槍】

"三十三年式快槍"全稱。此稱近代已行用。見該文。

【元年式步槍】

即三十三年式快槍。此稱 1912 年已行用。見該文。

二四式步槍

亦稱"中正式步槍"。民國時期仿製改造的步槍。民國二十四年（1935 年）鞏縣兵工廠首先仿製改造成功。原槍爲德 1924 年毛瑟槍。此槍爲國民黨軍制式步槍。兵工署署長俞大維 1935 年 6 月 12 日在《兵工署擬具二十四年度作業計畫給軍政部簽呈》中稱："二十四年式步槍，現由鞏廠著手改造，約本年十月內可改造完成，在二十四年式尚未正式出品以前，仍由鞏廠製造元年式步槍，以資抵補、合併陳明。"（見《中國近代兵器工業檔案史料》二）。該槍口徑 7.9 毫米，全長（除刺刀）1.11 米，全重（除刺刀）4.08 千克，使用尖頭彈，初速每秒 810 米，表尺射程 2000 米。該槍槍管短（600 毫米），便於携帶，可兼爲騎兵用。（參閱田昭林等《中國軍事史·兵器》、王國强《中國兵工製造業發展史》）

【中正式步槍】

即二四式步槍。此稱民國時期已行用。見該文。

四門神機炮

清末仿製的多管速射槍。1884 年金陵製造局仿英國 1878 年諾登飛連裝管機槍製造。性能類似"十門連珠炮"而稍佳，口徑較大，僅四管，刻有膛綫，發射速度爲每分鐘 350 發。曾國荃光緒十一年（1885）五月二十六日《擴充機器局疏》："去年法事（中法戰爭）方急，處處戒嚴，益若應接不暇。計自六月起，該局（金陵製造局）撥應各省者，以言炮位……臺灣

有二磅後膛炮六尊，十管格林炮十尊，四門神機炮四尊之案。"（參閱清劉坤一《劉忠誠公遺集·奏疏》）

十門連珠炮

亦稱"十管格林炮"。清末仿製的多管搖轉式速射槍。清光緒十年（1884）金陵製造局仿美國1862年加特林式輪迴槍首先製成。構造近似左輪手槍：槍身後方，有十枝短管彈倉，可圍繞固定中心軸旋轉，各有裝彈、發射及退殼裝置；順次旋轉與槍身後管口連接發射。單管口徑11毫米，膛綫十二條，發射速度每分鐘350發，表尺射程約2000米左右。其設計構思，與明神宗萬曆二十六年（1598）趙士楨創製的"迅雷銃"略同。曾國荃光緒十一年（1885）五月二十六日《擴充機器局疏》："去年法事（中法戰爭）方急，處處戒嚴，益若應接不暇。計自六月起，該局（金陵製造局）撥應各省者，以言炮位：廣東有十二磅來福銅炮十尊之案……臺灣有二磅後膛炮六尊，十管格林炮十尊……之案。"（參閱清劉坤一《劉忠誠公遺集·奏疏》）

【十管格林炮】

即十門連珠炮。此稱清末已行用。見該文。

梅可馨機關槍

清末製造的槍管後坐式重機關槍。清光緒十四年（1888），金陵製造局據美國人梅可馨創製的重機關槍試製而成。爲中國自製重機關槍之始。該槍係利用發射後火藥氣體自行完成退殼裝彈與連續發射的火器。其理論射速爲每分鐘600發，槍身重27.2千克。後因耗彈量過大，於1893年停製。辛亥革命後，改爲仿德國梅可馨式重機關槍正式生產。（參閱李伯芹《金陵與漢陽兵工廠概況》）

麥德森機關槍

清末製氣冷式輕機關槍。清光緒三十四年（1908）廣州機器局生產，係仿丹麥麥德森機關槍製成。該槍帶有兩脚架，并有槍托可抵肩射擊，口徑8毫米，全重9.98千克。此爲中國自製輕機關槍之始。辛亥革命後，爲便於供應槍彈，口徑改爲7.9毫米，定名爲"七九旱機關槍"。因其性能不理想，不久停產，總計生產一千餘挺。（參閱《清末兵工史料·廣州機器局》）

二四式梅可馨重機槍

民國時期仿製的重機關槍。係金陵兵工廠於民國二十四年（1935年）據德國1908式馬克沁機槍首先仿造而成，被列爲國民黨軍制式裝備。楊繼曾1935年5~6月在《製造司二十三年度工作報告摘要》中稱："謹查馬克沁重機槍一項，已將德國兵工署贈送之全套工作圖樣，交寧廠仿照改良，本年底可開始呈繳修正新品，并可逐漸達到與德造者相同。惟製造能力，每月可至三十六挺，現額造二十八挺，似有加造必要。"（《中國近代兵器工業檔案史料》三）。該槍口徑7.9毫米，全長1198毫米，全重（帶槍架）49千克，采用槍管短後坐自動原理，肘節式閉鎖機構，冷却方法爲水冷式，槍架高低射界爲$-6°\sim+42°$，方向射界爲24°，使用同口徑尖彈、重尖彈兩種，裝彈具爲250發彈帶。初速：用尖彈每秒870米，用重尖彈每秒770米。最大射程：尖彈2500米，重尖彈3500米。理論射速每分600發。中國人民革命軍事博物館有藏。（參閱呂則仁《我國兵工生產沿略》、田昭林等《中國軍事史·兵器》、王立等《當代

中國的兵器工業·槍械》)

三十節式重機槍

民國時期仿製的重機槍。漢陽兵工廠據美國勃朗寧 1917 年式重機槍，於 1921 年 10 月 10 日首先仿製成功，被列爲國民黨軍制式裝備。時爲民國十年十月十日，故稱。此後，其他兵工廠相繼仿造，有"滬三十節""桂三十節""陝三十節""川三十節""湘三十節"等。該槍仿製時將口徑改爲 7.9 毫米，其他性能與原槍基本相同。槍全長 960 毫米，全重 39.1 千克（含槍架 23.5 千克），自動方式爲管退式，冷却方式爲水冷式，槍架高低射界爲 −22° 40 ～ +41° 30，方向射界爲 360°，使用同口徑尖彈，裝彈具爲 250 發彈帶，初速每秒 824 米，表尺射程 2000 米，射速每分 500~600 發。但因工藝欠精，且脚架易震動，故於 24 式重機槍製出後，即停止生產。1936 年後，對該槍進行改良，并增加高射裝置，用於對空射擊，故稱"改良三十節式重機槍"。（參閱國民黨政府兵工署所製《我國陸軍現用各種武器諸元表》、田昭林等《中國軍事史·兵器》、王國强《中國兵工製造業發展史》))

火　炮

火炮

一種口徑與重量均較大之金屬管形射擊火器。通由身管、藥室、炮尾等構成。發射石、鐵、鉛彈與爆炸彈等。多數置於炮架或炮車上，便於運行與施放。火炮根本不同於傳統之拋射機械——"礮"或"砲"，但自火炮出現後之相當長時期内，兩稱却一直混用，直至清代，原

來之拋射機械"礮""砲"雖廢，而"礮""砲"之字仍沿用下來。中國不遲於元代已發明火炮。南宋時創製之"突火槍"，爲發明火炮奠定了技術基礎。元初出現之銅手銃，已是火炮之雛形。中國國家博物館收藏之元文宗至順三年（1332）盞口形銅銃，爲目前世界上最早有明確紀年之火炮實物。至明前期，見之歷史文獻所載與現藏各地之火炮實物，可知其鑄造數量明顯增多，形制繁異，造炮技術領先於歐洲。山西省博物館收藏之洪武十年鐵炮，口徑大，管壁厚，身管加長，射程與威力明顯增大，是迄今所知世界上最早之大型鐵鑄火炮。據《大明會典·火器》所載，明廷於明孝宗弘治（1488—1505）前，即製出碗口炮、神機炮、旋風礮、將軍炮等十餘種大、小型炮，成爲明軍重要裝備。此間創製之毒火飛炮，爲世界上最早發射爆炸彈之火炮。明後期，世宗嘉靖年間創製之虎蹲炮，輕便實用，能有效控制發射時之後坐與震動。神宗萬曆年間大量鑄造重型鐵炮，如"天"字、"仁"字型大小等，身管明顯加長，鐵箍數道，耳軸一對，作戰性能有較大提高。世宗嘉靖年間傳入之佛郎機，較明火炮具有身管長、設有

火炮（轟天霹靂猛火炮）
（明何汝賓《兵録》）

瞄準裝置、後裝子炮等特長；神宗萬曆年間傳入之紅夷炮，爲當時大威力重炮，對中國火炮發展具有重要影響。明廷均曾大量仿製，裝備於軍隊，并廣泛應用於戰爭。清前期，尚重視紅衣炮型（加農炮）、子母炮型之火炮鑄造，但其形制與性能并無多大改進，唯大口徑短管炮（屬臼炮型），如“威遠將軍”“衝天炮”之製造，還有其獨特之處。至18世紀中葉後，因清朝的腐敗統治與閉關自守等，中國火炮之製造大大落後於西方。（參見本卷《兵器戰具説・火藥兵器考》“管形射擊火器”文及各炮文，參閱明焦玉《火龍經》、明茅元儀《武備志・軍資乘・火器圖説》、《皇朝禮器圖式・武備四・火器》）

元至順三年盞口銃

早期金屬火炮。因銃口呈盞形，故稱。1332年製造，銅鑄。由前膛、藥室、尾部組成。長35.3厘米，盞口口徑10.5厘米，身管直徑7.5厘米，重6.94千克。藥室隆起呈橢圓形，開有火門，以安火繩。尾部兩側各有一個2厘米方孔。銃面鐫有“至順三年二月吉日綏邊討寇軍第三佰號馬山”銘文。以長形木架作發射裝置，先將銃筒嵌裝於上，再以鐵栓通過尾部方孔，將銃筒與木架連爲一體。鐵栓則另有火炮耳軸之作用，可采取加墊木楔方式調整射角，作火力機動。此銃口徑較大，形體短粗，可發射大石彈、鉛彈與火毬類。從銃口裝入藥、彈後，點火發射。多用於邊防守備作戰，爲當時軍隊裝備之重型火器。現藏中國國家博物館。（參閱王榮《元明火銃的裝置復原》，《文物》1962年第3期。）

洪武五年碗口筒

明初銅製火炮。炮口呈碗口形，故稱。炮長36.5厘米，碗口口徑11厘米，身管直徑6.8厘米，重15.75千克。炮身鐫有“水軍左衛進字肆拾貳號大碗口筒重貳拾陸斤洪武伍年拾貳月吉日寶源局造”字樣。藥室隆起呈橢圓形，上有火門安火繩，炮尾嵌裝於特製木架上。現藏中國人民革命軍事博物館。

洪武十年鐵炮

明初製大口徑短管炮。鐵鑄炮身粗短，長100厘米，口徑21厘米，尾長10厘米，中部兩側提柄兩對，各長16厘米。炮身外箍四五道，管壁較厚，尾部封閉如半球形。於山西臨汾出土三門，現藏山西博物院。（參見本卷《兵器戰具説・火藥兵器考》“火炮”文）

永樂七年銃炮

明初輕型火炮。1983年於甘肅張掖出土。全長55厘米，口徑7.3厘米，重20千克，炮身刻有“奇字壹仟陸佰拾壹號永樂柒年玖月囗日造”等字。自炮口至炮尾外箍五道。似爲《明史・兵志四》與《大明會典・火器》中所載小型將軍炮類。（參閱師萬林《甘肅張掖發現明代銅銃》，《考古與文物》1986年第4期。）

正德六年銃炮

明製大型火炮。1965年於湖南株洲發現一件。全長81厘米，口徑22厘米，重348千克，炮身刻有“正德陸年拾月内汝甯府畢昭守禦千户任倫奏准鑄造”等字。爲明軍守城將軍炮之一，由輕型盞口炮演變而來。（參閱趙新來《在株洲鑑選出一件明代銅炮》，《文物》1986年第8期。）

兩頭銅銃

可兩頭發射之碗口銃。將兩門碗口銃，分別嵌入特製之長木板兩端，中以轉軸連接，架置於長木凳上，打過一銃又打一銃，輪流裝填發射，以增射速。多用於水戰。創製於明英宗正統年間，爲明軍重要火器裝備之一。據明戚繼光《紀效新書·戰船器用説》，戚繼光水軍之福船、海滄船、蒼山船上，每船各備碗口銃三門。明何汝賓《兵録·製器煉鐵法》：“碗口銃用凳爲架，上加活盤，以銃嵌入兩頭，打過一銃，又打一銃。放時，以銃口内衝大石彈，照準賊船底旁，平水面打去，以碎其船，最爲便利。”《明史·兵志四》：“正統末，邊備日亟，御史楊善請鑄兩頭銅銃。”

八面神威風火炮

可旋轉發射之火炮。炮身銅鑄，尾裝木柄，置於木架上，可任意調整射向，旋轉發射。下墊木板塊，以準射程遠近。備有子銃五枚，自炮口裝入膛内。點火施放，可射三百步。創始於明前期，爲明軍裝備火器之一，主要用於水戰。明佚名《火龍神器録·水戰火龍神器》：“炮用精銅鎔鑄，長三尺，後爲燕尾，下爲木架，另鑄提心（即子炮）五枚。每炮一架，用兵二人，一裝一放。衝入賊船隊内，八面旋轉，攻打無休，一炮可透數人。下打船底，板遇碎裂，水漏舟沉而敵可擒也，不勞餘力矣。中藏鉛子、發藥，遠則攻打三百步，近則攻打一百步。遇人則穿胸透腹，遇船則竟透木板。遠近之機在低昂之測，發藥之多寡，配鉛彈重輕。水戰中遠擊之器最利者，莫過於此。”（參閲明茅元儀《武備志·軍資乘·火器圖説十二》）

八面旋風吐霧轟雷砲

發射爆炸性炮彈之前裝滑膛炮。炮身鐵鑄，尾部有帶環長柄，裝於木製炮架之上，可任意調整射向，旋轉發射。炮彈爲圓球體，鑄鐵外殼，内實不同配方之爆炸性火藥。由三人操縱發射，到達目標時爆炸，利用鐵殼飛散碎片、火藥爆炸氣浪及有毒氣體殺傷敵人。創始於明代前期，爲明軍重要裝備之一。明佚名《火龍神器録·陸戰火龍神器》：“砲用生鐵鎔鑄，中藏神烟法藥，用母砲送入敵陣，火發砲碎，霹靂一聲，火光迸起，砲鐵碎飛，勁如鉛彈，人馬俱傷，乘機而戰，破之必矣。或欲生擒，或欲擊死，隨機而用之……此砲一架，用

八面旋風吐霧轟雷砲
（明茅元儀《武備志》）

壯士三人，二裝一放，毒火、神火、烈火、飛火、爛火、法火、神烟、神砂等藥，或隨機而用，藥亦不同。”（參閲明茅元儀《武備志·軍資乘·火器圖説二》）

神機炮

明製小型將軍炮。鐵鑄炮身，外箍數道，無炮耳，無瞄準裝置。明初以後，一直製造與使用。始爲神機營裝備火器。首都博物館藏有此炮實物，其中一門，口徑8.5厘米，全長90厘米，炮口周圍刻有“崇禎拾肆年拾月記標右

拾肆號頭司領隊"等字樣，炮身刻有"右營頭司領隊"等字。山海關城樓亦陳列有此類炮。沿用至明末，已降爲輔助性火炮。（參閱王兆春《中國火器史》）

九牛甕

集群裝置之大威力火炮。將銅鑄大口徑火炮九門箍於一處，各裝送藥、木馬與大石彈，藥綫總會一起，點火齊發，殺傷威力甚大。創製於明，爲當時之重炮，用壯士推之，機動性差。明茅元儀《武備志·軍資乘·火器圖説十》："其甕之制，用銅鎔鑄，身長五尺，徑一尺，九甕共箍一處，架於架上，前裝大石彈，重二十斤，再下活馬，後裝送藥。如賊勢甚衆，吾兵不能敵者，用此攻之，一發十餘里，勢若霹靂，響聲振天，打賊血槽九條，遇之無不齏粉耳。如放甕，預將地挖一坑，點信匐伏坑內，則人不振死也。其勢猶山崩地裂，厲害萬倍矣。"

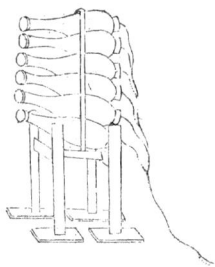

九牛甕
（明茅元儀《武備志》）

千子雷砲

車載火炮。銅鑄身管，用鐵箍固定於四輪車上，發射藥鐵子，殺傷敵人。前安隔板，放時去之，可突然發射。創製於明中期，爲明軍使用火器之一。明後期漸棄之。明茅元儀《武

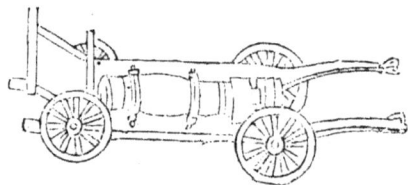

千子雷砲
（明茅元儀《武備志》）

備志·軍資乘·火器圖説二》："〔千子雷砲〕用銅鑄，長一尺八寸，徑五寸，裝藥六分，杵實，次入細土二分，微杵，進藥鐵子二三升，砲用鐵箍扣於四輪車上，前安楄板，使敵不覺，臨放則去楄板，勢如摧枯。"

子母砲

發射子母瓶之火炮。瓶內裝火藥，中放藥信。爲延長引燃時間，使與飛行時間相適應，信以木製，外刻螺旋溝槽，將藥綫纏入槽中，下露藥綫一節。用時，先點子母瓶藥綫，使其燃入木信，再點母炮藥綫。子母瓶射至敵營後爆破，發出巨響，以驚駭敵軍，破壞敵之士氣。創製於明。明戚繼光《紀效新書·布城諸器圖説》："此砲用木信雕成螺絲轉形爲渠，以藥綫隨渠纏足，下露綫一節，在底上露出，信之上用褙紙，信外卷緊與子銃口合。乃將好藥入瓶八分，將信送入口，即將瓶覆向下搖搖，按入其信，若仰瓶裝信，則信底有藥，放時藥催信出而瓶不破響，唯覆裝其信，則將信務入到底，庶底下無藥，藥在周圍，信綫燃入藥，乃作破子瓶。其放時，先用木馬將大銃裝畢，以瓶入上大口，先點瓶綫燃入木信不見，即點母砲綫打去，若瓶綫點早，母綫太長，則瓶不出口而響矣。若點瓶綫太遲，未及燃入打去，則閃風而滅矣。又有一法，共拴一綫，居中點火，終不是齊，還是兩點爲妙……此用驚營，或夜間遠遠放入賊壘，少停於賊壘中，銃發，無制之兵，烏合之衆，奪氣之寇，勢必驚惶，我得乘之。"（參閱明何汝賓《兵録·製器煉鐵法》）

大神銃滾車

明製車載重炮。類"大將軍"。豎鐵鑄造，重明制千斤。炮身鐵箍九道，後部藥室加大箍

一道，點火發射鉛彈。載以三輪滾車。始製於明中期，係明軍實用火器。明王鳴鶴《登壇必究·火器》："大神銃滾車。轅條二根，長九尺，闊六寸，厚四寸；橫檔五根，長二尺四寸；立柱四根，長七寸；蓋板一片，長四尺六寸，闊一尺八寸；前車輪徑過三尺二寸；後車輪徑過一尺五分；前車頭長一尺，徑過一尺；後車頭長六寸，徑過六寸；車耳長一尺八寸，闊四寸，厚俱稱之。每銃一位，净鐵用一千斤，長四尺五寸，鐵箍九道，點火眼處加大鐵箍一道。"運以炮車，登高涉遠夷險皆宜。車前高後低，使炮口稍昂，便於發射。又，"葉公夢熊曰：塞上火器之大者，莫過於大將軍"。至清代仍有製用。清朱璐《防守集成·守器》中輯有此炮，并作爲"需備"之器。近代火炮用於戰爭後棄之。（參閲明茅元儀《武備志·葉公神銃》）

天字大將軍

明神宗萬曆二十年（1592）製大型火炮。鐵鑄。滑膛，前裝，炮身長143厘米，口徑11.3厘米，前膛壁厚4.4厘米。外有九道箍，以增加火炮之强度。無瞄準裝置。鑄有炮耳，可以支撑炮身，調整射角。後部藥室開有火門，點火發射。上有萬曆間造"天字""大將軍"等銘文。明軍曾以此炮支援朝鮮作戰。現日本藏有實物。中國山海關城樓上亦陳列此類炮一門，口徑10厘米，全長143厘米，無銘文，保存完好。

太平車

組合裝置之火銃。將較大口徑火銃（炮）五門，并列安於木製車櫃内，櫃成彎月形（前弧後直），内裝鋼輪發火裝置，通過傳動機構，使鋼輪與火石摩擦發火，引燃總藥綫，五銃齊發。用於守城戰。以繩索吊至半城間，兩輪沿城牆外壁上下活動，可調整高低。創製於明。明茅元儀《武備志·軍資乘·火器圖説十》："〔太平車〕其製，用巧匠以堅木板造彎月櫃，底開墜石，口左右安兩輪，前面開五孔，安五大銃，内入鉛子，藥綫總繫一處。櫃内安小鋼輪，入火藥，神機墜下，又開五小孔，以通火氣。外用索吊在半城之間，用軍一名守之。賊若近城，機括一動，五銃俱發，攻城者敗亡。其城渾不用兵，自有金湯之固矣。"（參見本卷《兵器戰具説·火藥兵器考》"鋼輪發火"文）

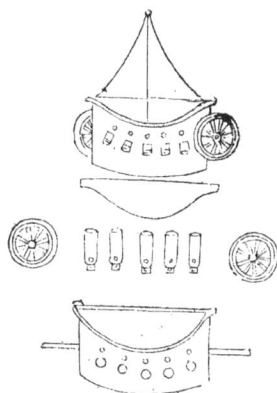

太平車
（明茅元儀《武備志》）

仁字大將軍

明神宗萬曆年間製大型火炮。鐵鑄，滑膛，前裝，炮身長145厘米，口徑10.5厘米，鑄有九道鐵箍，以增强火炮之强度。藥室明顯加厚，略呈棱狀，突起。上開火門，以安火繩，點火發射。在第九道箍（自炮口向後數）上鑄有炮耳一對，可裝於架或炮車上，便於調整射角。在第三道箍與炮尾上各鑄有鐵環一個，前後成一直綫，可用以瞄準目標。上有萬曆間造"仁字""大將軍"等銘文。現中國人民革命軍事博物館藏有實物。

百子連珠銃

可次第連發百子之火炮。銅鑄身管，中藏發射藥，前有金屬彈嘴，內藏鉛子百個，後有藥綫孔，安置藥信，尾安木柄，以便旋轉。置於木架上，用於營寨防守。敵近，即點火發射，彈嘴豎起，則彈子下落於銃竅，百子次第而出，殺傷效能甚高。創製於明，爲明軍實用之大威力火炮。明佚名《火龍神器録·營寨火龍神器》：“〔百子連珠銃〕銃用精銅鎔鑄，約長四尺，中藏發藥一升五合，藥從口發，旁鑄一嘴，長一尺有餘，約藏鉛子百枚，堅木爲架，八面旋轉，橫於架上，豎起則彈落銃竅，百子連珠次第發去，以擊賊兵，使賊不得偷我營寨。此銃一架，足抵强兵五十人。”明施永圖《武備秘書·火攻神器》：“〔百子連珠銃〕砲用精銅鎔鑄……旁鑄一嘴，長一尺餘，約藏鉛彈百枚，堅木爲架，八面旋轉，橫於架上，豎起則彈落砲竅，次第發出。”（參閱明茅元儀《武備志·軍資乘·火器圖説一》）

迅雷砲

金屬製小型火炮。炮身長明制一尺餘，重十餘斤，火門下鑿一大眼。發射鉛子時，用鐵橛釘地，使其不後坐。亦可作連炮。始作於明中期。明茅元儀《武備志·軍資乘·火器圖説一》：“〔迅雷砲〕每位重十餘斤，如一營三千人，用一百位，每位用人二名，人仍各帶銃棍一根。其製大約與地雷連砲同，用佐威遠地雷各砲。”（參閲明王圻等《三才圖會·器用》）

迅雷砲
（明茅元儀《武備志》）

攻戎炮

車載大型火炮。將重而大之將軍炮置於二輪雙轅木車上，以增加其機動能力，隨帶鐵錨四個，施放時以抓地固緊，阻其跳蕩、後坐。創製於明中期，多用於邊塞城堡堅守之戰，爲明軍使用之大型火炮之一。沿用至明末，後漸淘汰。明茅元儀《武備志·軍資乘·火器圖説二》：“〔攻戎炮〕榆槐木實箱，起二尺五寸，鑿槽嵌將軍在內，鐵扣五道，車下安二輪，上帶鐵錨四口。如行兵，隨用騾馬拽之，或用駝負之，欲攻賊，以炮口朝向敵，車轅向後，鐵錨爬地上向前，以土覆住。卒遇緊急，只用四錨覆土中亦善。其裝法，用木三根作架子，將柳木作馬子，四五寸長，安下停當，入送子，用稱竿打起，向下倒裝實，務要至炮腹中爲則，上安炮子以築之。”

虎蹲砲 [2]

輕便實用之火炮。明將戚繼光於世宗嘉靖年間抗倭戰爭中創製。形如虎蹲，故稱。製以熟鐵，砲長明制二尺，重三十六斤，裝藥六七兩，可發射鉛、鐵子五十至百數，又用爪釘與鐵絆固定於地，舉發不跳，燃放之人不必避。輕便，殺傷效力好，適於山林水網地帶作戰，係明軍實戰火器之一。明戚繼光《練兵實紀·雜集》：“〔虎蹲砲〕此器因其形得名也。國初分在邊方，有所謂三將軍纓子砲者，近時有所謂毒虎砲者，固亦利器，但體輕易躍，每放（必退回）在二三十步外，我軍當放此砲時，必出營壁前至砲所，則營墻大小砲火，皆不敢發，發之適足以中放砲之人耳……今乃特造熟鐵砲，長二尺，腹內粗二寸餘，外用五箍，光磨如鏡，稜面可愛。用法：先入藥綫縛之以布，次用藥六七兩，上用木馬以合口者爲準，送至二箍平，上用土少許，入鉛鐵子一層，又用土少築，再下子，子小以百數，子大以五十數。口用（大）石子一枚，下口一半，慢慢築實，口平而止。後尾稍用鑷，去土三四寸不等，相地方高低，前下二爪釘，後用雙爪尖絆下在四箍後，將前後箍俱前抵砲身大箍之肩，庶不退走。此砲只去人五寸無慮矣，庶放大小砲之人無避也。"明茅元儀《武備志・軍資乘・火器圖說一》："今創此虎蹲砲，器內吞百子，每子亦五錢。子小而口大，則出散無力，上用大石子一，或鉛子一，約重三十兩……比佛狼機而輕，比鳥銃一可當百，南方五百兵中馱扛三位，以備守路捷險甚妙。"

毒霧神烟砲

發射爆炸彈之火炮。鐵鑄炮身，裝於特製木架上，後部開火眼，安藥綫。滑膛，前裝藥彈。鐵殼炮彈內，裝有强燃燒與發烟致毒火藥。點火發射，至目標時，彈殼碎裂，以鐵殼碎片與火焰及有毒烟霧殺傷熏灼敵人，焚燒敵之糧草積聚等。創製於明，多用於攻城作戰。明佚名《火龍神器錄・攻城火龍神器》："〔毒霧神烟砲〕用狼糞、艾肭、砒霜、雄黃、石黃、皂末、姜粉、蓼屑、椒沙、巴油等藥，和合如法，藏於砲（彈）中，放打上城，火發砲碎，則烟霧四塞，燒賊面目，鑽賊孔竅，焚賊衣鎧，一物不可見，一技不能施。乘風而發，無有不破。"明茅元儀《武備志・軍資乘・火器圖說一》："〔毒霧神烟砲〕中藏神、煙神、神火、神沙、飛火、爛火、毒火，隨宜而用，不拘於一。"

威遠砲

明中期一種射程較遠威力較大之火炮。由明前期大將軍炮改製而成。鐵鑄身管，光素無箍，藥室加厚。前後有照星、照門，以便瞄準。可裝大鉛彈一枚，小鉛子百個；以墊高射角，調整射程。炮重明制一百二十斤者騾馱，二百斤者車載。不炸膛，後坐較小，便於點火發射。係明軍實用火炮之一。明何汝賓《兵錄・製器煉鐵法》："〔威遠砲〕每位重百十觔，如一營三千人，用十位，每位用人三名，騾一頭，人帶銃棍一條。舊製將大砲週圍鐵箍，徒增斤兩，無益實用，點放亦不準。今改爲光素，名威遠砲，唯於裝藥發火著力處加厚，前後加照星、照門，千步外皆可對照。每用藥八兩，大鉛子一枚，重三觔六兩，小鉛子一百，每重六錢。對準星門，墊高一寸平放，大鉛子遠可五六里，小鉛子遠二三里；墊高三寸，大鉛子遠十餘里，小鉛子四五里，闊四十餘步。若攻山險，如川廣各關，砲重二百觔，墊高五六寸，用車載行，大鉛子重六觔，遠可二十里，視世之千里雷尤輕便。倭虜營將近我營，晝夜各發大鉛子數枚，令驚潰；若欲誘賊至後用連砲，則此砲在連砲前後發，此砲不炸又不後坐，就近手可點放。"明茅元儀《武備志・軍資乘・火器圖說一》："〔威遠砲〕高二尺八寸，底至火門高五寸，火門至腹高三寸二分，砲口徑過二寸三分，重百二十斤，火門上有活蓋，以防陰雨。重二百斤照前量加尺寸。"（參閱明李盤《金湯借箸十二籌・籌製

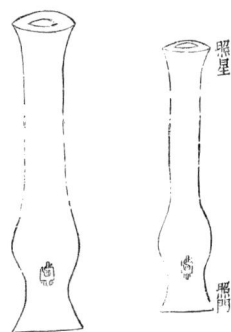

威遠砲
（明王圻等《三才圖會》）

器》，清袁宮桂《洴澼百金方・製器》）

穿山破地火雷砲

明代輕型火炮。炮身銅鑄，或鐵造，長明制四尺，後部有火眼，安藥綫。前裝發射藥、法馬與鉛彈，點火發射，多用於隘路設伏。始見明前期文籍記載。明佚名《火龍神器錄・埋伏火龍神器》：〔穿山破地火雷砲〕砲用銅鎔鑄造，身長四尺，中容藥五升，發鉛子三勺；或用鐵打造，式如碗口，容藥一升，先下法馬，發鉛子半勺。打入賊陣，煙飛火烈，聲如巨雷，林木皆震，人馬遇之，擊成齏粉。必相地勢之宜而後可用之，無敵不破，無功不成者。先下發藥，次下法馬，再下鉛子，發藥五升，堪管鉛子三勺。"（參閱明茅元儀《武備志・軍資乘・火器圖說十三》）

穿山破地火雷砲
（明茅元儀《武備志》）

神速無敵竹將軍炮

竹質大威力火炮。創始於明初，爲明軍實用火炮之一。以圓厚竹筒作炮身，內裝火藥、石彈或碎鐵子、小鉛彈，後部藥室處開火門，安藥綫。尾裝木柄，用木棍作架舉放。以尾部抵於大石塊上，防其後坐。可射遠七八百步，威勢甚大。取材方便，製造簡易，費廉工省，隨地可製。雖一發即廢，但無傷己之患，且體輕可多負遠行。南北水陸作戰均可使用。明軍以此對壘立陣，防營守城禦邊，充分發揮其戰鬥威力。明焦玉《火龍經》卷下："神速無敵竹將軍炮。毛竹取其圓厚者，長四尺許，鑿通其節，止留節頭作底；節後留一尺四五寸，用一木柄，柄頭照節頭凹凸之形，直抵竹節處，週圍用四炮釘犬牙樣釘之，以苧蔴打成辮，或三股繩，自柄至口緊纏固牢。節底上先置潤黃土二寸，以一分厚如筒口大鐵錢一個蓋上，傍錢上開一藥綫眼，先將雙藥綫引入四五寸，直透上爲妙。方入藥一斤，看竹之大小增減；已入藥，用木桿築實，少用紙團或乾土實之，又將一分厚如竹筒圓大鐵錢一個，鑽眼如蓮房式，置藥（上），後以如筒口大圓石彈一個，置鐵錢上，或再加（碎）生鐵、小鉛彈於錢上。用徑寸粗柴二根，長三尺許，縛成架之，取其便也。對敵舉放者，欲遠則稍昂其頭，如敵近在二三百步外，只消平架放去。柄尾須以大石塊抵住，防其後坐，人在側立，即不用亦可……其體甚輕，每兵可擔十數位，而威力猶在佛朗機之上，發時響聲震地，其力可及七八百步之遠，故以將軍名之，尊其威也。即勁敵遇之，雖銅肝鐵膽，且齏粉於七八百步矣。"沿用於清初，漸廢。清袁宮桂《洴澼百金方・製器》：〔神速無敵竹將軍炮〕其器雖一發而壞，不似銅鐵崩毀能傷人，利一；敵人得去，不可再用，利二；每位通計工價，不過七分，費廉工省，一刻可就，利三；無難取之物，隨地可造，利四；體輕可以遠負，利五；易於分布，易於捨棄，其威猛與銅鐵相等，能威敵心，能壯吾膽，利六；南北水陸無所不宜，匠不論工拙，皆能造，利七。"（參閱明茅元儀《武備志・軍資乘・火器圖說二》）

飛雲霹靂砲

發射爆炸彈之火炮。創製於明代中期，爲明軍裝備火器之一。鐵鑄炮身，後部有火門安藥信；以三根不同高度之叉形"將軍柱"（木柱）作炮架，托住炮身，形成一定發射角度，并用鐵索兩條將其固定於地上，以控制其搖擺震動。前裝藥彈。先裝發射藥於後腔，再裝木馬與炮彈於前腔。球形炮彈，鐵鑄外殼，内裝強燃燒與發烟有毒火藥。點火發射，以鐵殼碎片、火藥燃燒及毒烟氣浪殺傷敵之人馬，焚毁其戰具物資。明佚名《火龍神器録・偷劫火龍神器》：“〔飛雲霹靂砲〕砲（彈）用生鐵鎔鑄，其大如碗，其圓如毬，中容神火半升。以母砲發出，飛入賊兵營寨，霹靂一聲，火光进起；若連發十砲，則滿營皆火。飛火、神火以燒糧寨，烈火、毒火、爛火以燒人馬，隨機而用，賊必自亂。”明茅元儀《武備志・軍資乘・火器圖説一》：“〔飛雲霹靂砲〕砲用生鐵鎔鑄……中藏法藥：飛火、法火、烈火、毒火、爛火、神烟，隨宜用之。”

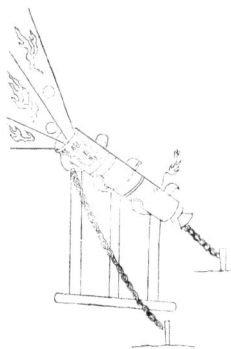

飛雲霹靂砲
（明茅元儀《武備志》）

飛礞砲

亦稱“鐵棒雷飛”。發射爆炸彈之火炮。創製於明中期，爲明軍實用火炮之一。鐵鑄炮身，長明制一尺，口徑三寸，尾安木柄長二尺五寸。藥室圓厚隆起，内裝發射藥，旁開火門，供安藥綫。鐵殼炮彈呈圓柱形，内裝毒炸藥與鐵渣，以多層紙糊口，彈底有藥綫通於

飛礞砲（飛礞砲式）
（明何汝賓《兵録》）

炮内發射藥，再引出於炮外。點火發射，彈至敵陣爆炸，殺傷敵軍人馬。係明宣大總督翁萬達改造毒火飛炮而成之輕便火炮。單兵手持操作。明何汝賓《兵録・製器煉鐵法》：“〔飛礞砲〕鐵造，身長一尺，徑三寸，下柄二尺五寸，内舂火藥。外小鐵砲長四寸，口徑二寸五分，裝毒火藥鐵渣爲滿，用夾紙糊口，藥綫通於大銃，置之銃口。大銃一發，小銃自去。人馬中之，瞬息而斃。”（參閲明茅元儀《武備志・軍資乘・火器圖説二》）

【鐵棒雷飛】

即飛礞砲。此稱明代已行用。見該文。

造化循環砲

可循環裝填發射之火炮。炮身鐵鑄，長明制二尺二寸，有照門、照星，木裹鐵尾長明制二尺九寸，重二十斤。滑腔，前裝，發射大鉛彈或小鉛子。四人擎炮，一人架炮，放一炮，再放一炮，循環無端，故稱。用藥袋裝藥，射速較快，且不坐不跳，命中率提高。創製於明，爲明軍實用火炮之一。明茅元儀《武備志・軍資乘・火器圖説二》：“〔造化循環砲〕用火藥袋裝藥二兩，大鉛子一枚，子重四兩，小鉛子三十枚，每重六錢。放時用悶棍一條，下有鐵鑽，便利入地，上有木拐，中用鐵

造化循環砲
（明茅元儀《武備志》）

葉裹之，用大鐵環一箇，放時將悶棍斜插於地，左膞夾定木拐，右手執火繩。每對敵，將砲頭穿在環內，擎砲者專看苗頭高低，必照星對定敵人。擎砲者用右手點火，大鉛子五六百步，小鉛子三四百步，命中，鉛子出砲口，可寬二三十步。”

旋風礮

明中期製輕型火炮。據《大明會典・火器》載，明廷兵仗局曾於孝宗弘治年前製造此類炮。馬成甫在《火炮的起源及其流傳》一書中，輯有此炮實物一例。其炮身粗短，口徑6厘米，全長38.8厘米。藥室稍隆起，火門外有長方形蓋，保護發火藥。炮口外箍4厘米寬頻一條，其他四條窄箍分於藥室前後、炮膛中部與尾部。尾有“旋風礮三仟伍佰伍拾肆號”“嘉靖庚子年兵仗局”等刻字。係明軍裝備之小型火炮。

滅虜砲

葉夢熊製輕便車載火炮。炮管豎鐵打造，長明制二尺，口徑二寸三分，重95斤，鐵箍五道，載以三輪滾車。一車三砲，點火發射，鉛彈重一斤。爲明軍實用火炮。明王鳴鶴《登壇必究・火器》：“滅虜砲車。轅條長七尺三寸，闊三寸五分；橫檔七根，長二尺三寸，闊二寸五分；前車輪徑過二尺六寸，後車輪徑過一尺五寸，前車頭徑過七寸，長七寸；後車頭徑過六寸，長六寸；車耳長一尺，闊四寸。車匣一

滅虜砲
（清年羹堯《治平勝算全書》）

箇，長一尺八寸，闊七寸，厚俱稱之。每砲一位，長二尺，用淨鐵九十五斤，箍五道，唐口二寸三分，每道箍一寸五分。一車三砲，合三百斤，極其便利。”又，“葉公夢熊有新製滅虜砲，運以滾車，打放郊垌，一發可五六百步，鉛子總一斤，勢如巨雷，良爲奇也。近遼陽如式製數百位，真可殄滅點虜也”。此炮輕便實用，機動迅速，可於車上發射，亦可靈活轉換射向，發揮其威力。

鉛彈一窩蜂

一次發射鉛彈百枚之火炮。創製於明中期，爲明軍裝備之火器。鐵鑄身管，前裝發射藥并鉛彈百枚，尾置火門、藥綫。以鐵足架地，昂起炮口，尾用小木樁釘地，穩固其身。點燃火藥，百彈齊出，可射遠四五百步，殺傷威力大於鳥銃，與佛郎機并稱軍中利器。但輕於鳥銃，一人負行，攻守皆宜。亦可載以四輪木牀，用以守營。明鄭若曾《籌海圖編・兵器》：“〔鉛彈一窩蜂〕其狀如鳥銃之鐵幹而短，其管口比鳥銃口稍寬，容彈百枚，燃藥則彈齊出，遠去四五里……鳥銃所發止於一彈，所中止於一人……一窩蜂一發，百彈漫空散去，豈無中傷者乎？其力量真可以爲佛郎機之亞，但佛郎機器重難帶，一窩蜂輕於鳥銃，以皮條綴之，一人可佩而行。戰時以小鐵足架地，昂其首三四寸，蜂尾另用一小木桩釘地止之，誠行營之利器也。若欲爲坐營之用，則以木牀載於營門，牀身左右各置二輪，以便進退，可以爲守營之寶。”清袁宮桂《汧澼百金方・製器》：“〔鉛彈一窩蜂〕此銃一發，百彈漫空，豈止數十人乎？力量與佛狼機並稱矣。”（參閱明茅元儀《武備志・軍資乘・火器圖說二》）

銅發熕

明代一種威力較大之火炮。銅鑄，每位約重明制五百斤。藥室部增厚，明顯隆起，上開火門，裝藥綫。鑄有炮耳一對，可調整射角。身管周邊銅箍二道，以增强其堪抗力。置於四輪車上，機動便利。前裝藥彈，發射鉛子或石彈。每次用鉛子百個，每個重四斤，殺傷破壞力甚大。主要用於攻城與殺傷敵之群體，亦可載以木筏，用之水戰。創製於明前期，爲明軍裝備火炮之一。戚繼光水軍每隻福船安裝一門。明鄭若曾《籌海圖編·兵器》："〔銅發熕〕每座約重五百斤，用鉛子一百個，每個約重四斤，此攻城之利器也。大敵數萬相聚，亦用此以攻之，其石彈如小斗、大石之所擊，觸者無能留存。墻遇之即透，屋遇之即摧，樹遇之即折，人畜遇之即成血漕，山遇之即深入幾尺。"明茅元儀《武備志·軍資乘·火器圖説一》："欲放發熕，須挖土坑，令司火者藏身，後燃藥綫，火氣與聲但向前衝，可以免死……若賊方舟爲陣，亦可用其小者，但放時火力向前，船震動而倒縮，無不裂而沉者，須另以木筏載而運之可也。"

轟天霹靂猛火砲

發射爆炸彈之滑膛前裝炮。創製於明，多用於攻城。鐵鑄炮身，後膛裝發射藥，有火眼，安藥綫；前膛裝木馬與爆炸彈。置於木製炮架上，并有鐵索將炮固定於地面。鐵鑄炮彈外殼，内裝强燃燒火藥，點燃炮彈與火炮之藥綫，射至敵城内爆碎傷敵，并生成烈火烟焰，焚其糧草積聚與房舍等物資，驚敵内亂。明佚名《火龍神器録·攻城火龍神器》："〔轟天霹靂猛火砲〕砲（彈）用生鐵鎔鑄，或容藥三升，或二

轟天霹靂猛火砲
（明茅元儀《武備志》）

升，或一升，共用三火合一，多加豆末、松香、乾漆與發火藥，配勻方合用也。搭木爲架，四面齊發，打入城中，砲震一聲，屋瓦皆飄烈火，滿城烟焰蔽天，立成灰燼，賊有不内亂乎？乘機而入，破之必矣。連打數砲，滿城起火無救。"明茅元儀《武備志·軍資乘·火器圖説一》："〔轟天霹靂猛火砲〕砲用生鐵鎔鑄……内藏飛火、神火、烈火……可以攻城。"

佛郎機銃

亦稱"佛郎機炮"。置有瞄準裝置之後裝子母炮。16世紀初由佛郎機國（今葡萄牙）傳入。明世宗嘉靖二年（一説三年）始批量仿製，後仿製數漸增多，并有改進。其制有大、中、小三樣，型號多種。重明制自一百五十斤至一千餘斤不等。母銃或銅或鐵鎔鑄，身管細長，有前後二照星，用以瞄準。後部鑄"巨腹"，上開長孔，以裝子銃（彈藥），尾安木柄，便於執銃。兩側鑄有耳軸，置於堅木架座上，或於炮身下置一尖長插銷，安於架上，以便調整射角或射界，亦有用騾馬馱放者。子銃五至九個，類小銃，熟鐵製，可預裝火藥鉛彈，輪流發射。舉發時，將子銃一個入"巨腹"，執銃者握尾

柄，眼看二照星瞄向目標，操母銃高低左右轉動相對，燃火發之，可射遠百餘丈。較明前期火銃裝填方便，射速加快，射程增遠，命中率提高，係明後期軍隊主要裝備火器之一。大者用於艦船與城堡營壘，中者隨便機動，小者祇爲單兵武器。現藏首都博物館之佛郎機炮，均爲銅質，其中"勝字四十二號"母銃，口徑3.8厘米，全長91厘米，子銃口徑3.5厘米，長23厘米。明戚繼光《紀效新書·布城諸器圖説》："〔佛郎機銃〕其妙處要（在）母銃管長，管長則直而利遠，子銃在腹中要兩口對合，則火氣不泄……其妙處在今添出前後二照星，後柄稍從低，庶不礙托面以目照對其準。"又："務要子母二銃之口圓徑分毫不差乃爲精器也。"《明史·兵志四》："佛郎機者，國名也。正德末，其國舶至廣東。白沙巡檢何儒得其制，以銅爲之，長五六尺，大者重千餘斤，小者百五十斤，巨腹長頸，腹有修孔。以子銃五枚，貯藥置腹中，發及百餘丈，最利水戰。駕以蜈蚣船，所擊輒糜碎。"因其口徑稍小，裝藥量少，實戰中威力有限，故至清代初期即製用減少。據清朱璐《防守集成·守器》所載，仍將此類之"大樣"，列爲"需備"之"守器"，宣導人們製用之，以適應反侵略戰爭之需要。（參閱明胡宗憲《籌海圖編·兵器》、明茅元儀《武備志·軍資乘·火器圖説一》、清袁宮桂《洴澼百金方·製器》）

【佛郎機炮】

即佛郎機銃。此稱明代已行用。見該文。

大樣佛郎機

明製大型佛郎機炮。始於明世宗嘉靖初年。據《大明會典·火器》載：嘉靖二年，軍器局製成大樣佛郎機"三十二副，發各邊試用。管用銅鑄，長二尺八寸五分，重三百餘斤。每把另用短提銃四把，輪流入藥腹內，更迭發之"。後製造數量增多。《明史·兵志四》："至嘉靖八年，始從右都御史汪鋐言，造佛郎機礟，謂之大將軍，發諸邊鎮。"至清，仍見製用此類火炮。清朱璐《防守集成·守器》："木架佛狼機，每位重三百斤，子銃每箇重三十斤，必用堅厚熟鐵，每放用鉛子一箇，其機活動可低可昂，可左可右。"（參見本卷《兵器戰具説·火藥兵器考》"佛郎機銃"文）

中樣佛郎機

明製中型佛郎機炮。中國國家博物館收藏明代兵仗局嘉靖十二年製品兩件，均爲子銃。其口徑2.6厘米，長29.5厘米，銅體鐵心，一重九斤四兩，一重十斤。一銘文爲"勝字貳仟肆佰伍拾壹號銅佛郎機中樣銅銃"，一銘文爲"勝字貳仟柒佰貳拾貳號佛郎機中樣銅銃"。天津市薊州區都樂寺收藏之兵仗局萬曆二年製品一件，亦爲子銃，銘文爲"勝字壹萬柒仟壹佰拾肆號佛郎機中樣銅銃"。（參見本卷《兵器戰具説·火藥兵器考》"佛郎機銃"文）

佛郎機式流星礟

明製佛郎機式火炮。已見出土實物五件。黃銅鑄造，銃身刻有"流星礟"或"流星礟筒"銘文。首都博物館收藏此炮母銃二件，子銃一件。中國人民革命軍事博物館收藏子銃二件。其一銘文爲"勝字捌佰拾捌號流星炮嘉靖庚寅年"，口徑2.7厘米，長29厘米，重3.5千克。《大明會典·火器》："〔流星礟〕式如佛郎機，每副礟三節，共重伍拾玖斤壹拾肆兩。"（參見本卷《兵器戰具説·火藥兵器考》"佛郎機銃"
文）

百子佛郎機

　　改製型佛郎機炮。明神宗萬曆年間，趙士
楨在舊製佛郎機基礎上改製而成。明趙士楨
《神器譜·銃圖》："〔百子佛郎機〕一如舊製佛
郎機，但（銃體）加長加厚，下用一牀，以堅
木製架如車，下有二輪，行路推走，放時去輪，
後用一鐵桶，實絮於中，牀檔圓活，放時任其
後坐，著如即止。"又，"用兵尚變，制器求
宜……遇衆噴擊，緣衝齊發，摧鋒殿後，連銃、
百子諸器是也"。

無敵大將軍礮

　　明代仿佛郎（狼）機炮製造之重型子母
炮。以銅或鐵鑄造，共重明制一千一十斤。母
炮後腹開方孔，以納子銃。子銃三個，預裝藥
彈。載以雙輪炮車。用時，先據目標遠近，在
炮身下墊木枕，以準高下，再將子銃裝入母炮
"巨腹"，點火發射。一發散彈五百子，可擊寬
二十餘丈，殺傷威力甚大。主要用於殺傷敵集
群目標。始見於明中期，爲明軍守禦北邊使用
之火炮。明戚繼光《練兵雜紀》卷五："〔無
敵大將軍礮〕體若佛狼機，亦用子銃三，俾輕
可移動，且預爲裝頓，臨時祇大將軍發母體安
照高下，限以木枕，八子銃發之；發畢，隨用
一人之力可以取出，又入一子銃。云一發五百
子，擊寬二十餘丈。可以動衆，罔有不懼而退
者……每位用載行大車一輛，内有活軸十數
道，即三四人可以上下。"

紅夷礮

　　亦稱"西洋礮"。大型前裝滑膛火炮。明清
時期對歐洲傳入之重型前裝火炮之通稱。明神
宗萬曆末，自荷蘭傳入中國。炮身鑄有準星、
照門，中部鑄有炮耳，可架於炮架、炮車上，
便於調整射角。較佛郎機銃口徑增大，身管加
長，管壁增厚，且由前至後逐漸增厚，能承受
較大膛壓。能容火藥數升，并雜以碎鐵碎鉛，
堵以與口徑吻合之圓形鐵彈；除鐵彈對主要目
標起攻堅作用外，其散彈則可加强對周圍目標
之殺傷力。爲當時威力最大之火炮。明清均曾
大量仿製，係當時軍隊主要裝備火炮。明熹宗
天啓六年（1626），袁崇煥固守寧遠，用以擊退
後金軍；清軍入關後，多次用以攻城作戰，均
發揮出巨大威力。《明史·兵志四》："〔萬曆中〕
大西洋船至，復得巨礮，曰紅夷。長二丈餘，
重者至三千斤，能洞裂石城，震數十里。"明談
遷《國榷》卷八七："建虜統西虜渡河，五六萬
騎攻寧遠，副使袁崇煥力禦之，連發西洋礮，
相持三日夜，敵氣沮，退走灰山。"明宋應星
《天工開物·佳兵》："紅夷礮，鑄鐵爲之，身長
丈許，用以守城。中藏鐵彈并火藥數斗，飛激
二里，膺其鋒者爲齏粉。凡砲熱引内灼時，先
往後坐千鈞力，其位須墻抵住，墻崩者其常。"
清代，因清廷諱"夷"字，改稱爲"紅衣礮"。
自天聰五年（1631）鑄造紅衣礮起，直至鴉片
戰爭時期，此類炮始終爲清軍裝備中最主要之
重型火器。《大清會典·八旗都統》："礮，有神
威無敵大將軍銅礮……紅衣鐵礮。"（參閱《皇
朝禮器圖式·武備四·火器》）

【西洋礮】

　　即紅夷礮。此稱明代已行用。見該文。

南明永曆乙未銅礮

　　鄭成功部1655年製大型火炮。屬紅衣礮
型。青銅鑄造，滑膛，前裝。全長210厘米，

口徑 11 厘米，口沿壁厚 5 厘米。炮管前細後粗，外箍五道，鑄有"欽命招待大將軍總統使世子大明永曆乙未仲秋吉日造"等字樣。炮口呈喇叭形。中部兩側各一炮耳，均高 12 厘米、長 18 厘米，耳間有嘉禾瑞草圖形。後部有方形火門，點火發射。底部有球形尾珠。此炮曾在驅荷戰爭中使用。

崇禎六年鐵礮

明代仿紅夷礮製造之火炮。滑膛，前裝，炮身長 153 厘米，口徑 6.5 厘米。炮口加厚突起。膛壁由前至後逐次增厚，呈錐體，炮尾如冠。鑄有炮耳一對，可架於牀上、架上或車上。藥室部開火門，以火繩點火發射。鑄有"崇禎六年廣西造"字樣。現藏中國人民革命軍事博物館。

崇禎十一年鐵礮

1638 年仿紅夷礮型製造之火炮。現山西省博物館藏有此炮實物。炮口呈喇叭形，炮身由前至後遞次加粗，外箍數道，炮耳已毀，長 190 厘米，口徑 8 厘米，炮身銘文"崇禎戊寅歲仲夏吉日捐助建造紅夷大礮。總督軍門盧象升總督軍門陳新甲總督軍門陳貴……紅夷大礮一位重伍佰斤裝放用藥壹斤肆兩封口鐵子壹個重壹斤群子玖個……"。發射時，裝藥後先裝群子，再裝主彈，主彈用以轟擊主要目標，群子可殺傷周圍人馬。

神威大將軍礮[1]

明末製造之大型火炮，屬紅夷礮型。山海關城牆上置有當年使用之此炮實物。1643 年製造，鐵鑄，長 266 厘米，口徑 10 厘米，炮身鐫有"大明崇禎拾陸年仲春吉旦鑄造神威大將軍一位重伍千斤"等銘文。北京八達嶺長城陳列

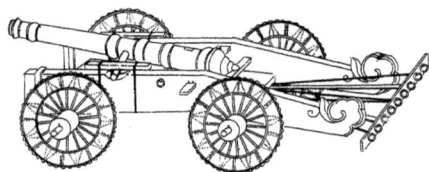

神威大將軍礮
（《大清會典》）

一門，1638 年造，長 286 厘米，口徑 10.2 厘米，炮身有"敕賜神威大將軍欽命總督宣大部院盧（象升）……崇禎拾壹年三月吉旦"等銘文。

缺嘴將軍

明製紅夷型鐵炮。傳爲明抗倭戰爭期間曾置於福建泉州東門城上。一次倭寇侵擾至城下時，因裝藥過量，炮口一側炸裂，裂片將一倭酋擊死，其餘倭寇逃跑。當地人民尊稱其爲"缺嘴將軍"。鐵鑄炮身，前細後粗，尾如覆笠，殘長 290 厘米，口徑 14 厘米，左耳軸被毀，銘文殘落難辨。現藏中國人民革命軍事博物館。

木鑲銅礮

清前期製火炮。炮身內銅，外鑲以木，故稱。屬紅夷礮型。滑膛，前裝，發射鐵彈。有瞄準裝置。鑄有炮耳，以支撐其身，便於調整射角，作火力機動。炮膛底部有火門，燃火繩施放。《大清會典圖·鎗礮三》："木鑲銅礮，內銅而外鑲以木，前弇後豐，底如覆笠，重一千二百觔，長七尺四寸，不鏤花文，隆起四道，加星斗，旁爲雙耳，載以四輪車，如武城

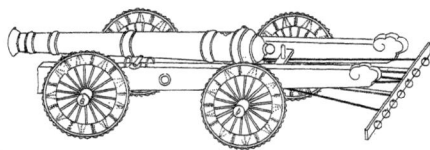

木鑲銅礮
（《大清會典》）

永固大將軍礮車之制。"（參見本卷《兵器戰具說·火藥兵器考》"武城永固大將軍礮"文）

回礮

清平定西域所獲之火炮。鐵鑄。有瞄準裝置，炮身置於木牀上。木柄微向下，上安素鐵火機。裝於木鞍上，便於馱負之。《皇朝禮器圖式·武備四·火器》："回礮，鑄鐵爲之，前弇後豐，長五尺，口鋄蕉葉文，通鋄金銀花文，隆起七道，素鐵火機，下屬於鞍，木質蒙以革，橐駝負之。西師深入，屢得茲器。"《大清會典圖·鎗礮三》："乾隆二十四年高宗純皇帝平定西域，俘獲軍器無算，命藏紫光閣以紀武成，回礮其一也。"

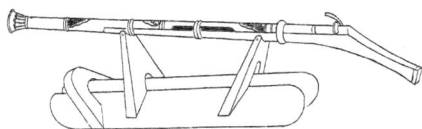

回礮
（《大清會典》）

武城永固大將軍礮

清康熙二十八年（1689）製銅炮。屬紅衣礮型。滑膛，前裝，發射圓鐵彈。裝有瞄準裝置。中部鑄有耳軸，以支撐、平衡炮身，便於調整射角。炮膛底部開火門，以火繩點火。載以四輪炮車，以便運行與施放。中國國家博物館藏有此類炮一門。口徑 16 厘米，身長 330 厘米，重約 5000 千克。炮身寬箍八道，炮屋有蓋如覆盂，上有球形尾珠，中部兩側各有一炮耳，以安炮車架上。彈重 10 千克，裝藥 5 千克。炮身鎸有"大清康熙二十八年鑄造武城永固大將軍"等銘文，飾有回紋、蓮花紋、乳釘紋，裝於兩輪鐵炮車上，甚爲壯觀。此是一種車載攻城炮。《皇朝禮器圖式·武備四·火器》："本朝製武城永固大將軍礮，鑄銅爲之，前弇後微豐，底如竹節，重（清制）自三千六百觔至七千觔，長自九尺六寸至一丈一尺一寸，雜鋄花文、蕉葉文、回文，隆起十道，皆鋄星文，近口爲照星，底左右鎸'大清康熙二十八年鑄造，武城永固大將軍'。用藥十觔，生鐵礮子二十觔，星高四分九釐……小者受藥五觔，鐵子十觔，載以四輪車，轅長一丈五尺，鐵鐶七，餘俱如神威大將軍礮車之制。"（參閱《大清會典圖·鎗礮三》）

制勝將軍礮

清康熙三十四年（1695）製銅炮。屬紅衣礮型。滑膛，前裝，發射圓鐵彈。前有照星，後有照門，供瞄準。炮膛底部開火門，火繩點火。裝於雙輪車，便於運行與施放。《皇朝禮器圖式·武備四·火器》："制勝將軍礮。鑄銅爲之，前弇後豐，底分爪棱，重五百觔，長五尺，不鋄花文。隆起四道，近口爲照星，面鎸'大清康熙三十四年景山內，御製制勝將軍'。用藥

武城永固大將軍礮
（《大清會典》）

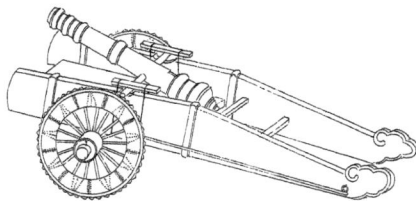

御製制勝將軍礮
（《大清會典》）

一觔八兩，生鐵子三觔，星高五分，遠放酌量加藥，移於斗上眼用之……載以雙輪車，通髹以朱，橫梁承礮，轅長一丈，前橫木二道，輪各十有八輻。"（參閱《大清會典圖·鎗礮一》）

金龍礮

清初製輕型火炮。屬紅衣礮型。以銅或鐵鑄造。康熙十九年（1680）、二十年、二十五年均有製作。重清制自百斤至三百七十斤，長自四尺五寸至六尺，彈重自五兩二錢至十六兩。有瞄準裝置。中有炮耳，以支撑、平衡其

御製金龍礮
（《大清會典》）

身，便於調整射角。炮膛底部有火門，以火繩點火。載以雙輪車，或裝於四足炮架上，利於運行與發射。遍鋄龍鳳花紋，爲皇帝親征時使用之火炮。《皇朝禮器圖式·武備四·火器》："金龍礮。鑄銅爲之，前弇後豐，底如覆笠，重自二百八十觔至三百七十觔，長自五尺八寸至六尺，通髹以漆，前鋄金龍火珠，後鋄金回文、蕉葉文、夔龍，底鋄金花文，隆起四道，旁爲雙耳，左右鐫'大清康熙二十年御製'，清、漢文。受藥自六兩五錢至八兩，鐵子自十三兩至十六兩。載以雙輪車，通髹朱，箱繪蟠夔，中加鐵盤，鋄銀花文，施機使可低昂，上爲鐵錾承礮耳……中繪雲文，輪各十有八輻。"（參閱《大清會典圖·鎗礮一》）

法攻礮

清前期製火炮。屬紅衣礮型。滑膛，前

裝，發射鐵彈。有瞄準裝置。鑄有雙耳軸，以支撑其身。炮膛底部有火門，以火繩點火施放。裝於雙輪炮車，便於運行與發射。《大清會典圖·鎗礮三》："法攻礮。亦鐵鑄，前弇後豐，口微哆，底如覆笠，重六百觔，長四尺二寸七分，隆起八道，加星斗，載以雙輪車。"

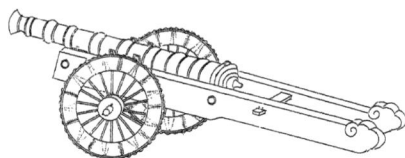

法攻礮
（《大清會典》）

周礮

吳三桂反清稱周王時所部製造之火炮。紅衣礮型。鐵鑄，滑膛，前裝。炮身前細後粗，由前至後外箍五六道，鑄有周紀年與炮重等字樣，中部稍後兩側有炮耳。後部置火門，點火發射。尾如覆盂，有球珠。南京博物院藏有實物。

神功將軍礮

清康熙二十八年（1689）鑄銅炮。紅衣礮型。滑膛，前裝，發射鐵彈。有瞄準裝置。炮膛底部有火門，用火繩點火。載以三輪車，便於運行與發射。《皇朝禮器圖式·武備四·火器》："本朝製神功將軍礮，鑄銅爲之，前弇後微豐，底如覆笠，重千觔，長七尺，不鋄花

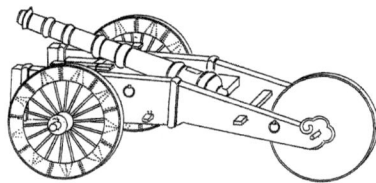

神功將軍礮
（《大清會典》）

文，隆起五道，近口爲照星，中鎸‘大清康熙二十八年鑄造神功將軍’。用藥一觔十二兩，生鐵礮子三觔八兩，星高四分……載以三輪車，鐵索承礮。轅長一丈二寸，轅間板輪一，不施輻，餘俱如神威無敵大將軍礮車之制。”（參閱《大清會典圖·鎗礮三》）

神威大將軍礮 [2]

清太宗崇德八年（1643）製大銅炮。屬紅衣礮型。滑膛，前裝，發射圓鐵彈。前有準星，後有照門，以供瞄準。中有耳軸，以支撐、平衡炮體與調整射角。炮膛底部開有火門，以火繩點火。載以四輪車，便於運行與發射。中國國家博物館藏有此類炮一門，爲鐵心銅體，全長264厘米，口徑13厘米，重1850千克。《皇朝禮器圖式·武備四·火器》：“本朝製神威大將軍礮，鑄銅爲之，前弇後豐，底少斂。長八尺五寸，不鏤花文，隆起四道，面鎸‘神威大將軍’，右鎸‘大清崇德八年十二月日造，重三千八百觔’，漢文。受藥五觔，鐵子十觔，載以四輪車，通髹朱。橫梁承礮耳，轅長一丈五寸，輪各十有八輻，轅間加直木二，外出端加橫木，鐵鐶九，以挽之。”

神威將軍礮

清康熙二十年（1681）造銅炮。紅衣礮型。滑膛，前裝，發射圓鉛彈。裝有瞄準裝

置。中部鑄有炮耳，以支撐、平衡炮身，便於調整射角。炮膛底部有火門，用火繩點火。載以雙輪車。車箱中加鐵盤，施機使炮高低。裝藥八兩時，射程五百至六百步，加藥一兩，可達七百五十步至九百步。北京故宮博物院藏有此炮實物。口徑5.3厘米，身長212厘米。鎸“大清康熙二十年鑄造神威將軍”。用藥八九兩，鉛子十八兩，星高七分。《皇朝禮器圖式·武備四·火器》：“本朝製神威將軍礮，鑄銅爲之，前弇後豐，底如覆笠，重四百觔，長六尺七寸，不鏤花文，隆起五道，近口爲照星，旁爲雙耳，中鎸‘大清康熙二十年鑄造神威將軍’。用藥八九兩，鉛子十八兩，星高七分……載以雙輪車，轅長九尺五寸，不加繪飾，端使鐵鐶，餘俱如御製金龍礮車之制。”（參閱《大清會典圖·鎗礮三》）

神威無敵大將軍礮

清康熙十五年（1676）製大銅炮。屬紅衣礮型。炮身前細後粗，滑膛，前裝，發射鐵彈。鑄有瞄準裝置。中置炮耳，用於支撐、平衡炮身與調整射角。炮膛底部開火門，以火繩點火。載以三輪炮車，便於運行與發射。黑龍江省博物館藏有此類炮一門。口徑11厘米，身長248厘米，重1000千克，裝藥2千克，鐵彈重2.7千克。上鎸滿、漢文“大清康熙十五年三月二日造神威無敵大將軍”。此炮曾於中俄雅

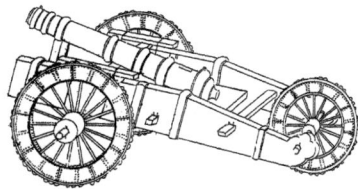

神威將軍礮
（《大清會典》）

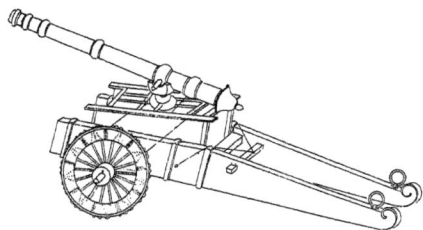

神威無敵大將軍礮
（《大清會典》）

克薩之戰中發揮重要作用。《皇朝禮器圖式 · 武備四 · 火器》："本朝製神威無敵大將軍礮，鑄銅爲之，前弇後豐，底如覆盂，重自二千觔至三千觔，長自七尺三寸至八尺，不鍥花文，隆起五道，面鑴'大清康熙十五年三月日造'，漢文。受藥自三觔至四觔，鐵子自六觔至八觔，載以三輪車，橫梁承礮，轅長一丈二尺二寸。後二輪，轅間一輪，各十有八輻，轅旁施鐵鐶以挽之。"（參閱《大清會典圖 · 鎗礮三》）

紅衣將軍礮

亦稱"紅衣礮"。清代仿製之紅夷礮。鐵鑄。滑膛，前裝，發射鐵彈。有瞄準裝置。雙耳軸。載以三輪炮車。中國人民革命軍事博物館藏有1841年製紅衣將軍礮一門。鐵鑄炮身，全長300厘米，口徑15厘米，上鑴"紅衣將軍重六千斤吃藥十斤吃鐵子三十斤"等銘文。《皇朝禮器圖式 · 武備四 · 火器》："本朝製紅衣礮，鑄鐵爲之，前弇後豐，底圓而淺，重自一千五百觔至五千觔，長自六尺六寸至一丈五寸，中鍥雲螭，隆起八道，旁爲雙耳，受藥自二觔六兩至七觔八兩，鐵子自五觔至十五觔，載以三輪車，如神威無敵大將軍礮車之制。"（參見本卷《兵器戰具說 · 火藥兵器考》"紅夷礮"文。參閱《大清會典圖 · 鎗礮三》）

【紅衣礮】

即紅衣將軍礮。此稱行用於清代。見該文。

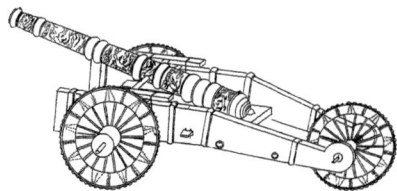

紅衣礮
（《大清會典》）

得勝礮

清前期製輕型火炮。銅鑄。滑膛，前裝，發射圓鐵彈。鑄有耳軸，用以支撐、平衡炮身，便於調整射角。有瞄準裝置。以雙輪炮車

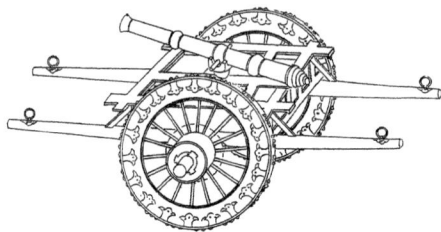

得勝礮
（《大清會典》）

承載，便於運行與發射。藥室上開火門，以火繩點火。《皇朝禮器圖式 · 武備四 · 火器》："本朝製得勝礮，鑄銅爲之，前弇後豐，口如銅角，重三百六十五觔，長六尺三寸。通髹以漆，不鍥花文，隆起三道，旁爲雙耳，受藥六兩，鐵子十二兩，載以雙輪車，通髹朱。正箱爲鐵豎，以承礮耳，轅前後出，長一丈二尺六寸，端皆施鐵鐶，輪在中，各十有八輻。"（參閱《大清會典圖 · 鎗礮三》）)

渾銅礮

清康熙二十年（1681）平定吳三桂叛亂所得之火炮。銅鑄。滑膛，前裝，發射鐵彈。鑄有耳軸，以支撐與平衡炮身，便於調整射角，進行火力機動。有瞄準裝置。炮膛底部開火

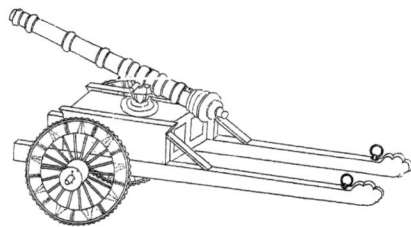

渾銅礮
（《大清會典》）

門，用火繩點火。載以雙輪炮車，便於運行與施放。《皇朝禮器圖式・武備四・火器》："〔渾銅磇〕鑄銅爲之，前弇後微豐，底如覆笠，重自一千二百觔至二千一百觔，長自六尺至六尺一寸，不鏤花文，隆起九道，旁爲雙耳，受藥自一觔十二兩至二觔八兩，鐵子自三觔八兩至五觔，載以雙輪車，轅九尺四寸，端施橫木，餘俱如御製金龍磇車之制。"（參閱《大清會典圖・鎗磇三》）

臺灣磇

清康熙二十二年（1683）平定臺灣所得之火炮。銅鑄。滑膛，前裝，發射鐵彈。有瞄準裝置。鑄有炮耳。藥室部位開火門，以火繩

臺灣磇
（《大清會典》）

點放。載以四輪炮車，便於運行與發射。《皇朝禮器圖式・武備四・火器》："〔臺灣磇〕鑄銅爲之，前弇後微豐，口形如鉢，重自三百觔至七千觔，長自四尺三寸至一丈二寸，雜鏤花文、蕉葉文、蟠螭人獸形，間以番書，隆起十道，中爲龍文雙鈕，可貫繩懸之，受藥自一觔一兩至十觔，鐵子自二觔二兩至二十觔，載以四輪車，通髹朱，橫樑承磇，轅長一丈二尺七寸，輪各十有八輻。"（參閱《大清會典圖・鎗磇三》）

龍磇

清前期製輕型火炮。形如金龍炮，鐵鑄。滑膛，前裝，發射鐵彈。前有照星，後有照門，

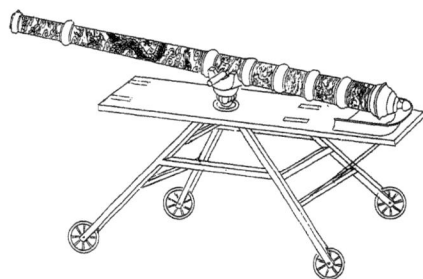

龍磇
（《大清會典》）

供瞄準。中置耳軸，用以支撐與平衡炮身，調整射角，機動火力。炮膛底部有火門，以火繩點放。裝於四足凳形木架上，足施小鐵輪，利推挽。《皇朝禮器圖式・武備四・火器》："本朝製龍磇，鑄鐵爲之，形如金龍磇，重百觔，長四尺五寸，通髹以漆，口鏤金蟬文，中爲雲龍，近後爲蟠螭，隆起六道，加星斗，旁爲雙耳，受藥二兩四錢，鐵子五兩二錢，車如子母磇一之制。"（參閱《大清會典圖・鎗磇三》）

嚴威磇

清前期製輕型火炮。紅衣磇型。鐵鑄。滑膛，前裝。有瞄準裝置。鑄有炮耳，以支撐與平衡炮身，利於調整射角，作火力機動。發射鐵彈。載以雙輪炮車，便於推挽與施放。《皇朝禮器圖式・武備四・火器》："本朝製嚴威磇，鑄鐵爲之，前弇後豐，底如覆笠，重三百十觔，長五尺，不鏤花文，隆起五道，旁爲雙耳，受藥十兩，鐵子一觔四兩，載以雙輪車，如御製制勝將軍磇車之制。"（參閱《大清會典

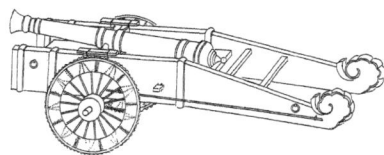

嚴威磇
（《大清會典》）

圖・鎗礟三》）

鐵心銅礟

清前期製輕型火炮。銅鑄炮體，内鑲鑄鐵管心。滑膛，前裝，發射鐵彈。有瞄準裝置。鑄有炮耳，以支撐與平衡炮身，亦便於調整射

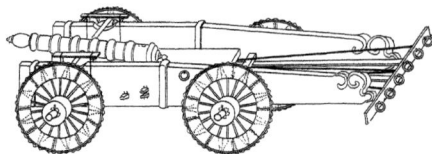

鐵心銅礟
（《大清會典》）

擊角度。炮膛底部有火門，用火繩點火，載以四輪炮車，便於運行與施放。故宮博物院藏此炮一門，全長189厘米，口徑5厘米，炮膛鑲有鐵鑄管心，炮身外包木并塗漆，載於三輪平板炮車，尾部有螺旋鐵柄，可調射角。《皇朝禮器圖式・武備四・火器》："本朝製鐵心銅礟，鑄銅爲體，内以鐵，前斂後微豐，口如螺旋，重一百十觔，長五尺六寸，青綠色，不鏤花文，隆起六道，受藥二兩四錢，鐵子四兩八錢，載以四輪車，轅長一丈二尺一寸，轅端橫木加鐵鐶六，餘俱如神威大將軍礟車之制。"（參閱《大清會典圖・鎗礟三》）

子母礟[1]

清前期仿佛郎機而製造之輕型火炮。鐵鑄炮身，後開長孔，以裝子炮（彈藥）。前有照星，後有照門，以供瞄準。鑄有耳軸，以支撐身管，便於調整射角。裝於四足長凳形木架上，足下安小輪，利於推挽。配有管狀子炮五個，各裝火藥、鐵彈。原發實心彈，後改爲爆炸彈。雍正年間所製鍍金銀子母礟，較康熙時所製同類炮形體變小，重量減輕，更便於携行。《皇朝

禮器圖式・武備四・火器》："本朝製子母礟，鑄鐵爲之，前斂後豐，底如覆笠，重九十五觔，長五尺三寸，通髹以漆，不鏤花文，隆起五道，加星斗，旁爲雙耳，子礟五如管、連火門各重八觔，受藥二兩二錢，鐵子五兩，礟面開孔與子礟相稱，用時内之，固以鐵鈕，遞發之，相續而速，載以四輪車如凳形，中貫鐵機，以鐵鏨承礟耳，下施四足，橫直皆楔以木，後加斜木撐之，足施鐵輪，輪各八輻，左右推挽惟所宜。"（參閱《大清會典圖・鎗礟三》）

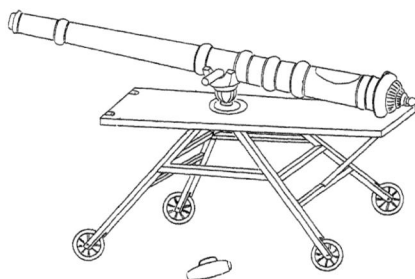

子母礟
（《大清會典》）

子母礟[2]

清前期製造之輕型火炮。鐵鑄炮身，尾有木柄，向下彎曲，木柄上裝有火繩鎗機。以索連於四足木架上，足有鐵輪，便於推挽。用時將子炮從後部裝入母炮，點火後扣動扳機，火繩下落，引燃子炮施放。如預貯藥彈於子炮，次第而發，射速則明顯增快。北京故宮博物院藏有1727年製子母礟實物。其炮身爲鐵鑄，母炮長2米餘，口徑2.6厘米，後鑲木柄，上施火繩槍機。《皇朝禮器圖式・武備四・火器》："本朝製子母礟，鑄鐵爲之，重八十五觔，長五尺八寸，末加木柄，後曲而俯，以鐵索聯於車上，用法如子母礟一，載以四輪車，亦如子母礟一之制。"（參見本卷《兵器戰具説・火藥兵

器考》"子母礮[1]" 文，參閲《大清會典圖·鎗礮三》）

奇礮

　　清康熙二十四年（1686）製輕型火炮，由子母礮改進而成。鐵鑄。身管細長，前有準星，中加照門。雙耳軸安裝於鐵盤上，下有三

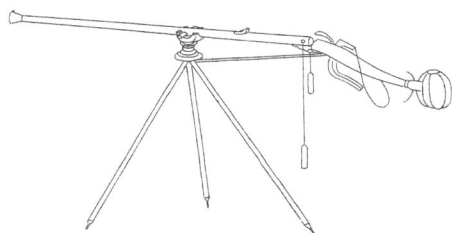

奇礮
（《大清會典》）

脚木架。炮尾裝有可開閉之木柄，稍曲而向下，上有素鐵火機。備有長形子炮四個。用時，將子炮從炮膛底部裝入，再閉上木柄，用鐵鈕固定，利用素鐵火機發火，其優於子母礮之處顯而易見。《皇朝禮器圖式·武備四·火器》："本朝製奇礮，鑄鐵爲之，後通底，旁如牡鑰，重三十觔，長五尺五寸六分，通髹以漆，不鍥花文，近口爲照星，中加斗，素鐵火機，旁爲雙耳。子礮四如管，連火門，受藥自九錢至一兩，鐵子二兩六錢。後加木柄，曲而俯下爲屈戌開柄以内子礮，從牡鑰中固以鐵鈕，遞發之，相續而速。柄末綴立爪形，青緞爲之，載以鐵盤，鐵蓥承礮耳，下以三木捸之，末鐵鐏。"（參閲《大清會典圖·鎗礮三》）

威遠將軍礮

　　清前期製大口徑短管炮。屬臼炮。用銅或鐵鑄造。滑膛，前裝，發射圓形鐵爆炸彈與鉛彈。前有照星，後有炮尺，供瞄準。中有耳軸，以支撑、平衡炮管，便於調整射角。炮膛底部

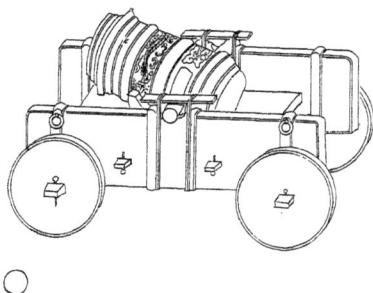

御製威遠將軍礮
（《大清會典》）

開火門，以火繩點火。先燃炮彈藥綫，再速燃火門藥，將彈丸射至敵陣。射程之遠近依裝藥量多少與炮尺高低而定，射角45度時射程最遠。主要以曲射殺傷城墻與建築物後之敵軍人馬。多用於攻城。自康熙至雍正期間，多次造此類炮，其重量逐次減輕，以適應作戰需要。北京故宮博物院藏1690年製此炮一門。身長69厘米，口徑21.2厘米，上鐫滿、漢文"大清康熙二十九年景山内御製威遠將軍"。《皇朝禮器圖式·武備四·火器》："威遠將軍礮，鑄銅爲之，前哆後斂，形如仰鐘，重七百五十觔，長二尺五寸，口鍥花文，周鐫梵文，中雙魚形，間以荇藻，隆起五道，底橫連鐵軸，受藥自八兩至六觔，鐵子自三十觔至三十五觔，入藥礮内，間以木，加土寸許，乃入鐵子，復置藥子内，以螺旋木繞藥綫，外裏朝鮮貢紙，盛以竹筴，入於子内，後出綫寸許，以達礮藥，前出六七寸以待然，子外仍實火藥，隔以濕土，鐵鍱掩礮口，固以蠟。發時先然鐵子藥綫，再速然火門藥，礮發子出，迸裂四散，爲用最烈。遠近以受藥若干及礮尺若干度爲準，載以四輪，通髹朱，軨長四尺九寸，面立木以限鐵軸、前後橫梁，後梁當礮中，下承兩軸，貫板輪，不施輻。"（參閲《大清會典圖·鎗礮一》）

衝天礮

清前期製短管炮。屬威遠將軍礮型。鐵鑄。口徑、身長與重量均不及威遠將軍，係輕型火炮。《皇朝禮器圖式·武備四·火器》："本朝製

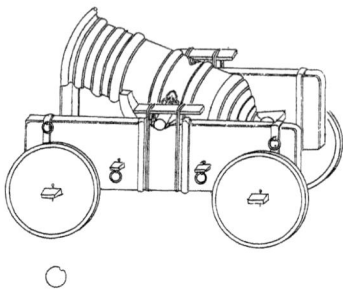

衝天礮
（《大清會典》）

衝天礮，鑄鐵爲之，前哆後斂，形如仰鐘，重自三百觔至三百八十觔，長一尺九寸五分，隆起五道，旁爲雙耳，近耳鍥花文，受藥自六兩至一觔，鐵子二十觔，用法如御製威遠將軍礮，載以四輪車，亦如御製威遠將軍礮車之制。"（參見本卷《兵器戰具說·火藥兵器考》"威遠將軍礮"文，參閱《大清會典圖·鎗礮三》）

九節十成礮

清前期製分節合成炮。銅鑄炮身九節，底座一節，合而爲十。前九節長短粗細相同，每節一端刻陽螺紋，另一端刻陰螺紋。用時以螺紋旋接合成。分節負行，利於險地機動，長途跋涉。滑膛，前裝，發射鐵彈。有瞄準裝置。藥室部位有火門，以火繩點火。《皇朝禮器圖

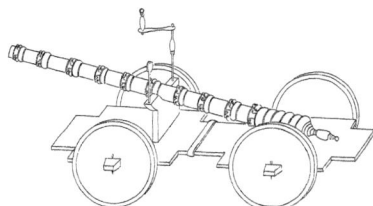

九節十成礮
（《大清會典》）

式·武備四·火器》："本朝製九節十成礮，鑄銅爲之，前後若一。前分九節，後加底，各有螺旋，分負以涉險遠，用時合成之，重自七百九十觔至七百九十八觔，長自五尺一寸至六尺九寸，底環螭三，每節飾獸面三，分鎬重若干，受藥自一觔四兩至一觔八兩，鐵子二觔八兩，載以四輪車，通髹朱，軫平，施輪處少闊，長六尺一寸，中加立木半規以承礮，立木左右爲鐵柱夾礮，右柱長倍左，曲向前，加立表以爲準，板輪不施輻。"（參閱《大清會典圖·鎗礮三》）

行營信礮

清前期鑄造之信號炮。軍隊內部用以聯絡協同。《皇朝禮器圖式·武備四·火器》："本朝製行營信礮，鑄鐵爲之，上下若一，重自四十觔至八十觔，長自一尺六寸至一尺八寸，不鍥花文，隆起四道，受藥八兩，置地發之。"（參閱《大清會典圖·鎗礮三》）

行營信礮
（《大清會典》）

神樞礮

清前期鑄造之小型火炮。鐵鑄身管，短而輕。滑膛，前裝，發射鐵彈。無瞄準裝置，無

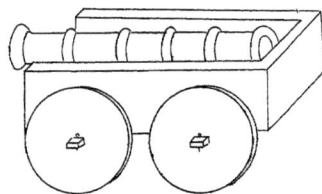

神樞礮
（《大清會典》）

耳軸，裝於四輪木箱內，靠人力推挽，概略對向目標，點燃火繩施放。《大清會典圖·鎗礮三》：“神樞礮。亦鐵鑄。制似神機礮。長二尺四寸七分，中隆起四道，亦載以四輪木箱，如神機礮之制。”

神機礮

清前期鑄造之小型火炮。鐵鑄身管，短而輕。滑膛，前裝，發射鐵彈。無耳軸，裝於四輪木箱內，靠人力推挽，無瞄準裝置。概略對向目標，燃火繩發射。《大清會典圖·鎗礮三》：“神機礮。鐵鑄。前微弇，後微豐，長二尺六寸五分，中隆起四截，不加星斗，不鏤花文，載以四輪木箱，輪不設輻，通髹朱。”

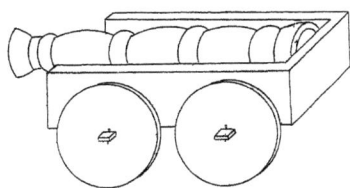

神機礮
（《大清會典》）

鋼腔熟鐵箍炮

清末製造的前裝綫膛火炮。光緒四年（1878）江南製造總局製。以鋼爲內管，外裝熟鐵套管及箍，口徑 120 毫米，身長 2.75 米，鐵彈重 18.16 千克，射程 6400 米。係仿英國阿姆斯壯式 4.7 英寸 40 磅前裝綫膛炮而成。此爲中國自製近代火炮之始。此後數年中，又製出 150~300 毫米口徑之同式火炮多門，其中以發射 81.6 千克、113 千克之 200 毫米、230 毫米口徑者爲多。根據炮身長度，每種炮又有短式、中式及長式之別。以 230 毫米炮爲例：短式炮長 5.45 米，中式長 7 米，長式 8.4 米。射程在 6400~7300 米之間。當時《捷報》評論說：“都

係中國工人動手，技藝不下於任何歐洲工廠工人。”因前裝彈藥，射速慢，火藥氣體部分外泄，影響射程與命中精度，故至光緒二十六年停製。（參閱孫毓棠《中國近代工業史資料》第一輯）

二磅後膛炮

清末製造的後裝綫膛架退炮。清光緒十年（1884）金陵機器局製。口徑 37 毫米，彈重 0.9千克，膛綫爲螺旋形，炮下裝有車輪，機動方便。係仿德國格魯森式 37 毫米山炮製成。此爲中國自製近代後裝綫膛架退炮之始。不久，湖北槍炮廠亦大量生產此類山炮，有 37、53、75毫米等不同口徑。清曾國荃《擴充機器局疏》：“去年法事（中法戰爭）方急，處處戒嚴，益若接應不暇，計自六月起，該局撥應各省者，以言砲位……臺灣有兩磅後膛炮六尊、十管格林炮、神機炮四尊之案。湖北北洋江西均有撥應各種砲位之案。”（參閱張焯君《七十年來中國兵器之製造》）

十四倍 75 毫米山炮

清末製造之管退式山炮。1904 年江南製造總局試製，次年出廠。口徑 75 毫米，炮身長1050 毫米，炮閂爲橫楔式，駐退複進機爲液體彈簧式，炮架爲雙輪單腳式。行列全長 4.6 米，放列全長 3.23 米；行列全重 405 千克，放列全重 386 千克；以四馬馱載或一馬挽曳。高低射界 −8° ~ +15°。方向射界左右各 2°。使用榴彈，重 5.3 千克。初速每秒 280 米、最大射程4300 米，命中（有效）射程 4000 米。係仿德國克虜伯式 75 山炮製成。此爲中國自製最早之管退炮，亦爲清末自製火炮中自製率最高與使用時間最長的火炮之一。全炮除複退簧外，

所有材料、機件均係國產，爲清新建陸軍主要裝備之一。沿用至抗日戰爭前。中國人民革命軍事博物館有藏。（參閱清魏允恭《江南製造局記》）

艦炮

安裝於艦艇上的火炮。用於對水面、空中與岸上目標射擊。按口徑分爲大口徑（152~406毫米）艦炮，中口徑（76~130毫米）艦炮，小口徑（20~57毫米）艦炮。又有按炮管數、封閉程度、自動化程度、射擊功能等各種不同的區分。其基本結構由發射系統、瞄準系統、炮架與供彈系統等組成。艦炮最早約出現於14世紀。中國國家博物館收藏的元至順三年（1332）盞口銃，即世界現存最早的裝於戰船上的火炮。19世紀中葉，出現近代綫膛艦炮，采用無烟火藥與高能炸藥，以增大射程，提高射擊精度。隨後，出現了大口徑，有防護裝甲的炮塔炮。至第二世界大戰前，艦炮一直是海戰的主要攻擊兵器。戰後，飛機、導彈發展迅速，大口徑艦炮的地位下降，但中小口徑艦炮却按照現代戰爭的需要繼續得到發展。現代艦炮具有重量較輕，結構緊凑，瞄準、供彈與發射全自動化，全封閉特點，故其性能顯著提高。中國製造近代艦炮，約開始於19世紀60年代，首先仿製西方輸入的前裝滑膛炮，時稱"硼炮""炸炮"等；繼於70年代開始仿製前裝綫膛炮，80年代開始仿製各種後裝架退炮，90年代開始仿製各種後裝管退炮。其中一些火炮裝備於艦艇上，即爲艦炮。1892年和1894年，江南製造總局仿英國阿姆斯壯式全鋼後膛快炮生產的"四十磅船臺快炮""百磅子船臺快炮"，即爲當時性能較好的後裝管退式艦炮。

硼炮

清末仿西洋短炸炮製成之前裝炮。炮身短、口徑大，炮耳在後，炮口斜昂向天，形如坐蛙，故俗稱"田鷄炮"，亦有稱"天炮"者。第二次鴉片戰爭前後，先在廣東仿製，蘇州洋炮局、江南製造局炮廠成立後，亦曾生產。製有18磅、48磅、108磅等多種。炮身長通常爲口徑之6~12倍，口徑有13英寸、15英寸等。發射鐵鑄實心彈與榴彈、霰彈、榴霰彈、燃燒彈等。發射時固定爲45º角，以加減裝藥定射程遠近。18磅炮，用藥三兩許，即可射1000餘米，初速爲每秒200~260米。彈道彎曲，對遮蔽物後目標及掩蓋工事具有較大威力。又由於重量輕，機動輕便，故多用於野戰、攻城，亦可裝於軍艦。清同治二年（1863）九月四日李鴻章《奏調丁日昌到滬造炮》："兹據丁日昌來稟，在粤先後鑄造大小硼炮三十六尊，大小硼炮子二千餘顆，均已將螺絲引藥配好。"1884年製成後裝炮等後即漸停生產。（參閱清魏允恭《江南製造局記》）

【田鷄炮】

"硼炮"俗稱。因其炮形如坐蛙，故稱。此稱清末已行用。見該文。

【天炮】

即硼炮。因炮口斜昂向天，故稱。見該文。

四十磅船臺快炮

亦稱"十二生的快炮"。清末製造之後裝管退炮。光緒十六年（1890）江南製造總局仿英國阿姆斯壯式全鋼後膛快炮試製，1892年出廠。此爲中國自製最早之管退炮。炮重2145千克，口徑120毫米，有效射程4000米。設有防護板，架爲圓錐臺，制退複進機連接於搖架。

摇架以兩隻耳軸支於架上，炮身活動於摇架之中。炮彈爲固定裝藥，生鐵鑄造，有開花、子母、實心三種。裝黑色炸藥，發射藥爲柯達無烟藥，按定量裝袋，袋底連結黑色藥製之引火藥包，一同裝入鋼殼。清光緒二十年，複製成威力較大之"十五生的船臺快炮（百磅子船臺快炮）"，炮重 6350 千克，口徑 150 毫米，射程 12800 米，可裝於軍艦，亦可裝於要塞。此爲中國自製海軍艦炮之始。（參閲清魏允恭《江南製造局記》）

【十二生的快炮】

即四十磅船臺快炮。此稱清末已行用。見該文。

岸炮

"海岸炮"省稱。配置於海岸重要地段、島嶼和水道旁的火炮。主要用於射擊水面目標，保衛基地、港口、島嶼和海岸重要地段，封鎖航道，支援臨近艦艇與其他部隊作戰，亦可對陸上和空中目標射擊。早期的岸炮與艦炮相差不大，均爲青銅或鐵鑄滑膛炮。19 世紀中期出現後裝綫膛岸炮。進入 20 世紀以來，岸炮有了相當的發展，出現現代岸炮系統，包括火控電腦、炮瞄雷達、光電跟踪儀器等，使其戰術技術性有顯著提高。中國近代生産岸炮，約開始於 19 世紀 70 年代，仿製輸入的大口徑前裝綫膛火炮。譬如，江南製造總局在清光緒元年（1875）後，先後仿製成發射 40、120、180 磅炮彈的阿姆斯壯前裝炮，主要置於炮臺，作岸炮使用。時有《捷報》評論："都係中國工人動手，技藝不下於任何歐洲工廠工人。"光緒十四年，該局又在阿姆斯壯新式後裝炮基礎上，製成口徑 305 毫米全鋼後裝要塞炮。（參閲清薛福成《出使日記續刻》卷八）

【海岸炮】

"岸炮"全稱。因配置於海岸重要地段，故名。此稱 19 世紀 70 年代已行用。見該文。

全鋼後裝要塞炮

清末製造之近代海岸炮。光緒十四年（1888）江南製造總局製。炮重 52 噸，長 11 米，口徑 305 毫米，彈重 360 餘千克，初速每秒 600 米，最大射程達 10000 米。在 900 米距離上，可透 480 毫米厚之鐵靶。采用裝框式炮架，上架裝水壓制退筒，架框上裝活塞連杆，炮身支於上架，連同上架滑動於框斜面上。發射後炮身後坐，藉助於制退筒中液體阻力減輕震動。炮彈爲生鐵鑄成，有實心及開花（爆炸）兩種。發射藥已使用六角單孔栗色藥，爲變裝藥，先按量裝袋，再裝填使用。係在英國阿姆斯壯新式後裝炮基礎上製成。此爲中國自製後裝海岸炮之始，亦爲當時國産炮中威力最大者。由於可在掩體後裝填彈藥，炮手之安全性相對提高。（參閲清薛福成《出使日記續刻》卷八）

第三章　兵車戰船説

第一節　兵車考

兵車指古代用以完成或保障戰鬥任務之各種軍用車輛。此稱先秦已行用。《周禮・考工記》："兵車之輪，六尺有六寸。"車爲木質，畜力或人力推挽。始用於夏，時尚簡陋，數亦不多，僅供貴族指揮作戰乘用，故要求平穩。商中葉後，品質提高，數量增多，成爲重要作戰工具。據河南安陽等地出土之大量實物考察，先秦兵車爲獨轅、雙輪、長轂、扁方車廂。車上甲士三人：御手居中，甲士在左，司射，另一甲士在右，司擊刺。全軍主帥之車，則主帥居中，御手居左。迄春秋之世，種類增加，名稱紛雜，後世之解釋，亦多歧義。但就其戰鬥性能而言，則主要有攻車、守車兩類，亦稱之爲"馳車""革車"；就其行進速度而言，則爲輕車及重車。由於戰争發展，戰場範圍擴大至丘陵山林，城壘攻守戰鬥增多，强弩普遍使用於戰争等原因，自漢代至唐宋，兵車主要用於後勤及作爲野戰防禦工事。

火器出現後，兵車安裝火炮、火箭等火器，攻、守俱可使用。有獨輪、雙輪、多輪諸種，通常車上均裝有木或革等防護設施，成爲合殺傷、防護、機動力於一身之火器戰車。

《明史·兵志四》："遼東巡撫魏學曾請設戰車營。倣偏箱之制,上設佛郎機二,下置雷飛礮、快鎗六,每車步卒二十五人。"此種戰車,在性能上雖與近代戰車無法相比,但其將兵器系列三項基本要素相結合的設計思想,則與近代戰車并無不同。所謂"偏厢車"係指車厢僅一側裝有防護板,由古"苹車"演進而來。三國時諸葛亮以布八陣,晉代馬隆復加改進,使之可守可攻。駐守則圍而代城,進攻則且戰且前,護板總對敵方,乘駕快捷(參見《晉書·馬隆傳》)。至明代郭登又於車上置火器,更增其威力(參見《明史·兵志四》),同時又有"衝虜藏輪車"。所謂"藏輪"係指其防護屏已將車體全部封閉,敵不得見,亦難摧毀,主要用於施放火箭,雖衹單兵推行,但其制已頗近似現代之裝甲車(參見明茅元儀《武備志·軍資乘·火器圖説》)。至清代則漸西化,以引進與改良爲主,極少自家發明(參閱《清史稿·兵志十一》)。

戎　車

戎車

亦稱"鈎車""寅車""元戎""戰車""武車"。即兵車。《詩·小雅·六月》:"六月棲棲,戎車既飭。"《司馬法·天子之義》:"戎車,夏后氏曰鈎車,先正也;殷曰寅車,先疾也;周曰元戎,先良也。"《禮記·明堂位》:"鈎車,夏后氏之路也。"鄭玄注:"鈎,有曲輿者也。"孔穎達疏:"鈎,曲也。輿則車牀。曲輿,謂曲前闌也。"又:"闌,蓋橫木車前,以約車上之

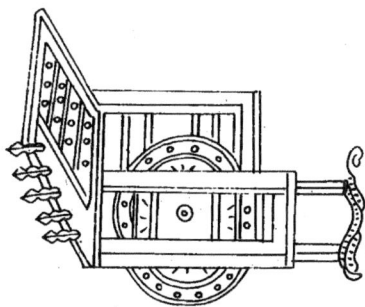

戰車
(清年羹堯《治平勝算全書》)

兵器,慮其落也。"據此,則鈎車之鈎,謂車上兵闌彎曲。孔疏恐不確。鄭玄所説曲輿,係指曲輈。《小爾雅·廣言》:"輈,輿也。"《公羊傳》僖公元年:"於是抗輈經而死。"陳立義疏:"《小爾雅·廣言》以輈爲輿者,輈以載輿,因謂輿爲輈也。"輈,即車轅,輜重大車爲直轅,稱轅,戰鬥用車爲曲轅,稱輈。輈有一定弧度,利於在起伏地上戰鬥,上下坡易且不易傾覆。《周禮·考工記·輈人》:"凡揉輈,欲其孫(順木紋理)而無弧深(弧度不過大)。今夫大車之轅摯,其登又難;既克其登,其覆車也必易。此無故,唯轅直且無橈也……是故輈欲頎(長)典……輈欲弧而折,經而無絶,進則與馬謀,退則與人謀(進退皆如人意),終日馳騁,左不楗(車左不倦),行數千里,馬不契需,終歲御,衣衽不敝。"夏代始用車於戰爭,而戰車之特點爲曲輈,故稱。亦稱"戰車""武車"。《尉繚子·兵教》:"乘於戰車,前後縱橫。"《韓非子·南面》:"桓公有武車。"

【鈎車】

即戎車。此稱先秦時期已行用。見該文。

【寅車】

即戎車。此稱先秦時期已行用。見該文。

【元戎】

即戎車。此稱先秦時期已行用。見該文。

【戰車】

即戎車。此稱先秦時期已行用。見該文。

【武車】

即戎車。此稱先秦時期已行用。見該文。

革車

即兵車。《禮記·明堂位》：“封周公於曲阜，地方七百里，革車千乘。”鄭玄注：“革車，兵車也。”一說五種兵車之共稱。《周禮·春官·車僕》：“車僕掌戎路之萃（隊），廣車之萃，闕車之萃，苹車之萃，輕車之萃。凡師，共革車，各以其萃。”鄭玄注：“此五者皆兵車，所謂五戎也。”賈公彥疏：“揔云共革車，則革車之言所含者多，五戎皆是。”或說專指重車，或說專指輕車。《孫子·作戰》：“凡用兵之法，馳車千駟，革車千乘，帶甲十萬。”曹操注：“革車，重車也。”李筌注：“革車，輕車也。”又說輕車、重車之合稱。宋葉大慶《考古質疑》：“古者車兼攻、守，合而言之皆曰革車，分而言之曰革車，又曰輕車、重車。”

戎路

亦稱“革路”“毳車”。古代交戰時君王所乘兵車。此稱始用於周。《周禮·春官·巾車》：“革路，龍勒，條纓五就，建大白以即戎。”又，《車僕》：“掌戎路之萃。”鄭玄注：“戎路，王在軍所乘也。”賈公彥疏：“此言戎路，則《巾車》所云革路即戎路，故知戎路是王在軍所乘也。”

《左傳》莊公九年：“秋，師及齊師戰於乾時，我師敗績，公喪戎路，傳乘以歸。”又，宣公二年：“晋趙盾爲旄車之族。”孔穎達疏引服虔云：“毳車，戎車之倅。”陸德明釋文：“旄本作毳。”

【革路】

即戎路。此稱先秦時期已行用。見該文。

【毳車】

即戎路。此稱先秦時期已行用。見該文。

廣車

古兵車。主要用以列陣阻敵，守車屬。《周禮·春官·車僕》：“廣車之萃。”鄭玄注：“橫陳（陣）之車。”孫詒讓正義：“橫陳，謂縱橫陳列之以自固也。”《左傳·襄公十一年》：“鄭人賂晋侯以……廣車、軘車，淳（成對）十五乘。”杜預注：“廣車、軘車，皆兵車名。”又可用以載物。《戰國策·西周策》：“智伯欲伐厹由，遺之大鐘，載以廣車，因隨以兵。”亦可用以攻戰。《左傳·襄公二十四年》：晋軍向楚軍致師時，“使〔射犬〕禦廣車而行”。

軘車

古兵車。主要用於屯守，亦可用以交戰。《左傳·宣公十二年》：“晋人懼二子之怒楚師也，使軘車逆之。”杜預注：“軘者，兵車名。”孔穎達疏引服虔云：“軘車，屯守之車。”劉文淇疏證：“然詳服意，亦以軘車爲兵車，但是守車，非戰車耳。”劉說之戰車，實指攻車。因守車亦爲戰車，而晋人使軘車逆二子，當爲接應，并非屯守。（參見本卷《古代兵車戰船諸説·兵車考》“廣車”文）

闕車

亦稱“游車”“游闕”。闕謂空隙。《小爾雅·廣詁》：“闕，隙也。”《集韻·入月》：“闕，空也。"先秦機動預備之戰車，輕車屬。主要用以填補車陣空隙，故稱。古代車陣，隊形嚴整，各有定位，倘有缺額，即出空隙，必填補之。《周禮·春官·車僕》："闕車之萃。"鄭玄注："闕車，所用補闕之車也。"又，作戰部署時，若感某翼兵力不足，亦可用以充實。《左傳·宣公十二年》："〔楚子〕使潘黨率游闕四十乘，從唐侯以爲左拒，以從上軍。"杜預注："〔游闕〕游車補闕者。"孔穎達疏："此言游闕，知游車以擬補闕，今使從唐侯，是補闕也。"軍隊宿營、列陣時，則用以巡游警戒。

【游車】

即闕車。此稱先秦時期已行用。見該文。

【游闕】

即闕車。此稱先秦時期已行用。見該文。

苹車

古兵車。主用於防守。行軍時可載輜重，列陣或宿營時可組成軍壘。因其四周蒙覆革韋，以屏障矢石、風雨，故稱。《周禮·春官·車僕》："苹車之萃。"鄭玄注："苹，猶屏也，所用對敵自蔽隱之車也……孫子八陣有苹車之陣。"孫詒讓正義："苹、屏音同，此車蓋以葦革周匝四面爲遮罩，故對敵時可蔽隱以避矢石也。"此僅言及單車及隱蔽作用，多車相連，即可成壘，更有阻止、遲滯敵人之障礙作用。《孫臏兵法·陳忌問壘》"車者，所以當壘"，即此。《周禮·天官·掌舍》："設車宮。"鄭玄注："次車以爲藩。"即以車相連圍繞如牆垣用爲屏障。《隋書·經籍志三》著錄有《孫子八陣圖》，清畢以珣《孫子叙錄》認爲"苹車之陣"即其遺文，惜已散佚。1950年河南輝縣琉璃閣魏國車馬坑出土十九輛兵車，不駕馬，成雙行，轅輿相搭，車輪切連，呈軍壘狀，似即"車宮"及"苹車之陣"排列方式。一説苹車即軿車。《周禮·春官·車僕》："苹車之萃。"鄭玄注引杜子春云："苹車當爲軿車。"（參見本卷《古代兵車戰船諸説·兵車考》"軿車"文）

長轂

先秦戰車。因輪轂長於民車，故稱。《左傳·昭公五年》："因其十家九縣，長轂九百。"杜預注："長轂，戎車也。"《穀梁傳·文公十四年》："長轂五百乘。"杜預注："長轂，兵車。"據在魯、豫、陝、甘等地考古發掘所得實物觀察，其時兵車，爲獨轅、雙輪，扁方形輿，轂長約40厘米，快速行進時車輪亦不易脱落。輪軸兩端，裝置銅軎，以殺傷敵徒兵。輪輻均爲偏榑，輪外側面中凹，即在傾斜地行駛亦不易傾覆。轅呈曲形，便於在起伏地行進。

輼車

古兵車。單稱"輼"。有帷蓋，可坐卧、載物，亦可組成軍壘。《釋名·釋車》："輼車，載輜重，卧息其中之車也。"《集韻·平之》："輼，《字林》：'載衣物車。'前後皆蔽。"《史記·孫子吳起列傳》："孫子爲師，居輼車中，坐爲計謀。"又，《留侯世家》："〔漢高祖〕雖病，彊載輼車，卧而護之。"《孫子·火攻》："凡火攻有五：一曰火人，二曰火積，三曰火輜，四曰火庫，五曰火隊。"杜牧注："器械財貨及軍士衣裝，在車中上道未止曰輜，在城營壘已有止舍曰庫，其所藏二者皆同。"（參見本卷《古代兵車戰船諸説·兵車考》"軿車"文）

【輼】

"輼車"之單稱。此稱先秦時期已行用。見該文。

軿車

古兵車。有帷幕，載輜重，同輻車而稍有差別。《説文·車部》：“軿，輻車也。”《玉篇·車部》：“軿，衣車也。”《廣韻·平青》：“輻、軿，兵車。”《後漢書·袁紹傳》：“輻軿擊轊，坐客恒滿。”《宋書·禮志五》引《字林》：“軿車有衣蔽無後轅，其有後轅者謂之輻。”一説即苹車。《周禮·春官·車僕》：“苹車之萃。”鄭玄注引杜子春云：“苹車當爲軿車。”一説爲輕車。《篇海類編·器用類·車部》：“軿，輕車。重曰輻，輕曰軿。”（參見本卷《古代兵車戰船諸説·兵車考》“輻車”“苹車”文）

輚

亦作“轏”。古兵車。供軍中寢息，亦用以載柩。《廣韻·上產》：“輚，兵車。”又，《去諫》：“輚，卧車，又寢車。”《集韻·上產》：“輚，卧車也。一曰兵車。或作轏。”《左傳》成公二年：“丑父寢於轏中。”孔穎達疏：“轏與棧字異音義同耳。”《玉篇·車部》：“輚，載柩車也。轏同輚。”

【轏】

同“輚”。此體先秦時期已行用。見該文。

輂

古兵車。用以運載輜重、行李之後勤大車。《説文·車部》：“輂，大車駕馬也。”段玉裁注：“古大車多駕牛，其駕馬者則謂之輂。”《周禮·地官·鄉師》：“大軍旅會同，正治其徒役，與其輂輦。”鄭玄注：“輂，駕馬；輦，人輓行，所以載任器也。”賈公彥疏：“輂，駕馬所以載輜重，輦所以載任器。”《史記·淮南衡山列傳》：“令男子但等七十人與棘蒲侯柴武、太子奇謀，以輂車四十乘反谷口。”一説爲後推之車。清江永《周禮疑義舉要》：“《周禮·地官·鄉師》輂輦，注謂輂駕馬，《説文》亦謂大車駕馬，非也。愚謂從後推之曰輦，從前挽之曰輂。輦，從共，以兩手拱而推也，今有後推之車。”細審《鄉師》之義，此説有理。

武剛車

古兵車。有防護設施。用於軍中運輸，行軍時可用爲前、後衛，野戰時可用爲防禦營壘。《後漢書·輿服志上》：“吳孫《兵法》云：‘有巾有蓋，謂之武剛車。’武剛車者，爲先驅，又爲屬車、輕車，爲後殿焉。”《史記·衛將軍驃騎列傳》：“大將軍（衛青）軍出塞千餘里，見單于兵陳而待，於是大將軍令武剛車自環爲營，而縱五千騎往當匈奴。”《明史·兵志四》：“永樂八年北征，用武剛車三萬輛，皆帷，以供運。”明代火器高度發展，與武剛車結合，用以對付北方騎兵。《續通典·兵十三》：“今中國長策，當用衛青武剛車法。車制：四圍箱板內藏人，下留銃眼，上開小窗，長一丈五尺，高六尺五寸，前後左右橫排鎗頭。每車前後占地五步，若用車一千輛，一面二百五十輛，約長四里，行止自如。中藏軍馬糧草輜重，遇敵則可遏其弓馬，仍以火砲助之，奇兵翼之，庶幾取便克敵。”

偏箱車

古兵車。亦作“偏厢車”“扁箱車”。因車箱僅一側裝有防護板，故稱。由古苹車演進而來。蜀諸葛亮以布八陣，晋馬隆復加改進，攻守兼具。《晋書·馬隆傳》：“隆依八陣圖作偏箱車，地廣則鹿角車營，路狹則爲木屋施于車上，且戰且前，馬矢所及，應弦而倒。”明郭登又置火器車上，增其威力。《明史·兵志四》：“景泰元年，定襄伯郭登請做古制爲偏箱車，轅長丈三尺，闊九尺，高七尺五寸，箱用薄板，置銃。出則左右聯絡，前後轅軫相依，鈎環互牽。布幕舒卷車載鹿角二。所屯處，十五步外鈎連，爲外藩車，用神鎗、銅砲、鎗手弻牌手長刀共甲士十，無事輪番推挽。”戚繼光再革新爲兩端有轅，更爲機動靈活。明戚繼光《練兵實紀·雜集》卷六：“只用向外面一厢，即偏厢車也。每輛重六百斤以外……每輛雙輪，長轅，用騾二頭，兩頭俱堪騾架，以便進退。上用偏厢，各隨左右安置。長一丈五尺，兩頭有一門啓閉出入，車上安大佛狼機二架，每車見派軍士二十名。”《資治通鑑·晋武帝咸寧五年》記馬隆事，寫爲“扁箱車”。胡三省注：“車箱扁，則可行狹路。”此説恐誤。野外道路非村鎮胡同，寬窄關乎輪距，不在車厢，且厢過扁，不符戰鬥要求。

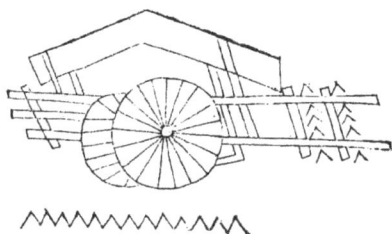

扁箱車
（明茅元儀《武備志》）

【偏厢車】

同“偏箱車”。此體行用於明代。見該文。

【扁箱車】

同“偏箱車”。此體宋代已行用。見該文。

如意戰車

亦稱“如意車”“威敵車”。古代火器戰車。四輪，手摇前進。車周有箭眼槍眼，可施放火器殺傷敵人。車頂有圓輪，懸挂重物利器，可旋轉以擊逼近之人馬。由宋至明逐漸發展而成。宋金戰爭中，宋將魏勝爲阻遏金騎突擊而創製。與弩車、砲車配合作戰。《宋史·魏勝傳》：“勝嘗自創如意戰車數百兩，砲車數十兩，車上爲獸面木牌，大鎗數十，垂氈幕軟牌，每車用二人推轂，可蔽五十人。行則載輜重器甲，止則爲營，掛搭如城壘，人馬不能近。遇敵又可以禦箭簇。列陣則如意車在外，以旗蔽障，弩車當陣門，其上實床子弩，矢大如鑿，一矢能射數人，發三矢可數百步。砲車在陣中，施火石砲，亦二百步。兩陣相近，則陣間發弓弩箭砲，近陣門則刀斧槍手突出，交陣則出騎兵，兩嚮掩擊，得捷拔陣追襲，少却則入陣間稍憩。士卒不疲，進退俱利。”明唐順之《武編前集·車》：“如意車。此衝堅陣破硬敵用之，一名威敵車。用好木作底，前後四輪，前二輪各製轉軸如轆轤樣，後二輪相連如水車樣。高三尺五寸，長四尺，闊三尺，内可容二人。上窄如人形，後留一門，以便出入。周圍用生牛皮張裹，四面皆留箭眼、槍眼以放火藥箭等具。中作一轉軸，自下至頂，上繫絲繩四條，繩尾各縣一鐵錘、斧頭等具，内裏轉動並起，人馬觸者必死。神箭、神砂三面飛出……或三五輛、或十數輛夾攻，敵中砂箭者，十無一生者，馬中砂箭者，必自跳躍，其營必亂。欲近不能，我大軍乘亂擊之……回則倒轉其輪，敵亦不敢追。”

【如意車】

即如意戰車。此稱宋代已行用。見該文。

【威敵車】

即如意戰車。此稱明代已行用。見該文。

火車 [2]

古代火器戰車。攻、防均可使用。木質，

獨輪、雙輪或多輪，人力或畜力推挽。周身裝有木、革等防護設施，車上裝備噴筒、火槍、火炮以及火箭等火器。朝敵一面裝有刀矛等冷兵器，鋒刃外向。係前代武剛車、偏箱車與火器結合後出現之新型戰車。《南齊書·高帝本紀》曰："賊馬步奄至，又推火車數道攻戰。相持移日，乃出輕兵攻賊西，使馬軍合擊其後，賊衆大敗，追奔獲其器仗。"宋代已有裝備火石砲之砲車，但僅砲彈爲燃燒性或爆炸性火器，其發射裝置則仍爲冷兵器範疇之抛石機。明英宗正統年間，開始出現裝有神機鎗之原始火器戰車。至世宗嘉靖時，不唯單車裝備之火器大爲增多，且已組建成營，成爲獨立之火器部隊，并大量裝備反推式火箭，使火力密度、強度大爲提高。明末清初，曾廣泛使用。由於受地形、氣候條件制約，山地及水網地帶很難使用，尤因木質車體及防護設施不堪火攻及炮銃之轟擊，故漸趨衰敗。近代槍炮出現後，遂退出戰場。《明史·兵志四》："至正統十二年，始從總兵官朱冕議，用火車備戰……神機鎗一發難繼，請以車載鎗二十，箭六百，車首置五鎗架。"（參閱《宋史·魏勝傳》、明唐順之《武編前集·車》、明戚繼光《練兵雜紀·車營解》、明茅元儀《武備志·軍資乘》）

砲車 [2]

宋代木質兵車。車上裝有抛射石塊及燃燒性或爆炸性火毬、火炮之火石砲，射程可達 300 餘米，殺傷力較大。《宋史·魏勝傳》："砲車在陣中施火石砲，亦二百步。"（參見本卷《古代兵車戰船諸説·兵車考》"火車""如意戰車"文）

禦敵車

明代火器戰車。上覆鐵網，網穴射擊。《明史·兵志四》："〔成化〕八年，寧都諸生何京上禦敵車式，上施鐵網，網穴發鎗弩，行則斂之。五十車爲一隊，用士三百七十五人。"

雷火車

明代火器戰車。上置炮，可旋轉調整射向。《明史·兵志四》："〔成化〕十三年，從甘肅總兵官王璽奏，造雷火車，中立樞軸，旋轉發礮。"

先鋒霹靂車

明代火器戰車。因裝有霹靂炮等火器并在交戰時首先使用，故稱。創製於孝宗弘治年間。有霹靂戰車及霹靂駐車兩種：前爲輕車，主於進攻；後爲重車，主於防守。火力配備相同。通常與步、騎兵合編爲營，協同作戰。《明史·兵志四》："〔弘治〕十六年，閑住知府范吉獻先鋒霹靂車。"明唐順之《武編前集·陣圖總説》："駐戰者，兼車、騎、步而之也……平原曠野，賊勢重大，則當先用火器戰車，以摧堅。"又，"一營，霹靂駐車並霹靂戰車共四十隊，每隊車五輛，共二百輛。每車一輛，上載霹靂砲一十八杆""火箭二百枝""大連珠砲一杆""二連珠一杆"及"手把銃二杆"。

全勝車

明代火器戰車。木製，獨輪，人力推挽。取意"萬全取勝"，故稱。創製於孝宗弘治年間。世宗嘉靖時陝西三邊總制劉天和又予改進。主要用於西北地方。《明史·兵志四》："弘治十五年，陝西總制秦紘，請用雙輪車，名曰全勝。長丈四尺，上下共六人，可衝敵陣。"明唐順之《武編前集·車》引劉天和奏章："全勝車，今幸存破損八輛，略備規制。臣因再加損益。其制輪高三尺一寸，轅長四尺七寸二分，下施四足，前二足釘以圓鐵軸，行則懸之。左右箱各廣九寸五分，於上安熟鐵佛郎機八及流星炮或一窩蜂砲一；上馬架用安銅鐵神鎗一及近年所造三眼品字鐵銃一，飛火槍筒一。箱之四角，插倒馬長鎗、開山巨斧各二，斬馬刀、鐵鉤各一，併火藥鉛子鏇钁鹿角等器。通不過重一百五十餘斤。箱前樹獸面牌，繪以狻猊之象，及旁各掛虎頭挨牌。戰則張之以蔽矢。兩車相連可蔽三四十人。每車二人推之、輓之，二人翼之。戰則隨地形環布爲陣，軍、馬居中，敵遠則施火器，稍近則施強弩弓矢，逼近則用鎗斧鉤刀短兵出戰。敵敗則馬軍出追，遇夜則用火箭，虜騎圍繞，則火器弓弩四面各發，勢如火城，虜不敢逼。進退所向無前，虜不敢遮。其火器安于車上，點放安穩不搖，審定其苗頭高下，一以高五六尺爲準，所中非人即馬。較之手中點放戰搖百無一中者大不侔矣。蓋馬步兼用長技，并使戰守皆宜，誠可萬全取勝。止則環列爲營，傍施鹿角，連以鐵繩。"

笨字車

明代防護戰車。前銳後闊，呈三角形，兩側爲堅厚木板，外敷皮牌，棱包鐵皮。由於斜面對敵，故可有效防護銃彈，減少傷損。功用類似大盾，可遮擋士卒接近敵人。明唐順之《武編前卷六·車》："輪向前，二輪在後，易於轉動。此可當挨牌，乃車之最輕捷者。此名笨字車。用厚板作胎，鐵裏尖頭，上架皮牌或皮傘，可避鳥嘴銃并佛郎機。輕便可使，功勝木城……可遮護十餘人。今日南北皆可用。"

連環車

明代火器戰車。木質，四輪，周身設置防護板，內藏人員武器。前後有鐵環，可多車連結，亦可單車行動。明唐順之《武編前卷六·車》："〔連環車〕或七或九相連，內藏戰士，施火器、藥弩，專禦北虜馬衝；如去環，則散行。可以載資重，可以結堅營。兩旁堅板厚五寸，高三尺，長九尺，闊四尺。上架木柱，可以閉（避）矢石。"

獨戰千里車

明代火器戰車。木製，六輪。前後各一輪，位於車內中央，左右各兩輪，位於車外。首尾置砲，兩側置其他火器，人在車內推行。明唐順之《武編前卷六·車》："獨戰千里車。用厚板兩片爲伏柁，長一丈二尺，高五尺，上架四樑，直柱任意。加皮牌四面遮護，隱戰在內施諸般兵器。四輪在外，二輪在內，輪高二尺，厚三寸，身闊五尺。可以衝陣……又可遏虜騎，塞歸路，又可載資重，使戰士常逸。"

百足火龍車

明代火器戰車。木製，十四輪，首尾置炮，兩側置火器硬弩，人在車內推進。主要用於衝擊，亦可攻城、渡河、越塹。明唐順之《武編前卷六·車》："此車用獨木爲之，其輪如千斤車輪大，一出一進。上加直柱橫梁，厚板遮上，皮笆遮外。身長七丈或九丈，共十四輪。戰士隱皮笆內，上下兩層，施諸般火器、弓弩、神鎗。車心用檀木爲之，身方，兩頭圓，徑二寸，用鐵饅頭箍扣扣定活輪。可以攻城，可以渡河，可以跨濠塹，可以破陷坑。如用破北虜騎陣，妙不能述……名曰百足火龍車。"

火龍捲地飛車

明代火器戰車。噴射火焰，燒傷敵人。明茅元儀《武備志·軍資乘·火器圖說十一》："火龍捲地飛車。用木爲車，下設雙輪，使不欹倒。刻爲獅象虎豹諸獸等形，腹藏火器二十四件。火從諸獸口中噴出，神火、毒火、法火、飛火、烈火，火器次第而發，藥信以法盤曲。每一車用壯士四人，輪番推轉。兩旁設飛翅神牌，牌留望眼，以便觀望，遮擋矢石。車前裝利刃，上蘸虎藥，號旗一舉，輪轉如飛，衝入敵陣，萬將莫當。”

火龍捲地飛車
（明茅元儀《武備志》）

火櫃攻敵車

明代火器戰車。木製，雙輪，畜力牽引。內裝火箭百支，主要用於進攻。當進至火箭射程距離時，轉車向敵，施放火箭，掩護軍隊前進。明茅元儀《武備志·軍資乘·火器圖説十一》：“火櫃攻敵車。用堅木造，轅長一丈，

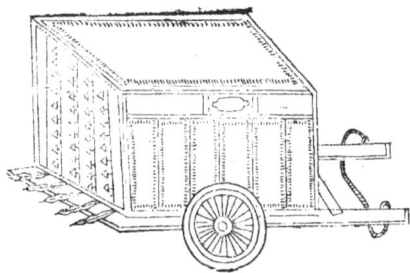

火櫃攻敵車
（明茅元儀《武備志》）

輪高二尺五寸，櫃闊二尺八寸，高二尺。下架鎗五杆，上穿火箭百枝。櫃蓋油刷，以防風雨。用牛、騾推行，二兵隨幫燃火，此進攻衝敵長技也。”

屏風車

明代火器戰車。木製，雙輪，單兵推行。外以屏護，內裝火器，攻守兼用。明茅元儀《武備志·軍資乘·火器圖説十一》：“屏風車。輕便可以遠駕。外則屏遮，內則裝載火器、構糇，每輛用軍三名，輪流推行。戰則屏眼穿火器攻賊，守則擺列營外爲屏風墻也。”

屏風車
（明茅元儀《武備志》）

架火戰車

明代火器戰車。木製，獨輪，二人推挽，上置火箭、火銃。一般集中使用，將百輛排成橫隊，稱“聯絡戰車”，列於陣前，架然後分組輪流發射，前進時則以棉褥車前以擋鉛彈，已具後世坦克車之一效。明與後金戰爭中曾任副總兵之茅元儀創製。茅元儀《武備志·軍資乘·火器圖説十一》：“〔架火戰車〕每輛架百子銃三門，百虎齊奔及長蛇神機箭三百枝有奇。總百輛計之，火器益多，惟次第舉發，則用之不竭矣。以縣褥蔽車前，庶可當鉛彈，用火器

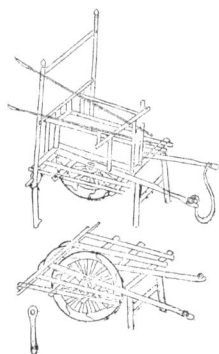

架火戰車（架火戰車全式）
（明茅元儀《武備志》）

時旋卷之。以此禦倭，或亦一長技也。平地止須二人，遇險量增二人，則推挽如飛。"

破敵火風鼎

明代火器戰車。木製，櫃形，内藏火器，下設四輪，四人操縱。主要用於進攻作戰。明茅元儀《武備志·軍資乘·火器圖説十一》："破敵火風鼎。用杉木爲之，形類方櫃，高三尺，闊一尺五寸。上做蓋板，板上用木做數十槽。四閣四柱，高二尺，上做飛虎旗四面，以壯威儀。櫃爲雙扇門，内藏發藥、鳥銃、火箭、飛彈、大將軍〔炮〕等器數件，上面亦架數件。後做一架，架上用麻繩一圈。下設四輪，架前

破敵火風鼎
（明茅元儀《武備志》）

列利器十餘件。每一櫃用壯士二人推，一人點火，一人待刺。賊衝陣，用此排列陣前，號砲一響，齊滚而進，火砲火箭一起發出。"

萬勝神毒火屏風車

明代火器戰車。木製，高架，八輪，十人操縱。内置多種不同射程火器，主要用於守城。與之性能功用大致相同者，尚有"萬全車""神火萬全鐵圍營"等。明茅元儀《武備志·軍資乘·火器圖説十一》："萬勝神毒火屏風車。用堅木製造，高與城門等，下設八輪，便於推轉。外以生牛革爲障，内藏神器火器一十二件。遠用遠器（火銃、火砲、火彈、火箭）；近用近器（火弩、火刀、火槍）。用壯士十人守之，賊一近城，萬火齊發，聲如巨雷，人馬遇之，便成齏粉。大開城門，談笑而遣之，此守城第一器也。"

衝虜藏輪車

明代火器戰車。木製，獨輪，單兵推行，施放火箭，主要用於進攻，又車外有防護屏，輪在其中，敵不得見，故稱。明茅元儀《武備志·軍資乘·火器圖説十一》："衝虜藏輪車。轅長七尺，屏高五尺，前轅二層，架鎗刀八杆。箱中放火箭，通於外面，内裝火箭四十枝。用軍二名，輪流推行衝攻。"

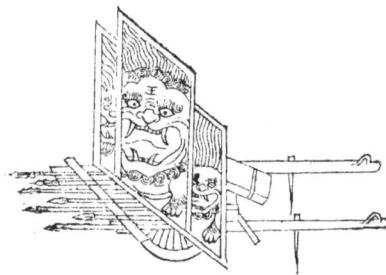

衝虜藏輪車
（明茅元儀《武備志》）

鷹揚車

明代載以集群銃炮之戰車。車長明制九尺，寬二尺五寸，高六尺五寸，裝載銃炮三十六門，火力強盛，攻守皆宜。明神宗萬曆年間趙士楨創製。趙士楨《神器譜·車圖》：“臣士楨參酌黃帝指南，損益鄭人偏箱，作鷹揚車，上下二輪，左右旋轉，機軸圓活，八面可行，守則布爲壘壁，戰則藉以前拒，遇江河憑爲舟梁，逢山林分負翼衛，治力治氣，進止自如，晝夜陰晴，險易適用，再附前圖（即銃圖）諸器於車間，加以將諸節制，士卒服習，是自衛殺敵之能事畢矣……駕車車正一名，車副二名，輔車二名，銃砲三十六門，放銃手二名，裝銃手二名，司火一名，共十人。若命中，銃用嚕密，放銃二人，裝銃六人，司火二人，共十五人，一營三千人，用車一百二十輛，人多如數遞加。”

第二節　戰馬用具考

我國是世界上養馬歷史最悠久的國度，也是最早將馬用於軍事的國度。據考，夏末商初已有了戰馬，幾乎同時也有了戰車，於是戰馬的使用也就益加繁複起來，至殷商時就出現了世界上最早的馬政，於是就有了初始的馬與戰馬的管理。

夏商兩代的戰車爲一轅的獨輈車，兩馬駕轅。至商末周初，駕轅之馬逐漸增加到三匹、四匹，甚至六匹。在駕法上，商、周用的皆爲軛式繫駕法。因爲馬的加入，馬具也隨之產生。馬具總稱爲“鞁具”，又可分爲輓具、鞍具和護具三種。套於牲畜身上用以拉車之器具稱“輓具”。“彎”乃馭馬之繩，亦稱“靮”，其物至遲於商代已見，其稱則見於周代。套於馬頸用以連接之軛革帶稱“靾”，連接車軸與馬胸的革帶稱“靷”，束馬頭之革帶稱“勒”。“勒”又由頂帶、額帶、鼻帶、咽帶、頰帶和銜、鑣組成。“銜”橫勒於馬口中，用以制馭馬之行止。其中央的部分稱“鑣”，“鑣，銜口中央鐵，大如子中黃，所以制馬口也”（參見《淮南子·氾論訓》高誘注）。鑣之兩端有環，環外繫馬韁繩。“鑣”是與馬銜配合使用之馬具，貫於馬銜兩環之中，以防馬銜脫落。初用骨、角制，西周後常用青銅制，呈牛角形，後世則有多種形制。拴於馬臀部之革帶稱“鞧”，繫於馬腹之隔帶稱“鞿”。以上種種，皆見於西周至春秋間。可見，先秦時期馬之具已較完備。

馬之鞍具的出現較之輓具要稍晚。原始的鞍具稱爲“鞍墊”，在秦始皇陵二號俑坑的戰馬和陝西咸陽楊家灣西漢初年騎兵俑戰馬上均可見到。及至西漢晚期，一種凹形馬鞍始出。兩晉南北朝時，馬鞍前後起橋，因兩鞍橋均直立，故稱之爲"兩橋垂直鞍"。隋唐以降，鞍橋之形制又有了新變化，爲前鞍橋高而直立，後鞍橋向下傾斜，可稱之爲"後橋傾斜鞍"。這種調整，方便了乘者的上下。鞍具一般爲木制，也有用革制者。其上多飾銅泡，鎏金包邊，高級的則鑲嵌珠寶。用以固定鞍具的革帶，稱"胸帶""鞦帶"和"腹帶"。"胸帶"也稱"攀胸"，唐代則稱之爲"鈎臆帶"。"鞦帶"也可寫作"鞧帶"，自鞍後繞過馬尾下兜過尻部，再連結在鞍上，以免鞍具前斜。腹帶也是固定鞍具的重要革帶，自馬鞍底下繞過馬腹，兩端卡扣在馬鞍中部的兩側。它的産生時代較前兩種要早，商周馬車上已有，稱爲"鞶"。這種固定鞍、鞦之法，至唐代已成定制，後世均相沿用，無大變化。"馬鐙"隨高橋馬鞍的出現而産生。1976年，在甘肅武威南灘一座魏晉墓中出土的一件鐵馬鐙，是目前所知時代最早的馬鐙實物，惜已殘，形制不詳。在湖南長沙西晉永寧二年墓出土的俑坐騎上也有鐙，呈三角形，僅見於左側。垂繫馬鐙的革帶很短，祇及人腿部的一半長，且俑的脚并未踩在扣裹，故這種馬鐙祇是供乘者上下馬時蹬踏之用，可視爲馬鐙的原始形態。真正的馬鐙，可以北燕馮素弗墓出土的兩個三角形、木芯外裹鎏金銅片馬鐙爲代表物。從單馬鐙到雙馬鐙，即爲中國古代馬鐙産生、發展和成熟的兩個階段。隋唐以後的馬鐙形制改進得更爲實用，其鐙柄變短，鐙體上部呈圓弧形，踏處改爲微有弧曲的寬平沿，便於乘者蹬踏。

　　馬之護具就總體而言又稍晚於鞍具。鞍下墊褥，稱"韉"，多爲毛氈或皮革製作，垂懸於馬腹兩側以防磨損或障塵擋泥，故又稱"障泥"，見於南北朝。備好鞍具之馬，如暫不乘騎，則於鞍上蒙蓋一塊絲綢緞，以避塵埃，稱"鞍袱"，唐代稱"帕"，宋及以後亦稱"鞍"。此外，還有"蹄鐵"和"具裝"。"蹄鐵"是保護馬蹄之物，漢代曾使用過皮製馬鞋，唐代以後有"踠促蹄高如踏鐵"（見杜甫《驄馬行》）和"鐵馬"的描寫，有人認爲此即指蹄鐵。但也有認爲，這些僅爲詩歌中所用之比喻，難以確定。中國普遍用蹄鐵的時間，大約不會早於元代。而正式文字記載則要到明代。據《增補文獻考·經籍志》載：尹弼商東征建州時，爲防凍傷馬蹄，用鐵片製成圓的馬蹄形，分兩股釘在馬蹄上，蹄釘像蓮子形，頭尖尾大，每蹄八個，於冰上行走可防滑，此後，"有馬者均用此"，一年四季不除。"具裝"是防護戰馬之鐵鎧。漢代即有皮製之"當胸"，三國以後開始出現馬鎧。至南朝時期，有"甲騎具裝"。"具裝"即馬鎧，又有包括護頭之"面簾"、護頸之"頸"、護胸之"當胸"、護體之"馬身甲"、護尻之"搭後"等，均爲鐵製。因其具笨重，雖有護體之長但有負重之短，故至隋唐時廢而不用。

馬具還有一套用銅、鉛、金、銀、骨、貝和獸皮條等材料製成之飾件。周代已有"錫""月題""鑒""幩""繁纓"等，分別爲馬頭、馬額、馬絡頭、鑣、馬鞍等處之飾物。秦漢以後馬飾更是品種、名目繁多，製作日益精美。

鞁

亦作"被"。駕馬所用各種裝具的總稱，包括絡頭、轡、勒、鞍等。此稱先秦已見。《國語·晉語九》："吾兩鞁將絶，吾能止之。"韋昭注："鞁，靷也，能止馬徐行，故不絶。"《説文·革部》："鞁，車駕具也。"段玉裁注："按韋以《左傳》作'靷'，故以靷釋之，其實鞁所包者多，靷其大者。"《史記·封禪書》："有司議增雍五畤路車各一乘，駕被具。"張守節正義引顏師古："駕車被馬之飾皆具。"《玉篇·革部》："鞁，鞍上被。"

【被】

同"鞁"。此體漢代已行用。見該文。

【馬鞁】

即鞁。明田汝成《西湖游覽志餘·委巷叢談二》："〔李陽旻〕將赴春闈，友人鎖懋堅者送之，賦《正宮謁金門》詞云：'人艤畫船，馬鞁上錦韉，催赴瓊林宴。'"

【乘具】

即鞁。北周庾信《謝趙王賚馬並傘啓》："垂賚紫騮馬並銀釘、乘具、紫紬繖一張。"《北史·魏紀三·孝文帝》："其御府衣服……太僕乘具、內庫弓矢，出其太半。"

【鞁韉】

即鞁。省稱"韉"。《篇海類編·鳥獸類·革部》："韉，鞁韉，駕馬具。"

【韉】

即鞁韉。此稱明代已行用。見該文。

【鞁鞍】

即鞁。清蒲松齡《日用俗字·走獸》："蹽馬一蔦知好歹，齊整還須鞁鞍裝。"

【鞈】

即鞈。亦作"韇"。《説文·革部》"鞈，車鞁具也。"《改併四聲篇海·革部》引《餘文》："韇，車鞁具也。"《正字通·革部》："韇，俗鞈字。"

【韇】

即鞁。此體明代已行用。見該文。

【鞣】

即鞁。此稱宋代已見載。《集韻·宥韻》："鞣，鞁也。"

驂鑣

驂馬的鑣轡。泛指馬具。《文選·謝朓〈和伏武昌登孫權故城〉》："北拒溺驂鑣，西龕收組練。"劉良注："驂馬鑣轡也。"謂北拒曹兵，血溺馬具。

鞊

驂馬鞍轡的統稱。此稱漢代已見。《説文·革部》："鞊，驂具也。"徐灝注箋："施於驂馬，故曰驂具。"《玉篇·革部》："鞊，騎具也。"

轡

亦稱"繮"。馭馬之索,由革帶或絲繩等製成。一馬兩轡,其前端於馬口兩側銜環上,後端由御者掌握。御者牽轡索而勒馬口,以控制馬的行止。其物至遲商代已發生。此稱則始見於周代。駟馬車共有八轡,因驂馬的内轡常繫於軾前之觼,故御者一般祇掌六轡。秦漢以後多稱繮。《説文·絲部》:"轡,馬轡也。"《詩·秦風·駟驖》:"駟驖孔阜,六轡在手。"孔穎達疏:"每馬有二轡,四馬當八轡矣。諸文皆言六轡者,以驂馬内轡納之於觼,故在乎者唯六轡耳。《聘禮》云:'賓覿總乘馬。'注云:'總八轡牽之贊者。'謂步牽馬,故八轡皆在乎也。"又《邶風·簡兮》:"有力如虎,執轡如組。"朱熹集傳:"轡,今之繮也。"《釋名·釋車》:"轡,咈也,牽引咈戾以制馬也。"又:"繮,疆也,繫之使不得出疆限也。"漢班固《白虎通·誅伐》:"人銜枚,馬勒繮,晝伏夜行爲襲也。"南朝梁江淹《雜體詩(擬謝混〈游覽〉)》:"薄言遵郊衢,惣轡出臺省。"唐慧琳《一切經音義》卷八引顧野王曰:"轡,所以制禦中馬也。"宋歐陽修《踏莎行》詞:"候館梅殘,溪橋柳細,草薰風暖搖征轡。"

【繮】

即轡。此稱漢代已行用。見該文。

【韁】

即轡。同"繮"。唐慧琳《一切經音義》卷六二:"韁,《蒼頡篇》云:'馬緤也。'"《玉篇·革部》:"韁,馬緤。亦作繮。"《漢書·叙傳上》:"今吾子已貫仁誼之羈絆,繫名聲之韁鎖。"顏師古注:"韁,如馬韁也。"《樂府詩集·青驄白馬》:"青驄白馬紫絲韁,可憐石橋根柏梁。"明佚名《岳飛破虜東窗記》第十六折:"正是臨崖勒馬將韁繩來放。"

【革】[1]

即轡。《韓非子·外儲説右下》:"使王良操左革而叱吒之,使造父操右革而鞭笞之,馬不能行十里,共故也。"

【羈】[1]

即轡。《楚辭·離騷》:"余雖好修姱以羈羈兮,謇朝誶而夕替。"王逸注:"轡在口曰羈。"

【羈鞅】

即轡。唐權德輿《祗役江西路上以詩代書寄内》:"終當税羈鞅,豈待畢婚娶。"

【繮牽】

即轡。亦稱"靶"。《説文·革部》:"靶,轡革也。"《戰國策·韓策三》:"馬,千里之馬也;服,千里之服也,而不能取千里,何也?曰:子繮牽長。"《文選·左思〈吳都賦〉》:"迴靶乎行邪睨,觀魚乎三江。"李周翰注:"靶,馬轡也。"又《王褒〈聖主得賢臣頌〉》:"王良執靶,韓哀附輿。"李善注:"或曰靶音霸,謂轡也。"又《張華〈勵志詩〉》:"繮牽之長,實累千里。"李善注:"千里之馬,繫以長索,則爲累矣。"

【靶】

即轡。此稱漢代已行用。見該文。

【紲】

即轡。亦作"緤"。牽引牲畜的繩索。亦指馬繮。《説文·系部》:"紲,系也。《春秋傳》曰:'臣負羈紲。'緤,紲或從枼。"《廣雅·釋器》:"紲,繩索也。"《玉篇·系部》:"紲,馬韁也。"《國語·晋語四》:"從者爲羈紲之僕,居者爲社稷之守，何必罪居者？”韋昭注：“馬曰羈，犬曰紲。”《韓非子·說疑》：“或在山林藪巖澤穴之間，或在囹圄緤紲纏索之中。”《三國志·吳書·董襲傳》：“襲身以刀斷兩紲，蒙衝乃横流，大兵遂進。”

【緤】

同“紲”。此體先秦時期已行用。見該文。

【絏】

即紲。《左傳》僖公二十四年：“臣負羈，絏從君巡於天下。”杜預注：“絏，馬繮。”

【騑轡】

即轡。《楚辭·九辯》：“擥騑轡而下節兮，聊逍遥以相佯。”三國魏曹植《洛神賦》：“攬騑轡以抗策，悵盤桓而不能去。”

【靮】

即轡。亦稱“鞦靮”。《初學記》卷二二引《埤蒼》：“靮，馬繮也。”《禮記·少儀》：“牛則執紖，馬則執靮。”鄭玄注：“紖、靮皆所以繫制之者。”《廣雅·釋器》：“靮謂之繮。”王念孫疏證：“靮之言扚也。《玉篇》云：扚，引也。”《新唐書·杜如晦傳附杜讓能》：“讓能方直，徒步從十餘里，得遺馬，褫紳爲靮乘之。”宋魏了翁《水調歌頭·安大使生日》：“千尺玉龍銜詔，六尺寶靮照路。”清趙翼《行圍即景·套駒》：“旁看兩馬鞦靮，自以蕭閑矜得意。”

【鞦靮】

即靮。此稱清代已行用。見該文。

【鞙】

即轡。《說文·革部》：“鞙，轡鞙。一曰籠頭繞者。”段玉裁注：“轡鞙蓋古語，轡亦名鞙也。”桂馥義證：“轡鞙者，《廣韻》：‘鞙，皮裹角也。’”案：周祖謨《廣韻校勘記》：“裹，元

泰定本、明本並作里。”王筠釋例：“鞙下云：‘轡鞙，一曰籠頭繞者。’《玉篇》云：‘轡鞙也，籠頭繞者。’然則下句即上句之注解也。蓋本文祇作‘轡鞙也’，後人以其言太簡，故以‘籠頭繞者’申說之。”

【馬紖】

即轡。《急就篇》卷三“轡勒鞅鞦韅鞍羈韁”唐顏師古注：“韁，馬紖也。凡此皆所以制禦馬者也。”

【馬繮】

即轡。亦作“馬韁”。《左傳·僖公二十四年》：“臣負羈絏從君巡於天下。”晉杜預注：“羈，馬羈。絏，馬繮。”元揭傒斯《曹將軍下槽馬圖》：“朱絲不是凡馬繮，天閑十二皆龍驤。”清蒲松齡《大人行》：“圉卒毒掠肢殘傷，驛吏鞭背掣馬繮。”

【馬韁】

同馬繮。此體宋元時期已行用。見該文。

【𩍼】

即轡。《切韻·質韻》：“𩍼，俗用爲轡字。”《集韻·至韻》：“轡，《說文》：‘馬轡也。’或作𩍼。”

【韁繫】

即轡。馬繮繩。唐韓愈《寄崔二十六立之》：“汝頭有韁繫，汝脚有索縻。”

【鞮】

即轡。《龍龕手鑑·革部》：“鞮，馬韁也。”唐溫大雅《大唐創業起居注》卷二：“就人間以齊物，從戎馬以同塵。咸願解巾，負茲羈鞮。”

【鞴】

即轡。亦作“韝”。《廣韻·至韻》：“鞴，馬韁。”《集韻·至韻》：“鞴，馬韁也。通作

鞊。”《類篇·革部》：“鞊，韁也。”

【鞊】

同“鞿”。此體宋代已行用。見該文。

【組轡】

即轡。宋宋庠《德車載旌賦》：“組轡啟行，陋郊旌之子了；錫衡遵路，殊風旆之搖搖。”

【韁靶】

即轡。亦以喻拘束，束縛。宋劉攽《寄韓持國》：“小官畏繩墨，踧踖甚韁靶。”

【繮繩】

即轡。亦作“韁繩”。宋宋伯仁《邊頭老馬》：“解下韁繩便欲眠，絕無筋力可勝鞭。”《水滸傳》第五回：“原來心慌不曾解得韁繩，連忙扯斷了，騎著撧馬飛走。”《西游記》第五三回：“孫大聖前邊引路，豬八戒攏了繮繩。”《二十年目睹之怪現狀》第六九回：“我心中無限焦燥，只得拉著繮繩步行一程，再騎一程。”

【韁繩】

即轡。此稱宋代已行用。見該文。

【金轡】

轡之美稱。此稱唐代已見。唐唐彥謙《詠馬》之一：“騎過玉樓金轡響，一聲嘶斷落花風。”《敦煌曲子詞·酒泉子》：“紅耳薄寒，搖頭弄耳擺金轡。”宋梅堯臣《贈京西陳郎中》：“忽枉乘軺車，鏘然響金轡。”

【玉轡】

轡之美稱。此稱見於唐代。唐陳陶《巫山高》：“飄飄絲散巴子天，苔裳玉轡紅霞幡。”

靵

亦作“紉”。駟馬車驂馬之內轡。轡，韁繩。其一端繫於驂馬內側銜環，另一端繫於軾前之觼，不須牽挽。此稱先秦已見。《詩·秦風·小戎》：“龍盾之合，鋈以觼靵。”毛傳：“靵，驂內轡也。”鄭箋：“靵繫於軾前。”《說文·車部》：“靵，驂馬內轡繫軾前者。”段玉裁注：“驂馬兩內轡爲環繫諸軾前，故御者六轡在手……靵之言內，謂內轡也。”清朱駿聲《說文通訓定聲·履部》：“紉叚借爲靵。”《荀子·正論》：“三公奉軛持紉。”楊倞注：“紉與靵同。靵謂驂馬內轡。”

【紉】

同“靵”。此體先秦時期已行用。見該文。

紫繮

紫色的馬繮繩。清代對皇室近支和有功的高級官員特許乘馬用紫繮，以示恩寵。清洪昇《長生殿·合圍》：“雙手把紫繮輕挽，騗上馬，將盔纓低按。”清陳康祺《郎潛紀聞》卷四：“乾隆朝故相和坤，貴爲首輔，爵封上公，子尚公主，凡一切龍袞、紫繮、雙翎寶頂，茂典殊榮，靡不崇備。”清魏源《聖武記》卷九：“盡奪世職、紫繮、孔雀翎，戴罪立功。”

馬絡

拴馬的繩。此稱至遲唐代已見。唐駱賓王《贈李八騎曹詩序》：“綠蟻傾而高宴終，金馬絡而離言促。”清王士禛《池北偶談·談異七·空中婦人》：“見空中一婦人，乘白馬華裿素帬；一小奴牽馬絡，自北而南。”

縻

牛韁繩。此稱漢代已見行用。《史記·司馬相如列傳》：“蓋聞天子之於夷狄也，其義羈縻勿絕而已。”《文選·王粲〈詠史詩〉》：“臨穴呼蒼天，涕下如綆縻。”李善注：“縻，牛轡也。”唐劉禹錫《因論·歎牛》：“劉子行其野，有曳牽跛牛於蹊，偶問焉……曳攬縻而對。”清蒲松齡《聊齋志異·馬介甫》："途遇萬石，遥望之，以膝行，淚下如縻。"

【絼】

即縻。亦作"靷"。亦泛指牽牲口的繩子。《説文·部》："絼，牛系也。"沈濤古本考："案：《一切經音義》卷十五引作'牛索也'，蓋古本如是。"《禮記·少儀》："牛則執絼，馬則執靮。"鄭玄注："絼，所以繫制之者。"又《祭統》："及迎牲，君執絼。"鄭玄注："絼，所以牽牲也。"孔穎達疏："絼，牛鼻繩。"《晋書·武帝紀》："有司嘗奏御牛青絲絼斷，詔以青麻代之。"

【靷】[1]

同"絼"。《六書故·動物二》："靷，又作絼，《説文》曰：'牛繫也。'"《晋書·劉曜載記》："終南山崩，長安人劉終於崩所得白玉方一尺，有文字曰：'……嗚呼!嗚呼!赤牛奮靷其盡乎!'"《舊唐書·李密傳》："〔李密〕乘一黄牛，被以蒲鞴，仍將《漢書》一帙於角上，一手捉牛靷，一手翻卷書讀之。"

【縻絼】

即縻。唐薛用弱《集異記·王安國》："及覺，二牛之縻絼不斷，如被解脱，則已竄矣。"

彎銜

亦作"轡銜"。繮繩和嚼子之并稱。此稱先秦時期已見。《列子·湯問》："推於御也，齊輯乎彎銜之際，而急緩乎脣吻之和。"《楚辭·九章·惜往日》："乘騏驥而馳騁兮，無彎銜而自載。"朱熹集注："彎，馬繮；銜，馬勒也。"漢桓寛《鹽鐵論·刑德》："故彎銜不飭，雖王良不能以致遠。"漢劉向《説苑·善説》："子當禦，正子之彎銜耳。"

【轡銜】

同"彎銜"。此體先秦時期已行用。見該文。

彎靷

御馬的繮繩和引車前行的皮帶。此稱先秦時期已見。《荀子·禮論》："略而不盡，貌而不功，趨輿而藏之，金革彎靷而不入，明不用也。"

脅驅

一種置於服馬與驂馬中間的皮帶，一端繫於衡，一端繫於軫，以防止驂馬内侵。周代已見行用。在甘肅靈臺、北京昌平等地出土的西周、戰國車馬坑内，有一帶刺的U形銅板，似即爲其早期之物。在秦始皇陵一號、二號銅車馬服馬脅下環帶上，外向驂馬繫一形如翹尾展翅小鳥之物，尾有錐狀齒，即此。《詩·秦風·小戎》："游環脅驅，陰靷鋈續。"毛傳："脅驅，慎駕具，所以止入也。"鄭箋："脅驅者，著服馬之外脅，以止驂之入。"孔穎達疏："脅驅者，以一條皮，上繫於衡，後繫於軫，當服馬之脅，愛慎乘駕之具也。"宋沈括《夢溪筆談·補筆談·器用》："脅驅，長一丈，皮爲之，前系於衡，當驂馬内，晋所以止入。"

絡頭

省稱"絡"。網絡馬頭用以控制馬的鞁具。多以革爲之，由項帶、額帶、鼻帶、咽帶、煩帶等組成，形似籠，故俗稱"馬籠頭"。加銜之絡頭稱勒，不加者稱羈。其物至遲商代已見，沿用至今。其稱則此始見於南朝。南朝宋鮑照《結客少年場行》："驄馬金絡頭，錦帶佩吳鉤。"南朝梁元帝《後園看騎馬》："遥望黄金絡，懸識幽并兒。"唐杜甫《高都護驄馬行》："青絲絡頭爲君老，何由却出横門道。"宋孫光憲《風流

子》："金絡玉銜嘶馬，繫向綠楊陰下。"（參見本卷《兵車戰船説・戰馬用具考》"勒""羈"文）

【絡】

"絡頭"之省稱。此稱南北朝時期已行用。見該文。

【馬籠頭】

"絡頭"之俗稱。近現代始行用。見該文。

【馬羈】

即絡頭。《三國志・魏書・董卓傳》："天子走陝，北渡河。"裴松之注引漢劉艾《獻帝紀》："天子步行趨河岸，岸高不得下，董承等謀欲以馬羈相續以繫帝腰……令弘居前負帝，乃得下登船。"《左傳・僖公二十四年》："臣負羈絏從君巡於天下。"杜預注："羈，馬羈。絏，馬繮。"

【絡腦】

即絡頭。此稱唐代已見。唐李賀《馬詩》之五："何當金絡腦，快走踏清秋。"唐曹唐《病馬五首呈鄭校書章三十五先輩》詩之二："力憊未思金絡腦，影寒空望錦障泥。"

【羈】²

即絡頭。《集韻・微韻》："羈，馬絡頭。"

【玉羈】

絡頭之美稱。此稱見於晉代。晉傅玄《失題》詩之一："願得並天禦，六龍齊玉羈。"南朝梁劉苞《九日侍宴》："鳴珂飾華眊，金鞍映玉羈。"

【玉勒】

絡頭之美稱。此稱見於南北朝時期。北周庾信《三月三日華林園馬射賦》："控玉勒而搖星，跨金鞍而動月。"唐高適《送渾將軍出塞》詩："銀鞍玉勒繡蝥弧，每逐嫖姚破骨都。"《宋史・外國傳六・回鶻》："咸平四年，可汗王禄勝遣使曹萬通以玉勒名馬、獨峰無峰橐駝、賓鐵劍甲、琉璃器來貢。"（參見本卷《兵車戰船説・戰馬用具考》"玉珂""勒"文）

勒

亦稱"彎首"。加銜、鑣的馬絡頭。因可收勒以馭馬，故名。彎之一端繫於勒，故又稱"彎首"。先秦時已見行用。《儀禮・既夕》："纓彎貝勒。"《爾雅・釋器》："彎首謂之革。"《釋名・釋車》："勒，絡也，絡其頭而引之也。"《説文・革部》："勒，馬頭落銜也。"段玉裁注："落、絡，古今字……此云落銜者，謂落其頭而銜其口，可控制也。"

【彎首】

"勒"之別稱。此稱秦漢時期已行用。見該文。

【革】²

即勒。《詩・小雅・蓼蕭》："既見君子，鞗革仲仲。"毛傳："革，彎首也。仲仲，垂飾貌。"馬瑞辰通釋："《爾雅》：'彎首謂之革。'彎以絡馬頭者爲首，不以人所靶者爲首……《説文》：'勒，馬頭絡銜也。'革即勒之省。古人多飾以金。"《韓非子・外儲説右下》："然而使王良操左革而叱吒之，使造父操右革而鞭笞之，馬不能行十里。"陳奇猷集釋引孫詒讓曰："革、勒，古字通。"

【彎頭】

即勒。《樂府詩集・橫吹曲辭・木蘭詩》："南市買彎頭，北市買長鞭。"唐杜甫《前出塞》詩九之二："走馬脱彎頭，手中挑青絲。"《西游記》第五六回："地長老挽不住繮口，只扳緊著鞍轎，讓他放了一路彎頭，有二十里向開田地，方才緩步而行。”

【前鞦】

即勒。《事物異名錄·舟車·馬具》：“前鞦、後鞦。《卓氏藻林》：羈罥，羈以絡馬之頭，罥以絆其足也。今所謂前鞦後鞦。”

攸勒

亦稱“鋚革”。綴有金屬飾物的馬絡頭。攸，通“鋚”。先秦時期已見行用，天子常以此物作賜品。《弭叔毀》：“易（賜）女赤舃、攸勒。”《詩·大雅·韓奕》：“王錫韓侯……郭鞃淺幭，鋚革金厄。”案，“鋚”同“鋚”，“革”通“勒”。（參見本卷《兵車戰船説·戰馬用具考》“鋚”文）

【鋚革】

即攸勒。此稱先秦時期已行用。見該文。

羈

亦作“罿”。無嚼子之馬絡頭。先秦時期已見行用。在陝西西安張家坡西周遺址二號車馬坑內，二號車挽車馬之馬頭，有以皮條製成之飾具絡頭，馬口無銜勒，此即爲羈。《左傳》僖公二十四年：“臣負羈絏，從君巡於天下。”晋杜預注：“羈，馬羈。”《楚辭·離騷》：“余雖好修姱以羈羈兮，謇朝誶而夕替。”朱熹集注：“革絡頭曰羈。”《韓詩外傳》卷七：“如皆守社稷，則孰負羈絏而從？”《史記·司馬相如列傳》索隱：“羈，馬絡頭也；縻，牛蚓也”。《漢官儀》：“馬云羈、牛云縻，言制四夷如牛馬之受羈縻也”。三國魏曹植《白馬篇》：“白馬飾金羈，連翩西北馳。”亦特指無銜、鑣之馬絡頭。《急就篇》卷三：“轡、靷、革、勒。”顏師古注：“羈，絡頭也，謂勒之無銜者也。”

【罿】

即羈。此體漢代已行用。見該文。

【鞿】

同“羈”。《釋文·釋車》：“鞿，檢也，所以檢持制之也。”畢沅疏證：“今本鞿上從網，譌。《玉篇》：‘鞿，古文羈字。’則是本作“鞿”。《説文》作‘罿’，云‘馬絡頭。’者也。”《集韻·平支》：“罿，《説文》：‘馬絡頭也。’亦作羈、鞿。”《漢書·蓐夒傳》：“爲酒池可以運舟，一鼓而牛飲者三千人，鞿其頭而飲之於酒池，醉而溺死者，末喜笑之以爲樂。”《後漢書·馬援傳》：“臣謹依儀氏鞿，中帛氏口齒，謝氏脣䰇，丁氏身中，備此數家骨相以爲法。”

鞙

帶嚼子的馬絡頭。此稱漢代已見。《初學記》卷二二引《通俗文》：“所以制馬口曰鞙。”《太平御覽》卷三五八引《埤蒼》：“鞙，馬勒也。”晋傅玄《良馬賦》：“縱鞍則行，攬鞙則止。”《隋書·陳茂傳》：“高祖將挑戰，茂固止不得，因捉馬鞙。”明高明《琵琶記·百宴杏園》：“正是紅纓紫鞙珊瑚鞭，玉鞍錦籠黃金勒。”清薛雪《一瓢詩話》卷一六一：“〔蔡天啓〕卷袖而起，躍身直上，不假彎鞙，馳數十里而回。”

繩控

亦作“繩鞙”。繩製的馬絡頭。此稱始見於漢代。漢桓寬《鹽鐵論·散不足》：“古者庶人賤騎繩控，革鞮皮薦而已。”宋高承《事物紀原·戎容兵械·鞍彎》：“桓寬《鹽鐵論》云：‘古者繩鞙革緹皮鞿而已，後代以革鞍而不飾。’”

【繩鞙】

同“繩控”。此體漢代已行用。見該文。

馬勒

帶嚼口的馬籠頭。此稱南北朝時期已見。《太平御覽》卷三五八引北魏劉芳《毛詩箋音義證》；"彎是御者所執者也，不得以彎（爲勒）；且舊語云馬勒，不云彎，以勒爲彎者，蓋是北人避石勒名也。"唐蘇鶚《蘇氏演義》卷下："魏武帝以瑪瑙爲馬勒，碑碌爲酒杯。"

【靻】[1]

即馬勒。《廣韻·上姥》："靻，靻勒名。"

【鞛】

即馬勒。《集韻·平先》："鞛，馬勒。"

鞁頭

省稱"鞁"。套於騾馬等頭上用以繫繮繩或挂嚼子的器具。此稱始見載於南北朝。《玉篇》："鞁，頭也。"《集韻·平東》："鞁，馬被具。"《齊民要術·養牛馬驢騾》："飼父馬令不鬭法"注："唯著鞁頭，浪放不繫。"唐鄭處晦《明皇雜録》卷下："於是兢購名馬，以黃金爲銜鞁，組繡爲障泥，共會於國忠宅。"

【鞁】

"鞁頭"之省稱。此稱南北朝時期已行用。見該文。

【籠頭】

即鞁頭。《南史·隱逸傳下·陶弘景》："唯畫作二牛，一牛散放水草之間，一牛著金籠頭，有人執繩，以杖驅之。"《紅樓夢》第八二回："寶玉下學回來，見了賈母。賈母笑道：'好了！如今野馬上了籠頭了。'"

金羈

馬絡頭的美稱。此稱始見於三國。三國魏曹植《白馬篇》："白馬飾金羈，連翩西北馳。"五代牛嶠《柳枝》詞："金羈白馬臨風望，認得

羊家静婉腰。"明何景明《七述》："控以寶鉸，纏以金羈。"

【黃金羈】

即金羈。南朝梁吳均《別夏侯故章》："白馬黃金羈，青驪紫絲鞚。"唐韓愈《汴泗交流贈張僕射》："毬驚杖奮合且離，紅牛纓紱黃金羈。"

【金絡頭】

即金羈。南朝宋鮑照《代結客少年場行》："驄馬金絡頭，錦帶佩吳鈎。"唐元稹《哀病驄呈致用》："金絡頭銜光未滅，玉花衫色瘦來燋。"

【金匼匝】

即金羈。唐杜甫《送蔡希魯都尉還隴右因寄高三十五書記》詩之二："馬頭金匼匝，駝背錦模糊。"仇兆鰲注："《韻會》：'匼匝，周繞貌。'此言金絡馬頭，其狀密匝也。"

【金勒】

即金羈。此稱始見於南北朝時期。南朝陳祖孫登《紫騮馬》："飛塵暗金勒，落淚灑銀鞍。"唐白居易《洛橋寒食日作十韻》："連錢嚼金勒，鑿落寫銀罍。"《水滸傳》第一〇一回："金勒馬嘶芳草地，玉樓人醉杏花天。"

【銀勒】

即金羈。此稱見於唐代。唐白居易《武丘寺路》："銀勒牽驕馬，花船載麗人。"

鞗

馬籠頭當面的柔皮。此稱見載於漢代。《説文·革部》："鞗，勒靻也。"繫傳："其鐵曰勒，其革曰鞗。"《集韻·去綫》："鞗，馬彎面皮。"

鑣

縮斂馬銜的器件。兼作裝飾。貫於露出馬

口兩旁之銜環中，上可繫鑾鈴。商代已見行用，多爲方形，中有孔，上有半環，銅質。西周始有圓形、蝌蚪形、S形等多種式樣，亦有以鐵、骨、鹿角製者。S形銅鑣在漢代頗流行。《說文·金部》：“鑣，馬銜也。”王筠釋例：“案：上文‘銜’馬勒口中也；《革部》‘勒’，馬頭絡銜也。然則勒以革之，所以繫鑣，鑣與銜皆以金爲之，鑣在口旁，銜在口中，三物一體，故通其名，而所在不可不別也。”《詩·秦風·駟驖》：“輶車鸞鑣，載獫歇驕。”朱熹集傳：“鑣，馬銜也。”《釋名·釋車》：“鑣，苞也，在旁所以苞斂其口也。”《文選·傅毅〈舞賦〉》：“龍驤橫舉，揚鑣飛沫。”李善注：“鑣，馬勒旁鐵也。”三國魏嵇康《與山巨源絕交書》：“此由禽鹿……雖飾以金鑣，饗以嘉肴，愈思長林而志在豐草也。”五代蜀毛文錫《接賢賓》：“少年公子能乘取，金鑣玉彎瓏總。”

【鐮】

即鑣。《爾雅·釋器》：“鑣謂之鐮。”郭璞注：“馬勒旁鐵。”王引之《述聞》：“徧考漢以前書，亦無謂鑣爲鐮者。蓋載彎謂之轙，別本轙作鐮，上與‘鑣謂之銜’相連，學者記覽錯亂，因誤以鐮爲鑣，而易銜以鐮。郭氏所據，殆誤本也。”

象鑣

用象牙製作的馬鑣。漢代已見，多爲王室所用。河北滿城二號西漢墓曾出土仿角形扁條象鑣。《後漢書·輿服志》：“乘輿，金鍐，方釳插翟，象鑣。”劉昭注：“《爾雅》注曰：‘鑣，馬勒旁鐵也。’此用象牙。”參見本卷《兵車戰船說·戰馬用具考》“鑣”文。

金鑣

金飾的馬嚼子。亦爲鑣的美稱。此稱三國已見。三國魏嵇康《與山巨源絕交書》：“雖飾以金鑣，饗以嘉肴，逾思長林而志在豐草也。”唐李百藥《少年行》：“少年飛鞾蓋，上路勒金鑣。”五代蜀毛文錫《接賢賓》詞：“少年公子能飛馭，金鑣玉彎瓏璁。”

銜

控制馬行止的器件，爲馬勒的組成部分。因橫勒於馬口中，故名。商代已有此物，但多革帶等製作。西周普遍使用銅銜，一般由兩根銅條組成，銅條兩端各有一環，一端用以互相連結，另一端露於馬嘴外側，環外貫鑣，環中繫彎。後世馬銜多用鐵製。銜同鑣配合使用，俗稱“馬嚼子”。《戰國策·秦策一》：“〔蘇秦〕伏軾撙銜，橫歷天下。”高誘注：“銜，勒也。”《說文·金部》：“銜，馬勒口中也。”段玉裁注：“革部曰：勒，馬頭落銜也。落謂絡其頭，銜謂關其口，統謂之勒也，其在口中者謂之銜……銜以鐵爲之。”《莊子·馬蹄》：“而馬知介倪，闉扼鷙曼，詭銜竊彎。”成玄英疏：“馬勒吻金也。”陸德明釋文：“銜，口中勒也。”《楚辭·九章·惜往日》：“乘騏驥而馳騁兮，無彎銜而自載。”又劉向《九歎·離世》：“斷鑣銜以馳騖兮，暮去次而敢止。”王逸注：“銜，飾口鐵也。”唐韓愈《進王用碑文狀》：“其王用男所與臣馬一匹，並鞍銜白玉腰帶一條，臣並未敢受領。”宋孫光憲《風流子》：“金絡玉銜嘶馬，繫向綠楊陰下。”

【馬銜】

即銜。宋趙與時《賓退錄》卷三：“夏文莊嘗有《寄題琵琶亭》一絕云：‘流光過眼如車轂，薄宦拘人甚馬銜。若遇琵琶應大笑，何須泣淚滿青衫。'"明李時珍《本草綱目·金石一·諸鐵器》："馬銜，即馬勒口鐵也。"

【馬嚼環】

即銜。省稱"馬嚼""嚼環""馬環"。亦稱"馬嚼子"。因置馬口中，兩端有環，故稱。《水滸傳》第一一五回："可奈那匹馬作怪，百般打也不動，却似有人籠住嚼環的一般。"《金瓶梅詞話》第八回："向前一把手把馬嚼環扯住。"又第七一回："西門慶再三固辭，何千户令手下把馬嚼拉住，説道：'學生還有一事與長官商議。'"《三俠五義》第一四回："〔張龍〕上前將龐昱馬環揪住，道：'你闖了人，還往那裏去？'"

【馬嚼】

"馬嚼環"之省稱。此稱明代已行用。見該文。

【嚼環】

"馬嚼環"之省稱。此稱明代已行用。見該文。

【馬環】

"馬嚼環"之省稱。此稱清代已行用。見該文。

【馬嚼子】

即馬嚼環。魯迅《故事新編·起死》："莊子且説且走，爬在馬上，正想加鞭，那漢子突然跳出草叢，跑上去拉住了馬嚼子。"

橛

亦作"檠"。驂馬口中的長銜。初以木製，似短木椿，故稱。後亦有銅製、鐵製者。其作用爲加强對驂馬的控制。先秦已見行用。秦始皇陵一號、二號銅車馬之驂馬口中，除銅銜外，另有一柱狀帶刺銅橛。《韓非子·姦劫弒臣》："無捶策之威，銜橛之備，雖造父不能以服馬。"《史記·司馬相如列傳》："且夫清道而後行，中路而後馳，猶時有銜橛之變。"司馬貞索隱引三國張揖曰："檠，騑馬口長銜也。"又引周遷《輿服志》："鉤逆上者爲檠。檠在銜中，以鐵爲之，大如雞子。"晋潘岳《西征賦》："昔明王之巡行，固清道而後住，懼銜檠之或變，峻徒禦以誅賞。"（參見本卷《兵車戰船説·戰馬用具考》"銜""鑣銜"文）

【檠】

同"橛"。此體三國時期已行用。見該文。

金銜

金飾之銜。銜的美稱。此稱唐代已見。唐白居易《對酒吟》："金銜嘶五馬，鈿帶舞雙姝。"宋徐鉉《和太常蕭少卿〈近郊馬上偶吟〉》之二："抱甕何人灌藥畦，金銜爲爾駐平堤。"元宋無《唐人四馬卷》詩之一："金銜初脱齒新齊，蹄玉無聲赤汗微。"

玉銜

玉飾之銜。亦作銜的美稱。此稱見於唐代。唐杜牧《長安雜題長句》詩之五："草妒佳人鈿雜色，風迴公子玉銜聲。"唐韓偓《錫宴日作》："玉銜花馬蹋香街，詔遣追歡綺席開。"宋孫光憲《風流子》："金絡玉銜嘶馬，繫向緑楊陰下。"

【玉銜頭】

即玉銜。此稱見於五代時期。五代蜀毛文錫《甘州遍》詞："金鞍白馬，雕弓寶劍……花蔽膝，玉銜頭。"

木鑣

木製的馬銜。用於喪禮，取其發聲小。《儀

禮·既夕禮》：“禦以蒲荚、犬服、木錧、約綏、約轡、木鑣。”賈公彥疏：“平常用馬鑣，以金爲之，今用木，故知亦取少聲也。”

鑣轡

馬嚼子和馬繮繩之并稱。此稱南北朝時期已見。南朝宋顔延之《赭白馬賦》：“侭鑣轡之牽制，隘通都之圈束。”

驂鑣

驂馬的鑣轡。此稱南北朝時期已見。《文選·謝朓〈和伏武昌登孫權故城〉》：“北拒溺驂鑣，西顧收組練。”劉良注：“驂馬鑣轡也。”

鈎

繫於馬籠嘴上下的曲鈎。竪貫馬口，以制止馬撕咬或攝食。此稱先秦時期已見行用。《周禮·春官·巾車》：“金路，鈎，樊纓九就。”鄭玄注：“鈎，婁頷之鈎也。”《公羊傳·昭公二十五年》：“牛馬維婁。”何休注：“繫馬曰維，繫牛曰婁。”案：維、婁僅爲區別繫馬或繫牛的不同稱謂，泛言則可通用。頷是口腔上下之統稱，亦稱爲頜。《方言》：“頜，頷也。南楚謂之頜。”故“婁頷之鈎”，即繫於馬籠嘴上下之曲鈎。其物於陝西西安市長安區馬王鎮張家坡村出土的西周車馬殉葬坑可見，上端獸面，下端微彎，銅製。一說爲馬頷下之帶飾。《周禮·春官·巾車》：“金路，鈎，樊纓九就。”孫詒讓正義：“凡馬頷間亦皆有革絡，更以金飾之，則謂之鈎也。”《韓非子·外儲説右下》：“馬欲進，則鈎飾禁之。”清鳳韶《鳳氏經説》：“馬頭絡刻金飾曰錫，馬胸帶刻金飾曰鈎。玉路有錫，金路有鈎。”

鈎飾

控馬用具。鈎，絡在馬下巴的皮製的鈎；飾，指飾於馬頭的馬勒等物。此稱先秦時期已見。《韓非子·外儲説右下》：“延陵卓子乘蒼龍挑文之乘，鈎飾在前，錯鋓在後。馬欲進則鈎飾禁之，欲退則錯鋓貫之。”陳奇猷集釋：“太田方曰：‘鈎，婁頷之鈎也。’高亨曰：‘飾，當借爲勒。’《説文》：‘勒，馬頭絡衔也。’《莊子·馬蹄篇》：‘前有橛飾之患，而後有鞭筴之威。’《釋文》引司馬注：‘飾，排衔也。’司馬注正讀飾爲勒，是其證也。”

鈎逆

鈎勒馬口的取馬工具。此稱漢代已見。《史記·司馬相如列傳》：“猶時有衔橛之變。”裴駰集解引晉徐廣曰：“鈎逆者謂之橛矣。”司馬貞索隱引周遷《輿服志》：“鈎逆上者爲橜。橜在衔中，以鐵爲之，大如雞子。”

游環

亦稱“靳”。貫穿或接續靷繩的金屬環，位於馬體兩側脅背之間。因可游動，故名。此稱先秦已見行用。其物於陝西西安市長安區張家坡西周二號車馬坑等處曾有出土，漢畫像磚石所示之漢車亦屢見。《詩·秦風·小戎》：“游環脅驅，陰靷鋈續。”毛傳：“游環，環也，游在背上，所以禦出也。”鄭箋：“游環在背上，無常處，貫驂之外轡，以禁其出。”《釋名·釋車》：“游環，環在服馬背上，驂馬之外轡貫之，游移前却，無常處也。”又：“鋈，沃也，冶白金以沃灌靷環也。”

【靳】[1]

“靳環”之省稱。此稱南北朝已行用。見該文。

【靳環】

即游環。《廣雅·釋器》：“弸轅謂之靳。”

錢大昭疏義：“《小戎》：‘游環脅驅。’傳：‘游環，靳環也。’沈重曰：‘靳者言無常處，游在驂馬背，以驂馬外轡貫之，以止驂之出。’”清朱駿聲《說文通訓定聲·屯部》：“《廣雅·釋器》：‘弼轅謂之靳’。案《詩·秦風·小戎》傳：‘游環，靳環也。’舊本皆作靳，疑作靭者非。”

厄

亦作“軛”。扼住馬頸之駕具。多以曲木爲之，人字形，上爲首，下之分叉爲脚。軛脚緊貼馬頸，服馬之軛首縛於車衡。考古發現，殷商之馬車已有此物。其稱則始見於周代典籍。《詩·大雅·韓奕》：“王錫韓侯……鞹鞃淺幭，鞗革金厄。”毛傳：“厄，烏噣也。”漢劉向《九歎·離世》：“執組者不能制兮，必折軛而摧轅。”《釋名·釋車》：“楅，扼也，所以扼牛頸也。馬曰烏啄，向下叉馬頸，似烏開口向下啄物時也。”《後漢書·輿服志上》：“乘輿、金根、安車、立車，輪皆朱班重牙，貳轂兩轄，金薄繆龍，爲輿倚較，文虎伏軾，龍首銜軛……左纛以氂牛尾爲之，在左騑馬軛上，大如斗。”又“諸輂車以上，軛皆有吉陽筩”。晋潘岳《藉田賦》：“緫犅服於縹軛兮，紺轅綴於黛耜。”

【軛】

同“厄”。此體漢代已行用。見該文。

【靰】

即軛。唐王建《賽神曲》：“青天無風水復碧，龍馬上鞍牛服靰。”明劉基《郁離子·規執政》：“郁離子曰：‘僕聞農夫之爲田也，不以羊負靰。’”

【扼】

即厄。《莊子·馬蹄》：“夫加之以衡扼，齊之以月題，而馬知介倪、闉扼、鷙曼、詭銜、竊轡。”陸德明釋文：“扼，又馬頸者也。”

【軶】

即厄。《荀子·正論》：“乘大路……三公奉軶持納。”楊倞注：“軶，轅前也。”《說文·車部》：“軶，轅前也。”朱駿聲《說文通訓定聲》：“字亦作軛。按輈端之衡，轅端之楅皆名軶，以其下缺處爲軶，所以扼制牛馬領而稱也。”《後漢書·列女傳·皇甫規妻》：“卓乃引車庭中，以其頭縣軶，鞭撲交下……遂死車下。”宋梅堯臣《送宋中道鄭州拜掃》：“開關掃墓隧，向樹繫車軶。”

楅衡

省稱“衡”。縛於牛角以防觸人之橫木。先秦時期已見行用。《周禮·地官·封人》：“凡祭祀，飾其牛牲，設其楅衡。”鄭玄注引杜子春云：“楅衡，所以持牛，令不得抵觸人。”孫詒讓正義引曾釗云：“楅，逼也。衡，橫也。橫逼於角，以防牛觸。”《說文·角部》：“衡，牛觸，橫大木其角。”朱駿聲《說文通訓定聲》：“即牿。”

【衡】

“楅衡”之省稱。此稱漢代已行用。見該文。

靷

亦作“頸靷”。套於馬頸用以連結軛之皮帶。先秦時期已見行用。秦始皇陵二號銅車兩服馬頸部各有一靷，經喉下，兩端繫於軛。舊注或以爲靷在腹下，不確。《釋名·釋車》：“靷，嬰也，喉下稱嬰，亦言纓絡之也。”《說文·革部》：“靷，頸靷也。”又“靷，柔革也”。段玉裁注：“杜（預）云在腹曰靷，恐未然也。”遼希麟《續一切經音義》卷一：“靷，《切韻》云：

'牛項索也。'"《左傳·昭公二十六年》:"聲子射其馬,斬鞅,殪。"又僖公二十八年:"晉車七百乘,韅、靷、鞅、靽。"陸德明釋文:"鞅,《説文》云:'頸皮也。'"《世説新語·政事第三》:"閣東有大牛和嶠鞅,裴楷鞧。"唐杜牧《街西長句》:"銀鞍騶嫋嘶宛馬,繡鞅瓏璁走鈿車。"宋蘇軾《班荊館賜大遼賀坤成節國信使副到闕酒果口宣》:"卿等抗斾遠道,解鞅近郊。"

【頸鞑】

即鞅。此稱漢代已行用。見該文。

【膺】

即鞅。《詩·秦風·小戎》:"虎韔鏤膺,交韔二弓。"毛傳:"膺,馬帶也。"《後漢書·輿服志上》:"駙馬,左右赤珥流蘇,飛鳥節,赤膺兼。"

【鞑】[1]

即鞅。《集韻·入質》:"鞑,鞅也。"

【車鞅】

即鞅。宋曾鞏《送秀才》:"故人遠來未一醉,車鞅欲去今誰攀?"

韅

亦作"驤"。橫置於馬腹腋下的革帶,俗稱"馬肚帶"。先秦時期已見行用。秦始皇陵二號銅車兩服馬之韅,其兩端繫於軛兩側衡上,使服馬與衡連爲一體,以防軛端上翹。《左傳》僖公二十八年:"晉車七百乘,韅、靷、鞅、靽。"杜預注:"在背曰韅,在胸曰靷,在腹曰鞅,在後曰靽。言駕乘修備。"陸德明釋文:"《説文》作𩊚,云:著掖皮。"睡虎地秦墓竹簡《法律答問》:"當者〔諸〕侯不治騷馬,騷馬蠱皆麗衡厄鞅驤轅靷,是以炎之。"《史記·禮書》:"〔天子大路〕寢兕持虎,鮫韅彌龍,所以養威也。"

裴駰集解引徐廣曰:"韅者,當馬腋之革。"司馬貞索隱:"韅,馬腹帶也。"《釋名·釋車》:"韅,纆也,橫纆其腹下也。"《説文·革部》:"韅,箸亦靬也。"段玉裁注:"箸亦靬,謂箸於馬兩亦之革也。箸亦,謂直者,當膺,謂橫者。靬當作靯。"

【驤】

同"韅"。此體秦代已行用。見該文。

【馬肚帶】

"韅"之俗稱。《水滸傳》第三五回:"當時宋江和燕順下了馬,入酒店裏來;叫孩兒們鬆了馬肚帶,都入酒店裏坐。"清夏敬渠《野叟曝言》第一四二回:"文畏正要問個明白,那馬肚帶已鬆,險些吃跌。"

前樊

淺黑色的馬肚帶。前,通"翦"。此稱先秦時期已見。《周禮·春官·巾車》:"木路,前樊鵠纓。"鄭玄注:"前,讀爲緇翦之翦。翦,淺黑色也。木路無龍勒,以淺黑飾韋爲樊,鵠色飾韋爲纓。"

鮫韅

以鮫魚皮裝飾之馬肚帶。此稱見於漢代。《史記·禮書》:"寢兕特虎,鮫韅彌龍,所以養威也。"司馬貞索隱:"以鮫魚皮飾韅。韅,馬腹帶也。"

【蛟韅】

同"鮫韅"。蛟,通"鮫"。《荀子·禮論》:"寢兕持虎,蛟韅絲末幬彌龍,所以養威也。"楊倞注:"韅,馬腋之革,蓋象蛟形。徐廣曰:'以鮫魚皮爲之。'"

靳 [2]

驂馬當胸的套索,用以曳車。此稱先秦

時期已行用。秦始皇陵二號銅車兩驂馬均有斜挎胸部之靳。一說，靳爲服馬當胸之套索。《説文·革部》：“靳，當膺也。”《左傳·定公九年》：“吾從子，如驂之靳。”杜預注：“靳，車中馬也。”孔穎達疏：“驂馬之首當服馬之胸……杜言靳車中馬也，言靳是中馬之駕具，故以靳表中馬。”

靷[2]

連結車軸與馬胸的革帶。靷，引也。因用以助轅引車，故名。靷帶較長，一般爲革製，中間多以環接續。先秦已見行用。河南洛陽中州路戰國車馬坑兩匹驂馬頸骨所圍之銀管絡飾似即帶之飾品。參照秦陵一號銅馬車推之，先秦之靷似一端有大環套套於馬頸，另一端繫結於車軫或車軸上。漢畫像之靷，其前端於馬當胸處一寬帶上。《詩·秦風·小戎》：“游環脅驅，陰靷鋈續。”毛傳：“靷，所以引也。”《説文·革部》：“靷，所以引軸者也。”段玉裁注：“《左傳》：‘兩靷將絕，吾能止之。駕而乘材，兩靷皆絕。’此可見靷之任力幾與轅等。”《後漢書·郭憲傳》：“八年，車駕西征隗囂，憲諫曰：‘天下初定，車駕未可以動。’憲乃當車拔佩刀以斷車靷。”李賢注：“靷在馬胸。”

鈎膺帶

馬胸帶，用以固定馬鞍具。革製。此稱唐代已見。唐白居易《有小白馬乘取多時奉使東行至稠桑驛溘然而斃足可驚傷不能忘情題二十韻》：“銀收鈎膺帶，金卸絡頭羈。”

【攀胸】

即鈎膺帶。《宋史·輿服志一》：“駕六青馬，馬有金面，插雕羽，鞶纓，攀胸鈴拂，青繡屜，錦包尾。”《蒙古秘史》卷二：“鐵木真在林中

三宿，牽馬來時，其馬鞍脱落矣。回視則攀胸、腹帶依然而脱落焉”。

鞊

服馬當胸的皮革。此稱宋代已見。《集韻·蒸韻》：“鞊，車靳。”（參見本卷《兵車戰船説·戰馬用具考》“靳”文）

鞶

盤繞於馬腹背間的大革帶。使靳與鞙固定於適當位置，以利駕挽。此稱先秦已見行用。秦始皇陵二號銅車兩驂馬皆有一横經前腋、上繞馬背之環帶，即爲物。釋者多以爲鞙，不確。鞙之兩端繫於衡，不上繞於馬背。《周禮·春官·巾車》：“一曰玉路，錫，樊纓。”漢鄭玄注：“樊讀如鞶帶之鞶，謂今馬大帶也。”孫詒讓正義：“蓋謂馬當脅之横帶也。”段玉裁《漢讀考》：“人大帶謂之鞶，因而馬大帶亦謂之鞶。”

纓

馬腹帶。此稱先秦已見行用。《國語·晋語二》：“亡人之所懷挾纓纕，以望君之塵垢者，黄金四十，白玉之珩六雙。”韋昭注：“纕，馬腹帶也。”

緧

亦作“鞧”。駕車之牛、馬拴於股後之索帶，用以防止後卻。此稱先秦已見行用。《周禮·考工記·輈人》：“及其下阤也，不援其邸，必緧其牛後。”孫詒讓正義引王宗涑云：“緧以生革纆般牛尾之下，引而前至背上，與繫輈之革纆相接續。”《釋名·釋車》：“鞧，遒也，在後遒迫使不得却縮也。”《説文·系部》：“緧，馬紂也。”《廣韻·平尤》：“鞧，車鞧。”《晋書·潘岳傳》：“時尚書僕射山濤領吏部，王濟、

裴楷等並爲帝所親遇。岳内非之，乃題閣道謠曰：'閣道東，有大牛，王濟鞅，裴楷鞧。'"南朝宋劉義慶《世說新語・政事》："閣東有大牛，和嶠鞅，裴楷鞧，王濟剔嬲不得休。"唐寒山《詩》之一二五："黃蘗作驢鞧，始知苦在後。"清蒲松齡《日用俗字・走獸》："扯將轡頭連蘸水，鞧繩鞍屢帶行囊。"清文康《兒女英雄傳》第一一一回："便把牲口攏住，鞭子往後鞧裏一掖，抄著手，靠了車轅站住不動。"

【鞙】

同"緧"。此體漢代已行用。見該文。

【鞧】

同"緧"。《玉篇・革部》："鞧，車鞧也。"遼希麟《續一切經音義》卷九："鞧，《韻英》云：'車鞧也，從革，秋聲。又作鞙。'"《三國志・蜀書・諸葛亮傳》裴松之注引《諸葛亮集》載作木牛流馬法曰："細者爲牛鞅，攝者爲牛鞧軸。"《世說新語・政事》："閣東有大牛，和嶠鞅、裴楷鞧。"

【緧】

即緧。亦稱"鞛""緅""曲綯""曲綸"。《方言》卷九："車緧，自關而東，周、洛、韓、鄭、汝、潁而東謂之緅，或謂之曲綯，或謂之曲綸，自關而西謂之緧。"錢繹箋疏："蓋以毳爲之，在尾下，今世猶然也。"《說文・系部》："緧，馬緧也。"又《革部》："鞛，馬尾鞛也，從革它聲，今之般緧。"徐鍇繫傳："今謂馬後鞧，連絡馬尾後者也。般者槃，謂屈槃繞之也。緧，今鞧字。"

【鞛】

即緧。此稱漢代已行用。見該文。

【緅】

即緧。此稱漢代已行用。見該文。

【曲綯】

即緧。此稱漢代已行用。見該文。

【曲綸】

即緧。此稱漢代已行用。見該文。

靽

亦作"絆"。絡於馬後用以控制馬速的革帶。亦用於牛。一說，絆馬足之繩。此稱先秦已見。《釋名・釋車》："靽，半也，拘使半行不得自縱也。"畢沅疏證："《說文》：'絆，馬繫也。從糸，半聲。'今此從革。《左傳》有此字。"《集韻・去換》："靽，駕牛具，在後曰靽。"《字彙・革部》："靽，駕馬具，在後曰靽。"《左傳・僖公二十八年》："晉車七百乘，韅靷鞅靽。"杜預注："在後曰靽。"陸德明釋文："靽，音半，一云繫也。"劉文祺舊疏證："王念孫云：'《說文》有絆無靽。絆，馬馽也。'案：王說是也。《釋文》：'靽，一云繫也。'"《齊民要術・養牛馬驢騾》："跁欲促而大，其間纔容靽。"宋梅堯臣《劉彝秀才歸江南》："鳳鳥不在笯，麒麟寧受靽。"

【絆】[1]

同"靽"。此體先秦時期已行用。見該文。

紛

拘馬尾的索帶。此稱始見於漢代典籍。秦始皇陵二號銅車挽馬腹下有一索帶，用以斂韜馬尾，前端繫於軛或鑾，或即爲紛。《釋名・釋車》："紛，放也，防其放弛以拘之也。"《說文・系部》："紛，馬尾韜也。"

鞧軸

亦稱"鞧根"。拴於牲口股後繫皮帶的軸。

此稱見於三國時期。三國蜀諸葛亮《作木牛流馬法》：“細者爲牛鞅，攝者爲牛軸。”宋沈括《夢溪筆談·故事一》：“自後雖去踶躍，而猶存其環，環所以銜踶躍，如馬之鞦根，即今之帶也。”

【鞦根】

即鞦軸。此稱宋代已行用。見該文。

縶

亦稱“羈”“縲”“絆”。套絆馬足的繩索。此稱先秦時期已見行用。《詩·周頌·有客》：“言授之縶，以縶其馬。”鄭箋：“縶，絆也。”《左傳·成公二年》：“韓厥執縶馬前，再拜稽首。”杜預注：“縶，馬絆也。”《莊子·馬蹄》：“連之以羈羈，編之以皁棧，馬之死者十二三矣。”成玄英疏：“羈，謂約前兩脚也。”“羈”亦作“縲”。《説文·馬部》：“羈，絆馬足也。”又《系部》：“絆，馬羈也。”《龍龕手鑑·系部》：“絆，馬絆也。”《字彙·馬部》：“羈，絆馬也。”《正字通·馬部》：“羈，舊字音訓竝同縲。”

【羈】

即縶。此稱先秦時期已行用。見該文。

【縲】

即縶。此體先秦時期已行用。見該文。

【絆】[2]

即縶。此稱漢代已行用。見該文。

靷

馬帶。此稱三國時期已見。《廣雅·釋器》：“靷，帶也。”王念孫疏：《玉篇》：“‘靷，馬帶也。’”

馬鞍

省稱“鞍”。置於騾馬背上供人騎坐之器具。以曲木、皮革爲之，内塞軟物，兩頭高中間低，使騎坐安適。2006年在陝西甘泉下寺灣鎮閻家溝村商代晚期墓葬中出土有橢圓形背墊，乃目前所見最早之馬鞍。《急就篇》卷三：“鞇鞅靯鞲鞍鑣鍚。”顏師古注：“鞍所以被馬取其安也。”《管子·山國軌》：“管子曰：請立貲於民，有四倍之。内毋有其外，外皆爲貲壤。被鞍之馬千乘，齊之戰車之具具於此。”《公羊傳·昭公二十五年》：“既哭，以人爲菑，以幦爲席，以鞌爲幾，以遇禮相見。”《宋書·沈攸之傳》：“樓煩白羽，投鞌成嶽，漁陽墨騎，浴鐵爲群，芝艾同焚，悔將何及。”《玉臺新詠·古詩爲焦仲卿妻作》：“舉手拍馬鞍，嗟歎使心傷。”唐杜甫《王竟携酒高亦同過》：“自愧無鮭菜，空煩卸馬鞍。”唐韓愈《賀張十八秘書得裴司空馬》：“落日已曾交轡語，春風還擬併鞍行。”《金瓶梅詞話》第五四回：“轉雕鞍撒了鎖。”

【鞍】

“馬鞍”之省稱。此稱先秦時期已行用。見該文。

【馬鞌】

同“馬鞍”。亦稱“鞠”“靫”。省稱“鞌”。《新唐書·地理志三》：“〔太原府太原郡〕士貢：銅鏡、鐵鏡、馬鞌、梨、蒲萄酒及煎玉粉屑。”《説文·革部》：“鞌，馬鞍具也。从革，从安。”《玉篇·革部》：“鞌，亦作鞍。”《廣雅·釋器》：“鞠，鞌也。”又，“靫，鞌也。”《廣韻·祭韻》：“靫，以馬鞍贈亡人。”

【鞌】

同“鞍”。“馬鞌”之省稱。此稱漢代已行用。見該文。

【鞠】

即馬鞌。此稱三國時期已行用。見該文。

【韀】

即馬韝。此稱三國時期已行用。見該文。

【鏤衢】

即馬鞍。亦作"鏤渠"。一種馬鞍名。此稱漢代已見。漢趙岐《三輔決錄·從貸》："平陵公孫奮富聞京師。梁冀知奮儉悋，以一鏤衢鞍遺奮，從貸五千萬。"南朝陳徐陵《驄馬驅》："白馬號龍駒，雕鞍名鏤衢。"一本作"鏤渠"。明唐寅《出塞》詩之一："寶刀裝鞸瑆，名駒被鏤渠。"

【鏤渠】

同"鏤衢"。此體南北朝時期已行用。見該文。

【鞍橋】

即馬鞍。亦作"鞍鞽"。鞍形似橋，故稱。《北史·傅永傳》："有氣幹，拳勇過人，能手執鞍橋，倒立馳騁。"《宋史·兵志十一》："〔熙寧八年〕冬十月，軍器監欲下河東等路采市曲木爲鞍橋，帝以勞民費財，不許。"金董解元《西廂記諸宮調》卷二："緊著鐵棒，牢坐著鞍鞽。"魯迅《故事新編·奔月》："〔羿〕將死雞塞進網兜裏，跨上鞍鞽，回馬就走。"

【鞍鞽】

即馬鞍。同"鞍橋"。此體宋元時期已行用。見該文。

【馬鞍鞽】

即鞍鞽。《金瓶梅詞話》第二七回："第三是那邊塞上戰士，頭頂重盔，身披鐵甲，渴飲刀頭血，困歇馬鞍鞽，經年征戰，不得回歸。"沈凱《古瑪河春曉》第三四章："張守義迅速取下自己的乾糧袋，團成一團，當炮盤墊在馬鞍鞽上。"

【杏葉鞍】

即馬鞍。以其形如杏葉，故稱。唐白居易《出使在途所騎馬死，改乘肩輿將歸長安，偶詠旅懷寄太原李相公》："驛路崎嶇泥雪寒，欲登籃輿一長歎。風光不見桃花騎，塵土空留杏葉鞍。"

【鞅】

即馬鞍。《篇海類編·鳥獸類·革部》："鞅，馬鞍具。"

【鞊鞢】

即馬鞍。亦作"鞊鞦"《玉篇·革部》："鞢，鞊鞦，鞍具。"《宋史·儀衛志六》："御馬鞍勒之制，有金、玉、水晶、金塗四等鬧裝，鞊鞢促結爲坐龍。"《龍龕手鑑·革部》："鞢，鞊鞢，鞍具也。"

【鞊鞦】

同"鞊鞢"。此體宋代已行用。見該文。

【韉】[1]

即馬鞍。亦作"韉"。《說文·革部》"韉，馬鞍具也。"唐李真《丈人樂山詩》："春凍曉韉露重，夜寒幽枕雲生。"宋王安石《次楊樂道韻》之六："東門人物亂如麻，想見新韉照路華。"清孔尚任《桃花扇·沈江》："跨上白騾韉，空江野路，哭聲動九原。"

【韉】[1]

同"韉"。此體宋代已行用。見該文。

【韉】[1]

即馬鞍。《篇海類編·鳥獸類·革部》："韉，鞍也。"

【鞍鞴】

即馬鞍。鞍邊的帶子，借指馬鞍。宋沈遘《和江鄰幾送文丞相還游普安院》："道旁有精舍，聊兹釋鞍韉。”

【𩍄】

即馬鞍。《篇海類編·鳥獸類·革部》：“𩍄，鞍也。”

【鞈】[2]

即馬鞍。《篇海類編·鳥獸類·革部》：“鞈，鞍也。”

【𩎕】

即馬鞍。《篇海類編·鳥獸類·革部》：“𩎕，鞍也。”

【鞍子】

即馬鞍。《水滸傳》第五〇回：“這騎馬號烏雕馬，轡上鞍子，扣了三條肚帶。”《儒林外史》第二回：“夏總甲坐在上席，先吩咐和尚道：‘和尚，把我的驢牽在後園槽上，卸了鞍子，將些草喂的飽飽的。’”姚雪垠《李自成》第一卷第三章：“馬夫們立刻搬出來鑲著銀飾的白鞍子，白色的錦鍛墊褥，配著閃光的白銅鐙子。”

【鞍屉】

即馬鞍。清黃六鴻《福惠全書·郵政·撥馬》：“重者幾百數十斤，益以背夫鞍屉，不啻二百之外矣。”

【鞍座】

即馬鞍。用以乘坐，故稱。清蒲松齡《日用俗字·氊匠》：“氆氇毵堪爲鞍座，多羅呢可冒風寒。”

金鞍

金飾的馬鞍。亦用以泛指華麗的馬鞍。此稱見於南北朝時期。南朝梁劉苞《九日侍宴》：“鳴珂飾華眊，金鞍映玉轡。”唐李白《樂府·門有車馬客行》：“門有車馬賓，金鞍耀朱輪。”唐崔顥《渭城少年行》：“渭城橋頭酒新熟，金鞍白馬誰家宿？”

銀鞍

銀飾的馬鞍。亦用以指華麗的馬鞍。此稱南北朝已見。南朝梁江淹《別賦》：“至若龍馬銀鞍，朱軒繡軸。”唐李白《俠客行》：“銀鞍照白馬，颯沓如流星。”《花月痕》第五一回：“這幾家銀鞍駿馬，繡緻錦衣，奕奕往來。”

玉鞍

玉飾的馬鞍。亦用以泛指華麗的馬鞍。此稱見於南北朝。南朝梁蕭統《七契》：“酒飾金羈之昭晰，加以玉鞍之輝煌。”唐岑參《衛節度赤驃馬歌》：“紅纓紫轡珊瑚鞭，玉鞍錦韉黃金勒。”

金鏤鞍

用金屬雕花爲裝飾之馬鞍。亦用以指華麗的馬鞍。此稱見於南北朝。《玉臺新詠·古詩爲焦仲卿妻作》：“流蘇金鏤鞍。”

金盤陀

以銅雜金製成之馬鞍。亦用以指華麗的馬鞍。此稱唐代已見。唐杜甫《魏將軍歌》之四：“星纏寶校金盤陀，夜騎天駟超天河。”仇兆鰲注：“《唐書·食貨志》云：‘先是諸鑄錢窳薄，鎔破錢及佛像，謂之盤陀。’語頗相合。蓋雕飾鞍勒，以銅雜金爲之。”元周伯琦《天馬行》：“朱英翠組金盤陀，方瞳夾鏡神光紫。”清黃遵憲《櫻花歌》：“鵜金寶鞍金盤陀，螺鈿漆盒携叵羅。”

雕鞍

刻飾花紋的馬鞍。泛指華美之馬鞍。此稱唐代已見。唐駱賓王《帝京篇》：“寶蓋雕鞍金絡馬，蘭窗繡柱玉盤龍。”《西游記》第二〇回：

"慌得那三藏坐不穩雕鞍，翻根頭跌下白馬。"《紅樓夢》第五二回："籠著一匹雕鞍彩彎的白馬。"

韀[2]

亦稱"障泥"。鞍下之襯墊。多以皮革等製成，垂於馬背兩旁，可遮擋泥土。亦可用於牛驟等。漢代已見。南北朝時期稱爲"障泥"，沿用至今。《説文新附考・革部》："韀，馬鞍具也。"鄭珍注："韀，所以藉馬鞍。"南朝宋劉義慶《世説新語・術解》："王武子善解馬性。嘗乘一馬，著連錢障泥，前有水，終日不肯渡。王云：'此必是惜障泥。'使人解去，便徑渡。"《樂府詩集・橫吹曲辭・木蘭詩》："東市買駿馬，西市買鞍韀。"唐李商隱《隋宮》："春風舉國裁宮錦，半作障泥半作帆。"胡樸安《中華風俗志》卷八："瓊州不産驢馬，多騎黃牛，亦飾以鞍韀。"

【障泥】

即韀[2]。此稱南北朝時期已行用。見該文。

【韀】[2]

同"韀[2]"。《集韻・平先》："韀，馬被具。"《字彙・革部》："韀，同韀"。五代蜀毛文錫《接賢賓》："香韀鏤襜五花驄，值春景初融。"元陶宗儀《輟耕録・西皮》："鬃器稱西皮者，世誤以犀角之犀，非也，乃西方馬韀，自黑而丹，自丹而黃，時復改易，五色相叠。"

【韂】

即韀。亦稱"鞍韂"。《急就篇》卷三："靳靷鞅韂色焜煌。"顏師古注："韂，以毛氈飾鞍也。"段玉裁注："《篇》《韻》皆曰韜。"王應麟補注："〔《説文》〕韂，韜飾也。"元李京《雲南志略・諸夷風俗》："白人語著衣曰衣衣……

鞍韂曰悼（障）泥。"又："馬貴折尾，鞍無韂，剜木爲鐙，狀如魚口，微容足指。"《三國志平話》卷下："却説騎馬來間，曹公用鞍韂遮其首，順流而下。"明朱有燉《義勇辭金》第三折："短甲輕袍可體輕，戎鞍小韂座紅纓。"《三俠五義》第一四回："出了屋門，見有一匹黑馬，鞍韂俱是黑的。"又第一〇八回："〔蔣平〕將坐騎拴在碾臺子椿柱上，將鐙扣好，打去嚼子，打去後韀，把皮韂攏起，用稍繩捆好。"《糊塗世界》卷四："只見迎面來了一輛鞍車，鞍韂鮮明，飛風的走了過來。"

【鞍韂】

即韂。此稱宋元時期已行用。見該文。

【韐】

即韀。《説文・革部》："韐，防汗也。从革合聲。"清王筠《説文解字句讀・革部》："《廣雅》：'防汗謂之韐。'《初學記》：'障汗亦曰弇汗。'筠案：障泥蓋亦即此，似即韀也。"

【弇汗】

即韀。亦稱"防汗"。漢桓寬《鹽鐵論・散不足》："古者，庶人賤騎繩控，革鞮皮廌而已。及其後，革鞍氂成，鐵鑣不節。今富者繢耳銀鑷韀，黃金琅勒，屬繡弇汗，垂珥明鮮。"王利器校注："'弇汗'就是'韐'。"《説文・革部》："韐，防汗也。"段玉裁注："此當作所以防捍也，轉寫奪誤。"《太平御覽》引《東觀漢記》："和帝永元三年，西謁園陵，桓鬱兼羽林中郎將從。賜馬二匹，鞍勒、防汗。"明胡侍《真珠船・障泥》："障泥，一名障汗，一名弇汗，一名蔽泥。"

【防汗】

即弇汗。此稱漢代已行用。見該文。

【蔽泥】

即鞯。《西京雜記》卷二："以緑地五色錦蔽泥。"唐杜牧《少年行》："連環羈玉聲光碎,緑錦蔽泥蚪卷高。"明胡侍《真珠船·障泥》:"障泥,一名障汗,一名弇汗,一名蔽泥。"

【障汗】

即鞯。《太平御覽》引晉司馬彪《戰略》:"太和元年,諸葛亮從成都到漢中,達又欲應亮,遣亮玉玦、織成障汗、蘇合香。"又引《魏百官名》:"黄地金鏤織成萬歲障泥一具,又織成彰汗一具。"明胡侍《真珠船·障泥》:"障泥,一名障汗,一名弇汗,一名蔽泥。"

【鞯泥】

即鞯。《玉篇·革部》:"鞯,鞯泥也。"《廣韻·平陽》:"鞯,鞯泥,鞍飾。"《集韻·平陽》:"鞯,馬鞯。"《正字通·革部》:"鞯,古本作障泥。"

鐙

亦稱"馬鐙"。懸於馬鞍兩邊之腳踏。多以鐵製,貴者或用玉飾。晉代已見行用。隨高橋馬鞍的出現而產生,且經歷了由單鐙至雙鐙之過程。1976 年於甘肅武威南灘魏晉墓中出土的鐵馬鐙乃目前所知時代最早之馬鐙實物,惜已殘,形制不詳。另湖南長沙西晉永寧二年(前 302)墓出土之陶俑坐騎有單鐙,三角形制,垂繫馬鐙之革帶頗短,乃馬鐙之原始形態。遼寧朝陽出土的北燕馮素弗墓則見雙馬鐙,爲三角形木芯外裹鎏金銅片。隋唐以後的馬鐙形制改進得更實用,其鐙柄變短,鐙體上部呈圓弧形,踏腳處改爲微有弧曲的寬平沿,便於乘者蹬踏。《廣韻·嶝韻》:"鐙,鞍鐙。"《正字通·金部》:"鐙,今馬鐙,馬鞍兩旁足所踏也。"《南齊書·武十七王傳》:"純銀乘具,乃復可爾,何以作鐙亦是銀?可即壞之。"又《張敬兒傳》:"及蒼梧〔王〕廢,敬兒疑攸之當因此起兵,密以問攘兵,攘兵無所言,寄敬兒馬鐙一雙,敬兒乃爲之備。"唐李白《贈從弟南平太守之遥》:"龍鉤雕鐙白玉鞍,象牀綺席黄金盤。"唐杜甫《清明》:"金鐙下山紅粉晚,牙檣捩柂青樓還。"宋孟元老《東京夢華·駕幸寶津樓宴殿》:"或留左腳著鐙,右腳出鐙。"金董解元《西廂記諸宫調》卷二:"把金鐙笑踏,寶鞍斜坐,腕下鐵鞭是水磨。"元關漢卿《金綫池》楔子:"願隨鞭鐙。"《西游記》第三六回:"我的馬蹄纔然停住,腳尖還未出鐙,就問我是什寺,好没分曉!"清查慎行《藍臺雜興》:"龍船旗鼓三江戍,馬鐙雲霞五嶽圖。"

馬上諸器圖
(明王圻等《三才圖會》)

【馬鐙】

即鐙。此稱南北朝時期已行用。見該文。

【鞁】

即鐙。唐劉言史《春游曲》:"仍嫌衆裏嬌行疾,傍鞁深藏白玉鞭。"宋蘇軾《蔡州道上遇雪》詩之二:"平生學踵息,坐覺兩鞁温。"元張可久《罵玉郎帶感皇恩采茶歌·富山元宵賞燈》曲:"朱衣錦帶黄金鞁,前後羽林兵。"《水滸傳》第六四回:"宣贊鞁裏藏身,又躲過了。"清杜德輿《哀遼東賦》:"戰功必出於兜鍪,繫虜自隨於鞭鞁。"

馬冑

馬首護具。"冑"本爲古代將士作戰時所戴之頭盔，亦稱"兜鍪"，周代已見行用。後應用於馬，其物戰國已見。1978年在湖北隨縣（今隨州市）擂鼓墩發掘的戰國初曾侯乙墓中有兩件較完整的馬冑，革製，耳、眼、鼻孔處開有橢圓形與葉形孔，髹黑色底漆，繪萬字紋、獸紋、雲紋，用卷草紋作邊飾，乃迄今發現年代最早之馬冑實物。1988年在遼寧朝陽十二臺鄉磚廠出土的東晉前燕石室墓中，有一件保存頗爲完整的馬冑，由護唇片、護頰板和面罩三部分組成。明董說《西游補》第三回："既對，新天子叫將士在囊帥庫中取出飛蛟劍、吳王刀、碣石鈎、雷花戟、五雲寶雕、戊烏馬冑、銀魚甲、飛虎王帳幡、堯舜大旗，桃花鉞。"

馬甲 [2]

亦稱"馬鎧"。戰馬所用之全副鎧甲。皮製或鐵製。一般由遮護馬頭之"面簾"、遮護馬頸之"雞頸"、遮護馬胸之"當胸"、遮護軀幹之"馬身甲"、遮護馬臀之"搭後"以及豎於尾上以作裝飾之"寄生"六部分組成。馬甲之用，先秦已見。商周時期，尤重車兵，馬甲多用於保護駕車的轅馬，皮質，面上髹漆，繪有精美圖案。《詩·鄭風·清人》："清人在彭，駟介旁旁。"駟介即指披甲之戰馬。在湖北隨縣曾侯乙墓中出土的戰國初期髹漆皮馬甲，乃至今發現之最早的馬甲實物。湖北荊門包山楚墓出土的馬甲，由頸甲、身甲、冑三部分組成。戰國以後，戰車没落，騎兵興起，馬甲經改進而用以保護騎兵之乘馬。騎兵馬甲始於東漢，時有皮製之"當胸"，但僅局部遮護。三國時期，文獻中已記載有全副馬鎧，但使用尚不普遍。兩晉南北朝時期，隨着"甲騎具裝"的組建，馬甲的結構亦日趨完備，從此時的壁畫、畫像磚以及墓葬出土的陶俑看，面簾、雞頸、當胸、馬身甲、搭後、寄生等基本構件皆已齊全，除耳、目、口、鼻以及四肢、尾巴外，戰馬的各個部位都有效地得到了保護。如雲南昭通後海子東晉十六國時期霍承嗣墓的墓室壁畫中，便有甲騎具裝的圖像。《晋書·桓伊傳》："初，伊有馬、步鎧六百領，表上之云：'謹奉輸馬具裝百具，步鎧五百領。'"《南齊書·高帝紀上》："時朝廷器甲皆充南討，太祖軍容寡闕，乃編棱皮爲馬具裝，折竹爲寄生，夜舉火進軍。賊望見恐懼，未戰而走。"又《東昏侯紀》："帝於殿内騎馬從鳳莊門入徽明門，馬被銀蓮葉具裝鎧，雜羽孔翠寄生，逐馬左右衛從，晝眠夜起如平常。"《舊五代史·漢書·高祖紀上》："明宗與梁人對柵於德勝，時晋高祖爲梁人所襲，馬甲連革斷，帝輟騎以授之，取斷革者自跨之。"《宋書·武帝紀》："〔武帝〕使寧朔將軍索邈領鮮卑具裝虎班突騎千餘匹，皆被練五色。"隋朝以後，重甲騎兵日漸減少，但馬鎧仍是軍隊中使用的一種防護裝具。據《隋書·禮儀志》載，騎兵四十隊，每十隊爲一團，皆甲騎具裝："第一團，皆青絲連明光甲，鐵具裝，青纓拂，建狻猊旗。第二團，絳絲連朱犀甲，獸文具裝，赤纓拂，建貔貅旗；第三團，白絲連明光甲，鐵具裝，素纓拂，建辟邪旗；第四團，烏絲連玄犀甲，獸文具裝，建〔烏〕纓拂，建六駁旗。"北宋初年，宋軍的馬甲有皮質和鐵質兩種，至北宋中期則主要應用皮質馬甲，塗漆，初爲黑色，後改爲朱紅色。遼、金軍隊中有重甲騎兵建制。《宋史·儀衛志》："甲，人鎧也；具裝，馬鎧也。宋有南北作坊，歲造甲鎧具裝。"宋朱翌《猗覺寮雜記》卷上："馬甲全裝謂之馬具裝。"宋曾公亮《武經總要》中繪有整套馬甲圖像，較之南北朝具裝，形制無大變化，唯無"寄生"。至明清時期，馬具裝逐漸消亡，未見有關記載及實物。（參閱《中國軍事史》第一卷《兵器》第二章）

【馬鎧】[2]

即馬甲[2]。三國魏曹操《軍策令》："袁本初鎧萬領，吾大鎧二十領。本初馬鎧三百具，吾不能有十具。見其少遂不施也，吾遂出奇破之。"1987年於河北磁縣灣漳北朝大墓出土有甲騎具裝陶俑，其坐騎通身披鱗片裝馬鎧，鞍鐙俱備。

當胸

亦稱"蕩胸"。馬甲之一種。皮製。挂於馬之前胸以起保護作用。漢代已見行用。《太平御覽》引《後漢書》："永疑其詐，諫不聽，出。興遂駕往，永乃拔佩刀截馬當胸，乃止。"宋曾公亮《武經總要》中繪有此圖像，稱"蕩胸"。於湖南長沙金盆嶺九號墓出土之騎馬俑及馬俑中可見其實物。（參見本卷《兵車戰船說·戰馬用具考》"馬甲"文）

【蕩胸】

即當胸。此稱宋代已行用。見該文。

雞頸

馬頸部之護甲。由甲片綴成。前面有搭扣。三國時期已見行用。宋曾公亮《武經總要》中繪有此圖像。（參見本卷《兵車戰船說·戰馬用具考》"馬甲"文）

面簾

馬面部之護甲。狹長形，金屬製，上開眼

面簾（馬甲面簾）
（清年羹堯《治平勝算全書》）

孔。三國時期已見行用。宋曾公亮《武經總要》中繪有此圖像。宋劉辰翁《立春日雪，和秋崖韻》："驚沙馬上面簾輕，誰貴氈廬主。"（參見本卷《兵車戰船說·戰馬用具考》"馬甲"文）

馬身甲

馬軀幹護甲。由甲片綴成。三國時期已見行用。宋曾公亮《武經總要》中繪有此圖像。（參見本卷《兵車戰船說·戰馬用具考》"馬甲"文）

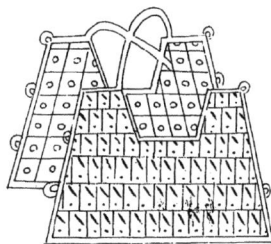

馬身甲
（清年羹堯《治平勝算全書》）

搭後

馬臀部之護甲。由甲片綴成。三國時期已見

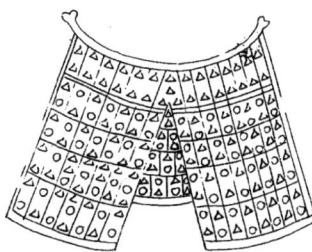

搭後
（清年羹堯《治平勝算全書》）

行用。宋曾公亮《武經總要》中繪有此圖像。（參見本卷《兵車戰船説·戰馬用具考》"馬甲"文）

寄生

馬甲之一種。竪於馬尾上之飾物，似帚。三國時期已見行用。《南齊書·高帝紀上》："時朝廷器甲皆充南討，太祖軍容寡闕，乃編棕皮爲馬具裝，折竹爲寄生，夜舉火進軍。賊望見恐懼，未戰而走。"《南齊書·東昏侯紀》："帝於殿内騎馬從鳳莊門入徽明門，馬被銀蓮葉具裝鎧，雜羽孔翠寄生，逐馬左右衛從，畫眠夜起如平常。"（參見本卷《兵車戰船説·戰馬用具考》"馬甲"文）

革鞮

革製之馬蹄套。漢代已見行用。鞮，指用獸皮所製之鞋。《説文·革部》："鞮，生革鞮也"。漢桓寬《鹽鐵論·散不足》："古者，庶人賤騎繩控，革鞮皮薦而已。"王利器校注："鞮，不施鞍而騎所特用之革履。"

馬蹄鐵

亦稱"蹄鐵""馬掌""馬掌鐵"。包裹裝釘於馬蹄下，用以護蹄之鐵皮。護蹄之物初爲樹皮、蘆葦、草稈、馬尾毛和頭髮等，漢代出現革製蹄套，稱"革鞮"。唐宋詩詞中有"鐵""鐵馬"的描寫。如唐杜甫《高都護聰馬行》："雄姿未受伏櫪恩，猛氣猶思戰場得。腕促蹄高如踏鐵，交河幾曾蹴冰裂"。宋陸游《十一月四日風雨大作》："夜闌卧聽風吹雨，鐵馬冰河入夢來。"或謂此即指蹄鐵，但亦有謂此僅詩歌中所用之比喻，難以確定。中國普遍采用蹄鐵的時間大約不會早於元代。（參閱孫機《唐代的馬具與馬飾》，《文物》1981年第10期。）明代尹弼商東征建州，爲防凍、防滑，以鐵片製成圓形，分兩股釘於馬蹄之上，蹄釘似蓮形，頭尖尾大，每蹄八個。此後，"有馬者均用此"，一年四季不除（見《增補文獻考·經籍志》）。清陶元藻《題良鄉旅舍》："謀生消盡輪蹄鐵，輸與成都賣蔔人。"周立波《暴風驟雨》第一部十八："你是打鐵的，不下莊稼地，要一條馬腿幹啥？全屯的馬掌歸你釘，還忙不過來，哪能顧上喂馬呢？"楊大群《關東傳奇》第五四章："這小子，給我弄這麽個損替身，不值兩片馬掌鐵錢。"今之馬蹄鐵按用途可分普通蹄鐵、冰上蹄鐵、變形蹄鐵、特種蹄鐵數種。普通蹄鐵最常見用；冰上蹄鐵具防滑性能；變形蹄鐵又稱"矯形蹄鐵"，用於矯正肢勢、蹄形及配合治療；特種蹄鐵有山地蹄鐵、賽馬蹄鐵等。

【蹄鐵】

即馬蹄鐵。此稱清代已行用。見該文。

當盧

亦作"當顱"。馬首之鎏金飾物。"盧"通"顱"。因飾於馬額中央，故名。亦稱青銅鑄成。無固定形制，式樣繁多，較常見者爲泡形、垂葉形、馬面形等。由勒在額帶上的節約演變而來，仍有節約之作用。其物始於殷商，河南安陽武官村大墓北墓道中出土之商馬絡頭額帶中央位於馬兩眼間腦門部位飾有一荷包形大銅泡，即其原形。盛於西周及漢，其稱則始於漢代。舊注多以當盧與錫相混淆，其實二者形制、所飾部位、作用等皆不相同，當爲二物。《詩·大雅·韓奕》："鉤膺鏤錫。"孔穎達疏："錫馬面當盧，刻金爲之。所謂鏤錫當盧者，當馬之額，盧在眉眼之上，所謂鏤錫指此文也。"北周王褒《日出東南隅行》："高箱照雲母，壯馬飾當顱。"

【當顱】

同"當盧"。此體南北朝時期已行用。見該文。

【月題】

即當盧。因其形似月，飾於題（額），故名。《莊子·馬蹄》："夫加之以衡扼，齊之以月題。"陸德明《釋文》引司馬彪、崔譔云："馬額上當顱如月形者也。"陳鼓應今注："月題，馬額上的佩飾，形狀如月。"宋蘇軾《次韻劉貢父省上》："花前白酒傾雲液，户外青驄響月題。"

錫

亦作"鍚"。馬頭飾之一。因飾於顱頂，居高而顯明，故名。先秦以前多以青銅鑄成，多鏤刻爲獸面狀，粗眉圓目，巨鼻大口，邊緣有穿孔，以便釘綴於皮冠上。始於西周，考古屢有發現。周代唯王、后或諸侯之挽馬方可加飾，亦可賞賜臣屬，爲崇尊之象徵。春秋以後漸少。後世又稱金鈒、馬冠等。錫與當盧有别，當盧飾於額前，且無尊卑之分，但舊注兩者多相混淆。《説文·金部》："鍚，馬頭飾也。"段玉裁注："人眉目間廣揚曰揚，故馬眉上飾曰鍚。"《廣韻·平陽》："鍚，馬額飾。"《詩·大雅·韓奕》："王錫韓侯……鉤膺鏤鍚。"毛傳："鏤鍚，有金鏤其鍚也。"鄭箋："眉上曰鍚，刻金飾之，今當盧也。"《周禮·春官·巾車》："王之五路，一曰玉路，鍚樊纓。"鄭玄注："鍚，馬面當盧，刻金爲之，所謂鏤鍚也。"孫詒讓正義："《説文·金部》云：'鍚，馬頭飾也。'凡馬額上皆有革落，更以金飾之，則謂之鍚。"《左傳》桓公二年："鍚鸞和鈴，昭其聲也。"杜預注："鍚在馬額，鸞在鑣，和在衡，鈴在旂，動皆有鳴

聲。"陸德明釋文："鍚，馬面當盧。"

【鍚】

同"錫"。此體漢代已行用。見該文。

【鞝】

同"錫"。《玉篇·革部》："鞝馬頭上靻。"《正字通·革部》："鞝，馬頭飾，從金。《毛詩》作'鍚'，《説文》鍚作'金鍚'，改從革。"

【金鈒】

即錫。亦作"金双"。亦稱"双""馬冠""腦蓋"。飾於馬之腦蓋部位，故稱。《説文·文部》："双，腦蓋也。"漢張衡《東京賦》："龍輈華轙，金鈒鏤鍚。"《後漢書·輿服志上》："〔乘輿〕駕六馬，象鑣鏤鍚，金鈒方釳，插翟尾。"劉昭注引《獨斷》："金鈒者，馬冠也。高廣各五寸，上如玉華形，以馬髦前。"又《馬融傳》："六驪驪之玄龍……揚金双而挖玉鑲。"《晉書·輿服志》："馬並以黄金爲文髦，插以翟尾。象鑣而鏤鍚，金双而方釳。"原注："金双謂以金双爲文。釳以鐵爲之，其大三寸，中央兩頭高，如山形，貫中以翟尾而結著之也。"南朝梁江淹《雜本詩·效袁淑〈從駕〉》："朱櫂麗寒渚，金鈒映秋山。"

【双】

即金鈒。此稱漢代已行用。見該文。

【金双】

同"金鈒"。此體漢代已行用。見該文。

【馬冠】

即金鈒。此稱漢代已行用。見該文。

【腦蓋】

即金鈒。此稱漢代已行用。見該文。

【鍐】

即金鈒。《五音集韻·平東》："鍐，馬冠

也。"《後漢書·輿服志》金鍐也。蔡邕《獨斷》曰:"金鍐,高廣各四寸,在鬃前。以鐵爲之,以金爲文。"《後漢書·輿服志上》:"金鍐方釳,插翟尾。"劉昭注引蔡邕《獨斷》:"金鍐者,馬冠也。高廣各五寸,上如玉華形,在馬鬃前。"南朝梁江淹《雜體詩·袁太尉後駕》:"朱櫂麗寒渚,金鍐映秋山。"《新唐書·南蠻傳上·南詔上》:"滋至大和城,異牟尋遣兄蒙細羅勿等以良馬六十迎之,金鍐玉珂,兵振鐸夾路陳。"

【騣】

即金鍐。《玉篇·馬部》:"騣,金鍐,馬冠也。"唐慧琳《一切經音義》卷六一引《古今正字》:"騣,馬金冠也。"清鈕樹玉《説文新附考》:"案:《後漢書·馬融傳》:'揚金騣而拖玉鑲。'注:章懷太子引蔡邕《獨斷》曰:'金鍐者,馬冠也。'……又案:《文選·東京賦》:'金鍐鏤錫。'李注引蔡邕曰:'金鍐者,馬冠也。'……據此知《獨斷》本是鍐,涉鏤錫字並加金旁也。鍐形近騣,因譌爲騣,後人更加馬旁,遂迷其本矣。"宋樓鑰《再題行看子》:"黑駒騧黃騅素騮,亦有笏面仍銀騣。"

【金騣】

即金鍐。漢蔡邕《獨斷》:"金鍐者,馬冠也。高廣各四寸,如玉華形,在馬騣前;方釳者,鐵廣數寸,在騣後,有孔,插翟尾其中。"

【金鍐】

即金鍐。《新唐書·南蠻傳上·南詔上》:"滋至大和城,異牟尋遣兄蒙細羅勿等以良馬六十迎之,金鍐玉珂,兵振鐸夾路陳。"

鉴

亦作"鑣""攸"等。綴於馬絡頭上的銅飾物。此稱始見於西周。《詩·小雅·蓼蕭》:"鑣革忡忡,和鸞雝雝。"鄭玄箋:"鑣,鑣也;革,鑣首也。忡忡,垂飾貌。"《説文·金部》:"鉴,鐵也。一曰鑣首銅也。"段玉裁注:"《小雅》'鑣革沖沖',毛傳曰:'鑣,鑣也。革,鑣首也。'按,'鑣,鑣也'當作'鑣,鑣首飾也。'轉寫奪去二字耳。下文云'沖沖,垂飾兒',正承鑣首飾而言。許釋鉴爲'鑣首銅',鉴即'鑣'字。《詩》本作'攸',轉寫誤作'鉴'。攸、革皆古文叚借字也。古金石字作'攸勒',或作'鉴勒'。'鑣首銅'者,以銅飾鑣首也。《革部》'勒'下云:'馬頭絡銜也。'即毛傳所謂'鑣首也'。《周頌·載見》箋云:'鶬謂金飾。'(原箋作'鶬金飾貌')正與鑣首銅之訓合。《大雅·韓奕》'鞹以爲靯,淺以爲幭,鉴以飾勒,金以飾軛',四事文意一例,'鉴勒'謂以銅飾鑣之近馬頭處,垂之沖沖然也。"桂馥義證:"'一曰鑣首銅'者,《集韻》:'紃首垂銅謂之鉴。'《廣韻》:'鉴,紃頭銅飾,或省作"攸"。'《宰辟父敦》'鑣革',《伯姬鼎》'攸勒',即《石鼓文》'鉴勒',字又作'鑣'。《詩·大雅·韓奕》'鑣革金厄',箋云:'鑣革,謂鑣也,以金爲小環,往往纏搤之。'《采芑》'鈎膺鑣革'箋云:'鑣革,鑣首垂也。'"朱芳輔《殷周文字釋叢》:"攸爲假借,彝銘作鉴,從金,言其質也;經傳作鑣,從革,言其用也。"《康鼎》:"命女幽黃鉴革。"郭沫若考釋:"'鉴革'即《詩》之'鑣革',亦即彝銘所習見之'攸勒'。鉴乃鑣首銅,故字從金,勒乃馬首絡銜,以革爲之,故字從革,亦竟稱之爲革。"清厲鶚《焦山古鼎》:"惟王酬庸錫峒册命,鑾旂鉴勒兼戈鋏。"

【攸】

同“鑒”。此體先秦時期已行用。見該文。

【鏠】

同“鑒”。此體先秦時期已行用。見該文。

【鑒勒】

即鑒。馬嚼子或繮繩上的裝飾品。用金銅製成。此稱先秦已見行用。《石鼓文》有“田車既安，鑒勒駻駻”句。清王念孫《讀書雜志·荀子六》：“‘金革’即《小雅·蓼蕭》所謂鏠革也。《説文》鏠作鑒，云轡首銅也，從金攸聲。(《石鼓文》及《寅簋文》作‘鑒勒’……《伯姬鼎》作‘攸勒’)。”清厲鶚《焦山古鼎》：“惟王酬庸錫册命，鑾旂鑒勒兼戈鋂。”

鑣

亦稱“鉏”。馬籠頭上當額的金屬飾物。此稱漢代已見行用。《廣韻·入葉》：“鑣，馬鉏也。”漢桓寬《鹽鐵論·散不足》：“今富者韇耳銀鑷鑣。”《集韻·上姥》：“鉏，馬鞻也。”方成珪考正：“按鞻譌從易，據《類篇》正。”

【鉏】 [2]

即鑣。此稱宋代已行用。見該文。

玉珂

省稱“珂”。馬絡頭上的裝飾物，多以玉製，亦有以貝製者。相擊則有聲。顯貴之馬有之。漢代始見行用。《西京雜記》卷二：“自是長安始盛飾鞍馬……皆以南海白蜃爲珂，紫金爲華，以飾其上。”《初學記》卷二二引漢服虔《通俗文》：“凡勒飾曰珂。”晉張華《輕薄篇》：“文軒樹羽蓋，乘馬鳴玉珂。”唐李廓《長安少年行》之八：“酒深和椀賜，馬疾打珂飛。”唐李賀《馬》詩之二十二：“汗血到王家，隨鸞撼玉珂。”清龔自珍《己亥雜詩》之六：“亦曾橐

筆侍鑾坡，午夜天風伴玉珂。”

【珂】

“玉珂”之省稱。此稱漢代已行用。見該文。

【瓊珂】

玉珂的美稱。元王沂《冬日同李仲善登慈恩塔》：“天梯如可到，從此振瓊珂。”元張仲深《赤松宮》：“世傳平起輦，飇輪振瓊珂。”

【銀珂】

玉珂的美稱。此稱唐代已見。唐于鵠《長安游》：“繡簾朱轂逢花住，錦幰銀珂觸雨游。”

【金珂】

玉珂的美稱。此稱唐代已見。唐獨孤申叔《漢文帝却千里馬賦》：“噴玉勒而沫素，鳴金珂而響清。”唐李元紘《綠墀怨》：“征馬嘶金珂，嫖姚向北河。”

【瑤珂】

玉珂的美稱。此稱宋代已見。宋柳永《塞孤》：“瑤珂響、起棲烏，金鐙冷、敲殘月。”元周巽《長安道》：“玉階朝覲響瑤珂，儕仗傳呼鳳輦過。”

【驍珂】

即玉珂。此稱宋代已見。宋司馬光《送陝州陳廉秘丞》詩之三：“驍珂通峽響，門戟照秋寒。”

【風珂】

即玉珂。謂風起則珂響。金董解元《西廂記諸宮調》卷三：“嘶風的驕馬弄風珂，雄雄軍勢惡。”

繁纓

亦稱“樊纓”“鞶纓”。綴於馬鞦下的索裙狀裝飾品，以皮革或犛牛尾製成，或爲穗狀。湖南長沙西晉永寧二年墓出土之冠服俑馬胸前

懸有此物。此稱始見於周代。舊注或以繁纓爲鞶帶與靯，或以爲縱橫於馬胸頸間的革帶，其說不一。《周禮・春官・巾車》："玉路，錫，樊纓，十有再就。"鄭玄注："樊，讀如鞶帶之鞶，謂今馬大帶也。鄭司農云：'纓謂當胸。'"《士喪禮》下篇曰："馬纓三就"。禮家説曰："纓，當胸，以削革爲之。三就，三重三匝也。'玄謂纓，今馬鞅。玉路之樊及纓，皆以五采罽飾之，十二就。"賈公彥疏引賈逵、馬融曰："鞶纓，馬飾，在膺前，十有二幣，以毛牛尾罿金塗十二重。"《左傳・成公二年》："既，衛人賞之以邑，辭，請曲縣、繁纓以朝，許之。"漢賈誼《新書・審微》："叔孫于奚者，衛之大夫也。曲縣者，衛君之樂體也；繁纓者，君之駕飾也。"漢蔡邕《獨斷》卷下："繁纓在馬膺前，如索裙。"《釋名・釋車》："鞅，嬰也……其下飾曰樊纓，其形樊樊而上屬纓也。"唐鮑溶《塞上曲》："漢卒馬上老，樊纓空絲繩。"宋蘇軾《司馬溫公行狀》："公言孔子不以名器假人，繁纓以朝，且猶不可，況言近習之臣，非有元勳大勞，而贈以三公之官，給以一品鹵簿，其爲繁纓，不亦大乎！"元盧亘《送侍講學士鄧善之辭官還錢塘》詩之三："五就惜繁纓，九斿載雲罕。"清蒲松齡《聊齋志異・席方平》："而乃繁纓榮戟，徒誇品秩之尊。"

【樊纓】

即繁纓。此稱先秦時期已行用。見該文。

【鞶纓】

即繁纓。此稱漢代已行用。見該文。

【鈎膺】

即繁纓。一説爲馬頷間金飾之革絡與繁纓。《詩・小雅・采芑》："路車有奭，簟茀魚服，鈎膺鞗革。"毛傳："鈎膺，樊纓也。"孔穎達疏："其馬婁頷有鈎，在膺有樊纓之飾。"陳奐傳疏："《小戎》傳：'膺，馬帶也。'纓即馬帶，以革爲之，絲下垂，其上有鈎，金以爲飾。"《文選・張衡〈東京賦〉》："方釳左纛，鈎膺玉瓖。"薛綜注："鈎膺，當胸也。"唐劉禹錫《傷我馬詞》："烈火之具舉，鈎膺之疊舞。"

【鏤膺】

即繁纓。《詩・秦風・小戎》："蒙伐有苑，虎韔鏤膺。"毛傳："膺，馬帶也。"鄭箋："鏤膺，有刻金飾也。"孔穎達疏："此兵車馬帶用力尤多，故用金爲膺飾，取其堅牢。金者，銅鐵皆是，不必要黃金也。且《詩》言金路皆云鈎膺，不作鏤膺，知此鏤膺非金路也。"清蒲松齡《聊齋志異・青鳳》："次日，莫三郎果至，鏤膺虎韔，僕從甚赫。"

纛[1]

馬頭頂上之纓飾。其形如纛，故稱。其下有半圓形底座，座上有高約 20 厘米的銅杆，杆頂飾有纓絡。此稱戰國已見行用。漢蔡邕《獨斷》："凡乘輿，車皆羽蓋、金華爪、黃屋、左纛、金錢、方釳、繁纓、重轂副牽……左纛者，以犛牛尾爲之，大如鬥，在最後左騑馬錢上。"

幩

亦稱"扇汗""排沫"。纏於鑣上之帛帶。馬行則飄，用以扇汗，亦以爲飾。多用於驂馬。先秦已見行用。漢制，天子乘輿用赤色之幩，王公、列侯用絳色，卿以下橘紅色。秦始皇陵二號銅車馬驂馬口邊靠服馬一側有一圓形幩，服馬則無。《詩・衛風・碩人》："四牡有驕，朱幩鑣鑣。"毛傳："幩，飾也。人君以朱纏鑣扇汗，且以爲飾。"陸德明釋文："鑣，馬銜鐵也。

一名扇汗，又曰排沫。"馬瑞辰通釋："幩乃鑣
上之飾，非謂鑣爲扇汗也。《釋文》蓋云‘幩，
一名扇汗，又曰排沫。'今本脱一幩字，遂似誤
以鑣爲扇汗。"《説文·巾部》："幩，馬纏鑣扇
汗也。"段玉裁注："以朱絲繈纏馬衘之上而垂
之，可以因風扇汗，故謂之扇汗，亦名排沫。"
宋蘇軾《雲龍山觀燒》詩："崩騰井陘口，萬馬
皆朱幩。"（參閲《後漢書·輿服志上》）

【扇汗】

　　即幩。此稱唐代已行用。見該文。

【排沫】

　　即幩。此稱唐代已行用。見該文。

玉瓖

　　馬肚帶上的玉玦。此稱始於漢代。帝王車
馬有此飾。《文選·張衡〈東京賦〉》："方釳
左纛，鈎膺玉瓖。"薛綜注："瓖，馬帶，以
玉飾也。"《晉書·輿服志》："五路皆有錫鸞
之飾，和鈴之響，鈎膺玉瓖。"原注："瓖，
馬帶玦名也。"

鞁 ²

　　亦作"鞍"。馬鞍的條飾。此稱漢代已見行
用。《説文·革部》："鞁，綏也。"徐鍇繫傳：
"案：《禮》注，綏纓之飾也。"承培元廣答問
疏證："鞁，綏也，乃馬鞍上（垂）飾，五鞁五
色。鞁，條也。"《廣雅·釋器》："鞁謂之鞘。"
《玉篇·革部》："鞁，鞌邊帶。"《廣韻·平支》：
"鞁，鞍鞘。"《集韻·平脂》："鞁，馬垂鞘。"
又，《灰韻》："鞁，鞌邊帶。或作鞍。"王國維
《觀堂集林·胡服考》："古者鞍有垂飾，名之曰
鞁。"

【鞍】

　　同"鞁²"。此體宋代已行用。見該文。

槽

　　亦作"皁"。喂牲畜食料之器，多以木
製，亦有石製。特指馬槽。先秦已見行用。《莊
子·馬蹄》："連之以羈馽，編之以皁棧，馬之
死者十二三矣。"陸德明釋文："〔皁〕櫪也。一
云槽也。"案，皁通"槽"。《晉書·宣帝紀》：
"〔曹操〕又嘗夢三馬同食一槽。"唐韓愈《雜
説》之四："千里馬常有，而伯樂不常有，故雖
有名馬，辱於奴隸人之手，駢死於槽櫪之間，
不以千里稱也。"

【皁】

　　通"槽"。此體先秦時期已行用。見該文。

【槽櫪】

　　即槽。亦作"皁櫪"。《後漢書·馬援傳》：
"今者歸老，更欲低頭與小兒曹共槽櫪而食，併
肩側身於怨家之朝乎？"唐元結《漫酬賈沔
州》："豈欲皁櫪中，爭食敊與蘪。"

【皁櫪】

　　即槽櫪。此稱漢代當已行用。見該文。

【櫪】

　　即槽。亦稱"棺"。《方言》卷五："櫪，梁、
宋、齊、楚、北燕之間或謂之棺，或謂之皁。"
郭璞注："〔櫪〕養馬器也。"錢繹箋疏："櫪之
言苙也……棺之言宿也。"三國魏曹操《步出夏
門行·龜雖壽》："老驥伏櫪，志在千里。"

【棺】

　　即櫪。此稱漢代已行用。見該文。

【馬櫪】

　　即槽。木製或石製。《史記·建元以來侯者
年表》："〔張章〕寄宿霍氏第舍，臥馬櫪間。"
清杜芥《渡淮》："馬櫪留殘稻，魚腸掛短輈。"
清紀昀《閲微草堂筆記·灤陽消夏録一》："晚

至石門橋，客舍皆滿，唯一小屋，窗臨馬櫪，無肯居者，姑解裝焉。”

【馬槽】

即槽。明李時珍《本草綱目・獸一・馬》：“以豬槽飼馬，石灰泥馬槽，馬汗著門，並令馬落駒。”清俞羨《馬草行》：“家家並日辦馬槽，辦豆更辦剉草刀。”

馬筐

飼馬之器，以編竹、皮革或布製成。漢代已見行用。《説文・竹部》：“筐，食馬器也。”南朝梁慧皎《高僧傳・釋道安》：“前行得人家，門裏有二馬，棌間懸一馬筐，可容一斛。”

【掩囊】

即馬筐。亦作“掩”“掩筐”“嶁筐”“帳”。《方言》卷五：“飼馬橐，自關而西謂之掩囊，或謂之掩筐，或謂之嶁筐，燕、齊之間謂之帳。”

【掩】

即掩囊。此稱漢代已行用。見該文。

【掩筐】

即掩囊。此稱漢代已行用。見該文。

【嶁筐】

即掩囊。此稱漢代已行用。見該文。

【帳】

即掩囊。此稱漢代已行用。見該文。

馬窟

飲馬的積水窟。此稱南北朝時期已見。北周庚信《周大將軍崔説神道碑銘》：“長城馬窟，廣武兵欄。”唐陸龜蒙《早春雪中作吳體寄襲美》：“光填馬窟蓋塞外，勢壓鶴巢偏殿巔。”

馬牀

亦稱“馬棧”。防止馬受濕氣侵襲的木墊。此稱先秦已見。《莊子・馬蹄》：“編之以皁棧。”

唐成玄英疏：“棧，編木爲椗，安馬脚下，以去其濕，所謂馬牀也。”《管子・小問》：“夷吾嘗爲圉人矣，傅馬棧最難。”尹知章注：“謂編次之。棧，馬所立木也。”《戰國策・齊策一》：“章子之母啓，得罪其父，其父殺之而埋馬棧之下。”高誘注：“馬棧，牀也。”清蒲松齡《聊齋志異・馬介甫》：“髥如戟者如是，膽似斗者何人？固不敢於馬棧下斷絶禍胎，又誰能向蠶室中斬除孽本？”

【馬棧】

即馬牀。此稱先秦已行用。見該文。

馬庌

用以養馬的欄舍。此稱先秦已見。後世又有“馬厩”“馬欄”“馬屋”“馬閑”“馬坊”“馬圈”等稱。《周禮・夏官・圉師》：“夏庌馬。”鄭玄注：“庌，廡也，廡所以庇馬凉也。”清惲敬《趙石農》：“敬久官南中，腰脚疲軟，又笨車日行百里，單騎隨車，不必善馬，是以不敢拜惠，能於馬庌中擇一中者見賜，最得力也。”

【馬圈】

即馬庌。劉向《九歎・思古》：“烏獲戚而驂乘兮，燕公操於馬圈。”王逸注：“養馬曰圈。言與多力烏獲同車驂乘，令仁賢邵公執役養馬，失其宜也。”《禪真逸史》第二三回：“寨左右兩邊，一帶長廊、廠屋、馬圈、倉廠。”

【馬厩】

即馬庌。《漢書・公孫弘傳》：“自蔡至慶，丞相府客館丘虛而已，至賀、屈氂時壞以爲馬厩車庫奴婢室矣。”《晉書・王尼傳》：“尼時以給府養馬，輔之等入，遂坐馬厩下，與尼炙羊飲酒，醉飽而去，竟不見護軍。”宋王讜《唐語林・補遺二》：“此是分司竇員外宅，所失驢收在馬厩。”清黄宗羲《李杲堂先生墓銘》：“先生亦驅之定海，縛馬厩中七十日。”

【馬欄】

即馬房。亦作“馬蘭”“馬闌”。漢王充《論衡·吉驗》：“北夷橐離國王侍婢有娠……後產子，捐於豬溷中，豬以口氣嘘之，不死；復徙置馬欄中，欲使馬藉殺之，馬以口氣嘘之，不死。”《後漢書·東夷傳·夫餘國》：“索離國王出行，其侍兒於後妊身……王囚之，後遂生男。王令置於豕牢，豕以口氣嘘之，不死。復徙於馬蘭，亦如之。”李注：“蘭即欄也，”《北史·百濟傳》：“後生男，王置之豕牢，豕以口氣嘘之，不死。後於馬蘭，亦如之。”清屈大均《廣東新語·人語·盜》：“凡山海盜，皆以捉人爲先，勒金取贖，打票爲約期，期過則拷掠燒鉗，備行慘毒。或投之於豕圈馬闌，或屠而肝其肉。

【馬蘭】

即馬欄。此體漢代已行用。見該文。

【馬闌】

即馬欄。此稱清代已行用。見該文。

【馬屋】

即馬房。《後漢書·李燮傳》：“〔甄〕邵當遷爲郡守，會母亡，邵且埋屍於馬屋，先受封，然後發喪。”

【馬閑】

即馬房。《三國志·魏書·東夷傳》：“而夫餘王其中。”裴松之注引《魏略》：“昔北方有高離之國者，其王者侍婢有身，王欲殺之，婢云：‘有氣如雞子來下，我故有身。’後生子，王捐之於溷中，以喙嘘之，至馬闌，馬以氣嘘之，不死。”

【馬坊】

即馬房。《北史·榮毗傳》：“〔晋王〕遣張衡於路次往往置馬坊，以畜牧爲辭，實給私人也。”北魏賈思勰《齊民要術·養牛馬驢騾》：“常繫彌猴於馬坊，令馬不畏，辟惡，消百病也。”明梁辰魚《浣溪沙·行成》：“君請爲臣妻作妾，情願三年住馬坊。”

【馬房】

即馬房。《金瓶梅詞話》第二四回：“因他男子漢答應馬房内臣，他在家跟着人走百病兒去了。”清李緑園《歧路燈》第一二回：“鄧祥在馬房裏哭。兩個爨婦在厨下哭。閻楷在賬房哭。”

【馬圈】

即馬房。《紅樓夢》第四○回：“我們這老婆子，越發該往馬圈去了。”《兒女英雄傳》第二四回：“向南有個箭道，由那一路出去，便是馬圈厨房。”

皁棧

養馬之所。“皁”通“槽”，馬槽。棧，馬床，墊於馬脚下的防濕木板。此稱先秦時期已見行用。《莊子·馬蹄》：“連之以羈，編之以皁棧，馬之死者十二三矣。”唐李商隱《爲賀拔員外上李相公》：“牧駑駘於皁棧之中，刻蚍蜉於樂懸之上。”

馬院

養馬的院落。此稱明代已見。《水滸傳》第三一回：“當下武松入得城來，徑趲去張都監後花園外，却是一個馬院。”

馬柳

拴馬的柱子。此稱見於三國時期。《三國志·蜀書·先主傳》：“督郵以公事到縣，先主求謁，不通，直入縛督郵，杖二百，解綬繫其頸著馬柳，棄官亡命。”《資治通鑑》晋安帝元興三年："〔劉〕裕嘗與刁逵樗蒲，不時輸直，逵縛之馬枊。"胡三省注："枊，漁浪翻，繫馬柱也，又五剛翻。"清錢謙益《天都峰》："絕徑引猿臂，缺寶縛馬枊。"

【馬椿】

即馬枊。拴馬的木椿。此稱見於明代。明戚繼光《練兵實紀》卷一："馬椿一件，草每隊一口。"《六部成語注解·兵部》："棚椿銀：馬棚內釘立馬椿所用之項也。"

乘石

亦稱"踐石"。天子及顯貴登車時所踐的墊腳石。後世上馬用石臺，稱"馬臺"，即此制之遺。此稱先秦時期已見行用。《周禮·夏官·隸僕》："王行，洗乘石。"鄭玄注引鄭眾曰："乘石，王所登上車之石也。《詩》云：'有扁斯石，履之卑兮。'謂上車所登之石。"《戰國策·趙策二》："寡人始行縣，過番吾，當子為子之時，踐石以上者，皆道子之孝。"《淮南子·齊俗訓》："武王既沒，殷民叛之，周公踐東宮，履乘石，攝天子之位。"高誘注："人君升車，有乘石也。"

【踐石】

即乘石。此稱先秦時期已行用。見該文。

馬臺

上馬時供墊腳的石臺，為古乘石之遺。此稱明代已見。《金瓶梅詞話》第六八回："一面牽出大白馬來，搭上替子，兜上嚼環，躧著馬臺，望上一驏，打了一鞭。"（參見本卷《兵車戰船說·戰馬用具考》"乘石"文）

鞭

驅馬之鞭子。以長皮條或繩索縛於竹根或竹竿上製成，至遲於春秋戰國鞭已用於驅馬，但早期之鞭主要用於打人，驅馬多用策。魏晉以後用鞭驅馬之風漸盛。《左傳》宣公十五年："古人有言曰：'雖鞭之長，不及馬腹。'"《說文·革部》："鞭，毆也。"段玉裁注："毆，各本作驅，淺人改也。"唐柳宗元《鞭賈》："馬相踶，因大擊，鞭折而為五六。"宋孫奕《覆齋示兒編·雜記·人物異名》："鞭曰馬筆。"

【馬鞭】

即鞭。《三國志·魏書·袁紹傳》："配聲氣壯烈，終無撓辭，見者莫不先歎息，遂斬之。"裴松之注引《先賢行狀》："是日生縛配，將詣賬下，辛毗等逆以馬鞭擊其頭。"《隋書·李德林傳》："德林從駕還在途中，高祖以馬鞭南指。"《儒林外史》第二一回："左手拿着馬鞭子，右手跧着鬍子。"

【寸節】

即鞭。古時馬鞭之柄多用竹根製成，或以他物，亦刻作竹根狀，寸許一節，故稱。唐戎昱《賦得鐵馬鞭》："馬憐持寸節，長擬靜三邊。"

【珊瑚鞭】

馬鞭的美稱。南朝梁元帝《紫騮馬》："長安美少年，金絡錦連錢。宛轉青絲鞚，照耀珊瑚鞭。"唐岑參《衛節度赤驃馬歌》："紅纓紫韁珊瑚鞭，玉鞍錦韉黃金勒。"五代蜀毛文錫《接賢賓》："少年公子能乘馭，金鑣玉彎瓏璁。為惜珊瑚鞭不下，驕生百步千蹤。"明高明《琵琶記·百宴杏園》："正是紅纓紫韁珊瑚鞭，玉鞍錦籠黃金勒。"

【鞭鞘】

亦作"鞭梢"。鞭子末端之軟性細長物，常以皮條或絲為之，亦借指鞭子。《太平御覽》卷三五九引南朝宋劉義慶《幽明録》："〔韓咎〕還營下馬，覺鞭重，見有緑錦囊，中有短卷書，著鞭鞘，皆不知所從來。"唐韓偓《重游曲江》："惆悵引人還到夜，鞭鞘風冷柳煙輕。"宋周邦彦《滿庭芳·憶錢塘》："花撲鞭鞘，風吹衫袖，馬蹄初趁新裝。"鞘，一本作"梢"。

【鞭梢】

同"鞭鞘"。此體宋代已行用。見該文。

【鞭稍】

同"鞭鞘"。清張先《戴院長神行薊州道》："那夕照中，殘烟裏，這便是古燕城宫闕崔巍。忽刺刺鞭稍轉移，一霎時千山萬水。"

【鞘】

即鞭鞘。《玉篇·革部》："鞘，鞭鞘。"《晋書·苻堅載記下》："長鞘馬鞭擊左股，太歲南行當復虜。"何超音義："鞘，馬鞭頭也。"唐李白《行行且獵》："金鞭拂雪揮鳴鞘，半酣呼鷹出遠郊。"明汪廷訥《彩舟記·親迎》："狀元郎馬控鞭鞘。"

鞭節

有節之馬鞭。此稱唐代已見。唐李賀《夜來樂》："劍崖鞭節青石珠，白騧吹湍凝霜鬚。"王琦彙解："鞭節，謂馬鞭之起節者，其上皆以青石珠飾之。"

絲鞭

絲製之馬鞭。此稱元代已見。元袁桷《次韻郭岩卿》："金吾控騎青絲鞭，夾道動色爭駢肩。"元宫天挺《范張雞黍》第三折："恨不的摔碎我袖裏絲鞭，走乏我坐下驊騮。"

策

亦作"筴"。用以趕馬的竹杖。先秦已見行用。秦始皇陵二號銅車馬有策一件，竹節狀，末端有尖頭。東漢以前，趕馬多用策，以後則用鞭漸多。《禮記·曲禮上》："獻車馬者執策綏。"《韓非子·外儲説右下》："恣欲於馬者，擅轡筴之制也。"《戰國策·趙策三》："齊閔王將之魯，夷維子執策而從。"《説文·竹部》："策，馬箠也。"《新五代史·梁臣傳·牛存節》："〔存節〕舉策而先，士卒隨之。"

【筴】

同"策"。此體先秦時期已行用。見該文。

【馬捶】

即策。亦作"馬箠""馬垂"。亦指馬鞭。《莊子·至樂》："莊子之楚，見空髑髏，髐然有形，撽以馬捶。"《史記·劉敬叔孫通列傳》："太王以狄伐故，去邠，杖馬箠居岐，國人爭之。"宋梅堯臣《依韻和揚州許待制竹挂杖》："鳩形殊用刻，馬箠不同功。"明周楫《西湖二集·會稽道中義士》："馬垂問髐形，南面欲起語。"清和邦額《夜譚隨録·董如彪》："董〔恒〕怒發如雷，馬箠亂下如雨，封頭面皆破，流血滿衣，釋手而退。"

【馬箠】

同"馬捶"。此體漢代已行用。見該文。

【馬垂】

同"馬捶"。此體清代已行用。見該文。

【錯鍜】

即策。頂端有針刺的馬鞭。錯，通"策"。《韓非子·外諸説右下》："鈎飾在前，錯鍜在後。"陳奇猷集釋引松皋圓曰："錯、册宜讀爲策……《列子釋文》引許慎云：'鍜，馬策端有利鋒，所以刺不進也。'"

【鍜】

即策。《淮南子·道應訓》："白公勝慮亂，罷朝而立，倒杖策，鐓上貫頤。"高誘注："策，馬捶，端有針以刺馬謂之鐓，倒杖策，故鐓貫頤也。"又《氾論訓》："今世德益衰，民俗益薄，欲以樸重之法治既弊之民，是猶無鏑銜策鐓而禦奊馬也。"高誘注："鐓，端頭箴也。"

【鐓筴】

即策。明張居正《送大曹長賜谷南先生赴留都考功序》："昔延陵卓子乘蒼龍翟文之乘，前有錯飾，後利同鐓筴"。

【簻】

即策。亦作"悇"。《文選・馬融〈長笛賦〉》："截竹吹之聲，相似，剗其上孔通洞之，裁以當簻便易持。"李善注："簻，馬策也。"《說文・竹部》："箠，所以擊馬也。"又："悇，箠也。"《左傳》文公十三年："乃行繞朝贈之以策。"晉杜預注："策，馬檛。"

【悇】

同"簻"。此體漢代已行用。見該文。

【馬檛】

即策。亦作"馬撾"。《左傳》文公十三年："乃行繞朝贈之以策。"晉杜預注："策，馬檛"。《漢書・張耳陳餘傳》："夫武臣張耳、陳餘，杖馬箠下趙數十城，亦各欲南面而王。"唐顏師古注："箠爲馬檛也。"唐袁郊《甘澤謠・紅綫》："使者以馬檛扣門，非時請見。"宋黃庭堅《寄耿令幾父過新堂邑作酒幾父舊治之地》："勉哉恩愛日，贈言同馬檛。"

【馬撾】

同"馬檛"。此體唐代已行用。見該文。

【馬策】

即策。漢劉向《新序・善謀上》："夫武臣張耳、陳餘杖馬策下趙數十城。"宋秦觀《送李端叔從辟中山》："念君遠行役，中夜憂反側。攬衣起成章，贈以當馬策。"清蒲松齡《嶗山觀海市作歌》："直將長袖捫三臺，馬策欲撾天門開。"

筶

簡易的馬策。隨手折竹而成。此稱見於漢代。《說文・竹部》："筶，抓竹箠也。"段玉裁注："折竹爲箠，箠之便易者也。"

筎

趕羊車所用的馬策。其末端有鐵針，可刺馬促行。此稱漢代已見行用。《說文・竹部》："筎，羊車驅箠也。著箴其耑，長半分。"段玉裁注："驅箠者，禦車之馬箠也……善飾之車駕之以犢，馳驟不揮鞭策，惟用箴刺而促之。"

馬棒

打馬的短棍。《官場現形記》第三一回："他說外國話，標下也學着說外國話對答他，沒有說錯甚麼。他搶過馬棒，就是一頓。"

馬竿

套馬杆。清阮葵生《茶餘客話》卷一三："馬竿，生駒未就羈勒，放逸不可致，以長竿繫繩縻致之，蒙古最熟其伎。"

鞭策

亦作"鞭筴"。鞭、策的合稱。《禮記・曲禮上》："乘路馬，必朝服，載鞭策，不敢授綏。"《莊子・馬蹄》："前有橛飾之患，而後有鞭筴之威。"成玄英疏："帶皮曰鞭，無皮曰筴，俱是馬杖也。"唐李白《日出入行》："誰揮鞭策驅四運，萬物興歇皆自然。"清劉鶚《〈老殘游記〉自叙》："馬與牛，終歲勤苦，食不過芻秣，與鞭策相終始，可謂辛苦矣。"

第三節　戰船考

戰船亦稱"兵船"，指水師（海軍）使用、直接參加水上作戰行動之一切艦船。在古代、近代，戰船就其結構動力言，有人力推進爲主之木槳船、車船，風力推進爲主之木帆船與蒸汽推進之鐵甲艦等。就其裝備、作戰方式言，有裝備冷兵器、以接舷戰爲主之戰船，裝備混合火藥、以接舷戰及近距離銃炮戰爲主之艦船，裝備化合火藥火炮、魚雷等，以炮戰爲主之艦艇。船舶大規模用於戰争，始自商末。《太平御覽》卷七六八引《太公六韜》："武王伐殷，先出於河，吕尚爲後，將以四十七艘船濟於河。"但尚非專用於水戰之戰船。春秋戰國，水戰日多，適於水戰，高、快而堅之戰船應運而生。通説爲伍子胥首創，另説爲公輸般首創。唐李筌《神機制敵太白陰經》："水戰之具，始於伍員製之。"清汪汲《事物原會》卷二九："《墨子》：公輸般自魯之楚，爲舟戰之具，謂之鈎拒，此戰船之始也。"按，《墨子·魯問》載："公輸子自魯南游楚，焉始爲舟戰之器，作爲鈎拒之備，退者鈎之，進者拒之。"今人多認爲鈎拒係兩頭帶鈎的兵器。先秦戰船初創，種類尚少，主要有"三翼""冒突""戈船"等。秦漢時期，造船技術有所發展：鐵釘連接，油灰撚縫，并使用櫓、帆、舵、碇。船體結構及推進能力大爲提高：出現帶有防護設施之"艨衝""鬭艦"，航行快速之"赤馬""走舸"，并有據任務命名之"先登""斥候"等（見漢·劉熙《釋名·釋船》）。三國兩晋南北朝時期，水戰頻繁，戰船性能與種類進一步提高及增多。已有"戰船"之名稱。三國魏曹操《戰船令》："鼓三通鳴，大小戰船以次發。"《晋書·文帝紀》："略計取吴，作戰船，通水道。"出現"受二千餘人"之大型"連舫"，"兩邊悉八十棹"之快船"鶻舸"及安有砸擊兵器拍竿之重型"拍艦"。

隨至明代前期，戰船技術日趨成熟，達於鼎盛：指南針普遍使用於導航，水密隔艙、平衡縱帆及升降舵等先進技術與船具亦廣泛應用於戰船。新型戰船主要有：設有浮板、耐波性良好之"海鶻"，使用輪槳、速度較快且受風向流向影響較小之"車船"，頭部裝有鐵甲及鏵狀衝角之"鐵壁鏵嘴船"，以及"巨無與敵"之寶船等，并已開始裝備混合火藥火器，戰船作戰能力及作戰範圍更爲提高及擴大。明中葉禦倭戰争期間，火器大量使用於水戰，成爲戰船主要兵器，爲適應水戰要求，出現許多專用戰船："兩頭裝舵"之"兩頭船"，便於發揚斜射火力、夾擊敵船之"鴛鴦槳"，便於火攻之"子母舟""聯環舟"，設有翻板、伏兵殲敵之"火龍船"，目標低矮、專事擊穿敵船之"破船舸"，以及裝有鐵甲之

"艦"等。中國戰船在類型、性能、數量及水戰兵器品質等方面均處於世界先進水平。之後，因政治、經濟等原因，固步自封，逐漸落後於西方。雖然明何良臣《陣紀》記有戰船之名達五十種，《大清會典》記有清中期戰船之名達九十六種，但船體結構及性能等各方面較前并無明顯發展，甚至有所下降。鴉片戰爭後，震驚於英之"船堅炮利"，道光帝開始提出"海防事宜，總以造船製炮爲要"（見《籌辦夷務始末·道光朝》）。但如何造船，曾進行多方嘗試，終於找到"師夷之長技以制夷"之路，在購買外國艦船的同時，設局自製近代艦艇、兵船，一度頗有成效。參閱明茅元儀《武備志·戰船》、清魏源《海國圖志·籌海總論》、唐志拔《中國艦船史》。

兵　船

兵船

水上作戰之載體。即戰船。春秋時已行用。作爲名稱三國時稱戰船，約於唐代始稱"兵船"。《舊唐書·劉仁軌傳》："然後分兵據險，開張形勢，飛表聞上，更請兵船。"

三翼

春秋吳越兩國水軍中之三種戰船：大型者名大翼，中型者名中翼，小型者名小翼，合稱三翼。《文選·張協〈七命〉》："爾乃浮三翼。"李賢注引漢袁康《越絕書·伍子胥〈水戰兵法〉》曰："大翼一艘，長十丈；中翼一艘，長九丈六尺；小翼一艘，長九丈。"因兵法係吳將伍子胥撰，故多認爲三翼僅爲吳之戰船。但《初學記》引爲"越爲大翼、中翼、小翼，爲船軍戰"；宋吳淑《事類賦·注》亦引爲"越爲大翼、中翼、小翼之船以水戰"。似越亦有三翼之制。吳越俱處水鄉，皆爲"以船爲車，以楫爲馬"，"一日不能廢舟楫"之國，并均有悠久的造船歷史及大型建造、修理戰船的"船宮"。漢袁康《越絕書》卷二："溪城者，闔閭所置船宮也。"又卷八："舟室者，鈎踐船宮也。"而且兩國俱以水軍爲主要兵種。因而越有三翼之説可信。又，《太平御覽》卷三一五引爲"大翼一艘，廣丈六尺，長十二丈。"宋洪邁《容齋四筆》引爲"小翼一艘，廣一丈二尺，長五丈六尺。"明羅頎《物原》記爲"中翼廣一丈三尺，長七丈，小翼廣一丈二尺，長五丈六尺。"與李賢注有所不同。

大翼

春秋吳越水軍中之大型主力戰船。定制九十一人，船體狹長，槳手衆多，航速較快。《太平御覽》卷三一五引《越絕書·伍子胥〈水戰兵法〉》："大翼一艘廣丈六尺，長十二丈，容戰士二十六人，櫂〔手〕五十人，舳艫〔手〕三人，操長鈎矛、斧者（各）四，吏、僕、射、長各一人，凡九十一人。當用張鈎矛、長斧各四，弩各三十二，矢三千三百，甲、兜鍪各三十二。"據船之尺寸、乘員人數、戰鬥需要及當時已有樓船等條件判斷，再證之以 1935 年河南衞輝山彪鎮和 1965 年四川成都百花潭中學出土戰國銅鑒、銅壺上之水戰圖，大翼應爲兩層，下層爲操船水手，上層爲戰鬥人員。或説，大翼廣一丈五尺二寸，長十丈（見《文選・顔延之〈侍游曲阿後湖〉》李賢注）。（參見本卷《兵車戰船説・戰船考》"舟師""三翼"文）

中翼

春秋吳越水軍之中型戰船。《文選・顔延之〈侍游曲阿後湖〉》李賢注引漢袁康《越絶書・伍子胥〈水戰兵法内經〉》曰："中翼一艘，廣一丈三尺五寸，長五丈六尺；小翼一艘，廣一丈二尺，長九丈。"中翼與小翼長度顯然有誤。《文選・張協〈七命〉》李賢注引爲"中翼一艘長九丈六尺"是。一説中翼廣一丈三尺、長七丈。（參見本卷《兵車戰船説・戰船考》"舟師""三翼"文）

小翼

春秋吳越水軍中之小型戰船。宋洪邁《容齋四筆》引漢袁康《越絶書・伍子胥〈水戰兵法〉》："小翼一艘，廣一丈二尺，長五丈六尺。"明羅頎《物原》説同。但唐李賢注《文選・張協〈七命〉》引爲"小翼一艘長九丈"。（參見本卷《兵車戰船説・戰船考》"舟師""三翼"文）

突冒

亦稱"冒突""没突艦"。古代攻擊型戰船。船體牢固，速度較快，船首裝有突出之堅硬衝角。戰則以高速之衝擊撞毁敵船。春秋吳國已有之。《太平御覽》卷七七〇引漢袁康《越絶書・伍子胥〈水戰兵法〉》："闔閭見子胥，敢問船軍之備如何？對曰：船名大翼、小翼、突冒……突冒者當陵（陸）軍之衝車。"《後漢書・岑彭傳》："公孫述……横江水起浮橋、關樓，立欑柱絶水道，結營山上，以拒漢兵。彭數攻之不利，於是裝直進樓船、冒突、露橈數千艘。"李賢注："冒突，取其觸冒而唐突也。"《爾雅》所釋與此同。《南史・裴邃傳》："五年，征邵陽州。魏人爲長橋斷淮以濟，邃築壘逼橋，每戰輒尅。於是密作没突艦，會甚雨，淮水暴溢，遂乘艦經造橋側進擊，大破之。"（參閲《陳書・侯瑱傳》）

【冒突】

即突冒。此稱漢代已行用。見該文。

【没突艦】

即突冒。此稱南北朝時期已行用。見該文。

橋船

亦稱"篙船"。春秋吳國水軍中之輕型戰船。體積小，速度快，宜於突襲、追擊。船上裝備有篙，通常在下端包以鐵質尖頭，有的并裝有鐵鈎，形如鈎拒，既可用以撐船，又可作爲接舷戰之兵器。《太平御覽》卷七七〇引漢袁康《越絶書・伍子胥〈水戰兵法〉》："船名大翼、小翼、突冒、樓船、橋船……橋船者，當陵（陸）軍之輕足驃騎也。"唐虞世南《北堂書鈔》卷一三八引此書，橋船作篙船。（參見本卷《兵車戰船説・戰船考》"舟師"文）

【篙船】

即橋船。此稱唐代已行用。見該文。

戈船

古代戰船之一種。始見於春秋越國。漢袁康《越絶書・記地傳》、漢趙曄《吳越春秋・句踐伐吳外傳》，均記有越王句踐滅吳後，"霸於關東"，遷都琅琊，有"死士八千人，戈船三百艘"。漢代有戈船將軍之職。《漢書・武帝紀》：

"歸義越侯嚴爲戈船將軍。"張晏注戈船："越人於水中負人船,又有蛟龍之害,故置戈於船下,因以爲名也。"顏師古注亦認爲"船下安戟以禦蛟黿水蟲之害"。但顏師古引臣瓚注："伍子胥書有戈船,以載干戈,因謂之戈船也。"漢劉歆《西京雜記》卷六亦稱:"戈船,上建戈矛,四角悉垂幡毦旍葆麾蓋。"宋祁注:"戈船今有之,設干戈於船上以禦敵也。"此時,戈船已逐漸演化爲一般戰船之泛稱。《宋史·虞允文傳》記采石之戰:"允文乃命諸將列大陣不動,分戈船爲五:其二並東西岸而行,其一駐中流,藏精兵待敵,其二藏小港,備不測。"(參閱宋王觀國《學林三·戈船》)

樓船

古代大型主力戰船。因建有重樓,故稱。通常作爲指揮艦,主將居之。配備多種兵器,可容兵員數十或數百。春秋吳國已有之。《太平御覽》卷七七〇引漢袁康《越絕書·伍子胥〈水戰兵法〉》:"船名大翼……樓船……樓船者當陵(陸)軍之樓車。"《史記·平準書》:"越欲與漢用船戰逐,乃大修昆明池,列觀環之。

樓船
(明王圻等《三才圖會》)

治樓船高十餘丈,旗幟加其上,甚壯。"《通典·兵十三》:"樓船,船上建樓三重,列女墻、戰格,樹幡幟,開弩窗、矛穴,置抛車、壘石、鐵汁,狀如城壘。"直至明中葉前,樓船仍爲水軍之主力戰船,如福船、廣船,均屬樓船。但由於火炮破壞力不斷提高,明代晚期以後,戰船高度,已遠不如前,樓船之名,亦極少再用。(參見本卷《兵車戰船説·戰船考》"戰船"文,參閱宋曾公亮《武經總要前集·戰船》、明茅元儀《武備志·戰船》。)

餘皇

亦作"艅艎"。春秋吳國水軍之指揮船。《左傳·昭公十七年》:"吳伐楚……戰于長岸,子魚先死,楚師繼之,大敗吳師,獲其乘舟餘皇。"《文選·郭璞〈江賦〉》:"漂飛雲,運艅艎。"晋葛洪《抱朴子·博喻》:"艅艎鷁首,涉川之良器也。"

【艅艎】

同"餘皇"。此體晋第已行用。見該文。

艦

亦稱"鬭艦""戰艦"。古代有防護及戰鬥設施的大型戰艦。始用於漢,至晚清爲近代軍艦所取代。《釋名·釋船》:"上下重板(一作牀)曰艦,四方施板以禦矢石,其内如牢檻也。"《三國志·吳書·周瑜傳》:"劉表治水

鬭艦
(宋曾公亮《武經總要前集》)

軍，蒙衝鬪艦，乃以千數。"《晋書·謝琰傳》："琰軍魚貫而前，賊於艦中傍射之，前後斷絕。"又《楊佺期傳》："佺期率殷道護等精鋭萬人，乘艦出戰，玄（桓玄）拒之，不得進。佺期乃率其麾下數十艦，直濟江。"唐李筌《神機制敵太白陰經·水戰具》："戰艦，船舷上設女牆半身，牆下開掣棹孔，舷五尺，又建棚與女牆齊。棚上又建女牆，重列戰格，入無覆背。前後左右樹牙旗、幡幟、金鼓。"戰艦一般不設桅帆，以槳、櫓或輪槳驅動。《宋史·虞允文傳》："允文謂遇風則使戰船，無風則使戰艦。數少恐不足用，遂聚材冶鐵，改修馬船爲戰艦。"隨着火器的發展，元末出現以鐵皮加强防護板的戰船。《明史·陳友諒傳》："〔戰船〕數百艘，艣箱皆裹以鐵。"舊題明宋濂《篇海類編·器用類·舟部》："艣，大船。"當係鐵甲艦之先聲。

【鬪艦】

即艦。此稱漢代已行用。見該文。

【戰艦】

即艦。此稱與"艦"間用。見該文。

艨衝

亦作"蒙衝""艨艟"。古代水軍中之攻擊型輕快戰船。船體狹長，航速較快，并有一定防護設施，主要用於衝鋒、突襲。此船始用於

蒙衝
（明王圻等《三才圖會》）

漢代。《釋名·釋船》："外狹而長曰艨衝，以衝突敵船也。"東漢末期，已成爲水軍主要戰船，所占比例極大；因其輕快，有時亦用以縱火。《三國志·吴書·周瑜傳》："劉表治水軍，蒙衝鬪艦，乃以千數。"又，"〔黄蓋〕乃取蒙衝鬪艦數十艘，實以薪草，膏油灌其中，裹以帷幕，上建牙旗，先書報曹公，欺以欲降……蓋放諸船，同時發火。時風盛猛，悉延燒岸上營落。頃之，煙炎張天，人馬燒溺死者甚衆，〔曹〕軍遂敗退。"《舊五代史·賀瓌傳》："以艨艟戰艦阨其中流，晋人斷我艨艟，濟軍以援南柵，瓌退軍於行臺。"《通典·兵十三》："蒙衝，以生牛皮蒙船覆背，兩廂開掣棹孔，前後左右有弩窗、矛穴，敵不得近，矢石不能敗，此不同大船，務於速疾，乘人之不及。"

【艨艟】

同"艨衝"。此體漢代已行用。見該文。

【蒙衝】

同"艨衝"。此體三國時期已行用。見該文。

斥候[1]

漢代水軍中之偵察船。甲板上建有木屋，僞裝爲民船，游弋或停泊在敵軍所在與可能到來之處，偵察敵情或警戒放哨。此稱僅見於漢，因與陸軍宿營、行軍時所派出之偵察組同名，故後漸廢。《釋名·釋船》："五百斛以上，環有小屋曰斥候，以視敵進退也。"

先登

漢代水軍中之快速衝鋒戰船。水戰時列於船隊最前，先行衝入敵船陣中或登上敵船，進行白刃格鬪。《釋名·釋船》："軍行在前曰先登，登之先向敵陣也。"先登亦可用以偵察、放哨。

赤馬

漢代水軍中之小型快速戰船。因船體赤色，疾如奔馬，故稱。通常集群使用，與艨衝、先登等協同作戰。《釋名·釋船》："輕疾者曰赤馬，其體正赤，疾如馬也。"

露橈

四周有防護設施之戰船。因橈手位於防護板內，船橈伸露於兩舷護板圓孔之外，故稱。此稱主要見於漢代。《後漢書·岑彭傳》："公孫述……橫江水起浮橋、鬬樓，立欑柱絕水道，結營山上，以拒漢兵。彭數攻之不利，於是裝直進樓船、冒突、露橈數千艘。"李賢注："橈，小楫也……露橈，謂露楫在外，人在船中。"20世紀60年代初，湖南長沙曾出土一漢代木船模型，船形細長，頭部較窄，尾部稍寬，中部最寬，船底呈圓弧形，兩側有較高的防護舷板，舷板上有圓孔，由圓孔中伸出十六支木槳，尾部有槳代舵。槳手應在護板內操槳。當係漢露橈之一種。

舴艋

古代水軍中之小型快艇。此稱始見於三國，原指小船。《廣雅·釋水》："舴艋，舟也。"王念孫疏證："《玉篇》：'舴艋，小船也。'小舟謂之舴艋，小蝗謂之蚱蜢，義相近也。"晋後，水軍中之小型快艇，亦稱之爲舴艋。《陳書·周文育傳》："〔文育〕反攻嗣徽，嗣徽驍將鮑砰獨以小艦殿軍。文育乘單舴艋與戰，跳入艦，斬砰，仍牽其艦而還……官軍船少，孝頃有舴艋三百艘，艦百餘乘在上牢，文育遣軍主焦僧度，羊朱潛軍襲之，悉取而歸。"《隋書·楊素傳》："素居永安，造大艦名曰五牙……次曰黃龍，置兵百人，自餘平乘舴艋舟各有差。"

油船

三國魏水軍中有防護設施之輕型戰船。四周圍以牛皮防護甲，爲防止乾裂或變脆，甲上塗有桐油。《三國志·吳書·孫權傳》："〔建安〕十八年正月，曹公攻濡須。"南朝宋裴松之注引《吳曆》曰："曹公出濡須，作油船，夜渡洲上。權以水軍圍取，得三千人，其没溺者亦數千人。"又《朱桓傳》："〔曹〕仁果遣其子泰攻濡須城，分遣將軍常雕督諸葛虔、王雙等，乘油船別襲中洲……桓部兵將攻取油船……〔曹軍〕死千餘人。"又《魏書·夏侯尚傳》："權將諸葛瑾與尚對江，瑾渡入江中渚，而分水軍於江中。尚夜多持油船，將步騎萬餘人，於下流潛渡，攻瑾諸軍。"

走舸

古代水軍中有一定防護能力的小型快速戰船。主要用於突襲及作爲應急預備隊。《三國志·吳書·周瑜傳》："乃取蒙衝鬬艦數十艘……又豫備走舸，各繫大船後，因引次俱前。"唐李筌《神機制敵太白陰經·水戰具》："走舸，亦如戰船，舷上安重牆。棹夫多，戰

走舸
（明王圻等《三才圖會》）

卒少，皆選勇士精鋭者充。往返如飛，乘人之不及，兼非常救急之用。”（參閲《通典·兵十三》、宋曾公亮《武經總要前集·戰船》）

火船

亦稱“火舫”“火艦”“火油機”“火舟”。古代火攻用戰船。赤壁之戰，吳軍火燒曹軍戰船護勝後，火攻成爲水戰慣用戰法。《魏書·孝莊帝紀》：“乙卯，通直散騎常侍、假平西將軍、都督李苗，以火船焚河橋，爾朱世隆退走。”《陳書·徐世譜傳》：“侯景之亂……領水軍從司徒陸法和討景，與景戰於赤亭湖。時景軍甚盛，世譜乃別造樓船、拍艦、火舫、水車，以益軍勢。”火船多爲專用於火攻之特種戰船，通常以輕快戰船，載柴草油膏等易燃品，因風縱火。《南史·王僧辯傳》記其與侯景巴陵之戰：“賊復攻城不剋，又爲火艦燒栅，風不便，自焚而退。”《梁書·王僧辯傳》記此役：“賊又於艦上豎木桔槔，聚茅置火，以燒水栅，風勢不利，自焚而退。”宋馬令《南唐書·後主本紀》，記宋滅南唐之戰：“〔朱〕令贇先創巨舟，實葭葦，灌膏油，欲順風縱火，謂之火油機。至此勢蹙，乃以火油機前拒，而反風回煽，自焚，

火船
（清年羹堯《治平勝算全書》）

大筏，水陸諸軍不戰而潰。”以火船進行火攻的作戰增多後，反火船的戰法亦隨之發展。《資治通鑑·唐肅宗乾元二年》記安史之亂中河陽之戰：“思明怒，列戰船數百艘，泛火船於前而隨之，欲乘流燒浮橋。光弼先貯百尺竿數百枚，以巨木承其根，氈裹鐵叉置首，以迎火船而叉之，船不得進，須臾自焚盡。”《宋史·衛王紀》記崖山之戰：“〔元軍〕又以舟載茅，沃以膏脂，乘風縱火焚之。〔宋軍〕艦皆塗泥，縛長木以拒火舟，火不能蓺。”

【火舫】

即火船。此稱南北朝時期已行用。見該文。

【火艦】

即火船。此稱南北朝時期已行用。見該文。

【火油機】

即火船。此稱五代時期已行用。見該文。

【火舟】

即火船。此稱宋代已行用。見該文。

艨艟

亦作“艒䑽”“艨艘”。原係民間商船。《集韻·平侯》：“艒，《博雅》：艒䑽，舟也。”三國時曾作爲軍用運船。吳將呂蒙用以偷襲荆州。《三國志·吳書·呂蒙傳》：“蒙至潯陽，盡伏其精兵艨艟中，使白衣摇櫓，作商賈人服，晝夜兼行，至〔關〕羽所置江邊屯候，盡收縛之。”元王逢《無題》詩之三：“白衣艨艟渡吳兵，赤羽旌旗奪趙營。”明楊慎《祭玉壘王舜卿文》：“聯艨艘於潞水。”

【艒䑽】

同“艨艟”。此體隋代已行用。見該文。

【艨艘】

同“艨艟”。此體宋代已行用。見該文。

舫船

省稱“舫”。左右并列相連之雙體戰船。始見於戰國。《戰國策·楚策一》：“舫船載卒，一舫載五十人與三月之糧，下水而浮，一日行三百餘里。”鮑彪注：“舫，併船也。”《太平御覽》卷七七〇引晋王隱《晋書·顧榮傳》：“遂解舫爲單舸，一日一夜行五六百里。”《資治通鑑·陳宣帝太建十年》：“周兵益至，諸將議破堰拔軍，以舫載馬而去。”1975年山東平度郊區澤河東岸出土一艘隋代沉船。船體下部由兩舟組成，兩舟間以方形木連接，木上鋪板，形成整體。可證“舫，併船也”之釋確實。舫船雙體併聯，耐波性及穩性良好，但靈活性有所降低，適於軍運，當係現代雙體船之始祖。

【舫】

“舫船”之省稱。此稱隋代前已行用。見該文。

連舫

亦稱“大舫”。多船併聯組成之大型戰船。由舫船發展而來，多見於兩晋南北朝。《晋書·王濬傳》：“武帝謀伐吳，詔濬修舟艦。濬乃作大船連舫，方百二十步，受兩千餘人。以木爲城，起樓櫓，開四出門，其上皆得馳馬往來……舟楫之盛，自古未有。”《南史·孫瑒傳》：“及出鎮郢州，乃合十餘船爲大舫，於中立亭池，植荷芰。”（參見本卷《兵車戰船說·戰船考》“舫船”文）

【大舫】

即連舫。此稱南朝時期已行用。見該文。

青龍艦

省稱“青龍”。南朝陳水軍之大型戰艦。高十五丈，四周均圍以牛皮護甲。原爲陸納創製。

《南史·王僧辯傳》：“初，納造大艦，一名三王艦……又造二艦，一曰青龍艦，一曰白虎艦，皆衣以牛皮，並高十五丈。”陳立國後，大量製造此種戰艦，皆名之爲青龍，遂成爲陳水軍中之主要戰船。《南史·程靈洗傳》：“王琳前軍東下，靈洗於南陵破之。虜其兵士，並獲青龍十餘乘。”又《樊猛傳》：“時猛與左衛將軍蔣元遜領青龍八十艘爲水軍，於白下游奕，以禦隋六合兵。”《隋書·楊素傳》：“〔隋〕大舉伐陳，以素爲行軍元帥，引舟師趣三硤。軍至流頭灘，陳將戚欣以青龍百餘艘，屯兵數千人守狼尾灘，以遏軍路。”

【青龍】

“青龍艦”之省稱。此稱南北朝時期已行用。見該文。

金翅

南朝陳水軍之戰艦。《陳書·程文季傳》：“〔文季〕出爲臨海太守，尋乘金翅助父鎮郢城。”又《華皎傳》：“文帝以湘州出杉木舟，使皎營造大艦金翅等二百餘艘，欲以入漢及硤。”《南史·樊毅傳》：“京口、采石，俱是要所，各須銳卒數千，金翅二百，都下江中，上下防捍。”

皮艦

古代水軍中有一定防護能力的輕型戰艦。因以牛皮爲船之護甲，故稱。此稱始見於南北朝。《宋書·張興世傳》：“司徒建安王休仁慮賊並力更攻錢谿，欲分其形勢，命沈攸之、吳喜、佼長生、劉靈遺等以皮艦二十，攻賊濃湖，苦戰連日，斬獲千數。”《資治通鑑·宋明帝泰始二年》：“沈攸之、吳喜等以皮艦進攻濃湖，斬獲數千。”胡三省注：“以牛皮冒艦以禦矢石，因謂之皮艦。"

鵃舼

亦稱"水哨馬"。南朝水軍中快速戰船。船體細長，每船有槳八十（一説一百六十），爲古代人力劃槳航速最快之戰船。《集韻·上筱》："鵃，鵃舼，船長兒。"《正字通·舟部》："鵃，船小而長者曰鵃舼。"《梁書·王僧辯傳》："及王師次於南州，賊帥侯子鑒等率步騎萬餘人於岸挑戰，又以鵃舼千艘並載士，兩邊悉八十棹，棹手皆越人，去來趣襲，捷過風電。"《資治通鑑·梁元帝承聖元年》："又以鵃千艘載戰士。"胡三省注：《類篇》曰：'鵃舼，船長貌。'……蓋今之水哨馬即其類。"

【水哨馬】

即鵃舼。此稱元代已行用。見該文。

拍艦

古代水軍中裝有拍竿之重型戰艦。船體高大，通常爲樓船，以便居高臨下運用拍竿砸擊敵艦船。創始於南北朝，盛行於唐宋；元明以後，重型火炮廣泛使用於水戰，拍艦遂廢。《陳書·徐世譜傳》："尋領水軍，從司徒陸法和討景，與景戰於赤亭湖。時景軍甚盛，世譜乃別造樓船、拍艦、火舫、水車，以益軍勢。"又《章昭達傳》："歐陽紇據有嶺南反，詔昭達都督衆軍討之……紇聞昭達奄至，惶擾不知所爲，乃出頓洭口，多聚沙石，盛以竹籠，置於水柵之外，用遏舟艦。昭達居其上流，裝艫造拍以臨賊柵……賊衆大敗，因而擒紇送於京師，廣州平。"（參見本卷《兵車戰船説·戰船考》"拍竿"文）

舸艦

南朝水軍中之戰船。《南史·梁武帝紀上》："〔蕭衍〕以十一月乙巳召僚佐集於聽事，告以

舉兵。是日建牙，出檀溪竹木裝舸艦，旬日大辦。"

舸艊

南朝水軍戰船。《南齊書·王敬則傳》："敬則與羽林監陳顯達、甯朔將軍高道慶乘舸艊於江中迎戰，大破賊水軍，焚其舟艦。"

五牙艦

省稱"五牙"。隋軍爲攻陳而特造之重型戰艦。因起五層之樓，故稱。《隋書·楊素傳》："素居永安，造大艦，名曰五牙，上起樓五層，高百餘尺，左右前後置六拍竿，並高五十尺。容戰士八百人。旗幟加於上……素遣巴蜑卒千人，乘五牙四艘，以柏檣碎賊十餘艦，遂大破之，俘甲士二千餘人。"宋曾公亮《武經總經前集·水攻·戰船》"隋高祖命楊素伐陳，自信州下峽造大艦，名五牙艦。上起樓五層，高一百餘尺……"（參閲明董斯張《廣博物志》卷四○）

【五牙】

"五牙艦"之省稱。此稱隋代已行用。見該文。

黃龍

隋代水軍中之中型戰船。《隋書·楊素傳》："素居永安，造大艦，名曰五牙……次曰黃龍，置兵百人……素親率黃龍數千艘，銜枚而下。"又《煬帝紀上》："〔大業元年三月庚申〕遣黃門侍郎王弘，上儀同于士澄往江南采木，造龍舟、鳳艒、黃龍、赤艦、樓船等數萬艘。"

車船

亦稱"車輪舸"。古代水軍中以輪形槳驅動之戰船。兩舷裝有貫軸之轉輪，輪上有葉片若干。人踏軸上踏板，則輪轉動，葉片隨之撥水，推動戰船前進。由於輪形槳爲連續推動，較之

槳櫓之間歇推動功效增大，因之航速大爲提高，且受風向、流向限制較小，係由人力向機械推進轉變之第一步。《南齊書·祖冲之傳》記其"造千里船，於新亭江試之，日行百餘里"。《陳書·徐世譜傳》記其與侯景作戰時曾"造樓船、拍艦、火舫、水車以益軍勢"。不少學者認爲"千里船""水車"即爲車船。由於中國水力機械發明甚早，東漢初杜詩已製"水排"，北魏崔亮曾製水輾（見《後漢書·杜詩傳》《魏書·杜詩傳》）。而祖冲之又於製千里船同時造"水碓磨"，皆爲利用水力激使輪轉，因而有係車船之可能。但畢竟僅爲推論，尚無確證。唐襄州刺史、山東道節度使李皋，"嘗運心巧思爲戰艦，挾二輪蹈之，翔風鼓浪，疾若掛帆席"（見《舊唐書·李皋傳》），確爲輪形槳驅動之車船。至南宋，車船逐漸成爲水軍之主力戰艦，形制亦較唐有所發展。知無爲軍王彥恢所造"飛虎戰艦，旁設四輪，每輪八楫（葉片），四人旋幹，日行千里"（見宋李心傳《建炎以來繫年要録》卷五六）。湖南安撫使李綱"創造戰艦數十艘，上下三層，挾以車輪，鼓蹈而前"（宋李綱《梁溪集》卷二九）可見此時車船已發展爲四輪樓船。此後，車船大量裝備於水軍，且船體日趨龐大，宋軍爲攻洞庭湖之楊么軍，"打造八車（輪）船樣一隻，數日並工而成，令人夫踏車於江流，上下往來，極爲快利。船兩邊有護車板，不見其車，但見船行如龍，觀者以爲神異。乃漸增廣車數，至造二十至二十三車（左右兩輪爲一車）大船，能載戰士二三百人"（見宋岳珂《金佗續編》卷二五）。楊么軍車船"每隻長一百步，底闊三丈，高三丈五尺，板厚七寸"（見《金佗續編》卷五）。宋軍"亦仿賊車船而

增大，有長三十六丈，廣四丈一尺，高七丈二尺五寸"（見宋陸游《老學庵筆記》卷一）。但由於槳輪大而軸上足踏之輪小，力臂小於重臂，踏船費力，故利於小船而不利於大船。宋孝宗淳熙八年宋軍造八車船已感"重滯不堪行使"，孝宗下詔改造七車、六車、五車（參見《宋會要輯稿》卷五〇）。至明代，四輪車船成爲定制，并裝備火器，稱之爲"車輪舸"或"四輪舸"。明唐順之《武編前卷六·舟》記其形制及戰法："此舸長四丈二尺，闊一丈三尺，外虛邊框各一尺，空內安四輪，輪則入水約一尺許。軸在艙內，令人轉動，其行如飛。船前平頭長八尺，中艙長二丈七尺，後尾長七尺爲舵樓。艙上居中，通前徹後，用一大樑。蓋板自兩邊伏下，每一塊長五尺，闊二尺，下安轉軸如吊窗樣。臨敵，先從內裏放神砂、神箭、神火等器，彼不能見人，亦不用篷檣棹櫓。賊勢少弱，我軍一齊掀開船板，立於兩邊，即同旁牌。牌與艙俱用生牛皮張裹。人立於內抛火毬，放標鎗，使鈎拒，捍套索等器。"爲節省人力并使之適於遠航，明中期後改爲輪、帆兼用。清魏源

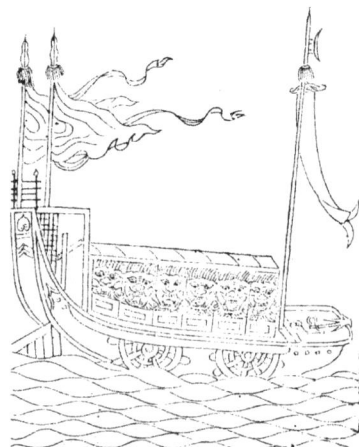

車輪舸
（明茅元儀《武備志》）

《聖武記》卷一四："八輪船，厚板五槽，中有八輪，其上三桅，舵樓後峋，順風使帆，逆風轉輪。"直至清末，東南地區仍偶有用者。（參閲明茅元儀《武備志·戰船》）

【車輪舸】

即車船。此稱明代已行用。見該文。

海鶻

古代水軍中防浪性能良好之江海兩用戰船。因形似翱翔於海上之鶻鳥，故稱。船舷兩側，下置浮板，能在風浪中增加水之阻力，起减輕

海鶻
（清年龔堯《治平勝算全書》）

摇擺作用。此船唐時已有之。《通典·兵十三》："海鶻，頭低尾高，前大後小，如鶻之狀。舷下左右置浮板，形如鶻翅翼，以助其船。雖風濤漲天，免有傾側覆。背上左右張生牛皮爲城，牙旗金鼓如常法，此江海之中戰船也。"據宋文獻載，船長十丈，寬一丈八尺，深八尺五寸，底窄，寬僅四尺，兩舷設櫓及輪，可載戰士一百零八人，船上水手二十四人。參閲《宋會要輯稿·食貨》。

游艇

古代水軍中之小型快艇，主要用以偵察、通訊、游弋警戒，偶爾亦用之奇襲。此稱多見

游艇
（清年龔堯《治平勝算全書》）

於唐宋。唐李筌《神機制敵太白陰經·水戰具》："游艇，小艇，以備探候。無女牆，舷上檠牀左右，隨艇大小長短，四尺一牀。計會進止，回軍轉車，其疾如飛。"宋曾公亮《武經總要前集·戰船》："其戰，則有樓船、鬭艦、走舸、海鶻，其潛襲則有蒙衝、游艇。"宋後，此稱極少用於戰船，明代《武備志》等書，雖仍記有其船，但均爲追記前代戰船，水軍中已不用其名，逐漸成爲游覽用船之專稱。

多槳船

宋代水軍中之江海兩用中型快速戰船。宋乾道間，宋水軍統制馮湛，結合海船、湖船及戰船之優點創製而成，適應航區較廣。《宋會要輯稿·食貨》："〔多槳船〕湖船底，戰船蓋，海船頭尾；通長八丈三尺，闊二丈，並淮尺，計八百料（一料即一石，合今九十二斤半），用槳四十二隻，江海淮河無往不可，載甲軍二百人，往來極輕便。"

海鰌

亦作"海鰍"。宋代水軍中之小型江河快速

戰船。因其船體狹長，形似海鰌，故稱。宋羅願《爾雅翼・釋魚二》引漢桑欽《水經》曰："海中鰌長數千里，穴居海底。入穴則海溢爲潮，出穴則潮退。"《説文・魚部》："鰌，鰼也。"桂馥義證："鰼也者，《埤雅》：'今泥鰍也。'"此船輕捷牢固，船首尖硬，主要用於撞擊敵船。宋金戰争中采石磯之戰，宋水軍即主要以此船大敗金軍。《宋史・虞允文傳》："〔金主〕亮操小紅旗，麾數百艘……直薄宋軍……官軍亦以海鰌船衝敵舟，皆平沉。"宋楊萬里《誠齋集・海鰌賦》："未幾，海鰌萬艘相繼突出而争雄矣。其迅如風，其飛如龍。"又"采石戰艦曰蒙衝，大而雄；曰海鰌，小而駛"。洞庭楊么水軍與宋軍作戰時，亦曾大量使用此船。宋李心傳《建炎以來繫年要録》卷五九："時〔楊〕太據洞庭，有衆數萬……大造軍船及海鰍船，多至數百……大率車船如陸戰之陣兵，海鰍如陸戰之輕兵。"

【海鰍】

同"海鰌"。此體宋代已行用。見該文。

鐵壁鏵嘴船

宋代水軍中裝有部分鐵甲及衝角之内河輪、槳兩用快速戰船。寧宗嘉泰初，秦世輔創製於池州。船長九丈二尺，寬一丈五尺，深五尺，底寬八尺五寸，載重四百石。船體結構堅固，底板厚六寸，舷板厚三寸，縱通龍骨厚九寸。兩舷上裝防護女墻，下設三槳兩輪；船首舷部裝有鐵板，水綫下裝有犁鏵狀鐵衝角，主要用於撞擊敵船。（見唐志拔《中國艦船史》第六章）後又另製以櫓驅動的同類戰船，稱之爲"鐵壁鏵嘴平面海鶻戰船"，長十丈，寬一丈八尺，兩舷各裝櫓五支。兩種戰船俱載戰士一百零八人，水手四十二人（參見《宋會要輯稿・食貨》）。

魛魚船

宋代水軍中以浙江沿海漁船改裝之小型快速戰船。因船窄而長，形似魛魚，故稱。清李調元《然犀志》卷下："魛魚……其狀長而薄，形如尖刀，故名魛魚。"船長五丈，寬一丈二尺，頭方而小，尾寬，底尖。方頭便於蕩浪，闊尾易於分水，尖底減少阻力。每船可容戰士五十人。《宋會要輯稿・食貨》："〔魛魚船〕頭方小，俗謂蕩浪斗，尾闊可分水，面敞可容人兵，底狹尖如刀刃狀，可破浪。"又"糧儲器仗置之艎板下，標牌矢石分之兩盤"。

海艦

亦稱"海舟"。宋代水軍中用於航海作戰之大型風帆戰船。宋海艦最大者長達三十餘丈，闊七丈五尺；小者亦長十餘丈，闊二丈五尺。以整株巨木製成，甲板寬平，底尖如刃，每船十櫓，大桅高十丈，頭桅高八丈，每艦水手六十人。1974 年福建泉州灣後渚港出土一艘宋代海船遺骸，船體殘長 24 米許，闊 9 米許。經專家鑒定，該船原長應爲 30 米，水綫長 26 米，闊 10.5 米，排水量在 400 至 450 噸之間，載重約 250 噸。體型瘦長，尖底，吃水較深，速度較快，有較好的耐波及抗横漂能力。舷板三層，厚 18 厘米，底板雙層，有十三間水密隔艙，三根桅杆，説明當時造船技術甚高，宋水軍已具有遠航海戰之能力（見《泉州灣宋代海船復原初探》，《文物》1975 年第 10 期。）海艦有時亦可用於江上作戰。《宋史・韓世忠傳》："世忠以海艦進逼金山下……〔兀朮〕募人獻破海舟策，閩人王某者，教其……風息則出江，有風則勿出，海舟無風不可動也。"進至元代，遠洋海艦體積更大。馬可波羅護送闊闊公主出嫁波斯時所乘海艦，"每艘四桅，可張十二帆"，"每船至少應有水手二百人"，有風用帆，無風用櫓，"櫓甚大，每具須用櫓手四人操之"，"全船可載七百人"（見馮承鈞譯《馬可波羅行紀》，上海書店出版社 1999 年版）。阿拉伯人伊本·白圖泰（一譯拔都他）來華旅行所見元海艦，大者十帆，"可載一千人，其中海員六百，戰士四百，包括弓箭手和持盾戰士以及發射石油彈（火炮）戰士……船櫓大如桅桿，一櫓旁聚十至十五人，站著搖櫓，船上造有甲板四層"。（見馬金鵬譯《伊本·白圖泰游記》，寧夏人民出版社 1985 年版。）（參閱宋徐兢《宣和奉使高麗圖經》）

【海舟】

即海艦。此稱宋代已行用。見該文。

無底船

宋代水軍爲誘敵而特製之僞裝輕型戰船。以三船并連結爲連舫，中間一船爲實船，左右兩船僅兩舷設有站板，可立戰士，中間無底，施以僞裝。作戰時，迅速接近敵船，誘使敵人登船而落入水中。《宋史·張順傳》："造輕舟百艘，以三舟聯爲一舫，中一舟裝載，左右舟則虛其底而掩覆之。"度宗咸淳八年（1272），宋將張順曾率三千人乘此船向被圍襄陽之宋軍運送軍需，"轉戰百二十里，黎明抵襄陽城下"。在與圍城元軍作戰中，此船曾發揮作用。

寶船

明代鄭和遠洋船隊中之大型海船。南京龍江船廠製造。《龍江船廠志·官司志》："唯龍江則肇自洪武初年，專爲戰艦而設也。"可見此船當爲戰船。船身"長四十四丈，闊一十八丈"（明馬歡《瀛涯勝覽》卷首），上"有九桅，張十二帆"（明費信《星槎勝覽》）。鄭和隨行人員鞏珍目擊所記，"篷、帆、錨、舵，非二三百人莫能舉動"（明鞏珍《西洋番國志·自序》）。1957 年南京下關三叉河明代寶船廠船塢遺址出土一巨型舵杆，長 11.07 米，舵葉高 6.25 米，可證寶船確實"體勢巍然，巨無與敵"。（參閱唐志拔《中國艦船史》）

戰船

明代鄭和遠洋船隊中之護航船。專用以水上作戰。長十八丈，寬六丈八尺，五桅。明羅懋登《三寶太監西洋記通俗演義》："每戰船一隻，捕盜十名，舵工十名，繚手二十名，扳招十名，上鬥十名，碇手二十名，甲長一名。每甲長一名，管兵十名。"清袁宮桂《泲澼百金方·水戰》："捕盜專管一船之務……舵工專管舵，兼管舵門下攻守。碇手專管碇正頭前攻守。繚手專管帆檣繩索，主持調戧。鬥手遇賊即上鬥，用犁頭標下射賊舟，扳招手負責觀察聯絡。"《西洋記》記其裝備："每戰船器械，大發熕十門，大佛郎機四十座，碗口銃五十個，噴筒六百個，鳥嘴銃一百把……火箭五千隻。"但佛郎機、鳥嘴銃係明中葉方引進之物，不可能見之於鄭和戰船。《西洋記》成書於戚繼光後，書中所列兵器全同於戚繼光《紀效新書·治水兵》福船裝備，僅數量增大。因而必非準確信史，但大發熕、碗口銃等其他火器，明初即已普遍裝備於水軍，鄭和戰船已以火器爲主則可肯定。（參閱張鐵牛等《中國古代海軍史》，八一出版社 1993 年版。）

戰座船

省稱"坐船"。明代鄭和遠洋船隊中大型戰

船之一種。主要用以搭乘進行登陸及陸上作戰之兩棲部隊。亦可進行水上作戰。南京靜海寺明代殘碑載："〔坐船〕將領官軍乘駕。"明沈啓《南船記》："戰船曰座，即邊營陸塞之帥幕也。"船長二十四丈，寬九丈四尺，六桅。永樂七年，鄭和第三次出洋返航至錫蘭時，錫蘭王"誘和至國中……潛發番兵五萬餘，劫和舟……〔和〕乃潛令人由他道至船，俾官軍盡死拒之"（見《明實錄》卷一一六）。

【坐船】

"戰座船"之省稱。此稱與戰座船間用。見該文。

沙船

明代水軍中之江海兩用輕型戰船。主要用於北洋水域近海偵察、巡弋及裏港、內河作戰。沙船方頭方艄，體寬底平，吃水不深，利於行沙；即使坐淺，亦可趁潮浮脫，且有披水板、硬水木等減輕設備，穩定性較好。原係民間商船，早在唐代即已成爲北方沿海主要船種之一，至元明時，達於極盛（見唐志拔《中國

沙船
（明王圻等《三才圖會》）

艦船史》第七章）。明代中葉，倭寇爲患，明廷募兵徵船，加强汛防，遂漸成明水軍之建制輔助戰船。明鄭若曾《江南經略·海船論》："海中使船，不畏重而畏輕，不畏淺（指吃水量），蘇州近洋多暗沙伏途，易偏差膠淺。沙船底平而輕，能調戗使鬭風，不畏滾塗浪，且北洋可抛鐵錨，故用沙船也。"又《沙船論一》："但此船惟便於北洋而不便於南洋，亦僅可以協守各港，出哨小洋，而不可以出大洋。"又《沙船論五》："倭舡之來，有母船有子船，母船高大，非吾沙船之所能敵，須用福船、廣船以當之，其子船則沙船可以相敵。要之，母船僅可行於大洋，亦不能近岸，賊欲登岸，必用子船，吾以沙船禦其子船而避其母船，則母船雖大，猶之無也。"（參見本卷《兵車戰船説·戰船考》"福船"文，參閱明鄭若曾《籌海圖編·經略·兵船》、明茅元儀《武備志·戰船二》）

福船

明代水軍中之大型主力戰艦。因造於福建，故稱。福建戰船共有六號，一號二號俱名福船，三號名哨船，四號名冬船，五號名鳥船，六號名快船，俱係明水軍之建制戰船。福船首尖尾寬，兩頭上昂，體廣底尖，兩舷外拱，吃水丈餘。船長約二十餘丈，寬爲長度四分之一。通常兩桅，亦有三桅者。主帆高十二丈，寬十丈，舵長七丈，配有數碇，適於遠洋作戰。明鄭若曾《江南經略·福船論》："福船之制，高大可容百人，其底尖，其上闊，其首昂而張，其尾高聳，設舵樓三重於上。傍皆設板，禠（護）以茅竹，堅立如垣，其帆桅二道。中爲四層：最下一層不可居，唯實土石，以防輕飄之患；

福船

（明王圻等《三才圖會》）

廣船

（明王圻等《三才圖會》）

第二層乃兵士寢息之所，地櫃隱之，須從上躡梯而下；第三層左右各設大門，中置水櫃，乃揚帆炊爨之處也，其前後各設木碇，繫以綜纜，下碇、起碇皆於此用力；最上一層如露臺，須從第三層穴梯而上，兩傍板翼如欄，人倚之以攻敵，矢石火砲皆俯瞰而發。敵舟小者，相遇即犁沉之，而敵又難於仰攻。”明唐順之《武編前卷六·舟》：“福船……桅上網繩爲斗，可容二人。此舟最爲海賊所畏，每遇海賊，不用戰鬭，但使船騎賊船而沉之，蓋以大勝小、高勝卑也。”明戚繼光《紀效新書·治水兵》：“福船高大如城，非人力可驅，全仗風勢……但喫（吃）水一丈一二尺，惟利大洋，不然多膠於淺，無風不可使。”又《福船應備器械數目》：“大發貢（重型火炮）一門，大佛郎機六座，碗口銃三箇，噴筒六十筒，鳥嘴銃十把，煙罐一百筒，弩箭五百枝，藥弩十張。”

廣船

　　由烏槽、橫江等民船改裝而成之大型戰船。

明禦倭戰爭中，東南沿海地區水軍裝備之一。主要用於近海作戰。因產於廣東，故稱。以當地特產之鐵力木製造，异常堅牢，水戰時可犁碎任何木質之同類戰船。船型上寬下窄，裝有六至十六櫓，有二桅，桅杆頂端設有藤網望斗，外蒙皮革或棉被，以禦箭矢、銃彈。每斗可容三至四人，平時有值班瞭望哨，負責觀察敵情；戰時可由上向敵發射箭矢、銃彈，投擲犁頭標等。船舷兩側，裝有佛郎機、霹子炮等大中型火炮及火磚、灰罐等火器。明茅元儀《武備志·戰船一》：“廣船視福船尤大，其堅緻亦遠過之。蓋廣船乃鐵力木所造，福船不過松杉之類而已。二船在海，若相衝擊，福船即碎，不能當鐵力木之堅也。倭夷造船，亦用松杉之類，不敢與廣船相衝。廣船若壞，須用鐵力木修理，難乎其繼；且其制下窄上寬，狀若兩翼，在裏海則穩，在外洋則動搖。”清屈大鈞《廣東新語·戰船篇》：“〔廣船〕周身皆炮，旋轉四環，首尾相爲運用，其捷莫當。”（參見本卷《兵車戰船説·戰船考》“福船”文，參閱明鄭若曾

《江南經略·海船論》《籌海圖編·兵船》)

海滄船

亦稱"冬船"。福船之一種。明代水軍中之中型戰船。主要用於攻戰、追擊。裝備兵器以火器爲主。明茅元儀《武備志·戰船一》:"海滄船,今名冬船。冬船與哨船同,特兩旁不釘竹舷耳。"明戚繼光《紀效新書·治水兵》:"夫海滄,稍小福船耳,喫水七八尺,風小亦可動,但其功力皆非福船比。設賊舟大而相並,我舟非人力十分膽勇死鬬,不可勝之。"又《海滄船應備器械數目》:"大佛郎機四座,碗口銃三個,鳥嘴銃六把,噴筒五十個,煙罐八十個,火炮十個,火磚五十塊,火箭三百枝。"。

【冬船】

即海滄船。此稱明代已行用。見該文。

海滄船
(明王圻等《三才圖會》)

艟䑸

明代水軍中之中型戰船。戚繼光在禦倭戰爭中所創製。全船乘員三十七名,其中"捕盜(船長)一名,舵工一名,碇手一名,繚手一名,甲長三名,兵夫三十名"。船上裝備"大

佛郎機三座,碗口銃三個,鳥嘴銃四把,噴筒四十個,烟罐六十個,火磚五十塊,火箭一百枝",及鈎鐮、砍刀、標鎗、腰刀等兵器(見《紀效新書·治水兵》)。是戚家軍中主要戰船之一。明戚繼光《紀效新書·治水兵》:"近者改(蒼山)制爲艟䑸,比蒼船稍大,比海滄更小,而無立壁,最爲得其中制。遇倭舟或小或少,皆可施功。"參見本考"蒼山船""海滄船"。(參閱明茅元儀《武備志·戰船二》、明王圻《三才圖會·器用》)

蒼山船

省稱"蒼船"。亦稱"鐵船""蒼山鐵"。明代水軍中之中型戰船。船爲尖底,破浪性好,主要用於近海作戰。因產於浙江寧波蒼山,故稱。明唐順之《武編前卷六·舟》:"蒼山船一名鐵船,小於福船。今寧波蒼山人用之,周圍無板。"由於船體小、衝力弱,且無防護裝置,不能用於撞擊敵船,故通常用之追擊及打掃戰場。明戚繼光《紀效新書·治水兵》:"夫蒼船最小……水面上高不過五尺,就加以木打棚架

蒼山船
(明王圻等《三才圖會》)

亦不過五尺……喫水六七尺。”明鄭若曾《江南經略·海船論》：“閩浙遠洋，寥邈空闊，風濤常拍天，廣、福、蒼山鐵之類，重而底尖，可以破浪……蒼山鐵不能犁沉敵舟，但可以撈首級；其傍多櫓，追賊裹海，亦甚便易。”又《籌海圖編·經略·兵船》：“蒼山船首尾皆闊，帆櫓兼用，風順則揚帆，風息則盪櫓。其櫓設於船之兩傍腰半以後，每傍五枝，每枝二跳，每跳二人。方櫓之未用也，以板闖於跳上，常露跳頭於外。其制：以板隔爲二層。下層鎮之以石，上一層爲戰場，中一層穴梯而下，卧榻在焉。其張帆下椗，皆在戰塲之處……用之衝敵頗便而捷。溫州人呼爲蒼山鐵。”

【蒼船】

“蒼山船”之省稱。此稱明代與蒼山船間用。見該文。

【鐵船】

即蒼山船。此稱明代已行用。見該文。

【蒼山鐵】

即蒼山船。此稱明代已行用。見該文。

開浪船

亦稱“鳥船”。福船之一種。明水軍中之小型快速戰船。上設四槳一櫓，至明後期改槳爲篙。主要用於近海及江河作戰。明戚繼光《紀效新書·治水兵》：“開浪，以其頭尖，故名。喫水三四尺，四槳一櫓，其行如飛。內可容三五十人，不拘風潮漸順逆者也。”明茅元儀《武備志·戰船一》：“開浪船，即鳥船，特今不用槳。”（參見本卷《兵車戰船説·戰船考》“福船”文）

【鳥船】

即開浪船。此稱明代已行用。見該文。

開浪船
（明王圻等《三才圖會》）

草撇船

亦稱“哨船”。明代水軍中型戰船，福船之一種。兩側舷上裝有毛竹護板，以防銃彈。主要用於近海攻戰及追擊。明鄭若曾《江南經略·海船論》：“福船有三種：上焉者謂之大福船，次者謂之海滄，又次者謂之草撇，皆福船也。”明茅元儀《武備志·戰船一》：“草撇船，今名哨船……便於攻戰追擊。”（參見本卷《兵車戰船説·戰船考》“福船”文）

草撇船
（明王圻等《三才圖會》）

【哨船】

即草撇船。此稱明代已行用。見該文。

八卦六花船

明代水軍中之風帆、輪槳兼用大型戰船。長十一丈，寬三丈六尺，四周排列生牛皮挏牌，用以防護矢石；船底裝有狼牙釘，用以防敵潛水破壞。此船為明水軍特製之主力戰艦，整船結構與一般戰船不同。船之主體，由厚楠木板製成之五條長形木槽并列組成。中間木槽高七尺，寬六尺，左右二槽各高六尺，寬五尺，邊緣兩槽各高五尺，寬四尺。槽與槽間留空隙一尺五寸，用以安裝輪槳。每空隙安兩輪，全船共八輪。各槽上口取平，上鋪甲板。船底中間吃水深，兩邊吃水淺。甲板中央為船艙，艙寬一丈八尺，兩側各留九尺，作為戰士發射火器位置。船上前中後共有三桅，帆布、繩索俱用防水、防火藥水塗過，遇雨不濕不重。敵若火攻，到篷即滅。船上裝備有神鎗、神炮、神箭、神火及神水等各種火器，係統軍大將之戰座船。作戰時通常配屬若干車輪舸、鴛鴦槳及游艇等中小型戰船。明唐順之《武編前卷六・舟》："此船江海之中，攻守皆用，不懼風濤。欲攻則敵不能當，欲守則敵不能近，故水戰首製此船，以保全勝也……上有三桅，中有八輪，後有舵樓，順風則篷，逆風則轉輪，快利如風。"又："製篷索藥，每白礬十斤，皮硝五斤，梔子四斤為末，入水五斗，熬三五沸，制在篷、索上，以防雨、火也。"

鳥嘴船

明代東南沿海地區水軍所用之小型戰船。船首如鳥嘴，故稱。兩桅一櫓，亦以捕魚。明茅元儀《武備志・戰船二》："鳥嘴船出温、台、松門、海門等處，船首形如鳥嘴。有風則蓬，無風用櫓。長四五尺，南人亦用捕魚。"

兩頭船

明水軍據元末海上運輸船形制而設計之大型戰船，但并未成為明水軍之建制裝備。明鄭若曾《籌海圖編・兵船》："兩頭船，按《大學衍義補》有兩頭船之說，蓋為海運為船巨，遇風懼難旋轉，兩頭製舵，遇東風則西馳，遇南風則北馳，海道諸船無逾其利。蓋武備不嫌於多，慮患不妨於遠，莫為之前，猶將求之，而況設之前者有未泯乎？以此衝敵，則賊舟雖整可亂也。"（參閱明茅元儀《武備志・戰船二》）

兩頭船
（明王圻等《三才圖會》）

叭喇唬船

明代福建、浙江地區水軍裝備之輕型戰船。帆槳兼用，多用於近海巡弋、偵察及追擊。明茅元儀《武備志・戰船二》："叭喇唬船。浙中多用之，福建之烽火門亦有。其制：底尖面闊，首尾一樣，底用龍骨，直透前後。闊約一丈，長約四丈，末有小官艙。船面兩旁，各用長板一條，其兵夫坐向後而棹槳。每邊用槳十枝或

叭喇唬船
（明茅元儀《武備志》）

八枝，其疾如飛。有風豎桅，用布帆、槳斜向後，準作偏柁，亦能破浪，甚便追逐、哨探。"

八槳船

省稱"八槳"。明代水軍中之快艇。主要用於巡邏、放哨與偵察。明戚繼光《紀效新書·治水兵》："〔開浪〕其形如飛……又不如八槳船。左右十六槳，後一櫓，更爲飛迅。"明鄭若曾《江南經略·水兵號令》："八槳等船，雖低小，行馳快便。"明茅元儀《武備志·戰船二》："八槳船，但可供哨探之用，不能擊賊，

今閩、廣、浙、直皆有之。"

【八槳】

"八槳船"之省稱。此稱明代已行用。見該文。

網梭船

省稱"網船"。明代水軍中之輕便小艇。由小漁船改裝而成。主要用於偵察、放哨，亦可在海岸綫附近淺水域内或港灣内河中集群使用，以游擊戰術攻擊敵船。明戚繼光《紀效新書·治水兵》："網船，形似織梭，内容二人，前後用二人，以棹棹之，風浪大，又可拖之塗上，且不能覆，吃水七八寸耳。此可走報，或用之裏港窄河，動以百數，每隻内用鳥銃二三人，蜂集蟻附，沿淺沿塗而打之，甚妙。如賊追逼，就可棄走，一舟不過一金之費耳。"明茅元儀《武備志·戰船二》："〔網梭船〕其形如梭樣，竹桅布帆，僅容二人。衝風冒浪……但可爲哨探之用。"

【網船】

"網梭船"之省稱。此稱明代已行用。見該文。

八槳船
（明王圻等《三才圖會》）

網梭船
（明王圻等《三才圖會》）

鷹船

明代水軍中之輕型戰船。主要用於近海，多與沙船配合作戰。明鄭若曾《江南經略・沙船論一》："沙船雖能接戰，而上無壅蔽，火器矢石何以禦之。不如鷹船兩頭俱尖，不辯首尾，進退如飛。其傍皆茅竹板，密釘如福船傍板之狀。竹間設窗，可以出銃箭。窗之內，船之外可以隱人盪櫓。必先用此衝敵，入賊隊中，賊技不能却，而後沙船隨後而進，短兵相接，戰無不勝。鷹船、沙船乃相須之器也。"（參閱明鄭若曾《籌海圖編・經略・兵船》、明茅元儀《武備志・戰船二》）

鷹船
（明王圻等《三才圖會》）

蜈蚣船

明代水軍中之炮船。裝備有大型佛郎機炮，主要用於海上作戰，利用船載火炮，轟擊敵船。船僅兩桅，但兩弦船槳多至數十，形如蜈蚣，故稱。始製於世宗嘉靖四年，係參照葡萄牙軍艦形制設計。因製造較難，成本亦高，故不久即爲傳統之廣船、福船所取代。明鄭若曾《籌海圖編・經略・兵船》："船曰蜈蚣，象形也。其制始於東南夷，專以駕佛郎機銃。銃之重者千斤，至小者亦百五十斤。其法之烈也，雖木

蜈蚣船
（明王圻等《三才圖會》）

石銅錫犯罔不碎，觸罔不焦；其達之迅也，雖奔雷掣電勢莫之疾，神莫之追……海舟無風不可動也，惟佛郎機蜈蚣船底尖面闊，兩傍列楫數十，其行如飛而無傾覆之患，故傲而製造之。則除颶風暴作，狂風怒號外，有無順逆皆可行矣。況海中晝夜兩潮，順流鼓枻，一日何嘗不數百里哉！"

破船舸

亦稱"破船筏"。明代水軍中之攻擊型戰船。船體低平，輪槳驅動，船首安裝破舟銃，專用以擊破敵船，故稱。明唐順之《武編前卷六・舟》："破船舸。此舸用大木五根，各長三丈餘，將木居中鑿空，仍鋪平，厚以蒜粘之，前後橫栓，串錠一處如筏勢。兩邊六輪，上作船倉，輪軸在內。前平頭長一丈，倉長一丈五尺，尾長七尺，安舵樓。前平頭上安破舟銃，其銃如神鎗樣，鎗頭如蕎麥樣，用純鋼，極快利。頭長三寸，後桿長四寸，如鎗，安置銃內。凡一舟前用三具，約木頭與水頗相平。約與船相近，倉內點放火綫，其鎗徑打入船內，連

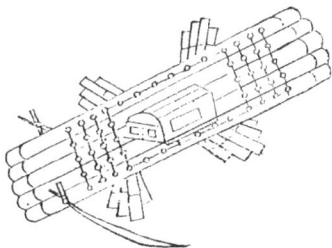

破船筏
（明茅元儀《武備志》）

一二三銃，其船必爛而沉矣。”明茅元儀《武備志·戰船二》：“破船筏……射打賊船輕便。”

【破船筏】

即破船舸。此稱明代已行用。見該文。

子母舟

明代水軍中之火攻戰船。由大小兩舟組成，似母子，故稱。明唐順之《武編前卷六·舟》："此舟長三丈五尺，前二丈如艦船樣，後一丈五尺只有兩邊板幫，腹內空虛（無底），上倉前後通連，內藏一小舟，亦有蓋板掩人。兩邊四棹，母船使風，逆風掉槳。前倉內裝以柴薪，皆用油麻縛沃，交貫火藥粗綫，船前兩腋，俱錠狼牙釘，釘皆用鋼尖快利。或迎抵彼船，或順風趕上，臨棹飛奔彼船尾後，倉內發鈎拒捍搭，以留索與彼相連一處，先往船上將箭、砂、火等具即

子母舟
（明茅元儀《武備志》）

發，將我舟與彼並焚，我軍從子舟而出矣。”（參閱明茅元儀《武備志·戰船二》）

聯環舟

明代水軍中之火攻戰船。前後兩船連結組成，由子母舟改進而來，較之威力更大，使用更爲方便。明茅元儀《武備志·戰船二》："其舟約四丈許，外視之若一舟，分則爲二舟。前半截三之一，後半截三之二，中聯以環。前截載大砲（爆炸性球形火器）、神烟、神砂、毒火等器，舟首錠大倒鬚釘數枚，銳向其前；後截兩旁施數槳，載兵士。遇賊乘順風，或自上流相機徑趨賊營，以舟首釘撞於賊舟之上，前環自解，後截則回本營。乘賊心驚惶，用器（指火器）擊之，乃水戰之奇策也。環者，大鐵圈兩個，錠前截，後截用鐵鈎兩個鈎住，撞於賊船，則放其鈎，而後截即回本寨也。"

聯環舟
（明茅元儀《武備志》）

火龍船

亦稱“火輪神舟”。明代水軍中設有翻板及僞裝之特種戰船。下艙暗伏戰士及火器，以佯敗行動接近敵船或誘使敵軍登船，然後出其不意實施突襲。明茅元儀《武備志·戰船二》："火龍船……狀類海舶，周圍以生牛革爲障，或剖竹爲笆，用此二者以擋矢石。上留銃眼箭

火龍船
（明茅元儀《武備志》）

赤龍舟
（明茅元儀《武備志》）

窗，看以擊賊。上中下分爲三層，首尾設暗艙以通上下，中層鋪用刀板、釘板，兩旁設飛槳或輪，乘浪排風，往來如飛。募四人以爲水手，遇賊詐敗，棄而與之，精兵暗伏下倉，四人赴水而走，待賊登船，機關一轉，賊皆翻入中層刀、釘板上，生擒活縛。懦夫病婦亦可就而戮之，況於兵乎。若衝入賊船隊內，兩旁暗伏火器百千餘件，左衝右突，勢不可當。用此船一號，足抵常用戰船十號。"清魏源《聖武記·武事餘記·水守篇》："火輪神舟，形如海艘，生革障矢，上下三重，旁輪激水，中層刀釘，機關以俟。下艙伏卒，闐疑神鬼。募泅善櫓，破浪如馳。佯敗爭泅，空舟以委。踐機觸刃，精卒驟起，火器四發，檣隊披靡。"

【火輪神舟】

即火龍船。此稱清代已行用。見該文。

赤龍舟

明代水軍中之小型火攻戰船。主要用於江河戰鬥，以發射火力燒殺敵人及焚毀敵船。因外形似龍，故稱。明茅元儀《武備志·戰船二》："赤龍舟，舟形像龍，分作三層，內藏器械火具。蓋頭作成龍首，口開，容兵一名，窺賊動靜。蓋背用竹片菱角釘錠之，宜密勻稀實，使堅確爲最上。蓋胸開一小門，用鐵板爲戶。中層之船，放中間開一井，只以通走動，舉發火器，兩旁用兵一名使槳；又用堅木造兩架，撐起舟蓋，便使火器。舟底造龍骨，中空用機括，以鐵墜之，風濤不能沉溺。此舟頭堅，一桅，帆前開一窗，用兵一名掌舵，以觀水道；又用二名掌火具，二名輪（流）使槳。若造此數百隻，渾如赤龍，游於江河，待賊船將近岸時，舟中暗機一動，神火、毒烟、神箭、飛弩，一舉俱發。"

鴛鴦槳

亦作"鴛鴦艀"。又稱"鶯船""鴛鴦槳船"。明代水軍中之輕型雙體戰船。由舫船發展而來。主要用於近海及內河作戰。明唐順之《武編前卷六·舟》："鴛鴦槳，即鶯船。此槳用二舟併合一處，形如艦船，不用篷檣（桅），各長三丈五尺，闊九尺，倉上用生牛皮張裹，棹槳人並槳把俱在倉內，槳尾自內入水，每一邊

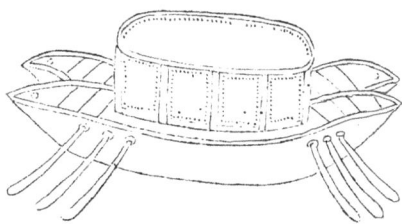

鴛鴦槳
（明茅元儀《武備志》）

八把。倉上前後兩旁俱留箭眼、鎗眼，以便放火藥神器。如赴敵，則兩邊飛棹，與敵相近，則放神器，分爲兩邊夾攻，使彼左右難救。賊亂，既中我藥箭、神器等具，其人必傷，其船必焚，此輕舟近敵之法。"又"八卦六花船"條作爲"鴛鴦艜"，明茅元儀《武備志·戰船二》稱之爲"鴛鴦槳船"。（參見本卷《兵車戰船説·戰船考》"舫船"文）

【鴛鴦艜】

同"鴛鴦槳"。此體明代已行用。見該文。

【鴛船】

即鴛鴦槳。此稱明代已行用。見該文。

【鴛鴦槳船】

即鴛鴦槳。此稱明代已行用。見該文。

趕繒船

清代水師中之主要戰船。多用於近海作戰。原爲沿海漁船。雍正年間，經浙江提督石雲倬奏准，以趕繒船、艍船等作爲沿海戰船之定式。清中葉前，水師之主力戰船，多趕繒船型。此船有大中小三種型號，船長由七丈一尺至十丈八尺五寸，船寬由一丈七尺九寸至二丈二尺九寸，船深由六尺至八尺六寸，水密隔艙由十九艙至二十四艙，船板厚由二寸六分至三寸二分。雙桅、雙舵、雙鐵錨、四木椗，大櫓二支，頭梢一支。每船船工十五人，水兵二十人，大型

船載戰兵八十名，裝備排鎗四十二支；中型船載戰兵六十名，配排鎗三十支；小型船載戰兵五十名，配排鎗二十五支（見清陳良弼《水師輯要》）。（參閱唐志拔《中國艦船史》）

艍船

亦稱"海艍"。清代水師重要戰船之一。主要用於近海、港口水區作戰。原係沿海運船，清滅南明戰爭中始改爲戰船。清查繼佐《罪惟録·魯王監國附記》："已而義英駿海艍膠淺，猝應敵，戰不利。"雍正年間，清水師又將其列爲沿海戰船定式。分大中小三型。一般船長八丈至九丈，寬二丈二尺左右，深七至八尺，板厚三寸許。雙桅，主桅高八丈餘。船體結構堅牢，行駛輕快靈活。大型船通常載戰兵三十五名，配排鎗十六支。中型船載戰兵三十名，配排鎗十四支。小型船載戰兵二十名，配排鎗十支（見清陳良弼《水師輯要》）。（參閱唐志拔《中國艦船史》）

【海艍】

即艍船。此稱清代已行用。見該文。

橫江大哨

清廣東水師之主力戰船。船有兩桅，桅上設望斗、雲棚，用以瞭望、觀察。船舷裝有筅籬，夾以松板，編以藤扉，蒙以犀兕、棉被，用以防護矢石銃彈。首尾有火炮、火磚、灰罐、烟球等兵器；尾部有叉竿、連棒，又有青竹艛艡，用以隱蔽。每船設櫓六至十六支，行駛快捷，回旋靈活（見清屈大均《廣東新語》）。（參閱唐志拔《中國艦船史》）

長龍船

清水師戰船。咸豐、同治間，仿廣西船型製。小於"快蟹"。裝炮六門，旁設短槳各八，

二十二人駕駛，由哨官統領。(參閱《大清會典·兵部》)

截殺

清末廣東水師中以近代輪船改裝而成之大型戰船。鴉片戰爭之始，兩廣總督林則徐爲加强海防，提高戰船品質，於道光二十年（1840）七月向美國商人購買兩艘900噸之"廿米力治"號輪船，將其改裝爲戰船，安裝由國外購入之新式火炮三十四門，編入水師。改名爲截殺號，用以阻擊英海軍。該船排水量達1080噸，成爲當時廣東水師中最大、最新之戰船（見包遵彭《中國海軍史》）。（參閱張鐵牛等《中國古代海軍史》）

仿英戰船

清末廣東水師仿英國船型製造之木質風帆戰船。鴉片戰爭之初，兩廣總督林則徐爲改進水師，提高戰船品質，以抗禦英海軍，在購買外輪的同時，曾仿英海軍艦船船型自製新式戰船。該船長十二丈許，裝火炮二十八門，作戰甲板分上下二層，有三桅（見包遵彭《中國海軍史》、英·麥克法森《在華兩年》）。（參閱唐志拔《中國艦船史》）

水輪船

清末水師中新製之輪、槳、帆三用木質戰船。批驗所大使長慶創製。第一次鴉片戰爭期間，有識之士爲改進水師落後狀况，提高戰船作戰性能，爭獻建船之策。或借鑒於國外，或求之於傳統。此船即長慶在傳統車船及兩頭船基礎上改良而成。道光二十二年（1842）五月，靖逆將軍奕山向道光帝奏此船形制："批驗所大使長慶承造水輪戰船一隻。船身長六丈七尺，艙面至船底深四尺三寸，尖頭連陽橋寬五尺三寸，中連陽橋寬二丈。兩頭安舵，兩旁分設槳三十六把。中腰安水輪兩個，制如車輪，内有機關，用十人脚踏。旋轉輪之周圍安長木板十二片，如車輪之輻，用以劈水。巴杆二道，以西桅杉木四根爲之，各長三丈，每道安布篷一架……兩頭及兩旁共安大炮十二位，二千斤至八百斤不等。其船上墻板、炮窗等處，用生牛皮爲障，毛竹爲屏，架以籩屜，夾以棉胎，以避炮火。交戰之際，更罩罟網六層，並棕片布屜爲軟障，用時以水灌濕，庶以禦敵，以壯軍心。其篷係平時以藥浸製。再於船中暗設火器藥烟，臨陣旋轉旋放，此船約可容百餘人。"（見清魏源《海國圖志·籌海總論》）（參見本卷《兵車戰船説·戰船考》"車船""兩頭船"文，參閱唐志拔《中國艦船史》）

黄鵠

清末中國自行設計、製造的第一艘以蒸汽爲動力的小型木質軍用火輪船。鴉片戰爭後，爲加强國防，建設近代海軍，兩江總督曾國藩於安慶設局，籌劃以手工製造蒸汽機裝備的兵船。由華衡方、徐壽共同研究設計，於同治二年（1863）試製出一艘小型木質輪船，"全用漢人，未顧洋匠"。曾國藩親自參加試航。《曾國藩全集·日記》十二月二十日記："新造之火輪船，長約二丈八、九尺，因坐江中行八、九里，約計一個時辰可行二十五、六里。試造此船，將以次放大續造。"同治四年正式製造出第一艘新式蒸汽機船。曾國藩命名爲"黄鵠"。該船長五丈五尺，載重25噸，航速每小時20餘里。（參閱白廣美、楊根《徐壽與黄鵠號輪船》，《自然科學史研究》第三卷第三期。）

恬吉

清末中國製造的第一艘以蒸汽爲動力的木質明輪炮船。兩江總督李鴻章創辦的江南機器製造總局製造，同治七年（1868）下水。取意“四海波恬，廠務安吉”，故名。不久，改爲“惠吉”。該船長 185 英尺，寬 27 英尺 2 英寸，吃水 8 英尺，排水量 600 噸，功率 392 馬力，裝備火炮十八門（一説九門）。經海上及長江試航，時速上水 35 里，下水達 60 里。（參閲池仲祐《海軍實記·造艦篇》，《洋務運動》第四册。）

【惠吉】

即恬吉。此稱清末已行用。見該文。

萬年青

清末中國製造的第一艘以蒸汽爲動力的新式木質運輸船。鴉片戰爭後，閩浙總督左宗棠，在《擬購機器顧洋匠試造輪船先陳大概情形摺》中，向清廷奏稱：“自海上用兵以來，泰西各國火炮兵船，直達天津，藩籬竟成虛設。星馳飈舉，無足當之。”又，“欲防海之害而收其利，非整理水師不可；欲整理水師，非設局監造輪船不可”。清帝批諭：“試造火輪船隻，實係當今應辦急務。”左宗棠遂“延洋匠，顧華工”，在馬尾創辦了福州船政局。同治八年（1869），萬年青號造成下水。該船長二十三丈八尺，寬兩丈七尺，吃水一丈四尺二寸，排水量 1370 噸，功率 580 馬力，載重 350 噸左右。經海上試航，逆風逆水時速約 70 里，順水順風時約 90 里。當時船上安裝六門火炮，福建船政大臣沈葆楨參加試航試射，認爲“在大洋中將船上巨炮周圍轟放，察看船身似尚牢固，輪機似尚輕靈”。遂駛往天津交三口通商大臣崇厚驗收。崇厚亦認爲“船身工料堅固，汽爐輪機靈捷如法”。（見《洋務運動》第五册）光緒十三年（1887），該船在東沙洋面被英船撞沉。（參閲胡立人等《中國近代海軍史》）

金甌

清末中國製造的第一艘小型鐵甲船。江南機器製造總局造。光緒二年（1876）下水。船長九丈六尺，寬一丈八尺，吃水六尺餘，排水量 250 噸，功率 200 馬力，航速每小時 10 海里。係試製性質。（參閲《洋務運動》第四册）

威遠

清末中國製造的第一艘鐵脅軍艦。福州船政局製造，光緒三年（1877）下水。船長二十一丈七尺一寸，寬三丈一尺一寸，吃水一丈四尺，排水量 1268 噸，功率 750 馬力，航速每小時 12 海里。乘員一百二十四人，裝備有火炮十一門。此後，清軍舊式水師的木質帆、槳等戰船即逐步停止生產。（參閲《福建船政志》，《洋務運動》第五册。）

水底機船

中國建造的第一艘潛艇。清光緒六年（1880 年）九月，天津機器局研製建成。此爲中國最早開始的潛艇研製。艇體形似橄欖，水下行駛，甚爲靈捷，可於水下攜送水雷，置於敵艦之下。據《中國近代工業史料》第一輯載：“〔水底機船〕式如橄欖，入水半浮水面，上有水標及吸氣機，可於水底暗送水雷，置於敵船之下。其水標縮入船一尺，船即入水一尺。中秋節下水試行，靈捷異常，頗爲合用。因内河水不甚深，水標仍浮出水面尺許，若涉大洋，能令水面一無所見，而布置無不如意，洵摧敵之利器也。”

開濟

清末中國製造的第一艘鐵脅快碰戰船。福建船政局製造，光緒八年（1882）下水。船體以鐵爲脅，雙層木板爲殼，船面甲板上兩旁炮位處以鋼板爲臺。全船鍋爐、機器及配件，鋼、鐵、木并用。因其船首鋒鋭，可以衝碰敵船，故名之爲快碰，爲當時國内最新型式。船長二十六丈五尺八寸，寬三丈六尺，吃水一丈八尺三寸，排水量 2200 噸，航速每小時 15 海里，乘員一百七十人，裝備克虜伯 21 厘米後膛炮一門，15 厘米後膛炮六門，那騰飛連珠炮六門。（參閲《清末海軍史料·建造快碰船木模説明書》）

廣乙

清末中國製造的第一艘裝甲魚雷快船。福州船政局製造。光緒十五年（1889）下水。船長二十二丈九尺三寸，寬二丈六尺四寸，吃水一丈二尺，排水量 1000 噸，功率 2400 馬力，航速每小時 14 海里。此戰船性能近似現代驅逐艦，以魚雷爲主要武器，可捕捉敵軍魚雷艇。（參閲池仲祐《海軍實紀》）

建威

清末中國製造軍艦中功率大，航速最快的魚雷快艦。福州船政局建造，光緒二十八年（1902）下水。與其同時製成的，尚有性能相同的姊妹艦"建安號"。船體以鋼槽爲脅，鋼板爲殼，船梃、船機及配件，皆爲鋼製品。全艦長二十五丈八尺，寬兩丈六尺五寸，吃水一丈一尺，排水量 850 噸，功率 6500 馬力，航速每小時 23 海里，乘員一百三十六人。裝備有 10 厘米快炮一門，6.5 厘米快炮三門，3.7 厘米連珠炮六門。船首設探照燈一座。船上裝有電燈及暖氣、電風扇等。還裝有魚雷發射管，可捕獲魚雷艇。船身較窄，船體較輕，便於快速機動，爲海軍艦隊中不可或缺的艦種。（參閲《清末海軍史料·建造魚雷快艦木模説明書》）

平遠

清末中國製造的第一艘鋼甲艦。福建船政局製造，光緒十五年（1889）下水。艦體以鋼槽爲脅，鋼板爲殼，外再護以鋼甲。船梃、配件以及鍋爐機器，皆純鋼製品。全艦長一十九丈五尺二寸七分，寬三丈九尺五寸，吃水一丈三尺餘，排水量 2100 噸，功率 2400 馬力，航速每小時 14 海里。載乘員二百人。艦上裝備有克虜伯 26 厘米後膛炮一門，15 厘米後膛炮二門，10 厘米後膛炮一門，哈乞開斯連珠炮四門，其他炮三門。艦首裝探照燈一座，全艦照明均爲電燈。此艦的設計、製圖及主持施工，全部由畢業歸國的留學生承擔。製成後編入北洋海軍艦隊，曾參加甲午中日海戰，"屢受巨彈，毫無損傷"。較購自外國的各艦，毫不遜色，"後爲日本所得，日俄之戰，該船頗著戰績"（見《清末海軍史料·建造鋼甲船模説明書》）。（參閲張墨等《中國近代海軍史略》）

永健

民國時期江南造船所建造的一艘炮艦。1914 年建成。池仲祐《海軍實紀》："〔永健〕價銀四十九萬四千二百五十兩。"艦長 62.5 米，寬 8.99 米，吃水 3.05 米，排水量 860 噸，功率 1470 馬力，航速 13.8 海里，載炮七門。（參閲田昭林等《中國軍事史·兵器》）

平海

民國時期中國製造的巡洋艦。係江南造船所仿照自日本訂造的"寧海號"製品。1931 年

6月開工，1935年9月下水，1936年6月竣工，1937年4月編入民國海軍部隊。王德中《"平海"與"寧海"》（載《艦船知識》1994年第十期）："〔平海〕排水量2383噸，艦長109.8米，寬11.89米，吃水4.04米。配備140毫米主炮六門，75毫米高炮四門，機槍十挺，533毫米魚雷發射管四具，時速25海里，艦載水上偵察

機一至二架，性能接近寧海。"抗日戰爭爆發後，"平海"於1937年9月23日在江陰附近江面遭日機轟炸，受傷擱淺。1941年被擄往日本，改名爲"八十島號"，1944年11月25日被美機炸沉。（參閱田昭林等《中國軍事史·兵器》）

【八十島號】

即平海。此稱1941年已行用。見該文。

附

舟師

亦稱"船軍""水軍""舟軍""水師"。古代水上作戰之艦船部隊。商周之際，舟船即已大量使用於戰爭，并設有專司之官員"舟牧"。《太平御覽》卷七六八引《太公六韜》："武王伐殷……將以四十七艘舡（船）濟於河。"《禮記·月令》："〔季春之月〕命舟牧覆（審察）舟，五覆五反，乃告舟備。"迨至春秋，造船技術、能力大爲提高，戰爭由陸上擴至水上，臨江傍海諸國，競相造船及訓練水戰之士，舟師因之誕生。江上作戰，始於楚吳。《左傳·襄公二十四年》："楚子爲舟師以伐吳。"《文獻通考·兵一》："楚用舟師自康王始。"海上作戰，始於吳齊。《左傳·哀公十年》："徐承帥舟師將自海入齊，齊人敗之，吳師乃還。"史韜載舟師之制，則始於吳越。《初學記》卷二五引《越絕書·水戰兵法》："越爲大翼、中翼、小翼，爲船軍（亦作舡軍）戰。"《吳越春秋·句踐伐吳外傳》尚記越有"戈船三百艘""樓船之卒三千人"及"習流二千人"等。習流，《史記索隱》："即習水戰之兵。"《太平御覽》卷七七

○引《越絕書·水戰兵法》："闔閭見〔伍〕子胥，敢問船軍之備何如？對曰：船名大翼、小翼、突冒、樓船、橋船（《北堂書鈔》引作"篙船"）。令船軍之教比陵（陸）軍之法，乃可用之。大翼者當陵軍之重車，小翼者當陵軍之輕車，突冒者當陵軍之衝車，樓船者當陵軍之樓車，橋船者當陵軍之輕足驃騎也。"此際，舟師已形成可以完成戰略、戰役任務之獨立兵種。因水軍除弓弩外，皆格鬥、防禦兵器，故水戰方式，主要爲接舷戰及撞擊戰。秦漢至唐，有所發展：戰船性能提高，種類增多，兵力加強，作戰水域亦有擴大。漢平南越，武帝派伏波將軍路博多，率"江淮以南樓船十萬師往討之"（見《史記·南越列傳》）。三國吳孫權，曾"遣將軍衛溫，諸葛直將甲士萬人浮海求夷洲（今臺灣）……得夷洲數千人還"（見《三國志·吳書·吳主傳》）。晉滅吳時，〔王〕濬戎卒八萬，方舟百里，鼓入於石頭"（見《資治通鑑》晉武帝太康元年）；晉滅吳後，接收吳"舟船五千餘艘"（見《三國志·吳書·三嗣主傳》裴松之注引《晉陽秋》）。漢末後，多稱舟師爲"水軍"

或“舟軍”。《三國志·魏書·武帝紀》：“〔建安四年〕軍至譙，作輕舟，治水軍。”又《吳書·吳主傳》：“權遣吕範等督五軍，以舟軍拒休等。”南北朝時，始稱舟師爲“水師”。《宋書·孝武帝紀》：“〔大明七年春詔〕可克日於玄武湖大閲水師，並巡江右。”宋元至清，指南針普遍用於導航，宋朱彧《萍洲可談》：“舟師識地理，夜則觀星，畫則觀日，陰晦觀指南針。”宋趙汝適《諸蕃志》：“舟船來往，惟以指南針爲則。”因而具有遠航作戰及全天候行動之能力。明初，鄭和率强大舟師七下西洋，航程六千餘海里，到達東南亞、印度洋、紅海東非三十餘國，在舊港、錫蘭山、蘇門達臘，以少勝多，擊敗敵軍。火器亦廣泛裝備於舟師。宋高宗紹興三十一年（1161）宋金陳家島之戰，宋將李寶以水軍三千，戰船一百二十艘，使用火箭，擊敗擁有戰船六百艘之七萬餘金軍（見《宋史·李寶傳》）。清康熙統一臺灣之戰，鄭克塽水師大型戰船，已“安紅衣大炮一位，重三四千斤，在船頭兩邊安裝發熕二十餘門不等，鹿銃一二百門不等”（見清施琅《清海紀事·飛報大捷疏》）。水戰方式，開始向遠距離炮戰爲主發展。此後，清廷將水師職責定爲僅是“防守海口、緝私捕盜”及“巡哨洋面”（見《清續文獻通考·兵考》）。大型戰船逐漸減少，雍正時規定最大戰船不得超過十一丈，乘員百人以下，僅裝備鳥槍四十二支。至鴉片戰争爆發時，水師已廢弛至不但無力擊敗入侵之英海軍，運輸軍隊亦難完成任務。以致“彼處之救兵未來，而此處之守兵已潰”（見《籌辦夷務始末·道光朝》）。鴉片戰争後，古代傳統之水師逐漸爲近代之海軍所取代。（參見本卷《兵車戰船説·戰船考》“戰船”文）

【船軍】

即舟師。亦作“舡軍”。此稱先秦時期已行用。見該文。

【水軍】

即舟師。此稱漢代已行用。見該文。

【舟軍】

即舟師。此稱漢代已行用。見該文。

【水師】

即舟師。此稱南北朝時期已行用。見該文。

第四章　軍事設施説

第一節　工程設施考

　　工程設施指爲保障軍隊射擊、觀察、指揮、隱蔽、機動和遲滯敵人等各項作戰任務而實施的一切工程技術設施。主要内容有築城、障礙物、爆破、軍用道路、橋梁、渡河、僞裝、野戰給水等。

　　軍事工程隨戰争而産生，隨戰争而發展。中國戰争發生於"五帝"時代，軍事工程亦隨之産生。《淮南子·原道訓》載："昔者夏鯀作三仞之城，諸侯背之。"高誘注："鯀，帝顓頊五世孫，禹之父也。八尺曰仞。鯀作城郭，以其役勞，故諸侯背之。"另説"黄帝始立城邑以居"。晋張華《博物志》佚文："禹作三城，强者攻，弱者守，敵者戰，城郭又自禹作也。"此外，尚有舜、鯀開始築城之説。諸説不同，但"五帝"時已有城堡則爲共識。對此，考古發掘亦可證明：陝西西安半坡仰韶文化遺址發現距今 6000 年左右之壕溝類防禦工事；河南安陽、内蒙古包頭龍山文化遺址，發現距今約 4800 年之夯土、石砌圍墙；河南登封、淮陽龍山文化後期遺址，發現王城崗、平糧臺城等早期永備工事型之城堡。

　　夏商周時，已有了管理軍事工程之各種職官及浮橋、軍用道路、橋梁、障礙等設施。

至戰國時，以城墻爲主體、以永備工事爲骨幹之城池防禦體系已臻成熟：城墻頂部修有城堞、城樓及突出墻外用以消滅死角之木樓，城墻底部修有用以出擊之突門；城墻内側修有環城道路；城墻外側設有若干道障礙，護城河水面下裝有竹籤，城門内安裝懸門，城門外安裝吊橋或轉關橋及陷阱。城外重要地段建有用一定兵力防守之據點（亭），以遲滯敵方之行動，爲守軍爭取作戰準備時間。有軍用道路通往國都或其他城池，每隔一定距離，道旁建一築有圍墻、外壕等防禦工事之郵亭，内設烽燧，與國都及其他城池保持通信聯繫，這一時期還出現了野戰築城及長城。

野戰築城，稱營壘或壁壘，實質爲急造城堡，通常以一土石結構環形壘墻爲主體，外築壕溝，并設置障礙，如《六韜·虎韜》所説："設營壘，則有天羅（網狀障礙）、武落（即虎落，竹木尖樁）、行馬（拒馬）、蒺藜"等，僅規模較城池爲小、簡，無敵樓等設施。因地形條件限制或時間因素影響不能進行築壘時，春秋以來盛行以車代壘，即用戰車、盾櫓等構成車壘陣地。《孫臏兵法·陳忌問壘》有關於此種陣地構築之簡單叙述。河南輝縣琉璃閣戰國魏墓車馬坑中曾出土十九輛木車，即爲雙重車壘之形象。

春秋戰國以來，戰争性質逐漸由争取控制別國發展爲兼併、統一，争奪統治區域及占領戰略要地成爲作戰之主要目的。因而，齊、楚、秦、魏、趙等各國，先後均在其具有外來威脅方向之邊境地區修築綫式防禦工程——長城。秦滅六國後，爲防止匈奴襲掠，鞏固北部邊防，沿襲戰國時秦、趙、燕之國防戰略方針，修建了西起臨洮（今甘肅岷縣。一説今臨洮）、東至遼東之浩大軍事工程——萬里長城。由於《史記·匈奴列傳》記秦始皇修長城有"可繕者治之"之句，故有認爲秦始皇時所修長城僅僅是利用戰國時秦、趙、燕所築長城，加以修繕、連結而成。事實并非如此，考古勘察證明：今内蒙古、河北境内之長城，不僅利用原趙、燕長城，而且在其以北修築近1000千米新長城，形成大縱深、有多道陣地之防禦工程體系。又據《史記·秦始皇本紀》所記"三十三年……城河上爲塞"分析，今甘肅、寧夏境内之長城，已向西推進至黃河一綫。漢武帝時對匈奴實行戰略反擊，以騎兵大兵團攻占匈奴南進之主要戰略基地陰山山脉後，爲鞏固戰果，又在陰山以北修建了兩條近似平行之複綫新長城，史稱"塞外列城"。

秦漢至清，武器裝備及戰術均有一定進步，但軍隊基本上仍以密集戰鬥隊形，持冷兵器進行作戰；火藥用於軍事後，雖對戰争産生相當影響，但黑色火藥兵器之威力，尚不足以摧毁堅固之城壘，所以以築城爲中心之軍事工程并未發生質變，僅在原來基礎上改進、補充和完善。如城池組成及結構方面有了重城、羊馬城、反射弩臺、月城、馬面；障礙器材出現了地雷、水雷等；輕便渡河器材及野戰給水、僞裝設施等亦均有所發展。

清末至民國末年，中國軍隊基本上完成了軍事近代化，有了專業工程兵，築城體系已由深溝高壘發展爲塹壕體系。塹壕之萌芽，早在清初即已出現。鄭成功守海澄時，清軍以“大小銃數百號”集中轟擊，連續三天，“無瞬息間斷”。鄭軍“營壘整而又壞，官兵無可站立”。鄭成功令戰士“各掘地窩藏身”。在清軍炮火集襲下，鄭軍營壘一連盡如平地，但“官兵多開藏地窖中，不傷，其所埋火藥亦無防礙”（楊英《先王實錄》）。此處所記之“地窩”當爲單人掩體，而開藏之“地窖”，當是掩蔽部。

塞

構築於邊境戰略要地之軍事城堡。西周即已有在邊境築城戍守之記錄，春秋時稱之爲“塞”。戰國後，因長城係障、塞、亭、燧等點式築城連結組成，故又引申爲長城之別稱。《詩·小雅·出車》：“王命南仲，往城於方。”《左傳·文公十三年》：“晋侯使詹嘉處瑕，以守桃林之塞。”又昭公二十六年：“晋知躒、趙鞅帥師納王，使女寬守闕塞。”《漢書·鼌錯傳》：“秦時北攻胡貉，築塞河上。”又“遣將吏發卒以治塞”。

亭障

亦作“亭鄣”。邊塞戍軍駐守城堡之泛稱。此稱主要流行於先秦兩漢。通常稱小者爲亭，大者爲障。在今內蒙古、寧夏等地長城沿綫已發現百餘座漢代亭障遺址，多方形一門。亭，周長約100米。障，周長200米以上，最大者周長達2000餘米。《戰國策·魏策一》：“戍卒四方，守亭障者參列。”鮑彪注：“障，隔也，築城壘爲之。”《史記·張儀列傳》：“守亭鄣者不下十萬。”《韓非子·內儲説上》：“秦有小亭臨境，吳起欲攻之……乃下令曰：‘明日且攻亭，有能先登者，仕之國大夫，賜之上田宅。’人爭趨之，於是攻亭，一朝而拔之。”《資治通鑑·漢武帝元狩四年》：“上遣（狄）山乘障。”胡三省注引唐顔師古：“障，謂塞上要險之處別築爲城，因置吏士而爲蔽障，以禦寇也。”

【亭鄣】

同“亭障”。此體漢代已行用。見該文。

城堡

省稱“堡”。駐屯軍隊之環形防禦工事。與城池基本相同，由防護、射擊、障礙、觀察指揮設施及出入口防禦設施等組成之永備築城，但規模較小，城內亦無普通居民。通常修建於交通孔道、山險隘口等軍事要地。《晋書·劉牢之傳》：“〔劉〕牢之進屯鄆城，討諸未服，河南城堡承風歸順者甚衆。”宋宇文懋昭《大金國志·章宗皇帝上》：“愛王遣親將禾寶奴當北狐口兩山之間築城堡，堅守不動。”《晋書·符登載記》：“徐嵩、胡空各聚衆五千，據險築堡以自固。”

【堡】

“城堡”之省稱。此稱晋代已行用。見該文。

壁壘

省稱“壁”“壘”。野戰築城，通常指軍隊宿營時建於周圍之環形防禦工事。主要有壕溝、土墻或木栅。《六韜・龍韜・王翼》：“修溝壍，治壁壘。”《史記・黥布列傳》：“深溝壁壘，分卒守徼乘塞。”又《高祖本紀》：“〔漢王〕晨馳入張耳、韓信壁，而奪之軍。”《禮記・曲禮上》：“四郊多壘，此卿大夫之辱也。”鄭玄注：“壘，軍壁也。”

【壁】

“壁壘”之省稱。此稱漢代已行用。見該文。

【壘】

“壁壘”之省稱。此稱漢代已行用。見該文。

城郭

内城與外城城墻，有時亦作爲城池築城體系之泛稱。三代時城、郭範圍較小，春秋後逐漸增大。《管子・度地》：“内爲之城，城外爲之郭。”《禮記・禮運》：“城郭溝池以爲固。”《孟子・公孫丑下》：“三里之城，七里之郭。”漢袁康《越絕書・記吳地》：“吳大城週四十七里二百一十步三尺。”又，“郭六十八里六十步。”（參見本卷《軍事設施説・工程設施考》“城池”“城”文）

城隍

城墻與城壕。亦作爲城池築城體系之代稱。初，隍僅指無水之壕，漢後有時亦用以稱護城河。《周易・泰》：“城復於隍。”三國吳虞翻注：“隍，城下溝，無水稱隍，有水稱池。”《梁書・陸襄傳》：“襄先已帥民吏修城隍以備。”

漢班固《兩都賦序》：“京師修宫室，浚城隍。”《元史・余闕傳》：“分兵守安慶……乃浚隍、增陴，隍外環以大防，深塹三重，南引江水注之。”（參見本卷《軍事設施説・工程設施考》“城池”文）

城池

城墻與護城河，但通常作爲城市防禦築城體系之總稱。由防護、射擊、指揮觀察、障礙、出入口防禦設施及周邊臺、堡等六部組成。因城池多位於交通樞紐或戰略要地，而保衛對象又多爲國家或地區之政治、經濟、軍事中心，故成爲戰爭争奪之重要目標。歷代統治集團均視城池得失爲戰争勝負主要標志之一，强調深溝高壘。如河南新鄭戰國韓鄭故城，至今城墻殘高尚有 15 至 18 米；河北臨漳三國魏鄴城，城墻最厚處 50 米；江蘇揚州春秋吳邗城，城壕寬達 100 米。爲提高城防强度及韌性，重要城池均爲内外二城，有的三城，如江蘇常州西周淹城，即三城三壕。明北京城則發展爲四城結構。整個古代城池雖在工事設施及材料工藝等各方面均有不少發展，但就其整體工程而言，則變化不大，唐宋時已基本定型。基本結構爲：以城墻爲主體工程，四周築有凸出城外之墻臺，并開有若干城門，門上及城隅有城樓、角樓或箭樓，門外有甕城，墻頂有女墻，城墻外有羊馬墻及護城河，周邊要口及制高點建有墩、臺以作爲前哨。《左傳・僖公四年》：“楚國方城以爲城，漢水以爲池。”《墨子・備城門》：“〔城〕厚以高，壕池深以廣，樓鬬脩……然後城可守。”

城

封閉式環形築城工事。始見於五帝時期，

由遠古圍牆發展而來。金文爲"𣃚"，左示城圍，上下城樓，右鉞，以武器保衛城圍之意，本義僅指城牆。城與圍牆之區別在於圍牆衹起遮蔽、障礙作用，單純防護設施，而城則除防護外，尚具有指揮、觀察、發射及出入口防禦設施。目前已發掘出許多先夏古城。以河南淮陽平糧臺古城爲例，城呈正方形，長寬各185米，夯土築城，現存殘高3米以上，下寬13米，頂寬8至10米，以原高10米計，頂寬亦達6米以上，可以機動部隊、指揮戰鬥、觀察敵情及投石射箭。有南北兩城門，門側建有門衛房。經科學方法測定，距今在四千二百年以上。"城"詞義後擴大爲泛指城邑、城市。城之規模，隨社會發展而擴大，據實測：河南鄭州商城周長6.96千米，山東臨淄戰國齊城周長12千米，陝西長安漢城周長25.7千米，江蘇南京明城周長33.5千米。三國時出現磚砌城堡牆，唐宋後普遍。《淮南子·原道訓》："黃帝始立城邑以居。"《呂氏春秋·君守》："夏鯀作城。"《墨子·七患》："城者所以自守也。"（參閱《河南淮陽平糧臺龍山文化城址試掘簡報》，《文物》1983年第3期。）

周淹城

春秋吳國之軍事城壘。位於今江蘇常州西南。原爲西周小國，爲吳兼并。其城池築城體系爲三城三池結構。内城呈方形，周長約500米，中城亦爲方形，周長約1500米，外城爲不規則圓形，周長約2500米。每道城牆僅有一座城門，且不在同一方向。内城門在南牆正中，中城門在西牆偏南端，外城門在西北角處。三城均有城壕，内城壕已湮没，中城及外城壕寬45至50米，深約9米，長年有水。内城地勢隆起，城牆高距地面約6米，中、外城牆高出水面約10米。三道城牆均25米左右，堆土築成。中城壕底曾出土西周時期之青銅兵器及渡壕出入及巡邏用之四隻獨木舟。

偃師商城

商代前期都城之一。位於今河南偃師尸鄉溝，1983年考古發掘時發現。築城年代距今約三千六百年，與古文獻中記載商湯滅夏後所建之西亳城地址、年代均符合。城略呈方形，南北長約1700米，東西寬度，北部1215米，南端有洛水，僅長740米，城中總面積約190萬平方米。城牆厚度16至28米不等，先掘基槽，然後逐層夯築而成，現有殘高1.8米處，寬16.4米。城牆内外兩側，均築有斜坡護牆。東西兩面各有城門三座，北面一座。城門門道較窄，僅寬2.4米左右，門道兩側各有一條側牆，牆中有暗柱，柱下有礎石。判斷城門上方當有橫梁及夯土牆，以便使城牆連爲一體，既利於機動部隊又便於防守城門。城門内有各約3米之登城坡道，下端與城内主幹道連接。（參閱《1983年秋季河南偃師商城發掘簡報》，《考古》1985年第10期。）

先夏平糧城

中國最早城堡之一。位於今河南淮陽境内，1979年至1980年考古發掘時發現，經碳14法測定，樹輪校正，係龍山文化中晚期時築城，距今約4200年。城址呈正方形，邊長各185米，城内面積30040餘平方米，現存城牆殘高3米餘，頂寬8至10米，下寬13米。夯土築成。城有南、北兩城門。南門爲正門，形制較大，門兩側建有土坯砌築之門衛房。構築技術，城牆爲先挖基槽，再填土夯實，其夯築技術采用小板築堆築法，在主墙外側另行夯築與主墙同高之斜坡護墙，用以增大坡度，以便相對提高城墙高度及强度。

夏統萬城

北朝十六國之大夏都城，位於今陝西靖邊北白城子處無定河北岸。原有内外兩城，現外城僅有少量遺迹，輪廓已不清楚。内城分爲東西兩城，兩城均爲長方形，中間隔墙實爲西城東墙。東城周長 2566 米，墙高 6 至 12 米；西城周長 2470 米，墙厚 16 米，四角均有凸出城外之方形墩臺，高於城墙，其中西南角墩臺最高，現存殘高尚達 31.3 米。臺爲角樓基座，原爲多層發射工事之高層建築。西南角墩臺，至今仍留有六排伸出墩臺基座木椽、木柱之孔洞，木椽上鋪板，周邊以帶有生牛皮之欄杆，有如棧道，戰士可據以發射矢石。城墙四周均築有較密之馬面，西城南墙馬面，全長 18.8 米，寬 16.4 米，高於城墙甚多。經發掘墙臺中空，爲一邊長 7 米之方形豎井，深 6 米，中有樓板，隔爲兩層，由頂部井口緣梯上下出入，井内貯有大量高粱。古籍記載，城梁爲“蒸土築城”。經實地化驗鑒定實屬城土、石英、黏土及碳酸鎢混合而成之三合土。生石灰加水變爲熟石灰過程中釋放大量熱氣，蒸霧冲騰，故誤爲蒸土。《晋書·赫連勃勃載記》：“乃蒸土築城，維入一寸，即殺作者，而並築之。”宋沈括《夢溪筆談·官政》：“〔統萬城〕緊密如石，鑿之則火出，其城不甚厚，但馬面極長且密……馬面長則可反射城下攻者，兼密則矢石相及，敵人至城下則四面矢石臨之。”（參閲《統萬城城址勘測記》，《考古》1981 年第 3 期。）

鄭州商城

商代前期都城之一。1956 年考古發掘時發現。據碳 14 測定，樹輪校正，建城年代約爲公元前 1595 年。城爲方形，周長 6960 米。城外有深寬各約 5 至 6 米的外壕，墙基部厚 21 米，殘高 5 米處厚 10 米，估計原高約 10 米。構築技術已遠較先夏城堡進步，主城墙由板築法築成，已接近垂直；外均築有斜坡護墙，并經過鏟削及鋪設碎石外層，以防雨水冲刷；城墙各夯層之間采用榫卯式結合法，牢固性大爲提高。有學者認爲係湯所居之亳都，有學者認爲係中宗所居之庇，亦有學者認爲係仲丁遷都之隞。

堞

亦稱“陴”“城堞”“雉堞”，築於城墙頂部外沿，帶有齒狀垛口之防護墙。一般高六尺，垛寬七八尺，垛口寬度各城及各人主張均不相同。用以遮擋矢彈、隱蔽行動及據以發射弓弩、火器，并可增加城墙高度，使攻者攀登更難。《左傳·宣公十二年》：“國人大臨，守陴者皆哭。”《左傳·襄公六年》：“堙之環城，傅於堞。”漢賈誼《新書·春秋》：“及翟伐衛，寇挾城堞矣。”南朝宋鮑照《蕪城賦》：“是以板築雉堞之間，並幹烽櫓之勤。”明茅元儀《武備志·城制》引戚繼光：“垛必高六尺……垛口一尺。”又引吕坤：“垛頭高六尺，闊七尺……三尺爲垛口……口隘小，雖賊上爲難，而我不能出頭。”

【陴】

即堞。此稱先秦時期已行用。見該文。

【城堞】

即堞。此稱漢代已行用。見該文。

【雉堞】

即堞。此稱南北朝時期已行用。見該文。

俾倪

亦作"睥睨""埤堄"，原指城墙頂部女墙上所開之觀察孔，後詞義擴大爲帶觀察孔女墙之泛稱。《墨子·備城門》："俾倪廣三尺，高二尺五寸。"北魏酈道元《水經注·穀水》："城上西面列觀，五十步一睥睨。"元傅若金《登岳陽樓》："闌幹映水迴，埤堄與雲連。"清段玉裁《説文解字注》："俾倪，叠韻字，或作睥睨，或作埤堄，皆俗字。城上爲小墙作孔穴，可以窺外，謂之俾倪。"（參見本卷《軍事設施説·工程設施考》"堞""女墙"文）

【睥睨】

同"俾倪"。此體南北朝時期已行用。見該文。

【埤堄】

同"俾倪"。此體元代已行用。見該文。

女墙

亦稱"女垣""女頭墙"。城墙頂部所築防護矮墙之總稱。包括有或無觀察射擊孔之平頭墙及垛口墙。此稱始於漢，沿用至今。《釋名·釋宫室》："城上垣，曰睥睨……亦曰女墙，言其卑小比之於城。"《宋書·南平穆王鑠傳》："〔陳〕憲督勵將士固女墙而戰。"《陳書·侯安都傳》："石頭城北接岡阜，雉堞不甚危峻，安都被甲帶長刀，軍人捧之投於女垣内，衆隨而

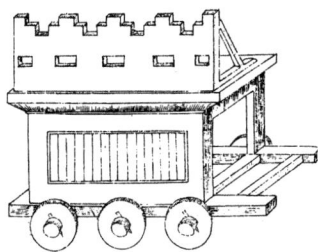

女墙
（宋曾公亮《武經總要前集》）

入。"唐李賀《石城曉》："月落大堤上，女垣棲烏起。"宋陳規《守城機要》："女頭墙，舊制於城外邊約六尺一簡，高者不過五尺，作山字樣，兩女頭間留女口一簡。"（參見本卷《軍事設施説·工程設施考》"堞""俾倪"文）

【女垣】

即女墙。此稱南北朝已行用。見該文。

【女頭墙】

即女墙。此稱宋代已行用。見該文。

塹

亦作"壍"。亦稱"池""隍""壕（濠）"。城防工事障礙設施。早在原始戰争時期，即已出現。陝西西安半坡仰韶文化遺址，距今已六七千年，居住地四周，即挖有深5米、寬6米之壕溝。河北磁縣下潘汪龍山文化遺址還曾發現挖有兩道平行壕溝之防禦工事。城墙出現後，與之配合，成爲城池築城體系中之主要工事設施。三代（夏商周）時有水稱池，無水稱隍，戰國後總稱塹或壕，俗稱護城河。隨戰争發展之需求，愈後愈要求深、寬。三國吳虞翻注《周易·泰》："隍，城下溝，無水稱隍，有水稱池。"《六韜·龍韜·王翼》："修溝塹，治壁壘。"《史記·高祖本紀》："郎中鄭忠乃説止漢王，使高壘深塹，勿與戰。"《通典·兵五》："城壕面闊二丈，深一丈，底闊一丈。"明茅元儀《武備志·城制》："〔護〕城河闊必三丈五尺，愈闊愈好，深必一丈五尺或二丈，愈深愈好，有水爲第一，無水者次之；水深泥陷者更妙，水淺泥硬者次之。臨警，水中加以刺柴、竹籤、鐵鋒皆妙。"

【壍】

同"塹"。此體先秦時期已行用。見該文。

【池】

即塹。此稱先秦時期已行用。見該文。

【隍】

即塹。此稱先秦時期已行用。見該文。

【壕】

即塹。此稱先秦時期已行用。見該文。

虘斯

亦稱"樓鸝"。城防工事設施。即城上敵樓。此稱見於《墨子・備城門》："城四面四隅，皆爲高虘斯，使重室乎子（貴家子弟）居卜上候適（適即敵，觀察敵情），視卜態狀與其進退左右移處，失候斬。"按"虘斯"，各本多作"磨鴟"。又，"凡守圍城之法：城厚以高，壕池深以廣，樓鴟修。"清王念孫《讀書雜志・墨子第五》注："引之曰：'"磨"當爲"虘"，字書無"斯"字，蓋"斯"字之譌。虘斯，叠韻字，其音蓋如《說文》之"欀斯"，而義則不同。虘斯，蓋樓之異名也。'"

【樓斯】

即虘斯。此稱先秦時期已行用。見該文。

木樓

戰國城防工事設施。突出堞墻外之櫓樓，形類現代陽臺。突出目的，便於側射及投檑，能更有效地殺傷蟻附攻城之敵及消滅城下死角，係後世"馬面"發軔之始。《墨子・備城門》："百步一木樓，樓廣前面九尺，高七尺，樓勿居坫，出城十二尺。""樓勿居坫"似爲"樓軒居坫"之誤。軒，厢底後部横木，坫，土臺，意爲木樓後部底架横梁，埋於土臺之下，以使前部能突出城外十二尺（約合2.4米）。

坐候樓

亦稱"堠樓"。城防工事設施。值班人員在其中瞭望，發現敵情時按規定發出信號。此稱始於戰國，至隋唐時稱爲"堠樓"。《墨子・備城門》："三十步置坐候樓。樓出於堞四尺，廣三尺，長四尺，板週三面密傅之，夏蓋其上。"《通典・兵五》："〔城〕建堠樓，以板挑出爲櫓（有防護設施之小樓），與四外烽戍晝夜瞻視。"

【堠樓】

即坐候樓。此稱唐代已行用。見該文。

白露屋

城防工事設施。觀察哨所，由"坐候樓"演變而來。此稱始見於宋。宋時守軍皆分別居住於"戰棚"或"敵樓"中，爲設置警戒及觀

白露屋
（明何汝賓《兵錄》）

察哨，在戰棚頂上，用江竹或榆、柳條編成覆碗形圓小屋，外塗白石灰，左、右、前方開有瞭望孔，後有小門，内容一人。大致每五間戰棚上設一所。宋曾公亮《武經總要前集・守城》："白露屋，以江竹或榆柳條編如穹廬狀，外塗石灰。有門有竅，中容一人，以爲候望。每敵樓戰棚上，五間置一所。於兩傍施木櫃馬、笓籬笆，隱人於下，持泥漿麻褂以備火攻。"

戰棚

亦稱"敵樓""團樓"，城防工事設施。守城戰士居住及據以戰鬥之屋。始於唐。《通典・兵五》："於城上以木爲棚，容兵一隊。"此

稱則始見於遼代。《遼史·耶律斡臘傳》：“依埤堄虛構戰棚，誘我軍登埤，俄撤枝柱，登者盡覆。”宋軍稱設於甕城上者爲“戰棚”，設於馬面上者爲“敵樓”，設於城角者爲“團樓”，其制則一。清吳任臣《十國春秋·吳越·羅隱傳》曰：“羅隱顧謂左右曰：‘百步一敵樓足言金湯之固。’隱徐曰：‘敵樓不若内向爲佳’。”宋曾公亮《武經總要前集·守城》：“甕城上各設戰棚，其制與敵樓同。”又“敵樓，前高七尺，後五尺，每間闊一步，深一丈，其棚上下容二十人，若城愈闊則愈深。上施搭頭木，中設雙柱，下施地栿（明張自烈《正字通》：“以小木附大木上曰栿。”即地板），仍前出三尺。常法一間

敵樓
（清年羹堯《治平勝算全書》）

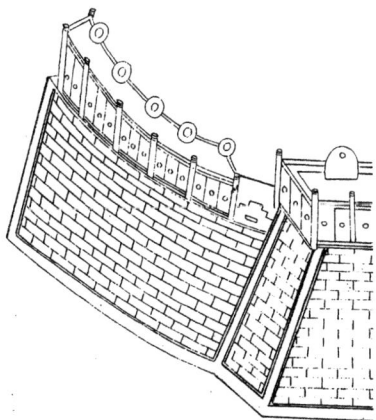

團樓
（宋曾公亮《武經總要前集》）

二柱，此用四柱，以備矢石所摧。上密布椽，覆土厚三尺，加石灰泥之，被以濡氊及椽、栿之首，並以牛革裹之，以防火箭。”

【敵樓】

即戰棚。此稱五代時期已行用。見該文。

【團樓】

即戰棚。此稱始行用於宋。見該文。

箭樓

城防工事設施。建於城牆上，具有觀察、指揮及射擊功能之敵樓。磚石結構，四面均開有箭窗，故稱。宋元時已見類似之物，盛行於明清，通常有大小兩種：大者二層，四排箭窗，可容百餘戰士同時發射弓弩鎗銃，多建於大城池甕城上及城角處，明北京東城城門及城角均有箭樓，至今猶存；小者一層，可容十餘人發射，多建於沿海城堡、城樓、角樓之間。金山衛城有“門樓四座，角樓四座，箭樓四十八座”，金山中前所城（青邨所）有“箭樓二十八座”。（參閲明鄭若曾《江南經略》卷四下）

城樓

建於城門上方之樓，城防工事之指揮、觀察設施。先夏城門僅一寬大豁口，爲加强城門防守，後將門道改窄，如河南偃師商城，城門寬僅2.4米，築有石礎木柱骨心之夯土側牆，側牆上端橫置長木，其上夯土，使城牆連接，可於城門上方投石射箭。約自春秋起，又於城門上修建城樓，初爲單層，戰國時出現重樓，延續至清。漢袁康《越絶書·記吳地》：“〔吳大城〕陸門八，其二有樓。”又“吳小城……門三，皆有樓”。《墨子·備城門》：“樓扢勇必重。”《後漢書·鄧禹傳》：“光武舍城樓上。”

甕城

亦稱"月城"。加築於城門外之小城，用以增強城門防禦能力。城門被攻時，城上守軍可由側、後方發射弓弩，投擲檑石；敵如攻入

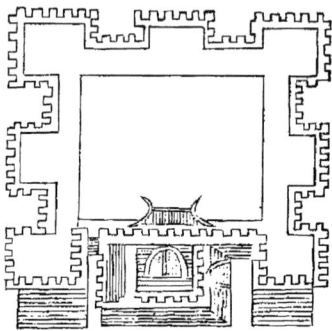

甕城圖
（明茅元儀《武備志》）

甕門，則如入甕中，守軍可由四面夾擊而聚殲之於甕城內。始見於春秋，江蘇揚州吳邗城考古發掘中，曾發現東、西、北三城門均有甕城遺迹。由城闕發展而來。漢武帝時，曾在北部邊境地區修建大批築有甕城之邊城，當時多方形。後逐漸普遍，多爲半圓形，一直延續至清。《新五代史・朱珍傳》："夜率其兵扣鄆城門，朱裕登陴，開門内珍軍。珍軍已入甕城而垂門發，鄆人從城上礌石以投之，珍軍皆死甕城中。"《新唐書・李密傳》："世充乘勝進攻密月城。"宋曾公亮《武經總要前集・守城》："其城外甕城，或圓或方，視地形爲之，高厚與城等，唯偏開一門，左右各隨其便。"參閱《揚州古城 1978 年調查發掘簡報》《中國長城遺迹調查報告集》)

【月城】

即甕城。此稱宋代已行用。見該文。

縣門

亦稱"插板""干戈板"。城防工事設施。增設於城門前、後之閘門式重門。可加强城門鞏固性，在少數敵人突入城門時，放下縣門可切斷城内外敵軍聯繫，殲滅入城之敵。始見於春秋，沿用至清末。《左傳・莊公二十八年》："縣（懸）門不發。"又襄公十年："偪陽人啓門，諸侯之士門（進入）焉，縣（懸）門發，郰人紇抉之（頂住）以出門者。"孔穎達疏："縣門者，編版廣長如門，施關機以縣門上，有寇則發機而下之。"宋曾公亮《武經總要前集・守城》："插版，與城門爲重門。其制：用榆槐木，廣狹準城門，漫以生牛皮，裹以鐵葉，兩旁施鐵環貫鐵索。凡大城門，去門閾五尺，立兩頰木，木開池槽，亦用鐵葉裹之。若寇至，即以絞車自城樓上抽所貫鐵索，下插版於槽中，外實以土防火攻，內枝以柱防傾折。"宋陳規《守城機要》稱之爲"干戈板"，"用鐵葉釘裹，置於城門之前，城上用轆轤車放，亦是防遏衝突"。

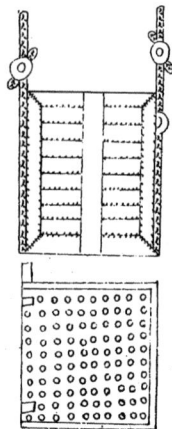

插板
（清年羹堯《治平勝算全書》）

【插板】

即縣門。此稱宋代已行用。見該文。

【干戈板】

即縣門。此稱宋代已行用。見該文。

懸眼

亦稱"天井"。城防工事。築於城上女墻基部、斜向城下之井狀穴孔。用於觀察城下情

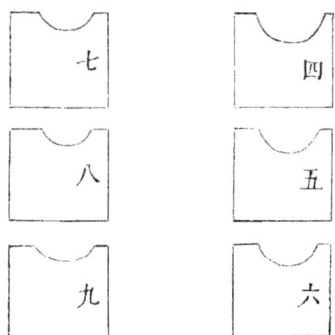

懸眼（懸眼製）
（明茅元儀《武備志》）

五星池
（明茅元儀《武備志》）

況及投擲檑石，發射彈、矢。又，挖於敵攻城地道頂上之井穴，亦稱天井，用以投擲柴草，熏燒地道中作業之敵。明茅元儀《武備志·城制》："懸眼製，每垛當中，自城面平爲孔，高九寸，約磚三層，磚厚用兩層；平面以下，兩方磚對中爲彎，漸漸平縮……或二十、三十等層，以盡爲度……有此懸眼，賊遠，則瞭之垛口，銃矢射之；賊近，我兵不出頭，以身藏垛下，於懸眼內下視，攻城者雖有銃矢無所施；若到城下，一見無遺，即將矢石銃子火桶擲之。"又引吕坤《實政録》："垛口墻根之下，留天井一箇，圓徑一尺，直通城下，一眼看到城根，可落升口圓石，可容仰月鏟，斷鈎竿，推雲梯，可使三刺槍，可打快槍，發箭，用噴火噴糞。"唐李筌《神機制敵太白陰經·守城具》："天井，敵攻城爲地道來，反自於地道上直下穿井邀之，積薪井中，加火熏之，自然焦灼。"

【天井】

即懸眼。此稱唐代已行用。見該文。

五星池

亦稱"漏槽"。城防工事設施。建於城門上方之盛水槽，主要用於撲滅城門之火。此稱始見於明代。明茅元儀《武備志·城制》："城

門之上，以磚砌五星池，狀如豬槽長，通兩扇門面，深二尺，闊一尺，留五孔，大如升，高地一尺。賊以火焚門，可以下水，可以放快槍，可以射箭，可以擂石。"又《守五》引尹耕《堡約·堡制》："〔城門〕鐵裏以禦火也，今鐵葉至薄，不禁熏灼，鐵熱木焚……無漏槽以下水……發火以焚，無不鎔壞……甕城門亦備漏槽下水。"

【漏槽】

即五星池。此稱明代已行用。見該文。

突門

亦稱"暗門"。城防工事。通向城外之城墻暗道，用於出擊。通常城墻外側留部分不挖通，臨用時挖開。始用於戰國時期。《六韜·豹韜·突戰》："百步一突門。"《墨子·備突》："城百步一突門。"《晉書·石勒載記上》："速鑿北壘爲突門二十餘道，候賊列守未定，出其不意，直衝末柸帳，敵心震惶……督諸突門伏兵俱出擊之。"《通典·兵五》："城內對敵營，自鑿城內爲暗門，多少臨事。令五六寸勿穿，或於中夜，於敵初來，營列未定，精騎從突門躍

暗門
（清年羹堯《治平勝算全書》）

出，擊其無備，襲其不意。"參閱唐李筌《神機制敵太白陰經·守城具》。

【暗門】

即突門。此稱唐代已行用。見該文。

轉關橋

亦稱"發梁"。守城工事設施。橋面可以翻轉，故名。橋爲獨梁，梁端有橫木，以插銷固定，橋面可以通行，拔去插銷，橋面翻轉。始見於戰國。《墨子·備城門》："爲發梁而機巧之……引機發梁，敵人可禽。"《通典·兵五》："轉關橋一，梁端著橫檢，拔去其檢，橋轉關，人馬不得過渡，皆傾水中。"有時亦在城門內挖掘陷坑，"坑上安轉關板橋，若敵人來得三五十人後，啓發機關，自然先斃。"宋曾公亮《武經總要前集·守城》有相同記載及圖。

【發梁】

即轉關橋。此稱戰國時已行用。見該文。

釣橋

亦作"弔橋"，亦稱"縣梁"，守城工事設施。橋面可以釣（吊）起，故名。始見於戰國初，歷代營壘外壕上多架此出入，沿用至民國。

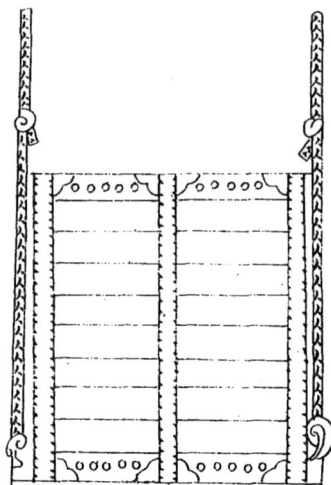

釣橋
（清年羹堯《治平勝算全書》）

《墨子·備城門》："穿外塹……爲縣梁。"宋曾公亮《武經總要前集·守城》："釣橋，造以榆槐木。其制如橋。上施三鐵環，貫以二鐵索，副以麻繩，繫屬於城樓上。橋後去城約三步，立二柱，各長二丈五尺，開上山口，置熟鐵轉輸爲槽（滑槽），以架鐵索並繩，貴其易起。若城外有警，則樓上使人挽起，以斷其路。亦以護門：城上常以砲及弓弩禦敵，慮以火牆及被攻所。"

【弔橋】

同"釣橋"。此體先秦時期已行用。見該文。

【縣梁】

即釣橋。此稱先秦時期已行用。見該文。

羅城

爲提高城池防守能力，在城關周邊增建之小城堡。南北朝時即已出現，後世各重要城池多有構築。明山海關城四門外距城千米處，均建有羅城，以東羅城爲例，周長 1750 米，墙高 7 米餘，東南、南、北三面環以護城河，有三座陸門、兩座水門及敵樓九重。北部羅城較小，周長 1208 米，高 6 米餘，各有南北二門。《魏書·楊侃傳》：“〔裴邃〕襲壽春，入羅城而退。”《新五代史·劉鄩傳》：“鄩乃使人負油鬻城中，悉視城中虛實，油者，羅城下水竇可入。鄩乃以步兵五百從水竇襲破之。”

水城

停泊水軍艦船之城池築城體系。始見於春秋時期，吳國地處水鄉，以舟師爲主，故在都城附近太湖之濱，專門築建廣溪水城，以作爲停泊駐屯及訓練水軍之基地。《一統志》記述爲“闔閭所置船宮也”。至明時，爲防禦倭寇侵擾，海防體系基本形成，沿海要地及重要海島除木城、水寨等外，尚築有水城。係在宋代“刀魚寨”舊址上增建而成。以蓬萊水城爲例，由城牆、水門、小海、炮臺、平浪臺、碼頭、燈樓及防浪壩八部組成。城呈不規則之長方形，周長 2240 米，城牆爲石條與城磚包砌，高 7 米，頂寬 8 米，築有女牆，共有城門兩座，南爲陸門，北爲水門。城內一半面積爲小海，經水門可直通大海，小海兩側砌有碼頭。水門兩側各有炮臺一座，可以火力控制近海海面及水門。水門築有緩衝風浪之磚砌平浪臺 50 餘米。東炮臺以北築有阻擋流沙、淤泥之防浪壩 100 餘米。水門以內西側制高點上築有用以導航及觀察、指揮的燈樓。（參閱《登州府志·武備》《嘉慶重修一統志》）

羊馬城

亦稱“羊馬牆”。修築於護城河內之外牆工事。因堅壁清野由四鄉轉來之牛馬等牲畜，通常安置於此牆之內，故名。既可作爲障礙設施，亦可作爲防護工事，派軍防守，以加強遲滯及消耗敵軍之作用，由戰國“馮垣”演變而來。此稱始見於唐，宋明盛行。當射程遠、威力大之管形射擊火器發展後，逐漸不建。《通典·兵力》：“城外四面壕內，去城十步，更立小隔城，厚六尺，高五尺，仍立女牆，謂之羊馬城。”宋陳規《靖康朝野僉言後序》：“城外脚下，去城二丈臨壕根上，宜築高厚羊馬牆，高及一丈，厚及六尺。牆脚下亦築鵲臺，高二三尺，闊四尺，鵲臺上立羊馬牆。上亦留品字空眼，以備觀望及通槍路。”宋徐夢莘《三朝北盟會編》卷二〇一：“陳守始令居民築牛馬牆，兵既退後，方置炮座。”明茅元儀《武備志·城制》：“爲牆，磚亦可，石亦可，土築亦可，三合土亦可……應避難之人，牛馬之類，皆可暫於牆內收避。兼此牆恃城爲險，城以牆爲衛，緩急有城上人可以助力張威……此所以牛馬牆爲有用之物。”

【羊馬牆】

即羊馬城。此稱宋代已行用。見該文。

柴摶

城防工事障礙設施。臨戰前建於城牆、護城河間之木欄障。外層豎立長一丈七尺高之樹木，內層縱橫堆放捆好之柴束，再以碎枝土塊等填充空隙，外面塗以厚泥，以防火攻。此稱見於《墨子·備城門》：“疏束樹木，令足以爲柴摶，毋（貫）前面。樹長七尺一，以爲外面，以柴摶從（縱）橫施之，外面以強塗，毋令土漏……令毋可燒拔也。”

裾

防禦工程之障礙設施。於城外距牆約 2 米處埋設一排寬約 2 米之樹樁欄障帶，隔一定距離留一出擊通道。通道內亦埋設樹樁，但不深埋，使易拔出。在城上正對通道處設置記號，標出通道位置。此稱見之於《墨子》，後演變爲鹿砦及棘城。《墨子·備梯》："置薄城外，去城十尺，薄厚十尺。伐操之法，小大盡本斷之，以十尺爲斷（段），離而深埋之，堅築之，毋使可拔。"岑仲勉注："此之裾無疑即《列子》之駒，斷樹也。"又"裾門一，施淺埋，勿築，令易拔。城上希（對）裾門而置桀"。清王念孫釋："桀與楬同，言城上之人望裾門而置楬也。"

弩臺

唐代城防工事。築於城外周圍之獨立支撐點。主要用於反射攻城敵軍。《通典·兵五》："弩臺高下與城等，去城百步，每臺相去亦如之。下闊四丈，高五丈，上闊二丈，下建女墻。臺內通闇道，安屈勝梯（即繩梯），人上便卷收。中設氈幕，置弩手五人，備乾糧水火。"弩臺之出現，是古代築城學之一大發展。加大了環形防禦之縱深，能迫敵過早展開，并分割敵軍戰鬥隊形；與城上守軍相互協同、支援，可以直射、側射、反射，控制環城200米整個地帶，提高城池築城體系之韌性及強度，開18世紀西方興起的堡壘體系之先河。至宋代，築城思想變化，城池築城體系雖仍有弩臺，但已退爲城墻工事之組成部分，實已爲城上敵臺。宋曾公亮《武經總要前集·守城》："弩臺……與城相接……內容弩手一十二人。"

地網

防騎兵之築城障礙設施。由壕塹發展而來。此稱始見於宋。宋軍以步兵爲主，爲抗擊遼、金騎兵集團之突擊，縱橫挖壕連接，并與當地水系溝通，形成網狀水障地帶，明朝仍沿用之。宋趙彥衛《雲麓漫抄》卷一："即其地爲壕塹縱橫，引水縈行，名曰地網，以遏奔衝。"《明史·劉定之傳》："陸則縱橫掘塹，名曰地網。"

鹿角

亦稱"鹿角木""鹿角槍""鹿作柞"。防禦工程之障礙設施。將帶枝樹木尖端向外，半埋於陣地前方或營地四周，用以遲滯敵軍行動。枝杈形似鹿角，故名。此稱始見於漢，宋時稱"鹿角木"或"鹿角槍"，明時亦有臨時用繩連結置於地上者，稱之爲"鹿作柞"。由於鹿角簡便易製，且障礙效果較好，故沿用至今。三國魏曹操《軍策令》："今月賊燒鹿角，鹿角去本營十五里，淵（夏侯淵）將兵行鹿角，因使補之。"《三國志·魏書·李通傳》："〔通〕下馬拔鹿角入圍，且戰且前。"宋曾公亮《武經總要前集·守城》："鹿角木，擇堅木如鹿角形者，斷

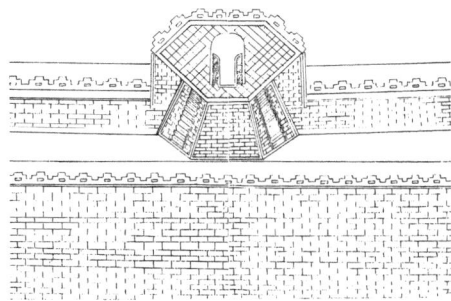

弩臺
（宋曾公亮《武經總要前集》）

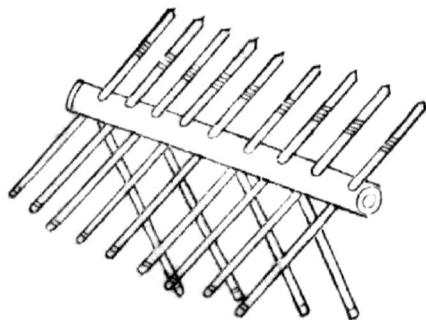

鹿角
（明何汝賓《兵錄》）

之長數尺，埋入地，深數尺餘，以閡馬足。"明茅元儀《武備志·守二·需備》："鹿角槍，斬木及竹如角狀……以繩或藤筱縛而聯之，列於城下以拒敵，今九邊用之爲攄營，名鹿作柞。"

【鹿角木】

即鹿角。此稱宋代已行用。見該文。

【鹿角槍】

即鹿角。此稱宋代已行用。見該文。

【鹿作柞】

即鹿角。此稱明代已行用。見該文。

陷馬坑

城防工事之障礙設施。用以遲滯及傷害敵軍騎兵戰馬。此稱始用於漢。甘肅金塔漢長城肩水金關遺址曾發現當年防禦匈奴騎兵之陷馬坑。方形，底部埋木尖椿，椿下部刻缺槽，橫貫短木，埋入地中以防止椿被馬蹄踢倒。隨着

陷馬坑
（宋曾公亮《武經總要前集》）

騎兵之發展，普遍用於戰爭。唐李筌《神機制敵太白陰經·守城具》："陷馬坑，坑長五尺，闊一尺，深三尺，坑中埋鹿角、竹簽。其坑十字相連，狀如鈎鎖。覆以芻草、葦，加以土，種草實令生苗，蒙覆其上。軍城營要路設之。"宋曾公亮《武經總要前集·守城》亦有相同之記載，唯大小稍異，爲"長五尺，闊三尺，深四尺"。（參閱《居延漢代遺址的發掘和新出土的簡册文物》，《文物》1978年第1期。）

門窘

城防工事障礙設施。挖於城門內之陷坑，用以阻礙及殺傷攻進城門之敵。明茅元儀《武備志·需備》："設門窘：城之內……去城門一丈遠，掘塹坑一道，寬五尺，深一丈，長通街之兩邊。坑底用鋒利槍頭，長一尺，釘於板上，滿坑鋪之。坑邊釘小橛，以麻繩往來絡之，上布以席，席上浮土，務與地平不可辨認。待其攻門開時，自然一擁爭進，倘陷坑中，城上以擂石亂下，死者有人，彼不敢再進矣。百姓若要行走，則於塹坑兩頭鋪連三大板，仍用欄杆當之，恐一失脚入塹不可活矣。"

地涌鎗架

防禦工程之障礙設施。在一大小不拘之木框架內，裝一活動木板，板下有繩與暗藏之鐵槍相連。通常埋設於敵軍必經之處。當敵人馬

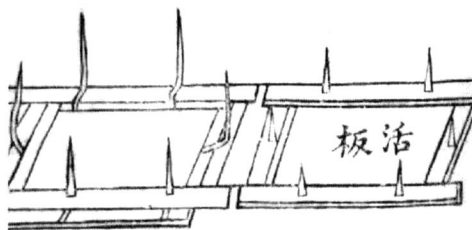

地涌鎗架
（明何汝賓《兵錄》）

踏上木板時，板即下陷，牽動槍鋒從木框洞中涌出。由"蹄""澀"改進而來。此稱始見於明。明茅元儀《武備志·設險》："地湧鎗架……人馬踏板槍出，陷此並傷。"

鋪地錦

防禦工程之障礙設施。由"蹄""地澀"改進而來。此稱始見於明。明茅元儀《武備志·設險》："鋪地錦，其法用大木爲之，長三丈，闊二丈，做成框，內將木十字橫一尺方眼，

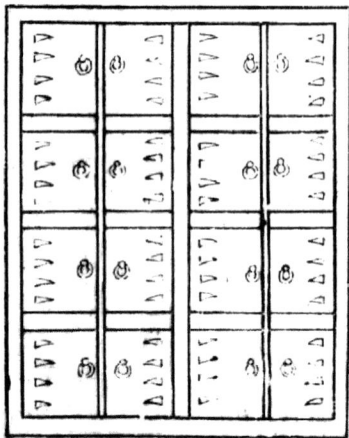

鋪地錦
（明何汝賓《兵錄》）

每眼內雙扇小門轄栓，以便闔，門兩邊釘犬牙釘，每邊四箇，釘傅虎藥。賊據之處，預先暗鋪設，仍以土覆平。如賊在北，吾兵在南，離陣二三里許，揚旗吶喊，誘賊至此，兩足蹈入門內，釘傷其足，提拔不出，倒跌一步不能行。乘賊不能動，吾用火炮彈銃燒擊，此生擒之要具也。”

塢壁

簡稱“塢”。亦稱“堡壁”“壘壁”。築有環形防禦工事之簡易軍事工程。古代多指戰亂時期豪强地主或流民群衆爲抵抗敵對力量進攻及殺掠而構築之寨堡。較城池規模小而設施簡單，通常僅有圍墻、外壕及塢門，四隅立木棚或土臺，與軍隊營壘相比，則又因居民主體爲農民而有所不同。盛行於三國兩晋南北朝，隋唐統一後不復存在。《資治通鑑·晋懷帝永嘉四年》：“河內督將郭默收（裴）整餘衆，自爲塢主。”胡三省注：“城小者曰塢，天下兵爭，聚衆築塢以自守。”《後漢書·李章傳》：“時趙魏豪右，往往屯聚。清河大姓趙綱，遂於縣界起塢壁，繕甲兵，爲在所害。”《晋書·李流載記》：“三

蜀百姓並保險結塢，城邑皆空，流野無所掠。”《晋書·石勒載記上》：“陷冀州郡縣堡壁百餘。”又“河北諸堡壁大震，皆請降送任於勒”。《晋書·慕容儁載記》：“張平跨有新興、雁門、西河、太原、上黨、上郡之地，壘壁三百餘。”又“平所署……鎮南石賢等率壘壁百三十八降於儁”。

【塢】

“塢壁”之省稱。此稱漢代已行用。見該文。

【堡壁】

即塢壁。此稱晋代已行用。見該文。

【壘壁】

即塢壁。此稱晋代已行用。見該文。

寨

亦作“砦”。軍隊營地四周之防禦工事。最初僅指木柵類簡易工事，魏晋以後擴展爲營壘城堡。此稱盛行於宋。宋朝爲防禦西夏侵襲，曾在其與西夏接壤地區多修寨堡，以羌族蕃兵屯駐；內地各巡檢司亦築寨以當地士兵屯駐。寨之規模大小懸殊，通常邊寨大而巡檢寨小。邊寨一般駐屯蕃兵千人以上，多者達七八千；巡檢寨一般駐屯士兵數十至二百人。南宋初，爲加强海上防禦，在沿海要地及澎湖島上修建水寨，駐屯水軍防守。至明代，澎臺地區烽火門、南日、浯嶼、銅山、小珵等近海島嶼，均建有水寨。《集韻·去夬》：“寨，籬落也。”《陳書·熊曇朗傳》：“時巴山陳定亦擁兵立寨。”《宋史·職官志》：“砦置於險扼控禦去處。”又《兵志五》：“秦鳳路寨十三，强人四萬一千一百九十四，壯馬七千九百九十一……寧遠砦……總兵馬七千四百八十。”宋羅濬等《寶慶四明志》卷七：“大嵩寨，額二百人……鳴鶴

寨，額九十人。”《宋史·理宗紀》：“詔福州延祥、獲蘆兩砦，並置武濟水軍，摘本州廂，禁習水者充，千五百人爲額。”

【砦】

同“寨”。此體行用於宋代。見該文。

柴營

野戰築城工事。軍隊於野外宿營時，用樹木埋放於營地周圍之環形防禦設施。此稱始見於戰國，沿用至明清。《六韜·虎韜·軍用》：“山林野居，結虎落、柴營。”《三國志·吳書·甘寧傳》：“〔甘寧〕隨魯肅鎮益陽、拒關羽。羽號有三萬人，自擇選鋭士五千人，投縣上流十餘里淺瀨，云欲夜涉渡……寧乃夜往，羽聞之，住不渡而結柴營。”宋曾公亮《武經總要·諸家軍營九説》：“〔凡安營〕其周營須設界限，立藩蔽以捍外寇……若兵久駐，則用柴營。”又“凡柴營，其柴須密排，不通人過，其間釘橛，仍著土壓之”。

壕營

野戰築城。以壕爲主體工程之環形防禦工事，通常構築於停駐時間較長之營地周圍。宋曾公亮《武經總要·諸家軍營九説》：“掘壕營法，凡掘壕立槍，則白繩取定。其壕底闊一丈二尺，深一丈，口闊一丈五尺。取土向裏拍作土岸，高四尺五寸，令實，勿至摧塌；裏面削成，其上通人行，立壕門掘徹，即權施浮橋，急疾折去。當界二十步，置一戰樓，以門扇及他板木，權造壕唇（突出壕沿部分）。外掘陷馬坑一重，闊二十五步，每坑鹿角槍三根，尖頭入火令堅。近壕布棘城一重，闊二十五步。”

城營

半永備性質之野戰築城。類似城池築城體系，但規模較小。通常需長期駐守時構築於營地周圍。宋曾公亮《武經總要·諸家軍營九説》：“凡築城爲營，其城身高五尺，闊八尺，女墻高四尺，闊二尺。每百步置一戰樓……城中置望竿高七十尺，城外置羊馬城一重，其外掘壕一重，其外闊三步，立木栅一重，栅外更布棘城一重，棘外陷馬坑一重。”

棘城

築城障礙物。以木尖椿、竹籤椿、鹿角槍等埋設於營地周圍之障礙地帶，用以阻礙及刺傷進攻敵人。宋曾公亮《武經總要·諸家軍營九説》：“凡布棘，令堅爲營，其棘須魚鱗布之，令棘頭平，闊三十尺。”

地營

有被覆之塹壕體系野戰築城工事。萌芽於明末，鄭成功於海澄之戰中在清軍猛烈炮火襲擊下，即曾令部屬挖掘單人避彈坑及集體掩蔽部，使築城工事開始由地上向地下發展。清同治年間，雲南回民起義軍又構築了“地窟”“地溝”“木籠營”等工事，使中國築城向塹壕體系再進一步。中法戰爭時，清軍在此基礎上加以完善，逐漸形成了與中國傳統之深溝高壘性質迥然不同之塹壕體系野戰工事。清陳龍昌《中西兵略指掌·地營圖説》：“地營築法，創始於岑彦卿督滇時。”又《滇亂紀略》：“以火炮擊之，賊伏內壕地窟，炮方過而人起……賊糧運皆由地溝行走。”《國民起義·二》：“立木籠營數十座，上覆以土，四旁用以石，暗通小穴，以施槍炮。”清唐景嵩《請纓日記》：“〔地營〕其制：掘地作方坑，深六尺，大小度地勢爲之。坑內四周密豎大木，出地尺許，開槍眼，上鋪大木，覆土，取其低不受炮，遙見纔知有營也。

坑背開地槽,通入坑……或廻環掘數營,皆於地下開槽,營營可通,互相策應,水米藥彈均儲其中。又於地營外開曲折明槽,人頂齊地,寬僅尺五,長至一丈即轉,太寬彈易落入,一丈即轉,彈雖落亦僅擊其一丈也。"

木城

移動性障礙物。在兩立柱上部中間,裝兩根布滿竹釘之轉軸,下部裝木柵。明代戚繼光創製,其所著《紀效新書·布城器械圖說》:"木城,用大小木爲之。每扇闊五尺,高堞五尺,滾木二道,贅大竹釘,浮於栓上。約可二人負之而行,輕重適均。在城上,則立在垛口,防夜襲登;在兵中,可肩而下營,立成營盤。"

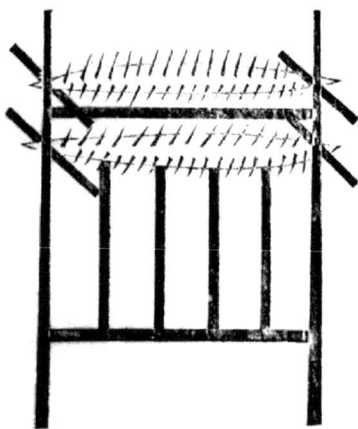

木城
(明何汝賓《兵錄》)

敵臺

城池築城體系主體工程之主要工事設施。即突出城牆之外,并高於城牆之墻臺。由"馬面"發展而來。與馬面之主要區別:高於城牆并增加了射擊槍炮之工事設施。始用於明代。明郭子章《城書》:"如今之城……全仗高臺兩邊顧視夾擊,賊不得直至城下,且又不能屈矢斜彈以傷我臺上之人,故我得以放心肆力敵賊

也。謂之曰敵臺,其義如此……敵臺之制:緊靠城之外,身貴於長出,不貴橫闊,臺脚基長出一丈五尺,則收頂止有一丈一二尺矣;臺基橫闊一丈二尺,則收頂止有八九尺矣。原城有二丈高者,臺比城身再高三四尺;城無二丈高者,臺比城身再高五六尺。臺上左右

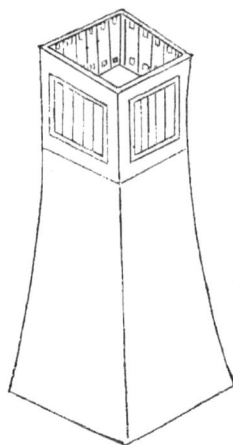

敵臺
(明茅元儀《武備志》)

垛牆平腰之半,各開三垛口,每口要闊一尺四寸,以便抛打磚石、放發矢彈。墻脚下中央各開一孔,方圓八寸,以便放打佛郎機、百子銃。正一面垛牆,比左右牆更高二尺,不宜開垛口,恐正面矢彈打入傷臺上人,則又不能站立矣。止於人頭高處方圓六寸闊四孔,牆下置墊脚石,以備不時顧視。"

空心敵臺

亦稱"騎墻臺"。改進後明長城之敵臺。明穆宗隆慶、神宗萬曆年間,薊鎮總兵戚繼光創建。由於臺中心空,故稱。又由其前後空出於城墻,似"騎墻而立",故又稱"騎墻臺"。有大小兩種:大臺三層,爲數甚少,多築於險隘要點;小臺兩層,每隔100至200米即有一座。《明史·戚繼光傳》:"跨墻爲臺,睥睨四遠,臺高五丈,虛中三層。臺宿百人,鎧仗糗糧具備。"戚繼光《練兵雜紀·車騎營陣解下·敵臺解》:"先年邊城低薄傾圮,間有磚石小臺,與墻各峙,勢不相救。軍士暴立暑雨霜雪之下,無所藉庇。軍火器具如臨時起發,則運送不前;

如收貯墻上，則無可藏處。敵勢衆大，乘高四射，守卒難立，一堵攻潰，相望奔走，大勢突入，莫之能禦。今建空心敵臺，盡將通人馬衝處堵塞。其制：高三四丈不等，周圍闊十二丈，有十七八丈不等者，凡衝處數十步或一百步一臺；緩處或百四五十步、或二百餘步不等者爲一臺。兩臺相應，左右相救，騎墻而立。造臺法：下築基與臺墻平，外出一丈四五尺有餘，内出五尺有餘，中層空豁，四面箭窗。上層建樓櫓，環以垛口。内衛戰卒，下發火炮，外擊寇賊。敵矢不能及，敵騎不敢近。每臺百總一名，專管調度攻打。臺頭副二名，專管臺内軍器輜重。兩防主客軍士三五十名不等。”

【騎墻臺】

即空心敵臺。此稱明代已行用。見該文。

炮臺

海防工事設施。用以發射火炮，轟擊企圖進入内河或登陸之敵艦船。明代炮臺尚未脱離空心敵臺之形制。一般爲三層，高約 15 米，四面開有射孔。底層有門，門内築陷井，井底埋鐵釬，上蓋木板。二三層地板上留有方孔，設置木梯供戰士上下。當敵人迫近炮臺底層已無法堅守時，則撤去陷井蓋板及木梯，利用地板方孔，由上層以銃弩射擊進入下層之敵。炮臺周邊，通常還築有圍墻、外壕及吊橋。至清代時，由於火炮威力增大，炮臺由高向低矮發展，改進爲由若干有掩蓋之暗炮位及無掩蓋之露天炮位所組成，并建有完整的人員掩蔽及彈藥儲存設施及聯絡交通用之壕溝。清關天培《籌海初集》：“新建威遠炮臺一座……臺面寬六十三尺，擬開炮眼六十，安炮六十位。炮臺東南角炮墻長九丈五尺，西角炮墻長七丈三尺，後臺

圍墻長八十七丈。”

金界壕

金朝爲防禦蒙古，在其北部邊境構築之長城築城體系，有新舊之分。舊界壕建於熙宗、海陵王年間，在大興安嶺北，東起今内蒙古根河南岸之上庫力，經滿洲里北，西至肯特山東南麓，全長千餘里，亦有稱之爲“金原邊堡”或“成吉思汗邊堡”者。新界壕建於世宗、章宗年間，在大興安嶺南，爲複綫并有若干支綫。東起今内蒙古莫力瓦達斡爾族自治旗，南至科爾沁右翼中旗附近，再向西經阿巴哈納爾旗南、北，至包頭東北之上廟溝，不計複綫、支綫，全長約五千里。界壕由壕、墻、堡三部組成，就現存遺迹考察，壕墻規格各地不同，大致主牆原高 6 至 7 米，厚 5 至 15 米，夯土築成。墻外一般有兩條外壕：主壕寬 10 米左右，深 4 至 5 米，外副壕寬 5 至 6 米，深 1 至 2 米；副壕内沿，堆土成堤高約 1 米。主墻築有墻臺（馬面），多圓形，主要地段，臺距 60 至 70 米；次要地段，150 米左右。堡方形，均在墻内，有壕堡、城堡兩種：壕堡緊靠主墻，邊長多爲 100 米左右，堡距一般爲十里，最遠者十五里。城堡皆位於交通孔道及險要之處，距主墻三至十餘里不等，邊長 200 至 300 米，内建營房，可容士兵五百餘人。宋宇文懋昭《大金國志·章宗皇帝中》：“冬浚界壕，深廣各三丈，東接高麗，西達夏境，列屯戍兵數千里。”宋趙珙《蒙韃備録》：“〔章宗〕築新長城在静州之北。”（參見本卷《古代軍事設施説·工程設施考》考文第五段“長城”；參閲《巴林左旗金臨潢路邊堡界壕》，《北方文物》1987 年第 2 期。）

柳條邊

亦稱"盛京邊墻""條子墻"。清朝在東北修建之巨大綫式障礙工程，用以禁止蒙、漢人進入滿族"龍興重地"之盛京地區墾荒、放牧及采集人參。順治年間在明遼東長城基礎上所建者稱"老邊"，西起今山海關，東北經遼寧綏中、錦州至開原北再折向東南經新賓至鳳城南鴨綠江；康熙年間所增修者稱"新邊"，由今遼寧開原北昌圖起東北經四平、長春至蛟河西亮甲山。新老邊合計長約 1350 千米，共有關卡邊門二十座。柳條邊爲兩墻一壕結構，在寬深各 2.6 米之塹壕內側有兩道高各約 2 米之夯土墻，墻上每隔 1.6 米植柳三株，以繩索編結橫枝，爲柳籬笆。清楊賓《柳邊紀略》："今遼東皆插柳條爲邊，高者三四尺，低者一二尺，若中土之竹籬，而掘壕其外，人呼爲'柳條邊'，又曰'條子邊'。"

【盛京邊墻】

即柳條邊。此稱清代已行用。見該文。

【條子墻】

即柳條邊。此稱清代已行用。見該文。

木罌缶

省稱"木罌"。亦作"木甖缶"。亦稱"罌筏"。渡河輕便器材。以木料夾縛陶甖而成。利用其浮力較大特點，運載人馬，爲古代軍隊常用之渡河工具。始見於漢。漢王劉邦二年（前 205），韓信破魏之戰用之。《史記·淮陰侯列傳》："信乃益爲疑兵，陳船欲渡臨晉，而伏兵從夏陽以木罌缶渡軍。"裴駰集解引服虔曰："以木押（柙）縛罌缶以渡。"《漢書·韓信傳》稱"木罌缶"。《通典·兵十三》："軍行，遇大水，河渠、溝澗，無津梁舟栰，以木罌渡。用

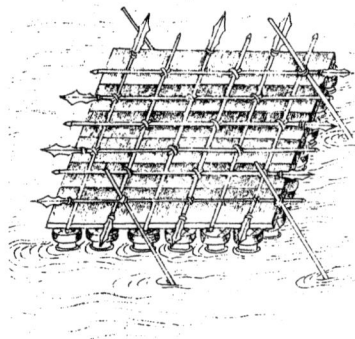

木罌
（宋曾公亮《武經總要前集》）

木縛甖爲筏，受二石，力勝一人。甖間闊五寸，底以繩勾聯，編槍於其上，形長勿方。前置拔頭，後置梢，左右置棹。"唐李筌《神機制敵太白陰經·過水》稱"罌筏"，明茅元儀《武備志·濟水》作"木罌"。三國吳韋昭注《史記》木罌缶："以木爲器如罌缶也，罌缶謂瓶之大腹小口者也。"《舊唐書·僖宗紀》曰："時張浚、韓建兵敗後……屬河溢，無舟楫，建壞人盧舍，爲木罌數百，方獲渡，人多覆溺。"近亦有沿用其說者，證之以文獻，揆之以情理，實誤。

【木罌】

"木罌缶"之省稱。此稱唐代已行用。見該文。

【木甖缶】

同"木罌缶"。此體漢代已行用。見該文。

【罌筏】

即木罌缶。此稱唐代已行用。見該文。

牛皮船

省稱"皮船"。渡河具。以竹木爲體，外蒙皮革之船。此稱始見於晉。《晉書·慕容垂載記》："遂徙營就西津，爲牛皮船百餘艘，載疑兵列杖，溯流而上。"宋曾公亮《武經總要·濟水》："皮船者，以生牛馬皮，以竹木緣之如箱

皮船
（明王圻等《三才圖會》）

形，火乾之，浮於水。一皮船可乘一人，兩皮
船合縫，能乘三人。"《元史·石抹按只傳》：
"叙州守將橫截江津，軍不得渡。按只聚軍中牛
皮，作渾脱及皮船，乘之與戰，破其軍，奪其
渡口。"

【皮船】

　　即牛皮船。此稱宋代已行用。見該文。

浮囊

　　渡河用具。以整體牛羊皮充氣而成。體輕
浮於水，故稱。此稱始於唐。唐李筌《神機制

浮囊
（明茅元儀《武備志》）

敵太白陰經·水戰具》："浮囊，以渾脱羊皮吹
氣令滿，緊縛其孔，縛於脇下，可以渡也。"
《翻譯名義集·寺塔壇幢》："自今聽諸比丘，畜
浮囊，若羊皮，若牛皮。傳聞西域渡海之人，
多作鳥翎毛袋，或齎巨牛脬。海船或失，吹氣
浮身。"（參閲《通典·兵十三》）

挾絙

　　亦稱"飛絙"。渡河輔助器材。即繫於兩岸
之粗繩，戰士挾以泅渡。此稱始於唐。唐李筌
《神機制敵太白陰經·水戰具》："挾絙，以木繫
小繩，先挾浮渡水，次引大絙於兩岸，立一大
橛，急張定絙，使人挾絙浮渡。"宋曾公亮《武
經總要·濟水》："飛絙者，募善游水士，或使
人腋挾浮水，繫繩於腰。先浮渡水，次引大絙
於兩岸，立大柱急定其絙，使人挾絙浮水而過，
器械載於首。如大軍，可爲數十道渡。"（參閲
明茅元儀《武備志·濟水》）

【飛絙】

　　即挾絙。此稱宋代已行用。見該文。

飛絙
（宋曾公亮《武經總要前集》）

浮橋

　　亦稱"造舟""浮梁"。爲保障軍隊通過
江河、溝渠等障礙而臨時架設之就便類馱載橋

或徒步橋。通常在并列之船、筏或浮囊、繩上鋪設木板而成。始見於商末，周文王曾在渭水"造舟爲梁"（參見《詩·大雅·大明》），當時尚非軍用，稱之爲"造舟"。後被廣泛應用於軍事行動。春秋秦國子鍼，率車千乘奔晋，爲渡黃河，"造舟於河"（參見《左傳·昭公元年》）。《爾雅·釋水》："天子造舟。"邢昺疏："言造舟者，比船於水，加板於上，即今之浮橋。"《方言》卷九："造舟謂之浮梁。"郭璞注："即今浮橋。"《東觀漢紀·吳漢傳》："〔田戎〕據浮橋於江上，漢鋸絕横橋，大破之。"此最早於長江上游架設之浮橋。《三國志·吳書·潘璋傳》："魏將夏侯尚等圍南郡，分前部三萬人作浮橋，渡百里洲上。"此長江中游浮橋。宋滅南唐之戰，曾在長江下游造浮橋。《宋史·李煜傳》："石全振往荆、湖造黃黑龍船數千艘，又以大艦載巨竹絙，自荆渚而下，及命曹彬等出師，乃遣八作使郝守濬等率丁匠營之。議者以爲古未有築浮梁渡大江者，恐不能就。乃先試於石牌口，移置采石，三日而成，渡江若履平地。"據計此浮橋長 6000 米左右，用船七百七十三至九百六十七艘之間。（參閲王曾瑜《宋代横跨長江的大浮橋》，《社會科學戰綫》1983 年第 4 期。）

【造舟】

即浮橋。此稱商末已行用。見該文。

【浮梁】

即浮橋。此稱先秦已行用。見該文。

槍筏

亦稱"械筏"。渡河輕便器材。以槍桿編縛而成。始於唐。唐軍建制裝備，一軍一萬二千五百人，每人一槍，備渡河時縛爲槍筏。

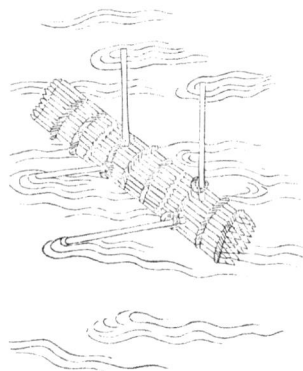

械筏
（明茅元儀《武備志》）

《通典·兵十三》："槍筏，槍十根爲一束，力勝一人。四千一百六十六根，即成一筏……可渡四百一十六人。以此爲率，多少用濟。"唐李筌《神機制敵太白陰經·戰具·濟水具》："槍筏，槍十根爲一束，力勝一人。四千一百六十六根槍爲一栰。皆去鋒刃，束爲魚鱗，以横括而縛之，可渡四百一十六人。半爲三栰，計用槍一萬二千五百根，率渡一千二百五十人，十渡則一軍畢濟。"宋曾公亮《武經總要·濟水》："械筏者，以槍十條爲束一，力勝一人；且以五千條爲率，爲一筏。槍去鏃刃，鱗次而排，縱横縛之，可渡五百人。或左右各繫浮囊二十，先令水工至前岸立大柱，繫二大絙，屬之兩岸，以夾筏絙上，以木絙環貫之，施繩連結於筏，筏首繫繩，令岸上牽之，以絙爲約，免漂溺之患。"（參閲《通典·兵十三》）

【械筏】

即槍筏。此稱宋代已行用。見該文。

蒲筏

渡河輕便器材。以蒲葦等編縛而成。始見於唐。唐李筌《神機制敵太白陰經·水戰具》："蒲筏，以蒲九尺圍，顛倒爲束，以十道縛之，

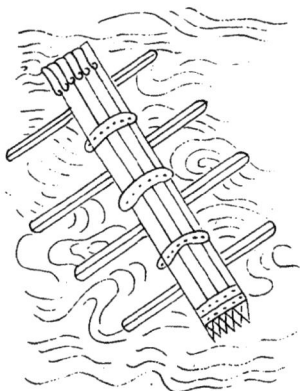

蒲筏
（清年羹堯《治平勝算全書》）

似束槍爲筏。量長短多少，隨蒲之豐儉載人。無蒲用蘆葦，法亦如蒲筏。”明茅元儀《武備志·濟水》：“蒲筏者，以蒲束九尺圍，顛倒爲十道，縛如束槍狀，量長短爲之。無蒲用葦，可以浮渡。”（參閲《通典·兵十三》）

鐵鎖

亦稱“鐵絙”“混江龍”。水中障礙物。以鐵索橫跨江河兩岸，用以阻遏敵軍艦船通行。可固定繫置於兩岸，亦可設絞車操縱其升降。始見於晋。《晋書·王濬傳》記晋滅吴之戰，“吴人於江險磧要害之處，並以鐵鎖橫截之”。但被晋軍火攻熔斷。唐劉禹錫《西塞山懷古》：“千尋鐵鎖沉江底，一片降幡出石頭。”此後，成爲江河水戰慣用戰法。南朝梁軍爲阻擊蕭紀出蜀東進，“運石填江，鐵鎖斷之”（見《資治通鑑·梁元帝承聖二年》）；隋滅陳之戰，陳軍爲攔阻隋軍，在江上“綴鐵鎖三條，橫截上流”（見《隋書·楊素傳》）；唐李孝恭討輔公祏，輔軍“於梁山連鐵鎖以斷江路”（見《舊唐書·李靖傳》）。唐趙匡凝遣水軍攻蜀中王建，王建之“萬州刺史張武作鐵絙絶江中流，立柵於兩端，謂之鎖峽”，唐軍受阻返軍。十年後高季興

攻蜀，“張武舉鐵絙拒之，船不得進”（見《資治通鑑·唐昭宗天祐元年》）。可見此鐵絙可根據情況隨時升降。《元史·賀祉傳》：“祉領舟師五百艘爲先鋒，攻五河口城。軍還殿後時，宋兵以巨索橫截淮水，號混江龍。”（參閲《宋書·垣護之傳》《張永德傳》）

【鐵絙】

即鐵鎖。此稱唐代已行用。見該文。

【混江龍】[2]

即鐵鎖。此稱宋代已行用。見該文。

車輪索

水中障礙物。以大索貫車輪，橫跨江河兩岸，用以阻遏敵軍艦船通過。始見於南北朝。北魏將崔延伯與梁將趙祖悦戰於淮河時，在鐵鎖基礎上創製而成。《北史·崔延伯傳》：“延伯與別將伊甕生挾淮爲營。延伯遂取車輪，去輞，削鋭其輻，兩兩接對，揉竹爲絙，貫連相屬，並十餘道，橫水爲橋，兩頭施大鹿盧，出没任情，不可燒斫。既斷祖悦走路，又令舟舸不通。由是梁軍不能赴救，祖悦合軍咸見俘虜。”《周書·王軌傳》記其與陳將吴明徹淮河之戰：“軌潛於清水入淮口，多豎大木，以鐵鎖貫車輪，橫截水流，以斷其船路……明徹知之，懼，乃破堰遽退……船艦竝礙於車輪，不復得過。軌因率兵圍而蹙之。”又“明徹及將士三萬餘人，竝器械輜重，竝就俘獲”。（參見本卷《古代軍事設施説·工程設施考》“鐵鎖”文）

土狗

亦稱“木狗”。水中障礙物。以竹籠或麻袋等盛土石沉積於水，木椿加固，頂露於水面，用以阻攔順流而下之船筏。因前鋭而高，後闊而低，狀如坐狗，故稱。此稱始見於南北朝。《北

史·高熲傳》記楊堅平尉遲迥之戰："〔高熲〕至軍，爲橋於沁水，賊於上流火燹，熲預爲土狗以禦之。"《資治通鑑·陳宣帝太建十二年》記此事，胡三省注："〔土狗〕蓋積土於水中，前銳後廣，前高後庳，其狀如坐狗，分居上流以礙火栰，使不得下逼橋邊也。"《隋書·高熲傳》土狗作"木狗"。(參閱《南史·章昭達傳》)

【木狗】

即土狗。此稱隋代已行用。見該文。

水毛蝟

水下障礙物。以木樁將帶刺粗竹索固定於沿岸水面之下，以刺徒涉之敵。此稱見於宋。宋華岳《翠微北征錄·禁涉》："江湖禁涉之法，不一而足，懼其淺而步騎可涉也……編竹爲索，紐篾爲刺，謂之'水毛蝟'，所以錐涉者之肌膚。"

水蒺藜

水下障礙物。在粗木棒上密布尖銳長鐵釘，置於岸邊水底，以刺徒涉之敵。此稱見於宋。宋華岳《翠微北征錄·禁涉》："江湖禁涉之法，不一而足，懼其淺而步騎可涉也……斷木爲軸，釘鐵爲錐，謂之'水蒺藜'，所以刺水兵之脛股。"

涉針

水下障礙物。將面植尖釘之木板置於沿岸水底，以刺徒涉之敵。此稱始見於宋。宋華岳《翠微北征錄·禁涉》："江湖禁涉之法，不一而足，懼其淺而步騎可涉也……直鐵爲針，透之以木，謂之涉針，所過無不殘滅。"(參閱明茅元儀《武備志·水三·禁涉》)

暗樁

水下障礙物。將木樁埋設於沿岸水底，頂端低於水面，用以阻止敵軍艦船靠岸。此稱始見於宋。宋李心傳《建炎以來繫年要錄》紹興三十一年十一月："上以瓜州失利，亟命〔楊〕存忠往鎮江措置守江，且命官埋鹿角、暗樁，自鎮江至於江陰境上。"宋華岳《翠微北征錄·禁涉》："懼吾壕塹之易通也，吾則釘暗樁使賊人之船曳(一作掛)蔴不可以順流。"(參閱明茅元儀《武備志·水三·禁涉》)

踢筌

水下障礙物，以竹篾編成，大口細頸，頸部密布細竹倒鬚，似捕魚竹籠(筌)，置於岸邊淤泥之中，當徒涉之敵踏上時，即中刺難行。此稱僅見於宋。宋華岳《翠微北征錄·禁涉》："練竹爲筌，植之泥濘，謂之'踢筌'所以毒人之腳面。"

雞距

水下障礙物。以密緻堅韌之木。削成帶倒鬚鉤之雞爪狀，置於水下沙灘，以扎刺徒涉之敵。此稱僅見於宋。宋華岳《翠微北征錄·禁涉》："江湖禁涉之法，不一而足，懼其淺而步騎可涉也……理柘爲距，置之沙淺，謂之'雞距'，所以碎人之腳板。"

攢柱

亦稱"曲膝錐""七星樁"。水中障礙設施。以帶鐵鋒之長木埋設水中，敵船觸則難以進退。始見於漢。《後漢書·岑彭傳》："〔公孫述〕橫江水起浮橋、鬭樓，立攢柱絕水道……〔彭將魯〕奇船逆流而上，直衝浮橋，而攢柱鈎不得去。"宋華岳《翠微北征錄·禁涉》："水勢浩渺，則立曲膝錐，而使賊船板，不錐自透。"《元史·忠義傳·李黼》："乃以長木數千，冒戟矟於沙，暗置沿岸水中，逆刺賊舟，謂之'七星椿'。會西南風急，賊舟數千果揚帆順流皷譟而至。舟遇椿不得動，進退無措。黼帥將士奮擊，發火翎箭射之，焚溺死者無算，餘舟散失。"

【曲膝錐】

即欑柱。此稱宋代已行用。見該文。

【七星椿】

即欑柱。此稱元代已行用。見該文。

渴烏

古代據虹吸管原理安裝之吸水器。用以爲軍營輸水。始見於漢。《後漢書·宦者傳·張讓》："又作翻車渴烏，施於橋西，用灑南北郊路，以省百姓灑道之費。"李賢注："渴烏，爲曲筒，以氣引水上也。"《通典·兵十》："渴烏，隔山取水。以大竹筩雄雌相接，勿令漏洩，以麻漆封裹，推過山外，就水置筩，入水五尺，即於筩尾取松樺乾草，當篎放火，火氣潛通水所，即應而上。"宋曾公亮《武經總要·尋水泉法》："凡水泉有峻山阻隔者，耴大竹去節，雄雌相合，油灰黃蠟固縫，勿令氣泄。推行首插水中五尺，於竹末燒松樺薪或乾草，使火氣自竹內潛通水所，則水自中逆上。"

水準

軍事測量工具。與照板、度竿配套，水攻時可以測定水源高度，築城時亦可測定地上各點高度。其原理與近代水平儀基本相同。宋曾公亮《武經總要·水攻》："凡水因地而成勢，謂源高於城，本高於末，則可以遏而止，可以決而流，或引而絶路，或堰以灌城，或注毒於上流，或決壅於半濟，其道非一，須先設水準測度高下始可用之也。"唐李筌《神機制敵太白陰經·水攻具》："水平槽，長二尺四寸，兩頭、中間鑿爲三池，池橫闊一寸八分，縱闊一寸，深一寸三分。池間相去一尺四分，中間有通水渠，闊三分，深一寸三分。池各置浮木，木闊狹微小於池，空三分，上建立齒，高八分，闊一寸七分，厚一分。槽下爲轉關，脚高下與眼等。以水注之，三池浮木齊起，眇目視之，三齒齊平，以爲天下準。或十步、或一里乃至十數里，目力所及，隨置照板、度竿，亦以白繩計其尺寸，則高下、丈尺、分寸可知也。照板形如方扇，長四尺，下二尺，黑上二尺，白闊三尺，柄長一尺，大可握。度竿長二丈，刻作二百寸二千分，每寸內刻小分，其分隨向遠近高下立竿，以照板映之，眇目視之，三浮木齒及照板黑映齊平，則召主板人以度竿上分寸爲高下，遞相往來，尺寸相乘，則水源高下可以分寸度也。"

第二節　通聯設施考

中國古代的軍事指揮、通信設施和器材，係指古代用於軍事指揮、通信聯絡的各種器材（含就便器材）及其保障設施等。軍隊指揮員及其指揮機關運用這些指揮、通信器材和設施，對所屬部隊的作戰與其他活動實施組織領導和部署，藉以達到統一意志，協調行動，有效地發揮戰鬥力，奪取作戰勝利的目的。軍事指揮與軍事通信密切關聯，而軍事通信則是保障軍隊指揮的重要手段。

中國古代的軍隊指揮隨着社會生產、科學技術的進步和戰争的發展而演變。最初的指揮方式，通常爲國王或將帥親臨戰場直接指揮，或派出傳令人員實行傳令指揮。開始用語言、姿勢（揮動手臂）指揮，後來采用鳴金、吹角、擊鼓、揮旗、張燈、點火等音響和目視信號，或以兵符、標圖、指揮文書等，調兵遣將，進行指揮。到10世紀，中國發明的火藥和火藥兵器開始應用於軍事後，由於社會生產力和武器裝備的發展，軍隊的數量和兵種增多，戰争規模擴大等原因，軍隊指揮進一步複雜化，除運用傳統的行之有效的指揮通信工具外，又出現了鳴炮、指南針、望遠鏡等新的指揮手段，使指揮效能得以提高。

中國使用旌旗進行軍事指揮的歷史悠久。原始社會後期即以旗幟作爲聚集族人的標志。《初學記·武部》："黄帝與炎帝戰，以雕鶡鷹鳶爲旗幟，蓋旌旗之始也。"隨着社會的發展，適應軍隊指揮的需要，旗幟不斷改進，形制不斷更新，旗幟信號的規定更爲明確而具體。《周禮·春官·司常》："日月爲常，交龍爲旂，通帛爲旜，雜帛爲物，熊虎爲旗，鳥隼爲旟，龜蛇爲旐，全羽爲旞，析羽爲旌。"是謂表示不同等級和不同用途的九種旗幟。同書亦有"凡軍事建旌旗"之記載。《史記·天官書》："三曰九游。"張守節正義："九游九星，在玉井西南，天子之兵旗，所以導軍進退，亦領州列邦。"春秋後各代，用軍旗調動指揮軍隊，除沿用前代之實用部分外，又不斷有所發展。成書於唐代的《李靖兵法》載："諸軍將伍旗，各准方色。赤南方火，白西方金，皂北方水，碧東方木，黄中央土。土既不動，用爲四旗之主。而大將行動，持此黄旗於前立。如東西南北有賊，各隨方色舉旗，當方面兵，急須裝束。旗向前亞，方面兵急須進。旗正豎即住卧，即迴審細看大將軍所舉之旗，須依節度。"（見《通典·兵五》）其旗幟指揮信號，規定得甚爲嚴格。明朝名將戚繼光所率"戚家軍"，專設有主將用的三軍司命旗，表示方位的八卦旗，行軍先導的清道旗，識別將領身份的認旗等。其所著《練兵實紀·練耳目》中，亦有旗幟指揮信號的各種規定。清代八旗兵，以旗幟顏色爲標志，仍以規定的旗幟信號作爲指揮手段之一。

使用金鼓指揮軍隊，乃是中國古代廣泛運用的指揮方式之一。成書於西周的兵書《軍政》曰："言不相聞，故爲金鼓；視不相見，故爲旌旗。"春秋末期，大軍事學家孫武在其名著《孫子·軍争》中進一步闡述道："夫金鼓旌旗者，所以一人之耳目也；人既專一，則勇者不得獨進，怯者不得獨退，此用衆之法也。故夜戰多火鼓，晝戰多旌旗，所以變人之耳目也。”金，鉦也，一名鐲。《釋名》：“金，禁也，爲進退之禁也。”《漢書·李陵傳》：“聞金聲而止。”鼓，打擊樂器，用於軍隊指揮，聞鼓聲而進戰，故稱戰鼓。《左傳》莊公十年：“長勺之戰，公將鼓之。”用金鼓信號指揮，歷代相傳，沿用至清代，逐漸淘汰。

中國用兵符調動軍隊，最遲開始於西周。當時的兵符爲玉製牙璋。《周禮·春官·典瑞》：“牙璋，以起軍旅，以治兵守。”戰國秦漢時的兵符爲銅虎符與竹使符。1978 年在陝西西安出土的杜虎符，即爲戰國秦王授予杜縣長官的兵符。到唐代改用魚符。（見《唐律疏議·魚符》）宋元後，雖仍有偶用虎符者，但已基本改用璽書與符契。（見《宋史·兵志十》）

中國古代使用文字和圖式作戰文書進行軍隊指揮，屢見於古文典籍。如《六韜·龍韜》中所載之“陰書”，《漢書·高帝紀上》所載之“羽檄”，《新唐書·顏真卿傳》所記之“蠟丸”，宋曾公亮《武經總要》中記載之“字驗”等文書，均是此類。1973 年，在湖南長沙馬王堆漢墓出土的西漢初期長沙諸侯國守備兵力部署圖（即駐軍圖），爲目前世界上發現最早的一幅帛製彩色圖式作戰文書。宋朝的“御賜陣圖”，亦是此類軍用標圖。古代軍隊中通行的“令”，即詔令、命令，乃是將帥指揮軍隊（部隊）的基本形式，除以口頭下達外，見諸書面文字者，亦統稱指揮文書。宋代以後軍中行用的璽書，即是皇帝或代表皇帝頒發的指揮文書。

中國自戰國時期創造出能指示方向的司南（見《韓非子·有度》）以來，至宋代又發明了指南針。宋曾公亮《武經總要》中記載了指南魚的形制和使用。宋沈括《夢溪筆談》載有指南針在航海上的應用。指南針應用於軍事，首先應用於戰船導航，爲指揮員判定方位，指揮作戰，提供了新的手段。

明代崇禎年間，在安慶作戰中首先使用了單筒式望遠鏡，用以觀察敵情地形。（見《吳縣志·列傳藝術》）這種能望遠觀察的光學儀器，對軍隊指揮無疑是前進了一大步。

中國古代軍事通信是保障軍事指揮的重要手段，主要有運動通信和簡易信號通信兩種。運動通信是由人員徒步或乘坐交通工具傳遞信息的通信方式。據甲骨文記載，公元前 14 世紀，就能將相距千里的邊防情報在十二三日傳到殷都（今河南安陽）。爲有效地保證運動通信順利實施，設置了郵驛或驛傳，如急遞、馬鋪等設施。從春秋戰國至清代，這種郵驛制度不斷完善和發展。《孟子·公孫丑上》：“孔子曰：‘德之流行，速於置郵而傳命。’”

漢應劭《風俗通》："漢改郵爲置，置亦驛也，度其遠近置之也。"還特製各種符牌，如金字牌、青字牌等，由通信人持爲憑證。《宋史・輿服志六》："〔青字牌〕日行三百五十里，軍期急速則用之。"簡易信號通信，即用簡易信號工具與簡便方法，按照規定的信號或記號傳遞信息的通信方式。簡易信號通信工具分爲視覺與音響信號通信工具兩類。前者主要包括發光信號器材、發烟信號器材以及實物信號器材，諸如旌旗、燈光、烟火、火箭、發烟罐、標志杆等。後者主要有金鼓、號角、小喇叭等各種發聲材料和器具。這些簡易信號通信工具，結構簡單，便於携帶，操作簡便。

號角爲古代長期運用的音響通信工具之一。最早爲角，後來發展爲軍號。宋陳暘《樂書・樂圖論》載："蚩尤氏率魑魅與黃帝戰於涿鹿之野，黃帝乃命吹角爲龍吟以禦之。"《北史・齊安德王延宗傳》："周武帝乃駐馬，鳴角收兵。"角的品種多樣，形制各異。《文獻通考・樂考》："革角長五尺，形如竹筒，本細末大，唐鹵簿在軍中用之，或以竹木，或以皮，非有定制也。"據宋許洞《虎鈐經》載，宋朝曾以軍隊數量多少而編製"大角"的數量。後，逐漸發展成爲金屬製管狀樂器，清代已能生產。用它傳遞簡短命令、報告和識別敵我等，在聽覺範圍內易於奏效，還有一定的振奮己方士氣，震撼和迷惑敵人的作用。

軍事通信的基本要求是：迅速、準確、保密、不間斷。中國古代創造出使用"陰符""陰書"（見《六韜・龍韜》）、"蠟丸"（見《新唐書・顏真卿傳》）、"字驗"（見宋曾公亮《武經總要》）等保密通信方式。爲對邊防敵情實行報警，西周即建立了較完善的烽火和郵驛制度，以接力通信方式，加快遠距離通信報警速度。《史記・周本紀》："幽王爲烽燧，大鼓，有寇至則舉烽火。"此後，歷代各朝均很注意健全和發展這種制度，而且通信速度不斷加快。唐時一晝夜可傳二千里，至清代一晝夜已達七千里（見本卷《軍事設施說・通聯設施考》"烽火"等文）。

中國古代軍隊在行軍或宿營時，爲及早發現和報知敵情，常於敵軍方向上派出"斥候""游弈""外探"等偵察兵和警戒部隊，一旦偵察到敵軍動靜，即按規定信號，迅即傳報於本隊將領，以備非常。這也是古代軍隊行之有效的通信方式之一。

中國古代軍事指揮、通信器材，是隨社會生產和戰爭的發展而產生、發展起來的，多屬於音響信號與視覺信號器材之類，具有結構簡單、便於製造携帶、容易運用等特點，有效地滿足了古代戰爭條件下軍事指揮和通信聯絡的需要。20世紀30年代後，各種先進的通訊指揮器材相繼問世，直到現代高科技的運用，使軍事通訊指揮發生重大變革，然而古代一些行之有效的通信指揮器材并没有絶迹，仍然部分地保留下來，應用於特殊情況下的通信指揮，但從整體上看，祇在一定條件下起着輔助作用。

白羽扇

省稱"白羽"。軍中主將指揮作戰用白翎毛扇。多行用於三國至南北朝。《太平御覽》卷七七四引《語林》："〔諸葛亮〕乘輿葛巾，將白羽扇，指麾三軍，皆隨其進止。"《晋書·陳敏傳》："敏率萬餘人將與卓（甘卓）戰，未護濟，榮（顧榮）以白羽扇麾之，敏衆潰散。"《陳書·高祖紀上》："公（陳霸先）赤旗所指，祆壘洞開，白羽纔撝，兇徒粉潰……此又公之功也。"南朝梁蕭繹《金樓子》序亦有"候騎交馳，仍麾白羽之扇；兵車未息，還控蒼兕之軍"之記載。戲劇中之諸葛亮手持羽扇，似僅用以煽風取凉，實誤。宋程大昌《演繁露·晋中興微説》曰："舊羽扇翮用十毛，王敦始省改，止用八毛。"參閱《晋書·五行志上》、周一良《魏晋南北朝史札記·白羽扇》。

【白羽】[2]

"白羽扇"之省稱。此稱南北朝時期已行用。見該文。

兵符

帝王授予臣屬兵權及調動軍隊所用之憑證，亦爲職權之象徵。一符剖分爲二，帝王留右半符，所命出征或屯戍大將執左半符；傳達王命之使臣，必須持右半符與將軍之左半符扣合，當證明使臣身份無誤時，命令方能有效。始見於周，用牙璋，盛行於戰國秦漢，用銅虎符及竹使符，唐時改用魚符，宋元以後，雖仍偶有用虎符者，但基本已改用璽書及符牌。漢代邊防戍軍，各級主將授予部屬執行軍之憑證，亦爲兵符之屬，如執行巡察任務之巡迹符、出塞之出入關符及執行候望之驚（警）候等。其制亦與帝王用者相同，主將與部屬各執半符，唯主將留符，可左可右，不固定爲右。《周禮·春官·典瑞》："牙璋，以起軍旅，以治兵守。"《史記·魏公子列傳》："〔侯〕嬴聞晋鄙之兵符常在王卧内。"又《孝文本紀》："初與郡國守相爲銅虎符、竹使符。"（參見本卷《軍事設施説·通聯設施考》"虎符""發兵符"文，參見本書《朝制卷·瑞信符契説·符契考》"兵符"文；參閱《唐六典·符寶郎》《唐律疏議·魚符》《敦煌油土漢代烽燧遺址出土的木簡》。）

牙璋

周代徵調軍隊所用之兵符。以玉製成，首似刀而旁無刃，側旁刻有突出之牙。《周禮·春官·典瑞》："牙璋，以起軍旅，以治兵守。"鄭玄注引鄭衆："牙璋，琢以爲牙，牙齒兵象，故以牙璋發兵者……若今時以銅虎符發兵者。"又《考工記·玉人》："牙璋中璋，七寸，射（旁出之牙）二寸，厚寸，以起軍旅，以治兵守。"（參見本卷《軍事設施説·通聯設施考》"兵符"文，參閱宋沈括《夢溪筆談·辨證一》。）

牙璋
（明王圻等《三才圖會》）

虎符

徵調軍隊用兵符之一。銅鑄伏虎形，故稱。背刻銘文，中分兩半，底有合榫。右半留存中央，左半授予統兵主帥或地方軍政長官。使用軍隊時，由使臣持符驗合，方能生效。盛行於戰國秦漢，沿用至宋。考古發掘中已出土多枚

虎符（銅虎符）
（《續考古圖》）

由戰國至隋代之實物。形制基本相同。1978 年陝西西安出土之杜縣虎符，係戰國秦君授予杜縣長官之兵符，其銘文爲：“兵甲之符，右在君、左在杜，凡用兵興士被甲五十人以上，必會符，乃敢行之。燔龜之事（有烽火報警之緊急敵情時），雖毋會符，可殹（同“也”字）。”《史記·魏公子列傳》：“開口請如姬，如姬必許諾，則得虎符奪晉鄙軍。”又《孝文本紀》：“初與郡國守相爲銅虎符、竹使符。”裴駰集解：“應劭曰：銅虎符第一至第五，國家當發兵，遣使者至郡合符，符合乃聽受之。”《宋史·輿服志六》：“高宗建炎三年，改鑄虎符，樞密院主之。其制以銅爲之，長六寸，闊三寸，刻篆而中分之，以左契給諸路，右契藏之。”（參見本卷《軍事設施説·通聯設施考》“兵符”“發兵符”文）

竹使符

徵發軍隊用兵符之一。主要使用於漢代。以竹製成，上刻文字，中剖爲兩，右留中央，左授郡國。中央徵調軍隊時，使臣須持符驗合，方能執行。《漢書·文帝紀》：“〔前元二年九月〕初與郡國守相爲銅虎符、竹使符。”顏師古注：“與郡守爲符者，謂各分其半，右留京師，左以與之。”又引應劭：“竹使符，皆以竹箭五枚，長五寸，鐫刻篆書第一至第五。”由於符爲郡守執掌兵權之象徵，故有時亦引申爲州郡長官之代稱。唐張九齡《登荊州城樓》：“自擺金門籍，來參竹使符。”（參見本書《朝制卷·瑞信符契説·任契考》“竹使符”文）

發兵符

唐宋時期兵符之一。由“虎符”演變而來，但驗合方法更爲嚴密。以銅製作，長方牌形，長五寸，闊二寸，厚六分。五符爲一組，依次按號輪番使用。右五半留中央，左五半授各道主將，由樞密院承皇帝旨意，下達發兵文牒及銅符牌。符合、號對且文符相應時，方能發兵。唐長孫無忌《唐律疏義·擅興·不給發兵符》曰：“諸應給發兵符而不給，應下發兵符而不下，若下符違式。（謂違令式不得承用者）”《宋史·兵志十》：“康定元年，頒銅符、木契、傳信牌。銅符上篆刻曰‘某處發兵符’，下鑄虎豹爲飾，而中分之。右符五，左旁作虎豹頭四；左符五，右旁爲四竅，令可勘合。又以篆文相向側刻十幹字爲號：一甲巳，二乙庚，三丙辛，四丁壬，五戊癸。左符刻十幹半字，右符止刻甲巳等兩半字。右五符留京師，左符降總管、鈐轄、知州軍官高者掌之。凡發兵，樞密院下符一至五，周而復始。指揮三百人至五千人用一虎一豹符，五千人已上用雙虎豹符。樞密院下符，以右符第一爲始，内匣中，緘印之，命使者齎宣（諭旨）同下，云下第一符，發兵與使者，後緘右符以還，仍疾置聞。”（參見本卷《軍事設施説·通聯設施考》“虎符”文，參閱

宋曾公亮《武經總要・符契》)

木契

宋代兵符之一。各道總管等主將發兵用。木質，長方形，長七寸，闊二寸，厚一寸五分。由中分截爲上下兩半。三契一組，但下半僅一枚。《舊唐書・職官二》曰："百司應請月俸，符牒到，所由皆遞覆而行之，乃置木契，與應出物之司相合。"《宋史・兵志十》："其木契上下題'某處契'，中剖之，上三枚中爲魚形，題一、二、三，下一枚中刻空魚，令可勘合，左旁題云'左魚合'，右旁題云'右魚合'。上三枚留總管、鈐轄官高者掌之，下一枚付諸州軍城砦主掌之。總管、鈐轄發兵馬，百人已上，先發上契第一枚，貯以韋囊，緘印之，遣指揮齎牒同往。所在驗下契與上契合，即發兵，復緘上契以還，仍報總管、鈐轄。其發第二、第三契亦如之。"(參閲宋曾公亮《武經總要・符契》)

傳信牌

宋代兵符之一。用以傳送軍用文書。長宋制六寸，寬三寸，正反刻字而由中剖開，間有鑿柄，可分合。内各穿一孔隙，藏筆墨，臨戰則分持分書，以相驗證。其物常繫軍吏頸上以傳遞。《宋會要輯稿・兵二十六》："真宗咸平六年十月，給軍中傳信牌。先是石普言：'北面抗敵行陣間，有號令則遣人馳告，多失計畫，復虞姦詐。請令將帥，破錢持之，遇傳令則合而爲信。帝以爲古有兵符，既已久廢，因命用漆木爲牌，長六寸，闊三寸，腹背刻字而中分之。置鑿柄，令可合。又穿二竅，容筆墨，上施紙竝，每臨陣則分而持之。或傳令，則書其言而繫軍吏之頸，至彼合契，乃書覆命焉。'"《宋史・兵志十》："傳信牌中爲池槽，藏筆墨紙，令主將掌之。每臨陣傳命，書紙内牌中，持報兵官，復書事宜内牌中而還。主將密以字爲號驗，毋得漏泄軍中事。"(參閲宋曾公亮《武經總要・符契》)

走馬銀牌

唐宋時期軍事通訊信牌。用以傳送朝廷文牒，并憑牌於驛站换取乘騎。其制，唐時闊一寸半，長五寸，面刻隸書五字；宋時闊二寸半，長六寸，易以八分書，并鈒以鳳、麒麟圖像。《宋史・輿服志六》："唐有銀牌，發驛遣使，則門下省給之。其制，闊一寸半，長五寸，面刻隸字曰'敕走馬銀牌'，凡五字。首爲竅，貫以韋帶。其後罷之。宋初，令樞密院給券，謂之'頭子'。太宗太平興國三年，李飛雄詐乘驛謀亂，伏誅。詔罷樞密院券，乘驛者復製銀牌，闊二寸半，長六寸。易以八分書，上鈒二飛鳳，下鈒二麒麟，兩邊年月，貫以紅絲條。端拱中，以使臣護邊兵多遺失，又罷銀牌，復給樞密院券。"

銀牌

遼代軍事通訊信牌。用以傳送遼帝命令，并據以换乘驛馬及索取供應。其形上圓下方，長條，上刻契丹文"宜速"二字。宋葉隆禮《契丹國志》附錄宋張舜民《使北記》："銀牌形如方響（上圓下方之長條形金屬片，打擊樂器），刻蕃書'宜速'二字，使者執牌馳馬，日行數百里。牌所至，如國主親到，需索更易，無敢違者。"(參見本卷《軍事設施説・通聯設施考》"金牌"文)

金字牌

宋代軍事通訊信牌之一。長宋制一尺餘，

朱漆，刻以金字。用以傳遞皇帝緊急命令。由漢代"羽檄"演變而來。沿途各站飛馬鳴鈴接力傳遞，禁止入鋪停留休息，必須日夜急馳。途中車馬，聞鈴讓路。前鋪遙聞鈴聲，迅即至驛道接受文書及金字牌。文書蠟封於竹狀筒中，驗明封印後將交接時間記錄於小曆（登記簿），以備查核。岳飛"一日奉十二金字牌"者即此。《宋會要輯稿·方域十》："〔元豐〕六年九月二十五日，詔鄜延路令毋輒出兵，令樞密院更不送門下省，止用金字牌發下。牌長尺餘，朱漆，刻以金書：'御前文字，不得入鋪'，猶速於急遞。"宋沈括《夢溪筆談·官政》："熙寧中，又有金字牌急腳遞，如古之羽檄也。以木牌朱漆黃金字，光明眩目，過如飛電，望之無不避路，日行五百餘里。有軍前機速處分，則自御前發下，三省樞密院莫得與也。"《宋史·輿服志六》云："金字牌者，日行四百里。"證之以宋人著作等，恐誤。（參見本書《國法卷·衙庭狀牘說·衙庭衙用考》"牌"文，參閱元佚名《金玉新書·急遞》）

青字牌

宋代軍事通訊信牌之一。底色淺黃，青字，略小於金字牌。用以傳遞緊急軍用文書。南宋初期，戰爭頻繁，原有軍事通訊，不能適應需要，孝宗時期，又增設青字牌，規定日行三百五十里。《宋史·輿服志六》："乾道末，樞密院置雌黃青字牌，日行三百五十里，軍期急速則用之。"（參見本卷《軍事設施說·通聯設施考》"金字牌"文）

紅字牌

宋代軍事通訊信牌之一。底色用黑漆，紅字，略小於青字牌。用以傳遞軍用文書。南宋孝宗時增設，規定日行三百里。《宋史·輿服志六》："淳熙末，趙汝愚在樞筦，乃作黑漆紅字牌，奏委諸路提舉官催督，歲校遲速最甚者，以議賞罰。"《宋會要輯稿·方域十》："黑漆紅字牌……上鐫刻'樞密院軍期急遞文字牌'，減作限日行三百里。"（參見本卷《軍事設施說·通聯設施考》"金字牌"文）

雲馬文書

太平天國緊急軍務文書。封面蓋有帶翅飛馬行駛雲中之印章，故名。由專司遞報之"疏附衙"負責傳遞。規定每小時須行五十里。（參見本卷《軍事設施說·通聯設施考》"疏附衙"文，參閱《金陵雜記》）

急腳遞

宋代軍事通訊方式之一。用以傳遞緊急軍用文書。《宋會要輯稿·方域十》："哲宗元祐六年四月七日，刑部大理寺言……事干外界或軍機及非常盜賊文書，入急腳遞，日行四百里。"宋沈括《夢溪筆談·官政》："驛傳舊有三等，曰步遞、馬遞、急腳遞。急腳遞最遽，日行四百里，唯軍興則用之。"（參見本卷《軍事設施說·通聯設施考》"金字牌"文）

馬遞

宋代軍事通訊方式之一。以騎兵傳遞緊急軍用文書。根據文書性質，有日行五百里及日行三百里兩種傳遞速度。對失期官兵，規定有嚴格之處罰制度。擔任馬遞任務官兵所在之通訊站稱"馬鋪"。《宋會要輯稿·方域十》："哲宗元祐六年四月七日，刑部大理寺言，敕降入馬遞，日行五百里……如無急腳遞及要速並賊盜文書，入馬遞，日行三百里。違，不滿時者笞五十，一時仗八十，一日仗一百，二日加一等，罪止徒三年；致有廢缺事理重者，奏裁。從之。"又"皇祐元年……十月二十三日，詔馬鋪每一晝夜行五百里"。

疏附衙

太平天国軍事通訊設施。由宋明之"擺鋪""急遞鋪"等演變而來。太平軍所到之處，每隔三五十里，即設一疏附衙，負責傳遞軍用文書。文書後粘有立排單，填寫每次交接時間。每疏附衙有通訊戰士二三十人，陸路騎馬，水路則用八槳快艇。一般檔，日行百餘里，緊急軍情則使用"雲馬文書"，一小時即行五十里。又，疏附衙亦作爲通訊職官之代稱。（參見本卷《軍事設施說・通聯設施考》"雲馬文書"文，參閱《金陵雜記》）

羽檄

亦稱"羽書"。緊急軍務文書，主要用以調動、徵集軍隊，亦用於曉喻或聲討。爲表示緊急，使沿途傳遞不敢延誤，檄上插以鳥類羽毛，故稱。《漢書・高帝紀上》："吾以羽檄徵天下兵。"顏師古注："檄書，以木板爲書，長尺二寸，用徵召也。其有急事，則加以鳥羽插之，示速疾也。"《史記・韓信盧綰列傳》："吾以羽檄徵天下兵，未有至者。"裴駰集解："以鳥羽插檄書，謂之羽檄，取其急速若飛鳥也。"《後漢書・西羌傳論》："燒陵園，剽城市，傷敗踵係，羽書日聞。"李賢注引《魏武奏事》："邊有警急，即插羽以示急。"晋左思《詠史》："邊城苦鳴鏑，羽檄飛京都。"

【羽書】

即羽檄。此稱漢代已行用。見該文。

露布

戰勝報捷告示。漢代原爲不封之文書，後演變爲公布於眾之捷報及檄文。至北魏時發展爲專用於報捷之公告。《後漢書・李雲傳》："露布上書。"李賢注："露布謂不封之也。"《三國志・魏書・王肅傳》裴松之注引《魏略》："超（馬超）劫洪（賈洪），將詣華陰，使作露布。"《通典・禮三十六》："宣露布，後魏每攻戰剋捷，欲天下聞知，乃書帛建於漆竿上，名爲露布，自此始也，其後相因施行。"（參閱《隋書・禮儀志三》）

夜號

省稱"號"。亦稱"軍號"。夜間及視度不良情況下辨別敵我之口頭暗號，即近代軍隊之"口令"。通常以單詞表示，分爲上下兩詞，上問下答。唐李筌《神機制敵太白陰經・夜號更刻》："第日戌時，虞候（唐代軍中負責警戒、巡邏及執法之軍官）、判官（唐代軍隊統帥之幕僚軍官）持簿（號簿）於大將軍幕前取號。大將軍取意於一行中書兩字，上一字是坐喝，下一字是行答。"宋曾公亮《武經總要・附行軍須知》："營中專令一人主管夜號簿籍，放號不許重叠，恐有交錯。其號須是主將臨夜親行發放，不得預定。"又："野營日暮，差出伏路人馬，已出營門，其有事回報，即隔門傳報。先辨軍號，及辨語音，識認是自家軍人，方可向前。問得事宜，次第報知，不可開門。"

【號】

"夜號"之省稱。此稱唐代已行用。見該文。

【軍號】

即夜號。此稱宋代已行用。見該文。

傳信鴿

亦稱"傳書鴿"。軍隊馴養、用於軍事通訊之鴿。漢時民間即有養鴿之俗。1984 年四川蓋山曾出土帶有鴿籠之陶樓。楚漢戰爭中，即使用了信鴿傳遞信息。宋、夏好水川之戰，夏軍即以哨鴿爲信號，發起突擊，大破宋軍。五代王仁裕《開元天寶遺事·傳書鴿》："張九齡少年時，家養群鴿，每與親知書信往來，只以書繫鴿足上，依所寄之處，飛往投之。"《宋史·夏國傳上》："〔桑〕懌爲先鋒，見道傍置數銀泥合，封襲謹密，中有動躍聲，疑莫敢發，福（任福）至發之，乃懸哨家鴿百餘，自合中起，盤飛軍上，於是夏兵四合。"宋周密《齊東野語·曲壯閔本末》："魏公（張浚）嘗按視端（曲端）軍，〔曲端〕執櫚以軍禮見，闃無一人。公異之，謂欲點視。端以所部五軍籍進，公命點其一部。於廷間開籠縱一鴿以往，而所點之軍隨至，張爲愕然。既而欲盡觀，於是悉放五鴿，則五軍頃刻而集，戈甲焕燦，旗幟精明。"

【傳書鴿】

即傳信鴿。此稱五代時期已行用。見該文。

蠟丸

亦稱"蠟彈""蠟書"。軍事保密通訊方法之一。盛行於唐宋。將軍情報告或命令指示等書於薄紙上，揉緊爲小團，密封於蠟丸之中，以防泄密或潮濕，有時甚至藏於皮膚之下。《新唐書·顔真卿傳》："肅宗已即位靈武，真卿（顔真卿）數遣使以蠟丸裹書陳事。"《舊五代史·晉書·尹暉傳》："時范延光據鄴謀叛，以暉失意，密使人齎蠟彈，以榮利啖之。"《舊唐書·郭子儀傳》曰："帝以同、華路阻，召子儀女婿工部侍郎趙縱受口詔往河中，令子儀起軍討之。縱請爲蠟書，令家僮間道賜子儀。"宋趙升《朝野類要·蠟彈》："以帛寫機密事，外用蠟固，陷於股肱皮膜之間，所以防在路上浮沉

漏泄也。"宋陸游《劍南詩稿·追憶征西幙舊事》自注："關中將校，密報事宜，皆以蠟書至宣司。"《宋史·岳飛傳》："乃作蠟書……〔岳飛〕因謂諜曰：'吾今貸汝復遣至齊，問舉兵期。'剟股納書，戒勿泄。"

【蠟彈】

即蠟丸。此稱五代時期已行用。見該文。

【蠟書】

即蠟丸。此稱宋代已行用。見該文。

陰符

軍事保密通訊方式之一。爲長短互不相同之若干兵符，各自代表某種重要軍情。軍隊出征之前，由君主授予統軍大將，用以報告戰情。由於兵符含義保密，僅少數人員知曉，故即使途中爲敵軍截獲，亦不至泄漏機密。因以其符陰通言語，故稱。主要流行於戰國時期。《六韜·龍韜·陰符》："主與將有陰符，凡八等：有大勝克敵之符，長一尺；破軍擒將之符，長九寸；降城得邑之符，長八寸；却敵報遠之符，長七寸；警衆堅守之符，長六寸；請糧益兵之符，長五寸；敗軍亡將之符，長四寸；失利亡士之符，長三寸。諸奉使行符稽留者，若符事泄，聞告者皆誅之。八符者，主將秘聞，所以陰通言語，不泄。"

陰書

軍事保密通訊方式之一。將軍用文書內容分解爲三部分，必須三部拼合，方能讀出內容。當軍隊深入至敵軍境內時，不論下達命令或上報軍情，均將文書一分爲三，派三位信使，各持一部，由不同道路傳送。即使爲敵俘獲一二信使，仍不至泄露機密。因三書陰合，故稱。主要流行於戰國時期。《六韜·龍韜·陰書》：

"主以書遣將，將以書問主，書皆一合而再離，三發而一知。再離者，分書爲三部，三發而一知者，言三人，人操一分，相參而不相知情也。此謂陰書，敵雖聖智，莫知能識。"

字驗

軍事保密通訊方式之一。類似近代密碼通信。始用於五代末期，天雄節度使符彦卿創。將戰爭中可能發生之事件及措施定爲四十條，依次以數碼代之，如以敵退兵爲二，請進軍爲七等。出軍前約定以無重字之古詩爲"字驗"。一字代表一條。設以曹植《泰山梁父行》爲字驗，首聯"八方各異氣，千里殊風雨"中第二字即代表敵退兵，第七字即代表請進軍。將"方""里"二字寫入文牒中，并印以暗記，即可表達報告主要内容。至宋仁宗時，改爲二十條。宋曾公亮《武經總要·字驗》："凡偏裨將校受命攻圍，臨發時以舊詩四十字，不得令字重，每字依次配一條，與大將各收一本。如有報覆事，據字於尋常書狀或文牒中書之，加印記。所請得，所報知，即書本字或亦加印記，如不允，即空印之，使衆人不能曉也。"《宋史·輿服志六》：宋仁宗康定元年（1040）李淑奏聞"檢到符彦卿《軍律》有字驗，亦乞令合於移牒、傳信牌上，兩處參驗使用……符彦卿元用四十條，以四十字爲號；今檢得只有三十七條，内亦有不急之事，今減作二十八字。所貴軍中戎旅之人，事簡易記。詔並從之"。（參閱明茅元儀《武備志·符契》）

馬鋪

騎兵通訊報警設施。通常設置於有敵情威脅方向上，與游奕等其他警戒配合，以接力方式向軍營馳報敵情。唐李筌《神機制敵太白陰經·馬鋪》："每鋪相去四十里，如驛近遠。於要路山谷間牧馬兩匹，與游奕計會（按預定時間相會聯繫），有事警急，烟塵入境，則賚士相報。"《通典·兵五》有相同記載，唯距離爲"每鋪相去三十里"。

游弈

亦作"游奕"。駐軍警戒，在指定地區進行巡邏之游動部隊（分隊）。通常派遣機動性强之騎兵或戰船擔任，近距離内亦有以步兵擔任者。古代軍隊主要警戒手段之一，此稱始見於南北朝，唐代曾設有專職武官。《南史·樊猛傳》："猛與左衛將軍蔣元遜領青龍八十艘爲水軍，於白下游弈，以禦隋六合兵。"唐李筌《神機制敵太白陰經·游弈》："於奇兵中選驍果諳山川井泉者，與烽子、馬鋪、土河計會交牌，日夕邏候於亭障之外，捉生（抓俘虜）問事敵營虚實。我之密謀，勿令游弈人知。副使子將並久諳軍旅好身手者任。"《資治通鑑·唐中宗景龍二年》："以左玉鈐衛將軍論弓仁爲朔方軍前鋒游弈使，戍諾真水爲邏衛。"胡三省注："游弈使，領游兵以巡弈者也。"（參見本卷《軍事設施説·通聯設施考》"外探"文）

【游奕】

同"游弈"。此體始用於唐代。見該文。

外探

駐軍警戒。野戰宿營時派至營地四外之游動哨。"游弈"之一種，但距營地較近，人數甚少，僅負警戒馳報之責，没有戰鬥任務。明茅元儀《武備志·營三·夜營》："凡軍營下定，夜則别置外探。每營以折衝果毅，迭作番次。每面四人，每人領馬五騎，於營四面去營十里外游奕，以備非常。如有警急，馳報軍中。"

（參見本卷《軍事設施説 · 通聯設施考》"游弈"文）

外鋪

駐軍警戒。野戰宿營時埋伏於營地周邊之小分隊，除保障軍隊宿營安全外，并負責在敵軍攻營時襲擾敵軍後方。明茅元儀《武備志 · 營三 · 夜營》："凡軍營警備之外，每軍必別設兵候。一軍量抽戰士三五十人，於當軍四面三五里外要害之路，夜設外鋪，爲鋪給鼓三面自隨。如夜中有賊犯大營，其外鋪看賊與大營交戰，即從後鳴鼓大叫以擊賊。"

暗鋪

駐軍警戒。野戰宿營時布置於敵軍方向要路上之夜間潛伏哨。與馬鋪配合施放爟火報警。明茅元儀《武備志 · 營三 · 夜營》："凡軍營遇夜，又於賊來要路以探騎爲暗鋪，各持薪炬藏火，遞相接應。仍於路在左右草中伏人，或於高木遙望，如覺有賊，走報馬鋪舉火，前鋪應了，即馳赴大軍。大軍亦置望烽人，舉火相應。"（參見本卷《軍事設施説 · 通聯設施考》"馬鋪""爟烽"文）

斥候[2]

亦作"斥堠"。駐軍或行軍時派赴敵軍方向之偵察兵。此稱首見於春秋，沿用於近代。《左傳 · 襄公十一年》："納斥候，禁侵掠。"《三國志 · 吳書 · 孫韶傳》："常以警疆場遠斥堠爲務。"《通典 · 兵十》引《衛公李靖兵法》："諸軍前，各亦逐高要處安置斥候，以視動静。"宋曾公亮《武經總要 · 斥堠聽望》："師行斥堠，多擇高要之處，察望四邊。"

【斥堠】

同"斥候"。此體始用於三國時期。見該文。

遞鋪

通訊聯絡哨。用以傳遞偵察所得之敵情及緊急報警。宋曾公亮《武經總要 · 遞鋪》："凡軍行，去營鎮二百里以來，須置遞鋪，以探報警急。務擇要徑，使往來疾速。平陸別置健卒之人，水路亦作飛艇，或五里或十里一鋪，從非寇來之方，亦須置之。"

探馬

行軍警戒。派出於前後及側方之騎兵搜索組，以保障行軍縱隊之安全。宋曾公亮《武經總要 · 探馬》："軍行前後及左右助上，五里著探馬兩騎，十里加兩騎，十五里更加兩騎，至三十用十二騎，前後爲一道……若兵多發，引稍長（隊形較長），即助上（兩側）更量加一兩道。其乘馬人，每令遙相見，常接高行。各執一方面旗，無賊則卷，有賊則舒，以次遞應至大軍。大軍見旗展，則知賊至，庶先賊來足得擇利便，設機應變，迎前出戰也。"（參閱《通典 · 兵十》）

探馬 （明茅元儀《武備志》）

探旗

行軍警戒。派出於前方及側方之步兵，五人爲搜索組，每人持一白幡，一絳幡，變換幡色，或配以呼喊，用以保障行軍縱隊之安全，類似現代之尖兵班。宋曾公亮《武經總要 · 探旗》："軍前及左右下道，各十里之内，五人爲一部。人持一白幡、一絳幡，見騎賊舉絳幡，見步賊舉白幡，轉語後第二、第三部諸主者白之。賊百人已下，但舉幡指，百人已上，舉幡大呼，主者遣疾馬往視。”

銜枚

橫銜口中防止戰士説話之箸狀小棒。始見於周代，沿用至明清。先秦時列陣前進及參加喪禮時均用之，漢魏以後通常用於夜間行動。明軍所裝備者，爲長四寸、闊五分之竹籤，頂端開孔繫繩，平時挂於頸上，正面書使用者之姓名及所在單位，背面由哨官畫押并寫上編號。《周禮·夏官·大司馬》：“群司馬振鐸，車徒皆作，遂鼓行，徒銜枚而進。”鄭玄注：“枚如箸，銜之，有繣結項中。軍法止語，爲相疑惑也。”又《秋官·銜枚氏》：“軍旅、田役，令銜枚。”賈公彦疏：“軍旅田役二者，銜枚氏出令，使六軍之士皆銜枚，止言語也。”明茅元儀《武備志·守二·措應》：“暝夜從門銜枚並出。”（參閱明戚繼光《紀效新書·布城諸器圖説》）

熢燧

省稱“烽”“蓬”。亦作“燓燧”。軍事報警之視覺通訊信號。白晝放烟謂之熢，夜暗舉火謂之燧，古代重要軍事通訊制度之一。始見於周，各諸侯國邊防綫至國都及各國至王都之間，均建有發放熢燧之工程設施，形成以王都爲中心之通訊網絡。一旦發生戰情，便可迅速將人數、方位、行動等主要敵情，用預定信號傳送至各級指揮機構，以便及時作出反應。秦漢後，僅用於邊防，宋明時增設鳴銃放炮等聽覺信號，沿用至清。《史記·周本紀》：“幽王爲熢燧，大鼓，有寇至則舉烽火。”張守節正義：“晝日燃熢以望火烟，夜舉燧以望火光也。”《漢書·韓安國傳》：“匈奴不敢飲馬於河，置燓燧然後敢牧馬。”《史記·魏公子列傳》：“北境傳舉烽，言‘趙寇至，且入界’。”居延漢簡《塞上蓬火品約》：“匈奴人即入塞千騎以上，舉蓬、燔二積薪，其攻亭障塢辟田舍，舉蓬、燔三積薪。”唐代顏師古、李賢等，注《史記》《後漢書》引漢文穎語，認爲“晝則燔燧，夜則舉烽”，證之先秦文集及漢簡，實誤。（參見本卷《軍事設施説·通聯設施考》“熢火”“烽”“烽臺”文）

【燓燧】

同“熢燧”。此體漢代已行用。見該文。

熢火

猶熢燧。因歷代使用之器材及制度不同，故信號傳遞速度亦有所不同，通常愈後愈速，如唐時一晝夜行二千里，而清時一晝夜已達七千里。由於熢火爲軍情報警信號，因而引申爲戰爭之代稱，至今仍常見於文學作品中。《太平御覽》卷三三五引《楊都賦》注：“熢火以置於孤山頭，沿江相望……孫權時，合暮舉火於西陵，鼓三竟達吳郡。”明戚繼光《練兵雜紀·車步騎營陣解下》：“墩之相去，惟以視見聽聞爲準，不相間斷……凡遇賊馬所向之處，該墩舉烽，左右分傳。計薊鎮邊墻延袤曲折二千餘里，不過三箇時辰可遍。”唐杜甫《春望》：“熢火連三月，家書抵萬金。”（詳見本卷《古代軍事設施説·通聯設施考》“熢燧”，參見本卷《軍事設施説·通聯設施考》“烽”“烽臺”。）

烽

“熢燧”之簡稱。亦作“燓”“蓬”。又爲軍事報警通訊信號。先秦兩漢，專指目視信號。傳統解釋多以晝間燃草發烟爲烽。近年來不少學者根據出土漢簡中有“布蓬”“繒蓬”之名，要求顏色鮮明，且蓬爲舉，而舉蓬又有元框、蓬桿、蓬索、轆轤等器材，因而考證烽爲以布帛覆於木框上之方形或以草及枝條編成之籃狀徽幟，與烟無關。魏晉以後，逐漸演變爲報警信號之統稱，一切視聽信號，如烟、火、旗、鼓、鳴銃、放炮等，均稱之爲烽。《説文·火部》："烽，燧候表也。"《墨子·號令》："晝則舉烽，夜則舉火。"漢簡《塞上烽火品約》："匈奴人晝入……舉二□，塢上大表一，燔一積薪；夜入，燔一積薪，毋絕至明。"又"匈奴人晝入……舉一，燔一積薪；夜入，燔一積薪，舉塢上一苣火，毋絕至明。"《史記·司馬相如列傳》裴駰集解注："《漢書音義》曰：烽如覆米薁，縣著桔槹頭，有寇則舉之。"明戚繼光《紀效新書·守哨》："衛所烽堠爲邊防第一要務……遇有賊登，晝則摇旗放銃爲號，夜則放起火放銃爲號。"（參見本卷《軍事設施説·通聯設施考》"燧燧""烽臺"文；參閲初師賓《居延烽火考述》，《漢簡研究文集》。）

【烽】

同"烽"。此體漢代已行用。見該文。

【蓬】

同"烽"。此體漢代已行用。見該文。

烽臺

亦稱"烽堠""墩臺""烟墩"。俗稱"烽火臺"。以視聽信號進行報警之軍事通訊設施。據考古勘察，秦漢時邊防烽臺，有方、圓兩種：方形底邊長 12 米左右，圓形直徑 15 米左右。烽臺間距依地形遠近不等。任何一臺，均可與相鄰兩臺目視聯絡。報警信號一般有烽、表、苣、積薪及鼓五種。烽、表用於白晝，苣用於夜晚，積薪點燃後放烟發火，晝夜兼用，鼓爲向烽卒及附近戍軍報警、傳令之用。隋唐時改用烟筒及灶放烟，明清時增設鳴銃、放炮

及懸燈、放起火等信號。《晋書·王渾傳》："復秦長城塞，自温城洎于碣石，綿亘山谷且三千里，分軍屯守，烽堠相望。"《通典·兵五》："烽臺，於高山四顧險絶處置之，無山亦於孤迥平地置。下築羊馬城，高下任便，常以三五爲準：臺高五丈，下闊三丈，上闊一丈。形圓，上建圓屋覆之，屋徑闊一丈六尺，一面跳出三尺，以板爲上覆，下棧屋上置突灶三行，臺下亦置三所，並以石灰飾其表裏。復置柴籠三所，流大繩三條在臺側近。上下用屈膝梯，上收下乘。屋四壁開覷賊孔及安視火筒。"《明史·兵志三》："緣邊皆峻垣深壕，烽堠相接。"又"益墩臺瞭守，及增赤城等堡烟墩二十二。"（參見本卷《軍事設施説·通聯設施考》"烽""燧燧"文）

【烽堠】

即烽臺。此稱晉代已行用。見該文。

【墩臺】

即烽臺。此稱明代已行用。見該文。

【烟墩】

即烽臺。此稱盛行於明清。由於火器已大量使用於戰争，故其通訊器材及方法較唐宋有所改進：主要以鳴銃、燃火及懸燈、舉旗進行報警。雖名爲烟墩，但發烟信號已逐漸不用。單稱"墩"。《明史·兵志三》："〔永樂〕帝於邊備甚謹……其敕書云：'各處烟墩，務增築高厚，上貯五月糧及柴薪藥弩，墩傍開井，井周邊墻與墩平，外望如一。'"亦稱"墩臺"。清袁宫桂《洴澼百金方·方略·設墩臺》："墩法舊舉狼烟，但南方狼糞絕少，拱把之草，火燃不久，且遇陰霾，何以瞭望？懸旗懸燈，其法誠便。"明戚繼光《練兵雜紀·車步騎營陣解

下》："大約相去一二里，梆鼓相聞，爲一墩，每墩……大銃五箇，三眼銃一把，白旗三面，燈籠三盞（白紙糊，務粗，徑一尺五寸，長三尺）。大木梆二架（每架長五尺，内空六寸、深一尺，要性響體堅之木……），旗杆三根，發火草六十箇，火池三座，每座方五尺。"

【墩】

即烟墩。此稱明代已行用。見該文。

表

報警用通訊器材。布帛製作，長方形，類旗幟。用於守城，則立於城上及城外高地；用於邊防，則懸於烽臺竿上。根據敵情，使用不同大小、顏色及數量之表。始見於先秦，沿用至唐宋。《墨子·號令》："士候無過十里，居高便所樹表。表，三人守之，比至城者三表（由候至城共設三表傳遞信號），與城上燧燧相望。"1974 年内蒙古額濟納旗破城子出土居延漢簡有此内容："乃今月十一日辛巳日且入時，胡虜入甲渠木中隧塞天田，攻木中隧，隧長陳湯爲舉堠上二烽、塢上大表一，燔一積薪。"《通典·兵五》："城上立四隊，別立四表，以爲候視。若敵欲攻之處，則去城五六十步即舉一表，撞梯逼城舉二表，敵若登梯舉三表，欲攀女墻舉四表。夜即舉火如表。"宋曾公亮《武經總要·守城》："每將各設四表，賊來近則舉一表，賊至城則舉二表，賊登城則舉三表，賊攀女墻則舉四表。夜則加燭於表上。"（參見本卷《軍事設施説·通聯設施考》"烽臺"文；參閲吴礽驤《漢代蓬火制度探索》，《漢簡研究文集》。）

苣

亦作"炬"。城防照明及烽臺報警用信號器材，以葦、草等扎成之火炬。敦煌、居延漢代烽燧遺址中曾發現大量實物。大者長 2 米餘，中者長約 1 米，小者長 60 餘厘米。由於所需燃燒時間有所不同，所以苣亦有大小之分。爲延長燃燒時間，有於苣中橫插二三根短木者，稱"肥木"。《説文·艸部》："苣，束葦燒。"《墨子·備城門》："城上二步積苣，大一圍，長丈。"又："五步一爵穴，大容苣……寇在城下，聞鼓音，燔苣，後鼓，内苣爵穴中照外。"宋曾公亮《武經總要·烽火》："唐兵部有烽式……用烽火之法，應火炬長八尺，橛上火炬長五尺，並二尺圍。乾葦作新葦上，用乾草節縛，縛處周回插肥木，其次炬橛等，在烽每道當蓄一千，具以上，於舍下作架積貯，不得雨濕。"（參見本卷《軍事設施説·通聯設施考》"烽臺"文；參閲《居延漢代遺址的發掘和新出土的簡册》，《文物》1978 年第 1 期。《敦煌馬圈灣漢代烽燧遺址發掘簡報》，《文物》1981 年第 1 期。）

【炬】

同"苣"。此體唐代已行用。見該文。

燋烽

亦稱"燋火""行烽"。軍營設置之報警烽火。《通典·兵十》："衛公李靖兵法曰……諸軍馬擬停三五日，即須去軍一二百里以來安置燋烽，如有動静，舉烽相報。其烽並於賊路左側逐安置，每二十里置一烽，應接令遣到軍……十騎以上、五十騎以下，即放一炬火，前烽應訖即滅火；若一百騎以上、二百騎以下，即放兩炬火，準前應滅；賊若五百騎以上，五千騎同，即放三炬火……既置燋烽，軍内即須接應，又置一都烽，應接四山諸烽。其都烽如見烟火，急報大總管云某道烟火起，大總管當須嚴備。"

北周庾信《同上柱國齊王憲神道碑》："匈奴突於武川，爟火通於灞上。"宋曾公亮《武經總要・行烽》："凡軍馬出行，擬停三五日，即須去軍一二百里以來權置爟烽。"

【爟火】

即爟烽。此稱南北朝時期已行用。見該文。

【行烽】

即爟烽。此稱宋代已行用。見該文。

平安火

報告未發現敵情之烽火。每日早晚各放一次。《通典・兵五》："烽臺……每晨及夜平安，舉一火……如每晨及夜平安火不來，即烽子爲賊所捉。"唐元稹《遣行》："迎候人應少，平安火莫驚。"唐姚合《窮邊詞》："沿邊千里渾無事，唯見平安火入城。"

第五章　軍事旗幟説

第一節　通用諸旗考

軍事專用旗幟，歷代形制不一，顏色徽章各異，通常總稱爲“兵旗”，或稱爲“戰旗”。一般由旗面、旗杆、飾件等組成。旗面通常用質輕、不易褪色的紡織物或其他材料製成。中國歷代對旗幟信號之使用均有定式。按其內容區分，有象徵帝王將帥身份與軍隊或建制部隊的旗幟，有命令部隊攻守進退和引導行軍的旗幟，有表示東南西北方位的旗幟以及其他內容信號的旗幟，等等。它是通過懸挂不同形狀和顏色的旗幟，或者用手揮動旗幟的不同部位來表示某種特定的信號內容，達到傳遞簡短命令、組織保障與協同和相互識別等目的，是一種用目力觀察而進行的晝間近距離通信指揮方式。

在中國，使用旗幟信號進行軍事指揮和通信聯絡的歷史長達數千年。早在原始社會晚期的戰爭中，就出現用以聚集族人的旗幟。《初學記·武部》：“黃帝與炎帝戰，以雕鶡鷹鳶爲旗幟，蓋旌旗之始也。”隨着社會生産與戰爭的發展，適應軍事通信指揮的需要，軍用旗幟不斷改進，形狀顏色趨於多樣化，信號的規定增多，且更加明確而具體。《周禮》即有“凡軍事，建旌旗”之記載，有表示不同等級和不同作用的九種旗幟（見《周禮·春官·司常》)。《穀梁傳》載有"置五麾",即表示東、西、南、北、中的五色旗。《管子·兵法》載有戰國時代行軍用旗九種,謂之"九章"。《墨子·旗幟》載有守城用旗十六種。可見春秋戰國時代兵旗發展之盛。自秦漢至明清各代軍用旗幟,均在此基礎上發展變化,除沿用者外,亦不斷更新。《史記·天官書》"三曰九游"唐張守節正義:"九游九星,在玉井西南,天子之兵旗,所以導軍進退,亦領州列邦。"唐釋齊己《楊柳枝》:"多謝將軍遠營種,翠中閑卓戰旗紅。"《通典·兵十》:"諸每隊給一旗,行則引隊,住則立於隊前。其大總管及副總管,則立十旗以上,子總管則立四旗以上,前則引前,住則立於帳前。統頭亦別給異色旗,擬臨陣之時,辨其進退。駐隊等旗,別樣別造。軍引輜重,各令本軍營隊識認此旗。"《清通典·兵一》:"凡八旗序次,鑲黃、正黃、正白爲上三旗,鑲白、正紅、鑲紅、正藍、鑲藍爲下五旗。"

直到第一次世界大戰時軍隊大量裝備無綫電設備後,兵旗依然發揮重要作用。即使在現代戰爭條件下,各國軍隊還配有各式旗幟,仍不失爲通信指揮的輔助手段,同時更用以激勵士氣,振作軍威,視之爲軍魂,重於生命,旗在則軍在,旗亡則軍亡,故今世之軍旅,賦於兵旗以更深更崇高的象徵意義。

兵 旗

兵旗

亦稱"軍旗""戰旗"等。指軍事用旗。多用以指揮、聯絡,作信號或暗號。據傳黃帝時已發明,"兵旗"之稱則晚起於南北朝時。南朝梁劉孝綽《答雲法師書》:"昔戈盾夾車,備不虞於周後;兵旗引駕,防未然於漢君。"《史記·天官書》:"其西有句曲九星,三處羅:一曰天旗,二曰天苑,三曰九游。"唐張守節正義:"九游九星,在玉井西南,天子之兵旗,所以導軍進退,亦領州列邦。"唐釋齊己《楊柳枝》:"多謝將軍遠營種,翠中閑卓戰旗紅。"

《魏書·肅宗本紀》曰:"先帝以其誠效既亮,方加酬錫,會宛郢馳烽,胸泗告警,軍旗頻動,兵連積歲,茲恩仍寢,用迄於今。"

【軍旗】

即兵旗。此稱南北朝時期行用。見該文。

【戰旗】

即兵旗。此稱唐代已行用。見該文。

【麾】

即兵旗。相傳爲夏后氏所建。《周禮·春官·巾車》:"建大麾以田,以封蕃國。"鄭玄注:"大麾不在九旗中,以正色言之則黑,夏后氏所建。"《穀梁傳·莊公二十五年》:"置五麾,陳五兵五鼓。"范甯注:"麾,旌幡也。"

《南史・梁武帝紀上》：“望麾而進，聽鼓而動。”按，夏代麾之大者用以田獵、封蕃。

【旌麾】

即麾。亦作“旍麾”。《三國志・魏書・夏侯淵傳》：“大破遂軍，得其旌麾。”又《蜀書・蜀後主傳》：“五年春丞相亮出屯漢中。”裴松之注引《諸葛亮集》：“禪三月下詔曰：‘朕聞天地之道……今旌麾首路，其所經至，亦不欲窮兵極武。’”《梁書・武帝紀上》：“旍麾所指，威稜無外。”唐虞世南《從軍行》：“結髪早驅馳，辛苦事旌麾。”清陳康祺《燕下鄉脞録》卷一：“凡二公旌麾所駐，盜賊爲之潜蹤。”

【旍麾】

同“旌麾”。此體三國時期已行用。見該文。

【幟】

即兵旗。《吳子・論將》：“鼙鼓金鐸，所以威耳；旌旗麾幟，所以威目。”《宋史・兵志九》：“旌旗麾幟，各隨方色。”

【幡】

即兵旗。亦作“旛”。《吳子・應變》：“凡戰之法，晝以旌旗旛麾爲節，夜以金鼓笳笛爲節，麾左而左，麾右而右。”《宋史・儀衛志六》：“諸軍並給幡數百，有事，使人交相去來者，執以行。”

【旛】

同“幡”。此體先秦時期已行用。見該文。

【戎旗】

即兵旗。亦稱“戎麾”“戎旆”。《後漢書・南匈奴傳》：“戎旗星屬，候列郊甸。”唐杜甫《哭王彭州掄》：“頃壯戎麾出，叨陪幕府要。”唐韓愈《奉酬振武胡十二丈大夫》：“戎旆暫停辭社樹，里門先下敬鄉人。”

【戎麾】

即戎旗。此稱唐代已行用。見該文。

【戎旆】

即戎旗。此稱唐代已行用。見該文。

【戎斿】

即兵旗。《文選・謝朓〈拜中軍記室辭隋王箋〉》：“契闊戎斿，從容讌語。”李周翰注：“戎，兵；斿，旌也。”南朝梁元帝《將歸建業先遣軍東下詔》：“頃戎斿既息，關柝無警。”

【旗斿】

即兵旗。亦作“旗旒”。《詩・小雅・采芑》：“其車三千，旗旐央央。”明李東陽《擬古出塞》：“軍行視旗斿，聞向黃河曲。”明徐復祚《投梭記・却説》：“揚旗斿，指揮若定天吳掃。”

【旗旐】

同“旗斿”。此體先秦時期已行用。見該文。

【旗旝】

即兵旗。《宋書・武帝紀中》：“旗旝首塗，則八表響震；偏師先路，則多叠雲徹。”《新唐書・僕固懷恩傳》：“懷恩陣西原，多張旗旝。”

【旗纛】

即兵旗。唐韓愈《南海神廟碑》：“旗纛旄麾，飛揚晻藹。”《新唐書・張仲武傳》：“獲馬、牛、橐它、旗纛不勝計。”清魏源《湘江舟行》詩之三：“何來三峰蠹，鼎立峙旗纛。”

【旌麾】

即兵旗。亦稱“麾旌”。《三國志・吳書・孫權傳》：“多勸權迎之。”南朝宋裴松之注引《江表傳》載曹公與權書曰：“近者奉辭伐罪，旌麾南指，劉琮束手。”唐韓愈《南海神廟碑》：“旗纛旄麾，飛揚晻藹。”《南齊書・豫章文獻王傳》曰：“臣依常乘車至仗後，監伺不能示臣可否，便互競啓聞，云臣車逼突黃屋麾旌，如欲相中。"五代馬縞《中華古今注·麾旌》："麾旌，麾者，所以指麾也。武王執白旄以麾是也。"

【麾旄】

即旄麾。此稱南北朝時期已行用。見該文。

【麾旌】

即兵旗。《三國志·蜀書·先主傳》："曹公東征先主，先主敗績。"南朝宋裴松之注引《魏書》曰："〔先主〕自將數十騎，出望公軍，見麾旌，便棄衆而走。"《隋書·音樂志中》："鑾軒循轍，麾旌復路。"

四方旗

古時繪有朱鳥、玄武、青龍、白虎四種圖形之旗幟。用以指示南、北、東、西四個方位。常用於軍事陣法。春秋時已見行用。《禮記·曲禮上》："〔軍〕行，前朱鳥而後玄武，左青龍而右白虎，招搖在上，急繕其怒，進退有度。"孔穎達疏："今之軍行，畫此四獸於旌旗，以標前後左右之軍陳。"《吳子·治兵》："〔三軍行止〕必左青龍，右白虎，前朱雀，後玄武。"至三國，魏又增黃龍或麒麟，以示中央，仍稱"四方旗"。晋崔豹《古今注·輿服》："魏朝有青龍幡、朱鳥幡、玄武幡、白虎幡、黃龍幡五而以招四方。東方郡國以青龍幡，南方郡國以朱鳥幡，西方郡國以白虎幡，北方郡國以玄武幡，朝廷畿内以黃龍幡，亦以麒麟幡。"唐代以後，祇用爲儀仗旗。

青龍旗

亦稱"青龍幡"。繪有青龍之旗。四方旗之一，代表東方。左軍所執。東方，五行屬木，木色青，代以青龍，故稱。青，深綠色。（參見本卷《軍事旗幟說·通用諸旗考》"四方旗"文）

【青龍幡】

即青龍旗。此稱晋代已行用。見該文。

白虎旗

亦稱"白獸幡""白武幡"。繪有白虎圖案之軍旗。四旗之一，代表西方，右軍所執。西方，五行屬金，色白。古人以白虎威猛，故稱。唐人避高祖祖父李虎諱"虎"，謂之"白獸幡""白武幡"。《晋書·職官志》："緦舉白獸幡指麾，須臾之間而函成。"《宋書·百官志下》："朝會宴饗，則將軍戎服，直侍左右，夜開城諸門，則執白虎幡監之。"《北史·封敕文傳》："敕文謀於衆曰：'困獸猶鬭，而況於人。'乃以白武幡宣告賊衆，若能歸降，原其生命。應時降者六百餘人。"《隋書·禮儀志三》："受降使者一人，給二馬軺車一乘，白獸幡及節各一。"

【白獸幡】

即白虎旗。此稱唐代已行用。見該文。

【白武幡】

即白虎旗。此稱唐代始行用。見該文。

【白虎】

"白虎旗"之省稱。《禮記·曲禮上》："左青龍，而右白虎。"（參見本卷《軍事旗幟

青龍旗（皇帝大駕鹵簿青龍旗）
（清允禄《皇朝禮器圖式》）

白虎旗（皇帝大駕鹵簿白虎旗）
（清允禄《皇朝禮器圖式》）

説·通用諸旗考》"白虎旗"文)

朱鳥旗

亦稱"朱雀旗""朱鳥幡"。繪有朱鳥圖案之軍旗。四方旗之一，代表南方，前軍所執。南方，五行屬火，代以朱鳥，故稱。《禮記·曲禮上》："〔軍〕行，前朱鳥而後玄武，左青龍而右白虎。"鄭玄注："以此四獸爲軍陳，象天也。"孔穎達疏："軍前宜捷，故用鳥；軍後須殿捍，故用玄武。玄武，龜也，龜有甲能禦侮用也；左爲陽，陽能發生，象其龍變生也；右爲陰，陰沈能殺，虎沈殺也。

朱雀旗（皇帝大駕鹵簿朱雀旗）（清允禄《皇朝禮器圖式》）

軍之左右生殺變應，威猛如龍虎也……此朱雀是禽，而摠言獸者，通言耳。"明王圻等《三才圖會·儀制》："蓋古者君行師從，故畫此四者以爲前後左右之兵陳也。唐制四旗在鹵簿中。"（參見本卷《軍事旗幟説·通用旗幟考》"玄武旗"文）

【朱雀旗】

即朱鳥旗。此稱先秦時期已行用。見該文。

【朱鳥幡】

即朱鳥旗。此稱魏晉時期已行用。見該文。

玄武旗

省稱"玄武"。亦稱"玄武幡"。古代繪有龜形圖案的軍旗。四方旗

玄武旗（皇帝大駕鹵簿神武旗）（清允禄《皇朝禮器圖式》）

之一，代表北方，後軍所執。北方，五行屬水，色黑，代以玄武，故稱。玄武，烏龜。（參見本卷《軍事旗幟説·通用旗幟考》"四方旗"文）

【玄武】

"玄武旗"之省稱。此稱先秦時期已行用，語見《禮記·曲禮》。見該文。

【玄武幡】

即玄武旗。此稱魏晋時期已行用。見該文。

【龜旗】

即玄武旗。後演化爲將帥之旗。《宋史·兵志九》："戰國時，大將之旗以龜爲飾，蓋取前列先知之義，令中軍亦宜以龜爲號。其八隊旗，別繪天、地、風、雲、龍、虎、鳥、蛇。"

黃龍旛

繪有黃龍之旗。四方旗之一，代表中央，中軍所執。中央，五行屬土，土色黃，代以黃龍，故稱。按，東、南、西、北，加中央，應爲五方，因先秦時原稱"四方"，後世沿稱。（參見本卷《軍事旗幟説·通用旗幟考》"四方旗"文）

麒麟幡

猶黃龍旛。繪有麒麟圖案之旗。四方旗之一，代表中央，中軍所執。中央，五行屬土，土色黃，代以麒麟，故稱。按，東、南、西、北，加中央，應爲五方，因先秦時原稱"四方"，後世沿稱。（參見本卷《軍事旗幟説·通用旗幟考》"四方旗"文）

五方旗

亦稱"五麾""五色旗""五旗"。用青、赤、白、黑、黃五色代表東、南、西、北、中五個方向的旗幟，常用於軍事指揮。春秋時已見行用。《穀梁傳·莊公二十五年》："天子救日，置

五麾，陳五兵五鼓。"楊士勳疏："五麾者，糜信云：'各以方色之旌置之五處也。'"《漢書·揚雄傳》："鳴洪鐘，建五旗。"顏師古注："《漢舊儀》云：皇帝駕，建五旗。蓋謂五色之旗也。"《通典·兵五》："諸軍將伍旗，各準方色。赤南

五方旗（大五方旗）（清年羹堯《治平勝算全書》）

方火，白西方金，皂北方水，碧東方木，黃中央土。土既不動，用爲四旗之主。而大將行動，持此黃旗於前立。如東西南北有賊，各隨方色舉旗，當方面兵，急須裝束。旗向前亞，方面兵須急進。旗正豎即住臥，即迴審細看大將軍所舉方旗，須依節度。"《宋史·禮志二十四》："殿前都指揮使王超執五方旗以節進退，又於兩陣中起候臺相望，使人執旗如臺上之數以相應。"

【五麾】

即五方旗。此稱先秦時期已行用。見該文。

【五色旗】

即五方旗。此稱漢代已行用。見該文。

【五旗】

即五方旗。此稱漢代已行用。見該文。

【五方幢】

即五方旗。元無名氏《馬陵道》第一折："五方幢，招颭如風，四下裏兵戈擺的没些兒縫。"

青旗

深綠色之旗。青，深綠。"五方旗"之一，代表東方。東方，五行屬木，木色深綠，故稱。

（參見本卷《軍事旗幟説·通用旗幟考》"五方旗"文）

赤旗 [1]

深紅色之旗。赤，火紅色。"五方旗"之一，代表南方。南方，五行屬火，火色深紅，故稱。（參見本卷《軍事旗幟説·通用旗幟考》"五方旗"文）

白旗 [1]

白色之旗。"五方旗"之一，代表西方。西方，五行屬金，金色白，故稱。（參見本卷《軍事旗幟説·通用旗幟考》"五方旗"文）

黑旗 [1]

黑色之旗。"五方旗"之一，代表北方。北方，五行屬水，水黑色，故稱。（參見本卷《軍事旗幟説·通用旗幟考》"五方旗"文）

黃旗 [1]

黃色之旗。"五方旗"之一，代表中央。中央，五行屬土，土色黃，故稱。（參見本卷《軍事旗幟説·通用旗幟考》"五方旗"文）

九旗

亦作"九旂"。先秦時表示不同等級、不同用途的九種旗幟，即常、旂、旜、物、旗、旟、旐、旞、旌。兩漢後多用作泛稱。《周禮·春官·司常》："司常掌九旗之物名，各有屬以待國事。日月爲常，交龍爲旂，通帛爲旜，雜帛爲物，熊虎爲旗，鳥隼爲旟，龜蛇爲旐，全羽爲旞，析羽爲旌。"梁元帝《次建業詔》："六軍遄征，九旂揚斾。"唐張薦《唐享文太子廟樂章·送神》："三獻具舉，九旗將旋。"

【九旂】

同"九旗"。此體南北朝時期已行用。見該文。

常

古代"九旗"之一。縿首繪日月星辰，其下及旒交繪十二條升龍降龍，赤色，高九仞，上繫十二旒。天子用以征討或作儀仗。先秦已行用。《周禮·春官·巾車》："建大常，十有二斿。"鄭玄注："大常，九旗之畫日月者。正幅爲縿，斿則屬焉。"《儀禮·覲禮》："載大旂。"鄭玄注："大旂，大常也；王建大常，縿首畫日月，其下及旒，交畫升龍降龍。"《釋名·釋兵》："日月爲常，畫日月於其端。天子所建，言常明也。"《爾雅·釋天》："旌旗。"邢昺疏引《廣雅》云："天子杠高九仞。"唐韓愈《元和聖德詩》："天兵四羅，旂常婀娜。"

【大常】

即常。亦作"太常"。亦稱"辰斾"。太，永久之意。《周禮·春官·司常》："王建大常，諸侯建旂。"鄭玄注："大常，九旗之畫日月者。"又《夏官·節服氏》："掌祭祀朝覲袞冕六人，維王之太常。"《書·君牙》："厥有成績，紀於太常。"孔傳："王之旌旗畫日月曰太常。"《文選·張衡〈東京賦〉》："建辰旒之太常，紛焱悠以容裔。"李善注："辰，謂日月星也。畫之於旌旗，垂十二旒，名曰太常。"《南齊書·樂志》："神娱展，辰斾回。"

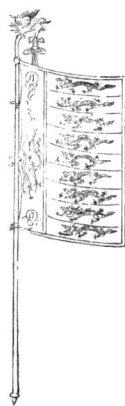

太常
（明王圻等《三才圖會》）

【太常】

同"大常"。此體先秦時期已行用。見該文。

【辰斾】

即大常。此稱南北朝時期已行用。見該文。

【日月旗】

即常。《穆天子傳》卷六："日月之旗，七星之文，鼓鐘以葬。"郭璞注："言旗上畫日月及北斗七星也。"《周禮》曰："日月爲常。"唐戎昱《辰州聞大駕還宮》："自慚出守辰州畔，不得親隨日月旗。"

旂

古代"九旗"之一。繪有蛟龍之形，赤色，杆頭繫有銅鈴。爲諸侯之兵旗或儀仗。先秦已行用，後世爲泛稱。《爾雅·釋天》："有鈴曰旂。"郭璞注："縣鈴於竿頭，畫蛟龍於旂。"《周禮·考工記·輈人》："龍旂九斿，以象大火也。"鄭玄注："交龍爲旂，諸侯之所建也。"《詩·周頌·載見》："龍旂陽陽，和鈴央央。"《楚辭·離騷》："鳳皇翼其承旂兮，高翱翔之翼翼。"蔣天樞校釋引《説文·㫃部》："旂，旗有衆鈴，以令衆也。"

旃

古代"九旗"之一。亦作"旜"。亦稱"曲旃"。赤色，通帛製成，曲柄而無飾。孤卿所建。孤卿，指少師、少傅、少保。多用於軍事，亦用於儀仗。《爾雅·釋天》："因章曰旃。"郭璞注："以帛練爲旒，因其文章，不復畫之。"《説文·㫃部》："旃，旗曲柄也。《周禮》曰：'通帛爲旃。'"段玉裁注："《司常職》文，注云：'通帛謂大赤。'從周正色，無飾。"《左傳》僖公二十八年："城濮之戰，晋中軍風於澤，亡大斾之左旃。"《史記·魏其武安侯列傳》："前堂羅鍾鼓，立曲旃。"《周禮·春官·司常》："司常掌九旗之物名，各有屬以待國事。日月爲常，交龍爲旂，通帛爲旜……孤卿建旜。”《儀禮・聘禮》：“使者載旜，帥以受命於朝。”鄭玄注：“旜，旌旗屬也。載之者所以表識其事也。”

【旜】

同“旜”。此體先秦時期已行用。見該文。

【曲旃】

即旃。以柄彎曲，故稱。此稱秦漢時期已行用。見該文。

【大赤】

即旃。紅色旗幟。周旜之一種。用於朝見，封异姓諸侯，亦用於軍事。《周禮・春官・巾車》：“象路，朱，樊纓七就，建大赤以朝，異姓以封。”鄭玄注：“大赤，九旗之通帛。”《禮記・明堂位》：“周之大赤。”孔穎達疏：“殷之大白，謂白色旗；周之大赤者，赤色旗。”

【干旄】

即旜。指杆頭袛有旄而無旒縿。干，即杆。《詩・鄘風・干旄》：“孑孑干旄，在浚之郊。”毛傳：“孑孑，干旄之貌。注旄於干首，大夫之旒也。”孔穎達疏：“《經》言干旄，唯言干首有旄，不言縿旒。明此言干旄者，乃是大夫之旒也。《周禮》‘孤卿建旜’，魏侯無孤，當是卿也。大夫者緫名。”宋王安石《次韻酬宋玘》：“達跡荒郊謝傷豪，春風誰與駐干旄？”

物

古代“九旗”之一。亦作“勿”。以雜帛製成。赤色，因物本指雜色之牛，故以名旗。大夫士用於緊急事態。《説文・勿部》：“勿，州里所建旗，象其柄，有三游，雜帛，幅半異，所以趣民，故遽稱勿。凡勿之屬皆從勿。”段玉裁注：“州里當作大夫士……經傳多作物。”《周禮・春官・司常》：“通帛爲旜，雜帛爲物……大夫干建物。”鄭玄注：“雜帛者，以帛素飾其側。白，殷之正色。”孫詒讓正義：“雜帛者，縿斿異色，猶《士冠禮》之雜裳，皆取不專屬一色之義。”王國維《釋物》：“古者謂雜帛爲物，蓋由物本雜色牛之名，後推以名雜帛。《詩・小雅・無羊》：‘三十維物，爾牲則具。’……謂雜色牛三十也。由雜色牛之名因以名雜帛。”

【勿】

同“物”。此體漢代已行用。見該文。

旗

古代“九旗”之一。繪有熊虎圖案，赤色，六旒。大夫用於軍事，亦用於儀仗。《説文・㫃部》：“旗，熊旗五游，㠯象伐星，士卒㠯爲期。”段玉裁注：“五，鄭本《考工記》作‘六’。‘熊旗六游，以象伐也。’《司常職》曰：‘熊虎爲旗。’注曰：‘畫熊虎者，鄉遂出軍賦。象其守猛莫敢犯也。’伐屬白虎宿，與參連體而六星。按《記》不言‘虎’者，舉熊以包虎。”又注：“期旗叠韻。《釋名》曰：‘熊虎爲旗，軍將所建，象其猛如虎，與衆期之於下也。’”《周禮・春官・司常》：“熊虎爲旗。”又：“師都建旗，州里建旟。”鄭玄注：“師都，六鄉六遂大夫也……畫熊虎者，鄉遂出軍賦，象其守猛莫敢犯也。”

旟

古代“九旗”之一。縿上繪有鳥隼圖形，赤色，七旒。州長用於軍事，亦用於儀仗。周代始行用。《説文・㫃部》：“旟，錯革鳥其上，所㠯進士衆。旟旟，衆也。”段玉裁注引孫炎曰：“錯，置也；革，急也。言畫急疾之鳥於緣。"《周禮·春官·司常》："鳥隼爲旟……州里建旟。"《詩·大雅·江漢》："既出我車，既設我旟。"孔穎達疏："我征伐之戎車，既有張設；我將帥之旗旟，以往對陣戰。"又《詩·鄘風·干旄》：

旟
（明王圻等《三才圖會》）

"孑孑干旟，在浚之都。"毛傳："鳥隼曰旟。"鄭玄箋："《周禮》：'州里建旟。'謂州長之屬。"兩漢之後又泛指旗幟。

【鳥旟】

即旟。因繪有鳥隼，故稱。因杆頭無他飾，故又稱"干旟"。《詩·鄘風·干旄》："孑孑干旟，在浚之都。"毛傳："鳥隼曰旟。"《周禮·考工記·輈人》："鳥旟七斿，以象鶉火也。"《後漢書·輿服志》："鳥旟七斿，五仞齊較。"

【干旟】

即鳥旟。此稱先秦時期已行用。見該文。

旐

古代"九旗"之一。繪有龜蛇圖案，黑色，四斿，通長八尺。傳説始於夏，用於軍事，亦用於儀仗。古人以龜蛇爲靈物，可扞難辟害，故用其形。《爾雅·釋天》："緇廣充幅，長尋曰旐。"郭璞注："帛全幅長八尺。"郝懿行義疏："旐畫龜蛇，屬北方宿，是當以黑爲主……然則旐從夏制，知色尚黑也。"《説文·㫃部》："旐，龜蛇四游，目象營室。攸攸而長也。"段玉裁注："《爾雅》曰：'緇廣充幅長尋曰旐。'是則

九旗之帛皆用絳，惟旐用緇。《考工記》注曰：'營室，玄武宿，與東辟連體而四星，故旐四游。'營室，一名水。《左傳》云：'水昏正而栽是。'……古悠長字皆作攸。攸攸而長，故謂之旐。攸旐音近，以叠韻釋之

旐
（明王圻等《三才圖會》）

也。旐何以著其長？以有繼旐之旆故也。孫炎云：'帛續旐末亦長尋，二尋則長丈六尺，故獨長也。'"《周禮·春官·司常》："鳥隼爲旟，龜蛇爲旐。"鄭玄注："鳥隼象其勇捷也，龜蛇象其扞難辟害也。"《漢書·雋不疑傳》："元始五年，有一男子乘黄犢車，建黄旐，衣黄襜褕，著黄冒，詣北闕，自謂衛太子。"顏師古注："旐，旌旗之屬，畫龜蛇曰旐。"《後漢書·輿服志上》："至奚仲爲夏車，正建其斿旐，尊卑上下，各有等級。"劉昭注："《世本》云：'奚仲始作車。'《古史考》曰：'黄帝作車，引重致遠。其後少昊時駕牛，禹時奚仲駕馬。'臣昭案：'服牛乘馬，以利天下，其所起遠矣，豈奚仲爲始？《世本》之誤，《史考》所説是也。'"按，有車而建旗，黄帝作車，必亦建旗。

龜蛇

即旐。亦稱"龜旐"。以其繪有龜蛇，故稱。《釋名·釋兵》："龜蛇爲旐。旐，兆也。龜知氣兆之吉凶，建之於後，察度事宜之形兆也。"《周禮·考工記·輈人》："龜蛇四游，以象營室也。"鄭玄注："龜蛇爲旐，縣鄙之所建。"《後漢書·輿服志上》："龜旐四斿，四仞

齊首,以象營室。"

【龜旒】

即龜蛇。此稱漢代已行用。見該文。

旞

古代"九旗"之一。亦作"旞"。上繫完整五彩鳥羽,赤色,爲載於出行導車之儀仗,亦用爲師帥之前導旗。《説文・㫃部》:"旞,導車所載,全羽以爲允。允,進也。"朱駿聲《説文通訓定聲》:"竿首飾有犛牛毛曰旄,復以五綵全羽注

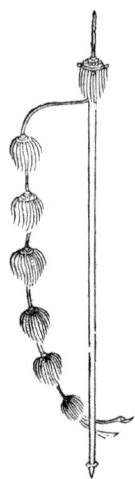

旞
(明王圻等《三才圖會》)

於上者曰旞。"清王引之《經義述聞・周官上》:"《故書》'綏'爲'襊'","《經》本謂建旞,非謂建綏;旝與旞同。乘車建旞,亦如生時之道車載旞也。"《周禮・春官・司常》:"全羽爲旞,析羽爲旌。"鄭玄注:"全羽、析羽皆五采,繫之於旞、旌之上,所謂注旄於干首也。"

【旝】

同"旞"。此體先秦時期已行用。見該文。

旌

古代"九旗"之一。亦作"旍"。以犛牛尾或兼五色鳥羽飾竿頭之旗,赤色。初用於田獵及巡行縣鄙,後亦用於軍事指揮,亦用爲儀仗。《爾雅・釋天》:"注旄首曰旌。"郭璞注:"載旄於竿頭。如今之幢,亦有旒。"《説文・㫃部》:"旌,游車載旌,析羽注旄首也。"段玉裁注:"夏后氏但用旌牛尾,周人加用析羽。夏時徒綏

不旒,周人則注羽旄而仍有縿旒。先有旄首而後有析羽注之,故許云'析羽注旄首'。孫炎云:'析五采羽注旄上也。'"《周禮・春官・司常》:"全羽爲旞,析羽爲旌⋯⋯斿車載旌。"鄭玄注:"全羽、析羽,皆五采,繫之於旞、旌之上,所謂注旄於干首也⋯⋯斿車,木路也。王以田以鄙。"《楚辭・遠游》:"擥彗星以爲旍兮,舉斗柄以爲麾。"《文選・司馬相如〈子虛賦〉》:"浮文鷁,揚旌栧。"李善注引張揖曰:"析羽爲旌,建於船上也。"

【旍】

同"旌"。此體先秦時期已行用。見該文。

九章

古代用以指揮軍隊行進的九種旗幟。旗上繪有日、月、龍、虎、鳥、蛇、鵲等不同圖案,以區別旗式。章,即指圖案。每種指揮動作特有明確規定,如日章旗舉,部隊則晝行,月章旗舉,部隊則夜行。戰國時已見行用。《管子・兵法》:"九章,一曰舉日章則晝行,二曰舉月章則夜行,三曰舉龍章則行水,四曰舉虎章則行林,五曰舉鳥章則行陂,六曰舉蛇章則行澤,七曰舉鵲章則行陸,八曰舉狼章則行山,九曰舉韓章則載食而駕。"韓章,係畫有弓袋圖形的旗幟,表示物資齊備,可載糧草而行。唐杜牧《雲夢澤》:"日旗龍旆想飄揚,一索功高縛楚王。"至宋代,宋高祖始置日、月旗各一,爲儀仗用旗。明清亦有日、月旗各一。(參見本卷《軍事旗幟説・通用旗幟考》"日旗""月旗"文,參閱明王圻等《三才圖會・儀制》)

日章

"九章"之一。古代繪有太陽圖形之旌旗。

用作軍隊晝行之標志。（詳見本卷《軍事旗幟説・通用旗幟考》“九章”文）

月章

"九章"之一。亦稱"月旗"。古代軍中指揮夜行之旗章。上繪月亮圖案，故稱。（參見本卷《軍事旗幟説・通用旗幟考》"日章""九章"文）

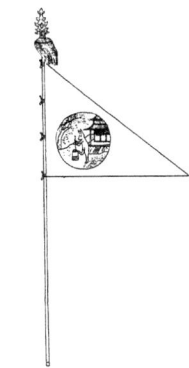

月旗（皇帝大駕鹵簿月旗）
（清允禄《皇朝禮器圖式》）

【月旗】[1]

即月章。此稱宋代已行用。見該文。

龍章

繪有龍形圖案之旗幟。古時用作軍隊水行的指揮旗。《管子・兵法》："舉龍章則行水。"（參見本卷《軍事旗幟説・通用旗幟考》"九章"文）

虎章

古代一種繪有猛虎圖形的旌旗。用作指揮軍隊行林之向導旗。（參見本卷《軍事旗幟説・通用旗幟考》"九章"文）

鳥章

古代繪有鳥隼圖形的旗幟。用作身份等級標志或軍隊行進於坡路時之向導旗。《詩・小雅・六月》："織文鳥章，白斾央央。"鄭玄箋："鳥章，鳥隼之文章。將帥以下，衣皆著焉。"《管子・兵法》："五曰舉鳥章則行陂。"《文選・左思〈吳都賦〉》："貝胄象弭，織文鳥章。"李善注："鳥章，染絲織鳥畫爲文章，置於旌旗也。"

蛇章

繪有蛇形圖案之軍旗。用作指揮軍隊行澤之向導旗。（參見本卷《軍事旗幟説・通用旗幟考》"九章"文）

鵲章

繪有鵲鳥圖形之軍旗，古時指揮軍隊行陸之向導旗。（參見本卷《軍事旗幟説・通用旗幟考》"九章"文）

狼章

繪有狼形圖案標志的旗子，古時用以指揮軍隊山行之向導旗。《管子・兵法》："舉狼章則行山。"（參見本卷《軍事旗幟説・通用旗幟考》"九章"文）

韔章

畫有弓袋圖形的旗幟。以示物資齊備，可載糧草起程。《管子・兵法》："舉韔章，則載食而駕。"尹知章注："韔，韜也。謂韜其章而舉之，則載其所食而駕行矣。"戴望校正："王（王念孫）云：韔本作'皋'，即'囊'字也。《詩・彤弓》：'囊，韜也。'其字或作'建皋'。是囊、皋古字通。故尹注云：'韔，韜也。'今本作'韔'者，因'韜'字而誤加'韋'耳。"一説"韔"通"皋"，指皋雞。郭沫若等集校引唐蘭曰："韔……此處疑假爲皋雞之皋。《周書・王會解》'文翰若皋雞'注：'鳥有文彩者皋雞，似鳧，冀州謂之"澤特"是也。'《管子》所云'九章'，除日月外，龍虎鳥蛇鵲狼皆取生物之形以爲旗常之章，不應'舉韔章'解爲'韜其章以舉之'，其易明也。"

守城十六旗

春秋戰國時用以守城之十六種旗。敵軍兵臨城下，於是城墙之上舉起顏色或標志各异之旗，暗示城内救援之物資、軍力等。如城内急需木檩、拯板，則舉蒼旗；急需灰、炭、稃、鐵，則舉赤旗。典籍記載，共十六種。別有所需，則另定旗色、形象。《墨子・旗幟》："守城之法：木爲蒼旗，火爲赤旗，薪樵爲黄旗，石爲白旗，水爲黑旗，食爲菌旗，死士爲倉英之旗，竟士爲雩旗，多卒爲雙兔之旗，五尺童子爲童旗，女子爲梯末之旗，弩爲狗旗，戟爲鵝旗，劍盾爲羽旗，車爲龍旗，騎爲鳥旗。凡所求索，旗名不在書者，皆以其形名爲旗。城上舉旗，備具之官致財物，之足而下旗。"《通典・兵五》："〔守拒法〕城上四隊之間，各置八旗：若須木檑拯板，舉蒼旗；須灰、炭、稈、鐵，舉赤旗；須檑木樵葦，舉黄旗；須沙石甎瓦，舉白旗；須水湯不潔，舉黑旗；須戰士鋭卒，舉熊虎旗；須戈戟弓矢刀劍，舉摯旗；須皮氈麻鍱鍬钁斧，舉雙兔旗。城上舉旗，主當之官隨色而供。"唐代《李靖兵法》亦有類似記載。

蒼旗

深緑色旗。古代守城旗之一，舉以示城内急需木檑、拯板。（參見本卷《軍事旗幟説・通用旗幟考》"守城十六旗"文）

赤旗 [2]

紅旗。古代守城旗之一，舉以示城内急需灰、炭、稈、鐵。稈，成捆之禾稈。（參見本卷《軍事旗幟説・通用旗幟考》"守城十六旗"文）

黄旗 [2]

黄色旗。古代守城旗之一，舉以示城内急需樵葦檑木。（參見本卷《軍事旗幟説・通用旗幟考》"守城十六旗"文）

白旗 [2]

白色旗。古代守城旗之一，舉以示城内急需沙石磚瓦諸物。（參見本卷《軍事旗幟説・通用旗幟考》"守城十六旗"文）

黑旗 [2]

黑色旗。古代守城旗之一，舉以示城内急需水源。（參見本卷《軍事旗幟説・通用旗幟考》"守城十六旗"文）

菌旗

絳色之旗。古代守城旗之一，舉以示城内急需食物。《墨子・旗幟》："守城之法：木爲蒼旗，火爲赤旗……食爲菌旗，死士爲倉英之旗。"孫詒讓閒詁："自蒼英旗以上七旗並以色別，菌非色名，疑當爲茜……可以染絳色。"（參見本卷《軍事旗幟説・通用旗幟考》"守城十六旗"文）

倉英旗

青色旗。古代守城旗之一，舉以示城内急需敢死之士。《墨子・旗幟》："守城之法：木爲蒼旗，火爲赤旗……死士爲倉英之旗。"孫詒讓閒詁："蘇云：'倉英當即蒼鷹。'俞云：'倉英之旗，皆青色旗。倉英，即滄浪也。在水爲滄浪，在竹爲蒼筤，並是一義。此又作倉英者，英古音如央，故與浪同聲。'案俞説是也。"（參見本卷《軍事旗幟説・通用旗幟考》"守城十六旗"文）

雩旗

繪有熊虎形圖形之旗。古時用作守城旗。舉以示城内急需戰士勁卒。《墨子・旗幟》："守城之法……竟士爲雩旗。"孫詒讓閒詁："竟，競之借字……畢（畢沅）云：'猶云彊士。'蘇云：'猶言勁卒。'"又"畢云：'〔雩〕虎字假音。'王云：'雩即虎之氈，非其假音也。'鈔本《北堂書鈔・武功部八》引此爲虎旗……《通典・兵五》亦曰'須戰士鋭卒舉熊虎旗'……

〔虎字〕與雲字相似而誤"。（參見本卷《軍事旗幟説·通用旗幟考》"守城十六旗"文）

雙兔旗

繪有雙兔之旗。古代守城旗之一，舉以示城内急需衆多兵卒。（參見本卷《軍事旗幟説·通用旗幟考》"守城十六旗"文）

童旗

繪有童子形象之旗。古代守城旗之一，舉以示城内急需十四歲以下兒童。《墨子·旗幟》："守城之法：木爲蒼旗，火爲赤旗……五尺童子爲童旗。"孫詒讓閒詁："五尺，謂年十四以下。詳《雜守篇》。"（參見本卷《軍事旗幟説·通用旗幟考》"守城十六旗"文）

梯末旗

繪有楊柳新生枝葉之旗。古代守城旗之一，舉以示城内急需年輕女子。《墨子·旗幟》："守城之法：木爲蒼旗，火爲赤旗……五尺童子爲童旗，女子爲梯末之旗。"孫詒讓閒詁引蘇時學云："梯，未詳。疑當作'枯楊生稊'之'稊'。"按："枯楊生稊"，語出《周易·大過》，王弼注："稊者，楊之秀也。"（參見本卷《軍事旗幟説·通用旗幟考》"守城十六旗"文）

狗旗

繪有狗圖之旗。古代守城旗之一，用以示城内急需弩器。（參見本卷《軍事旗幟説·通用旗幟考》"守城十六旗"文）

鵝旗

析羽製成之旗。古代守城旗之一，舉以示城内急需戰戟。《墨子·旗幟》："守城之法：木爲蒼旗，火爲赤旗……戟爲𦯄旗，劍盾爲羽旗。"孫詒讓閒詁："𦯄，疑即'旌'字。《月令》'季秋載旌旐'，《淮南子·時則訓》'旌'作'𦯄'，

'𦯄''莅'皆'旌'之訛。隸書'旌'或作'挃'，形相近。《周禮·司常》'九旗''析羽爲旌'。"（參見本卷《軍事旗幟説·通用旗幟考》"守城十六旗""旌"文）

羽旗

羽製成之旗。古代守城旗之一，舉以示城内急需劍盾。《墨子·旗幟》："守城之法：木爲蒼旗，火爲赤旗……戟爲鵝旗，劍盾爲羽旗。"孫詒讓閒詁："蓋即《司常》'九旗'之'全羽爲旞'。"（參見本卷《軍事旗幟説·通用旗幟考》"守城十六旗""旞"文）

龍旗

繪有龍形圖案之旗。古代守城旗之一，舉以示城内急需戰車。（參見本卷《軍事旗幟説·通用旗幟考》"守城十六旗"文）

鳥旗

古代一種繪有雉鳥圖形的守城旗幟。舉以示城内急需戰馬。《墨子·旗幟》："守城之法：木爲蒼旗，火爲赤旗……車爲龍旗，騎爲鳥旗。"孫詒讓閒詁："騎，謂單騎，亦見《號令篇》。《左傳·昭二十五年》：'左師展將以公乘馬而歸。'孔疏云：'古者服牛乘馬，馬以架車，不單騎也。至六國之時始有單騎，蘇秦所云車千乘，騎萬匹是也……案，單騎蓋起於春秋之季，而盛於六國之初，故此書及《吳子》並有之。'"（參見本卷《軍事旗幟説·通用旗幟考》"守城十六旗"文）

六纛

唐代節度使軍中所用之六面大旗。《新唐書·百官志四下》："節度使掌總軍旅……辭日，賜雙旌雙節，行則建節，樹六纛。"《太平御覽》卷三三九引《太白陰經》："古者天子六軍，諸

侯三軍；今天子十二，諸侯六軍，故纛有六以主之。"唐白居易《送令狐相公赴太原》："六纛雙旌萬鐵衣，並汾舊路滿光輝。"

八旗

指正黃、正白、正紅、正藍、鑲黃、鑲白、鑲紅、鑲藍八種顏色的旗幟。明神宗萬曆二十九年（1601），滿族首領努爾哈赤在牛錄制的基礎上建黃、白、紅、藍四旗，萬曆四十三年增建鑲黃、鑲白、

八旗（八旗佐領纛二）
（清允祿《皇朝禮器圖式》）

鑲紅、鑲藍四旗，共爲八旗。其中正黃、正白、鑲黃爲上三旗，其餘五旗爲下五旗。清初又將歸附的蒙古人和漢人編爲蒙古八旗和漢軍八旗，共計二十四旗。八旗制度初建時兼有軍事、行政和生產三方面的職能，後演變成一種兵籍編制。逐漸成爲清代的一種社會組織形式。（參閱《清文獻通考・兵一》、清昭槤《嘯亭雜錄・八旗之制》）

鑲黃旗

清八旗兵上三旗名之一。明神宗萬曆四十三年（1615）始建。《清通典・兵一》："凡八旗序次，鑲黃、正黃、正白爲上三旗，鑲白、正紅、鑲紅、正藍、鑲藍爲下五旗。"（參見本卷《軍事旗幟説・通用

鑲黃旗
（《大清會典》）

旗幟考》"八旗"文）

正黃旗

清八旗兵上三旗名之一。（參見本卷《軍事旗幟説・通用旗幟考》"八旗""鑲黃旗"文）

正白旗

清八旗兵上三旗名之一。明神宗萬曆二十九年（1601）始建。（參見本卷《軍事旗幟説・通用旗幟考》"八旗""鑲黃旗"文）

鑲白旗

清八旗兵下五旗名之一。明神宗萬曆四十三年（1615）始建。（參見本卷《軍事旗幟説・通用旗幟考》"八旗""鑲黃旗"文）

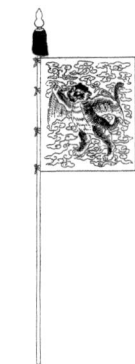

正黃旗
（《大清會典》）

正白旗
（《大清會典》）

正紅旗

清八旗兵下五旗名之一。明神宗萬曆二十九年（1601）始建。（參見本卷《軍事旗幟説・通用旗幟考》"八旗""鑲黃旗"文）

鑲紅旗

清八旗兵下五旗名之一。明神宗萬曆四十三年（1615）始建。（參見本卷《軍事旗幟説・通用旗幟考》"八旗""鑲黃旗"文）

正藍旗

清八旗兵下五旗名之一。明神宗萬曆二十九年（1601）始建。（參見本卷《軍事旗幟説・通用旗幟考》"八旗""鑲黃旗"文）

鑲藍旗

清八旗兵下五旗名之一。明神宗萬曆四十三年（1615）始建。（參見本卷《軍事旗幟説・通用旗幟考》"八旗""鑲黃旗"文）

麾節

亦稱"節麾"。旌旗及符節。用作將帥之信物，憑此指揮軍隊，亦喻將帥之權柄。唐李華《韓國公張仁願廟碑銘》："介胄之士，垂十萬人，瞻我麾節，以爲進退。"唐李頻《贈長城庚將軍》："初年三十拜將軍，近代英雄獨未聞；向國報恩心比石，辭天作鎮氣凌雲：逆風走馬貂裘卷，望塞懸弧雁陣分；定擁節麾從此去，安西大破土戎群。"宋王安石《賀韓魏公啓》："兼兩鎮之節麾，備三公之典策。"

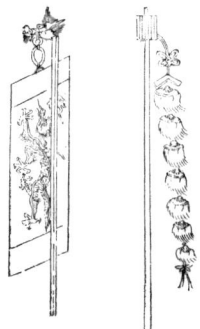

節麾
（明王圻等《三才圖會》）

【節麾】

即麾節。此稱唐代已行用。見該文。

旗牌

亦作"旂牌"。古代朝廷授予大將、大臣的特殊旗幟或號牌，遇有緊急情況，可不經請示而作決斷。元白樸《唐明皇秋夜梧桐雨・楔子》："須知生殺有旗牌，只爲軍中惜將才。"清秦朝紓《消寒詩話》："國家設旂牌，原使封疆得便宜從事，則既服吾以

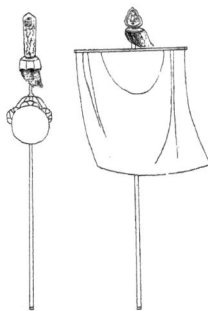

旗牌（王命旗牌）
（清允禄《皇朝禮器圖式》）

旂牌斬之而後奏；有不合，吾任之。"

【旂牌】

同"旗牌"。此體元代已行用。見該文。

緌

相傳上古有虞氏之旌旗。以旄牛尾綴於竿首，因其垂旄緌緌然，故稱。常用於軍事。《周禮・天官・夏采》："夏采掌大喪，以冕服復于大祖。以乘車建綏，復于四郊。"鄭玄注："綏，以旄牛尾爲之，綴於橦上，所謂注旄於干首者。"《禮記・明堂位》："有虞氏之綏，夏后氏之綢練。"孫希旦集解："謂之綏者，其言垂旄緌緌然也。"清朱駿聲《説文通訓定聲・隨部》："綏，假借爲緌。"

【緌】

同"綏"。相傳上古有虞氏之旌。《釋名・釋兵》："緌，有虞氏之旌也。注旄竿首，其形槳槳然也。"

旄

古代以犛牛尾飾竿頭之旗。其形似幢。先秦時用於軍事指揮，後亦用爲儀仗，亦泛指旗幟。《説文・㫃部》："旄，幢也。"段玉裁注："以犛牛尾注旗竿，故謂此旗爲旄。"《書・牧誓》："王左杖黃鉞，右秉白旄以麾。"漢張衡《西京賦》："弧旌枉矢，虹旃蜺旄。"唐岑參《輪臺歌奉送封大夫出師西征》："上將擁旄西出征，平明吹笛大軍行。"

旜[2]

古代大將的指揮旗。以通帛製成。其形似旐。先秦已行用。後亦泛指旗幟。《左傳・桓公五年》："旜動而鼓。"杜預注："旜，旐也。通帛爲之，蓋今大將之麾也，執以爲號令。"《後漢書・馬融傳》："旌旜摻其如林，錯五色以摛

光。"《清史稿・睿忠親王多爾袞傳》："予將簡西行之銳，轉贍東征。"

幢

軍中指揮用旗。垂筒狀，飾有羽毛。先秦已行用。後亦用於儀仗或舞蹈。《説文新附・巾部》："幢，旌旗之屬。"《韓非子・大體》："車馬不疲弊於遠路，旌旗不亂於大澤，萬民不失命於寇戎，雄駿不創壽於旗幢。"

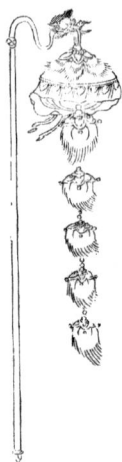

幢
（明王圻等《三才圖會》）

靈旗

繪有日月、北斗、升龍等圖形的旌旗。立此旗以示征伐。《漢書・禮樂志》："招搖靈旗，九夷賓將。"顏師古注："畫招搖於旗以征伐，故稱靈旗。"王先謙補注："《天文志》：'斗杓端有兩星，一爲招搖。'《郊祀志》：'爲伐南越，告禱泰一，以牡荊畫幡日月、北斗、登龍，以象太一三星，爲泰一鋒旗，命曰靈旗。爲兵禱，則太史奉以指所伐國。'故有'九夷賓將'之語。"《文選・揚雄〈甘泉賦〉》："舉洪頤，樹靈旗。"李善注："服虔曰：'洪頤，旌名也。'……李奇曰：'欲伐南越，告禱太一，畫旗樹太一壇上，名靈旗，呂指所伐之國也。'"

北斗旗

繪有北斗七星之旗。用以激勵軍旅威怒之氣。先秦已行用。《禮記・曲禮上》："招搖在上，急繕其怒。"鄭玄注："急，猶堅也；繕，讀曰勁。又畫招搖星於旌旗上，以起居堅勁軍之威

怒，象天帝也。招搖星在北斗杓端，主指者。"孔穎達疏："招搖，北斗七星也。"

井旗

繪有井星圖形的軍旗。用以征西方。古謂可壓金氣。至遲漢代已行用。《後漢書・郎顗傳》："宜以五月丙午，遣太尉服干戚，建井旗。"李賢注："井，南方火宿也……以火勝金，故畫井星之文於旗而建之也。"

星旗

亦作"星旂"。畫有星象之旌旗。主要用於軍旅。南朝陳徐陵《關山月》："星旗映疏勒，雲陣上祁連。"唐太宗《還陝述懷》："星旂紛電舉，白羽肅天行。"

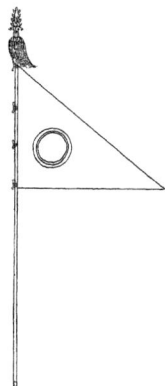

【星旂】

同"星旗"。此體唐代已行用。見該文。

星旗（皇帝大駕鹵簿火星旗）
（清允祿《皇朝禮器圖式》）

日旗

亦作"日旂"。帝王之征旗，繪有太陽圖案。亦爲儀仗旗。唐代已行用。至元代始見法定形制，至清代又有演進。唐蘇頲《奉和聖製途次舊居應制》："約川星罕駐，扶道日旂舒。"唐杜牧《雲夢澤》："日旗龍斾想飄揚，一索功高縛楚王。"《宋史・儀衞志三》："太祖又詔別造大黃龍負圖旗一，大神

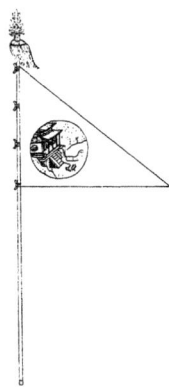

日旗（皇帝大駕鹵簿日旗）
（清允祿《皇朝禮器圖式》）

旗六，日旗一，月旗一。"《元史·輿服志二》：
"日旗，青質，赤火焰脚，繪日於上，奉以雲
氣。"

【日旂】

同"日旗"。此體唐代已行用。見該文。

月旗 [2]

帝王之征旗。亦爲儀仗旗。唐代已行用。
至元代始見法定形制，至清代又有演進。唐陸
龜蒙《開元雜題·照夜白》："雪蚪輕駿步如飛，
一練騰光透月旗。"《宋史·儀衞志三》："太
祖又詔別造大黃龍負圖旗一，大神旗六，日旗
一，月旗一。"《元史·輿服志二》："月旗，青
質，赤火焰脚，繪月於上，奉以雲氣。"《清通
考·王禮二十》："月旗，藍緞爲之，斜幅不加
緣，中繡月，内爲顧兔，尺寸如青龍旗，杆如
驍騎纛之制。"（參見本卷《軍事旗幟説·通用
旗幟考》"九章"文）

黃鳥旗

畫有黃鳥圖形之軍旗。春秋戰國時期已行
用。《墨子·非攻》："武王乃攻狂夫，反商之
周，天賜武王黃鳥之旗。"孫詒讓閒詁："案，
黃鳥之旗疑即《周禮·巾車》之'大赤'，亦即
《司常》之'鳥隼爲旟'。"南朝梁簡文帝《南郊
頌》："周稱黃鳥之旗，夏有玄珪之錫。"

飛鴻

古代繪有鴻雁圖形之軍旗。先秦已行用。
用以警衆，示前有敵車騎。《禮記·曲禮上》：
"前有車騎，則載飛鴻。"孔穎達疏："鴻，鴻雁
也。雁飛有行列，與車騎相似。若軍前忽遥見
彼人有多車騎，則畫鴻於旌首而載之，使衆見
而爲防也。"

鳴鳶

古有繪開口鳴叫之
鷗形於旌旗，用以警衆，
示前有飛塵。因鳶鳴必
風生塵起，故名。先秦
已行用。《禮記·曲禮
上》："前有塵埃，則載
鳴鳶。"孔穎達疏："鳶，
今時鷗也。鷗鳴則風生，
風生則塵埃起；前有塵
埃起，則畫鷗於旌首而
載之，衆見咸知以爲備

鳴鳶（皇帝大駕鹵簿
鳴鳶旗）
（清允禄《皇朝禮器
圖式》）

也。不直言鳶而云鳴者，鳶不鳴則風不生，故
畫作開口如鳴時也；不言旌，從可知也。"《文
選·張衡〈西京賦〉》："棲鳴鳶，曳雲梢。"吕
延濟注："鳴鳶，鷗也。言畫於旌旗之上，以取
象焉。"

青雀旌

亦稱"青旌"。畫有青雀圖形之旌旗。古代
軍隊行進時用以警示前方有水之旗。先秦已行
用。《禮記·曲禮上》："前有水，則載青旌。"
鄭玄注："青，青雀。水鳥。"孔穎達疏："青旌
者，青雀旌。謂旌旗軍行，若前值水，則畫爲
青雀，旌旗幡上舉示之。所以然者，青雀是水
鳥，軍士望見，則咸知前必值水，而各防也。"

【青旌】

即青雀旌。此稱先秦時期已行用。見該文。

白鵲旗

繪有白鵲圖形的旌旗。白鵲爲瑞鳥，以示
戰勝。唐李白《送外甥鄭灌從軍》詩之三："斬
胡血變黃河水，梟首當懸白鵲旗。"

皂雕旗

亦作"皂鵰旗""皁雕旗"。一種繪有黑雕圖形的軍旗。用以遠征。元張可久《水仙子·懷古》曲:"秋風遠塞皁鵰旗,明月高臺金鳳杯。"明無名氏《精忠記·餞別》:"但見胡馬嘶風,胡笳吹咽。皂雕旗展開萬點寒鴉,羊角弓彎如半輪秋月。"雕,一作"鵰"。

【皂鵰旗】

同"皂雕旗"。此體元代已行用。見該文。

【皁雕旗】

同"皂雕旗"。此體明代已行用。見該文。

蠭旗

古代繪有蜂形圖形的軍旗。春秋戰國時已行用。《左傳·哀公二年》:"鄭人擊簡子,中肩,斃於軍中,獲其蠭旗,太子救之以戈。"

熊旗

亦作"熊旗"。繪有熊形圖案的旌旗。象徵威武。先秦已行用。《周禮·考工記·輈人》:"熊旗六斿,以象伐也。"鄭玄注:"熊虎爲旗,師都之所建。伐屬白虎宿,與參連體而六星。"唐柳宗元《奉平淮夷雅表·皇武》:"犀甲熊旟,威命是荷。"漢唐以後各朝均有建制。清朝置熊、羆旗各一,赤質黃襴,赤火焰間綵脚。熊旗繪熊,羆旗繪羆。(參閱明王圻等《三才圖會·儀制》"熊旗羆旗")

熊旗(皇帝大駕鹵簿赤熊旗)
(清允祿《皇朝禮器圖式》)

【熊旗】

同"熊旗"。此體至遲唐代已行用。見該文。

貔貅

古代畫有貔貅圖形之軍旗。軍隊行進,前有猛獸,則舉以警衆。先秦已行用。《禮記·曲禮上》:"前有摯獸,則載貔貅。"孔穎達疏:"貔貅,是一獸,亦有威猛也。若前有猛獸,則舉此貔貅,使衆知爲備也。"

騶虞幡

畫有騶虞獸形圖案之旌旗。騶虞,仁獸。用以示解兵。《晋書·安帝紀》:"〔元興元年〕二月景午,帝戎服餞元顯於西池。丁巳,遣兼侍中,齊王柔之以騶虞幡,宣告荆、江二州。"又《淮南忠壯王允傳》:"徽兄淮時爲中書令,遣麾騶虞幡以解鬪。"

䮭騝

省稱"䮭"。謂繪有野馬圖形之軍旗。前鋒所執,以示迅速。《新唐書·儀衛志上》:"第八䮭騝旗隊,折衝都尉各一人檢校。"《宋史·儀衛志一》:"每隊旗二,角觿、赤熊、兕、太平、馴犀、鸂鶒、䮭騝、騹牙、蒼烏、白狼、龍馬、金牛。"《字彙補·馬部》:"䮭騝,軍牙也。見宋《儀禮志》。"按,當作《宋史·儀衛志》。牙,旗也。

【䮭】

"䮭騝"之省稱。此稱宋代已行用。見該文。

五綵旗

亦作"五彩旗",省稱"五彩"。多種顏色的軍旗。駐軍時,大將用以樹陣前之兩側。《通典·兵二》:"於是大將出五綵旗十二口,各樹於左右廂陣前。"銀雀山漢墓竹簡《孫臏兵法·十陣》:"三聲既全,五彩必具。"

【五彩旗】

同"五綵旗"。此體先秦時期已行用。見

該文。

【五彩】

　　“五彩旗”之省稱。即五綵旗。此稱先秦時期已行用。見“五綵旗”文。

繡旗

　　繡有彩色圖形的軍旗。唐章碣《贈邊將》：“宛轉龍蟠金劍雪，連錢豹躩繡旗風。”唐温庭筠《感舊陳情》：“繡旗隨影合，全陣似波旋。”《宋史·禮志二十四》：“毬門兩旁，置繡旗二十四。”

大麾

　　相傳上古夏后氏所建之黑色旗。用以田獵，封蕃國，亦用於軍事。《周禮·春官·巾車》：“木路，前樊鵠纓，建大麾，以田，以封蕃國。”鄭玄注：“大麾，不在九旗中。以正色言之則黑，夏后氏所建。”

大白

　　亦稱“大白旗”。純白色的旗幟，殷旗之一種。常用於軍事。大，通“太”。《周禮·春官·巾車》：“建大白，以即戎。”鄭玄注：“大白，殷之旗。猶周大赤，蓋象正色也。即戎，謂兵事。”《禮記·明堂位》：“殷之大白。”孔穎達疏：“殷之大白，謂白色旗。”《史記·周本紀》：“武王持大白旗以麾諸侯。”

【大白旗】

　　即大白。此稱秦漢時期已行用。見該文。

【太白】

　　同“大白”。亦稱“太白旗”。《逸周書·克殷》：“武王乃手太白以麾諸侯。”孔晁注：“太白，旗名。”《戰國策·趙策三》：“卒斬紂之頭而縣於太白者，是武王之功也。”南朝梁簡文帝《和蕭東陽祀七里廟》：“遠來太白旗，遥徵青鳥侯。”

【太白旗】

　　即太白。此稱南北朝時期已行用。見該文。

【白斾】

　　即大白。《詩·小雅·六月》：“織文鳥章，白斾央央。”《釋名·釋旌旗》：“白斾，殷旗也。以帛繼旒末也。”

小白

　　亦作“少帛”。上古殷旌旗之一種。以白爲主，雜以別色，用於軍事。《逸周書·克殷》：“適二女之所，乃既縊，王又射之，三發，乃右擊之以輕吕，斬之以玄鉞，懸諸小白。”孔晁注：“小白，旗名也。”《左傳·定公四年》：“分康叔以大路、少帛、綪茷、旃旌。”杜預注：“少帛，雜帛也。”王引之《經義述聞·春秋左傳下》：“少帛蓋即小白。‘少’與‘小’、‘白’與‘帛’，古字並通。”

【少帛】

　　同“小白”。此體先秦時期已行用。見該文。

白旄

　　亦稱“素旄”。飾有旄牛尾之白旗。以其易見，多用於軍事指揮。《書·牧誓》：“王左杖黄鉞，右秉白旄以麾。”孔穎達疏：“右手把旄，示有事於教，其意言惟教軍人不誅殺也。把旄何以白旄？用白者取其易見也。”《文選·史岑〈出師頌〉》：“昔在孟津，惟師尚父，素旄一麾，渾一區宇。”李周翰注：“素旄，旗類，太公執之，一麾軍士，而破紂軍，天下以定。”唐白居易《七德舞》：“白旄黄鉞定兩京，擒充戮竇四海清。”明無名氏《智降秦叔寶》第一折：“某乃李世民是也，本貫東太原人氏，父乃唐公李淵。自因隋朝亂政，天下縱横，某十八歲同父起義，白旄黄鉞，平定兩京。”

【素斿】

即白旄。此稱漢代已行用。見該文。

玄纛

黑色的軍旗。傳說黃帝時所建。《黃帝内傳·問玄女兵法》：“玄女爲帝制玄纛十二，以主兵。”

皂纛

亦作“皁纛”。古代用黑色絲織品製成的軍中大旗。宋高承《事物紀原·旗旐采章·皂纛》：“《宋朝會要》曰：‘皂纛本後魏纛頭之制，唐衛尉纛居其一，蓋旄頭之遺像。’”宋曾鞏《曉出》：“曉出城南羅卒乘，皁纛朱旗密相映。”按，皂纛當即前文之“玄纛”。

【皁纛】

同“皂纛”。此體宋代已行用。見該文。

綠徽

綠色軍旗。多懸於駐地營帳附近。至遲魏晋時已行用。《文選·潘岳〈閑居賦〉》：“其西則有元戎禁營，玄幀綠徽。”李周翰注：“徽，旌旗名。玄、綠，皆色也。”

火龍標

五代梁太祖朱溫所用大赤旗名。宋陶穀《清異録·武器》：“梁祖自初起，每令左右持大赤旗，緩急之際，用以揮軍，祖自目爲‘火龍標’。”

前茅

古代行軍時，前哨斥候以茅爲旌，行於軍前，遇敵軍或敵情有變化，舉茅旌以告誠後軍，故名。《左傳·宣公十二年》：“軍行，右轅，左追蓐。前茅慮無。”杜預注：“或曰時楚以茅爲旌旗。”另説“前茅”之“茅”當作“旄”。清王引之《經義述聞·公羊傳》：“茅爲草名，旌則旗章之屬，二者絶不相涉，何得稱茅以旌乎？今案茅，當讀爲‘旄’。旄，正字也；茅，借字也。”

渠門

古代旌旗名。兩旗插於營前，作爲軍門，故名。先秦已行用。《管子·小匡》：“渠門赤旆。”尹知章注：“渠門，旗名。”《國語·齊語》：“遂下拜，升受命。賞服大輅、龍旗九旒、渠門赤旆。”韋昭注：“賈侍中云：‘渠門，亦旗名。’昭謂……渠門，兩旗所建，以爲軍門也。”南朝陳徐陵《陳公九錫詔》：“又有一匡九合，渠門之賜以隆。”

旗門

古時軍隊臨時駐地前樹以旌旗表示左右營門，故稱。先秦已行用。《孫子·軍爭》：“交和而舍。”三國魏曹操注：“軍門爲和門，左右門爲旗門。”唐李華《詠史》之四：“魏闕心猶在，旗門首已懸。”元鄭廷玉《楚昭公》第二折：“只見他旗門開處躍驊騮。”

門旗

亦作“門旐”。古代軍陣、軍門前的旗幟，亦用於儀仗。唐代已行用。唐趙元一《奉天録》卷二：“以其父翰（哥舒翰），天寶之末，師至乎北門，無故門旗自折，翰遂斬門旗官而發師旅，終有火拔控轡之難。”唐李華《含元殿賦》：“火列門旐，霜交陛戟。”《三國演義》第七一回：“次日，兩軍皆到山谷闊

門旗
（清年羹堯《治平勝算全書》）

處，佈成陣勢。黃忠、夏侯淵各立馬於本陣門旗之下。"亦稱"門牙"，後借指將帥之門。宋朱熹《與江西張帥劄子二子》："咫尺門牙，無緣進謁。"

【門旍】

同"門旗"。此體唐代已行用。見該文。

【門牙】

即門旗。此稱宋代已行用。見該文。

幡幟

亦作"幡織"。古時懸挂於駐軍所在的旗幟。《後漢書·馬防傳》："去臨洮十餘里爲大營，多樹幡幟。"《漢書·陳湯傳》："望見單于城上立五采幡織，數百人披甲乘城。"

【幡織】

同"幡幟"。此體漢代已行用。見該文。

戍旗

軍隊戍邊之旌旗。三國魏王粲《七哀詩》之三："登城望亭隧，翩翩飛戍旗。"唐趙嘏《歙州道中僕逃》："莫遣窮歸不知處，秋山重叠戍旗多。"清查慎行《入古北口》："雉堞連雲軍角壯，虎牙憑險戍旗閑。"

【戍旍】

即戍旗。唐司空曙《送喬廣下第歸淮南》："戍旍標白浪，罟網入青葭。"

綏旌

車上垂舒斿之旌旗。以示威武。先秦已行用。《禮記·曲禮上》："兵車不式，武車綏旌，德車結旌。"鄭玄注："綏，謂垂舒之也。"孔穎達疏："旌，謂車上旗幡也。尚威武，故舒散旗幡垂綏然。"《文選·王融〈三月三日曲水詩序〉》："暢轂埋轔轔之轍，綏旌卷悠悠之斾。"劉良注："綏，車上垂繩也；旌，旗也；悠悠，

旌斾垂貌。"

旌旄

亦作"旍旄"。初指古時軍中用以指揮的兩種旗幟，後用作泛稱。《史記·孔子世家》："於是旍旄羽被，矛戟劍撥，鼓噪而至。"漢劉向《説苑·權謀》："有狂兒從南方來，正觸王左驂，王舉旌旄而使善射者射之。"宋蘇轍《送吕希道少卿知滁州》："長怪名卿亦坐曹，忽乘五馬列旌旄。"

【旍旄】

同"旌旄"。此體秦漢時期已行用。見該文。

雲梢

亦作"雲旓"。帶有長旒之軍旗。以其旒飛如雲，故名。《漢書·揚雄傳》："揚左纛，被雲梢。"顏師古注："梢與旓同。旓者，旌旗之旒，以雲爲旓也。"《文選·張衡〈西京賦〉》："棲鳴鳶，曳雲梢。"李善注引薛綜曰："雲梢，謂旌旗之旒飛如雲也。"唐杜甫《魏將軍歌》："櫬槍熒惑不敢動，翠蕤雲旓相蕩摩。"

【雲旓】

同"雲梢"。此體唐代已行用。見該文。

雲髦

飾以旄尾之雲旓。多用於軍事。髦，通"旄"。至遲魏晋時已行用。《文選·張協〈七命〉》："爾乃列輕武，整戎剛，建雲髦，啓雄芒。"李善注："雲髦，雲旓竿上施旄也。"

大斾

特指軍前大旗。《左傳》僖公二十八年："城濮之戰，晋中軍風於澤，亡大斾之左斾。"唐孔穎達疏："繼旐曰斾……今别名大斾，則此斾有異於常，故以大斾爲旗名。"或單稱"斾"。又宣公十二年："令尹南轅反斾。"杜預注："迴車

南郷。旆，軍前大旗。"按，渾言之旆、大旆無別；細言之大旆爲旆中之主旗。

左旆

古代軍中左師所建之赤色曲柄旗。《左傳》僖公二十八年："亡大旆之左旆。"孔穎達疏："左旆，蓋是左軍所建者。"

牙旗

古代帝王或將軍立於軍前的大旗。上以象牙飾竿，故稱。一説因古司馬掌武備，象猛獸，以爪牙爲衛，故軍前大旗稱牙旗。《文選・張衡〈東京賦〉》："戈矛若林，牙旗繽紛。"薛綜注："牙旗者，將軍之旌。謂古者天子出，建大牙旗，竿上以象牙飾之，故云牙旗。"《三國志・吳書・周瑜傳》："乃取蒙衝鬥艦數十艘，實以薪草，膏油灌其中，裹以帷幕，上建牙旗，先書報曹公，欺以欲降。"唐封演《封氏聞見記・公牙》："《詩》曰：'祈父，予王之爪牙。'祈父，司馬，掌武備，象猛獸，以爪牙爲衛，故軍前大旗，謂之牙旗……軍中聽號令，必至牙旗之下。"

【牙】

"牙旗"之省稱。《文選・潘岳〈關中〉》："桓桓梁征，高牙乃建。"李善注："牙，牙旗也。《兵書》曰：'牙旗，將軍之旗。'"宋周密《齊東野語・出師旗折》："按《真人水鏡經》云：'凡軍出立牙，必立堅完，若折，則將軍不利。'蓋牙，即旗也。"

【牙旆】

即牙旗。唐張籍《送鄭尚書出鎮南海》："牙旆從城殿，兵符到府開。"

【牙幢】

即牙旗。《三國志・吳書・陸遜傳》："遜乃

益施牙幢，分布鼓角。"宋程大昌《演繁露・牙旗牙門旗鼓》："《黃帝出軍》曰：'有所征伐，作五采牙幢。青牙旗引住東，赤牙旗引住南，白牙旗引住西，黑牙旗引住中。'"

【高牙】

即牙旗。以其高大，故稱。亦稱"大牙"。《三國志・吳書・胡綜傳》："又作黃龍大牙，常在中軍，諸軍進退，視其所向。"宋柳永《望海潮》："千騎擁高牙，乘醉聽簫鼓，吟賞烟霞。"

【大牙】

即高牙。此稱三國時期已行用。見該文。

【軍牙】

即牙旗。清孔尚任《桃花扇・撫兵》："旗捲軍牙，射潮弩發。"

【纛旗】

即牙旗。單稱"纛"。唐許渾《中秋夕寄大梁劉尚書》："柳營出號風生纛，蓮幕題詩月上樓。"《六部成語・兵部・纛旗》注解："元帥之大旗曰纛旗。"

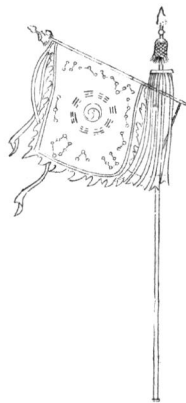

纛旗
（明王圻等《三才圖會》）

【纛】[2]

"纛旗"之單稱。此稱唐代已行用。見該文。

【牙纛】

即牙旗。唐韓愈《山南鄭相公樊員外酬答……依賦十四韻以獻》："帝諮女予往，牙纛前坌塕。"宋曾鞏《邊將》："二子按轡行邊隅，牙纛宛轉翻以舒。"清查慎行《洪武銅砲歌》："何來寇賊忽披猖，將士倉皇棄牙纛。"

軍麾

以羽毛裝飾而成，州將用以指揮軍隊的旗幟。《文選·沈約〈齊故安陸昭王碑文〉》："軍麾命服之序，監督方部之數。"李善注："麾，旌旗之名，州將之所執也。"劉良注："軍麾，以毛爲之，以指麾也。"

神旗

指將帥旗的譽稱。《晉書·石勒載記上》："自將軍神旗所經，衣冠之士靡不變節，未有能以大義進退者。"唐韓愈《魏博節度使觀察使沂國公先廟碑銘》："告慶於宗，以降命書。旌節有輅，豹尾神旗，櫜兜戟纛，以長魏師。"

神旗（五色神旗）
（清年羹堯《治平勝算全書》）

盪幡

軍中大旗。以其用爲衝殺掃蕩，故稱。《隋書·禮儀志》："征遼東……步卒八十隊，分爲四團，團有偏將一人。第一團每隊給青隼盪幡一，第二團每隊給黃隼盪幡一，第三團每隊給白隼盪幡一，第四團每隊給蒼隼盪幡一。"

幢牙

飾有羽毛之將帥大旗。唐柳宗元《嶺南節度饗軍堂記》："幢牙葺纛，金節析羽，旆旗旛旐，咸飾於下。"

祀姑

先秦時吳王夫差所建之麾旗。用於軍事。《文選·左思〈吳都賦〉》："坐組甲，建祀姑。"劉逵注："祀姑，幡名。麾旗之屬也。《國語》：'吳王夫差出軍，與晉爭長……官帥擁鐸，建祀姑。'此吳軍容舊制也。"今本《國語·吳語》作"肥胡"。韋昭注："肥胡，幡也。"汪遠孫《發正》："胡，幡之下垂者也；肥，古與飛通，蓋言其飛揚之義也。"

蝥弧

先秦鄭國旗名。常用於軍事。《左傳·隱公十一年》："潁考叔取鄭伯之旗蝥弧以先登。"孔穎達疏："鄭有蝥弧，齊有靈姑銔，皆諸侯之旗也；趙簡子有蜂旗，卿之旗也。其名當時爲之，其義不可知也。"

靈姑銔

先秦齊國所建的一種旗幟。繪有交龍，常用於軍事。《左傳·昭公十年》："公卜，使王黑以靈姑銔率，吉。"孔穎達疏："公卜，卜與欒高戰也。靈姑銔者，齊侯旌旗之名。卜使王黑以此靈姑銔之旗，率人以戰，得吉也。禮諸侯嘗建交龍之旂，此靈姑銔。蓋是交龍之旂，當時爲之名，其義不可知也。"一説爲矛戟類兵器。

狼頭纛

省稱"狼纛"。突厥國之旗。狼頭當爲突厥人之圖騰。常用於軍事。《隋書·北狄傳·突厥》："或云其先國於西海之上，爲鄰國所滅，男女無少長盡殺之。至一兒不忍殺，刖足斷臂，棄於大澤中。有一牝狼，每銜肉至其所。此兒因食之得以不死，其後遂與狼交……生十男，其一姓阿史那氏，最賢，遂爲君長。故牙門建狼頭纛，示不忘本也。"按此説顯雜鄙視突厥之意。《新唐書·回鶻傳上》："與子儀會呼延谷，可汗恃其彊，陳兵引子儀，拜狼纛而後見。"

【狼纛】

"狼頭纛"之省稱。此稱至遲唐代已行

用。見該文。

朱旗

紅色旌旗。特指漢高祖劉邦所建之徽號，亦用爲戰。《文選·張衡〈東京賦〉》：“高祖膺籙受圖，順天行誅，杖朱旗而建大號。”李善注：“高祖立爲沛公，旗幟皆赤，故曰朱也。”

【赤幟】

即朱旗。特指漢朝所用軍旗。韓信攻趙，計誘趙軍空壁出戰，另使輕騎入趙城，拔趙旗，立漢赤幟。事見《史記·淮陰侯列傳》。

【丹旗】

即赤幟。亦作“丹旆”。紅色的旗幟。魏用漢旗色。三國魏應瑒《馳射賦》：“樹應鞞於路左，建丹旂於表路。”三國魏曹丕《黎陽作》詩之三：“白旄若素霓，丹旗發朱光。”三國魏曹植《七啓》：“獠徒雲布，武騎霧散，丹旗燿野，戈及晧旰。”

【丹旆】

同“丹旗”。此體三國時期已行用。見該文。

漢幟

本指漢王劉邦軍隊的旗幟。後亦泛稱漢人軍隊的旗幟。《漢書·韓信傳》：“拔趙幟，立漢幟。”唐李約《從軍行》：“游軍藏漢幟，降騎説蕃情。”

義旗

義軍所建之兵旗。亦用以代稱義軍。《晉書·溫嶠傳》：“沮衆敗事，義旗將迴指於公矣。”又《檀憑之傳》：“義旗之建，憑之與劉毅俱以私艱，墨絰而赴。”

陣纛

古代軍陣中所建之統帥旗。唐陸龜蒙《奉和襲美古杉三十韻》：“楊僕船檣在，蚩尤陣

纛隳。”

坐纛

古代軍中將帥駐地之大旗。《明史·王喬年傳》：“賊磽擊喬年坐纛，雉堞盡碎。”《儒林外史》第四二回：“前日還打發人來，在南京坐了二十首大紅緞子繡龍的旗，一首大黄緞子的坐纛。”

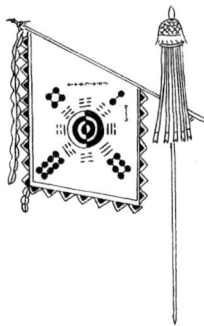

坐纛（中軍坐纛）
（清年羹堯《治平勝算全書》）

行麾

古代將帥行軍、駐營時所建的旗幟。明申時行《大閲應制》：“轅門開複道，帳殿繞行麾。”

疑幟

爲迷惑敵人而設的旗幟。《新唐書·王雄誕傳》：“子通以精兵保獨松嶺，雄誕遣將陳當率千兵出不意，乘高蔽崦，張疑幟，夜縛炬于樹，徧山澤。”《明史·沐英傳》：“乃帥軍嚴陳，若將渡者，而奇兵從下流濟，出其陳後，張疑幟山谷間，人吹一銅角。”

傳教旛

傳達命令的旗幟。教，教諭。用於軍事或儀仗。《新唐書·儀衛志下》：“親王鹵簿。有……傳教旛四，信旛八。”

油旌

方域性軍旗。油，流動貌。唐元稹《贈李十一》：“淮水連年起戰塵，油旌三換一何頻。”

信旗

古代軍中用以指揮進退的旗幟。《資治通鑑·唐武宗會昌四年》：“每戰，監使自有信旗，乘高立馬，以牙隊自衛，視軍勢小却，輒引旗

先走，陳從而潰。”胡三省注：“信旗者，別爲一旗，軍中視之爲進退。”

磨旗

初謂兵旗飄揚，後泛指兵旗。磨，搖轉，揮動。《雍熙樂府·〈鬥鵪鶉〉套曲》：“磨旗幟，忙收隊伍；擊金鉦，聚點兵卒。”《西游記》第二一回：“又見那洞前有一個小妖，把個令旗磨一磨。”宋孟元老《東京夢華録·駕登寶津樓諸軍呈百戲》：“先一人空手出馬，謂之‘引馬’；次一人磨旗出馬，謂之‘開道旗’。”明湯顯祖《牡丹亭·淮警》：“撥轉磨旗峰，促緊先鋒。千兵擺列，萬馬奔衝。”清洪昇《長生殿·剿寇》：“磨旗慘，虞鼓哀。奮勇先登，振威奪帥。”

令箭

舊時軍中用以傳布命令的小旗。竿頭如箭鏃，故稱。清李漁《巧團圓·全節》：“〔末持令箭上〕小小一枝箭，發出如雷電，陵谷轉滄桑，世界須臾變。”清制：大將軍、將軍、督撫、提鎮均用三角令箭；駐防將軍、都統、副都統均用方旗令箭。（參閲《清文獻通考·兵十六》）

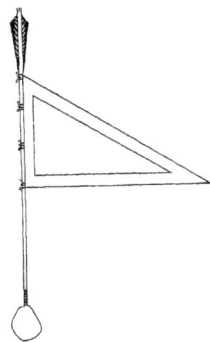

令旗（緑營督撫提鎮令旗）
（清允禄《皇朝禮器圖式》）

【令旗】

即令箭。清李漁《奈何天·助邊》：“赤手回鈞旨，空拳繳令旗；錢糧無著落，常例不曾虧。”

認旗

亦稱“引軍旗”。標有主將官號或姓氏之軍旗，以招引士卒。《通典·兵二》：“認旗遠看難辨，即每營各別畫禽獸自爲標記。”《資治通鑑·梁均王貞明五年》：“李紹榮識其幟。”胡三省注：“凡行軍主將各有旗，以爲表識，今謂之認旗。”元武漢臣《虎牢關三戰吕布》第一折：“助陣鑼敲全不響，帳前打兩面引軍旗。”《水滸傳》第七回：“有分教：大鬧中原，縱橫海内。直教：農夫背上添心號，漁夫舟中插認旗。”《三國演義》第七一回：“所到之處，但見‘常山趙雲’四字旗號，曾在當陽長阪知其勇者，互相傳説，盡皆逃竄。”

認旗（千挽認旗）
（清年羹堯《治平勝算全書》）

【引軍旗】

即認旗。此稱元代已行用。見該文。

旗號

古代用以標明軍隊名稱或將帥姓氏的旌旗。宋周密《志雅堂雜鈔·圖畫碑帖》：“侍衛親軍都指揮使黨進請給旗號。”《前漢書平話》卷上：“正南面上旗號遮天映日，征鼓振地喧天，兵馬如飛。”

精忠旗

宋高宗手書御賜抗金名將岳飛之旗。紹興三年秋，岳飛與金人相持，屢戰屢捷，高宗手書“精忠岳飛”字，製旗以賜之。後世稱之爲“精忠旗”。（參閲《宋史·岳飛傳》）

二聖環

亦作“二勝環”。南宋初年的一種雙勝交環

之軍旗。勝，爲方形或菱形飾物，諧音"聖"；環，諧音"還"。取蒙塵被虜的徽宗、欽宗自北回歸之意。後亦用美玉琢成帽環。宋張端義《貴耳集》卷下："紹興初，楊存中在建康諸軍之旗中有雙勝交環，謂之二聖環，取兩宮北還之意。因得美玉琢成帽環，進高廟曰：'尚御裏。'偶有一伶者在旁，高宗指環示之：'此環楊太尉進來，名二勝環。'伶人接奏云：'可惜二聖環，且放在腦後。'高宗亦爲之改色。"

【二勝環】

同"二聖環"。此體宋代已行用。見該文。

得勝靈纛

清乾隆時所製之旗。乾隆二十五年（1760）平定西域，凱旋而歸，製得勝靈旗於紫光閣內，以紀武功。高二尺四寸，縱二尺八寸，橫二尺一寸，上鐫"得勝靈纛"四字。周鐫御製詩并序，用滿、漢、蒙古、西番文四種文字。承以白石趺。（參閱《大清會典圖》卷一〇五）

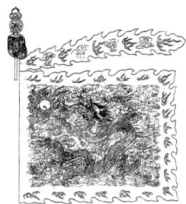

得勝靈纛（得勝靈纛圖一）
（《大清會典》）

捷旌旗

古時用以報捷之旌旗。清洪昇《長生殿・賄權》："眼望捷旌旗，耳聽好消息。"

第二節　降旗諸雜考

所謂降旗，指表示投降的旗職。因係降伏，固無定式。據《漢書・燕刺王旦傳》"降旗奔師"顏師古注引如淳曰："昆邪王偃其旗鼓來降也。"可知降旗爲倒伏或捲起，以示垂首聽命。自秦漢以還，降旗皆爲白色。因其時常以白色表凶喪（見《周禮・春官・保章氏》"以五雲之物辨吉凶"，鄭玄注引鄭司農注），後世遂以白色之旗爲降旗，統稱白旗。此時之"白旗"不再是倒伏或捲起，却要懸挂或樹立，以爲明示。不過"白旗"之稱至南北朝始見行用。首見於南朝梁任昉《梁武帝掩骼埋胔令》一文，其中有"但于時白旗未懸，凶威猶壯"之語。其後亦稱"白幡"（見《南史・劉劭傳》）、"素幡"（見《新唐書・東夷傳・高麗》）、"白幟"（見《新五代史・閩世家・王鏻》）等，又稱"降旗""降幡"或"降旛"。如，唐李商隱《詠史》："北湖南埭水漫漫，一片降旗百尺竿。"又韓愈《元和聖德》："擲首陴外，降幡夜豎。"云云。有時又以白旗表喪事。如《三國演義》第一〇四回："蜀兵退入谷中之時，哀聲震地，軍中揚起白旗：孔明果然死了。"以白旗致哀，後世屢見不鮮。同書第四八回又曰："周瑜恐二人深入重地，便將白旗招颭，令衆鳴金。"此謂白旗表示收兵，恐不足爲憑。

降旗既以白旗爲定式，此後遂有以舉白旗僞降者，而每每獲勝，竟成爲兵家貫用詐術之一。本卷《軍事旗幟説・降旗諸雜考》"白幟"文所引《新五代史・閩世家・王鏻》一文中，長興二年（931）二王之戰，王鏻步將王仁達以"僞立白幟請降"，王延禀之子"繼雄信之，登舟，伏兵發，刺殺之"，即一顯例。先秦雖亦有詐降之舉，但其旗却并非白旗。本卷《軍事旗幟説・降旗諸雜考》之"白幡"文引《敦煌變文集・伍子胥變文》中的"白幡降伏"，此處之白幡，實爲後世《變文》作者"以今例古"之杜撰，亦不足爲憑。

秦漢之前，白旗并非降旗，恰恰相反，作戰時常爲主帥所用。白色，五行爲金，主征戰。故《逸周書・世俘》云："武王在祀，太師負商王紂縣（通"懸"）首白旂（通"旗"）。"《國語・吴語》云："王親秉鉞，載白旗以中陳（通"陣"）而立。"其時帝王又以白旗爲秋季之禮儀旗。白色，五行爲金，金爲秋。《禮記・月令》云："〔孟秋之月〕天子居總章右個，乘戎路，駕白駱，載白旂。"又"〔仲秋之月〕天子居總章大廟，乘戎路，駕白駱，載白旂。"白旗，作爲禮儀之方色旗，其後歷代沿襲（參見《明史・儀衛志》《清史稿・禮志》），直至辛亥革命始廢止。先秦時作爲白旗的另一用途，即守城時以爲暗號，舉白旗表示城内急需沙石磚瓦諸物（見本卷《軍事旗幟説・通用諸旗考》"白旗[2]"文）。總之，先秦白旗之制，迥异於後世。

作爲旗幟，通常皆有徽章，或謂之"徽號""徽識"，即旗幟之顏色、文字、圖案、裝飾物件等。兵旗顏色有青、紅、白、黑、黄，以示五方；文字有國名、將帥名等，以爲引軍；圖案多繪熊虎之類猛獸，以示聲威；飾物則有鳥羽、旄牛尾等，或以示表迅捷，或以求吉祥，不一而足。本卷《軍事旗幟説・降旗諸雜考》"徽章"文中所述《戰國策・齊策一》之秦齊之戰中，匡章變易徽章，巧勝秦軍，即一名例。《孫子・虛實》云："故形人而我無形，則我專而敵分。"梅堯臣注曰："他人有形，我形不見，故敵分兵以備我。"深入敵穴，以無形擊有形，此必勝也。旗章之應變，亦兵家臨戰奇技之一。旗章之於軍事，實不可等閑視之。

降 旗

降旗

表示投降的旗幟。常倒伏、捲起，或作白色。《漢書·燕刺王旦傳》："降旗奔師，薰鬻徙域。"顏師古注引如淳曰："昆邪王偃其旗鼓而來降也。"唐李商隱《詠史》："北湖南埭水漫漫，一片降旗百尺竿。"五代前蜀花蕊夫人《述國亡》："君王城上豎降旗，妾在深宮那得知？"

【降幡】

即降旗。亦作"降旛"。唐韓愈《元和聖德》："擲首陴外，降幡夜豎。"唐劉禹錫《西塞山懷古》："千尋鐵鎖沈江底，一片降旛出石頭。"

【降旛】

同"降幡"。此體唐代已行用。見該文。

【白旗】[3]

即降旗。白色旗幟。漢族自秦漢以還，多以白色主凶喪，故兵事以其示降服，但"白旗"之稱南北朝時始見行用。南朝梁任昉《梁武帝掩骼埋胔令》："但于時白旗未懸，凶威猶壯。"《三國演義》第三二回："次日，城上豎起白旗，上寫'冀州百姓投降'。"王毓岱《乙卯自述》："祖國尊黃帝，降軍樹白旗。"

【白幡】

即降旗。《南史·劉劭傳》："蕭斌聞大航不守，惶窘不知所爲，宣令所統皆使解甲，尋戴白幡來降，即於軍門伏誅。"《敦煌變文集·伍子胥變文》："始得昭王怕懼之心，遂即白幡降伏。"

【素幡】

即降旗。以其多作白色，故稱。《新唐書·東夷傳·高麗》："〔契芯何力〕悉師圍平壤。九月，藏遣男產率首領百人樹素幡降。"

【白幟】

即降旗。《新五代史·閩世家·王鏻》："長興二年，延稟（王延稟）率兵擊鏻……鏻遣王仁達拒之。仁達伏甲舟中，僞立白幟請降，繼雄信之，登舟，伏兵發，刺殺之。"

諸 雜

徽章

亦稱"徽號""徽識"。指兵旗或儀仗旗上的特殊標志。包括顏色、圖案等。先秦已行用。《戰國策·齊策一》："章子（匡章）爲變其徽章，以雜秦軍。"高誘注："徽，幟名也……變易之，使與秦旗章同。"按此處"徽章"包括軍服之類裝飾。《周禮·春官·司常》："司常掌九旗之物名，各有屬以待國事。"漢鄭玄注："屬謂徽識也，《大傳》謂之徽號。今城門僕射所被及亭長著絳衣，皆其舊象。"賈公彥疏："云'屬謂徽識也'者，謂在朝在軍所用小旌，故以'屬'言之。鄭引《大傳》者，欲見此屬與《大傳》徽識爲一物。"按，賈疏云《大傳》徽識"之"徽識"，當作"徽號"。

【徽號】

即徽章。此稱漢代已行用。見該文。

【徽識】

即徽章。此稱漢代已行用。見該文。

索 引

索引凡例

　　一、本索引爲詞條索引，凡正文詞條欄目出現的主詞條均用"*"標示，副詞條則無特殊標識。

　　二、本索引諸詞條收錄順序以漢語拼音音序爲基礎，兼顧古音、方言等差异，然爲方便檢索，又與音序排列法則有异，原則如下：

　　首先，以詞條首字所對應的拼音字母爲序排列，詞條首字相同（讀音亦同）者爲同一單元；詞條首字不同但讀音相同的各個單元，一般按照各單元詞條首字的筆畫，由簡至繁依次排列。例如以huáng爲首字的詞條，則按首字筆畫依次分作"皇""黄"等不同單元；又如以diāo爲首字的詞條，則按首字筆畫依次分作"虭""蛁""貂"等不同單元。此外，爲方便查閱和比較，在對幾個同音且各祇有一個詞條的單元排序時，一般將兩個或幾個含義相同或相近的單元鄰近排列。如"埋頭蛇""貍蟲""蓋頭蛇"都屬於mái爲首字的單元，且"埋頭蛇"與"蓋頭蛇"含義相同，因此這三個單元的排列順序是"貍蟲""埋頭蛇""蓋頭蛇"。

　　其次，同一單元内按各詞條第二字讀音之音序排列，第二字讀音相同者則按第三字讀音之音序排列，以此類推。例如以"皇"爲首字的單元各詞條的排列依次爲"皇成、皇帝鹵簿金節……皇貴妃儀仗金節……皇史宬……皇太后儀駕卧瓜……皇庭"。

　　三、本索引中詞條右側的數字爲該詞條在正文位置的起始頁碼。

　　四、本索引所收詞條僅限於正文、附録中明確按主、副詞條格式撰寫的詞條，而在其他行文中涉及的詞條不收錄。

　　五、多音字、古音字或方言字詞條按其讀音分屬相應的序列或單元，如"大常"古音爲tàicháng，因此歸入音序T序列；又如"葛上亭長"，"葛"是多音字，此處讀gé，因此歸入音序G序列之ge的二聲單元；互爲通假的詞條，字雖异然而讀音同者，如"解食""解倉"皆爲芍藥别稱，因"食"與"倉"通，故"解食"讀音與"解倉"同；等等。

　　六、某些詞條多次出現，在正文中以詞條右上標記數字爲標志，如"朝¹""朝²""百足¹""百足²"等，索引中亦按照其右上標記數字的順序排列。詞條相同但讀音不同的則按照其讀音分屬相應的音序序列和單元。如"蟒¹"（měng）、"蟒²"（mǎng），"蟒¹"歸入音序M序列之meng的三聲單元，"蟒²"則歸入音序M序列之mang的三聲單元。

　　七、某些特殊詞條，如數字詞條、外文字母詞條等，則收入《索引附録》。

A

B

C

E

F

G

H

J

N

P